KEY RESEARCH INSTITUTE IN UNIVERSITY

教育部人文社会科学重点研究基地重点研究项目

“中国特色社会主义民法学”：10JJD820009

R E N G E Q U A N F A

人格权法

杨立新 著

法律出版社
LAW PRESS·CHINA

目　　录

第二编　抽象人格权

第三编　具体人格权

“中国特色社会主义民法学”序言

《中国特色社会主义民法学》课题,是教育部人文社会科学重点研究基地科研项目,是全面研究和表现中国特色社会主义的民法学体系和内容的重点研究课题,篇幅宏大,内容全面,体系创新,全面展现中国特色的民法学理论体系和内容。

研究“中国特色社会主义民法学”课题的意义是:

第一,创立中国特色社会主义民法学理论体系。民法理论博大精深,尽管其理论体系严密,但在新世纪的发展中,民法理论越来越具有开放性。在学说上,各国学者以及国内学者对此百花齐放、百家争鸣。本课题负责人集30年民法理论和实践的研究经验体会,结合我国社会主义建设的现实特点,设计中国特色社会主义民法学理论体系,具有权威性。

第二,全面结合中国民法典的立法实践。中国特色社会主义法制体系已经基本建成,但中国民法典尚需做好最后的立法工作。对已经完成的《物权法》、《合同法》、《担保法》、《婚姻法》、《继承法》和《侵权责任法》等,需要进一步阐释和完善;对正在进行的《人格权法》、《民法总则》的立法,需要配合立法进行全面研究。本课题结合中国民法典立法的具体问题,突出本课题负责人全面参与立法的优势,结合立法设置研究的重点问题,具有说服力,并且对立法具有重要的借鉴意义。

第三,针对中国社会主义建设中反映到民法上的实际问题进行研究。本课题突出民法为现实问题服务的基本思路,密切注意我国社会主义建设中反映到民法上的现实问题,特别是在民事审判中反映出来的现实问题,进行理论联系实际的分析,提出解决的方法和对策,突出民法学在解决现实问题中的特色和优势。因此,本课题的研究成果对于司法实践和服务社会,都会具有重要的意义。

第四,如此全面的民法理论与实践的研究由一个人完成。本课题由课题负责人个人独立完成,不设置课题组。这样做的好处是,思想统一、内容协调,不会出现不同的课题组成员思路不同的弊病,因此会有重要影响。

对民法体系和内容的研究,呈现两个方向:一是个人独立完成全面的理论著述,形成个人的完整民法体系;二是对民法的各个领域进行专门的研究,突出个人的研究特长。例如在我国台湾地区，最早完成民法体系总体研究的是史尚宽先生。王泽鉴教授从20世纪80年代至今，完成了《民法学说与判例研究》八卷，在借鉴国外立法的基础上，结合台湾地区司法实践，提出了完善的理论；目前，他正在完成他的民法学说的全面构建。而谢在全教授对物权法的研究全面、深刻，孙森焱教授作为"高法"民庭庭长，对债权法、合同法和侵权法都有深入研究等，这些都具有重要影响。我国大陆地区，对民法体系和内容的全面研究，王利明教授正在进行，独具特色；马俊驹教授撰写了《民法原论》，全面阐释了民法理论的体系和内容；崔建远教授对合同法和物权法有独到见解；张新宝教授对侵权责任法有独到研究；陈华彬教授以及钱明星教授对物权法有独到的研究；张广兴教授对债法总则有专门的研究；杨大文、巫昌贞教授对婚姻家庭法有深入的研究……都具有重要影响。

在当前，全面总结中国特色社会主义民法学体系和内容，是一项重要的任务，需要完成一部全面的、理论联系实际的民法体系专著。

本课题通观民法研究全局，把研究的最新成果以及学术界的前沿研究成果，经过整理，写入体系之中。本课题特别强调民事法律关系的方法论意义，并将其作为统率全部专著的基本红线。同时，特别强调民法实际上就是一部规则法，就是确立民事权利行使，以及民事义务承担的规则体系，并且将这个规则体系分为最高规则、基本规则和具体规则，确立法官适用这些规则的基本方法。在《债与合同法》中，在研究债法总则之后，将合同法部分分为合同法概论、合同过程、合同责任和有名合同等部分，进行全面阐释、重点研究。在《物权法》中，对法律规定的各种物权进行了详细阐释，同时对法律没有规定的非典型用益物权、非典型的担保物权，也都进行了阐释，保证学生全面掌握物权法的基本知识。在《侵权责任法》中，对理论界最新研究成果，例如侵权行为一般条款、侵权行为类型化和侵权责任类型化的研究成果，都作了具体的阐释，站在了侵权法司法实践和理论研究的前列。在《婚姻家庭继承法》中，对于亲属监护制度，特别介绍了我国监护制度欠缺的成年监护制度的国外立法进展，并结合我国实际情况，提出了完善我国监护制度、增加成年监护和意定监护的监护制度改革设想。这些对民法立法、司法和理论研究前沿问题的阐释，保证课题研究处于法学研究的前沿姿态，既具有先进性，又具有理论研究的权威性。

本课题的研究指导思想是体现理论与实践相结合。在很多专著中，都是只讲理论，不讲实践，脱离现实的司法实践经验；本课题就是要充分发挥民事审判实践经验丰富的优势，把理论和实践紧密联系起来，融会贯通，便于读者掌握。因此，在设计上，课题的前后体例一致，全面阐释民法各个部门法的基本理论和基本规则，突出重点，紧密结合司法实践的具体内容，选择特别具有理论说服力和司法实践意义的典型案例，供学生课堂讨论和研究。这些案例都是杨立新亲自审理的案件，或者是给司法机关提供参考意见的案件，或者是在法院、检察院搜集的案件，以及指导律师和当事人诉讼的案件。

前　言

《人格权法》一书，是教育部人文社会科学重点研究基地重点研究项目"中国特色社会主义民法学"中的第二部专著。本书的内容，是作者三十年研究人格权法的总结，阐释了作者对我国人格权法理论和实践的全面看法，全面展现了中国人格权法的基本内容和特色。

人格权是民事权利主体享有的民事权利中最重要的权利，是21世纪特别是第二次世界大战之后被广泛重视、得到迅猛发展的一种民事权利。在当今世界，世界各国越来越重视人格权，把它作为人权的组成部分，予以民法的特别保护。在民法理论研究中，学者也越来越重视对人格权和人格权法的研究，人格权和人格权法的理论不断发展。在这个领域中，值得自豪的是，我国的人格权法研究后起直追，现在已经走在了世界人格权法研究的前列，具有世界先进水平，在民法学体系中形成了人格权法学，具有严密的理论体系，成为中国民法学一个鲜明的特色。

我对人格权和人格权法理论与实践的研究时间比较长，缘于在司法实践中审理和讨论了大量的人格权纠纷案件，特别是在最高人民法院任法官工作期间，对全国发生的各类人格权纠纷案件有了充分的掌握，并且亲自参与了很多具体案件批复和人格权法司法解释的起草工作，在掌握了大量的实践资料之后，进行深入的理论研究，除了发表了百余篇人格权法的论文之外，还出版了《人身权法论》、《人格权法专论》等专著。最近10年，由于直接参与民法典的起草工作，亲自参加和主持《人格权法》草案专家建议稿的起草，系统整理了人格权法研究的心得体会，主持完整了司法部科研项目《人格权法立法报告》，形成了对人格权法的系统认识，对人格权法理论和实践的研究更加深入。最近几年，我对人格权法理论进行了反复思考，又提出了重新构建人格权和人格权法体系的见解。在中国民法研究人格权法的学者中，我的论文和专著应当说是具有代表性的。将这些理论研究成果和实践经验积累集中起来加以整理，就形成了本书。相信读者看到我的这部专著，会发现我对人格权法理论的很多新观点和新看法。

写作本书的初期，我到日本一桥大学访问，访问期间的主要精力是写作本书。在前半个月的访问中，写作本书进展顺利，但在3月11日日本大地震之后，特别是福岛核电站发生核泄漏之后，我中断访问，提前回到北京。即使在3月11日至3月15日之间，我经常是在比较强烈的余震中坚持写作，夸张地说，书中的有些文字就带有地震的颤抖。3月15日，一桥大学法学院在不断的余震和核辐射的威胁中召开学术研讨会，由我作《中国民法典的立法进程及主要问题》的学术报告。我在报告中，对日本国民在地震中的优秀表现给予高度评价，对日本教授在核泄漏的威胁下仍然坚持如期召开研讨会听取我的学术报告表示衷心感谢。同时，我也说明，在这部著作出版时，我要说明这部专著是在一桥大学的支持下，在日本人民的精神感动下写出来的。松本恒雄教授等都要我一定要说明在写作这本著作时的这些不同寻常的经历。现在，这部专著已经完成，我在此要特别感谢一桥大学法学院给我的支持，感谢一桥大学法学院松本恒雄教授、王云海教授以及其他各位教授对我的支持和照顾。并且向我亲眼看到的从容不迫抗震救灾的日本人民表示由衷的敬佩！

我也要感谢英中协会。尽管他们不是我这部专著的赞助者，但他们和欧盟对我关于媒体权利保护和媒体侵权责任研究课题的资助，提供条件让我访问英国上议院和牛津大学法学院，与莱斯特勋爵以及欧洲著名大学的教授交流英国诽谤法以及媒体侵权责任的经验和学说，使我受益匪浅，支持了我的写作，其中有些体会我也写进了本书。我向英中协会的凯蒂、江冰和欧兰多等表示感谢！

本书的部分内容是与我的学生一起研究的，他们是刘召成、林旭霞、袁雪石，在此向他们表示衷心感谢！在本书写作过程中，我的学生陶盈为我搜集资料，提供了很多帮助，也向她表示感谢！

我以前出版的人格权法专著和发表的人格权法论文，受到各位热心读者的关注，请各位热心读者继续关注我的这部专著，并请对本书提出宝贵的批评建议。

教育部人文社会科学重点研究基地
中国人民大学民商事法律科学研究中心
杨立新
2011年5月18日于人大明德法学楼

第一编　人格权法导论

第一章　人格权法概述

第一节　我国《民法通则》规定人格权的创举

一、我国《民法通则》关于人格权规定的开创性意义

（一）人格权法的重要意义

人格权是民法赋予民事主体的民事权利。这种与民事主体的人身密切相连、关系到民事主体独立人格的民事权利，是民事主体享有的基本民事权利之一。

人格权作为民事主体的基本民事权利，历来受到民法的重视。在罗马法中，法律赋予自由人以独立的人格，享有完整的人格权。立法强调这种权利，以使人真正享有做人的资格。在资产阶级革命初期建立的近代民法，一方面过于强调财产权利的重要性，宣称私有财产神圣不可侵犯，契约观念广泛扩张；另一方面则对人格权的重要性有所忽视，认为人格平等乃是交易和占有财产要求的产物，甚至主张“人格权在本质上就是物权”。[①] 随着历史的发展，人们终于认识到这种观念的褊狭，发现了人格权本身固有的价值，提出了普遍人权的观念。现代人权观念引导人们重新认识人格权，发现人格尊严、人格独立、人格自由的价值，以及生命、身体、健康、自由、姓名、肖

① ［德］黑格尔：《法哲学原理》，范扬、张企泰译，商务印书馆 1982 年版，第 46 页。

像、名誉、隐私、信用等人格权，是人之所以为人所应当享有的基本权利，是须臾不可离开的人格法律保障。如果民事主体丧失这些权利，就丧失了做人的资格和人的基本价值，不仅没有资格进入社会成为社会成员，而且也无法享有其他民事权利。正是在这样的认识基础上，特别是经过第二次世界大战之后，人们对人格权越发重视，确立了人格权在民法中的重要地位，人格权日益受到重视，得到飞速发展。①

（二）当代人格权的立法体例

然而，与在观念上和理论上重视人格权的状况不同的是，在世界各国现行民事立法中，很难找到关于人格权的专门的、集中的、详细的规定。大多数国家的民法典沿袭传统的体例，按照人法、物法、债法的格局或者按照总则、分则体例编纂，没有专设人格权法一编。在当代，世界各国民法都特别重视人格权，把人格权作为民事主体的基本民事权利，放在越来越重要的地位，加以严密保护。目前，世界各国民法典规定人格权法，主要有四种体例：

1. 法国法

《法国民法典》非常重视人的地位和保护，第一卷专门规定人法，对人进行了详细规定，其第 16 条规定："法律确保人的首要地位，禁止任何侵犯人之尊严的行为，并保证一个人自生命一开始即受到尊重。"但《法国民法典》因时代限制，并没有专门规定人格权。《法国民法典》最初公布时，仅在第 9 条规定："所有法国人都享有民事权利。"在随后的历次修改中，民法典陆续增加了有关人格权的若干规定，但仍然不够完善。在 200 年的历史中，该法几经修订，这一基本的立法体例并没有改变。可以说，人格权法在《法国民法典》中没有独立的法律地位。在司法实践中，法国十分重视人格权的保护，其法律依据在于《人权宣言》和《宪法》中关于人格权的规定，②以及《法国民法典》第 16 条的规定。

2. 德国法

人格权一语，系德国学者所创设。③ 在立法中，《德国民法典》关于人格权的规定分为两部分。第一部分，在总则中专门规定姓名权及其保护，这就是第 12 条："有权使用某一姓名的人，因他人争夺该姓名的使用权，或者因无权使用同一姓名的人使用此姓名，以致其利益受到损害的，可以要求消除此侵害。如果有继续受到侵害之虞时，权利人可以提起停止侵害之诉。"第二部分，规定在债法的侵权行为法中，第 823 条规定生命权、身体权、健康权和自由权，第 824 条规定信用权，第 825 条规定贞操权，把这些人格权作为侵权行为的客体加以规定，确定了对人格权的法律保护，规定当这些权利受

① ［日］五十岚清：《人格权法》，铃木贤、葛敏译，北京大学出版社 2009 年版，第 1 页。

② 王利明主编：《民法典 · 人格权法重大疑难问题研究》，中国法制出版社 2007 年版，第 4 页。

③ 梅仲协：《民法要义》，中国政法大学出版社 2000 年版，第 61 页。

到侵害时的法律保护方法。有的学者批评《德国民法典》是一部"物文主义"的民法而不是人文主义的民法。[①] 这种立法体例,仍难说人格权法在民事立法中具有独立地位。与法国法相比,它将人格权法依附于人法改变成依附于侵权行为法。《日本民法》关于人格权的立法体例与德国法相近,只在"侵权行为"一章中规定身体权、自由权和名誉权等人格权。

3. 瑞士法

《瑞士民法典》改变了《法国民法典》和《德国民法典》关于人格权法规定的立法例,采用了新的方法,即在民法总则中把人格权作为最主要的民事权利加以规定,形成了当时最具鲜明特色的人格权法的立法例。从总则第1条开始就规定自然人的一般人格权,规定防止对人格权的过度约束,防止侵害,并且规定人格权的具体保护方法。同时,在瑞士债法的侵权行为法中,又专门规定了对生命、身体、名誉等具体人格权的保护。最具特色的是第28条第1款。该条文规定:"任何人在其人格受到不法侵害时,可诉请排除侵害。"这一条文创立了一般人格权的法律保护制度。这样的立法例揭开了人格权法立法的新的一页,对保护人格权具有重要意义。《瑞士民法典》的人格权法立法在民法史上具有里程碑的性质,标志着现代人格权法立法已经进入了完善时期,[②]开启了人格权法在民法体系中具有相对独立地位的进程。这种立法体例为我国国民政府制定民法时所效仿。民国民法第18条规定:"人格权受侵害时,得请求法院除去其侵害;有受侵害之虞时,得请求防止之。"在第17条规定自由权,第19条规定姓名权。在侵权行为法中,第192条规定了生命权,第193条规定了身体健康权,第195条规定了名誉权和自由权。

4. 加拿大魁北克法

1991年12月18日通过、1994年1月1日生效实施的《加拿大魁北克民法典》,一改世界各国民法典规定人格权法的上述三种模式,采用了新的方法规定人格权。该法首先在第一编第一题第3条,明确规定一般人格权以及对人格权的保护:"任何人均为人格权的享有者,诸如生命权、人身不可侵犯和完整权、姓名、名誉和私生活受尊重权。""上述权利不可转让。"其后,该法典在第一编第二题,专门规定"某些人格权";其中,专门规定人身完整权、子女权利的尊重、名誉及私生活的尊重、死后身体的尊重。在第三题中,还专门规定了姓名权。在第五题规定了法人的人格和人格权。事实上,《魁北克民法典》第一编就是规定人格和人格权,其意义在于,将人格权与其他民事权利诸如物权、债权等列在平等地位上,并且突出了人格权法的重要地位,是人格权法的

---

① 徐国栋:"两种民法典起草思路:新人文主义对物文主义",载 http://www.1488.com/china/consultation/successcase/default.asp?ProgramID=22&pkNo=961,2011年3月13日访问。

② 王利明主编:《民法典·人格权法重大疑难问题研究》,中国法制出版社2007年版,第547页。

最佳立法例,代表了当代民法对人格权法的认识。

(三)我国《民法通则》规定人格权法的"中国模式"及其意义

我国《民法通则》关于人格权的规定,与以上四种立法例均不相同。《民法通则》第五章规定的是"民事权利",共有四节:第一节规定财产所有权以及与财产所有权有关的财产权(即物权),第二节规定债权,第三节规定知识产权,第四节规定人身权。其中第四节规定的名称虽然是"人身权",但实际内容是规定人格权,并没有规定身份权,分别规定的是生命健康权、姓名权、名称权、肖像权、名誉权、荣誉权和婚姻自主权。

《民法通则》只是一个通则性的民法,并没有规定民法分则,其第五章实际上是民法分则的缩略版、简编版,是对民法分则的浓缩和简化。如果将《民法通则》第五章予以展开,实际上就是民法分则的全部内容。因此,我国《民法通则》关于人格权的规定,是世界各国人格权立法的最新体例,是具有中国特色的人格权法立法,是以前的民法典所从来没有采用过的立法例,可以叫做人格权法立法的"中国模式",是中国民事立法的一个创举,是对世界民法发展的开创性贡献。

《民法通则》关于人格权立法的"中国模式"是中国民事立法的创举,首先表现在,它的体例和内容不同于中国古代、近代的民事立法。中国古代社会立法刑民不分,重刑轻民,其中虽然不乏人格权的某些规定,但立法一是强调统治阶级的特权,否定被统治者的基本人格权利,二是缺乏肖像权、名誉权、人身自由权这些现代人格权的基本概念。国民政府制定的民法吸收了现代人格权法发展的观念,对人格权及其保护作了重要规定,但在立法体例上沿袭德国法系的基本模式,对于人格权立法没有创造性的规定。《民法通则》关于人格权的立法,不仅与中国古代中华法系的传统划清了界限,而且与作为近现代资产阶级立法的民国民法相区别。其次,《民法通则》关于人格权立法的"中国模式"是中国民事立法的创举,还表现在与国外民事立法的体例相区别。《民法通则》关于人格权的立法,既不是法国法模式、德国法模式、瑞士法模式,也不同于《民法通则》实施之后出现的魁北克法模式,完全改变了传统民法以人法、物法、债法为结构的基本立法格局,开创了当代关于人格权立法的新模式,历史意义不可估量。

"中国模式"人格权立法的重要意义在于:

第一,突出了人格权法在民法中的地位。民法就是一部权利法。民法规定的各项民事权利都是重要的,但人格权具有更为重要的地位。在人权体系中,人格权具有非常重要的地位,是当代人权的主要内容,各国民法典对人格权的规定却没有给予特别重视。沿着上述四种有关人格权的立法例的发展观察,可以看到人格权在民法中的地位是越来越重要的。直至《魁北克民法典》,将人格权作为人法的基本内容加以规定,代表了当时民法对人格权法的最新认识。而我国《民法通则》将人格权法规定在可以作为民法分则对待的第五章中,占有相对独立的重要地位,表达了人格权在民法中具有重要地位的思想。

第二,突出了人格权在保护人和人格中的重要作用。人格权是保护人和人格的民事权利。长期以来,我国并没有对人格权加以特别重视,因此出现了1966年至1976年间"文革"中大规模的对人和人格任意蹂躏和凌辱的惨剧。拨乱反正之后,人们痛定思痛,接受了"文革"的教训,终于认识到人格权对保护人和人格的重要作用,出现了特别强调人格权保护的观念。《民法通则》特别重视人格权的立法和保护,就是用法律的形式肯定这个反思的结果。这与"二战"后,各国人民在经历了"二战"屠杀和蹂躏的惨剧之后,掀起波澜壮阔的人权和人格权运动一样。《民法通则》将人格权单独进行规定,表明了中国民法保护人格权的决心,体现了人格权的重要作用。

第三,表达了人格权与物权、债权、身份权、知识产权和继承权之间具有平等地位的正当诉求。民法规定的六种基本民事权利,在其他各国民法典中,多数都在分则中作出专门规定,只有人格权被规定在债权法的侵权法中,或者被规定在民法总则中,没有独立的民事权利地位。而知识产权按照各国的立法惯例都作特别法规定。《民法通则》将人格权规定在第五章中,与物权、债权、知识产权并列在一起,确立了人格权与这些权利的平等地位,具有世界领先的意义。

二、我国民法重视人格权法立法的重要原因

我国人格权立法的"中国模式"这一开创性的贡献,是基于以下两个原因形成的:

(一)借鉴国外民事立法经验,顺应人格权立法的发展趋势

人格权立法随着社会的进步呈不断扩张的趋势,具体表现在人格权越来越受立法者的重视,人格权的范围不断扩大,法律对人格权的保护愈加周密。在以上分析的各国人格权立法的四种模式中,人格权法越来越发达,在民法体系中的地位越来越重要。及至第二次世界大战结束以后,各国立法者纷纷总结纳粹法西斯残暴镇压人民,疯狂残害、蹂躏被侵略国家的人民,将人民的权利踩在脚下这样的血的教训,特别加强对人格权的研究,特别加强对人格权的保护。战败国也总结经验教训,在法律上保障不再出现奴役、蹂躏他国人民悲剧的重演,联邦德国宪法和日本民法都规定了个人尊严不得侵犯的宪法条款,创设一般人格权。其他各国立法陆续增加肖像权、隐私权、名誉权以及知情权、生活安宁权等人格权,使人格权的体系越来越壮大。在人格权的民法保护方法上,除了对损害的财产损失可以请求损害赔偿之外,对于人格利益损害和精神痛苦损害,均可以抚慰金或精神损害赔偿的方法予以救济,使人格权的法律保护方法也越来越完备。

中国民事立法迎合时代潮流,吸收先进立法,并且作出开创性的立法举措,具有远见卓识,实属借鉴外国经验而又别具新意的重大创举。

（二）总结十年动乱教训，采取立法措施防止悲剧重演

中华人民共和国成立以来，长期不重视法制建设、突出人治，正确的民法思想和规则被斥为伪法统一并予以废除，接着清理旧法思想和旧法人员，将清末变律为法、西学东渐取得的立法成果和法律思想统统予以废除，人格权当然不会受到重视。在20世纪60年代的民事立法准备上，最初起草的民法草案只强调民法的任务是调整经济关系，对于人格权几乎只字不提。在“文革”之前的民法教科书中没有论述人格权的内容，也没有专门研究人格权的理论著作。因而在十年动乱中，公民的人格权遭受严重践踏，毁损人格、摧残健康、残害生命，造成了一个又一个惨痛的悲剧。动乱结束后，人们面对已经结束的悲剧，痛定思痛，力图通过立法避免“文革”悲剧重演，因而深刻认识到了人格权立法及其法律保护的极端重要性。首先在《刑法》中专设“侵犯人身权利、民主权利罪”的规定，继之又在《宪法》中创设了保护人格权的诸多条文。在这样的立法原则指导下，民法草案专设条文规定人格权。《民法通则》的制定，正式确定了我国人格权的立法体例及具体内容，实现了新中国民事立法关于人格权立法的创举，具有重大的理论意义和实践价值，对世界各国的人格权立法都具有影响。

历史惊人的相似！这是一句经常被提起的话题和结论。在世界上“二战”之前和之后与中国“文革”之前和之后，对人格权的悲剧以及从这些悲剧中总结出来的经验教训，以及采取的立法对策，是多么的相似?！岂止是相似，简直就是相同！

《民法通则》颁布施行以后20多年的司法实践，为进一步保护民事主体的人格权，积累了丰富的经验，人格权法理论不断发展。中国在改革开放之后的时间里、社会不断发展和时代不断进步中，人民不断提出自己的权利要求，盼望立法者能够在《民法通则》规定人格权的具有开创性立法的基础上，更加重视人格权及其立法，以保障自己的人格尊严、人格自由和人格平等。这是正当的要求，我们应当保证这一立法的实现。

第二节　人格权法的概念及地位

一、人格权法的概念

人格权法，是规定人格权的概念、种类、内容和对人格权予以法律保护的民事法律规范的总称。

人格权法与物权法、债权法、知识产权法一样，并不是一个独立的法律部门，而是民法的一个具体组成部分。人格权法与物权法、债法、知识产权法以及民法总则、亲属

法、继承法、侵权责任法一道,共同构成民法的基本框架。正在制定的民法典,已经预留了人格权法的立法空间,在 2002 年的《民法草案》第四编规定了“人格权法编”。

二、人格权法的法律特征

人格权法与物权法、债法等民法部门法相比较,具有以下法律特征:

(一)人格权法具有赋权性和宣示性

人格权法的赋权性表现在通过人格权法赋予民事主体以人格权,规定民事主体依法享有人格权,以及享有哪些人格权。人格权法的宣示性显示了人格权法的独特内容,即对于权利的规定不是像物权法和债法那样着眼于物权和债权行使的具体规则,更多的是对人格权的宣示性规定,没有规定较多的人格权行使的规则。这是因为人格权的客体是人格利益,而人格利益属于民事主体个人所固有,一般不会发生权利界限的交叉和冲突,人格权的行使并不需要更多的具体规则。在民法典中,物权法和债法有详细内容,需要几百个条文来规定这些规则,而人格权法的条文简单,在全国人大法工委起草的《民法草案》中,人格权法编仅有不到 30 个条文。

(二)人格权法规定人格权具有非法定性

人格权法与物权法不同。物权法实行物权法定主义,没有法律规定不得确认新的物权种类和物权内容。人格权法不实行法定主义,法律规定为人格权是人格权,法律没有规定为人格权的人格利益也应当予以保护。这是因为,凡是人格利益,人格权法均应予以保护,不能因为没有法律明文而使某种人格权和人格利益的内容疏于保护。在实践中,有的认为法律没有规定就不能认为是人格权,这是不正确的。有人认为,公民个人或司法机关不可以肆意创制新型权利,法院“如果一味满足原告的权利主张,却不尊重权利法定原则,权利的滥用现象将会十分普遍”,①这种认识也是不正确的。人格权是自然的、人与生俱来的、不可让与的权利,尽管也是法律赋予的,但并非只有法律规定的人格权才受法律保护。为了实现对人格利益的全面保护,人格权法专设一般人格权,承担保护所有人格利益的任务,成为保护人格利益的“兜底”性一般条款。凡是法律没有规定,但又需要进行保护的人格利益,就由一般人格权负担这个责任。最高人民法院《关于确定民事侵权精神损害赔偿若干问题的解释》中关于其他人格利益受到损害可以请求精神损害赔偿的规定,体现的就是这个精神。

(三)人格权法具有任意性和强制性

人格权法是任意性法,因为人格权的行使完全依照权利主体自己的意愿,不需要任何人的强制。人格权法只要规定了权利主体享有哪些人格权、这些人格权的内容是

---

① 乔新生:“‘贞操权’有违权利法定原则”,载《民主与法制》2007 年第 14 期。

什么,就完成了它的立法任务。当然,这不是说人格权法没有强制性。人格权法的强制性表现在两个方面:第一,人格权本身具有请求权。任何人侵害了他人的人格权,权利人可依照人格权请求权保护自己,救济人格权的损害。第二,对人格权还有侵权责任法的保护。任何人侵害他人人格权,权利人产生侵权请求权,有权依照《侵权责任法》的规定,请求加害人承担侵权责任。人格权法的强制性保障了权利主体对人格权的自主支配。

三、人格权法在民法中的地位

(一)我国人格权法寻求相对独立地位的立法努力

人格权法立法的"中国模式"借鉴了各国立法体例已经逐步表现出的人格权法寻求在民事立法中相对独立地位的趋势,但最终都没有取得突破性进展的经验教训,逐步寻求人格权法成为民法的独立组成部分的途径,最终由《民法通则》取得了突破性的进展。

经过"文化大革命"的教训,中国立法者在起草民法时,逐步地在寻求实现这一愿望的途径。1982 年 5 月 1 日完成的《中华人民共和国民法草案》(第四稿),首先在"民事主体"编第 16 条第 2 款规定了公民的人格权:"公民的生命健康权、人身自由权、姓名权、名誉权、荣誉权、肖像权、著作权、发现权、发明权和其他人格权利,受法律保护。"第 41 条第 1 款规定了法人人格权:"法人的合法财产权益,以及法人的名称、名誉、荣誉、著作、发现、发明和商标等权利,受法律保护。"在第 431 条第 2 款还规定了法人的信用权。这种立法体例,虽然还没有实现将人格权作为民法独立组成部分的愿望,但是,这些条文草案所概括的内容,已经突破了国外人格权法立法的传统内容和方式,把人格权作为民法独立组成部分的尝试向前大大地推进了一步。

当中国的立法者暂时放弃制定完整民法典的努力,而先制定《民法通则》的时候,虽然在民事立法的整体努力上后退了一步,然而却在人格权的立法上实现了寻求独立地位的愿望,也为民法典的具体格局打下了坚实的基础。"当我们回顾《民法通则》颁布以来,大量的人格权侵害的案件涌进人民法院并得到妥善处理,人格权的保护正日益受到注重的状况,不禁对立法机构和《民法通则》的起草者们的远见卓识及致力于中国法治建设的精神表示深深的敬意。"①王利明教授的这一段话,无疑代表了民法学者及广大人民群众的心声。

(二)我国人格权法独立地位的表现

人格权法是我国民事立法独立组成部分,主要表现在以下几个方面:

---

① 王利明主编:《人格权法新论》,吉林人民出版社 1994 年版,第 6 页。

1. 人格权法摆脱了依附于人法或依附于侵权法的附属地位

人格权是基本民事权利之一，但在传统民法中，对于人格权的规定却极其简要。尽管立法者认为人格权的存在是不言而喻的问题，但只将其规定在民法的其他部分之中，成为依附的成分，显然与人格权的重要法律地位不相称。《民法通则》将人格权立法彻底摆脱对人法和侵权法的依附性，从而改变了传统民法中人格权的附属地位，使其具有了独立的法律地位。

2. 人格权法并列于物权法、债权法和知识产权法而获独立地位

近世民法均以民事权利的种类结构来划分民法典分则，一般分为物权法、债法、继承法和亲属法。《民法通则》虽然没有这样来编纂其分则体系，而只是在"民事权利"一章中将物权、债权和知识产权与人格权并列编排，但基本上体现了人格权法的独立地位，也为将来民法典的编纂设计出了蓝图。按照我国民法典的立法思想，已经制定了《民法通则》、《婚姻法》、《收养法》、《继承法》、《合同法》、《担保法》、《物权法》、《侵权责任法》和《涉外民事关系法律适用法》等民法单行法，正在准备制定《人格权法》和《民法总则》。当这些立法计划完成之后再编纂民法典时，人格权法就将成为中国民法典独立的组成部分，民法典分则中将单独设立人格权法一编。

（三）人格权法在民法体系中的地位

人格权法隶属于民法的人身权法。

现代民法体系有两大支柱：一是人法，即人身权法；二是财产法。人身权法是规定人身权的概念、种类、内容和对人身权予以法律保护的民事法律规范的总称，包括人格权和身份权。财产法是规定财产关系的概念、种类和内容，以及对财产权进行法律保护的民事法律规范的总称，包括物权法、债法、继承法和知识产权法。

在中国民法典的设计中，实际上采取的是"总—分—总"的结构，即在民法体系中，首先规定民法总则，这是一个总的部分。接着是人法和财产法的具体规定，包括人法的人格权和身份权，财产法的物权、债权、继承权和知识产权；这是一个分的部分，是民法的分则，是民法的主体部分。最后是侵权责任法，是权利保护法，人身权、财产权受到侵害时，由侵权责任法进行法律救济，恢复民事主体的民事权利；这是后一个总的部分。2002年《民法草案》正是按照这个结构编制的，这也是多数民法学者对民法结构的希望。

可见，在民法体系的结构中，人格权和身份权构成的人身权法与物权、债权、继承权、知识产权构成的财产权一道，成为民法的主干，都是一个相对独立的民法法律部门。人身权法与物权法、债权法、知识产权法以及民法总则、继承法、侵权责任法一道，共同构成民法的基本框架。

人格权在民法和民事权利体系中所占据的地位更加重要，远远超出了其他民事权利的地位。理由是，人格权所保护的是做人的基本资格，保护的是人自己。在当代，在

人权观念的指导下，人们更加重视自己的固有权利，认为人格权是人之所以为人的资格和权利。人格权发生缺损，受到损害，人将不能成其为人，社会地位会受到严重影响，“二战”和“文革”的悲剧就会重演。我们之所以特别强调民法典制定要单独规定人格权法，就是为了实现这样的目的和理想，更好地维护人民自己的权利。在我们主持起草的民法典草案建议稿中，从来都是把人格权法编放在民法分则中的第一编，突出人格权法的地位，强调人格权在民事权利体系中的重要地位，强调人格权在民法体系中的重要地位。2002 年《民法草案》，尽管人格权法编已经作为独立的一编，但是放在第四编，是在物权法编和合同法编之后，突出的还是民法的财产法，这是我们所不希望看到的。我们希望立法者能够接受我们的立法建议，把人格权在民法体系和民事权利体系中的重要地位在民事立法中真正体现出来，在民法典中真正表现出来。

第三节　人格权法研究的发展和问题

一、我国人格权法理论研究现状

（一）对于热点问题的研究促进了社会观念的转变

在《民法通则》颁布实施以前，我国民法学界几乎没有人发表过研究人格权的著作，有关论文也不多见，民法教科书亦没有人格权的内容。这种理论研究状况与缺乏相应的人格权立法的状况相一致。

《民法通则》颁布实施以来，研究人格权成为民法学研究的一大热点问题，尤其是在《民法通则》实施初期的四次人格权讨论的高潮，使人格权研究得到相当深入的发展。第一次高潮是“告记者热”，媒体发表的文章具有侮辱诽谤内容侵害他人名誉权的，受害人纷纷起诉记者和媒体，寻求民法保护，由此发生了研究新闻侵权责任的高潮和研究名誉权及其保护的高潮。第二次高潮是“告作家热”，在小说等文学作品中进行诽谤侮辱、损害他人名誉权的，受害人也向法院起诉，追究作家和出版社的侵权责任。这两次高潮，都是围绕如何认识和保护名誉权展开的，舆论界与法学界共同推动人格权的研究不断向深入发展。第三次高潮是“告画家热”，各地人民法院陆续受理一些侵害肖像权的案件，尤其是 1988 年全国人体油画展引发的模特肖像权侵权案件，引起了学术界、舆论界的普遍关注。由于侵害模特肖像权案件拖延很久才下判决，因而关于肖像权的社会讨论没有发展成热点问题，但学者的探讨和研究已到一个相当深入的程度。第四次高潮是“告商店热”，起源于惠康超级市场怀疑消费者购物不交费，而对女青年进行搜身，引发对人格尊严的热烈讨论，最终在《消费者权益保护法》中规定了人格尊严和人身自由权保护的规定。

嗣后，大范围的关于人身伤害抚慰金赔偿的讨论，立法和司法解释作出相应的反应，最终以贾国宇卡式炉爆炸伤害案判决承担10万元人民币精神损害赔偿为高潮。此后，关于强制进行精神病治疗限制人身自由权、关于死者名誉权是否需要保护等案件的审判，法学界和司法界进行深入讨论，对于普及人格权法律知识的影响比对人格权理论研究的影响更为深远。通过这些讨论，人格权、人格权保护的观念在社会中深入人心，远远超过了一般普法的水平。

（二）对人格权法学理研究的发展

1986年以来，经过了20多年的努力，尤其是在起草民法典草案过程中，我国人格权法理论研究有了重大发展。其主要表现是：

第一，对于人格权的总体体系已经有了一个完整认识，虽然在个别的人格权的认识上有不同的看法，但是在基本体系和主要的权利上，学者意见基本上是一致的。除了《民法通则》规定的姓名权、名称权、肖像权、名誉权和荣誉权以外，对于人身自由权、隐私权以及最重要的一般人格权，学者都有一致的看法。在立法上，对这些人格权也都有了不同程度的规定。对于声音权、形象权、商品化权，以及归属权、平等就业权、休息权、精神纯正权等的研究，都有了新的进展，取得了研究成果。在司法领域中，对这些人格权的认识也随着精神损害赔偿司法解释的出台而得到了统一。

第二，对于各项人格权的具体研究不断深入。20世纪80年代，对人格权的研究重点还是集中在热点的案件上，集中在名誉权和隐私权等几种主要的人格权上。90年代，对人格权的研究向着普遍的范围发展，对每一种人格权都有了较为深入的研究。例如，对于人身自由权、隐私权、性自主权等都有了深入研究。特别是对一般人格权的研究和实践，揭示了一般人格权的广泛内容和巨大功能，扩展了人格权保护的思路和范围。21世纪第一个十年，人格权法研究不断深入，学者提出了抽象人格权的概念，重构抽象人格权与具体人格权的关系，出现了新的思路和开创性的设想。①

第三，人格权法理论研究的成果推动立法和司法的不断发展。例如，在对人格权的延伸保护的研究上，首先是实践中提出问题；继之，学者在理论上进行深入研究，对民事主体消灭之后所延续的人格利益以及胎儿的前期人格利益法律应当如何进行延伸保护提出学说，②受到学者的普遍重视，当成人格权法研究的一大课题，各抒己见，进行争鸣，研究不断深入；在取得重大进展后，最高人民法院吸收理论研究成果，对实际生活中出现的案

---

① 杨立新、刘召成："抽象人格权与人格权体系之构建"，载《法学研究》2011年第1期。

② 杨立新："人身权的延伸法律保护"，载《法学研究》1995年第2期。

例不断进行探索，总结和积累了丰富的司法经验，专门制定精神损害赔偿的司法解释，采纳学者的学说见解，确定对侵害死者姓名、肖像、名誉、荣誉和隐私利益，以及侵害死者遗体、遗骨等身体利益的保护规则，使人格权和人格利益的保护更加现实和广泛。又如，在适用精神损害赔偿责任对人格权进行救济上，学者不断进行深入研究，取得了丰富的研究成果，并且在司法实践中取得了丰富经验，对侵害生命权、健康权和身体权进行抚慰金救济，尤其是对身体权的确认和救济，已经达成了共识，并成为司法救济制度；对精神性人格权怎样适用精神损害赔偿救济，也有了丰富的经验和具体的办法。最高人民法院通过司法解释采纳理论研究的成果，固定理论研究和司法实践的经验。在《侵权责任法》中，专门规定了第22条，确定“侵害他人人身权益，造成他人严重精神损害的，被侵权人可以请求精神损害赔偿”的原则，全面通过精神损害赔偿责任保护人格权和人格利益。

第四，人格权法研究成果丰富多彩。民法学家对人格权的研究既结合热点问题，又扎扎实实地做好基础性研究工作。从《民法通则》颁布实施至今，已经发表的人格权研究论文数量颇多，其中很多力作颇有理论深度，解决了立法上、实践上和理论上的重大问题。已经公开出版的人格权法研究专著，都从不同的角度对人格权及人格权的保护进行系统研究，具有重要影响力的人格权法专著不断问世，人格权法学的研究取得了重要的研究成果。在民法学教材编写方面，北京大学编写的《民法学》①率先在民法学教材中专门开设专编，对人格权进行论述。如果说这部民法学教材以及以后的一些民法教材对于人格权的论述还局限于立法的范围，尚没有太大突破的话，那么中国政法大学张俊浩教授主编的《民法学原理》②则对人格权的论述达到了一个新的高度，提出了一些新的理论观点，但对人格权的论述还不够深入，在体例上把人格权局限于民事主体的范围，没有作为专编，与人格权立法的地位不相适应，留下了遗憾。从“九五”期间开始编辑出版全国统编法律教材，《人格权法》③单列一门课程，足显人格权法在民法中的重要地位及研究成果的力度。各大法律出版社都出版了人格权法的教材，有些法律院校还专门开设人格权法课程。在今天，我国人格权法研究已经取得重大进展，在各国人格权法研究中已经进入先进水平。

二、人格权法理论研究的发展线索和存在的问题

（一）人格权法理论研究发展的基本线索

二十多年来，我国对于人格权法的理论研究，基本上沿着两条线索发展。

① 李由义主编：《民法学》，北京大学出版社1988年版。
② 张俊浩主编：《民法学原理》，中国政法大学出版社1991年版。
③ 王利明、杨立新、姚辉：《人格权法》，法律出版社1997年版。

第一，通过研究侵权法研究人格权法。研究侵权法，必然涉及侵权行为的客体，即通过研究侵权行为所侵害的客体研究人格权、财产权问题。这样的研究途径，使我国对人格权的理论研究达到了相当的深度。《民法通则》颁布实施以后，这种研究途径之一是把研究焦点聚集在精神损害赔偿问题上。学者研究精神损害赔偿，着重研究姓名权、名称权、肖像权、名誉权和荣誉权，继而扩大到法律未加规定的隐私权、人身自由权、信用权、性自主权、形象权、声音权等，对生命权、健康权和身体权也进行了新的探索，使研究领域不断扩大，研究程度不断深化。在精神损害赔偿责任的体系建设中，加强了对人格权的保护。在最高人民法院颁布的《关于确定民事侵权精神损害赔偿责任若干问题的解释》中，就是通过这样的途径取得进展的，作出了重要贡献。

第二，对人格权进行专门研究。这种研究途径与前一种研究途径不同，是专门研究人格权及其法律保护问题的，在研究人格权保护问题上又涉及人格权的侵权责任的保护。可见人格权法和侵权责任法之间具有密切关系，二者互相促进，共同发展。这一研究方法首先是对处于热点的名誉权和肖像权进行研究，继而扩展到姓名权、隐私权、人身自由权、信用权、荣誉权，以及身体权、生命权、健康权和一般人格权，建立了比较完善的人格权法理论体系，创建了丰富的人格权理论。近年来，学者更加注重研究公开权、自我决定权，提出抽象人格权的概念和体系的设想，取得了突破性的进展，已经达到了系统化、理论化的程度。

上述两种人格权法的研究途径相辅相成，收到了殊途同归、异曲同工的效果，共同推动了人格权法理论研究的不断发展。

（二）我国人格权法理论研究存在的问题

就目前人格权法理论研究现状而言，还存在以下问题：

第一，对于人格权法在民法典中的地位还有不同意见，存在重大争论。目前，最主要的争论在于，人格权法在民法典中的位置究竟是放在民法分则中作为一编，还是放在民法总则中的民事主体部分规定。我们主张已如前所述，但是也有很多人不赞同这样的意见，认为人格权法不具有相对独立的民法地位，更应当随同民事主体制度一并规定，[①]即瑞士民法典的体例。我们认为，这样做是我国立法的倒退，否定了我国《民法通则》建立起来的人格权立法的“中国模式”，是不正确的。不过，这个问题的争论的各方都不否定我国人格权法的重要地位，也不是轻视人格权的重大作用，而仅仅是一个立法的方法问题。目前，越来越多的学者接受了人格权法单独立法的意见。

第二，关于人格权的体系建设，还存在整合的空间。正如有人提出的那样，我国目

---

① 这是梁慧星等的意见，参见梁慧星主编：《中国民法典草案建议》，法律出版社2005年版，第9～11页。

前人格权体系,是一般人格权与具体人格权相对应,而这两个概念是不对应的,“一般”应当与“特殊”相对应,“具体”应当与“抽象”相对应。这说明人格权体系的逻辑结构还存在问题。对此,应当进一步整合,建立完善的人格权体系。

第三,对于一些具体人格权的研究比较深入,对有些人格权则研究不够。如名誉权、姓名权、肖像权等人格权的研究已经具有相当的深度,对身体权、健康权、生命权的研究也比较深入,但比较偏重于对损害救济的研究。从研究现状上看,基本上是对立法已经规定的人格权的研究都比较深入,对于立法没有规定的人身自由权、性自主权等研究不够深入;对于热点的人格权研究得比较充分,对比较不热点的人格权,研究得不够深入;对于司法实践中反映的问题就事论事的研究较多,对于基础理论以及理论与实践密切结合的研究较少。对于人格权中的一些新的权利的研究,例如声音权、形象权、知情权、商品化权等权利,以及具有私权性质的宪法权利的民法保护问题,都还存在研究比较薄弱的问题。

第四,对于人格权的民法保护请求权研究还处于起步阶段,尽管已经提出了人格权请求权的一些成果,[①]但也仅仅是提出了一些初步设想,没有形成争鸣,没有进行充分的讨论,因此,也就没有提出完整的理论体系,需要进一步深入细致的研究,争取有所突破,推进立法和司法的发展。

第四节　我国司法对人格权法发展的重大贡献

一、最高人民法院有关人格权的司法解释

《民法通则》公布实施以后,中国各级人民法院在司法实践中认真执行,不断总结,在对民事主体的人格权保护中,发展了《民法通则》关于人格权法律保护的立法精神,取得了重大进展。

在这方面,应当特别提到最高人民法院就人格权的法律保护所做出的努力。这就是通过司法解释的方法,贯彻法律规定,提出保护方法,发展立法精神,扩大保护范围。

这些司法解释包括,最高人民法院《关于贯彻执行〈中华人民共和国民法通则〉若干问题的意见(试行)》,关于审理名誉权案件有关问题的解答和解释,以及有关人格权法律保护的单行司法解释。特别重要的是,2001 年 3 月 10 日最高人民法院公布《关于

① 杨立新、袁雪石:“论人格权请求权”,载《法学研究》2003 年第 6 期。

行为类型规定得不够具体，对很多应当规定的侵权行为类型没有作出规定。人身损害赔偿司法解释从司法实践需要出发，吸收研究成果，总结实践经验，对于违反安全保障义务的侵权责任、学生伤害事故责任、法人侵权责任、雇主责任、定作人指示过失责任等侵权行为类型，都作出了具体规定，补充了立法的不足，推动了我国侵权行为法的发展，也推进了我国人格权保护制度。

三、精神损害赔偿司法解释在理论和实践上的重大进展

最高人民法院精神损害赔偿司法解释对于人格权司法保护方面的重大进展，可以概括为“六大突破，一个核心”。

(一)精神损害赔偿司法解释的六大突破

对自然人的人格权进行司法保护，精神损害赔偿司法解释有六个重大突破。这表明了中国司法机关对于自然人人格权、人格利益和身份权法律保护取得了重大进展。

1. 在保护生命权、健康权和身体权方面的重大突破

确定非法侵害生命权、健康权、身体权，造成精神痛苦损害的，可以请求精神损害抚慰金赔偿，这是第一个重大的突破。尤其是规定对身体权的非法侵害可以适用精神损害赔偿责任进行救济，具有特别的意义。

《民法通则》关于生命健康权的赔偿规定在第119条中，没有赔偿抚慰金的内容。这实际上就否定了对物质性的人格权进行精神损害赔偿的适用。这个规定的片面性很快就在实践中暴露出来了。在以后的法律和行政法规中，陆续规定了赔偿死亡补偿费或死亡赔偿金、残疾赔偿金这些具有精神损害赔偿性质的赔偿项目，在实践中发挥了很好的作用。但是，一方面，这些规定的适用都有一定的限制，因为这些法律和行政法规都在适用的领域上有一定限制；另一方面，在侵害健康权没有造成死亡和残疾结果的，以及侵害身体权的，都没有规定可以请求精神损害赔偿。在精神损害赔偿司法解释中，最高人民法院总结实践经验，依循这些法律和行政法规的立法精神，确定了这种精神损害抚慰金的赔偿，对于保护人的物质性人格权具有重要意义。

《民法通则》对身体权的规定不够明确。因此，在实践中和理论上，对于身体权是不是一个具体人格权存在不同看法，法律也没有明确规定如何进行保护。应当特别指出的是，对于身体权的法律保护，主要的方式就是精神损害赔偿，法律中没有特别规定，就使对身体权的法律保护没有可操作性。① 精神损害赔偿司法解释规定对身体权的侵害可以请求抚慰金赔偿，不仅在对身体权是不是一个具体人格权的争论中肯定了“肯定说”的主张，确认身体权包括在“生命健康权”的概念之中，而且可以适用精神损

① 杨立新：“公民身体权及其民法保护”，载《民法判解研究与适用》，中国检察出版社1994年版。

害赔偿的方法对身体权的损害进行救济，对侵权人的行为进行制裁。这在理论上和实践上都具有重要意义。

2. 在人格尊严权和人身自由权法律保护方面的重大突破

精神损害赔偿司法解释对于人格尊严权和人身自由权进行法律保护，规定可以请求精神损害赔偿，也是一个重大突破。

《民法通则》"民事权利"一章没有规定人身自由权；对于人格尊严的规定放在名誉权的规定当中；这种做法有很大问题。人身自由权是一种具体人格权，没有作出规定就是一个漏洞，在实践中对侵害人身自由权的行为就没有办法进行民事制裁。[①]《民法通则》对于人格尊严的规定存在的问题，是没有确认其一般人格权的地位，而是规定在名誉权的条文之中，使人们认为人格尊严是名誉权的具体内容；这更是一个重大错误。[②]《民法通则》存在的这些问题，和制定《民法通则》时刚刚开始改革开放，对一些重大的法律问题在理论上认识还不够清楚有关。在《国家赔偿法》中，规定了对人身自由权损害的赔偿，在《消费者权益保护法》中，规定了对人格尊严和人身自由权的保护，在实践中产生了很好的效果。这是一种很好的补救措施，但是都有局限性。

这一司法解释将上述法律的立法精神扩展到了普遍适用的范围，具有重要意义。凡是侵害人身自由权和人格尊严权的，进行司法保护时就不必类推适用这些单行法的规定，可以直接按照司法解释的规定作出判决。特别重要的是，人格尊严在理论上称之为一般人格权，是概括一般人格利益的一种抽象人格权，不仅对具体的人格权具有解释和创造的作用，而且具有补充法律对具体人格权保护立法不足的作用。任何不能被具体人格权保护的人格利益，如果有进行法律保护的必要，都可以适用一般人格权保护的规定。人格尊严是一般人格权的核心内容，对人格尊严权的保护，就是对一般人格权的保护。只要有了这一规定，对任何侵害人格利益的行为，如果立法规定不足并且有必要进行法律保护，都可以认定为是对人格尊严的侵害而进行法律保护。专家认为，在具体处理案件的时候，应当优先适用具体人格权的规定，而将一般人格权作为补充适用的条款，[③]是完全正确的。

3. 对隐私权的保护司法解释规定适用直接保护方式进行

《民法通则》对隐私权没有规定。在最高人民法院有关《民法通则》的司法解释和以后的单行司法解释中，曾经几次对隐私权保护的必要性作了提示，并且规定了一定的保护措施，但规定都有局限性，在学理上称之为间接保护方式，即对侵害隐私权的行为需要比照侵害名誉权的法律规定处理，这对隐私权的保护是不周到的。精神损害赔

---

① 杨立新："侵害自由权及其民法救济"，载《民法判解研究与适用》，中国检察出版社 1994 年版。

② 杨立新：《民法判解研究与适用》（第 3 辑），中国检察出版社 1997 年版，第 255 页。

③ 陈现杰："人格权司法保护的重大进步和发展"，载《人民法院报》2001 年 3 月。

偿司法解释对隐私权保护的规定，在保护方式上规定了按照直接保护方式进行保护，这不仅是对隐私权保护的一个重大变革，而且等于通过司法解释的方法确认隐私权是一个独立的人格权。这一点，在理论上和实践上都是有重要意义的。①

4. 对亲权和亲属权的司法保护作出明确规定

精神损害赔偿司法解释第2条规定，对非法使被监护人脱离监护、侵害亲权和亲属权的，可以请求精神损害赔偿。这是在以前的立法和司法解释中所没有规定过的。这对于保护亲属法上的身份权，具有重要的意义。② 一些专家都认为这种规定是对监护权的司法保护，③实际上这种行为侵害的不是监护权，而是亲权或者亲属权。

5. 全面扩展保护死者人格利益的范围

《民法通则》对死者人格利益的保护没有进行规定，而死者的某些人格利益确有保护的必要，在《民法通则》的实施中就遇到了这个问题。在"荷花女案件"的审理过程中，最高人民法院作出司法解释，规定对死者的名誉应当进行法律保护。最高人民法院司法解释确定的这个原则，在司法实践中得到了贯彻实施，取得了很好的效果，在实践中对保护死者人格利益起到了重要的作用。但是，对于死者其他人格利益保护，实践上和理论上都认为确有保护的必要，但是在操作上没有依据。因而，除了对死者的肖像利益和遗体有法院作出过探索性的判决以外，涉及对死者其他人格利益的保护，就没有办法进行法律救济。

精神损害赔偿司法解释将对死者名誉利益的司法保护，扩展到死者的姓名、肖像、荣誉、隐私以及遗体和遗骨等人格利益方面。这是一个非常重要的规定，填补了立法的缺陷，对于维护死者的人格利益，维护正常的人际关系和社会稳定，都有重要意义。

6. 将精神损害赔偿的适用扩展到具有人格因素的某些财产权损害的场合

精神损害赔偿司法解释规定，对于侵害具有特殊人格象征意义的特定纪念物品可以请求精神损害赔偿，这就突破了精神损害赔偿限于人格权利遭受损害的界限，有条件地扩展到了侵害财产权的场合。这是一个很大的突破，目前只有少数国家实行这种精神损害赔偿方法。侵害特定纪念物品，不能认为是对人格权的侵害，而是对财产权的侵害。在各国的立法规定中，一般都将精神损害赔偿限制在侵害人格权和身份权的场合之中，不扩展到侵害财产权的场合，侵害财产不适用精神损害赔偿的救济方法。在日本等国，对于有特定纪念意义的物品进行侵害，造成精神损害的，也可以请求精神

---

① 对此，有不同的看法。在司法解释条文中的措辞也是很谨慎的，没有直接称之为隐私权，而是称之为"隐私"，回避了是不是一个人格权的问题。

② 在精神损害赔偿司法解释中，规定是对亲子关系或者近亲属间的亲属关系的侵害，这实际上就是亲权和亲属权这两种身份权。

③ 陈现杰："人格权司法保护的重大进步和发展"，载《人民法院报》2001年3月。

损害赔偿。这种做法受到各国理论上的肯定,但在实践中采纳的不多。在一些具有重要纪念意义的纪念物品上,体现了人格利益的内容,对这些物品的侵害,有可能损害财产所有人的精神利益,造成精神痛苦。精神损害赔偿司法解释采纳这种司法经验,对这种侵害财产权的行为如果受害人"以侵权为由"起诉请求精神损害赔偿,可以确定加害人承担精神损害赔偿责任,对当事人的权利保护更加周到。①

(二)对其他人格利益遭受侵害进行精神损害赔偿保护的规定是司法解释的核心内容

在精神损害赔偿司法解释中,有一个引人注目的条款,就是第1条第2款。它规定:"违反社会公共利益、社会公德侵害他人隐私或者其他人格利益,受害人以侵权为由向人民法院起诉请求赔偿精神损害的,人民法院应当依法予以受理。"

这个"其他人格利益"条款是这个司法解释中最具伸展性、包容性的一个弹性条款,也是中国司法保护人格利益的核心问题。

从立法技术上讲,在任何法律、法规、司法解释的制定中,都要运用好弹性条款,使立法的条文具有包容性,不能有所遗漏。众所周知,法律总是从不同的角度规范社会生活现象。也正是由于社会生活现象太复杂、太丰富了,而人们对社会生活的认识和了解总是有限的,因此,任何法律要想做到穷尽生活现象都是不可能的。因此,立法就要制定弹性条款,把尚未认识的、尚不了解的社会生活现象以及立法者还不愿意公开指出的某些内容,概括在弹性条款当中。这个"其他人格利益"的规定,就是运用这种立法技术,把应当依法予以保护的人格利益全部包容进去。

从立法内容上讲,这个弹性条款最基本的作用,是概括对人格利益保护的任何未尽事宜。任何人格利益,凡是没有明文规定的,只要需要依法保护,都可以概括到这个概念当中。例如,法律没有规定,这个司法解释也没有提到的性自主权,还有在当今经常说到的生活安宁权、知情权等,这些没有成为具体人格权的人格利益都可以概括到这里面来。因而可以说,这个司法解释中的这一弹性条款的规定,就使中国的法律对人格利益的保护,扩展到了从来没有的新的范围,使对人格利益司法保护的范围变得非常完整。从这个意义上说,这一个弹性条款是这一司法解释关于保护人格利益方面的核心内容。

从"其他人格利益"这一弹性条款的实体内容来看,可以概括为以下三个方面:

第一,有一些立法上没有规定、但是理论上认为已经具有具体人格权性质的人格权,可以概括在这一弹性条款里面。例如,性自主权等在其他法律中已经规定为人格权并加以刑法和行政法的保护,其民法的保护就可以引用这一规定确定精神损害

① 陈现杰:"人格权司法保护的重大进步和发展",载《人民法院报》2001年3月。

赔偿。

第二,对于一些有可能上升为具体人格权的人格利益,例如生活安宁权、知情权等,应当概括在这里。关于知情权,现在讨论的很多,很多人认为这是一个最有可能成为一个具体人格权的人格利益。还有电话骚扰、门缝广告等行为,都认为是侵害生活安宁权的侵权行为。有了这个"其他人格利益"弹性条款,就可以将其概括进去,对这样的诉讼,法院应予受理、予以司法保护。

第三,对于其他人格权和上述人格利益无法包括的人格利益,也可以概括在"其他人格利益"之中,依法予以司法保护。

可以说,根据这个司法解释的"其他人格利益"的弹性条款,从理论上说,中国的司法对于人格利益的保护几乎是无所不包的,这正是这个司法解释的重大贡献所在。将来在制定民法典的时候,一定要把这个司法解释的精华进一步升华,使之成为法律条文。

第五节 我国当代人格权立法与展望

一、我国当代人格权立法特点

《民法通则》关于人格权的立法,为我国人格权立法的发展开创了一个良好的开端,确立了一个良好的基础。这不仅表现在于立法体例上创造了人格权相对独立的地位,同时也表现在由于《民法通则》的"通则"性质,还需要通过具体的立法使它完善起来,这就要在立法上专门设立人格权法,继续坚持民法通则人格权立法的"中国模式"。正因为如此,在制定民法典时,制定人格权法必须对这个最具中国特色、具有世界领先意义的"中国模式"予以充分肯定,继续坚持,发扬光大。

立法机关在起草民法典时,已经有了继续坚持《民法通则》确定的人格权法立法例的意向,在民法典草案专门规定了第四编即人格权法编,分别规定了一般人格权和最重要的具体人格权。无须犹疑,人格权法——民法典人格权编的创设,不仅是时代的要求,也是我国现实发展的需要,是社会进步的重要体现,它应成为我国未来民法典中最具特色的一部分。①

我们认为,立法机关的这种做法,是对世界民事立法的重大贡献,因此具有重要

① 马俊驹:"关于人格权基础理论问题的探讨",载《法学杂志》2007 年第 5 期。

意义：

第一，突出人的地位，突出人格权的地位，真正使人成为名副其实的权利主体。如果说21世纪的民法应当突出其新世纪的特征，其最重要的特征就是坚持人本主义，突出人的地位和人格权的地位。这是世界各国民法发展的方向；特别是在我国的民法典中突出人的地位和人格权的地位，更有利于防止"文革"悲剧的重演，使人得到最好的尊重和保护。

第二，继承和发扬《民法通则》的优良传统，保持立法思想的连续性和制度的一贯性。《民法通则》关于人格权立法的"中国模式"在实践中的操作是行之有效的。二十几年来，我国立法和司法不断进步，对《民法通则》进行补充和完善，民事主体的民事权利得到了历史上最好的尊重，我国人格权的法律保护已经达到了最好的时期。将《民法通则》人格权立法的传统保持下来，做好法律制度的传承，就能够使我国民事立法的特色，保持先进地位。

第三，扩展人格权立法的空间，更好地发挥人格权保护人的权利的作用。如果改变《民法通则》的传统，将人格权放在民法总则中规定，则空间过于狭小，不利于人格权的发展。将人格权专门规定为一编，就会有更大的空间对人格权进行规定，可以清楚、明确、详细地规定各种具体人格权，不仅有助于帮助人们掌握自己究竟享有哪些人格权、他人应当如何进行尊重，同时，也能够使法官裁判案件有明确的依据，防止出现人格权列举不足，而导致法官滥用或者"向一般条款逃逸"现象的发生。[①]

第四，规定具体人格权的完备内容。首先，应当对尚未在《民法通则》中规定的具体人格权作出具体规定，如人身自由权、性自主权、信用权等均应有法律明文规定，不能再采取司法解释或者类推等方式予以保护。其次，应规定具体人格权的概念、客体范围、侵权形式、保护方法等具体内容。

第五，完善人格权的民法保护方法。首先，应对侵害物质性人格权的民法救济扩大内容、扩大赔偿范围，使其财产损害得到有效的补偿。其次，建立人格利益损害赔偿制度和精神痛苦损害的抚慰金赔偿制度，统称精神损害赔偿，前者适用于人格利益的财产损害和非财产损害，后者适用于侵害人格权所造成的精神痛苦损害；前者既适用于公民也适用于法人，后者只适用于公民。最后，对于公民人格权的延伸保护问题，应作出规定。特别重要的是，关于民法保护民事权利的请求权方法，应当立法进行完善的规定，使之成为完善的法律制度，以更好地保护人格权和身份权。

借助于人格权立法的大好形势，理论上要投入更大的力量，全面研究人格权法理论，构建人格权的理论体系，为人格权立法做出更加重要的准备。由于《民法通则》的

① 王利明主编：《民法典·人格权法重大疑难问题研究》，中国法制出版社2007年版，第4页。

成功尝试，由于世界范围内人权运动的深入发展，也由于我国立法、司法、法学工作者的不懈努力，人们有理由相信，我国完备的、完善的、完整的人格权立法，有着辉煌的前程，将在维护公民、法人人格权益中发挥巨大作用，更好地保护民事主体的人格权。

二、我国人格权立法的展望

（一）应当理顺人格权体系的逻辑关系

我国民法通说对人格权体系的认识是不准确的。其理由是，第一，将一般人格权与具体人格权相对应，本身就存在逻辑的不合理性。理由是一般与具体两个概念不对应，一般对应的是特别，具体对应的是抽象。第二，从一般人格权与具体人格权相对应的立场出发，无法处理人格商业利用权和自我决定权的关系。例如，有的学者将人格商品化权作为特殊人格权对待，[①]有的学者将"公开权和人格权商品化"放在人格权总论中阐释，[②]这都无法确定其确切的法律地位。

按照我的研究和体会，设立抽象人格权制度，使其与具体人格权相对应，构建一个完整的、逻辑合理、通畅的人格权体系。在人格权立法中，将一般人格权等放在抽象人格权体系中，规定在人格权法的总则之中，将各种具体人格权放在分则中规定，就能够实现人格权法和人格权体系的严密逻辑关系。

（二）应当规定抽象人格权的内容

在人格权立法中，抽象人格权应当规定在"总则"当中，如果不设总则，则应当规定在"一般规定"中。

在人格权法总则中，首先应当规定好一般人格权。原因是，一般人格权是具体人格权的母权，成为对各项具体人格权具有指导意义的基本权利，决定各项具体人格权的基本性质、具体内容，以及与其他具体人格权的区分界限。同时，一般人格权还是具体人格权的"渊源权"，或者叫做权利的渊源，是一种具有高度弹性的权利，具有高度的包容性，既可以概括现有的具体人格权，又可以创造新的人格权，还可以对尚未被具体人格权确认保护的其他人格利益发挥其补充的功能。将这些人格利益概括在一般人格利益之中，以一般人格权进行法律保护，当这些没有被具体人格权所概括的人格利益受到侵害时，即可依侵害一般人格权确认其为侵权行为、追究行为人的侵权责任、救济人格利益损害。

目前，我国法律对一般人格权是有规定的，但规定不完善。在我国民法典人格权法编中，应当首先规定一般人格权。在民法典人格权法中规定一般人格权，主要是要

---

① 马俊驹：《人格和人格权理论讲稿》，法律出版社 2009 年版，目录第 6 页。

② 王利明：《人格权法研究》，中国人民大学出版社 2005 年版，第 259 页以下。

规定好以下三个基本内容,即人格独立、人格自由以及人格尊严。应当特别区别的是,人格自由是一般人格权的内容,人身自由是具体人格权。很多学者对此没有弄清逻辑关系,经常出现错误。

其次应当规定好自我决定权和人格商业利用权。前者是民事主体行使权利的自主决定、不受他人干涉的权利;后者是民事主体将自己的人格利益进行商业化利用,其支配和利用应当由自己享有的权利。这两个抽象人格权都关乎民事主体自己的人格权和人格利益的行使和保护,都必须作出科学、准确的规定。

(三)人格权法应当规定的具体人格权

1. 生命权、健康权、身体权

人格权法应当首先规定"自然人享有生命权"。规定生命神圣不可侵犯,禁止非法剥夺;规定生命不可放弃,只有为社会公共利益、他人合法利益或法律另有规定的,才不在此限。同时还应当规定安乐死合法化,具备必要条件的,自然人有权选择安乐死,包括积极安乐死和消极安乐死。

人格权法应当规定"自然人享有健康权",禁止任何人侵害自然人的身心健康。同时,应当规定由于灾害、事故、疾病等原因,使自然人生命、健康权受到威胁时,医疗机构及医护人员不得拒绝救治。

人格权法应当规定"自然人享有身体权",禁止侵害自然人身体、破坏身体的完整性。针对目前存在的问题,应当规定自然人有权决定将自己身体的血液、骨髓等体液和器官捐献给医学科研、教学、医疗机构或者需要救助的他人;无行为能力人、限制行为能力人所作的捐献应由法定代理人同意。自然人有权决定自己遗体的捐献、解剖、安葬或进行其他合法的处分。自然人生前未对其遗体的处分作出明确表示的,其近亲属可以作出决定。还应当规定对自然人进行医疗检查、手术、人体试验、施行新的治疗方法等,必须经当事人同意;无行为能力人或限制行为能力人的医疗行为由法定代理人同意;法律另有规定者除外。自然人对与其身体分离部分的支配受法律保护。他人对该分离部分的处分应经当事人或其法定代理人同意,法律另有规定者除外。对身体或其组织、器官进行重大处分的表示应以书面形式作出,以口头方式作出者,应有两个见证人在场见证。法律应当规定,禁止买卖人体组织、器官,禁止买卖死者遗体及其组成部分。

2. 姓名权、名称权、肖像权、形象权、声音权

人格权法应当规定"自然人享有姓名权",规定姓名包括姓和名。应当规定禁止他人盗用、假冒自然人的姓名,禁止干涉自然人依法行使姓名权的行为。姓名权受到侵害的,权利人可以请求法院除去侵害,并可以请求损害赔偿。自然人的姓名权不得转让,任何转让姓名的行为均为无效。

人格权法应当规定"法人及其他组织享有名称权"。法人及其他组织有权决定、使用和依照法律规定变更自己的名称。禁止盗用、假冒法人和其他组织的名称。企业法人或者其他组织的名称可以依法转让,但法律另有规定的除外。企业法人或者其他组织转让其名称权,其经营权也应随之转让。在营业终止的情况下,其名称可以单独转让。企业或者其他组织可以依照法律规定,允许他人使用其名称。准许他人使用名称的,双方应当签订书面合同,约定使用范围、使用期限、使用方式等内容,使用人应当按照约定范围使用。

人格权法应当规定"自然人享有肖像权"。规定肖像是指通过绘画、照相、雕塑、录像、电影等造型艺术方式所反映的自然人的面部形象,对此,权利人享有制作、使用和准许他人部分使用的权利。自然人有权通过造型艺术方式及其他形式再现自己的形象;制作他人的肖像,应当征得本人同意。自然人有权自己利用或者许可他人利用本人的肖像;利用他人的肖像,应当征得本人同意,并以协议方式约定使用范围等有关事项。非经本人同意,任何人不得非法使用他人的肖像。应当明确规定禁止以违背社会公德的方式使用他人的肖像。

人格权法应当规定"自然人的声音标识受法律保护",未经同意,不得私自录制他人的声音,但法律另有规定的除外。禁止歪曲、模仿、剪接他人的声音,自然人可以同他人签订有偿的声音使用许可合同。

人格权法应当规定"自然人享有形象权",对于个人除了以面部为主体的肖像以外的其他身体形象,自然人享有权利,禁止他人非法侵害。同时应当规定,指纹、掌纹等其他视觉上能够辨别的个人身体标识准用形象权保护规则进行保护。

3. 名誉权、信用权、荣誉权

人格权法应当规定"自然人、法人和其他组织享有名誉权"。自然人、法人和其他组织有权保持、维护自己的名誉,并享有名誉所体现的利益。禁止以侮辱、诽谤等方式损害自然人、法人和其他组织的名誉。人格权法应当明确规定,禁止利用严重失实的新闻报道损害他人名誉,禁止利用内容不当的文学作品损害他人名誉,禁止借检举、控告之名,侮辱、诽谤他人。

人格权法应当规定"自然人、法人和其他组织享有信用权"。应当界定,信用是指自然人、法人和其他组织就其经济能力和履约意愿所获得的社会评价与信赖。自然人、法人和其他组织有权保持自己的信用,享有信用利益,维护其信用不受非法侵害。在当前我国诚信道德和诚信秩序缺失的情况下,应当特别鼓励建设征信机构。法律应当明确规定,征信机构应当客观、公正地调查、收集、整理、提供自然人、法人和其他组织的信用信息,确保该信息准确、完整、及时。征信机构应当按照独立、公正和审慎的原则,依据科学的评估办法,对自然人、法人和其他组织作出正确、客观的信用评级,服务社会。

人格权法应当规定"自然人、法人和其他组织享有荣誉权",禁止非法剥夺、诋毁、侵占自然人、法人或者其他组织的荣誉称号。自然人、法人和其他组织有权获得因其荣誉所产生的物质利益,禁止任何人非法剥夺该利益。

4. 人身自由权、隐私权、性自主权、婚姻自主权、个人信息知情权

人格权法应当规定"自然人享有人身自由权,自然人的人身自由不受侵犯",禁止非法拘禁或者以其他方法剥夺、限制自然人的身体自由,禁止以欺诈、胁迫等手段侵害自然人的意志自由。任何自然人,非经人民检察院批准或决定,或者人民法院决定,并由公安机关执行,不受逮捕。所有被剥夺自由的人应获得人道及尊重其固有的人格尊严的待遇。还应当特别规定,非经正当程序,任何单位和个人不得对自然人非法进行强制性治疗。任何人不得仅仅由于无力履行约定义务而被监禁。禁止强制劳动和奴隶制。

人格权法应当规定"自然人享有隐私权"。应当明确规定,未经合法授权,任何单位和个人不得侵害自然人与社会公共利益无关的隐私。隐私权保护的隐私范围,应当包括私人信息、私人活动、私人空间以及私人生活安宁。应当特别规定,权利人就其个人信息依法享有权利,不得预先抛弃或以特别约定进行限制。信息使用者不得作出违反收集信息原则的行为,但如果该行为是依法进行的除外。自然人的私人空间不受外界侵扰,自然人的生活安宁受法律保护,禁止以窥视、窃听、跟踪、侵入、信件或电话骚扰等方式侵犯私人空间,破坏自然人的生活安宁。

人格权法应当规定"自然人享有性自主权"。规定性自主权是指自然人自主保持其性纯洁、支配其性利益的人格权。禁止以强迫卖淫、强奸、奸淫幼女、鸡奸、猥亵等方式侵害他人性自主权。禁止以任何方式对自然人实行性骚扰。用人单位应当采取合理措施避免工作场所的性骚扰,未尽到注意义务的,应当就其受害人受到的侵害承担相应的责任。

人格权法应当规定"自然人享有婚姻自主权",有权自主决定与他人结婚和离婚。禁止买卖、包办婚姻和其他干涉婚姻自由的行为。

人格权法应当规定"自然人对于个人的信息资料享有知情权",任何人不得侵害。自然人行使知情权不得侵害他人的合法权益。

第二章　人格权法的历史发展

第一节　国外人格权法的历史发展

一、关于物质性人格权的立法

人格权虽然是近现代法律确立的法律概念，但是，法律对人格权的保护，尤其是对具体人格权的保护，却具有悠久的历史，与法律的产生、发展具有相同的历史。

对于物质性人格权即生命权、健康权和身体权的法律保护，经历了同态复仇、自由赔偿、强制赔偿和双重赔偿四个时期。

（一）同态复仇时期

在远古社会中，最早由法律保护的人格权是健康权和生命权。任何剥夺他人生命权的行为，都被视为严重的犯罪行为。同样，对于伤害他人身体，侵害他人健康权的行为，也必须受到法律制裁。这种最早的对健康权、生命权的法律保护，采取的是由受害人及其血亲对加害人进行同态复仇的方法。

当时的复仇制度分为两种。一种是对外的血族复仇，是基于“血族连带责任”观念发生的保护方法，被害人的血族对杀人者的血族采用集团方式举行血斗。古希腊习惯法规定，氏族内部在受到人身侵害时，负有提供帮助、保护和支援的义务。在北美易洛魁人的习惯法中，如果一个氏族成员被外族人杀害了，被害者的氏族就指定一个或几个复仇者，去寻找凶手，把他杀死。对于伤害身体，则采取“以血还血、以牙还牙”

的方式，伤害加害人或加害人血亲的身体健康，但以采用同程度的伤害为限。另一种是对内的复仇，一般采用宗教方式，对被复仇者宣布剥夺其一切权利，视同禽兽，人人得而诛之。

这是古代习惯法时期对物质性人格权法律保护的基本方法。这种野蛮的法律保护方法尽管为今天的社会观念所不容，但与当时社会的文明程度相适应，按照当时的价值尺度来衡量，却是最为公平不过的。

（二）自由赔偿时期

随着社会的发展和文明的进步，对人的物质性人格权的法律保护方法产生了一定的变化，这就是逐渐产生的用金钱赔偿替代同态复仇的变通方法。受害人及其血亲有权进行选择，或者放弃复仇的权利而接受赔偿，或者拒绝接受赔偿而坚持实行复仇。

最初，赔偿并非由金钱支付，而是支付马匹或者其他牲畜，继而改由金钱赔偿。至于赔偿的数额，不是由法律规定而是由当事人双方商定。这种被法学家称之为自由赔偿的人身损害赔偿，严格地说，并不是真正为了填补受害人的损失，而是对受害人及其血亲放弃复仇权利所给予的报偿。这种制度早在习惯法时期就已经产生，但一直延续很久，直至罗马法早期仍有这种规定。《十二铜表法》第8表第2条规定："毁伤他人肢体而不能和解的，他人亦得依同态复仇而毁伤其肢体。"在此之前，《汉穆拉比法典》也有类似的规定，一方面规定对伤害他人者应予赔偿，如该法第206条规定："倘自由民在争执中殴打自由民而使之受伤，则此自由民应发誓云：'吾非故意致之，并赔偿医药费。'"另一方面，规定受害人保留同态复仇的权利，如该法第196条规定："倘自由民损毁任何自由民之子眼，则应毁其眼。"就个人利益而言，放弃复仇而接受赔偿对受害人明显有利；就社会利益而言，选择赔偿而放弃复仇就减少了不必要的人身损害，有利于社会的安定和社会的发展。这既反映了时代的发展和人类文明的进步，也体现了人类价值观念的变化，为科学的物质性人格权法律保护制度的建立奠定了基础。

（三）强制赔偿时期

自由赔偿时期对物质性人格权法律保护的有益尝试，为后世的强制赔偿时期的到来开启了大门。强制赔偿首先对身体健康权的轻微伤害适用，规定禁止复仇，均强制以赔偿代替；对于杀人、重伤还可以选择赔偿或复仇。至罗马最高裁判官法，最终确立了对人身体、健康、生命的侵害一律实行强制性的金钱赔偿；最高裁判官法确认赔偿数额由法官依据被害人的身份、地位、伤害的部位以及侵权行为发生的场所来计算。至查士丁尼《国法大全》，规定对人私犯（即侵害人格权的侵权行为）产生侵权之债，建立了真正意义上的对物质性人格权的侵权损害赔偿法律保护制度。[①] 这是侵权法的一个

① 罗马法上的对人私犯，并不只是对物质性人格权的法律保护，还包括对精神性人格权的法律保护。

重大进步,在人格权的发展历史上具有划时代的意义,最终划清了侵权法的蒙昧时期与文明时期的界限。

(四)双重赔偿时期

双重赔偿,是指对于物质性人格权的法律保护,不仅要赔偿财产上的损失,而且要赔偿因物质性人格权受侵害所造成的精神损害。

这种制度始于罗马卡尔威(Karlv)刑法典第20条规定:"违法加暴行于他人身体之人,对于痛苦应予以赔偿。"这项制度后来被德国法确认为抚慰金请求之诉,法国则自19世纪中叶以判例认之,1883年1月瑞士旧债务法确认此制,到《德国民法典》颁布实施则将此制最终完善。该法第823条规定:"因故意或过失不法侵害他人的生命、身体、健康、自由、所有权或其他权利者,对被害人负损害赔偿的义务。"第847条第1款规定:"不法侵害他人的身体或健康,或剥夺他人自由者,被害人所受侵害虽非财产上的损失,亦得因受损害,请求赔偿相当的金额。"德国法的这一双重赔偿制度,对于物质性人格权的保护稍有遗憾之处,就是对侵害生命权的抚慰金赔偿没有规定。《日本民法》弥补了这一缺陷,于第709条和第710条规定了与德国法上述内容相同的条文后,专设了第711条对死者亲属的赔偿条文,规定:"害他人生命者,对于受害人的父母、配偶及子女,虽未害及其财产权,亦应赔偿损失。"这个精神损害赔偿的规定堪称全面。

在双重赔偿时期中,《德国民法典》是物质性人格权法律保护现代化的标志,在立法上确立了身体权、健康权、生命权的概念,使物质性人格权制度正式成为权利体系和保护体系的有机整体。

二、关于精神性人格权的立法

国外对于精神性人格权的立法发展远比物质性人格权的发展复杂。关于精神性人格权的发展历史,大致可以分成古代习惯法时期、古代成文法时期、近现代法时期和后"二战"时期四个时期。

(一)古代习惯法时期

在远古的习惯法时期,有关精神性人格权并没有太多的记载。据仍然存在的一些原始人群的生活习惯,发现了一些人格权的习惯法,由此可以反映出远古习惯法的某些侧面。

在18世纪仍保持着原始社会后期形态的平原印第安人的生活中,有着严格的贞操观念,切依因纳人采取了很多预防措施以使妇女恪守贞操,侵害妇女贞操的行为要受到该女子亲属的严厉制裁,甚至可以用石块将其打死。[①] 在19世纪70年代非洲西

① [美]霍贝尔:《初民的法律》,周勇译,中国社会科学出版社1993年版,第187~189页。

部黄金海岸，阿散蒂人仍保持原始社会后期的习惯法。他们很严格地维护个人的尊严和名誉：辱骂一般的平民百姓是私法上的违法行为，辱骂首领则为犯罪行为，均应受到制裁；甚至将两手握拳、两根拇指竖起紧紧揿压在一起的手势动作都是辱骂的非法行为。至于与行经的妇女发生性关系，在灌木丛中强奸已婚妇女，都是侵害了妇女的贞操权，应处以死刑。①

从这些习惯法的内容观察，在远古习惯法时期，名誉、贞操等都是重要的人格权，均受到习惯法的保护。

（二）古代成文法时期

在古代成文法时期，对于精神性人格权的立法仍着眼于保护，但具体人格权的范围已经有所扩大。

公元前 18 世纪的《汉穆拉比法典》第 1 条规定："倘自由民宣誓揭发自由民之罪，控其杀人而不能证实，揭发之罪者应处死。"第 2 条规定："倘自由民控自由民犯巫蛊之罪而不能证实，则被控犯巫蛊之罪者应行至于河而投入之。倘彼为河所占有，则控告者可占领其房屋；倘河为之洗白而彼仍无恙，则控彼巫蛊者应处死；投河者取得控告者之房屋。"第 127 条规定："倘自由民指摘神祇或自由民之妻，而无罪证者，则此自由民应交与法官，并髡其鬓。"《摩奴法典》第 8 章第 127 条规定："滥施刑罚毁名声和荣誉于人世，甚至妨碍死后升天堂；因此，他应忌讳之。"第 225 条规定："凡是怀着敌意说一个处女'不是处女'的人，如果不能证明她的缺陷，那就应该被罚一百。"此外，《摩奴法典》在第 8 章第 267 条至第 277 条，详细规定了对言语伤人的裁决办法，其中第 269 条规定："侮辱本种姓的再生人，应该只罚十二；如果骂人的话不堪言说，则其数加倍。"第 271 条规定："如果他在称呼他们的名字和种姓的时候出言不逊，他就应该被烧红的十指铁钉刺进嘴。"第 274 条规定："对人以'独眼'、'瘸子'或者其他同类之词相称者，即使符合事实，也至少应罚一迦尔舍波那。"②

在古代成文法早期的上述规定中，最重要的精神性人格权是名誉权，《汉穆拉比法典》第 1 条、第 2 条、第 127 条规定，《摩奴法典》第 8 章第 127 条、第 269 条、第 274 条的规定都是对名誉权的保护。最值得研究的是《汉穆拉比法典》第 2 条规定，该条文的内容实际上规定的是无证据控告的神明裁判制度，当神证明为错告时，除对控告者处死外，被诬告之人取得控告者的房屋。以控告者的房屋这种财产对被诬告之人进行名誉损害的补偿，恐怕是历史上最早的精神损害抚慰金赔偿制度。《摩奴法典》第 269 条的规定也是一个典型的精神损害赔偿的法律条文。

① [美]霍贝尔：《初民的法律》，周勇译，中国社会科学出版社 1993 年版，第 271 ~ 272 页、第 270 页。

② 以上引文，均见《摩奴法论》，蒋忠新译，中国社会科学出版社 1986 年版，第 149 ~ 161 页。

古代早期成文法关于精神性人格权的立法条文中，还出现了贞操权和姓名权的规定。《摩奴法典》第271条规定，就是关于姓名权的保护规范；第225条规定的则是对贞操权的保护。显然，至公元初年，精神性人格权已经有所扩大，至少有名誉权、贞操权和姓名权的法律保护制度。

古代成文法后期，罗马法关于人格权的立法有了重大发展。其中最重要的发展，是使用了人格的概念。罗马法中的caput，也称做personalita，实际上是指权利主体的民事权利能力，具有法律上的人格，即具有权利义务主体的资格，可以因为某种事实造成市民的人格减等，甚至人格丧失。人格的取得须具备三个条件：一为人的生存，二为自由的身份，三为市民的身份。① 人格的内容包括自由权、市民权和家庭权，如果其中有一项权利丧失或变化即为人格减等。其中只丧失家族权的，是人格小减等；丧失家族权和市民权只保留自由权的，是人格中减等；丧失全部三项权利者，为人格大减等，成为无人格之人，成为奴隶。②

在罗马法上出现的最重要的人格权，是自由权，这种权利成为自然人获得法律人格最基本的条件，享有自由权，无论是具有完全的法律人格还是有限制的人格，都还被称为人，丧失自由权即丧失做人的资格，沦为他人财产之一部分。这种自由权的概念虽与现代法律上的自由权概念不完全相同，而具有基本的权利能力的含义，但对理解自由权的概念仍不无重要的启发意义。

罗马法的另一个重要的人格权是名誉权。在罗马法中，只有名誉健全并享有各种公权和私权的人，才算有名誉。导致不名誉的原因，一是在公共审判中受到刑事处罚；二是在关于合伙、监护、委托、寄托的审判中受到处罚；三是从事戏剧、角斗技艺，从事卑下职业；四是妇女在一年服丧期届满前再婚，明知无父亲命令而娶上述妇女，家父对此表示同意。此外还有重婚、缔结双重婚约、破产者、作虚假宣誓者、被军队开除的士兵和高利贷者。不名誉产生于不另作处罚的行为时为直接不名誉，产生于某一判罪时为间接不名誉；不名誉的法律后果是导致权利能力的削减，不能提出裁判请求或出席审判，不能担任某项职业。③

罗马法的不名誉主要是讲权利能力。罗马法关于私犯的规定才是对名誉权的保护。《十二铜表法》第八表"私犯"第1条规定："以文字诽谤他人，或公然歌唱侮辱他人的歌词的，处死刑。"这种对名誉权的严格保护令人吃惊。在查士丁尼《法学总论》中，把侵害行为（原文为injuria，也译作凌辱、侵辱行为）中侵害名誉权、贞操权的行为，规定为产生损害赔偿之债的法定根据，为侵权行为之债。其中规定：侵害行为的构成不

---

① ［意］彼得罗·彭梵得：《罗马法教科书》，黄风译，中国政法大学出版社1992年版，第29页。

② 江平等：《罗马法基础》（修订本），中国政法大学出版社1991年版，第59～60页。

③ ［意］彼得罗·彭梵得：《罗马法教科书》，黄风译，中国政法大学出版社1992年版，第49～50页。

仅可由于用拳头或棍棒殴打,而且由于当众诬蔑,如诬赖他人是债务人而占有他人的财产,而行为人明知他人对他不负任何债务;或写作、出版诽谤性的诗歌、书籍,进行侮辱,或恶意策动其事;或尾随良家妇女、少年或少女,或着手破坏他人的贞操。① 这些都是私犯,都是今天所说的侵害精神型人格权的侵权行为。

古代法时期尤其是罗马法时期的立法,开创了人类史上对精神性人格权成文法保护的先河。在确认了人格作为民事主体资格的基本制度的基础上,确认了自由权、名誉权、贞操权等具体人格权,并采用损害赔偿的方式作为侵害人格权的法律救济手段,改变了单纯以刑罚方法救济的野蛮做法,奠定了现代精神性人格权救济的精神损害赔偿的基础。这是罗马法的历史性贡献之一。

(三)近现代法时期

欧洲中世纪是教会统治的黑暗社会,教会法推崇的是封建神权,极力维护封建特权,人们在封建神权和封建特权的双重统治之下,没有人格也没有尊严。罗马法受宗教神学支配,它的光辉丧失在黑暗统治之中,罗马法以及早期奴隶社会人格权法律保护制度被取消,如贞操权等不仅不是基本的人格权,反而成为套在人民头上的枷锁,成为统治人民的工具。"政治和法律都掌握在僧侣手中,也和其他科学一样,成了神学的分枝,一切按照神学中通行的原则来处理。教会教条同时就是政治信条,圣经词句在各法庭中都有法律的效力。"②

欧洲文艺复兴运动启动了人类史上新的一页。罗马法经过欧洲文艺复兴的洗礼,同罗马法学一起得以复兴和发展,其原因主要是罗马法和资产阶级有着不解之缘。③ 资产阶级以罗马法的复兴为前导,继而开展了规模宏大的人权运动,英国的《人身保护法》(1679 年)和《英国民权法》(1689 年)、法国的《人权宣言》(1789 年)、美国的《独立宣言》(1776 年)相继问世。这些法律主要规定人权问题,对于自由权等具体人格权也有明文规定,但并不是主要内容,且自由权亦以强调其政治权利的成分为主。这些重要的法律为完善近现代人格权的立法奠定了坚实的基础。

国外近代人格权的立法是由民法这一基本法承担的。随着罗马法的复兴,16 世纪的萨克逊法确认自由权的受侵害人除得请求赔偿回复自由的费用和所丧失的利益外,尚可就精神痛苦请求赔偿。关于名誉权的侵害救济,在这一时期的早期却一反罗马法的侵害估价之诉的做法,以名誉为非卖品为理由,不认为名誉权受损害可以请求金钱赔偿。德国普通法曾承认名誉受害人可以请求损害赔偿,但后来发展为名誉权受有形损害者,无论在普通法或地方法均得请求赔偿,但仅蒙受精神侵害时,则无请求抚慰金

① [罗马]查士丁尼:《法学总论》,法律出版社 1989 年版,第 201 页。
② 《马克思恩格斯全集》(第 7 卷),第 400 页。
③ 周枏等:《罗马法》,群众出版社 1985 年版,第 48 页。

之道。[①] 1804 年《法国民法典》适应自由资本主义发展需要,强调保护私有财产的绝对无限所有权和契约自由,却没有明确确认和保护人格权的规定。随后,法国的法官意识到了这种立法的疏忽,扩张解释了《法国民法典》第 1382 条关于侵权行为的过错原则,创立保护人格权的判例,首先确认了自由的被害人与其他利益的被害人相同,得请求抚慰金;继而承认名誉权损害的有形损害赔偿和精神侵害的抚慰金赔偿。1881 年,瑞士亦承认名誉权受侵害的上述赔偿制度。

关于姓名权,在 17 世纪之初,始见于公法的规定,而尚未认其为一种私权。19 世纪初,普鲁士法、奥地利民法、萨克逊民法对姓名权作了一般规定。在这一时期,姓名权的民法保护还未形成完备的制度。[②]《德国民法典》第 12 条专门规定了姓名权的保护。

关于肖像权,法国判例早已认其存在,学者多从之。德国最早除 1876 年《关于美术的著作物之著作权法》及《不法模制(复制)之照像保护法》外,无以证明肖像权存在,且该两部法律对肖像权保护的缺点甚多。至 1896 年,德国学者克思奈出版了《肖像权论》,提出了完整的肖像权保护理论。[③] 在日本,原本没有肖像权的概念,"二战"之后发生巨大变化,有关判例不仅认可了对肖像的人格利益,而且还积极肯定肖像权。[④]

至于隐私权,是这一时期较晚出现的具体人格权概念,在原来的欧美法律中,无论是大陆法还是英美法,均无隐私权概念。1890 年,美国法学家布兰蒂丝和华伦在哈佛大学的《法学评论》上发表了一篇著名论文,第一次提到隐私权的概念,隐私权开始受到重视,并迅速被各国所采纳。[⑤]

现代法上精神性人格权的完备立法,以 1900 年《德国民法典》的颁布实施为标志。该法在第 12 条规定:"有权使用某一姓名的人,因他人争夺该姓名的使用权,或因无权使用同一姓名的人使用此姓名,致其利益受损害,得请求消除对此的侵害。"该法典第 823 条规定了自由权以及有弹性的"其他权利"。第 847 条规定了对妇女贞操权的保护,其第 2 款规定:"对妇女犯有违反道德的罪行或不法行为,或以诈欺、威胁或滥用从属关系,诱使妇女允诺婚姻以外的同居者,该妇女享有与前项相同的请求权。"开始时,德国判例和学说不认为"其他权利"中包含其他具体人格权,因为法律规定的姓名权、自由权、贞操权是详尽的。

---

① 龙显铭:《私法上人格权之保护》,中华书局 1948 年版,第 75 页。

② 龙显铭:《私法上人格权之保护》,中华书局 1948 年版,第 85 ~ 87 页。

③ 何孝元:《损害赔偿之研究》,台湾地区商务印书馆 1982 年版,第 165 页。

④ [日]五十岚清:《人格权法》,铃木贤、葛敏译,北京大学出版社 2009 年版,第 129 ~ 130 页。

⑤ 吕光:《大众传播与法律》,台湾地区商务印书馆 1981 年版,第 63 ~ 64 页。

《瑞士民法典》的颁布实施,标志着现代人格权立法已经进入了完善的程度。首先,该法典创设了人格的一般规定和人格保护的专章,"不像其他国家,在总则编只对姓名之保护等略予规定,而是规定于'人格权'一章之内","这种革新实为瑞士法律与其他各国法律大不同之点"。[①] 其次,创设保护人格的人格权请求权,该法第28条规定:"任何人在其人格受到不法侵害时,可诉请排除侵害。""诉请损害赔偿或给付一定数额的抚慰金,只有在本法明确规定的情况下,始得允许。"这一规定,创设了人格保护的一般条款,概括了所有的人格权,但只限于除去侵害,赔偿则须依法律具体规定。最后,《瑞士债务法》(新债法)确定了人格权保护的一般原则,突破了《瑞士民法典》的限制性规定。其第49条规定:"因过失侵害他人人格关系,应负损害赔偿责任。""人格关系受侵害时,以其侵害情节及加害人过失重大者,得请求慰抚金。"第55条规定:"由他人之侵权行为,于人格关系上受到严重损害者,纵无财产损害之证明,裁判官亦得判定相当金额之赔偿。"由此可见,瑞士民法对人格权保护之完善堪称典范。《日本民法典》、《奥地利民法典》、《希腊民法典》、《荷兰民法典》等在制定或日后的修改中,均受其影响,建立了完善的人格权制度。这些民法典人格权立法的特点,是"对一些人格权作了更为详细的规定"。[②]

英美法的特点是法律非法典化,其民法的渊源主要是由大量的法院判例构成的法律汇编。但是,在人格权立法上,除有大量的判例法为其渊源外,还制定了相当数量的单行成文法。在英国,有《1891年诋毁妇女法》、《1952年毁损名誉法》、《1968年剧院法》等保护人格权的单行成文法。在美国,1965年的《人权法案》确立了保护人权的基本原则,1974年《隐私权法》详细规定了隐私权。新型的具体人格权,如知情权、个人情报资料权、形象权、声音权、尊重个人感情权,以及公开权(商品化权)、自我决定权等,也都通过判例加以确认。英美法通过成文法与判例法的有机结合,构成了完备的人格权立法。例如,原告是一位美国著名的作家和讲述消费者安全的讲师,他连续七年严厉批评被告。原告宣称当被告知道他将出版一本名为"Unsafe At Any Speed"的书后,被告开始连续对他恐吓并压抑他的评论,包括调查他在政治、社会、种族和宗教上的观点、他的诚实、性行为,毁谤他的名誉,在公共场所对他长时间的跟踪,派女性企图引诱他与其发生非法的关系,对他胁迫,打骚扰电话给他,窃听他的电话和私人性质的谈话,带给他持续不断令人不悦的骚扰。双方当事人同意哥伦比亚特区之法律为准据法。第一审法院驳回被告请求驳回原告之诉(motion to dismiss)的主张。被告对事实审法院驳回其主张之判决提起上诉。上诉审法院同意事实审法院之判决。被告上诉

---

① 施启扬:"关于侵害人格权时非财产上损害赔偿制度的研究修正意见",载我国台湾地区《法学丛刊》第83期。

② 王利明主编:《人格权法新论》,吉林人民出版社1994年版,第43页。

至最高法院，判决结果是确认原审法院判决。

前苏联及东欧等国家在立法上承认名誉权等人格权为公民的基本民事权利，但反对以财产赔偿的救济方法予以保护。从 20 世纪 70 年代开始，一些国家的民事立法突破了这种立法模式，开始承认人格权的精神损害赔偿保护方法，同时对死者名誉等人格利益也给予法律的保护。如《匈牙利民法典》第 68 条规定："死者的名誉受到侵犯时，可由死者的亲属和死者遗嘱受益人提起诉讼。"《捷克民法典》第 15 条也规定："公民死亡以后，请求保护他的人身权利属于配偶和子女，没有配偶和子女的，属于父母。"这种立法体例已经成为一种趋势，为多数国家立法所确认。在苏联解体之后，东欧已经不存在原来的法律体系，都采纳了与欧洲传统相似的人格权保护法。承认对人格权造成损害的精神损害赔偿责任救济的合法性，全面保护民事主体的人格权。

(四)后"二战"时期

世界上很多国家的人格权法都在第二次世界大战之后，得到飞速发展。最引人注目的是美国隐私权和德国一般人格权的发展，与此同时，很多国家在制定和修改民法典时，纷纷制定了以保护人格为宗旨的规定，这一点也十分引人注目。①

在德国，随着历史的发展，特别是"二战"以后的社会变化，学说、判例发现了对人格权立法的不足，通过判例扩大解释立法，依法保护名誉权、隐私权、肖像权等具体人格权，并于 1954 年联邦最高法院基于一个微不足道的理由，通过记者投书案，把一般人格权这个概念作为现行法上的权利加以认可，对侵害行为，规定有权请求精神损害赔偿。② 不过，德国在 1950 年代预定修改民法典增加人格权法立法的计划至今没有实现，这些做法仍然停留在判例法上。

法国根据 1970 年 7 月 17 日的人权保障强化法而对民法典进行了修改，规定了对隐私权的保护，1994 年 7 月 29 日制定了生命伦理法，禁止任何损害人的尊严的行为。

走在世界前列的瑞士民法典也在 1983 年对民法典关于人格权的规定作了全面修订，在扩大保护内容的同时，增加了关于反驳权的规定。

1960 年通过的《埃塞俄比亚民法典》正面规定一般人格权，将宪法中具有私法性质的基本权利如隐私权、自由权规定为具体人格权，确立部分人格权请求权。

1994 年《俄罗斯民法典》诞生，将个人尊严规定为一类具体人格权予以保护，明确了在法律规定的情况下和依照法律规定的程序，属于死者的人身非财产权利和其他非物质性利益，可以由他人行使和保护，同时规定了各种具体的人格权。

1996 年《越南民法典》通过，将人格权和身份权规定在一起，并且规定了人身权的

---

① [日]五十岚清：《人格权法》，铃木贤、葛敏译，北京大学出版社 2009 年版，第 1 页、第 3～4 页。

② 王利明主编：《民法典 · 人格权法重大疑难问题研究》，中国法制出版社 2007 年版，第 544～545 页。

大部分内容,确定了人格权的一般条款、人身权的保护与各种具体人格权,规定了人格权请求权,形成了一个较为完整的体系。

日本战后由于媒体的发展,名誉、隐私等受到侵害的案例不断增加,同时,由于人权意识的提高,人格权的侵害成了一大社会问题,最高法院通过案例判决,认可了人格权在遭到侵害时,权利人有权要求停止侵害。1988 年制定了《关于保护由行政机关保存的经电子计算机处理的个人信息的法律规定》,2003 年 5 月,通过了《个人信息保护法案》,全面保护个人信息。

美国的隐私权法的发展,在 20 世纪 60 年代以后,有了相当大的发展,特别是在电脑普及隐私权受到的侵害越来越严重的情况下,隐私权作为受宪法保障的权利的同时,保护个人信息的立法也得到了发展,起初把隐私权消极地理解为"别管我的权利"转变成了"个人信息的自我控制权",后来又进一步发展成为"自我决定权"。这种积极的理解,具有特别重要的意义。

在英国,长期以来没有对隐私权予以法律上的认可,但在 1998 年通过人权法的制定,把欧洲人权条约进行国内法化,隐私权由此得到法律保障。①

加拿大魁北克省民法典在 1994 年诞生,规定了一般人格权的条款,规定了维护人身完整的权利,规定尊重儿童的权利,并且特别强调尊重他人的名誉和隐私,保护声音权、姓名权、肖像权,并且专门规定了死者遗体的保护。②

三、国外人格权发展的基本规律

纵观数千年国外人格权的发展历史可以清楚地发现,人格权法的发展是一个由小到大、由弱变强的过程,人格权的概念是一个逐渐发展、逐步完善的民法范畴。

第一,人格权的主体范围由少到多,最后发展到所有的民事主体。最初的人格权只能由奴隶主贵族享有,奴隶不享有人格权,只是奴隶主的财产,连生存的权利也不能保证。至罗马法时期,除贵族享有人格权,自由民也享有人格权,但因法定事由能够导致人格减等甚至人格丧失,自由民一旦丧失人格沦为奴隶者,就失去了做人的资格,不再享有人格权。资产阶级革命成功之后,法律主张天赋人权,人人权利平等,均同等地享有人格权。在立法确认法人制度以后,法人也享有人格权。在承认合伙为独立民事主体的立法制度下,合伙也具有相应的人格权。在历史上,人格权主体不断扩展、直至所有的民事主体都享有人格权这样的过程,是十分明显、十分确定的。

第二,人格权的种类由少变多,人格权体系逐步壮大。在文明社会的初期,人只享

---

① [日]五十岚清:《人格权法》,铃木贤、葛敏译,北京大学出版社 2009 年版,第 4 页。

② 王利明主编:《民法典·人格权法重大疑难问题研究》,中国法制出版社 2007 年版,第 559~560 页。

有生命、健康权，大约在公元前数世纪才出现名誉权、贞操权，至罗马法时期，自由权的概念才正式出现。近代立法确立了姓名权、肖像权，直至现代才出现隐私权、信用权、知情权、形象权、声音权等具体人格权，同时出现了一般人格权、公开权、自我决定权等抽象人格权概念，使人格权体系不断壮大，体系越来越完整。这种发展历程表明了人类对自身人格价值认识的逐渐发展和完善。在今天，人格权种类不断增加，人格权体系不断壮大的趋势仍然在继续，这表明法律对人的人格保护越来越充分，对人的价值越来越重视，人的法律地位越来越重要。

第三，人格权的性质从依附性转变为固有性、专属性、绝对性。早期的人格权具有明显的依附性。由于那时的个人受宗法、家庭、身份、地位的种种束缚，人格权必须依附于一定的身份和地位，既不是独立的，也不是固有的，更不是专属的绝对权，不仅有不享有人格权的人，而且享有人格权也会被部分或者全部剥夺。到近现代立法，人格权成为固有的权利，天赋人权的观念得到承认，人人生而有之，死而消灭，且其人格利益在自然人出生之前和死亡后，依法进行适当保护。依法成立的法人亦享有人格权。同时，人格权为专属权、绝对权，既不能让与、抛弃，也不得继承。人格权这种性质的变化表明了现代立法确认人既是自己的主宰，也是社会的主宰。

第四，人格权的保护方法从野蛮转变为文明、科学。习惯法时期的人格权保护方法是同态复仇的野蛮方法，而在那种尚未建立人类文明的时代，这种野蛮的方法却被认为是天经地义、无可指责的，被当时的人们理所当然地接受。在现代人看来，那实在是一种可怕的保护。当可以选择赔偿的保护方法出现时，这种状况出现了转机，人格权法律保护的发展出现了光明的前途。但是，在精神性人格权法律保护方法中使用剥夺加害人生命、伤害加害人身体的野蛮做法，仍然给人格权法律保护罩上了残酷的阴影。在近现代立法中，确认侵害人格权产生侵权之债，用损害赔偿、除去侵害等方法进行法律保护，创造了符合现代人类文明的人格权保护方法。继之对物质性人格权以财产损害赔偿、抚慰金赔偿的双重赔偿制、对精神性人格权以人格利益赔偿、抚慰金赔偿的双重赔偿制的严密立法，最终确立了人类史上对人格权最完善的法律保护方法。

第五，人格权立法从分散形式逐步达到集中、完整的形式。古代的人格权成文立法分散于法典的各个部分，缺乏系统性，更不具有概括性。除在《摩奴法典》中可以见到关于伤害、辱骂的规定集中在一起的条文外，难见系统的法律规定。就是在这些条文中也都是就事论事的规定，没有概括性的、可以普遍适用的一般原则性条文。至民法法典化以后，民法典保护人格权出现了典型的概括性条文，其中以《瑞士民法典》和《瑞士债务法》的规定最为典范，对于具体人格权法律亦作出详细、具体、系统的规定。而加拿大《魁北克民法典》则将人格权集中规定在民法典中，单列一编作出规定，是前所未有的立法例。这既标志着人格权立法的完备，也标志着人类对人格权认识的进步，同时，还标志着法律文化、立法技术的文明程度。

第二节　中国古代的人身权立法

一、中国古代的物质性人格权及其保护

中国古代氏族制度解体与奴隶制国家的形成，至迟是从公元前21世纪的夏代开始的。据考证，在奴隶社会初期的习惯法中，中国古代社会同样是采用同态复仇即血亲复仇的方法保护自然人的健康权和生命权。族人被杀，为死者报仇就是全家族的责任，对杀人者必除之而后快。《周礼·秋官·朝士》载："凡报仇雠者，书之于士，杀之无罪。"自夏代始，进入奴隶社会成文法时期，规定杀人为贼，即处死刑。先秦之贼者为侵犯人身权的犯罪，盗则指侵害财产权的犯罪。周代对杀人越货即抢劫杀人者，处死后，踣诸市，肆之三日，以示惩戒。① 在这一时期，生杀予夺之权收归国家行使，私人不得擅自杀人复仇。国家立法保护身体、健康权的方法主要是刑罚方法，包括墨刑、劓刑、剕刑、刵刑、宫刑、大辟、鞭扑等身体刑，以毁其面容、足、耳、生殖器官及至生命为制裁方法，大致源于同态复仇之制。另外，也有囚禁刑，即徒刑，《周礼·秋官·大司寇》："凡害人者寘之圜土……其能改者，反于中国。""圜土"即监狱，"反于中国"即返于乡里。

在漫长的中国封建社会，对于身体权、健康权、生命权的保护日渐完备，形成了中华法系的特点。在秦律，杀人分贼杀（故意杀人）、盗杀、擅杀（尊杀卑）、斗杀，分别规定不同的刑罚。伤害分斗伤、贼伤，啮断人鼻、若耳、若指、若唇者，一律处以耐刑，缚而尽拔其须眉，处完城旦刑。对于持械斗殴伤人者，处刑较徒手重；为吏伤人，加重处罚。至汉以后，古代各朝刑罚渐为统一，杀人、伤害者，处以刑罚。以《唐律》为例，杀人罪为"六杀"，即谋杀、故杀、斗杀、误杀、过失杀、戏杀。故杀、谋杀处斩、绞，误杀、斗杀减杀人罪一等处刑，戏杀减斗杀二等处刑，过失杀，一般以赎论。伤害罪，分故意伤害、过失伤害、共同伤害和持械伤害，根据伤害程度和犯罪人身份处以不同刑罚。

中国古代立法对身体权有死后延续保护的规定。如《宋刑统》专设"残害尸体"条，规定："诸残害死尸，及弃尸水中者，各减斗杀罪一等。弃而不失，及髡发若伤者，又各减一等。即子孙于祖父母、父母，部曲、奴婢于主者，各不减。"这一规定，是对身体权的法律延伸保护方法，颇值得重视。

---

① 张晋藩：《中国古代法律制度》，中国广播电视出版社1992年版，第73～74页。

中国封建社会立法对物质性人格权的法律保护最值得重视的，是一系列独具特色的民事法律手段，主要包括：

（一）保辜

据考，保辜制起于汉代。谓凡斗伤人，加害人要在一定期限即辜期内对受害人的伤势进行治疗，按期限终结时受害人的恢复状况而论刑罚，治愈则免罪，致残、致死，分别以斗伤、杀人罪论。《汉律》失传，已无保辜的条文内容，但史书有载，如“嗣昌侯单德，元朔三年坐伤人二旬内死，弃市”。[①] 法律明文规定保辜制，分两种：一是唐宋保辜制，《唐律·斗讼》“保辜”条规定：“诸保辜者，手足殴伤人限十日，以他物殴伤人者二十日，以刃及汤火伤人者三十日，折跌支体及破骨者五十日。限内死者，各依杀人法；其在限外及虽在限内，以他故死者，各依本殴伤法。”二是明清保辜制。《清律·刑律·斗殴》“保辜”条：“凡保辜者，责令犯人医治。辜限内，皆须因伤死者，以斗殴杀人论。其在辜限外，及虽在辜限内，伤已平复，官司文案明白，别因他故死者，各从本殴伤法。若折伤以上，辜内治平缓者，各减二等。辜内虽平复，而成残疾、笃疾，及辜限满日不平复者，各依律全科。”“手足及以他物殴伤人者，限二十日。以刃及汤、火伤人者，限三十日。折跌肢体及破骨者，无论手足他物，皆五十日。”两制相比，后者更为完备、更为详细。《清律》保辜条条注说明了立法目的，即：“保，养也；辜，罪也。保辜谓殴伤人未至死，当官立限以保之。保人之伤，正所以保己之罪也。”此制可依医治受害人伤害的恢复情形而减轻罪过，能够调动加害人医治受害人的积极性，有利于对受害人的保护，是一项有效的保护生命健康权的法律手段。此制直至清末变法方废。

（二）赎铜入伤杀之家

赎铜制古代法律早已有之，但一般将赎铜归官府所有。秦、汉、魏晋南北朝时是否有赎铜入伤杀之家的规定，无据可考，《唐律》则明文规定此制。

将赎铜给予被伤杀之家，以补偿被害人因伤残、死亡而造成的财产损失，属于人身损害赔偿制度。此制主要适用于过失伤人、杀人，唐代还适用于畜产犬标志羁绊不如法而致人伤杀（即动物伤杀人），过失杀、伤人，戏杀、伤人；宋代适用于戏杀伤、过失杀伤和市众中故惊动而杀伤；明代则明确规定，戏、误、过失杀伤人，依律收赎，给付其家；清代则适用于动物致人伤死、因公驰骤车马致死、庸医伤人。

赎铜数额，清代规定过失杀伤赎铜120斤，戏杀减二等，赎铜60斤。这实际上是一种定额的人身损害赔偿制。

（三）断付财产养赡

明、清两代设断付财产养赡制，适用于残酷恶性杀人、重伤的侵害人身权场合。方

---

① 《汉书·功臣表》。

法是,将加害人的财产责令给付被害人或被害人家,用以赡养被害人或被害人家属。此制共分三种:一是断付财产给付死者之家,这是对最为残酷的侵害人的生命权的民事制裁措施,《明律》规定适用于杀一家三口和采生折割人两种罪行;《清律》规定适用于采生折割人和干名犯义致死两种罪行。此种方法是断付罪犯的全部财产给受害人家养赡。二是断付财产一半,对于严重的致人重伤、诬告致死等次一等的犯罪,将罪犯的一半财产断付给被害人或被害人家属养赡。三是给付养赡银,规定殴祖父母、父母致笃疾(即重伤害),追养赡银10两。这三种制度是保护健康权、生命权的重要方法,是重要的民事责任制度。

(四)追埋葬银

追埋葬银也称追烧埋银,始于元代。其内容是过失杀人者(杀死奴婢时不考虑是否过失),赔偿被害人家属烧埋银,元代为50两,明、清代为10两。如元代规定良人斗殴杀死奴婢、共戏致死、错医致死者,除受刑罚外,追烧埋银50两。明清规定街市骤车马致死、猎户过失致死、无故投掷石块放弹射箭伤人致死、因事威逼人致死等,追埋葬银10两。

中国古代的物质性人格权法律保护侧重于刑罚方法,民事赔偿方法也别具特色,但赔偿往往限于重大杀人犯罪、重伤、过失杀人等,对一般的伤害则法律保护不够完善。

二、中国古代的精神性人格权及其保护

中国古代立法没有人格和人格权的概念,但《秦律》之"名"、《汉律》之"名籍"、《唐律》之"良贱"等,与法律的人格概念相通,具有名籍资格者,则具有民事权利能力。秦代《商君书·境内》称:"四境之内,丈夫女子皆有名于上,生者著,死者削。"凡秦境内取得名籍的男女均具有人格,而商贾、作务、赘婿的人格受限制,虽富无所芬华。人奴、妾、官奴婢则不具有人格。汉代的人格规定与秦代相似。在唐代,人有良、贱之分。良人是指一般百姓,分为士、农、工、商,虽均具人格但有高下之分,以士为最高。贱民分官贱民和私贱民,官贱民为官奴婢、官户、工乐户、杂户和太常音声人,私贱民为奴婢、部曲、客女、随身。贱民人格不健全,奴婢则无人格,律比畜产。在元代,除区分蒙古人、色目人、汉人、南人四个等级享有不同的人格外,还有一个庞大的由家奴、军奴、寺奴、勃兰奚组成的奴隶阶层,他们毫无人格,法律认其与钱物相同,为财产。明、清两代仍对人分良、贱,奴婢和贱民形同畜产。康熙四十三年以后,允许八旗家奴赎身为民,获得人格。①

---

① 张晋藩:《中国古代法律制度》,中国广播电视出版社1992年版,第152页、第262页、第423页、第664页、第831页。

中国古代立法没有名誉权的概念,但有保护名誉权的立法。最主要的是保护皇族的名誉,如秦律规定诽谤妖言者族。至汉初,废除诽谤妖言之罪,至武帝时又恢复此罪。妖言实则过误之言,但获罪者常常被重刑,或徙边,或为奴、庶人,也有被弃市者。秦汉的腹诽罪,亦是维护皇权的严酷刑罚。詈骂为侵害名誉权的行为,各代律典以詈骂尊长、詈骂丈夫,雇工、奴婢詈骂主人,均为犯罪行为,予以刑罚。各朝代均设诬告反坐法,也是对名誉权保护的办法。

中国古代有保护姓名权的规定,但只限于皇帝,是皇帝的特权,如触犯皇帝的名字为"触讳",为大不敬罪,处以严刑。

中国古代也有保护贞操权的规定,各代律令均设犯奸罪。如《宋刑统》规定"诸色犯奸"条,如"诸奸者,徒一年半,有夫者徒二年。部曲、杂户、官户奸良人者,各加一等。即奸官私奴婢者,杖九十。奸他人部曲妻、官户妇女者,杖一百。强者各加一等。折伤者,各加斗折伤罪一等。"奸尊亲属者,可处绞;奴奸良人者,最重为斩刑。这些规定表明,中国古代立法对妇女的贞操权均加以保护,但因其人格的不同或有无而各有区别,是不平等的。

从以上情况看出,中国古代立法对精神性人格权保护的规定是不健全的,只对名誉权、贞操权等人格权予以保护,保护方法只是刑罚方法,没有民事救济方法,且法律保护不平等。

三、中国古代人格权立法的特点

中国古代人格权立法的主要特点是:

第一,人格绝对不平等。在中国古代社会,人的法律人格是极不平等的。统治者自身,享有各种人格特权;普通人只享有一般的人格权,且有不同程度的区别;奴婢、家奴、寺奴等奴隶阶层则根本没有人格权。

第二,对物质性人格权保护较为完备,对精神性人格权只有零星的规定,缺乏必要的民法保护措施。对于生命权、健康权,中国古代立法均有保护的规定,虽未明文认其为人格权,却设完备的刑罚方法和民事损害赔偿的方法予以保护。对于精神性人格权,只涉及名誉权、贞操权、姓名权,不仅在主体资格上有重大差别,且保护方法只有刑罚一种,没有相应的民法保护方法。

第三,对人格权的法律保护主要适用刑罚方法。侵犯人格权的行为,中国古代立法均认其为犯罪行为,没有侵权行为的概念,也不加以区别。因而制裁手段基本上是刑罚。但是,在保护物质性人格权的方法中,运用了大量的民法保护方法,独具特色,弥补了刑罚保护方法的不足。

第三节 中国近现代的人格权立法

一、中国近现代人格权立法的状况

中国近现代的人格权立法，始于20世纪初清朝政府的改律变法。1907年，清廷命沈家本、俞廉三、英瑞为修订法律大臣，组织修订法律馆，遵照“注重世界最普通法则，原本后出最精之法理，求最适合于中国民情之法则和期于改进上最有利益之法则”的指导思想，开始拟订《大清民律草案》，于1911年完成。《大清民律草案》史称“一次民草”，在总则编专设“人格保护”一节，其第50条规定自由权，第51条规定人格权保护的一般原则，为除去侵害和法定的损害赔偿或慰抚金，第52条至第55条规定姓名权。在债权编“侵权行为”一章，在第957条规定身体权，第960条规定身体权、自由权、名誉权的非财产赔偿，第968条规定生命权。可见，《大清民律草案》关于人格权的立法，除个别权利规定残存封建宗法制的残余外，实现了新法旧法的更替。尽管《大清民律草案》未经正式颁行，但却给民国民事立法提供了蓝本，并在民国初期作为法律援用。

1914年，北洋政府法律编查会开始修订《民国民律草案》，至1926年完成，史称“二次民草”。该草案关于人格权的立法，与“一次民草”相似，体例和内容没有大的变化，在某些规定上只有适当增减，如对姓名权的规定从4条减为2条，对生命、身体、自由、名誉权的内容有所增加。

1928年，国民政府正式制定《中华民国民法》，同年10月法制局拟定亲属、继承两编，但未颁布。1929年1月，立法院组织民法起草委员会，起草民法各编，自1929年5月23日至1930年12月26日全部完成立法。该法第17条规定自由权，第18条规定人格权受侵害的一般救济方法，第20条规定姓名权。在债法编的“侵权行为”中，第192条规定生命权，第193条规定身体、健康权，第195条规定身体、健康、名誉或自由权损害的救济手段。在实务上还承认贞操、肖像、信用、商号等具体人格权。

二、中国近现代人身权立法的进步意义

由上观之，自清末起，中国人格权立法随着民法的起草、通过，而实现了立法现代化的进程。其主要表现是：

第一，确定公民、法人人格平等。法律明确规定人人平等享受人格权，彻底改变封建社会人格不平等甚至被剥夺人格权的状况。这是一个重大的历史进步。

第二，明确规定人格权的概念，创设一般人格权及其法律保护条文，将具体人格权逐步扩大。但就立法而言，仅承认身体权、健康权、生命权、自由权、名誉权、姓名权为具体人格权，对其他人格权，则依判例定之，立法仍不无缺漏。

第三，人格权的法律保护，由以刑罚为基本方法，改变为以民事方法为基本方法，且保护方法符合各国立法潮流，具有先进性。

第三章　人格与人格权

第一节　人格与准人格

一、人格

（一）人格概念的沿革

中国古汉语不常使用人格这一词汇，仅见章炳麟著《诸子略说》："孔子平居教人，多修己治人之言，不求超出人格。"其中人格是指以人事为范围，[①]而这是晚近的著作。日本学者认为，人格这一词汇在古汉语中并不存在，是日本作为英语 person、personality 的译文而产生的日制汉语。[②] 这个说法有一定道理。现代汉语使用人格一词区分其不同的含义，分别指人的性质、气质、能力等特征的总和，个人的道德品质，人的能作为权利、义务主体的资格，[③]以及具有自我意识和自我控制能力，即具有感觉、情感、意志等机能的全体。[④] 可见人格具有社会学、伦理学、哲学、心理学以及法律学上的不同含义。

法律上的人格概念最早出现在罗马法中，其拉丁文为 persona，表示人所具有的某种身份。[⑤] 在罗马法中，人格的全

---

① 《辞海》，中华书局 1936 年版，第 194 页。

② ［日］五十岚清：《人格权法》，铃木贤、葛敏译，北京大学出版社 2009 年版，第 7 页脚注（27）。

③ 《现代汉语词典》，商务印书馆 1978 年版，第 950 页。

④ 《汉语大词典》，上海辞书出版社 1989 年版，第 344 页。

⑤ 周枏：《罗马法原论》（上册），商务印书馆 1994 年版，第 97 页。

部内容就是人所具有的各种身份，身份的享有状态直接决定了人格的状态。具有法定的自由身份、市民身份和家父身份的人具有完满的人格，而其中某些身份的丧失会导致人格的减等或消灭。因此，有学者认为罗马法中的人格其实是一种身份人格，表示的是人的不同地位，[①]这种说法是正确的。

处于人类每一发展阶段的社会都从与该社会的政治、经济以及社会结构相适应的层面去揭示人的本质，从而提出该社会中作为人的本质的人格概念。罗马法中的人格之所以由各种身份构成，是由罗马社会以政治生活为核心的社会结构所决定的。罗马社会一直处在扩张和战争的状态，在这种背景下，政治生活是社会的核心，整个社会都是围绕政治构建起来的。因此，对于人来说，重要的是成为该政治生活体系中的一员，只有那些具有特定身份因而能够在国家的政治体系中发挥作用的人，才具有了人的本质，才获得了人格。因此，在罗马社会，人格并不存在于人自身，而在于人所具有的特定身份。

随着商业的发展，政治对社会的捆绑逐渐减弱，为宗教和哲学上对于个人的思考提供了前提性基础。在近现代人格理念的形成过程中，基督教的思想是一个重要的推动力量。基督教通过宣传人由神创造、由基督拯救，因而在神面前是平等的说教，确立了人类尊严思想，这个思想构成了中世纪以后西欧人类观的基本哲学。[②] 这种人的平等和尊严的思想为近代人格概念的形成提供了思想基础。在此基础上，世俗社会中的启蒙运动和自然法理论，对于现实社会和法律中的等级制度展开了猛烈的进攻，以“理性”和“自然”作为终极价值，以人的平等的理性作为论证人格平等的有力武器，同时也改变了罗马法人格表现的是人的地位和身份的观念，最终建立了人人平等的人格理念。启蒙运动和自然法理论通过政治运动的形式建立了现代的人格观念，但是关于人格的系统论述和构建却是通过哲学展开的，并最终在康德哲学中完成。

这种近代意义上的康德式的人格理念以人的理性和意志为基础，以人的按照规则行为并对自己的行为负责的能力为核心，去构建人格的概念。康德认为，人格就是摆脱了自然机械作用的独立和自由，能够自负其责地行为的能力。[③] 法律上的人格就是在此伦理人格的基础上构建起来的。但是由于法律学科自身高度技术化的特点，法律对于伦理人格价值的接受和承认经过了法律专门技术的处理，表现为法律中的各种原则和制度。这些法律原则和制度分别对人格价值的特定层面予以确认和实现。

（二）人格概念的含义

人格这一概念在法律上主要表现为以下三个方面的含义：

---

① 马俊驹：“人与人格分离技术的形成、发展与变迁”，载《现代法学》2006年第4期。

② ［日］星野英一：《私法中的人》，王闯译，中国法制出版社2004年版，第16页。

③ ［德］康德：《道德形而上学原理》，苗力田译，上海人民出版社2002年版，第60页。

第一,是指具有独立法律地位的民事主体。其中自然人具有血肉之躯的人格,法人具有法律拟制的人格。在这个意义上使用人格这个概念,意味着人格与人、与主体是相同的。它具有独立性,表现为意志独立、行为独立、财产独立、责任独立。在此意义上,人格是人格权的载体,人格的产生和消灭将导致人格权的享有和丧失。

第二,是指作为民事主体的必备条件的民事权利能力。即成为民事主体所必须具备的资格。凡是具有这种资格的人,就可以成为民事法律关系的主体,可以享有民事权利,承担民事义务。不具有这种主体资格就无法享有人格权及财产权等民事权利。

第三,是指人格权的客体。即民事主体在人格关系上所体现的与其自身不可分离,受法律保护的利益。它包括人格独立、人格自由、人格尊严这些价值一定方式的外在化表现,以及体现在姓名权、名称权、肖像权、名誉权、隐私权、信用权等具体人格权中相应的人格利益。因此,在此意义上使用人格,就是指人格要素,单指人格权的客体。

人格的上述三个方面的法律含义,是相互联系又相互区别的。其中前两个含义在整个民法领域中广泛适用,后一个含义只在人格权的范围内适用。这三个方面的法律含义并不是割裂的,它们都只是从特定方面对于人格的反映和确认,每一个含义都不能单独构成人格的全部内容。因而,法律上的人格概念的表现形式不同于伦理和哲学中的人格概念,它并非作为一个整体,而是经过法律技术处理分散在民法的相关制度中,表现为法律主体、权利能力和人格要素。只有将它们综合起来作为一个整体,才能够比较全面地反映人格在法律上的真实状态。在本书中使用人格概念,主要是使用第三种含义,是指人格权的客体。

(三)法人的人格

法人是相对于自然人的另一种民事权利主体,是具有民事权利能力和民事行为能力,依法独立享受民事权利并承担民事义务的组织。而法人之所以能够独立地从事民事法律行为,就是因为它具有法律上的人格。

法人之所以享有法律人格,大致有三种主张:一是“法人拟制说”,认为能够作为权利主体的只限于自然人,法人是虚拟实体,是以自然人为蓝本由法律所拟制的人,是永远存在的拟制主体。“法人为人工的单纯拟制之主体,即仅因法律上之目的而被承认的人格”。① 二是“法人实在说”,认为法人并不是法律虚构的,也并非没有团体意识和利益,而是一种客观存在的主体,可依自己的名义享受权利承担义务,具有独立的社会作用和作为法人主体的社会价值,因此,法人人格并非简单拟制于自然人,而是来自法

① [德]萨维尼:《现代罗马法体系》(第8卷),李双元、张茂、郑远民等译,法律出版社1999年版,第247页。

人实体的客观现实性。[①] 三是“折衷说”,当代德国学者一般认为,拟制说和实在说的争论是无益之争。他们一般更倾向于一种中性的表述:法人就其宗旨而言被视为归属载体。维德曼称此为“特别的财产”。易言之,适用于自然人的规范,应以某种“有限的类推”方式适用于法人。[②]

以上三种学说对于法人具有人格提供了理论上的论证,但是它们都是局限在权利能力这一层面来谈论法人的人格,忽略了人格其他两个层面的含义。事实上,法人之所以具有法律人格,是因为法人作为一种社会组织体,通过其组织机构获得了意志能力,以此意志能力为基础,法人能够合理地控制和实施自己的行为,并尊重他人的人格,不侵害他人的权利。正是这种自律的自我负责的理性行为的社会形象使得法人获得了社会的尊重,具有了人格尊严,能够作为法律上的主体参与法律关系。法人人格的核心在于法人的自我负责地理性行为的能力。

因此,法人的人格就是法人实体在社会关系中所享有的意志自由和通过其行为形成的社会形象的完整性。

二、准人格

(一)准人格的概念界定

民法中的人格是经过法律技术构建了的概念,表现为典型的民法中的人的形象。这样的法律人格是通过法律技术明确规定的,具有清晰的边界,包括出生至死亡阶段的人——自然人,以及符合法律规定的组织构成并经登记的组织体——法人。

除了这种典型的人格之外,还存在一些并不完全符合这一标准的人和组织体存在形态,例如胎儿、死者、合伙及设立中法人。

自然人的人格是一个不断丰富发展而后又逐渐消退的过程。从受精后第 14 天开始,自然人已经具备了生命、身体和健康这些基础性的人格要素;在出生以后人又通过自己的行为不断地向外部世界表现并发展其人格,因而人格要素不断增多;在死亡以后,不但丧失了生命和健康这些基础性的人格要素,而且丧失了通过自己的行为发展人格的能力,随着时间的推移,其生前通过自己的行为所获得并表现出的姓名、名誉等部分社会性人格要素也会逐渐消退并最终消亡。因而人的发展历程中有些阶段并不完全符合传统民法的人格形象,仅具备法律人格的部分要素。例如,出生前的阶段存在并不具有意志能力,因而并不具备发展其人格的能力,但是具有作为意志能力物质性基础的生命和身体,并具有人类的尊严;死后的阶段虽然不再具备意志自由,丧失了

---

① 周枏主编:《民法》,知识出版社 1981 年版,第 40 页。

② [德]迪特尔·梅迪库斯:《德国民法总论》,邵建东译,法律出版社 2001 年版,第 823 页。

人格发展的能力，但是仍然具有部分人格个性特征以及人的尊严。

至于组织体，其构建方式有很多种，团体内部的紧密程度也各不相同，只有符合法律规定的组织结构形态且经登记的才能具备完全的法律人格。其他组织存在形态虽然并不完全符合法律规定的条件，但是已经通过一定的方式实现了获得共同决定的能力，具备了获得意志能力的物质性基础；拥有了一定的财产；可以以此为基础承担一定的责任；并且获得了名称、商号以及商誉等人格个性特征。因而，这些组织形态具备了法律所设定的完整法律人格的部分构成要素。

对于并不符合法定人格模型的人或组织的人格状态及权利能力的研究，比较法上多有涉及，但是大多仅是对其中的个别类型的研究，[①]将它们作为一个整体概念进行研究的为数不多。德国法上存在从权利能力的角度统合它们的做法，专门研究它们的权利能力问题。学者法布齐乌斯构建了权利能力相对性的概念，认为权利能力内容并非绝对相同，存在以行为的能力为标准的相对化现象。根据人和组织的行为的能力的不同，人的权利能力内容体现出层次化的形态。[②] 这一研究成果具有重大意义，却并未具体分析它们的人格要素的具体状态。应当说明的是，正是这些并不符合法定人格模型的人或组织的人格要素状态正当化了其在某些范围内具有的权利能力，人格要素占有的范围决定了权利能力的范围，正是人格要素的层次性使得权利能力表现出层次性。在我国，有学者在对胎儿的人格利益予以保护的研究中，提出胎儿具有准法律人格的观点，认为，准法律人格是既非完全法律人格者亦非完全无法律人格者。[③] 这种观点认识到了胎儿具有部分人格的特性，但遗憾的是对于法律人格并无界定，这里所使用的法律人格是仅限于权利能力，还是也包括人格的各构成部分，仍然存在疑问；而且类似于胎儿的具有部分人格构成的其他人或组织的存在也被忽略了。因此，应当对于准人格的概念进行全面的重新界定。

由于这些胎儿、死者、合伙以及设立中法人等人和组织并不具备全面的法律人格要素，因而并不符合法律人格的构成要件，不能作为法律人格，但是具有法律人格中的部分人格要素和形态，因而称之为准人格。准人格的概念是指胎儿、死者、合伙以及设立中的法人等所具备的部分人格要素，以及不完善的民属主体地位和民事权利能力。

（二）准人格的特征

1. 只具有部分人格要素

准人格并不具有完全的民法人格构成要素，只具有部分人格要素，而且每种准人格所具备的人格要素并不相同。

---

① 主要是对于胎儿和死者的人格的保护的问题，以及对于合伙和设立中法人的权利能力的讨论。

② Fritz Fabricius, Relativität der Rechtsfähigkeit, C. H. BECK Verlag, Berlin 1963.

③ 张莉："胎儿的准人格地位及其人格利益保护"，载《政法论坛》2007 年第 4 期。

作为人存在的准人格形态的共同特征是并不具有意志能力，不能通过意志的决定去发展自己的人格，以及去参与法律交易，它们只具有一些简单的静态人格组成部分。其中，胎儿并不具有意志或者意识反应，只具有身体和生命这些物质性人格要素。这些人格要素作为人存在的基础，是人格的重要部分，因而胎儿已经具有了部分人格要素。死者已经丧失了依赖于生命的意志能力，也不具有自我发展的能力，但是仍然具有姓名、肖像、名誉等外化的社会性人格形态，以及在世时通过一定方式得到外在化固定的人格个性。这些人格形态和个性是意志曾经的载体和表现，是人格的重要组成部分。

作为组织体存在的准人格形态也具有部分的人格组成部分。合伙虽然并不具有法律所规定的意志，但是合伙的组织形态已经能够部分地形成团体意志，并具有了他人可以识别的名称，而且具有一定的相对独立的财产并能够以此为基础承担相对独立的责任。筹备中的法人虽然尚未现实地具有意志，但是已经具有了相对独立的财产和组织形式，具有了意志产生的现实基础，而且其在特定目的范围内具有了名称，具备了可识别的社会个性，因而作为准人格存在的组织体在一定程度上具有了部分人格要素。

2. 欠缺规范化的意志能力

准人格并不具备法定的规范化的意志能力，这是准人格与人格的本质区别。民法通过抽象的法律技术为人格构建了一种规范化的意志能力，这种意志并不是现实生活中存在的人与人之间的具有差异的心理意志，而是一种抽象的认识、判断与决定能力。这种抽象的意志能力通过年龄的划定实现了绝对的平等，只要达到成年的人都具有平等的意志能力，而不管现实中人与人之间的意志能力存在多大差异；未成年人则通过监护人的意志间接获得了这种平等的意志能力。准人格或者尚未发育到意志能力的程度而不适合被赋予这种能力（胎儿），或者曾经具有这种能力但是现在不再具有（死者），或者具有一定的意志能力但是并不符合法律的规定（合伙及形成中的法人）。因而，准人格并不具备法定的规范化的意志能力。

3. 其法律主体地位并未得到法律的规定

被法律作为典型予以确认的只是从出生至死亡阶段的人，以及得到法律承认的法人组织。他们具有完满的民法人格，权利能力得到法律的明确规定。准人格并不符合法律所确定的完满人格的构成，并不具备规范化的意志能力，不能够自我负责地广泛参与法律交易，因而并不能具备法律所规定的全面的一般权利能力。但是由于准人格具有部分人格要素，以此为基础在某些方面具有了参与特定法律关系的能力，因而具有了获得部分权利能力的正当要求，虽然这种能力并未得到法律的规定。由于不同的准人格类型所具有的人格要素种类并不相同，因而他们能够具有的权利能力内容也不会相同。不同的准人格所能够具有的权利能力的内容是由他们所具有的人格要素的内容所决定的。

三、人格利益

(一)人格利益的概念和特征

人格利益是人格权的客体,是指人为满足自己的生存和发展,之所以构成民事主体资格所必须具有的人格要素所体现的人格利害关系。

人格利益的特征是:

1. 人格利益是民事利益

人格利益是人格权的客体,必须是民事利益。究竟什么是民事权利的客体,学者众说纷纭,笔者采民事利益是民事权利客体的主张,认为民事权利的客体就是民事利益,是民事主体之间为满足自己的生存和发展而产生的对一定的对象需求的人身利害关系和财产利害关系。① 人格利益是其中一种,是人格权的客体。

2. 人格利益是民事主体资格要素所体现的利益

人格利益是民事主体作为人的资格的各个要素,包括人格独立、人格自由、人格尊严、人身安全,以及生命、健康、身体、姓名、名称、肖像、名誉、信用、荣誉、人身自由、隐私和性等关乎民事主体资格的利害关系。这些人格要素所体现的是人的抽象的或者具体的资格要素,民事主体一旦丧失或者部分丧失人格利益,其人格受损,将丧失或者损害其作为民事主体的资格,人的社会地位就会受到严重影响。

3. 人格利益表现为物质性人格利益和精神性人格利益

人格利益表现为两种形式:一是物质性人格利益,主要的是生命利益、健康利益和身体利益,是自然人作为人的物质表现形式所必要的人格利益,没有物质性人格利益,自然人将不成为人。二是精神性人格利益,是自然人和法人作为民事主体所必要的非物质性的人格利益,姓名、名称、名誉、信用等都是这种人格利益,人格独立、人格自由、人格尊严也都是这种人格利益。

4. 人格利益包括精神利益和财产性利益

在学说上,很多人强调人格利益是精神利益,是非财产性民事利益。这种说法有一定道理,但是还不够准确。所有的人格利益确实都是精神利益,是非财产性人格利益,即使物质性人格利益也包含精神利益;但非财产利益并非没有一定的财产利益因素。在生命、健康、身体以及人格尊严、人格平等、人格自由和人身自由等人格利益中,基本上不存在财产利益因素,但是在信用、肖像、荣誉、隐私、名称等人格利益中,几乎

---

① 杨立新:《民法总论》,高等教育出版社2007年版,第130页。

都包括一些或者较多的财产利益因素。例如肖像的使用会产生财产利益,信用的毁损会造成财产利益的损失,名称的使用会带来财富。人格权法既保护人格利益中的精神利益,也保护人格利益中的财产利益。

(二)人格利益的类型

关于人格利益的最典型划分,就是分为一般人格利益和具体人格利益。

一般人格利益是抽象的人格利益,是作为人所必须具有的人的独立地位、人格自由的状态以及人格尊严的要求和尊重。这是人之所以为人的一般需求。将人强制依附于另外的人而使其丧失独立地位,或者限制人的思想和发展丧失精神自由,或者将人不作为人对待,都是侵害一般人格利益。在"人狗同餐"、"人狗同浴"的案件中,就是损害了人之所以为人的一般人格利益,构成侵权责任。

具体人格利益是个别人格利益,①是作为人的资格的个别要素所体现的利益。这种人格利益一定是具体的、个别的,而不是一般的、抽象的。人格权法将作为人的资格的各种要素一一分解,使之构成人的资格的各个不同的要素,分别加以保护,这些要素所体现的利益就是具体人格利益。生命、健康、身体、姓名、名称、肖像、名誉、信用、荣誉、人身自由、隐私和性等,就是作为人的各个不同具体资格要素,这些具体人格要素所体现的利益,就是具体人格利益。

四、人格利益准共有

(一)人格利益准共有概念的提出

共有是《物权法》所有权的概念;准共有则有所扩大,扩大到所有权以外的财产权领域,不仅包括物权法的他物权,还扩大到债权和知识产权领域,因此"准共有者,乃数人分别共有或公同共有所有权以外之财产权之谓";②或者"对所有权以外财产权的共有(分别共有)或公同共有,学说上称为准共有";③或者准共有是"所有权以外财产权的共有";④笔者在《共有权研究》一书中将其界定为"准共有是指两个或两个以上民事主体对所有权以外的财产权共同享有权利的共有"。⑤ 因此,准共有是财产权法(包括物权、债权和知识产权)的概念,是学界的共识。《物权法》第105条规定:"两个以上单位、个人共同享有用益物权、担保物权的,参照本章规定。"这里规定的就是财产权的准共有。

---

① 王利明:《人格权法研究》,中国人民大学出版社2005年版,第15页。

② 谢在全:《民法物权论》(上册),中国政法大学出版社2001年版,第342页。

③ 王泽鉴:《民法物权(1)通则·所有权》,中国政法大学出版社2001年版,第389页。

④ [日]我妻荣编:《新版新法律学辞典》,董璠舆译,中国政法大学出版社1991年版,第468页。

⑤ 杨立新:《共有权研究》,高等教育出版社2003年版,第310页。

但是有一个现象超出了学界共识的这个范围，也就是说，准共有的现象也存在于人格利益的场合。笔者在《共有权研究》一书中，描述了荣誉权准共有的现实，认为荣誉权存在共有的情形，不仅荣誉所属的财产利益有共有的现象，而且荣誉本身也存在共有的情形。[①] 在肖像利益中，集体照相的当事人对于该照相中的肖像利益的支配也存在共有的问题。[②] 在"民法该如何保护'相关隐私'"一文中，笔者又提出了在隐私利益中也存在共有的现象，即相关隐私，也就是共有的隐私利益。所谓的"相关隐私"，是指涉及两个以上的自然人的隐私。在很多场合和情况下，一个人的隐私与他人的隐私是相关联的，例如所谓婚姻关系的"第三者"的隐私，就一定会涉及具有合法婚姻关系的"第一者"和"第二者"的隐私。"第三者"讲述自己的隐私故事，必然会涉及相关的另外两个关系人的隐私，这样的隐私就是相关隐私。[③]

2001 年某日，某《文摘》报刊登了一篇题为"音乐家某某与李某 38 年婚外婚内情"的文章。文章披露了在该音乐家及其前妻婚姻关系存续期间，李某与该音乐家的婚外恋情，以及该音乐家与其前妻之间的部分婚姻生活内容；同时也披露了该音乐家与其前妻离婚，与李某结婚的若干事实。该音乐家的前妻认为，该文对她与该音乐家的婚姻与感情生活加以歪曲和捏造，文中有大量对原告及其家庭进行侮辱和诽谤的文字，严重损害了自己及家人的名誉权和隐私权，因而将出版社告上法庭，请求赔偿精神损害抚慰金 10 万元。[④] 我们不去谈这个案件的具体处理，而仅就案件事实而论，这确实涉及几个人共有的隐私利益的问题，相关隐私的一个当事人没有经过其他当事人的同意而将相关隐私予以公布，显然是侵害了其他相关隐私当事人的隐私权。

相关隐私、集体照相和共同荣誉等这些概念都反映出，在人格利益中确实存在准共有的现象，也应当适用准共有的基本规则进行规制。因此，准共有的概念不应当仅仅局限在财产权的领域，还应当进一步扩大，在部分人格利益中也应当使用准共有的概念，准共有也是人格权法的概念，人格权法也应当很好地研究人格利益准共有及其规则。在制定民法典的过程中，应当对人格利益的准共有问题进行深入探讨，研究人格利益准共有运动的基本规律，确定调整人格利益准共有关系的基本规则。

（二）人格利益准共有的概念和法律特征

笔者提出的人格利益准共有这个概念，目前还没有学者对其作出界定。笔者认为，人格利益准共有是指两个或两个以上的民事主体对同一项特定的人格利益共同享有权利的共有形式。

---

① 杨立新：《共有权研究》，高等教育出版社 2003 年版，第 343 页以下。

② 杨立新："使用合影当心侵权"，载《检察日报》2004 年 3 月 1 日第 6 版。

③ 杨立新："民法该如何保护'相关隐私'"，载《检察日报》2004 年 4 月 1 日第 6 版。

④ 参见《北京青年报》2003 年 5 月 30 日报道："名人官司：刘某前妻柳某状告作家出版社索赔 10 万"。

之所以这样界定人格利益准共有的概念，主要是基于以下考虑：

第一，人格利益准共有概括的是人格利益的共有形式，它超出了财产权的共有，延伸到人格利益的共有关系。共有是物权法的概念，是所有权的一种形式；而准共有则扩大了共有的范围，扩大到了所有权以外的他物权，以及债权、知识产权的共有关系。因此，准共有指两个或者两个以上民事主体，共同享有所有权以外的财产权的共有，[①]而"准共有之标的物，以财产权为限，人格权、身份权固不在其范围"。[②]但是，人格利益的准共有的现实存在，是不能否认的，因此，人格利益准共有就是人格利益共有的形式。准共有不仅存在于财产权的领域，而且也存在于人格权的领域。

第二，人格利益准共有只存在于部分人格利益当中，准共有并不是人格利益都存在的普遍现象。在财产权领域，准共有差不多是普遍存在的，但是在人格权领域，人格利益准共有并不是普遍存在，只存在于部分人格利益当中，例如荣誉利益的准共有、隐私利益的准共有、肖像利益的准共有等，在其他人格利益方面不存在共有的现象。因此，人格利益准共有只是部分人格利益存在的现象。

第三，人格利益准共有是利益的共有，而不是权利的共有。在准共有中，财产权的准共有是权利的共有，是数人对某一个权利的共同享有，例如债权准共有、知识产权准共有等。但是在人格利益准共有中，共有的不是权利，或者说基本上共有的不是权利，[③]而是人格利益。人格权的基本属性是固有性、专属性和必备性，是民事主体与生俱来的专属权利，[④]因此，人格权就是特定的民事主体自己的权利，不会发生共有的问题。例如，隐私权就是个人的权利，不会几个人享有一个隐私权。但是，某些人格利益却可以共有，例如集体照相，对集合在一起的数个民事主体的肖像，数个民事主体基于自己的肖像权，都对集体照相享有支配的权利，构成了肖像利益的共有关系。这就是人格利益的准共有，而不是肖像权的准共有，因为肖像权还都是自己的权利，而这仅仅是基于自己的肖像权而对该肖像利益享有支配的权利。

第四，人格利益准共有的基本规则仍然是准共有的基本规则，共同共有的人格利益按照共同共有规则处置，按份共有的人格利益按照按份共有的规则处置。但是，由于共有的是人格利益而不是财产权，因此人格利益准共有必然有自己的运动规律，研究人格利益准共有就必须研究它所独有的法律规则。

---

① 王利明：《物权法论》，中国政法大学出版社1998年版，第350页。

② 谢在全：《民法物权论》，中国政法大学出版社2001年版，第342页。

③ 之所以说"基本上"，是说在荣誉利益的共有上，有一点权利共有的意思，但是我们还是从荣誉利益共有的角度进行分析和研究。

④ 王利明等：《人格权法》，法律出版社1997年版，第13页。

（三）人格利益准共有的范围

并不是所有的人格利益都能形成准共有。下列人格利益可以形成准共有：

1. 相关隐私

人格利益准共有的典型表现就是相关隐私，它是自然人的隐私利益的重要组成部分。任何人生活在现实社会中，都要与人进行交往，在交往中，就会发生一起交往的人共同享有相关隐私的事实。相关隐私既包含本人的隐私，也包含其他相关的人的隐私，这种相关隐私涉及相关联的每一个人的隐私及其权利。法律保护自然人的隐私及其权利，就要保护相关隐私，使相关隐私不被相关隐私的当事人侵害。如果对相关隐私不予以重视或者保护，就可能损害范围极为广泛的人的隐私权。

相关隐私不是"家庭隐私权"。有人认为，"第三者"讲述涉及合法婚姻关系的当事人的隐私，是侵害家庭隐私权。家庭隐私权的概念是不存在的，它不是法律概念。一个家庭可能会有自己的"集体隐私"，但家庭不是民事主体，不具有民事权利能力，所以家庭不会享有隐私权。就是一个集体也不会存在"集体隐私权"，理由同样是集体不是一个权利主体，无法享有隐私权。而相关隐私，是民事主体之间有着共同内容的隐私，所谓的集体隐私或者家庭隐私，不过都是相关隐私。对于这种隐私，不是由一个或由几个人享有的隐私权来保护的，而是由相关联的各个人自己所享有的隐私权来保护。对于涉及自己的那一部分隐私，基于自己的隐私权，权利人都有权进行支配和保护。因此，即使是相关隐私，也不产生相关隐私权这样的概念，而仅仅是隐私利益的准共有。

2. 共同荣誉

荣誉权不是一个纯粹的人格权，它具有人格权和身份权的双重性质；同时，荣誉权不仅包括精神上的人格利益，而且还存在财产利益，这就是附随于荣誉称号的奖金、奖品等财产利益。因而，它的精神性荣誉利益和财产性荣誉利益都可以形成准共有。

荣誉利益可以形成准共有，来源于三个原因：

第一，荣誉称号可以为数个民事主体所享有。在共同创造的成绩面前，有关机关、部门或者团体等可能会授予共同创造人一个共同的荣誉。最典型的就是共同共有的著作获得奖励，荣誉是奖励给所有的作者而不是授予其中的一个人或者几个人，精神性的荣誉利益归属于共同创造人，奖金则为数人共同共有或者按份共有。因此，荣誉利益能够为数人分享，成为准共有的客体。

第二，荣誉权多数包含财产性的人格利益。荣誉权不仅仅是一个精神性的权利，也包含财产利益，这就是附随于精神性荣誉利益的财产性荣誉利益，例如随同荣誉评价而颁发的奖金、奖品、奖牌、奖杯等物质性的表彰内容。获得荣誉的主体在享有精神性的正式评价、肯定性评价、褒扬性评价之外，还享有获得奖励的财产的权利。对于这些财产利益，权利人享有获得权和支配权，具有完整的所有权。正是因为这个权利中的这种财产权利,才使其具有了形成共有的基础。

第三,荣誉利益可以分割。正因为荣誉利益可以由数人共有,因此,荣誉利益也可分割,特别是其中的财产利益。既然荣誉的财产利益可以分割,那么就和其他财产权利的分割没有原则的区别,因此,荣誉权就可以形成准共有。

3. 集体照相

集体照相就是二个以上的人一起摄影所形成的照相,推而广之,将数人肖像集合在一起而制作的雕塑、录像、电影、画像等,也属于集体照相。

肖像权不能共有,但是对于集体照相却存在不同的权利主体对它的支配关系。通常认为,产生于1887年法国判例的集体照相的主体之一不得对集体肖像主张肖像权,说的是对于集体照相的一般使用,例如照相馆将自己拍照的集体照相作陈列,个人不得主张侵害其肖像权。① 但这只是一个方面,如果对集体照相,集体照相的主体之一独自对集体照相进行商业化利用,或者集体照相的主体之外的人对集体照相进行商业化使用,无疑会对集体照相当事人的权益构成损害。因此,集体照相的当事人对集体照相的利益应当有支配权。这样,集体照相的当事人就会形成内部关系和外部关系。内部关系,是集体照相的全体成员一起对该照相的肖像利益行使权利、负担义务;而外部关系,则是其他任何第三人对该集体照相当事人的权利所负有的不可侵犯的义务。因此,集体照相所体现的就是肖像利益的准共有关系。

共同形象与集体照相有着相同的性质,应当视为同样的共有利益,适用同样的规则。

4. 家庭名誉

名誉利益一般不会形成准共有关系。但是,有的学者提出家庭名誉的概念,似乎家庭也会存在共有的名誉利益。学者提出家庭名誉概念的用意,在于确定死者名誉受到侵害的实质在于对家庭名誉的侵害,因此家庭成员在成员之一死亡之后有权向法院起诉请求保护家庭名誉。② 这种观点值得商榷的是对死者的名誉利益保护已经得到了法律的确认,无须再绕到家庭名誉的概念上来解决问题,因此这种观点不值得肯定,笔者曾经提出过批评意见。③ 但是,一个家庭确实存在共同的声誉,家庭成员对于共同的名誉利益如何支配,受到侵害之后如何进行保护,也会涉及准共有规则的适用问题。因此,对于家庭名誉也有一个准共有的问题,在这个意义上使用家庭名誉的概念是有道理的。

5. 合伙信用和“两户”信用

合伙有不同形式。那些不具有主体资格不能成为其他组织的合伙,就是公民的组

---

① 龙显铭:《私法上人格权之保护》,中华书局1948年版,第93页。

② 陈爽:“浅论死者名誉和家庭名誉”,载《法学研究生》1991年第9期。

③ 杨立新:《人身损害赔偿》,中国检察出版社1996年版,第279页。

合。这种合伙,也有自己的信用利益,由于它不可能成为民事主体,也不能成为其他组织,因此无法享有信用权,因此对于其信用利益只能按照共有的形式集体占有和支配。因此,合伙信用就是信用利益的准共有。

同样,个体工商户和承包经营户也都不具有民事主体资格,尽管《民法通则》对“两户”作出了规定,①但他们都没有主体资格,也都是家庭成员的公民组合,他们也都在进行经营活动,因此其家庭成员即“户”的成员也都共同占有和支配着共同的信用利益。“两户”信用实际上也是信用利益的准共有形式。

6. 共同声音作品

对数人的声音作品,该数人享有共同的权利。仅从作品的立场而言,属于著作权的保护范围,但是如果仅仅是作为声音的利益而言,则不是著作权保护的范围,而是人格权保护的范围。

从以上的分析可以看出,能够形成准共有关系的人格利益,是那些精神性的人格利益。因此,物质性的人格利益不能形成准共有关系,例如,生命利益、健康利益和身体利益。如果说连体人等可能形成生命利益、健康利益和身体利益的共有关系,但这是极为特殊的民事主体资格问题,作者已经进行了专门研究。② 即使是在精神性的人格利益中,有些人格利益也不能形成准共有关系。例如,姓名利益只能由个人单独享有,不能为数人共同享有;名称利益、人身自由利益、性利益等也不能为数人共同享有。

(四)对人格利益准共有关系的法律调整

1. 人格利益准共有的建立

人格利益准共有关系的建立,与其他准共有关系的建立有所不同,主要基于以下原因而建立:

(1)基于共同实施某种行为而建立

数人共同实施某种行为,可能产生人格利益准共有关系。集体照相,就是数人共同实施照相的行为,使数人的肖像集合在一起,构成一个共同的形象,因此,每一个集体照相的人的形象都在一个肖像中结合起来,不能分割,因此而建立了对集体照相这种人格利益的准共有关系。

(2)基于相关事件而建立

数人参加到某一件相关的事件中,而且这种事件与每一个人的人格利益相关,因而产生了该种人格利益的共有关系,典型表现就是相关隐私。数人交往,在一个和数个相关的事件中,都存在隐私的利益,对于该事件产生的隐私利益,就构成相关隐私,

① 参见《民法通则》第26条至第29条的规定。

② 杨立新、张莉:“论连体人的法律人格”,载《法学研究》2005年第5期。

相关的民事主体就都对该隐私具有利害关系，建立隐私利益的准共有关系。

(3)基于共同获得荣誉而取得

在荣誉利益的准共有中，都是基于共同获得荣誉而享有共有利益。对数人共同颁发一个荣誉称号，这个荣誉利益就归该数人共有。其中包含的财产利益，当然更是准共有关系。

(4)基于共同关系而取得

在家庭(户)和合伙中，都存在共同关系。例如，在共同共有关系中，存在共同关系也是产生共同共有的事实基础。在以他们为主体的人格利益准共有中，同样是基于家庭(户)或者合伙的共同关系，产生共有的名誉利益和信用利益。

2. 人格利益准共有的类型

同样，人格利益准共有的类型也分为共同共有和按份共有。在现实生活中，共同共有的人格利益准共有是基本类型，而按份共有的准共有关系不是典型的形态。

(1)共同共有的人格利益准共有

相关隐私、集体照相、家庭名誉、合伙信用和“两户”信用的共有关系，都是共同共有关系，所有的共有人对共有的人格利益都享有同等的权利。在荣誉利益的准共有中，也存在共同共有关系。例如，不具有法人资格的集体获得的荣誉称号，应当是共同共有的准共有；数人共同获得的荣誉，不能划分份额的，也是共同共有的准共有。共同创作的著作获得荣誉，如果成果不能划分份额，只能共同共有，其财产利益进行分割的，应当按照等份的份额进行分割。

(2)按份共有的人格利益准共有

荣誉利益存在按份共有关系。一方面，在授予的荣誉称号中，本身就存在按份共有的形式。例如，对集体写作，各个著作人写作部分划分清楚的，对著作权是按份共有的；如果该著作获得荣誉，荣誉利益也应当是按份共有的，其中包括的财产利益，例如奖金、奖品等，存在按份共有的关系。行使权利应当共同行使，分割荣誉的财产利益应当按照按份共有的规则处理，按照确定的份额决定各自所得的利益。

3. 人格利益准共有的基本规则

在对人格利益准共有进行民法保护时，应当确立民法保护的基本立场。笔者认为，对于人格利益准共有的法律保护，应当纳入人格权的统一保护制度当中。其实，人格利益准共有本来就是人格权的一个具体内容，本来就在人格权的保护范围之内。加强对人格利益准共有的保护，就是强调这种人格利益在运用人格权保护时，应当重点予以保护，并且确定在保护中的特殊规则。

在这个基本思想的指导下，对于人格利益准共有的民法保护应当遵循以下规则：

(1)共同支配权

共同支配权,是指人格利益准共有的当事人共同享有、共同支配准共有的人格利益。

人格利益准共有,就是相关人对同一项特定的人格利益的共同享有,包括共同共有和按份共有。在确立人格利益准共有的民法规则时,应当参考物权法共有关系的规则,确立其基本立场。也就是说,对于人格利益准共有应当由相关当事人共同享有,人格利益准共有关系的当事人在支配准共有的人格利益时,应当实行"协商一致"的原则,即在原则上,人格利益准共有的关系人对该人格利益的支配应当一致同意,方能行使对准共有的人格利益行使支配权。当然,人格利益准共有不是权利的共有,不是一个独立、共有的人格权,而是各个人格权人对自己的那一份隐私利益享有的支配权。对于准共有的人格利益的支配,当事人应当协商一致,共同支配,保障任何与该项准共有的人格利益有关联的当事人的人格利益不受其他相关人支配该人格利益的行为的侵害。这一规则应当是人格利益准共有内部关系中的基本点。

(2)保护注意义务

保护注意义务是指人格利益准共有的当事人对其他相关当事人负有的保护注意义务。

在人格利益准共有关系的内部,应当确立人格利益准共有关系当事人对其他相关当事人的保护注意义务,以保护相关当事人的人格权。人格利益准共有关系当事人履行这一保护注意义务,应当以最高的注意程度——善良管理人的注意义务谨慎行事。其判断标准应当是客观标准,即人格利益准共有关系当事人之一,在支配准共有的人格利益时,只要对其他当事人的相关人格利益有所侵害,即违反该义务,构成对相关当事人的人格权侵害。

(3)承诺权

承诺权是指人格利益准共有关系当事人对共有人格利益承诺其他相关当事人单独支配的权利。其他相关当事人单独支配共有的人格利益,应当征得相关当事人的同意。

凡是涉及实施支配自己的人格利益如相关隐私、集体照相、共同荣誉、家庭名誉、合伙信用和"两户"信用等人格利益的法律行为时,行为人必须征求其他人格利益准共有关系当事人的同意,以取得对准共有的人格利益进行支配的权利。未经其他当事人的同意而实施这样的行为,即为违反对其他当事人的保护注意义务。例如,以别人写给自己的书信为依据写的回忆录,双方对此都愿意公开,当一方写作回忆录说到这些信中涉及的隐私问题时,就不会造成侵权的结果。如果对方不同意公开,该方却硬要写出来,那就是对相关隐私的其他当事人享有的隐私权的侵害,构成侵权。如果这封信或者这些信还涉及第三人的隐私，那就不仅仅要征求对方的意见，还要征求涉及的第三人对于相关隐私的同意。如果不征求对方和第三人的意见，那就要处理好，凡是涉及对方和第三人的隐私问题都要妥善处理，不能泄露他人的隐私。同样，对于集体照相，其中一人将该照相进行商业开发，没有经过其他集体照相当事人的同意，也侵害了集体照相的其他当事人的肖像权，构成侵权。违反人格利益准共有关系内部的保护注意义务，造成相关当事人的人格权损害的，都构成侵权。

涉及支配死者人格利益时，如果该项人格利益为准共有关系，亦应当征得死者人格利益保护人的同意。死者的人格利益也受到法律的保护。在涉及已经去世的死者的准共有的人格利益时，其他相关当事人支配该人格利益，也应当注意保护死者的人格利益，不得非法侵害。死者的人格利益被非法支配，未经死者的保护人即近亲属的同意，造成死者的人格利益受到侵害的，其近亲属作为保护人，有权进行保护提出追究侵权行为人侵权责任的请求。

(4)拒绝权

拒绝权是指人格利益准共有关系当事人有权拒绝其他相关当事人对准共有的人格利益进行支配的权利。该拒绝权一经行使即生效力。如果人格利益准共有关系的当事人明确表示行使该权利，其他相关当事人不得支配该项人格利益。例如，相关隐私、集体照相、共同荣誉、合伙信用等当事人明确他人不得支配该人格利益的，其他当事人就不能就这样的隐私、肖像、荣誉、信用、名誉的利益进行支配，更不得强制支配。如果对涉及自己的人格利益部分进行支配，也必须隐去相关当事人的人格利益，只能支配涉及自己的而不涉及他人的人格利益，否则构成侵权。

(5)财产权

在准共有的人格利益中包含财产利益的，其对财产利益的支配，应当严格按照共有的规则进行。因为这时的财产权的准共有实际上已经形成了财产共有。首先，对财产利益的支配，如果是共同共有的应当按照共同共有的规则处理，如果是按份共有的应当按照按份共有的规则处理。其次，分割共有的财产利益的，应当按照分割共有财产的规则进行。

(6)对外关系

人格利益准共有的对外关系，最主要的是解决准共有的人格利益受到侵害时，各个相关的当事人如何保护该项人格利益，进而保护自己的人格权。

首先，人格利益准共有关系的当事人都有权保护该人格利益。准共有的人格利益受到侵害，实际上侵害的是相关当事人的人格权，每个人当然都有权提出保护的请求。至于共同行使权利还是集体行使权利，则不论。

其次，保护准共有的人格利益所取得的利益，应当归属于全体当事人。即使是单个的个人起诉的保护请求,如果取得的利益涉及的是相关当事人全体的利益,应当归属于所有当事人,不得个人享有;其维护准共有的人格利益的费用,也应当由全体享有利益的当事人承担。如果是财产利益需要分割的,则按照共有财产分割的原则进行。

第二节 人格权

一、人格权的概念

人格权作为个别权利,远在古代法律中就已经存在,如在两河流域的楔形文字法、古罗马法以及中国古代法律中,都有关于保护生命、身体以及名誉的规定。因此,人格权这一概念在欧洲大陆具有非常古老的渊源。① 虽然如此,但在古代法律中却没有人格权这一抽象的概念。

人格权作为法律上的概念产生于16世纪的欧洲。欧洲学者胡果首先提出人格权的概念,将一些人格利益上升为一种权利,把权利分为对物的权利即物权、对他人的权利即债权和对自己人格的权利即人格权,开创了人格权理论的先河。② 1867年,法国学者本陶德提出人格权的概念,1870年,法国学者莫勒特也论及人格权理论。1877年德国学者加雷斯提出了人格权理论,1895年基尔迈详细讨论了人格权概念的内涵,认为它涉及生命、身体完整、自由、名誉、社会地位、姓名和区别性的标志,以及作者和发明者的权利等,以后,德国学者科尔勒等提出了提出了一般人格权的概念。1899年,瑞士学者伯斯苔尔在《法哲学》一书提出了人格权理论。在美洲,19世纪末美国学者华伦和布兰戴斯在"隐私权"一文中提出隐私权的理论。至20世纪初,瑞士学者对德国学者的理论展开讨论,产生了重大影响。③ 在第二次世界大战之后的世界人格权法的发展中,最引人注目的是美国的隐私权和德国的一般人格权的发展,与此同时,很多国家在制定和修改民法典时,纷纷制定了以保护人格权为宗旨的规定,这一点也十分引人注目。④

---

① [日]五十岚清:《人格权法》,铃木贤、葛敏译,北京大学出版社2009年版,第1页。

② 一说认为胡果为法国学者,参见徐国栋:"寻找丢失的人格",载《法律科学》2004年第6期;一说认为胡果为荷兰人,为荷兰莱顿大学教授,参见王利明:《人格权法研究》,中国人民大学出版社2005年版,第8页。

③ 参见王利明主编:《人格权法新论》,吉林人民出版社1994年版,第7页。

④ [日]五十岚清:《人格权法》,铃木贤、葛敏译,北京大学出版社2009年版,第3~4页。

对人格权这一概念，学者有不同的解释。在日本有人认为：人格权是“与权利人不可分离的利益，即以身体、自由、名誉等为目的的私权”。[①] 或者人格权是以自己的人格范围的构成因素如生命、身体、健康、名誉、自由、姓名、肖像等为客体的权利。[②] 或者人格权“主要将具有人格属性的生命、身体、健康、自由、名誉、隐私等为对象的、为了使其自由发展，必须保障其不受任何第三者侵害的多种利益的总称”。[③]

我国台湾地区民法学者对人格权的解释众说纷纭，各有所长。有的学者认为：人格权“即凡保证吾人能力所及、对于第三人得以享受之权利，无论为精神的、道德的或经济的关系，其与吾人生存上不可分离者，均属之”。[④] 有的学者认为，人格权“谓与人之人格相始终而不能分离之权利，亦即以人格的利益为内容之权利，如生命权、身体权、自由权、名誉权等是”。[⑤] 还有的学者认为，“人格权为构成人格不可或缺之权利”，[⑥]或“人格权者，乃存在于权利人自己人格之权利，申言之，即吾人与其人格之不分离的关系上所享有之社会的利益，而受法律保护者是也”。[⑦]

我国大陆民法学者关于人格权的界定，主要有以下几种：一是认为“人格权是指主体依法固有的，以人格利益为客体的、为维护主体的独立人格所必备的权利”。[⑧] 二是认为“人格权，是指公民、法人具有法律上的独立人格必须享有的民事权利”。[⑨] 这一定义，是从人格权与人格的关系这一角度，给人格权概念作出界定，揭示了人格权存在的基本宗旨，然而却没有对人格权的基本特征进行阐明。与此相似的定义还有：“人格权即指法律赋予权利主体为维护自己的生存和尊严所必须具备的人格权利。如生命、健康、名誉等等，这些都是构成人的人格要素，也是人作为民事主体从事民事活动所必须具备的条件。”[⑩]三是认为人格权是“权利主体所享有的行为与精神活动的自由和完整，它的基本点在于人的社会性，在法律上则表现为权利主体自身在动态方面的安全”，因此，人格权便是以与财产权、身份权不同的人格利益为基础的权利。[⑪] 四是认为人格权是指以主体依法固有的人格利益为客体的，以维护和实现人格平等、人格尊严、人身自

---

① ［日］我妻荣编：《新版新法律学辞典》，董璠舆译，中国政法大学出版社 1991 年版，第 516 页。

② ［日］鸠山秀夫：《日本债权法各论》，第 869 页。

③ ［日］五十岚清：《人格权法》，铃木贤、葛敏译，北京大学出版社 2009 年版，第 7 页。

④ 梅仲协：《民法要义》，台北正中书局 1979 年版，第 42 页。

⑤ 龙显铭：《私法上人格权之保护》，中华书局 1948 年版，第 1 页。

⑥ 王伯琦：《民法总则》，台北正中书局 1979 年版，第 57 页。

⑦ 郑玉波：《民法总则》，台北正中书局 1979 年版，第 96 页。

⑧ 王利明等：《人格权法新论》，吉林人民出版社 1994 年版，第 10 页；马特、袁雪石：《人格权法教程》，中国人民大学出版社 2007 年版，第 7 页。

⑨ 李由义主编：《民法学》，北京大学出版社 1988 年版，第 565 页。

⑩ 马原主编：《中国民法教程》，人民法院出版社 1989 年版，第 486 页。

⑪ 申政武：“论人格权及人格损害赔偿”，载《中国社会科学》1990 年第 2 期。

由为目标的权利。[1] 这种主张，是从人格权客体的角度为人格权定义，揭示了法律确立人格权制度的着眼点是保护民事主体的人格利益，人格权是人格利益受法律保护的结果，这是正确的，但仅仅从这一个角度界定人格权的概念，显然还不全面。

人格权概念可以作以下定义：人格权是指民事主体专属享有，以人格利益为客体，为维护民事主体独立人格所必备的固有民事权利。

二、人格权的法律特征

（一）人格权是民事主体的固有权利

人格权的固有性体现在：首先，人格权的固有性，是人格权与其他民事权利的基本区别之一。债权等权利是相对权，与人格权极易区别。物权等权利与人格权一样都是绝对权，但物权却不是民事主体的固有权，不具有固有性，须民事主体依一定的法律事实才能获得。而人格权虽然也是绝对权，但是人格权的获得不是依一定的法律事实而是依人的出生，一旦自然人出生、法人成立，就依法享有人格权。其次，人格权的固有性还表现在它与民事主体的存在共始终，公民、法人只要具有法律上的人格，只要还在社会上存在，就享有人格权，既不能因某种事实而丧失，也不能基于某种原因而被剥夺。再次，人格权的固有性也表现在它脱离民事主体的个人意志而存在。人格权是法律对个人进入社会的资格的确认，它不需要有独立意志的个人实际享有，不论个人是否实际意识到这些权利的存在，人格权都是客观存在的。[2] 最后，表现在所有的民事主体平等地享有这些权利。公民不论其年龄、智力、受教育程度、宗教信仰、社会地位、财产状况等方面存在何种差别，也不论其是否参与民事法律关系，法人不论其规模大小、成员多少、级别高低等，都平等地享有人格权，绝不因此而有差别。那种把公民划为自由人和奴隶，[3]或者划分为婆罗门、刹帝利、吠舍、首陀罗不同种姓，[4]以及我国元朝统治者把国人分成蒙古人、色目人、汉人和南人不同等级，因而享有不同的人格权，或有的享有人格权有的根本不享有人格权，例如奴隶只是会说话的动物而不具有法律上的人格等，都已经成为历史，现代社会绝不允许再有这种人格差别。

不过，也有人反对人格权是固有权利的主张，认为人格权只能是法律后天授予人的权利，是法律外在地加于人之身的东西，并非法律主体所固有的权利。因此，人格权

---

① 王利明：《人格权法研究》，中国人民大学出版社 2005 年版，第 14 页。

② 王利明等：《人格权法新论》，吉林人民出版社 1994 年版，第 10～11 页。

③ 古代奴隶社会只有自由人享有人格权，奴隶没有法律上的人格，对此，查士丁尼在《法学总论》中有明确规定。

④ 这是古代印度的极其独特的社会等级制度，不同种姓享有不同的人格权。

无非是一种因自然人的出生、法人的成立依法原始取得的权利而已。[①] 诚然，任何权利都是法律外在地加于人身的东西，但强调人格权的固有性，不过是强调这种权利与其他权利的不同，认为人格权是生而有之、死而消灭的权利。正如学者所言，所谓固有，实际上表明人格权为专属性权利，它是与个人的人格始终伴随而不可分离的权利。[②]

（二）人格权是民事主体的专属权

人格权专属于民事主体享有，具有专属性。这种专属性表现在两个方面：

第一，人格权由民事主体专属享有，并非为其他组织所享有。依我国《民法通则》的规定，我国的民事主体只有公民和法人，个人合伙和个体工商户属于公民的特殊形式；联营则取得法人资格的为独立的民事主体，未取得法人资格的或者为其他组织或者为合同型的联营，均以其参加联营的各法人为主体。除法人和公民以外，其他组织不具有法律上的人格，不享有人格权。个人合伙、个体工商户享有的名称权，[③]其依据的是公民的主体身份，它们只是不健全的权利主体，不具有法律上的人格，不享有人格权。

第二，人格权由民事主体专属享有，只能由每个民事主体单独享有，不得转让、抛弃、继承，也不受他人非法限制，不可与民事主体的人身相分离。如《瑞士民法典》第27条规定："（1）任何人不得全部或部分地放弃权利能力及行为能力。（2）任何人不得让与其自由，对其自由的限制不得损害法律及善良习俗。"我国台湾地区现行"民法"第16条和第17条规定："权利能力及行为能力，不得抛弃。""自由不得抛弃。自由之限制，以不悖于公共秩序或善良风俗者为限。"不仅如此，对于人格权造成损害所产生的损害赔偿请求权，因其基于人格权而产生，由其专属性所限，亦不得让与或继承。如我国台湾地区"民法"第195条规定："不法侵害他人之身体、健康、名誉或自由者，被害人虽非财产上之损害，亦得请求赔偿相当之金额。其名誉被侵害者，并得请求为回复名誉之适当处分。""前项请求权，不得让与或继承。但以金额赔偿之请求权已依契约承诺，或已起诉者，不在此限。"人格权为民事主体的专属权利，民事主体抛弃、转让、继承人格权的行为，均属无效，非法限制、干涉民事主体行使人格权的，属于侵权行为，应受民事责任的制裁。

人格权的这种专属性，使其区别于继承权等民事权利。继承权也由继承人所享有，尤其是继承期待权，公民生而享有。但是，继承权不仅可以抛弃，而且会因某些法律原因而丧失，甚至因某些事实的出现而被依法剥夺，因而不具有专属性特征，而人格权却不存在这样的特征。

---

① 马俊驹：《人格和人格权理论讲稿》，法律出版社2009年版，第102页。

② 陈民："论人格权"，载我国台湾地区《法律评论》第28卷第8期、第9期。

③ 《民法通则》第99条第2款。

(三)人格权是维护民事主体独立人格的必备权利

民事主体享有人格权的目的,就是要维护其作为法律上的人——包括自然人和法人——所必须具有的资格,保障民事主体在人格上的依法独立。在罗马法,人格这一法律概念 caput 的原意为头颅。依据罗马法,一个自然人要作为权利主体,必须具备 caput,无 caput 者自然无人所具有的、显示其为人的能力,引申其意,人格遂成为在法律上享有权利的关键所在。[①] 正如查士丁尼《法学总论》中指出的:“自由人得名于自由一词。自由是每个人,除了受到物质力量或法律阻碍外,可以任意作为的自然能力。”[②]

人格权对于民事主体的这种必备性,最主要的是,民事主体不享有人格权就不可能具有独立的人格,根本不可能作为主体存在。丧失人格权,就丧失法律上的人格,人就不成其为人。仍以罗马法为例,罗马法规定,奴隶是根据万民法的制度,一人违反自然权利沦为他人财产之一部的人,一切奴隶的地位没有任何差别。[③] 奴隶之所以是奴隶,就是因为其丧失了法律上的人格,因而成为他人的财产。罗马法还规定,依据市民法,20 岁以上的自由人意图分得价金,与他人通谋,佯称后者的奴隶,由他将其出卖,该人即丧失自由人的身份,沦为奴隶,丧失法律上的人格,成为他人的财产。在现代,各种人格权从不同的角度,维护民事主体的独立人格。生命权、健康权、身体权维护自然人作为物质存在的形式,保障其生存能力,自由权、隐私权维护公民、法人的正常活动,名誉权、贞操权维护公民或法人因社会或他人的评价,都与其民事主体的人格地位相联系、相统一,是保障其独立性和自主性的必备条件。在现代社会,虽然法律不会剥夺民事主体的人格权,但人格权受到侵害仍然会使民事主体的法律人格受到损害、民事主体的独立性受到危害。

人格权对于民事主体的必备性,还表现在培养民事主体的独立人格观念,使民事主体时刻意识到自己的独立人格、自身价值和地位,充分尊重、保护他人的独立人格、自身价值和地位,在全社会实现人的尊严,使人的价值得到最充分的发挥。民事主体不享有人格权,就会丧失独立人格意识,人的尊严和价值也就不复存在,社会生活也就无法进行。

人格权的这种必备性,区别于知识产权等民事权利。著作权、商标权、专利权等知识产权具有严格的人身性,只能由特定的民事主体所享有,但这些权利却不是维护民事主体法律人格的必备权利,这不仅是因为这些权利具有无形财产权的性质,须依创造智慧成果而取得,更重要的是民事主体不具有这些权利或者丧失这些权利,不会产生不具有法律人格或者丧失法律人格的法律后果。

---

① 江平等:《罗马法基础》(修订本),中国政法大学出版社 1991 年版,第 57 页。

② [罗马]查士丁尼:《法学总论——法学阶梯》,张企泰译,商务印书馆 1989 年版,第 12 页。

③ [罗马]查士丁尼:《法学总论——法学阶梯》,张企泰译,商务印书馆 1989 年版,第 12 页。

(四)人格权是以人格利益为客体的民事权利

在这一点上,人格权与身份权有严格的区别。身份权与人格权同为人身权,但是,身份权是以身份利益为客体,而不是以人格利益为客体。

在古老的法律中,身份利益表现为具有人格的人,一些人受另一些人的支配。例如,查士丁尼在《法学总论》第九篇规定:"在我们合法婚姻关系中出生的子女,都处于我们的权利之下。"所谓"我们的权利",就是家父权。① 这种专制的身份权利早在罗马帝政时代就已经受到了某种限制,如剥夺家长杀害和出卖家子包括家属、子女的权利。到了资本主义社会,如果不彻底废除家长权,资本主义商品经济关系就不能取得重大发展,因而资本主义国家民法相继废除了家长权。② 在我国,身份权为维持公民的一定身份所必需,身份权的行使不仅是为了权利人的利益,也是为了相对人的利益,③使具有一定身份关系的公民之间享有平等的权利义务,互相得到法定的利益。这种身份利益虽然也与人身不可分离,也是民事主体固有的权利、专属的权利,但权利的客体却与人格权的权利客体截然不同。

三、人格权的权能

人格权的内容包括四种概括的权能:

(一)控制权

控制权是民事主体以自己的意思对自身的权利客体进行控制的权利。这种权利的行使,以将自己的人格权由自己的意志支配为内容。例如,自然人对自己姓名、肖像等人格利益的控制,使自己享受精神活动的自由,通过对身体、健康、生命的控制,如锻炼身体以增进健康,患病、受伤进行诊治,改进卫生饮食习惯以延长生命,因而享受生命、身体安全的利益。

学者认为,正因为控制权是人格权的基本权能之一,因而才与所有权的差别区别开来,人格权不是支配权,④这种观点值得商榷。首先,支配权不只是所有权的权能,而是所有权以及其他绝对权的一般性质;控制权是指人格权的基本权利结构或称权能,二者不具有比较的基础。如果坚持进行比较的话,人格权的控制权只能与所有权的占有权进行比较,这两者才是平行的权利。其次,人格权的控制权能并不能否认人格权的支配权性质。人格权是绝对权,而绝对权的基本属性就是支配权。人格权在具体权能上体现的正是对权利客体的支配。现代医学中,捐献血液、骨髓、角膜、皮肤等人体

---

① [罗马]查士丁尼:《法学总论》,张企泰译,商务印书馆 1989 年版,第 19 页。

② 梁慧星:《中国民法经济法诸问题》,法律出版社 1991 年版,第 52 页。

③ 佟柔主编:《中国民法学·民法总则》,中国人民公安大学出版社 1990 年版,第 111 页。

④ 佟柔主编:《中国民法学·民法总则》,中国人民公安大学出版社 1990 年版,第 109 页。

器官或人体组织,就是其支配权的体现,如果否认人格权的支配权则难以解释这些社会现象。

控制权既是人格权的权利主体积极行使其权利的表现,又是权利主体行使人格权其他权能的基础。权利主体行使控制权,以维护其人格利益和身份利益,使自己的意志支配这些利益,同时,也只有行使控制权,才能行使其他权能。

(二)利用权

该种权利是指权利主体以自己的意志去利用人格权的客体,从事各种活动,以满足自身需要的权利。利用权与使用权是否具有本质的差别,似难断言,但由于人格权客体的非物质性,用利用权这样的称谓更为妥当,也便于与所有权的使用权权能相区别。

利用权首先表现为利用自己人格权的客体,体现个体活动的特征、特点以区别于他人,体现个人存在的价值。如利用姓名、名称于社会活动和商业活动,以区分个体的标志;利用肖像于身份证、护照以及其他证明身份的场合,以区分个体的形象标志等。在社会生活中,如果对民事主体不能利用人格权的客体加以区别,则不可能进行任何有效的活动。

利用权还表现为利用人格权的客体以满足自身的需要。公民享有隐私权,任何人不得侵害。但是,公民利用个人生活情报资料撰写小说、报告文学、回忆录,从事文学创作活动,利用自己的形象进行绘画、摄影、录像,从事艺术活动等,都是利用自己的人格利益满足自身的需要。

(三)有限转让权

人格权的转让权是其利用权的部分、有限的延伸,指权利主体对其部分权利客体的利用可以适当转让他人。例如,将自己的肖像利用权部分地转让给他人,以使用该肖像;又如将自己个人的生活情报资料告知他人,由他人进行文学创作。名称权的转让权最为特殊,不仅可以转让使用权,还可以把整个名称权全部让与他人。

人格权的转让权并非普遍的权能,而受权利客体性质的限制。人身自由权、姓名权、名誉权、荣誉权等专属于个人的权利不能转让,而肖像、名称等可以转让。即使可以转让的权利客体,除名称权以外,其转移的也只能是部分权能;且只能部分转让而不得全部转让。

有限转让人格权客体的利用权能,应依有效的民事法律行为进行,通常依权利人与利用受让人以合意的方式进行。转让行为是否有偿,应依当事人约定,双方当事人无约定而就是否有偿发生争议,应依权利人的意志确定,利用权的受让人通常应当给予适当报酬。

(四)有限处分权

人格利益处分权是权利人对于自己享有的人身利益进行自主支配的权利。很多学者反对人格权具有处分权的权能，而认为其有活动自由权的权能。这两种提法内容有相同之处，但亦有不同之处。活动自由权是讲人格权人在权利范围内的自由活动，人身利益处分权实际上是支配权，是指权利人在权利范围内不仅有自由活动的权利，而且具有对某些人身利益的支配权利，对其进行适当的处分。因而，用人身利益处分权的概念更为准确。

人身利益处分权并不是绝对的，也具有有限性的特点。这种有限性表现在：一是处分的人身利益范围的有限性，并不是所有的人身利益都可以自由处分，如自由、名誉等，不得抛弃、转让。二是处分内容的有限性。例如，对于生命利益的支配，为了正义、事业而献身，贡献生命，处分自己的生命利益，是合法的行使处分权的行为；自杀则为法律所禁止，为违法行为，并非合法处分生命利益的正当行为。

四、人格权的分类

（一）对人格权分类的不同看法

在我国民法学界，对人格权是否应当进行分类，有进行分类和不进行分类这两种不同的做法。

主张对人格权进行分类的，是少数学者的意见，如张俊浩主编的《民法学原理》，把人格权分成物质性人格权和精神型人格权，再把精神型人格权分成标表型、自由型和尊严型。在王利明主编的《人格权法新论》中，将人格权分作一般人格权和具体人格权两类。马俊驹对人格权的分类更为细致，分为：(1)人身完整，包括生命权、身体权、健康权；(2)人格标识，包括姓名权、肖像权、形象权、声音权；(3)人格尊严，包括名誉权、隐私权、信用权、荣誉权、知情权、环境权、精神纯正权；(4)人格自由，包括身体自由权、迁徙自由权与居住自由权、住宅自由权、性自主权、工作自由权、意思决定自由权、通信自由权、表达自由权、创造自由权、信仰自由权、思想自由权；(5)法人人格权，包括法人名称权、法人名誉权、法人荣誉权、法人秘密权；(6)特殊人格权，包括人格商品化权、器官捐赠权、死者生前人格权。①

有的学者在论述人格权时不进行具体的分类。究其原因，大致是因为人格权就是人格权中的一个具体类型，其权利客体都是人格利益，因而没有分类的必要。

对一类民事权利是否有必要进行分类，主要应当考虑三个因素：一是，这类权利的客体是否有不同的性质，客体不同，应按其不同性质进行分类，客体相同则不必进行分类。二是，这类权利的保护方法是否不同，保护方法不同，应当按不同的保护方法分类。否则不必进行分类。三是，这类权利的数量是否较多，较多的应当进行分类，较少

---

① 马俊驹：《人格和人格权理论讲稿》，法律出版社2009年版，目录第5~6页。

的不宜分类。对这三个因素应当进行综合分析,决定取舍。

人格权的上述两个因素是有区别的。首先,人格权的权利客体尽管都是人格利益,但却有性质上的不同。在身体权、健康权、生命权中,其权利客体体现为法律人格的物质存在形式,通过人体这种物质形式表现出来。而在名誉权、姓名权、肖像权、隐私权、贞操权等人格权中,人格利益完全表现为精神利益的形态。这两种人格利益的性质是不同的。其次,人格权的法律保护方法亦不相同。这一点,最明显地表现在《侵权责任法》的规定上。《侵权责任法》分设第 16 条和第 19 条两条规定,前者规定侵害自然人身体造成伤害的,赔偿医疗费、误工损失、生活补助费、丧葬费和死者生前扶养的人的生活费;后者规定损害人身权益造成重大损害的,有权要求赔偿精神损害。在司法实务的具体操作上,保护方法完全不同。最后,人格权数量众多,而且越来越多,不进行分类就无法理清人格权的体系和逻辑关系。除此之外,前者为公民所独有,后者为公民和法人所共有,只有隐私权、肖像权等例外。

(二)具体分类方法

根据以上分析,笔者主张对人格权进行必要的分类。

首先,分为抽象人格权和具体人格权两大类型。抽象人格权概括的是一般人格权、自我决定权和人格商业利用权。具体人格权概括的是生命权、健康权、身体权、名誉权等具体的、单独的人格权。

其次,在具体人格权中,分为物质型人格权和精神型人格权。物质型人格权概括的是生命权、健康权和身体权。精神型人格权概括的是名誉权、信用权、姓名权等具体人格权。

最后,在精神型人格权中,分为标表型人格权,概括的是姓名权、名称权、肖像权、形象权、声音权;评价型人格权,概括的是名誉权、荣誉权和信用权;自由型人格权,概括的是人身自由权、隐私权、性自主权和婚姻自主权。

本书在论述抽象人格权和具体人格权时,即依此结构体例。

五、人格权与身份权的关系

人格权与身份权同属于人身权,具有极为密切的关系。

(一)身份权与人格权的共性

1. 身份权与人格权同为专属权

它们都与民事主体的人身紧密相连,具有专属性和排他性。身份权和人格权存在于民事主体自身,由其自身享有,是民事主体的人身不可缺少的内容。这种权利只能由民事主体自己享有和行使,具有严格的排他性,不得转让,也不得抛弃或由他人继承。

2. 身份权与人格权同为支配权

人身权均为绝对权,其体现的是人身利益,均由民事主体直接支配。这种支配,在人格权,支配的是人格利益;在身份权,支配的是身份利益。那种认为身份权的客体是具有身份关系的对方当事人的观点,是封建时代民法的身份权理念。身份权与人格权对其权利客体所享有的权利是绝对的、支配性的,其他任何人均须承担义务。

3. 身份权与人格权均不具有直接的财产性

人身与财产不同,不具有直接的财产内容。民事主体行使身份权和人格权,其目的主要是满足自身精神上、情操上、观念上、意识上的需要,主要的不是财产的目的;但人身权并非毫无财产因素。需要说明的是,身份权中的具体权利,如抚养、扶养、赡养的请求权,财产因素至为明显,但这种权利与财产权不同,是为维持民事主体自身生存所必需的权利,而不是以财产的占有、使用、收益、处分为目的。

(二)人格权与身份权的区别

1. 人格权与身份权的法律作用不同

人格权以维护公民、法人的法律人格为其基本功能,使之实现人之所以为人的法律效果。身份权的法律作用是维护以血缘关系等组成的亲属团体中人的特定地位及相互之间的权利义务关系,维护自然人、法人对某种具有身份关系的支配关系。根据人格权与身份权法律作用的不同,导致在人身权体系中人格权与身份权的地位并不相同。人格权是人身权中主导的权利,是基本权利;而身份权在事实上以人格权的存在为前提。人的第一需要乃是生存的需要,人格权就是人的生存需要的法律表现,身份权则是自然人在生活中及其相互之间关系的法律表现。从根本上说,身份权是人格权的扩展和延伸。

2. 权利的产生有所不同

人格权是民事主体的固有权利,生而享有,死而消灭。身份权并不是民事主体生而固有的权利,而是就自然人的出生而取得的权利。自然人出生,尽管其一经出生,就与其父母、姐妹兄弟、祖父母、外祖父母产生了亲属法上的身份权,但这种身份权的产生,不是生来固有,是依其出生构成的亲属关系而取得的身份权。此外,养父母子女、继父母子女之间的身份关系更是基于收养、抚养的行为和事实而取得。

3. 权利属性有所不同

人格权是民事主体的必备权利。民事主体不享有人格权,就"没有做人的权利,也就没有进入社会的资格,让渡基本权无异于把人复归于兽类"。[①] 而身份权具有非必备性,主要表现在民事主体不享有身份权,依然可以生存,可以进行民事活动,以至于以

① 徐显明主编:《公民权利主务通论》,群众出版社 1991 年版,第 133 页。

独立的人格进入社会从事所有的民事活动。

4. 权利客体不同

人格权的客体是人格利益,表现为人之所以为人的资格。身份权的客体不是人格利益,而是身份利益。

第三节 人格权法律关系

一、人格权的主体

人格权法律关系是一种民事法律关系,由主体、内容和客体三个要素构成。

人格权的主体就是人格权法律关系的主体,是指在人格权民事法律关系中享有权利和承担义务的公民和法人。

在人格权法律关系中,一方为权利主体,即人格权的权利人;另一方为义务主体,即人格权的义务人。由于人格权是绝对权、对世权,因而权利主体永远是特定的单个主体,即特定的公民或法人;义务主体是不特定的任何人,即不特定的公民或法人。作为一个公民和法人,在以他自己为权利主体的人格权法律关系中,他永远是权利主体,而在其他任何人为权利主体的人格权法律关系中,他永远是任何权利人的义务主体。

人格权的权利主体为全部具有民事权利能力的公民和法人,任何公民、法人只要具有民事权利能力,就是人格权的权利主体。人格权的义务主体是否具有民事权利能力就能有这种资格,也就是无民事行为能力人、限制民事行为能力人是否具有人格权义务主体的资格呢?从承担民事责任的角度来看,责任人应当是具有完全民事行为能力的人,但是,不能依此推论承担人格权的义务也必须具有完全民事行为能力。下面的两个案例可以说明这个问题。

高某与其夫姜某结婚多年,始终怀疑姜某与别的女人通奸,但又没有确实依据。某日,高某到医院开药,向周围群众诉说姜某对她不好,与别的女人乱搞男女关系,被很多人围观。原告闵某系高、姜的老邻居,见状上前劝高不要在医院骂,避免给姜造成影响。高某当即责骂闵某与姜某通奸,并纠缠吵闹,致闵某精神痛苦,名誉受到损害。闵某向法院起诉。法院将高某送精神病医院鉴定,确认其患有晚发型精神分裂症(偏执型),为限制民事行为能力人。

高春霞与高建利和高万福的儿子高胜和均系未成年人,分别为13岁、10岁、14岁。高春霞的母亲与高建利的母亲在责任田里放水的时候,发生争吵,被人劝解。高建利的母亲回家后,向家人诉说了争吵的情况,高建利也很生气。第二天下课时,高建利见到高春霞,将高春霞大骂一场,公开说高春霞与高胜和发生过性行为,曾被人抓住。围观的学生起哄,高春霞拨开人群跑回家中痛哭。高春霞的母亲听说后,十分气愤,感到女儿的名誉受到损害,要到高建利家"死给他们看看",拿着绳子和农药两次去高建利家自杀,均被邻居拉回。高胜和持斧头找高建利拼命未成,便带着农药到高建利家门前服下,经抢救无效死亡。高胜和的父母又在高建利家停尸 3 天,后高万福(即高胜和的父亲)和高春霞及其母诉至法院,要求高建利的监护人赔偿名誉权损害。

在这两个案件中,负有人格权义务的主体,一个是偏执型精神病患者,为限制民事行为能力人,另一个是未成年人,亦为限制民事行为能力人。按照《侵权责任法》第 32 条关于无民事行为能力人、限制民事行为能力人造成他人损害的,由监护人承担民事责任的规定,对于他们造成的损害,应当由他们的监护人承担责任,他们本人不承担责任。承担责任的基础,在于行为人违反了他们所负的法定义务,没有违反法定义务的人,无论是他本人还是他的监护人都不承担民事责任。未成年人和精神病患者虽然是无民事行为能力人或限制民事行为能力人,在人格权法律关系中都具有义务主体的资格,不因其无民事行为能力或限制民事行为能力而使他们义务主体的资格受到影响,而只是在他们违反义务时,应由他们的监护人承担民事责任;当他们自己有财产时,还应以他们自己的财产承担民事责任。

人格权的权利主体和义务主体为具有民事权利能力的公民和法人。不具有法人资格的合伙、个体工商户以及其他组织,是否具有人格权主体的资格,按照《民法通则》第 99 条第 2 款关于"法人、个体工商户、个人合伙享有名称权。企业法人、个体工商户、个人合伙有权使用、依法转让自己的名称"的规定,个体工商户、个人合伙是名称权的主体,因而是部分人格权的权利主体。但是,《民法通则》第 101 条、第 102 条和第 120 条都只提到法人,而未提到个体工商户和个人合伙,而且所有这些条文都没有提到其他组织。这实际上涉及合伙等其他组织是否为民事主体的问题。对于合伙,多数学者主张其为"第三民事主体";对于其他组织,一般都不承认其为民事主体。对此,笔者倾向比照《民法通则》第 99 条第 2 款的规定,承认个人合伙、个体工商户以及其他组织具有准人格,为不健全的人格权法律关系的主体,享有部分人格权,并负担相应的义务,例如字号的名称权,个人合伙和个体工商户都享有这一权利。

二、人格权的内容

人格权的内容就是人格权法律关系的内容,是指人格权法律关系主体享有的权利和负有的义务。

按照民事权利是指民事主体为实现某种利益而依法为某种行为或不为某种行为

的可能性的基本理论,人格权的权利主体所享有的权利,是指在人格权法律关系中的权利主体,根据法律规定,依据自己的意愿,为实现自己人格利益为某种行为或不为某种行为的可能性。通过某种行为而实现自己的人格利益或身份利益,就是行使人格权利。学者认为,人格权包括三层意思:一是权利人有权在法律规定的范围内,根据自己的利益为一定行为或不为一定行为;二是权利人有权在法律规定范围内要求义务人不为一定行为;三是权利人有权在自己的人格权利遭到侵害或义务人不履行义务时,请求人民法院予以保护。①

人格权利的行使,应当受权利人意志的支配。但是,为维护社会公共利益,维护个人利益,维护社会安定,协调个人权利与社会利益的冲突、个人权利之间的冲突,增强人与人之间的和睦友善关系,权利主体行使人格权应当受到某些适当的限制。例如,为社会公共利益而使用肖像为合法使用,权利人不得主张肖像权。公民享有健康权,可以通过诊治而使疾病痊愈,也可以放弃治疗而使健康恶化,但因其患有麻风病等时,从公共利益考虑,则可以违背其不治疗的意愿而对其进行强制治疗。对于生命权,法律也禁止其自由放弃,因而原则上自杀是违法的。行使人格权利的适当限制还表现在适当忍受来自他人的轻微妨害以维护社会关系的和谐。不超过容忍界限的妨害,不构成侵害人格权,不得主张侵权损害赔偿。例如,在公共汽车上被他人踩脚、挤撞,不得主张其身体权受到侵害;在旅店中住宿,不得以同室旅客的鼾声而使其健康权受到侵害而提出侵权赔偿的主张。

按照民事义务是指民事主体为满足其他民事主体的某种利益而依法为某种行为或不为某种行为的必要性的基本理论,人格权的义务是人格权法律关系中的义务主体为了满足权利主体实现其人格利益和身份利益,而不为一定行为的必要性。人格权是绝对权,权利主体权利的实现不需要义务主体积极行为的协助,只要义务人不为一定行为即可,因而人格权法律关系中的义务是不作为义务。

学者认为,人格权法律关系中的义务包含三层意思:一是义务人必须根据法律的规定不为一定行为,以实现权利主体的人格利益和身份利益;二是义务人负有义务是在一定范围内不为一定行为,这个范围一般是由法律直接规定的;三是人格权关系中的义务是一种法定义务,受国家强制力的约束,义务人不履行自己的义务就要承担相应的民事责任。②

三、人格权的客体

民事法律关系的客体,是指民事法律关系中权利、义务所共同指向的事物。因而,

① 王利明主编:《人格权法新论》,吉林人民出版社 1994 年版,第 22 页。
② 王利明主编:《人格权法新论》,吉林人民出版社 1994 年版,第 20 页

人格权的客体,也就是人格权民事法律关系中的权利、义务所共同指向的对象。

人格权的客体具体是何事物,学者有不同主张,可以归纳为以下四种:一是"身体说",认为人格权是以人身利益为内容,因而它指向的对象只能是人的身体,因此这类权利的客体也必然是人的身体。① 二是"精神利益说",认为人格权法律关系以特定的精神利益为客体。② 三是"无形利益说",利益法学派的创始人德国学者耶林认为,法律应保护无形利益,而人格则以无形利益为对象。③ 四是"法定无形利益说",认为无形利益应为人格权的客体,但其他权利也包含无形利益,如果将无形利益作为人格权的客体,未免过于宽泛且不具体,因而,应是法定的无形利益。④

以身体为人格权的客体,是采用人身即人体的语义学定义,它只能解释身体权、健康权和生命权客体,却不能涵括名誉权、隐私权等其他人格权的客体,显然是不正确的。以精神利益为人格权的客体,虽然包含了名誉权、肖像权等人格权的客体,却不能涵括身体权、健康权、生命权的客体。认为人格权的客体就是无形利益而不加以限定,有失之宽泛、不具体的缺陷。事实上,人格权的客体就是人格利益这种法定的无形利益。

法定无形利益的无形,是指这些利益不能以其外在的实体形态而感知,不是以物、行为等方式表现出来,而是体现为与人格有密切联系、没有实体形态的利益。人格利益中的身体、健康、生命的安全,精神活动的自由与完整,公民作为人的尊严,荣誉的获得等,都属于无形利益,都不具有外在的实体形态。

法定无形利益的法定,是指人格权的客体不是无限的。它表现在两个方面:一是,不属于人格利益的无形利益,不是人格权的客体。例如,在团体、组织中的领导与被领导关系,团体、组织间的隶属与被隶属关系,都体现着无形利益,有的也具有某种身份上的意义,但这种无形利益不属于民法上的人格利益,不能成为人格权的客体。二是,人格利益也不是完全都能成为人格权的客体,只有法律保护的人格利益才是人格权的客体。例如,公民享有人身自由权,但其吸毒,就要受到法律限制,人身自由权的客体中不包括吸毒的自由;性自主权的主体享有承诺权,通过承诺,自己与异性发生性行为而使自己获得肉体上的快感和精神上的愉悦,但依此进行的淫乱活动,法律是不保护的,并且予以制裁。

① 郑新剑:"'人身'不能作为民事权利客体吗?",载《法学评论》1986年第6期。
② 郑立:"关于人格权概念的思考",载《法律学习与研究》1995年第1期。
③ 陈民:"论人格权(续)",载我国台湾地区《法学评论》第28卷第9期。
④ 王利明主编:《人格权法新论》,吉林人民出版社1994年版,第24页。

第四章 人格权的冲突与协调

第一节 人格权冲突的表现形式

随着民事主体权利意识的不断提高,法律对人格权的保护越来越严密,人格权行使中的冲突也就越来越突出地反映出来。这不仅是民事主体人格权及其保护的基础理论问题,也是民事主体越来越被重视、司法机关越来越需要解决的实践问题。对此,有学者曾经就法理学和社会学的角度作出论述,①怎样从民法的角度,就人格权本身的角度研究人格权的冲突与协调,具有更重要的价值。

一、引起人格权冲突思考的典型案例

在现实生活中,民事权利冲突的表现是普遍的,不过,在其他民事权利的冲突中,大部分已经有了处置的基本规则和具体规则。例如在不动产所有权的行使中发生权利冲突,有相邻关系的规则处理;交易中的保护静态安全还是动态安全,有善意取得的规则处理。这些都是在数百年以前民法就注意到,并且加以解决了的问题。但是在人格权的权利冲突,一方面因为人格权是"二战"之后才被广泛重视的民事权利,另一方面,人格权的行使基本上无须借助他人的协助即可实现,发

---

① 刘作翔:"司法公正和效率的落点之一:权利冲突及其解决",载《公正与效率世纪主题论坛论文汇编》,最高人民法院"公正与效率世纪主题论坛秘书组"编,2001 年,第 33 页以下。

生冲突的概率较小，因而，人格权的冲突并没有引起民法的重视，甚至有人认为人格权冲突是一个伪命题，明确提出“守望权利边界，何来权利冲突”，权利冲突是“不成问题的问题”或“伪命题”。① 有的学者坚决反对这样的主张，认为权利冲突不是一个伪命题，而是一个客观存在的问题。②

笔者在1994年写作《人身权法论》时注意到了这个问题。③ 那时笔者正在研究人格权和身份权的问题，在研究隐私权的时候，发现了隐私权和知情权之间存在强烈的冲突。这样的冲突在这两个权利之间不可避免地发生着，就像相邻不动产所有人一方行使权利，可能会对对方不动产所有人的权利行使发生妨碍一样，必须进行法律调整，并非权利本身就能够自行解决。

引起笔者重视的是美国法院判决的詹姆斯·希尔诉《生活》杂志发行人时代公司侵害隐私权的案件。1952年，希尔及其家人在费城郊区的家中，被三名逃犯软禁达19小时。事后，希尔告诉记者，那三名逃犯很有礼貌，并没有采取激烈的强制手段。1955年，剧作家海斯将希尔一家的类似痛苦经验改编为《绝望的时刻》剧本，将希尔的名字改为希利尔德，作为剧中的男主角。剧中有逃犯殴打希利尔德，并口头猥亵、凌辱其女儿的情节。该剧在费城上演时，《生活杂志》事先未与希尔家人商议，在原住屋中拍摄若干现场镜头，并以“真正的罪案：激起紧张的戏剧表演”为题，报道该剧的演出，并毫无保留地描述该剧为希尔一家的悲惨经验的重演，致使希尔一家遭受精神痛苦。希尔一家向纽约州法院起诉时代公司侵害其隐私权。时代公司则以满足公众知情权为理由答辩，《生活》杂志的记者指证，诚恳地相信“希利尔德”是反映了希尔事件的内心和灵魂，否认其侵权。④

这个案件，突出地表现了隐私权与知情权的冲突，在现实生活中，这种现象并不少见。例如，相恋的未婚男女之间，都在相互了解之中，希望掌握对方的人品、婚恋以及性方面的资讯；而这些恰恰是对方的个人隐私，是需要“瞒”的内容。行使“知”的权利，就要牺牲“瞒”的权利；满足“瞒”的权利，“知”的权利就无法保障。

隐私权是人格权。尽管我国法律和司法解释长期以来没有将其确认为人格权，但它从来就顽强地存在着，直至《妇女权益保障法》和《侵权责任法》最后确认其为人格权。关于知情权，很多学者主张将其规定为自然人的民事权利，认为它是现代民主制

---

① 郝铁川：“权利冲突：一个不成问题的问题”，载《法学》2004年第9期。

② 郭明瑞：“权利冲突是伪命题吗？——与郝铁川教授商榷”，载《法学论坛》2006年第1期；张平华：“权利冲突是伪命题吗？——与郝铁川教授商榷”，载《法学论坛》2006年第1期。

③ 杨立新：《人身权法论》，中国检察出版社1996年版，第623页。

④ 此案为Time，Ine. v. Hill385U. S374.（1967），案情转引自吕光：《大众传媒与法律》，台湾地区商务印书馆1981年版，第68～69页。

度及信息化社会建立的基础性权利，政治活动如果被认为是公共产品，那么该产品的生产进程及工艺与成分，获得产品的人就有权知悉，该权利被认为是社会走向光明的保证。确立知情权的呼声之强烈，使人振奋。[①] 当然，知情权不仅是知政权和公共知情权，还包括民事知情权在内。隐私权和知情权就这样激烈地冲突着，顽强地表现着自己，而这不过是人格权与人格权冲突的一个缩影。

二、人格权与其他人格权冲突的表现

人格权的权利冲突，很多是发生在与其他权利的关系上。人格权与其他权利的冲突，主要有两种类型。

（一）人格权与公权利或者公权力的冲突

公权利，通常也叫做政治权利、宪法权利，是公民作为权利人，国家作为义务人的权利。一方行使人格权，另一方行使公权利，会发生人格权与公权利的冲突。人格权与公权利或者公权力的冲突，往往公权利一方代表的是国家利益、社会利益和公众利益；在冲突中，享有公权利的一方往往将公权利凌驾于民事主体的民事权利之上，形成激烈的对抗。这是人格权冲突较为典型的一种。

1. 人格权与采访权的冲突

广西某市市民向该市广播电台投诉，该市的一个声讯公司引诱少年儿童拨打声讯电话，不仅浪费了大量的费用，[②]而且电话中具有色情内容，严重妨害了青少年的身心健康。电台的一位女记者进行新闻调查，在采访中，受到保安的刁难和厮打。嗣后，女记者决定采访该声讯公司挂靠的主管单位即某区民政局，经过事先约定，在 1999 年 12 月 10 日下午采访该局某局长。采访开始时，女记者没有征得被采访人的同意，即将采访机放在两个人中间的茶几上，对采访的问答做了录音。结束采访时，该局长提出，没有经过同意就录音，是非法的，要求交出录音带，否则不准走。双方争执不下，女记者向电台领导报告此事，电台领导赶到，进行协商，最终决定抹掉录音，女记者才被准许离开采访地点，被滞留了 2 个小时之久。女记者以该局长为被告向法院起诉，诉因是侵害采访权和人身自由权，请求被告赔偿其精神损害费 1 分钱。[③] 原告一审败诉，上诉后原判被撤销。一审法院重审判决认为："原告主张被告侵犯其人身自由，向法院提供

---

① 参见"应以宪法固定化的十种权利"，载《南方周末》2002 年 3 月 14 日第 1 版。该文强调指出，知情权是宪法应当固定的第五种权利。

② 据报道，一位月收入仅 2000 多元的女工，其儿子两个月中为此支出话费 6000 余元，给家庭带来巨大的经济负担。

③ 关于本案案情的描述，依据的是《广州日报》2002 年 1 月 24 日刊载的"女记者怒打一分钱官司"，该稿为新华社供该报的专稿，作者张增忠。

的证据与被告提供的证据互有矛盾，并不能完全证实其主张。被告得知原告采访录了音，是曾表示过不将录音删除不让走之类的话语，但对原告未采取任何暴力强制措施不让其走，原告在听到被告的话后未离开办公室，并不能证实是被告限制其人身自由，也不符合限制人身自由的构成要件。”①故仍以原告败诉为判决结果。

在该案中发生冲突的权利有两组，一组是记者的采访权和被采访者的自我决定权，是公权利与人格权的冲突；另一组是记者的人身自由权和被采访者的自力救济权，是人格权与人格权的冲突。女记者仗义执言，是值得尊重的，其受到的不公正待遇也是值得同情的。但是，女记者以采访权和人身自由权受到侵害的诉因起诉，是不是符合法律规定，是不是有正当理由，值得研究。

我们来着重研究采访权与自我决定权的冲突。采访权是媒体的权利，也是记者的权利，是派生于言论自由权的新闻自由权，性质属于公权利；公民是否接受采访，接受什么形式的采访，则是公民的自我决定权。② 被告同意接受采访，原告没有征得被采访者的同意即进行录音，被采访者明确表示不同意用录音的方式进行采访，这完全是被采访公民的自由意志，他人不得强行干预。因此，被告要求删掉录音毫不过分，是正当行使自我决定权。在这两种权利发生冲突的时候，女记者强调自己的采访权而不尊重被采访者的权利，有干涉他人权利之嫌；被告的行为不能认为是侵害采访权。本案的人格权与公权利的冲突比较典型。

2. 人格权与舆论监督权的冲突

媒体的舆论监督权与被批评者的人格权也经常发生冲突。现代社会中的媒体发挥着重要的作用，舆论监督的权利实际上是宪法言论自由权利的延伸，是新闻批评自由的权利。媒体行使舆论监督权进行批评总是针对一定的社会现象，其中多数是对民事主体的批评，因而涉及民事主体的人格权保护问题。《北京晚报》曾经批评一个酱菜厂的卫生问题：卫生防疫机构在检查这个酱菜厂的卫生时，在车间里发现污水横流，还抓到5只苍蝇，报纸以“苍蝇聚车间，污水遍地流，某酱菜厂卫生不合格被处罚”为题作了报道。被批评的工厂提出诉讼，请求报纸承担侵害其名誉权的责任；晚报社则在答辩中指出其批评的真实性，认为是正当行使舆论监督权，不构成侵权责任。在这个案件里，新闻批评的权利和法人的名誉权发生冲突。

3. 人格权与公共安全的冲突

强制治疗是对患有某种严重传染病、对周围构成危险的精神病患者进行的，未经本人同意的治疗。在一般情况下，强制治疗和人身自由权形成冲突。在“非典”期间，

---

① 关于本案的诉讼过程和判决理由，亦转引自“女记者怒打一分钱官司”一文。

② 理论认为，人格自由是一般人格权的内容，属于一般人格利益的范畴。按照最高人民法院的解释，应当概括在“其他人格利益”之中。

对所有的“非典”患者均实行强制治疗，“非典”患者的人身自由无法得到保障。为公共利益和公共安全目的，这种对人格权的限制是为了协调人格权冲突而采取的必要措施。

4. 人格权与公权力的冲突

浙江省青年妇女郑某的新婚丈夫罗某因琐事与公司副经理王某发生争执，王某先打了罗某一耳光，并用榔头打了罗某一下，罗某与王某厮打中将王经理打死。检察院将罗某起诉后，一审法院以故意杀人罪判处罗某死刑，罗某提起上诉；郑某向法院提出借助人工授精怀上爱人的孩子的请求，一审法院当即以此做法无先例为由予以拒绝，高级人民法院最终对郑某主张生育权的请求作出不予支持的答复。本案见诸报端以后，媒体普遍认为，罗妻郑某的请求已经闯入了国内现行法律制度和司法实践的一个盲区，是立法上和实际操作中还没有明确的一个问题。基本观点：一是认为无论“死刑犯”还是一般公众都享有生育权，都有权生育子女，繁衍后代；对于即将被执行死刑的犯罪嫌疑人也应当保障其权利的实现。二是认为“死刑犯”虽然享有生育权，但是其丧失了行使这个权利的条件，就是失去了人身自由，尽管现代科学技术可以解决人工授精的问题，但现行法律并没有具体规定，况且也没有先例，因而这种请求不能予以支持。① 这是人格权与公共管理权的冲突，事实上，只要公权力单位适当考虑对人格权的保护，就完全可以解决这个生育权的保护问题。

孟德斯鸠曾说过：“一切有权力的人都容易滥用权力，这是一条亘古不变的经验。有权力的人直到把权力用到极限方可休止。”公权力不仅具有强烈的自我扩张性，而且这种扩张性难以得到外力有效的遏制。在强大的公权力面前，私权利是天生的弱者；因此，公权力与私权利之间的冲突经常发生，公权力以各种名义侵犯私权利的现象屡见不鲜。比如，曾经轰动一时的延安黄碟案中派出所出警人员对张某基本人身权和住宅权就进行了侵犯。②

（二）人格权与其他权利的冲突

不仅如此，在现实生活中，人格权冲突还表现在诸多方面。下面列举几种常见的人格权冲突情况。

1. 生命健康权与财产权的冲突

姚某是某银行的职工，1999 年 7 月，两名歹徒闯入银行，姚某想要报警，但是银行没有安装报警器，想打“110”报警开关，但是报警器开关没有任何信号反映。用电话拨打“110”，电话打不通。一名歹徒冲到柜台，用刀逼迫姚某，要她打开保险箱，姚某被迫

---

① 对这个案件笔者在《2001 年热点民事案件点评》中作了说明。后来，高级人民法院没有同意死刑犯妻子的要求。

② 邸灿：“公权力与私权利的冲突与平衡”，载《合作经济与科技》2009 年 2 月号。

打开箱子,拿出了13,568.46元,交给了歹徒,将另外25万元保护了下来。第二天,姚某认为这是自己的过失造成的损失,在家拿出同样数额的钱,补给单位。银行宣布对姚某开除党籍、开除公职。姚某向劳动仲裁机构申请仲裁,仲裁结果是撤销银行的处分决定;银行不服,向法院起诉,被法院驳回诉讼请求。嗣后,银行仍然坚持给予姚某党内严重警告、行政记大过处分,并将姚某的事件拍成录像,教育职工,要求银行职工"必须与犯罪分子进行殊死斗争",姚某的行为是失职行为。①

姚某的行为没有过错,是一个机智的、值得赞扬的行为,是用小的损失保护了更多的国家财产,任何对这种行为的责难都是错误的。在这个案件中,财产权和生命健康权的冲突突出地表现出来。在过去,在法律和现实中,有很多"左"的东西。在保护国家财产的问题上就是这样的,例如鼓励小学生为保护国家财产献出自己的生命就是这样的例子。事实上,鼓励少年儿童向刘文学学习,是对国家的后代、民族的希望、未来的社会生产力的极端不负责任;在歹徒劫机时,如果鼓励机组人员向劫机分子英勇搏斗,就会置全体乘客的生命安危于不顾。在国外,法律把"身体强制"规定为免责事由,任何人对在身体受到强制时作出的行为可以不承担责任。我们的法律还没有规定这一点,但这应当是一个法理,应当参照。

2. 人格权与著作权的冲突

权利人将自己的某些人格利益进行适当处分,例如同意画家以自己为模特进行临摹作画,将自己的隐私向作家陈述而作家依此创作小说;画家未经肖像权人同意而将画作公开展出,作家将写有主人公隐私的小说予以出版,都会发生肖像权、隐私权与著作权的冲突。在半张脸的案例中,这个问题更为突出。某摄影家欲创作作品参加全国第一届人体摄影作品展,便邀请某女青年到自己的影楼免费拍照写真集,将其中最好的一幅作品取名《美姿》,投稿参加摄影展。女青年发现后,主张侵害肖像权;摄影家以著作权相对抗,形成肖像权与著作权的冲突。

3. 隐私权与知情权的冲突

隐私权是自然人的重要人格权,其中隐私权最重要的特征,就在于权利人对自己不愿意公开的隐私利益享有"瞒"的权利。知情权也是自然人的重要人格权,知情权的最主要特征,就是权利人对其应当知道的情形享有"知"的权利。一个是"瞒"的权利,一个是"知"的权利,都是法律所保护的内容。行使"知"的权利,"瞒"的权利就要受到限制;行使"瞒"的权利,"知"的权利就不能得到满足。隐私权与民事知情权之间,在婚恋双方各自了解对方的情况、养子女想要知道自己的真实身世时,冲突比较明显。在文体明星的隐私与公众知情权之间,也存在明显的冲突。

① 朱彤等:"财产权怎能高于人身权",载《中国青年报》2000年3月20日。

三、人格权之间的权利冲突

(一)权利人自己的人格权与人格权的冲突

权利人享有各种人格权,在这些人格权之间发生冲突的时候,也必须进行法律协调。在生命健康权与隐私权的行使中,会发生人格权冲突。对于患者的疾病诊断,为了治病救人,医生要了解患者的隐私,如果患者不牺牲自己的隐私利益,就无法获得正确的治疗方法;特别是在争论医院胸透是否要脱衣的问题上,争执的实际上就是健康权与隐私权的冲突问题。

(二)权利人的人格权与他人同种人格权的冲突

在姓名权和名称权中,具有相同的姓名和名称的民事主体比较常见,特别是自然人的姓名,同名者比较普遍。据统计,全国叫张伟的,为姓名重名查询排名之首,为290,607人,第二位为王伟,共251,568人,第三位为王芳,共268,268人;①这是姓名平行,并不违法。在姓名平行的情况下,应当注意自己行使姓名权不能损害他人的姓名权,即在有可能造成姓名混同的时候,应当借助特殊标记等方法加以区别,否则就会发生冲突,并且发生侵权责任问题。

特别是在数个人格权主体对同一项人格利益都享有权利的时候,人格权行使中的冲突更为明显。例如,在相关隐私即数个人对同一项隐私利益都享有隐私权的情形,每一个人对这个相关隐私利益都享有支配权,在具体行使权利的时候,会发生权利冲突,需要有具体规则进行规制。

夫妻之间的生育权也会发生冲突。生育权是夫妻双方的权利,一方要求生孩子,一方不同意生孩子,要求生孩子的一方主张不同意生孩子的一方侵害其生育权。其实,夫妻双方对生育权的享有是一致的、平等的;但是生育权行使要夫和妻共同行使,只有一方的行为无法行使这种权利。

(三)权利人的人格权与他人不同种类人格权的冲突

权利人的人格权与他人不同种类的人格权之间经常发生冲突。例如,在公众人物的隐私权与公众知情权之间,就存在冲突;公众人物有隐瞒自己隐私的权利,但公众有知的权利。那些八卦刊物和狗仔队之所有能够有市场,就是因为有公众知情权作为抗辩事由。

---

① 百度网百度文库:"全国姓名重名查询前50排行",载http://wenku.baidu.com/view/7e92f1bd960590c69ec376ba.html,2011年4月2日访问。

第二节 人格权冲突的基本理论

一、人格权冲突的概念

人格权冲突是权利冲突的范畴。有些学者认为,权利冲突就是权利的相对性问题,在现代社会,权利相对性是一种极其普遍的法律现象。① 有的学者认为,权利冲突是指合法性、正当性权利之间所发生的冲突,通常来讲,人格权冲突发生于个体与个体、个体与团体、个体与国家之间,也可能发生于团体与团体、团体与国家、国家与国家之间。② 也有的学者认为,权利冲突,是指两个以上的权利的实现不能并存的状态,权利冲突大多是法律规定的权利边界不明确而导致的不和谐和矛盾状况,或者是在权利行使中发生的利益冲突。③

事实上,权利冲突是市民社会的普遍现象,自从有市民社会就存在权利冲突,而不是当代社会才发生的问题。在市民社会,法律从各个方面赋予民事主体以民事权利,使民事主体在各个方面充分地享有各种不同的民事权利。在这样的情况下,个体民事主体的民事权利行使,无疑要涉及其他个体民事主体的权利问题,甚至涉及其他主体的公权利问题,因而发生权利冲突乃至于人格权冲突,是不可避免的。

即使在市民社会的民事权利之间,民事权利与民事权利之间的冲突,也是不可避免的。例如,在不动产所有权和用益权的行使中也会发生权利冲突,相邻一方的权利人行使不动产所有权,有时候就会妨碍或者妨害相邻另一方权利人的权利行使。不过,民法对于这样的权利冲突早就有确定的处理规则,即相邻权规则。可见,民事权利的冲突早已不鲜见,并有成熟的协调解决规则。问题在于,对于人格权冲突,由于“二战”之前没有予以高度重视,因而在今天发生人格权冲突时,就没有成形的规则可以适用。

在研究上述对权利冲突概念的界定中,用权利相对性来界定权利冲突的概念,有一定的道理,但还不够准确;因为权利相对性是权利行使的一个原则,实际上是权利冲突的一个协调原则。用合法性、正当性来界定这个概念也有不妥,因为这仅仅是指出

① 苏力:“秋菊打官司案、邱氏鼠药案和言论自由”,载《法学研究》1996 年第 3 期。

② 刘作翔:“司法公正和效率的落点之一:权利冲突及其解决”,载《公正与效率世纪主题论坛论文汇编》,公正与效率世纪主题论坛秘书组,2001 年,第 46 页。

③ 王利明:《人格权法研究》,中国人民大学出版社 2005 年版,第 208 页。

了发生了冲突的权利的属性;界定权利权冲突的关键在于说明冲突,而不是说明权利。

权利冲突是指民事主体在行使民事权利时,与其他主体享有的民事权利所发生的冲撞和矛盾,因而使两个权利的实现不能并存的民法现象。人格权冲突则是人格权主体在行使人格权的时候,与其他民事主体享有的民事权利所发生的冲撞和矛盾,两个权利的实现不能并存的民法现象。理解人格权冲突的要点是:

第一,人格权冲突是发生在市民社会的民法现象。在其他领域中也会发生权利冲突的问题,但这不是民法所要研究和解决的问题,因而我把人格权冲突局限在市民社会领域。既然如此,人格权冲突应当发生在市民社会,是民法必须解决的问题。

第二,人格权冲突是权利和权利之间所发生的冲撞和矛盾,而不是其他问题。发生冲撞的是权利,权利应当是合法的、正当的权利;冲撞和矛盾,是指权利的实现在某些方面发生对立,使双方权利人之间产生利益上的对立,因而使冲突的权利的实现不能并存。

第三,发生人格权冲突的,是人格权与其他权利。其他权利,既包括民事权利,也包括其他公权利,而不仅仅是指人格权之间的冲突。所谓其他公权利包括一切公权利,甚至包括社会公共利益。

二、人格权冲突的实质

研究权利冲突的实质,是要揭示权利冲突的本质,发现权利冲突究竟是什么东西在冲突。同样,在研究人格权冲突的时候,只有揭示了人格权冲突的实质,才能够真正认识人格权冲突这种现象,真正在法律的层面解决对人格权冲突的协调立场和方法。

(一)权利冲突实质的一般表述

刘作翔先生在他的文章中以马克思的论述为基础,提出了权利冲突的实质是利益冲突和价值冲突,①笔者同意这个观点。在他的观点的基础上,笔者再作以下说明。

马克思指出:“权利永远不能超出社会的经济结构以及由经济结构所制约的社会文化的发展。”②这一论断极其准确地揭示了权利的制约因素,同时也说明,权利的制约因素其实也就是人格权冲突的实质。在市民社会发生的各种权利的冲突,无一不是社会的经济结构所反映的经济利益因素以及社会结构所制约的社会文化发展所反映的价值因素的冲突。

在一个权利的背后,有两个决定、支配权利的因素,这就是利益因素和价值因素。

---

① 刘作翔:“司法公正和效率的落点之一:权利冲突及其解决”,载《公正与效率世纪主题论坛论文汇编》,公正与效率世纪主题论坛秘书组,2001 年,第 47 ~ 48 页。

② 马克思:“哥达纲领批判”,载《马克思恩格斯全集》(第 3 卷),人民出版社 1972 年版,第 12 页。

利益因素是由社会经济结构制约的因素,表现为物质利益因素和精神利益因素;决定、支配权利的最主要因素是利益因素。同样,权利的价值因素也是一个重要的因素,它是由社会文化发展所制约的因素。有一个社会的经济结构所决定的社会文化,必定形成与其相适应的价值需求和价值观。这种价值需求和价值观直接决定和影响着权利。在不同的权利发生冲突的时候,实质上就是不同主体所享有的权利背后的利益因素和价值因素发生了碰撞和矛盾,形成了权利的碰撞和矛盾,人格权冲突由此而生。因此,刘作翔先生的以下结论是对的,那就是:“利益代表了客观的根由,价值代表了主观的需求。权利是不同的利益和不同的价值的体现和产物。权利的实质是如此,权利冲突的实质也是如此。”①

不过,在人格权冲突的利益冲突和价值冲突之间并不是完全等同的。利益冲突是人格权冲突的主要方面,而价值冲突是利益冲突的折射或者反映;其理由,就是利益决定于社会的经济结构,而价值取决于社会文化发展。

(二)人格权冲突就是人格利益冲突

利益是权利的客体,财产权的客体是财产利益,人身权的客体是人格利益和身份利益。不同的权利客体即人格利益、身份利益、财产利益发生碰撞和矛盾,就产生了权利的冲突。因此,权利的冲突就是利益的冲突,就是民事权利的客体即人格利益、身份利益或者财产利益与相同的利益或者不同的利益发生冲突。人格权冲突就是人格利益与其他人格利益或者其他利益之间的冲突。

研究人格权冲突,是要研究人格权与其他权利或者与人格权行使之间的冲突,因此,研究人格利益冲突首先必须研究人格权本身的人格利益冲突。财产权利是以物质利益因素为客体的权利,但是并不能忽视其包含的精神利益因素,在特定的财产之上可能包含权利人的人格利益,这种人格利益表现为精神利益。人格权是以精神利益为主的权利,但是也不能忽视其中所包含的财产利益因素。人格权的客体主要是精神利益,即物质性人格利益和精神性人格利益,这些利益的基本内容是精神利益。但是,有些人格权具有明显的财产利益因素,例如肖像权、信用权和名称权中,都具有确定的财产利益;即使在没有明显的财产利益因素的人格权中,例如名誉权、姓名权、隐私权、性自主权等,在其受到侵害的时候,也都可能造成财产利益上的损害。

在发生冲突的人格权中,实际上冲突的就是这些人格利益。在前述生命健康权与财产权发生冲突的案件中,实际上冲突的是银行员工的生命健康人格利益与企业的财产利益。在隐私权和知情权之间发生的冲突,是隐私“瞒”的利益和“知”的利益的

---

①　刘作翔:“司法公正和效率的落点之一:权利冲突及其解决”,载《公正与效率世纪主题论坛论文汇编》,公正与效率世纪主题论坛秘书组,2001 年,第 47 页。

冲突。

当公权利与人格权发生冲突的时候，是公权利载负的国家利益、社会利益、公众利益以及个人的公的利益与民事权利所体现的人格利益、身份利益以及财产利益发生冲突。例如，采访权与被采访人的人身自由的冲突，新闻批评权与受批评人的人格权的冲突，就反映了社会利益与个人的人格利益的冲突。

（三）人格权冲突也是价值冲突

所谓价值，在研究人格权冲突的领域中，实际上就是对权利的客体即人格利益的判断和认识。

诚然，“价值就是一种主观认识。就是生活在我们这个地球上的人对这个地球上的各种各样的事物的一种认识。这种认识包含着对事物的认识、理解、思考、判断以及由此而形成的一些理念”。[①] 但是，具体到人格权冲突的问题，实际上集中在人们对人格权的客体即人格利益的判断上，那就是，不同的利益之间究竟孰轻孰重。在发生人格权冲突的双方当事人之间，每一个人都认为自己权利所体现的人格利益高于另一方当事人权利所体现的人格利益。基于对自己所享有的权利载负的人格利益的价值判断不同，因而产生人格权冲突。至于第三者或者社会对此价值判断的判断，则是协调人格权冲突的基准。例如，物质型人格权高于精神型人格权，[②]物质型人格利益高于精神型人格利益。

至于价值判断何以会出现共同认识和不同认识，刘作翔先生同样说得很精彩：“由于人类是一个类存在物，因而在认识上存在着趋同性、统一性和同一性，人类才得以交往和相处；但同时，又由于人类是一种由一个一个的个体组合而成的类存在物，是一种以个体方式而存在的存在物，因而在认识上存在差异性、不同性甚至对立性。”[③]正是这种认识的差异性、不同性或者对立性，才导致了人格权冲突的发生。不过，要指出的是，刘作翔先生认为“这种冲突的产生和发生，并不纯然是由于认识上的不同，它有时候要附着于客观的利益上的因素”，略有一点不足，那就是，不是有时候要附着于客观的人格利益上的因素，而是都要附着于人格权客体的人格利益之上。如果没有人格利益的冲突，就不会存在价值上的冲突。

还是要说到生命健康权和财产权的案例上来。在财产利益和人的生命利益、健康利益之间孰轻孰重，不言而喻当然是后者。这是一般的社会判断，也是人类的基本共

---

① 刘作翔：“司法公正和效率的落点之一：权利冲突及其解决”，载《公正与效率世纪主题论坛论文汇编》，公正与效率世纪主题论坛秘书组，2001 年，第 48 页。

② 王利明：《人格权法研究》，中国人民大学出版社 2005 年版，第 237 页。

③ 刘作翔：“司法公正和效率的落点之一：权利冲突及其解决”，载《公正与效率世纪主题论坛论文汇编》，公正与效率世纪主题论坛秘书组，2001 年，第 49 页。

识。但是,对不同的个体而言,并不是都能作一样的判断。在姚某所在银行的领导者看来,财产的价值高于人的生命价值,尽管他们都有一个极为“华美”、“漂亮”的理由,那就是“国家财产”是神圣的,员工应当为了保护国家财产而奉献生命,因而姚某的行为是应当受到谴责的。而我们为姚某行为找到的“淳朴”的、“朴素”的理由则是,人格利益高于财产利益,况且姚某的行为并不是失职,而是由于她的机智保全了更大的国家财产利益。貌似“左”的价值判断,正是几十年来“左”的思想的沉重积淀!

因此可以得出一个结论,那就是:在人格权冲突的背后,利益冲突是其实质,而价值冲突则给民法协调人格权冲突提供了基本的判断依据。

三、人格权冲突的普遍性

很多学者都在研究权利冲突的原因,我也试图作过努力,但是后来放弃了这个努力。我想,研究人格权冲突的立足点,是要防止人格权冲突、减少人格权冲突。可是,人格权冲突会被防止、会减少吗?结论是否定的,其理由就是:人格权冲突是普遍的。正像学者所言,权利边界完全清晰,权利冲突荡然无存,只是展示给人们的一幅美好蓝图,但“现实难以尽遂人愿。权利边界清晰化进而无权利冲突的美好蓝图,总被权利冲突的必然性所打破:权利边界构造手段经常失灵;实质合理性与形式合理性存在紧张关系;法律解释的非客观性”。①

首先,人格权冲突不是由不完善的市场经济和尚未彻底转轨的计划经济的矛盾和冲突直接引起的;当然这对人格权冲突也有一定的影响,但是还不能构成一个原因。权利的确定并不完全取决于市场经济或是计划经济,因为民事权利体系有着定型化的特点,所调整的各自利益也有基本的范围,不会直接决定于经济体制的不同。

其次,法治的不完善、不完备也不是人格权冲突的主要原因,因为法治再完善、法治再完备,人格权冲突也还是存在。

再次,公民权利意识的增强和权利意识发展的不平衡虽然对人格权冲突有所影响,但也不是基本的原因,因为人格权冲突的实质就是利益的冲突和价值的冲突。

最后,在立法上,无论是在权利主体、权利客体和权能方面,都无法完全划清边界,避免权利冲突。在人格权的主体上、在一个具体利益上,终究会存在几个主体共同享有支配权的现象,例如对人格利益共有的问题,无法划清权利主体支配的界限而避免权利冲突,只能依靠确定具体行使权利时发生冲突用何种规则予以解决。在人格权的客体上,尽管每一个权利主体只能对自己的人格利益进行支配,但是具体的人格利益在实际的支配中并非界限分明,特别是在商品经济社会,人格利益的商业利用比较广

① 郭明瑞:“权利冲突是伪命题吗?——与郝铁川教授商榷”,载《法学论坛》2006年第1期。

泛,其客体界限并非如建筑物区分所有权中专有权的专有部分那样可以以"最后粉刷表层兼采壁心说"作精确的划分,界限不清难以避免。在人格权的权能上,权利难以被权能完全覆盖,因而导致权利人对权利的利用、保护模式无法及时、准确地得到他人、社会的了解,权利规范在一定程度上丧失了确定性、可预见性;相对人、法官均难以确定权利行使行为是否合乎法律,而权利人超越常规的权利行使行为难免引发争议,并且直接表现为权利冲突。①

笔者的结论是,人格权冲突的实质,决定了人格权冲突的普遍性。在市民社会,人格权冲突是一个普遍的现象,只要有权利的存在,就有人格权冲突的存在。

作出这个结论的依据,就是利益的冲突是永恒的,即使到了人人向往的大同世界,每个人的利益也不会完全一致,对利益的价值判断也不会完全一致。既然社会还分为个体,自然人和法人还作为民事主体,每个个体就会有自己的个体利益,个体利益与他人利益、与社会利益、与公共利益之间,就会存在利益冲突。即使是社会法治建设达到了完备的程度、个人的权利意识已经有了充分的觉醒和完善,经济体制已经是完备的市场经济,只要有不同的个体利益,人格权冲突就永远存在。

因此,在人格权冲突普遍性的情况下,重要的不是去研究防止或者减少人格权冲突,当然这也是一个重要的努力方向;但更重要的,是要研究对人格权冲突的协调,发现冲突、认识冲突、提出解决人格权冲突的具体规则。这就像不动产所有权和用益权所要研究的不是权利冲突的具体原因,而是要制定详细、周密的相邻关系规则一样,在越来越复杂多样的人格权冲突中,制定出人格权冲突的协调原则和具体规则。

第三节　人格权冲突的协调

一、民法保护人格权的立法基点

(一)民法的基本内容结构

民法是市民社会的基本法,其基本内容,是规定市民社会的主体即民事主体的民事权利。民法通过规定民事主体所享有的民事权利,规范民事主体的行为规则,实现维护市民社会秩序目的,而规定民事权利、规范主体行为、维护民事秩序,就是民法的全部内容。这些内容分为三个部分:第一,赋予民事主体民事权利;第二,规定民事权

① 郭明瑞:"权利冲突是伪命题吗?——与郝铁川教授商榷",载《法学论坛》2006年第1期。

利的行使规则;第三,规定对民事权利的保护。[①] 上述三项内容三位一体,构成民法的全部内容。其中第三项内容,就是侵权法的职责。对于人格权,民法首先是规定民事主体享有何种人格权,其次规定行使人格权的具体规则,最后规定人格权受到侵害时的具体保护方法。

(二)人格权保护的立法基点

民法对人格权的保护,是通过人格权请求权和侵权请求权实现的;这两种手段是民法保护人格权的基本方法。

正因为如此,民法对人格权保护的立法基点,就是着眼于权利受到侵害之时。当权利受到侵害时,人格权请求权和侵权请求权对受到侵害的人格权进行救济,责令行为人对造成的人格利益损害以及财产利益损失进行赔偿,对侵权行为进行制裁,使受到侵害的人格权得到恢复。

人格权请求权与侵权请求权虽然都着眼于对人格权的保护,但是在保护中,并非只注重受到侵害的人格利益,也要着眼于权利本身。任何对人格权进行非法侵害的行为,都要受到民法的制裁。

人格权请求权和侵权请求权在保护人格中,也着眼于人格权行使规则的确立,只有如此,才能够针对具体行使人格权的行为,判断行使人格权的行为的正确和错误,确定滥用权利的行为或者不规范行使权利的行为造成他人权利损害的行为为侵权行为。在人格权冲突中,很多是在这样的权利行使中发生的争议,民法无疑要对此进行判断,确定哪一方是正确行使权利,哪一方是不正当行使权利,甚至构成侵权行为。在这个问题上,就发生了人格权冲突的价值选择问题。

在一般情况下,人格权冲突通常都要涉及权利保护的问题,因而人格权冲突实际上是人格权请求权和侵权请求权所面临的问题。以民法规定的人格权以及人格权权利行使规则作为判断基准,依据人格权请求权,或者根据《侵权责任法》的归责原则、责任构成以及其他规则,决定对冲突的权利哪一方进行保护。

二、人格权冲突的价值选择基准

在人格权冲突面前,存在对冲突着的人格权确定价值选择基准的问题。因而,这是人格权冲突中利益因素和价值因素冲撞和矛盾的平衡器。

人格权冲突的价值冲突,是人格权冲突中利益冲突的折射和反映,当事人对人格权冲突的价值判断,是基于自己的权利对于权利所包含的利益和价值的判断,而人格

---

① 关于民法三项基本内容的具体论述,参见杨立新:《民法总论》,高等教育出版社 2007 年版,第 47 ~ 49 页。

权冲突的法的价值判断，则是民法的职责和使命。民法基于自己的立场，对冲突着的权利的人格利益进行衡量，对冲突着的权利的价值进行判断，确定何者为正确行使权利，何者为侵权行为；何者应当保护，何者应当制裁。换言之，民法就是依据自己的基本准则，对冲突着的权利的利益和价值进行谨慎的衡量，作出符合民法基本准则的正确选择。民法在作此判断的时候，必定要有自己的利益和价值选择基准，在确定的利益和价值选择基准之上，作出自己的判断。

民法的价值选择基准包括以下三个方面：

（一）突出人的价值，确立人文主义的基本观念

民法就是人法。这个结论是一个共识，非我辈所独创。民法在人格权冲突面前确立利益和价值选择基准，首先就要确立人的价值，确立以人为本的基准。

在民法典编制中，对于如何设计民法典的结构体例，出现了"物文主义"和"人文主义"之争，讨论的程度之深、范围之广，在民法学理研究中实为少见。提出的基本论点是："两种民法典起草思路：人文主义对物文主义。"①在世界民法之林，《德国民法典》实为经典之作，但是《德国民法典》几乎通篇所规范的都是财产权利。该法典对于民事主体自己的权利即人格权的规定，仅仅见于侵权之债寥寥数语的规定之中，而且是从侵权行为所侵害的对象的角度提到了人格权，并没有一个条文是对人格权专条专款的专门规定。因而，将《德国民法典》称做"物文主义"的民法典，并非言过其实。与《德国民法典》相对应的，《法国民法典》和《瑞士民法典》对民事主体自己权利的重视，则有所不同。《法国民法典》专门规定"人法编"，在《瑞士民法典》的总则中，专门规定"人格"一节，都体现了民法的人文主义思想。制定中国民法典究竟是采纳"物文主义"还是"人文主义"，是一个大问题。按照《民法通则》的编制基础，基本上体现了人文主义的思想，但是仍嫌不够；学者主张民法典要坚持"人文主义"立场，突出人的价值和人的地位，无疑是值得肯定的思路。

民法在人格权冲突的利益和价值选择基准上，也必须体现"人文主义"思想，坚持以人为本，突出人的最高地位，突出人的价值，突出人格的价值，以人作为最高价值选择基准。在那些财产权和人格权发生冲突的场合，无疑要突出人格的价值，突出人的价值，把人和人格的价值作为最高的价值。姚某在歹徒抢劫时，牺牲小的利益，保全更大的利益，是一个正确的选择。但是，她的领导却认为，作为一名共产党员，在关键时刻，应毫不犹豫地献出自己的一切，甚至于最宝贵的生命，她没有用自己的生命去与歹徒搏斗，并在歹徒威胁下将匣箱的1万余元现金交出，属于严重失职行为，"是狗熊，是

① 徐国栋：《中国民法典起草思路论战》，中国政法大学出版社2001年版，第1页。

银行系统的叛徒”，[①]因而给予开除公职、开除党纪的处分。在姚某的领导的价值选择上，天平无疑是向着财产利益倾斜。事实上，她的领导貌似在维护国家财产利益，实质上是在为自己的失职开脱。在财产利益和人格利益面前，侵权法更重于保护人格权利，突出人的价值。在这里，“左”的思想实在是表现得极为突出；这种荒诞的“物文主义”立场，其实就是草菅人命。应当感谢法院，在这场激烈的人格权冲突中，在这个并不是侵权案件的行政争议案件中，坚定地站在维护原告合法权利的立场，作出了公正的判决（尽管在这个判决中还有对原告的一定谴责）。

确立人的价值作为民法的价值选择基准，民法就要站在人文主义立场，在人格权冲突中，坚持以人为本，突出人的价值，维护人的根本利益，作出正确的选择。

（二）突出权利的地位，确立权利本位的基本观念

民法就是权利法。在现实生活中，就是要突出权利的地位，把权利保护作为民法的职责和根本宗旨。

在这一点上，“二战”的教训值得重视。帝国主义法西斯在侵略和掠夺中，野蛮践踏人民的权利，使人民受到残害、凌辱和欺瞒，任何权利都不存在意义。“二战”结束以后，在世界范围内，出现了确认权利、保护人权、保护人格的发展潮流。

我国在相当的时期内对人的权利没有给予高度重视。最终的结果是引发了“文化大革命”那种野蛮践踏人权的恶果。在那时候，人的权利没有任何保障，就在侵害他人权利的时候，他也不知道自己的权利在随后的时间里就有可能被侵害。不仅是一般的人的权利没有保障，就连国家主席的人身权利也不能得到保障，最后被摧残致死。

同样，在“文革”结束之后，我国立法者接受了“文革”中权利被践踏的教训，对人的权利的保护引起了特别的重视，这表现在 1986 年制定的《民法通则》这部法律上面。虽然这个法律还不是一部完整的民法典，但是，这部法律对人的民事权利的重视达到了历史的高度。尤其是这部法律关于民事权利的专章规定，体现了立法者对人的权利的重视。在制定民法典时，应当坚持《民法通则》的立场，有所发展，而不能在这种立场上倒退；任何在《民法通则》立场上倒退的做法，都是不正确的。

坚持权利本位，要特别注意以保护国家利益、社会公共利益为借口，损害人的民事权利问题。毫无疑问，国家利益和社会公共利益高于个人的利益，如果个人的权利行使与国家利益或者社会公共利益发生冲突，个人的权利应当让位于国家利益或者社会公共利益。但是，法律规定民事权利，实际上是很好地考虑了个人权利与国家利益或者社会公共利益的关系问题，正当行使民事权利一般不会损害国家利益和社会公共利益。事实上，更多的所谓个人权利与国家利益和社会公共利益的冲突，只是一种借口。

---

① 转引自朱彤等：“财产权怎能高于人身权”，载《中国青年报》2000 年 3 月 20 日。

例如,在接受遗赠权利与夫妻财产权的冲突中,否定接受遗赠权利的借口,就是认为确认这种接受遗赠权利会损害公共利益,这种理由是站不住脚的。只有在这种情况下,才可以认定出于国家利益或者社会公共利益的考虑,而对民事权利的行使予以限制,这就类似于新闻批评权的行使而允许对受批评者人格权的适当限制。这不是对权利本位观念的否定,而是尊重更多的人的权利。

(三)突出利益衡量,确立两利相衡取其重的权衡立场

对此,应当特别注意借鉴物权法在善意取得制度上的利益衡量。物权法在规定善意取得制度时,就存在保护动态安全和静态安全的利益选择。保护财产的静态安全,就是保护所有权,舍弃善意买受人的利益;但保护静态安全的后果是对交易秩序的损害,以及对交易发展的损害,这种损害对整个社会的发展都具有严重影响。相反地,舍弃对静态安全的保护,转而保护交易的动态安全,就能够推动社会发展,促进交易发展,不至于使民事主体在交易面前止步不前,而牺牲的仅仅是权利人的利益,并且也可以有办法进行补救;因此善意取得制度应运而生。这就是在权利冲突中进行利益衡量的结果,牺牲了小的利益,换来的是更大的利益。

在处理人格权冲突的时候,也必须坚持这样进行利益衡量,在冲突的权利面前,衡量两种冲突的权利究竟哪种权利的利益更有价值,选择利益更大的一种权利进行保护,舍弃利益较小的权利的保护。

因此,对人格权冲突中的利益衡量是必须重视的,绝不可以作出牺牲大的利益,保护小的利益的做法;增强理性思维,防止意气用事,反对政治图解法律。

三、人格权冲突的协调原则

(一)权利绝对性原则与权利相对化原则

权利绝对性原则,就是坚持权利本位观念,对法律确认的权利都予以保护,不允许对权利进行侵害;任何借口保护某种利益而侵害民事主体权利的行为,都是侵权行为。在权利发生冲突时,应当以正当行使权利的一方为合法,权利行使不正当、不合法的一方,应当为不当或者不法,保护正当行使的权利。

权利的行使应当遵守权利相对化原则,即权利人在行使自己的权利时,不得以损害他人的权利为代价,对此,《宪法》有明确的规定。行使权利应当注意避免对他人的损害,没有尽到注意义务为有过失,为侵权行为。禁止滥用权利,滥用权利造成他人损害的,也构成侵权行为。

(二)权利位阶原则

权利位阶,一是指权利的重要程度,二是指权利保护的先后顺序。任何权利对于权利人而言,都是重要的,但并非同等重要,因而权利位阶是实际存在的。在德国,有

些宪法学者认为各个基本权利之间是存在价值位阶秩序的，某些基本权利的价值位阶高，而另外一些基本权利的价值位阶则较低。当不同位阶的基本权利发生冲突时，应当优先保障价值位阶较高的基本权利。在我国，也有学者主张基本权利间的位阶秩序。例如，苏力教授在"秋菊打官司案、邱氏鼠药案和言论自由"一文中就将言论自由放在了更为重要的价值地位上；而在关于"馒头血案"的讨论中，蔡定剑教授也认为表达自由的价值更受保护。①

权利位阶分为两种，一种是法律规定的权利位阶，另一种是法理上的权利位阶。

当法律明确规定了权利位阶的时候，各种权利的类型不可能得到均衡保护时，则法官在没有充足理由的情况下，不能改变法定的权利位阶来解决权利冲突。② 例如，《侵权责任法》第4条第2款规定当侵权责任与刑事责任和行政责任发生竞合的时候，侵权人的财产不足以支付所有的法律责任要求时，实行"私权优先"原则，被侵权人的侵权请求权优先行使。这样规定的结果，就是侵权请求权优先于国家的公权力，这就是法定的权利位阶。

法律没有明文规定权利位阶，但在理论上认为权利的重要程度和保护顺序有所区别的时候，就是理论上的权利位阶。例如，法律并没有规定人格权的位阶，也没有规定民事权利的位阶，但通常认为人格权与财产权相衡，人格权更重要，更应当侧重保护，这正是"人格权正在向财产权夺回桂冠"③的实际表现。

在人格权体系中，可以确认理论上的权利位阶，这就是：(1)人身权高于财产权；(2)人格权高于身份权；(3)在所有的人格权中，物质型人格权高于精神型人格权；(4)在物质型人格权中，生命权高于健康权、健康权高于身体权；(5)在精神型人格权中，自由型人格权高于评价型人格权、评价型人格权高于标表型人格权。按照这样的权利位阶，当权利发生冲突时，法官应当按照权利位阶确定保护顺序，妥善处置权利冲突。

(三)利益最大化原则

权利冲突的实质是利益冲突，正是因为利益冲突的存在才使权利冲突得以发生。因此，解决人格权冲突、重新确定和明晰人格权的权利边界，就是法律寻求冲突的权利之间利益最大化的选择。

利益最大化，就是法律选择保护那些在不同的利益之间，体现了决策者最大的利益追求和价值追求、体现了决策者最大的价值观念的利益进行保护。拉伦茨认为："权利一旦冲突发生(发生冲突)，为重建法律和平状态，或者一种权利必须向另一种权利

---

① 张翔："基本权利冲突的规范结构与解决模式"，载《法商研究》2006年第4期。

② 王利明：《人格权法研究》，中国人民大学出版社2005年版，第211页。

③ [日]星野英一："私法中的人——以民法财产法为中心"，载梁慧星主编：《民商法论丛》(第8卷)。

(或有关的利益)让步,或者两者在某一程度上必须各自让步。于此,司法裁判根据它在具体情况下赋予各该法益的'重要性',来从事权利或法益的'衡量'。"①"'个案中之法益衡量'是法的续造的一种方法,它有助于答复一些——法律未明定其解决规则之——规范冲突的问题,对适用范围重叠的规范划定其各自的适用空间,借此使保护范围尚不明确的权利(诸如一般人格权)得以具体化。"②

既然解决权利冲突不可避免地要进行利益衡量和价值衡量,那么依我们的基本信念,在人格权冲突的人格利益选择中,就要使这种衡量和选择尽量避免主观任意化而应使之具有符合客观现实情况的品格,达到选择的利益最大化。拉伦茨认为:"法益衡量需考虑下述原则:第一,一种法益较他种法益是否有明显的价值优越性。如相较于其他法益(尤其是财产性的利益),人的生命或人性尊严有较高的位阶。因为言论自由权及资讯自由权对于民主社会具有'结构性的意义'。第二,涉及位阶相同的权利间的冲突,或者正因涉及的权利如此歧异,因此根本无从作抽象的比较时,一方面取决于应受保护法益被影响的程度(例如,公众知悉此事务以及国家对此事务保密的利益程度如何),另一方面取决于:假使某种利益须让步时,其受害程度如何。第三,尚须适用比例原则、最轻微侵害手段或尽可能微小限制的原则。即为保护某种较为优越的法价值须侵及一种法益时,不得逾达此目的所必要的程度。"③这种意见是正确的,应当遵循。

(四)适当限制原则

有权利就有限制,原则上,没有权利是不受到某种限制的。④ 在一般情况下,诚实信用原则、权利不得滥用原则,都是对权利行使的限制。权利的限制是解决权利冲突、平衡当事人利益的一种机制。⑤

人格权行使的适当限制原则表现在:

第一,公共利益原则。公共利益是必须具有公众的或者与公众有关的使用,受益范围原则上为不特定多数人,例如国民健康、公共福利、教育、环保、公共交通、文物保护,以及国家安全、公共安全等。在人格权行使与公共利益发生冲突的时候,法院可以不当行为有重大社会利益、受害人必须忍受为由,驳回当事人对不当行为的停止侵害行为的诉讼请求。⑥ 但实行公共利益原则限制人格权,必须警惕"多数人暴政"的危险,谨防以公共利益之名行压制个人权利之实。因为利益主体的偏私性和追求利益最大

---

① [德]卡尔·拉伦茨:《法学方法论》,陈爱娥译,商务印书馆2003年版,第279页。

② [德]卡尔·拉伦茨:《法学方法论》,陈爱娥译,商务印书馆2003年版,第286页。

③ [德]卡尔·拉伦茨:《法学方法论》,陈爱娥译,商务印书馆2003年版,第286页。

④ [德]卡尔·拉伦茨:《德国民法总论》,王晓晔等译,法律出版社2003年版,第304页。

⑤ 马特、袁雪石:《人格权法教程》,中国人民大学出版社2007年版,第65页。

⑥ 参见《荷兰民法典》第6:168条第1款的规定。

化的倾向,可能会带来违背公共道德、贫富过度分化、破坏生态环境等有损公共利益的行为,因而有必要对个人权利进行一定限制,但公共利益有时也受制于个人权利、特别是基本权利,而社会成员的利益有时与公共利益产生冲突,甚至侵害和危及公共利益。①

第二,法律保留原则。在对人格权进行限制的时候,必须通过一定的立法程序,对买卖房屋的"限购"和机动车驾驶的"限行",都不符合法律保留原则的要求,涉嫌限制民事主体的民事权利。②

第三,比例原则。被称为公法中的帝王原则,旨在衡量限制目的与限制手段之间的轻重,表现在妥当性原则、必要性原则和均衡原则三个方面。③

第四,权利人对于确有理由的轻微侵害有容忍的义务。对于他权利人正当行使权利的行为不可避免造成的轻微损害,应当予以容忍。超越国民生活上的容忍界限,造成人格权侵害,为侵权行为,而容忍界限以内的小侵害,不足为请求损害赔偿或抚慰金的理由。④

---

① 余少祥:"论公共利益与个人权利的冲突与协调",载《清华法学》2008 年第 2 期。

② 北京锐智阳光信息咨询公司开展了针对北京市民的调查,调查显示,68.9% 的受访者表示支持车辆继续实施单双号限行政策,19% 的人表示反对,其中无车族的支持率比有车族高 34.4 个百分点。参见《新京报》2008 年 9 月 2 日。北京中观经济调查有限公司采用计算机辅助电话调查的方式访问了 844 名北京市城区和郊区常住居民,调查数据显示:从整体上看,对奥运会后应该继续实行单双号机动车限行措施这一观点表示认可的占 55.6%,但平时开车出行的居民表示认可的只占此类居民的 37.7%,平时不开车出行的居民表示认可的占此类居民的 61.1%。参见《京华时报》2008 年 9 月 13 日,超五成北京市民支持延续单双号限行,近四成有车者认可。转引自冯玉军:"单双号限行与公民社会中的权利冲突及其解决",载《法学家》2008 年第 5 期。

③ 马特、袁雪石:《人格权法教程》,中国人民大学出版社 2007 年版,第 66 页。

④ 龙显铭:《私法上人格权之保护》,中华书局 1949 年版,第 15~16 页。

第五章　人格权的民法保护方法

第一节　人格权民法保护的基本方法

一、民法请求权体系的构成

人格权的民法保护，就是通过人格权请求权和侵权请求权的方法，赋予人格权的权利主体在其人格权和人格利益受到侵害之后，依法行使人格权请求权或者侵权请求权，救济损害、恢复权利，使其人格权受到保护。而人格权请求权和侵权请求权加在一起，叫做民事权利保护请求权，是民法请求权体系中的一个重要组成部分。

请求权的概念是德国法学家温德沙伊德（Windscheid）提出来的，为的是在这个概念的帮助下使诉权（Actio）即罗马法和旧的普通法中的诉权从程序的角度来看是可能的，并在私法上的实体法中加以规定。[①] 这种认为于诉权（公权）之外，尚有实体法上的请求权（私权）的思想，为法学上的一项重大贡献，[②]解决了诉之前的民事实体权利遭受侵害的状态，沟通和划分了实体法与程序法，因而请求权已成为《德国民法典》权利结构的基础，成为民事权利保护的基本方法。

按照笔者的理解，民法的请求权体系包括三种不同的请

---

① ［德］卡尔·拉伦茨：《德国民法通论》（上册），王晓晔等译，法律出版社2003年版，第323页。

② 王泽鉴：《民法总则》，中国政法大学出版社2001年版，第92页。

求权：一是本权请求权，二是原权请求权，三是次生请求权。

1. 本权请求权

本权请求权是权利本身的请求权，如前所述，包括本身就是请求权的债权，以及绝对权中的属于本权请求权的权利内容。

债权本身就是请求权，具有请求权的一切特征，并且是最典型的请求权。我们所说的民事权利类型的请求权其实就是指债权，是具有相对性特征的民事权利。

在绝对权中，有的绝对权并不存在本权请求权，可以叫做无本权请求权的绝对权，例如人格权、一般的物权、知识产权。有的绝对权包含本权请求权，例如：(1)身份权，其中抚养、扶养、赡养等权利，是本权请求权；(2)继承权，实现其继承的权利，属于本权请求权；(3)在物权中的共有权，共有人之间享有的请求权，为本权请求权，以及其他类似的物权。这类有本权请求权的绝对权，一般是具有相对性的绝对权，即在权利主体中，尽管权利主体享有的是绝对权，但由于权利主体是在二人以上，在权利主体之间具有相对性，权利主体之间基于相对性的关系，产生了具有请求权性质的权利内容，形成绝对权中包含的本权请求权。

2. 原权请求权

每一种民事权利的本身，都有一个固有的、保护自己的请求权，随着原权利的产生而产生、原权利的消灭而消灭，因此也叫做原权利的保护请求权，以下简称“原权请求权”。

原权请求权在所有的民事权利中都存在。主要是：(1)物权请求权。在物权法中，规定物权请求权，是各国物权立法的通例，我国《物权法》第三章也规定了物权请求权。(2)人格权请求权。在人格权中，也存在权利保护的请求权，对此，我们专门进行过探讨，并且得到了学界的肯定，在《民法典专家建议稿》中设计了专门的条文。① (3)知识产权请求权。知识产权也存在保护请求权，专家学者也进行了专门的讨论。② (4)身份权请求权。身份权属于亲属之间的权利，不仅它自己存在请求权，同时也存在保护其权利的原权请求权。③ (5)继承权请求权。继承权恢复请求权又称继承权回复请求权，是指在发生继承权侵害情形时，真正的继承权人所享有的请求侵害人或者通过法院诉讼程序，将自己的权利恢复到继承开始时的状态的权利。(6)债权保护请求权。即使债权本身就是请求权，其请求权是其基本内容，但也有在自己的权利受到侵害时所产

---

① 杨立新、袁雪石：“论人格权请求权”，载《法学研究》2003 年第 5 期；王利明主编：《中国民法典草案建议稿及说明》，中国法制出版社 2004 年版，第 43 页。

② 蒋志培：“论我国立法和司法确认的知识产权请求权”，载 http://www.chinaiprlaw.com/fgrt/fgrt21.htm。

③ 杨立新：《侵权责任法专论》，高等教育出版社 2005 年版，第 132 页。

生的保护请求权,即债权的二次请求权,即债务人不履行债务债权人请求债务人承担民事责任的请求权;这就是债权的权利保护请求权,是原权利的保护请求权。

这些请求权都依附在自己的本权之中,成为实体民事权利的固有内容,作为保护自己的民法方法和措施。一旦自己的本权遭受损害,原权请求权可以立即发挥作用,保护自己,使受到损害的民事权利得到恢复。这就是原权请求权的基本功能。

3. 次生请求权

基于权利被侵害而新发生的侵权请求权,不是本权自身的权利内容,而是基于侵权责任法的规定而产生的新的请求权,是基于原权利受到侵害而新发生的请求权,因此称为次生的权利保护请求权,简称为次生请求权。

次生请求权只有侵权请求权,它是专门为了救济民事权利受到侵害的后果而设立的请求权系统,是侵权责任法的基本手段。当民事权利受到侵权行为侵害时,侵权责任法以赋予受害人以侵权请求权的手段,在民事权利和诉讼权利之间发生请求权,使受害人即权利人可以依据侵权请求权,依法行使诉权,向法院起诉,寻求法律保护。

二、请求权体系的不同系统

民法的请求权包含上述三种请求权。但是从系统上说,三种请求权不同搭配,却表现为两套不同的系统,这就是固有请求权与次生请求权系统和本权请求权与保护请求权系统,两个系统之间表现为交叉关系。

(一)固有请求权与次生请求权系统

以权利是固有的还是新生的为标准,三种请求权可以分为固有请求权和次生请求权。

固有请求权就是权利本身原来就是或者就存在的请求权,包括本权请求权和原权请求权。本权请求权本身就是固有的请求权;原权请求权是本权中原来就存在的请求权。就此而言,它们都是权利本身固有的请求权,例如,债权本身就是固有请求权,但是,债权本身包含的二次请求权,它也是一个请求权,是保护债权自己的请求权,也是固有请求权。身份权中本来就包含本权请求权,在身份权受到侵害的时候,身份权本身也包含权利保护请求权,即原权请求权。身份权的对世性和对人性,构成了这样一种特殊的具有相对性的绝对权。例如,配偶权首先是一个绝对权,是对世性的权利,对世宣告只有该夫妻之间才是配偶,确定只有他们而不是其他任何人具有这样的身份地位,其他任何人都必须尊重这样的配偶关系。但是,配偶关系最重要的身份地位在于相对性,夫对妻而言是配偶,妻对夫而言是配偶,对其他任何人,他或者她都不可能是配偶,只有他们之间才享有配偶的权利,负担配偶的义务。身份权的对世性和对人性,构成了身份权与其他权利的重要不同。[①] 人格权本身是固有权利，并不是本权请求权，但是人格权所包含的人格权请求权却是人格权所固有的请求权，也是固有请求权。

与固有请求权不同，次生请求权并不是权利本身存在的请求权，而是基于权利受到侵害，依据侵权责任法的规定而新发生的请求权，它的功能是保护权利不受侵害，以及对受到侵权行为侵害后的权利进行救济，使其得到恢复。因此，它与物权请求权和人格权请求权不同，不是固有的请求权，而是新生请求权。

在这个请求权系统中，固有请求权包括两个，即本权请求权和原权请求权。新生的请求权只有一个，即侵权请求权。从这个角度上划分，对研究人格权的法律保护意义不大。

（二）本权请求权与权利保护请求权系统

从另一个角度分析，即以请求权的基本作用作为标准划分，请求权的系统还有另外一种表现形式，这就是本权请求权与权利保护请求权系统。

本权请求权就是民事权利本身就是请求权的请求权，是具有请求权性质的民事权利，例如债权，以及其他民事权利中所包括的请求权内容，如身份权中诸如扶养请求权等对外、对内的请求权，[②]这是民事权利的本身。从这个意义上分析，本权请求权其实就是权利的类型，而不是一个方法。

权利保护请求权是法律设置的，基本功能是保护民事权利的请求权，包括原权利的保护请求权和侵权请求权。他们的功能都是保护民事权利，只不过保护的方法不同。原权请求权作为权利保护请求权，是民事权利所固有的权利保护请求权，是固有的民事权利保护请求权；次生请求权即侵权请求权作为民事权利保护请求权，是新发生的请求权，是基于权利被侵害依照侵权责任法的规定而产生的权利保护请求权；基于侵权责任法所产生的请求权都是侵权请求权。权利保护请求权是作为方法意义上的请求权，是连接实体法和程序法，沟通和划清实体法与程序法的界限和联系，成为连接实体权利和程序权利的纽带。例如，人格权受到侵害，基于人格权请求权或者侵权请求权，把人格权的实体权利与民事程序法上的诉讼权利连接起来，把实体权利过渡到程序权利，使受害人能够通过诉讼程序保护自己的实体民事权利。

---

① 从这个特点上说，身份权比较接近于共有权。共有权对外的特点是绝对权、是所有权，但共有权同时也注重共有人之间的权利义务关系。比如说，两个人去买一套房屋，现在共有这个房屋了，两人之间就相互约束，一个人想卖必须经另一个人的同意，否则就侵犯了对方的权利。因此共有权就是具有相对性的一个绝对权，对外它是绝对权，对内它是一个相对的权利。相比较而言，身份权在这一点上与共有权很相似。比如亲属之间讲身份权的时候，总是要讲特定的亲属，例如父母和子女之间、祖父母和孙子女之间，在这些特定的亲属之间才能构成这样的权利义务关系；但是对外又具有宣示性，是一个绝对权。

② 杨立新：《侵权责任法专论》，高等教育出版社2005年版，第132页。

其关系是，以权利相互之间的关系为标准，民事权利可分为原权（又称原权利，就是本书所说的本权）与救济权（就是本书所说的权利保护请求权）。“因权利之侵害而生之原状回复请求权及损害填补之请求权谓之为救济权；与救济权相对待之原来之权利则谓之为原权。”[①]“救济权系因原权之侵害而发生，以原权之缺损为前提，故救济权每为原权之变形，且多为请求权焉。”[②]这里所说的救济权的请求权，就是次生请求权。保护请求权系统是十分完备的，其构造分为两个部分：一是原权请求权，二是次生请求权，两个请求权结合在一起，构成了严密的民事权利保护系统，共同担负着民事权利的保护职责。这两个系统缺一不可，必须同时共存才能够担负起保护民事权利的重任。

（三）两个请求权系统之间的交叉关系

请求权体系的上述两个请求权系统呈现交叉关系，交叉的焦点就在于原权请求权：一方面，原权请求权是固有请求权，与本权请求权一道构成权利自身固有的请求权系统；另一方面，原权请求权从其基本性质上讲又是权利保护的请求权，属于救济权，因此，与次生请求权一道，构成权利保护请求权系统。因此，原权请求权具有双重属性：一是固有请求权，二是保护请求权，这正说明了原权请求权的属性，它是民事权利固有的权利，其基本功能就在于保护自己所属的权利不受侵害。

三、构建我国的民事权利保护请求权系统

我国民法对民事权利的保护也必须借助于请求权的方法，构建完整的民事权利保护的请求权体系、规定详细规则，对于全面保护民事主体的民事权利具有重要意义。

（一）我国民事权利保护请求权建设存在的问题

1. 原权请求权体系不完备

在我国民事权利体系中，本权请求权是存在的，也有清晰、完备的具体规则；侵权请求权也是清晰的、完备的，特别是《侵权责任法》的颁布实施，侵权请求权有了更为完备的法律依据。我国请求权体系的建设最为缺乏、最不健全的，是原权请求权这个系统。具体表现是，在原权请求权系统中，应当包括人格权请求权、身份权请求权、物权请求权、债权二次请求权、继承权请求权以及知识产权请求权。但是，我们看到的，只有《物权法》第三章规定了物权保护请求权，即物权请求权；在债权法中，我国《合同法》规定了合同之债的二次请求权；在其他方面，则基本上没有规定原权请求权。这是最应当解决的请求权系统建设的部分。

---

① 李宜琛：《民法总则》，台湾地区正中书局 1952 年版，第 51 页。

② 李宜琛：《民法总则》，台湾地区正中书局 1952 年版，第 51～52 页。

2. 原权请求权的内容和侵权请求权的内容相互重合、关系不清

我国请求权体系建设还存在一个重大问题，就是原权请求权与次生请求权的界限不清、体系不明。最典型的表现是，《物权法》和《侵权责任法》在规定请求权内容时，无法分清什么是物权请求权，什么是债权请求权。

在物权保护中，《物权法》规定了五种物权请求权：第一是确权请求权，第二是停止侵害请求权，第三是恢复原状请求权，第四是排除妨害请求权，第五是损害赔偿请求权。在《物权法》规定的这五种物权请求权当中，除了确权请求权以外，其他四种和《侵权责任法》第15条规定的8种侵权责任方式中的4种是重复的：一是停止侵害，二是排除妨害，三是返还财产，四是赔偿损失。这就有一个问题，当一个人的行为侵害了物权人的财产、侵害了物权，可能会形成这样的情形：受害人既可以按照《物权法》的规定起诉行使物权请求权保护自己，也可以依照《侵权责任法》的规定起诉，用侵权责任法保护自己。例如，行为人把所有人所有的财产予以侵占，那么，所有权人是适用《物权法》规定的物权请求权要求侵占人返还原物，还是适用《侵权责任法》规定的侵权请求权要求侵权人返还原物呢？行为人把所有权人所有的财产毁损了，所有权人现在要求赔偿，是按照《物权法》第37条规定的物权请求权的损害赔偿请求权要求损害赔偿呢？还是按照《侵权责任法》第19条规定的侵权请求权的财产损害赔偿请求权要求损害赔偿呢？这是一个从起草《物权法》开始一直到今天，始终没有解决好的问题。

问题在于，《物权法》规定了物权请求权，《侵权责任法》规定了侵权请求权，基本内容都是重合的，将来一定会出现一种情况，就是当一个人的财产受到损害，他去向法院起诉要求保护自己的物权，是按照《物权法》规定行使物权请求权，还是按照《侵权责任法》的规定行使侵权请求权呢？如果认为这构成请求权竞合，那么应当准许权利人依照自己的利益进行选择。如果准许受害人自己选择，《物权法》规定的物权请求权是不要求过错要件的，同时也基本上不受诉讼时效约束而《侵权责任法》规定侵权请求权通常是要求具备过错要件，且有着明确的诉讼时效制度的约束。因此，按照《物权法》规定的物权请求权请求保护可能就很简单，证明责任也很轻；但是要按照《侵权责任法》请求，就一定要证明过错，证明过错就要承担很重的举证责任。如果是这样，会不会将来所有的物权受到侵害的受害人都去选择《物权法》的规定保护自己，而不去选择《侵权责任法》保护自己？那么，《侵权责任法》保护物权的功能就会自行废弃，《侵权责任法》保护物权的功能就会消失，没有人会适用《侵权责任法》去保护物权，很可能《侵权责任法》就成了一个主要保护人格权的权利保护法。这个问题的后果很严重。

在起草《侵权责任法》时曾经反复强调，要把这些侵权责任方式区分一下。比方说可以规定只有损害赔偿才是《侵权责任法》的责任方式，停止侵害、排除妨害、返还财产等都可以作为《物权法》的物权请求权。同样，在人格权保护上，《侵权责任法》就管人

格权损害赔偿责任，其他赔礼道歉、恢复名誉、消除影响等都可以作为人格权请求权的内容。简单划分，不是赔偿的就是物权请求权或者人格权请求权，是赔偿的就是侵权请求权。马俊驹就是采取这样的主张，他认为，在《物权法》规定的物权请求权中，第37条规定的赔偿损失一定不是物权请求权，而是侵权请求权。我们赞成这种意见；但是这样的意见没有被采纳。

（二）应当迫切解决的是构建完整的民事权利保护请求权体系

解决这个问题的关键，在于尽快完善民事权利保护请求权体系建设。主要应当解决的问题是：

第一，完善原权请求权系统建设，在现有物权请求权和债权二次请求权建设的基础上，努力建设人格权请求权、身份权请求权、继承权恢复请求权和知识产权请求权。首先要在理论上务虚，研究清楚原权请求权的性质、地位、作用，以及与侵权请求权的关系，在基础理论上弄清楚，并且在这种理论的指导下，抓紧立法建设，抓住制定《人格权法》和《民法总则》的机会，解决这个问题。

第二，在立法上理清侵权请求权与原权请求权之间的关系，使侵权请求权与原权请求权各归其位、各司其职，真正实现民事权利保护请求权的原权请求权与侵权请求权之间的分工界限，消除目前存在的这种相互交叉不知道是竞合关系还是并存关系的局面。我的想法是，首先在司法实践中进行探索，在制定《物权法》总则的司法解释中，划清物权请求权与侵权请求权之间的界限，确定《物权法》第37条规定的赔偿损失的性质是侵权损害请求权，该条的性质是引致性条款，应当适用《侵权责任法》第19条规定。逐渐实现侵权请求权就是损害赔偿请求权的目标。在适当的时候，在《人格权法》、《民法总则》中做出明确规定，在编纂民法典时全面解决这个问题。

四、人格权保护中的权利保护请求权

人格权的民法保护方法，是指用民法在人格权中规定原权请求权和在受到侵权行为侵害后产生侵权请求权的方法，权利人通过行使人格权请求权或者侵权请求权，制裁违法行为人，保护人格权权利人的权利，救济其损害，使权利恢复到没有受到侵害前的状态的法律保护方法。

在人格权的保护中，也存在这样两个权利保护的请求权系统。就人格权保护的请求权而言，前一个系统的保护请求权是民事权利本身固有的保护请求权，随着原权利的产生而产生、原权利的消灭而消灭，因此也叫作原权利的保护请求权，简称“原权请求权”，这就是人格权请求权。后一个系统的人格权的保护请求权是基于权利被侵害而发生的侵权请求权，它不是原权利本身的权利内容，而是基于侵权责任法的规定而产生的新的请求权，是基于原权利的损害而新生的权利，因此是次生请求权。人格权保护的两个权利保护请求权的关系是，以权利相互之间的关系为标准，人格权请求权是原权，人格权侵权请求权是救济权。

这样的设想在一步一步地实现之中。在民法典草案的专家建议稿中也设计了专门的人格权请求权的条文，①在2002年《民法草案》的第四编"人格权法编"中，已经规定了人格权请求权的条文。

第二节 人格权请求权保护人格权的重要性和必要性

一、侵权请求权的作用及其保护人格权的单一性

侵权请求权是侵权责任法规定的权利。② 侵权责任法作为权利保护法，当侵权行为造成了人格权人的权利损害，为了保护权利人的权利、救济损害，法律赋予受害人以侵权请求权，行使这个请求权，受害人可以向加害人请求侵权损害赔偿等救济，使自己受到损害的权利得到恢复。

在以往的民法理论中，对于人格权的保护更注重次生请求权的作用，理由是侵权法就是权利保护法，对于人格权受到的损害理所当然地由侵权法进行救济，这是正确的。侵权责任法的基本功能是补偿损害、救济侵权后果、保护权利，这也正是侵权责任法作为民事权利保护法的基本功能所在。既使侵权责任法具有一定的惩罚性，也是通过对侵权行为的惩罚，使侵权行为的非难性为世人所认识，其最终的目的和意义还是为了预防侵权行为，还是为了保护权利，这是不能否认的。

但是，从整体的民事权利保护的系统性、完善性、完备性方面考量，次生请求权对于保护人格权而言，还是具有单一性，对人格权保护尚有不足与缺陷。这主要表现在：

第一，次生请求权一般以过错为原则，构成较为严格，有时使权利人难以保护自己的人格权。次生请求权的主体是侵权损害赔偿请求权，对此，各国立法采取过错责任原则立场，仅仅在有法律规定的特殊情形适用无过错责任原则。按照过错责任原则的要求，请求侵权损害赔偿须以侵权人有主观过错、有损失为必要条件，对于没有过错造

① 杨立新、袁雪石："论人格权请求权"，载《法学研究》2003年第5期；王利明主编：《中国民法典草案建议稿及说明》，中国法制出版社2004年版，第43页。

② 《侵权责任法》第3条规定："被侵权人有权请求侵权人承担侵权责任。"

成的权利损害,或者虽然侵害了人格权但是没有造成财产损失的,都不能产生侵权请求权,无法救济自己的人格权损害。我国现行法律也规定,除了法定的特殊侵权行为以外,一般侵权行为的受害人要行使侵权行为的请求权,必须适用过错责任原则,受害人须举证证明加害人具有过错、自己有损失,如不能证明加害人具有过错、自己没有损失,则加害人不负侵权责任。① 而举证证明侵权人的主观过错,有时对受害人而言是极为困难的。

第二,设置侵权请求权的目的着眼于人格权受到损害的事后赔偿,救济时机比较晚,对于人格权的保护不利。侵权请求权的主要内容是补偿功能,这样,以侵权请求权进行保护,必须待行为人实施侵权行为并致他人损害以后,权利人才可以向侵权人请求损害赔偿,以补偿受害人所受的损失。② 在人格权受到侵害之前,权利人没有任何方法依据侵权请求权请求对人格权的保护。因此,侵权请求权是一个消极的权利,依据这个消极的权利保护自己的人格权,其结果也较为消极,缺少积极的救济办法。

第三,侵权请求权必须接受诉讼时效的限制,因此保护期限较短。大陆法系国家对侵权请求权的诉讼时效期间加以规定,我国适用了较短的诉讼时效,《民法通则》第135条对诉讼时效的规定为:普通诉讼时效期间为2年,最长诉讼时效为20年;第136条对一些请求权规定的时效期间更短,即人身受到伤害的侵权行为仅有1年的保护期间。因此,适用侵权请求权来保护权利人的人格权,诉讼时效期间限制过严,对受害人的权利保护非常不利。

第四,侵权请求权具有平等性,不具有优先性,无法特别保护权利人的人格权。侵权请求权也是债权,是债的内容,③债权均以平等性为原则,如果没有附加担保或者附加优先权的保障,则无优先性。如果侵权请求权与其他债权处于同时清偿的场合,则只能为平等债权,毫无优先可言。如果侵权请求权与具有物权性质的权利居于一体,则无法对抗物权的优先性,在债务人无更多财产可供清偿的场合,往往自然消灭,无法获得清偿。可见,仅仅是侵权请求权保护人格权,其地位无法得到保障。

总之,单一的侵权请求权保护人格权,就整体功能而言,显然是不能胜任的。

二、确立人格权请求权保护人格权的必要性

在人格权保护的请求权体系中,人格权请求权的重要作用极为突出和必要。

民法规定基本权利也称为原权利、初始权利和基础权利,都含有自己的权利保护

---

① 王利明、杨立新编著:《侵权行为法》,法律出版社1996年版,第99页。

② 王利明、杨立新编著:《侵权行为法》,法律出版社1996年版,第23页。

③ 王利明:《物权法研究》,中国人民大学出版社2002年版,第108页。

系统，即原权利的请求权系统。原权请求权系因基础权利而发生，依其所由发生基础权利的不同即绝对权和相对权，分为绝对权的原权请求权和相对权的原权请求权。绝对权具有自己的请求权系统，如物权请求权、人格权请求权、身份权请求权和知识产权请求权，初始的相对权即债权也有自己的请求权，除了其基本性质就是请求权外，也存在保护权利的请求权即债的二次请求权。

在民法理论的研究中，对于原权请求权的研究，突出对物权请求权的研究，而忽视乃至于放弃对其他原权请求权的研究，最典型的事例是，绝大多数国家的民法典只规定物权请求权，并未规定其他绝对权请求权。存在这样问题的原因在于：第一，历史上的民法典更多地注意是财产权法规则，因此在物权法的保护中，发现了侵权请求权对于物权保护的不足，因此强调物权请求权作用，突出物权请求权的地位。第二，历史上的民法典忽视对人格权的保护，多数国家立法并未过多地规定人格权及其保护，而是在判例法中确定对人格权的保护，但是在理论上没有更多地区分人格权请求权与侵权请求权的区别。同样，对身份权请求权的研究也存在这样的问题。第三，至于知识产权的请求权，由于其独立于民法典之外，且其具有相当的特殊性，民法学者忽略对其请求权的研究。

应当看到的是，人格权请求权对保护人格权意义重大。可以说，它的最大价值就在于弥补侵权请求权保护民事权利包括人格权的缺憾和不足，因而使人格权的保护系统更为完善和完备。具体表现在以下几个方面：

第一，人格权请求权的行使不以过错为构成要件，只要人格权受到侵害就可以行使，有利于保护权利人的权利完满状态。在侵犯民事权利的行为发生或可能发生时，停止侵害请求权、排除妨碍请求权、消除危险请求权、物的返还请求权、恢复原状请求权等原权请求权的行使，不以相对人在主观上具有过错为条件，不需要证明对方是否具有过错，也不以确定的损害后果为前提。针对原权利的行为，只要侵害、妨害或危险存在，权利人即可行使原权请求权，要求制止上述不法行为；而不像侵权请求权，只有在符合侵权行为构成要件并且有损害的情况下，才能获得保护。因此，人格权请求权具有侵权请求权不可替代的保护功能，其目的在于排除人格权受侵害的事实和可能，恢复和保障人格权的圆满状态。

第二，人格权请求权对原权利保护的期限长、力度大，有利于对人格权的长期保护。人格权请求权不受时效的限制，是民法学界的共识，理由是，如果原权请求权也受时效的约束，也就是说，当人格权遭侵害、物权或者知识产权受到侵害，只是由于时间的经过，就任凭该人侵害权利人的生命、健康、身体、自由、名誉、隐私等权利、侵权人就可以永续地侵害他人的物权、知识产权，那还有什么公平、正义、秩序可言呢？因此，原权请求权不应该适用诉讼时效，任何时候，权利人都有权依照其原权请求权请求行为人停止侵害物权、人格权或者知识产权，有权请求行为人返还财产、排除妨碍、消除危险等。把停止侵害请求权、排除碍请求权、消除危险请求权等,作为绝对权请求权,与物权、人格权、知识产权密切联系在一起,它们的法律地位由物权、人格权、知识产权的法律地位决定,作为权利的救济方式,有优先的效力,更有利于对民事权利的保护。

第三,人格权请求权也是请求权体系中的重要内容之一,缺乏其存在,请求权体系将不完整。原权请求权是以绝对权(物权、人格权、身份权、知识产权)存在为前提,在绝对权受到侵害时即可行使的请求权。在民事立法中,责令返还原物、停止侵害等固然是侵权人依法所必须承担的民事责任,但请求返还原物、停止侵害等也是权利人依法所享有的救济权利。民事责任与救济权利是相应的法律概念,这是一个问题的两个不同方面,民事责任是从义务人的角度来讲的,原权请求权是从权利人保护权利的角度来讲的。在民事法律关系中,原来的权利人因其权利受到侵害而取得救济权,而原来的义务人因其违反义务而依法承担民事责任。可见,人格权请求权有助于权利人明确自己享有哪些救济权,如何通过原权之诉取得保护。权利应当成为一个完整的体系,那么对权利的补救请求权也应当成为一个完整的体系,不仅规定侵权请求权,同时也要规定人格权请求权,才能使民法保护人格权的请求权体系达到完整、和谐、统一。

第四,侵权损害赔偿请求权的局限性,要求人格权请求权予以弥补,更好地保护受害人的利益。在侵权法领域,损害赔偿作为救济损害的基本责任方式并不是万能的,德国民法学家耶林在《为权利而斗争》中就曾猛烈地抨击罗马法中广泛采用赔偿制度所存在的不合理性,他说:“罗马法官使用的金钱判决制度是正确评价权利侵害的理念上利益的充分手段。这一制度给我们的近代证据理论带来灾难,变成司法为防止不法而曾使用过的手段之中尤为绝望的一个。”①耶林的上述观点充分地表明了损害赔偿并不是对侵权行为的受害人提供保护的唯一方法。应当看到,损害赔偿责任是针对侵害财产权而产生的责任形式,然而现代民法的权利体系已经非常宏大,不仅包括各种财产权,而且包括了形式多样的人格权以及人格权与财产权的结合形态——知识产权。而侵权责任法的保障范围也相应发展:从主要保护财产权向对人格权、知识产权等不断扩张发展。② 原权请求权正是从完满保护物权、人格权和知识产权的角度出发,对任何种类的损害给予保护。

事实上,我国民法理论以及法律上已有原权请求权的基础。我国民法的教科书大都说明,物权受到侵害时,有物权的保护方法和债权的保护方法;物权的保护方法有停止侵害、排除妨碍、消除危险等,债权的保护方法有损害赔偿、不当得利返还等。③ 尽管

① [德]耶林:“为权利而斗争”,胡宝海译,载梁慧星主编:《民商法论丛》(第2卷),法律出版社1994年版。

② 王利明:“关于我国民法典的体系的再思考”,载 http://www.feilan.com/showarticle.asp? id=79&sort=民法研究,2011年3月5日访问。

③ 佟柔主编:《中国民法》,法律出版社1990年版。

《侵权责任法》第19条规定了侵害财产所有权的民事责任，包括第15条规定的返还财产、恢复原状等侵权责任方式，但是这并不妨害物权法规定物权请求权。在我国民法中，对知识产权和人格权侵害的保护采取了停止侵害、排除妨碍等责任形式，显然这些形式与原权请求权的内容相似。尽管在知识产权法与人格权法对原权请求权未作规定，但是有的学者主张可以考虑以物权请求权准用于侵害知识产权和人格权的场合，①是有道理的。根据《民法通则》第118条的规定，侵害知识产权的权利人可以要求停止侵害，消除影响，赔偿损失；《侵权责任法》第22条规定，侵害他人的人格权益，造成严重精神损害的，有权要求精神损害赔偿，并且可以依照第15条的规定，请求停止侵害、恢复名誉、消除影响、赔礼道歉，其中多数责任方式可以是人格权请求权的内容。可见，我国民法采取了多种办法对知识产权、人格权进行保护，其中就包含了知识产权请求权、人格权请求权，只是法律上没有明确说明而已。在这样的基础上，建立我国民法的原权请求权体系并不困难。

三、结论

我们认为，在对人格权的保护中，侵权请求权保护的目的主要集中在要求加害人履行损害赔偿之上，其目的是填补权利人无法通过行使人格权请求权来恢复的损失，是以金钱的方式填补被损害的权利。而人格权请求权保护的目的，主要集中在对人格权的防范和预防，以及造成损害的权利恢复上。尽管两种请求权保护的内容可能会有所交叉，但其中的分野还是能够区分的。因此，原权请求权与次生请求权是两种不同的权利保护方法，是从不同的角度对权利损害予以不同的救济，两者可以独立适用也可以结合适用。但无论怎样，只有两者同时并存的立法模式才是对民事权利最完善的保护机制，缺少任何一个都是不完备的。

第三节　侵权请求权保护人格权的必要性

一、侵害人格权的侵权请求权存在的必要性

（一）侵权请求权方法的含义

但是，我们不能因为人格权请求权对于人格权保护的重要性而忽略侵权请求权对

① 王利明：《物权法研究》，中国人民大学出版社2002年版，第103页。

保护人格权的重要性。民法保护人格权的侵权请求权方法,就是确认侵害人格权的民事违法行为是侵权行为,赋予受害人以侵权请求权,有权请求加害人承担侵权责任的民法保护方法。只有基于民法的这一基本认识,才能对公民、法人的人格权进行全面保护。正是由于这一原因,成文法国家的民法典除在总则部分对人格权作出一般规定外,基本上是在债法的侵权法中规定具体人格权及其保护方法;非成文法国家则专设侵权法的部门,加强对人格权的法律保护。

侵权行为是指行为人由于过错,或者在法律特别规定的场合无过错、违反法律规定的义务,以作为或不作为的方式,侵害他人人格权益和财产权益,依法应当承担损害赔偿等法律后果的行为。[①] 侵害人格权的侵权行为,是侵权行为中的一种类型,法律予以特别的保护。

将侵害人格权的违法行为认作侵权行为,是罗马法开创的先例。罗马法的"私犯"就是侵权行为(其中也包括部分犯罪行为),私犯分为两大类,一类是对财产的私犯,另一类就是侵害人格权的私犯,称之为"对人私犯";对侵害人格和人体的私法违法行为,以侵权行为制裁。《法国民法典》虽未明确规定侵害人格权的行为是侵权行为,但其有关侵权行为原则的第 1382 条规定:"任何行为使他人受损害时,因自己的过失而致使损害发生之人,对该他人负赔偿的责任",这实际上包括侵害人格权的侵权行为。《德国民法典》在关于侵权行为的规定中,将侵害生命、身体、健康、自由以及贞操、信用等人格权,列为最重要的侵权行为,置于财产权侵权行为之先,表明了立法者价值取向的变化。在中国,20 世纪 30 年代国民政府的民法亦采此例。因此,将侵害人格权的民事违法行为认作侵权行为,是世界各国民事立法的通例。

我国《民法通则》依通例,亦认侵害人格权为侵权行为,并且设两个条文即第 119 条和第 120 条作出明文规定。《侵权责任法》继承了这样的传统,在第 16 条、第 17 条和第 22 条规定了侵害人格权益的侵权责任。依据现行立法和学理,我国的侵权行为分为两种基本类型,一是侵害人格权的侵权行为,二是侵害财产权的侵权行为。这两种最基本的侵权行为在法律特征上有很多相同之处,如它们都是一种民事违法行为、都是一种有过错的行为(在法律有特别规定的情况下除外)、都是应当承担相应法律后果的行为。只是在侵权行为的侵害客体上,两种侵权行为截然不同:侵害财产权的侵权行为侵害的客体是财产权,包括侵害物权即静态财产权、侵害债权即动态财产权、侵害知识产权即无形财产权、侵害继承权即含有身份关系的财产权;侵害人格权的侵权行为,侵害的客体是人格权,即人格权和身份权。

由于侵害人格权的侵权行为的客体是人格权,因而该种侵权行为与侵害财产权的

---

① 参见河南省政法干部管理学院学报《政法学刊》1994 年第 4 期。

侵权行为相比较,具有如下的特点:

第一,侵权行为造成的损害后果不是财产损失或者不是直接的财产损失,而是表现为人体伤害和人格利益损害。这种损害事实,有的表现为财产的损失,如治疗人身伤害所支出的费用,或者人格利益遭受损害为恢复权利而支出的费用;有的表现为一般的人格利益损害,为无形的损害,损害中不具有或不直接具有财产利益因素。

第二,侵权行为的后果难以用金钱计算损失。正因为人格权侵权行为的损害后果不是财产损失,因而在确定侵害人格权行为损害后果时,须以其他标准计算金钱损失,或无法计算金钱损失。在侵害物质性人格权的场合,只能以因人身伤害所支出的实际费用计算金钱损失,但对因此而造成精神痛苦的损失则难以用金钱计算。在一般的人格利益、精神利益损失上,也是不能用金钱计算损失的。而侵害财产权的侵权行为,则必须用金钱计算损失。

第三,侵权行为在权利主体消灭后,亦能有条件地构成。公民死亡以后,其权利能力已经消灭,但对其权利客体体现的人格利益,仍给予一定时期的保护,侵害死亡公民的某些人格利益,亦构成侵害人格权行为。所有权在权利主体消灭后即变成遗产,行为人侵害之虽构成侵权行为,但侵害的客体不再是所有权,而变成侵害继承人的继承权。

(二)侵权请求权保护人格权以损害赔偿为基本方法

侵权行为发生侵权损害赔偿之债,侵害人格权的侵权行为同样如此,这是由民法保护方法的财产性和补偿性所决定的,也是在人格权法律保护中,民法保护方法与刑法、行政法保护方法的基本区别。

对于侵害人格权的受害人的法律保护,以损害赔偿为基本方法,是人类历史发展和法律文化发展的必然结果,是人类自身的选择。当人类自己发现对同类的侵害,以同态复仇的方法进行保护,不仅是野蛮的、不道德的,而且也是无益的,以后就选择了损害赔偿作为救济人格权侵害的基本方法。随着历史的发展,人们不仅认为对侵害物质性人格权的受害人用损害赔偿的方法进行救济,是科学的、合乎理性的,而且对于侵害精神性人格权的受害人也用损害赔偿的方法进行救济,也是科学的、合乎理性的。因而,对于人格利益的侵害,人类也选择以精神损害赔偿的方法作为基本方法。

人类文明发展到今天,对于人格权法律保护的损害赔偿方法已经形成了完备而系统的制度。具体包括:

1. 人身伤害的财产损害赔偿

对此,一般都称之为人身损害赔偿,实际上是对侵害公民身体权、健康权、生命权所造成的财产损失进行赔偿。

2. 侵害精神性人格权的人格利益损害赔偿

对此,一般称为精神损害赔偿,但实际上,这种损害赔偿并不是精神损害赔偿的全部,而是一部分。它是侵害精神性人格权所造成人格利益的损害赔偿,包括具有财产因素的人格利益和不具有财产因素的人格利益的损害赔偿。

3. 侵害人格权的抚慰金赔偿

这是指对侵害人格权行为所造成的受害人的精神痛苦的金钱赔偿,以抚慰受害人的精神创伤、感情伤害等。

二、人格权保护请求权的基本作用

正是由于原权请求权与次生请求权的上述性质和作用,它们对于保护人格权的重要作用主要表现在以下几个方面:

第一,使实体权利的保护具体化,能够让人格权的权利人明确权利保护的具体途径。人格权的保护必须有具体的方法和途径,而请求权就是支持一方当事人向他方当事人有所主张的方法和途径,请求权基础也就是指可以支持一方当事人向他方当事人有所主张的法律规范。① 因此,请求权基础的寻找,是保护人格权的核心工作;在某种意义上甚至可以说,寻求人格权的保护就在于寻找请求权的基础。请求权基础是每一个学习法律的人必须彻底了解、确实掌握的基本概念及思考方法。② 权利人行使请求权,将使义务人履行义务,反过来说,要使某人在民法上的义务得以履行,必须赋予权利人以相应的请求权,所以,请求权的产生保障了权利的行使和义务的履行。③ 这样,也就使人格权权利人明确,要保护自己的权利必须通过请求权的方法才能够实现。

第二,明确人格权保护的起点,填补诉讼之前权利请求的空白状态。首先,请求权成为权利保护的起点。人格权自身不会保护自己,而人格权在其与诉讼权利之间,必须以请求权作为权利保护的起点,将民事实体权利与诉讼权利结合起来。如果没有请求权的保护方法,就会造成误解,认为权利的保护起点是诉权。如果确实是这样的话,没有请求权的保护方法存在,就不存在人格权的保护,人格权的保护就无法进入诉讼阶段,无法得到保护。正因为如此,请求权乃要求特定人为特定行为(作为、不作为)的权利,在权利体系中居于枢纽地位,因为任何权利,无论是相对权或绝对权,为发挥其功能,或回复不受侵害的圆满状态,均须借助于请求权的行使。④ 可见,请求权保护方法的发明,使权利人的权利实现更为周延。其次,请求权沟通和划分了实体法与程序法的界限。在诉讼理论中,虽然有关诉讼标的的研究就诉讼标的或诉讼对象提出不同

① 王泽鉴:《法律思维与民法实例》,中国政法大学出版社 2001 年版,第 56 页。
② 王泽鉴:《法律思维与民法实例》,中国政法大学出版社 2001 年版,第 50 页。
③ 王利明:《民法总则研究》,中国人民大学出版社 2004 年版,第 214 页。
④ 王泽鉴:《民法总则》,中国政法大学出版社 2001 年版。

的观点，但其核心都涉及实体性的请求权；[1]从程序法的角度来看，请求权构成了民事诉讼的前提和中心。最后，请求权联系现实权利。请求权是一项独立的实体权利，它不依赖于在它之前就已存在的、它为之服务的权利而单独地存在；它具有独立的经济价值，本身就属于一种权利，因此权利人可以转让、抵消和免除。如侵害物权而产生的损害赔偿请求权，该请求权并不是为了实现所有权，而是就不可改变的侵害后果加以补偿，具有独立的债权意义，请求权界定了权利遭到侵害而产生诉讼之前的实体形态，把实体权利与现实权利联系起来了。

第三，扩张了民法典的内在功能，使民法典基于债的规定可以应用到人格权保护请求权之上。请求权作为一种民事权利，广泛存在于民法的各个领域，如人格权法、亲属法、债权法、物权法、知识产权法和继承法领域。民法规定请求权，只要规定其种类等基本问题即可，不必再规定具体规则，因为请求权的具体规则实质上就是债权法的规则。同时，请求权的提出也加强了民法的完整体系，通过请求权的体系连接，民法成为逻辑更为严密的有机整体。请求权体系理念的发展，为从整体上把握民法、从体系的角度运用民法奠定了基础。[2] 民法典中各部分请求权的规定，可以使人们对自己权利遭受侵害后的救济权有清楚的认识，可以根据不同情况选择对自己有利的救济办法，从而最大限度地保护权利人的合法权益。清晰的请求权体系的规定，也为法官审理案件准确适用法律提供了基础。

第四，整合权利与诉讼时效的关系，使不同的权利保护请求权与诉讼时效建立不同的关系。请求权确定了诉讼时效制度的适用范围，只有次生请求权才可以适用诉讼时效，而原权请求权并不与诉讼时效相联系。在德国法中，诉讼时效的适用对象仅限于部分请求权（《德国民法典》第 194 条第 1 款）。[3] 在我国，《民法通则》尽管规定了特殊诉讼时效的适用范围，但对普通诉讼时效的范围规定得并不明确。学者认为，原则上诉讼时效的适用范围限于请求权；[4]并且认为，适用诉讼时效的请求权的类型包括债权请求权、继承请求权，不适用诉讼时效的请求权包括基于人格关系发生的请求权、基于身份关系发生的请求权。请求权体系的建立和划分，明晰了权利与诉讼时效之间的关系，促使权利人及时行使权利。

---

① 朱岩："论请求权"，载《判解研究》（2003 年第 4 辑），人民法院出版社 2004 年版。
② 王利明：《民法总则研究》，中国人民大学出版社 2004 年版，第 214 页。
③ ［德］迪特尔·梅迪库斯：《德国民法总论》，邵建东译，法律出版社 2000 年版，第 90 页。
④ 王利明：《民法总则研究》，中国人民大学出版社 2004 年版，第 715 页。

第四节 人格权保护请求权与其他请求权之间的关系协调

一、人格权请求权与侵权请求权的关系调整

人格权保护请求权中的人格权请求权与侵权请求权之间关系的调整，主要是指两种请求权体系之间的竞合关系如何协调。

同一种生活事实或者大体一致的生活事实可以构成不同的请求权发生规范的要件，因而构成竞合。问题是，在对这种事实适用法律时，是只适用一种规范，还是适用两种规范；在后一种情况下，是发生多个请求权，或者是在内容相同时只发生一个请求权，而这个请求权在法律中是基于多种原因形成的。① 在法律上，竞合是指因某种法律事实的出现，而导致两种或两种以上的权利产生、各项权利相互发生冲突的现象。② 依同一法律事实，于同一当事人间具备两个以上之法律要件，成立有同一目的之两个以上之请求权之状态，谓之请求权之并存或竞合。③ 请求权竞合是指基于一个法律事实产生数个请求权，该数个请求权的救济目的相同，但是数个请求权的内容相互冲突，只能选择其中一个请求权行使的请求权并存现象。

在人格权请求权与侵权请求权两个权利之中就存在这样的状态。基于一个法律事实，既发生人格权请求权，又发生侵权请求权，两种请求权的目的都是保护同一个人格权，救济的目的和范围都相同，但其内容相互冲突，这就构成了请求权竞合。要研究的是，人格权请求权与侵权请求权之间竞合的后果应当怎样处理，这是解决两个请求权之间关系协调的关键问题。对此，应当从根本上进行分析，作出最有利的判断。

在请求权竞合问题的处理上，传统学理有两种观点，一是法律竞合论，二是请求权竞合论。此外，在传统请求权竞合理论之后，学理又提出了请求权规范竞合论的学说。

1. 法律竞合论（法条竞合论）

法律竞合论最初是由赫尔维格将刑法上的法条竞合论引入民法领域而形成。这一理论以刑法上的法条竞合论为基础，认为一个法律构成要件的发生，如果导致多个

---

① ［德］卡尔·拉伦茨：《德国民法通论》（上册），王晓晔等译，法律出版社 2003 年版，第 348 页。

② 王利明、杨立新编著：《侵权责任法》，法律出版社 1996 年版，第 111 页。

③ 史尚宽：《债法总论》，中国政法大学出版社 2000 年版，第 227 页。

不同的请求权同时存在,而这些请求权的目的只有一个时,实际上是一种法律竞合的现象,竞合的是法条,而不是请求权,真正的请求权只有一个。在这种情况下,解决问题的方法仅仅是如何正确适用法律的问题。根据法律竞合论的观点,在法律竞合的情况下,各竞合的法条之间,或者存在特别法与一般法的关系,或者存在补充规定与法条吸收的关系。法院在适用法条时,应当审查所涉及的数个法条之间的关系,适用其中最适当的法条,而排除其他法条的适用。① 在法律竞合的情况下,实际上最终只涉及一个请求权,法律竞合论有时会使受害人丧失有利的请求权,牺牲的是权利人的权利,这种选择显然对权利人不利。

2. 请求权竞合论

请求权竞合论又分为请求权自由竞合论和请求权相互影响论。

请求权自由竞合论认为,在因为同一个事实关系而发生复数的请求权,并且这些请求权的给付目的同一时,各个请求权可以同时并存。在成立要件、举证责任、赔偿范围、时效以及抵消等方面,各个请求权相互独立。对这些竞合的请求权,当事人可以选择其中一个请求权主张,也可以就所有请求权同时主张,还可以就不同的请求权先后主张;权利人还可以将其中一个请求权让与他人,自己保留其他的请求权,或者将请求权让与不同的他人。也就是说,权利人可以自由处分各个竞合的请求权。当其中一个请求权遇到目的之外的障碍无法行使时,其他的请求权可以继续行使;当一个请求权因为罹于时效而消灭时,其他未过时效的请求权继续存在。当事人行使其中一个请求权未获得满足,可以继续行使其他的请求权;但是,如果其中一个请求权获得满足,其他的请求权即随之消灭。② 这样处理请求权竞合的结果,由于是请求权处于自由状态,因此既不容易处理之间的关系,而且也和程序法规定相违背。不容易处理,是因为这样做会导致这样的可能:一个请求权被让与,另一个没有被让与出去,从而使只负一种给付的债务人要面对几个不同的债权人。而债权人就自己不同的请求权分别起诉,这在今天的诉讼法中是不可以的。③

这种后果显然违背了公平原则,与法律的目的不符。因此,德国学理和判例又发展出请求权相互影响说。

请求权相互影响说,是主张在请求权竞合的情形,当事人只可主张一个请求权,不得重复或同时主张复数的请求权。但是,为克服不同请求权在管辖法院、诉讼时效、证

---

① 段厚省:"请求权竞合研究",载 http://www.jcrb.com/zyw/n275/ca259284.htm,2011 年 4 月 12 日访问。

② 段厚省:"请求权竞合研究",载 http://www.jcrb.com/zyw/n275/ca259284.htm,2011 年 4 月 12 日访问。

③ [德]卡尔·拉伦茨:《德国民法通论》(上册),王晓晔等译,法律出版社 2003 年版,第 352 页。

明负担、证明标准、赔偿范围等方面的差异给原告带来的不便和不公,允许不同的请求权之间可以相互影响。在主张契约上的请求权时,可以适用侵权法上的有关规定;在主张侵权法上的请求权时,也可以适用契约法上的有关规定。以损害赔偿的范围为例,在伤害身体健康的情形,权利人在侵权法享有广泛的赔偿范围,在主张基于契约的请求权时,可以同样适用。[①]

3. 请求权规范竞合论

该学说为德国学者拉伦茨(Larenz)提出。拉伦茨认为,在同一事实符合侵权责任和债务不履行责任的规定时,被害人实体上的请求权只有一个。相互竞合的并不是请求权,而是请求权的基础。拉伦茨同时指出,法律竞合论所说的一般义务(不得侵害他人利益的义务)与特别的契约义务的区别是错误的。在法律规定的背后,只有一个义务的存在,只是因为学理上的需要,这个义务才被做了不同的安排。因此只要违反了义务,实际上只有一个违反义务的状况,所以其法律效果也只有一个。这样,以同一给付为目的,而有数个规范作为基础的请求权,权利人只能请求一次,债务人也只需履行一次。该请求权经裁判后,权利人不得对同一事实以其他的法律理由再行提起新的诉讼。德国另一学者 Esser 在处理侵权责任与违约责任时也采这一观点,认为是请求权基础的竞合而不是请求权的竞合。他认为,因为同一事实可以适用多个相异的法条时,从权利保护的目的来观察,请求权仅有一个,但是请求权的基础却有多个。因此,除非各法条之间有特别法与一般法的关系,无论法律效果的发生是适用物权法或者是债法所致,其法律效果都是相同的,请求权也只有一个。[②]

我国学者并没有如德国、日本或者我国台湾地区学者那样,对请求权竞合问题进行深入研究,因为我国过去研究竞合都是从民事责任竞合的角度来研究的,主要是对侵权责任与违约责任、返还不当得利与侵权责任竞合的研究,从请求权的角度来研究竞合较少。从学者们的观点来看,我国学理有的采请求权竞合论,[③]并对其进行适当限制,对法律竞合论和请求权规范竞合论的研究还有待进一步深入。

那么,原权请求权和侵权请求权之间的竞合应当到什么程度呢?我国学者有几种意见:[④]

---

① 段厚省:"请求权竞合研究",载 http://www.jcrb.com/zyw/n275/ca259284.htm,2011 年 4 月 12 日访问。

② 段厚省:"请求权竞合研究",载 http://www.jcrb.com/zyw/n275/ca259284.htm,2011 年 4 月 12 日访问。

③ 王利明主编:《民法·侵权责任法》,中国人民大学出版社 1993 年版,第 211 ~ 234 页;邹海林:"不当得利请求权与其他请求权的竞合",载《法商研究》2000 年第 1 期。

④ 杨立新:"制定民法典侵权责任法编争论的若干理论问题——中国民法典制定研讨会讨论问题辑要及评论(二)",载《河南省政法管理干部学院学报》2005 年第 1 期。

第一种意见认为，规定原权请求权和侵权请求权“绝对分开”，不让它们发生竞合。按照这种意见，原权请求权只规定损害除去请求权和损害停止请求权，而次生请求权则规定为损害赔偿请求权。这样，两种请求权就不会发生竞合，也就不存在选择的问题。如果请求损害赔偿，只能行使次生请求权；如果请求损害除去或者损害停止，则只能行使原权请求权。

第二种意见认为，规定原权请求权和次生请求权“完全竞合”，也就是原权请求权和次生请求权的内容规定完全一样，在诉讼时效之内，可以行使次生请求权，在诉讼时效完成之后，则只能行使原权请求权。

第三种意见认为，规定次生请求权和原权请求权“部分竞合”。例如，原权请求权规定损害除去请求权、损害停止请求权、财产损害赔偿请求权，而次生请求权除了规定这三种请求权之外，还规定精神损害赔偿请求权。这样，次生请求权的内容较之于原权请求权就存在区别，如果在诉讼时效期间之内行使次生请求权，可以获得较多的赔偿，而超过了诉讼时效期间，行使原权请求权则不能获得精神损害赔偿。这样规定，可以鼓励权利人及时行使权利、保护自己的权利。

第四种意见认为，将原权请求权和次生请求权“分别规定”，将绝对权自己的保护方法称为请求权，而将次生请求权称为侵权责任，这样，既能够区分两者之间的关系，也不至于在竞合规则上大费脑筋和大做文章了。

我国学者比较一致的意见是，第一，规定原权请求权和次生请求权不发生竞合，不符合客观事实，是做不到的。第二，如果将两种请求权规定为完全竞合，这样做倒是简单，但是，这样规定也就没有任何意义了，完全可以只规定一个原权请求权就可以了。第三，将两种请求权一种规定为请求权，另一种规定为责任，虽然简单明了，但即使如此，责任的基础还是请求权问题，还是要发生竞合，因此这种意见也不宜采取。现在的《物权法》和《侵权责任法》的规定是完全竞合；在学说上，有的主张部分竞合，有的主张完全分开；笔者倾向于赞成完全分开。人格权请求权与侵权请求权的关系应当采取完全分开的关系：损害赔偿就是侵权请求权，非损害赔偿救济方法就是人格权请求权。按照这样的思路协调两种请求权的关系，既有实际意义，也在理论上划清了两种请求权的界限，是最为可取的。

二、民事权利保护请求权与本权请求权的关系

在研究了民事权利保护请求权之间的关系之后，还应当顺便研究本权请求权与民事权利保护请求权之间的关系问题。

本权请求权，是民事权利本身的请求权，是权利本身的内容。主要有两种：一是权利本身就是请求权，如债权；二是权利本身虽然是绝对权，但其具有请求权的内容，如

身份权中的请求权。

在权利保护请求权体系中的原权请求权，也是民事权利本身的权利，但是这种请求权的性质并不是实现该权利的必要内容，而是保护该权利的请求权。一方面，有的权利本身并不具有本权请求权，只是在权利受到侵害或者有侵害之虞时，有原权请求权的存在；另一方面，即使民事权利本身就是请求权或者就具有请求权的内容，但是原权请求权的存在是为了保护本权请求权不受到侵害，或者受到侵害之后，能够迅速得到救济、得到恢复。因此，本权请求权与原权请求权并不是一种权利，本权请求权是权利本身的内容，而原权请求权则是本权保护的请求权。

在权利保护请求权体系中的次生请求权，不是民事权利本身的权利，而是基于权利受到侵害的事实而发生的新权利，是保护民事权利的侵权请求权。这种请求权，与本权请求权是有本质的区别的，纯粹是为了保护本权而设置的请求权。因此，本权请求权与权利保护请求权之间是并存关系，各个独立存在于民法的权利体系当中，并不互相排斥。

为了表述得更为清楚，我们设计了以下表格，说明民法请求权体系，同时借以说明民事权利保护请求权在请求权体系中的地位和相互的关系。

民法请求权体系

<table>
<tr><th>第一系统</th><th>体系</th><th colspan="2">权利内容</th><th>范围</th><th>第一系统</th></tr>
<tr><td rowspan="3">民事权利类型的请求权</td><td rowspan="3">本权请求权</td><td rowspan="2">有本权请求权的绝对权</td><td>权利内容</td><td rowspan="2">身份权
物权中的共有权
继承权
知识产权</td><td rowspan="4">固有请求权</td></tr>
<tr><td>请求权</td></tr>
<tr><td colspan="2">单纯的本权请求权</td><td>债权</td></tr>
<tr><td rowspan="2">民事权利保护请求权</td><td>原权请求权</td><td>人格权请求权
身份权请求权
物权请求权
继承权请求权
知识产权请求权
债的二次请求权</td><td>损害除去请求权
损害防止请求权
违约责任（不履行义务责任）请求权
其他请求权</td><td>所有民事权利</td></tr>
<tr><td>次生请求权</td><td colspan="2">侵权请求权
侵权行为禁令</td><td>所有民事权利</td><td>新生请求权</td></tr>
</table>

第六章　人格权请求权[①]

第一节　人格权请求权的客观存在

在权利保护的请求权体系中，物权请求权在《德国民法典》中首次得到确立，其第985条和第1004条规定了返还请求权、排除妨害请求权与侵害停止请求权。一百多年以来，物权请求权的概念被私法理念所认可，发挥了巨大的作用。我国《物权法》第三章第34条至第37条明确规定了物权请求权。然而疑问是，性质同样是绝对权的人格权是不是也能够衍生出人格权请求权呢？我们认为人格权请求权也应该在民法理论和实践当中得到确认。

我们依据的推论是：首先，物权具有物权请求权和侵权请求权两种不同的保护手段，而物权请求权产生的基础是物权的绝对性、排他性和直接支配性。其次，人格权与物权在权利属性上具有可类比性，因为人格权也是绝对权、专属权，也具有直接支配性。那么，通过推理就可以直接得出结论，人格权也应当基于其自身的绝对性、专属性和直接支配性而具有人格权请求权，[②]在它受到侵害的时候，需要人格权请求权和侵

---

① 本章是与国务院法制办袁雪石博士合作研究成果。

② 学者认为，如果已确认的相同的属性和推出属性之间的联系达到了必然性的程度，那么类比推理就可以转化为一种演绎推理。参见黄伟力：《法律逻辑学新论》，上海交通大学出版社2000年版，第183～186页。据此，本书正文的推理事实上可以构成演绎推理。理由如下：人格权和物权的相同属性是绝对性，专属排他性和直接支配性。在一般意义上，绝对性、专属排他性和直接支配性是权利产生请求权的基础。因而，人格权可以具有人格权请求权的结论是一个演绎推理。

权请求权这两种不同的保护方法体系进行保护。因此可以得出一个结论：人格权也应该具有人格权请求权和侵权请求权两种不同的保护手段，人格权请求权的存在是客观的、必然的。

一、人格权请求权客观存在的立法考察

事实上，人格权请求权客观存在的最主要依据，是各国民法典对人格权请求权的确认。

各国规定人格权请求权的基本做法分为以下几种：

（一）规定个别具体人格权的请求权

比较一致的做法是，很多国家的民法典都在总则中直接规定姓名权的请求权。例如，《德国民法典》第12条、《意大利民法典》第7条、第8条、《泰国民法典》第42条、《埃塞俄比亚民法典》第46条，以及我国的《大清民律草案》第55条、《民国民律草案》第19条和第20条，以及我国台湾地区"民法"第19条等，都规定了姓名权请求权，大多包括姓名权的停止妨害请求权和姓名权的排除妨害请求权。

《日本民法典》没有规定人格权请求权。但是，日本通过判例的形式确认了人格权请求权。"北方杂志案"是日本最高裁判所就存在名誉侵害之嫌的表达行为可否事先停止侵害而表明立场的第一个判例，日本最高裁判所1986年6月11日判决认为，名誉遭受违法侵害者，除可要求损害赔偿及恢复名誉外，对于作为人格权的名誉权，出于排除现实进行的侵害行为或预防将来会发生的侵害的目的，应解释为还可以要求加害者停止侵害。①

（二）规定人格权的某种请求权

在有些民法典或者草案中，就人格权的某一种请求权作出规定。例如，《埃塞俄比亚民法典》第10条、我国《大清民律草案》第51条、《民国民律草案》第18条都规定了人格权的停止妨害请求权。我国台湾地区"民法"第18条规定了人格权的停止妨害请求权和排除妨害请求权。《俄罗斯民法典》第1065条规定了人格权的排除妨害请求权。

（三）全面规定人格权请求权

《越南民法典》是全面规定人格权请求权的立法。该法第27条规定："当公民的人身权受到侵犯时，该公民有权：（1）要求侵权行为人或请求人民法院强制侵权行为人终止侵权行为，公开赔礼道歉、改正；（2）自行在大众通讯媒介上更改；（3）要求侵权行为

---

① 姚辉："民法上的'停止侵害请求权'——从两个日本判例看人格权保护"，载《检察日报》2002年6月25日；于敏：《日本侵权行为法》，法律出版社1998年版，第336页。

人或请求人民法院强制侵权行为人赔偿物质、精神损失。”这一规定涉及了人格权请求权的所有方面，是一个关于人格权请求权的全面、完整的规定。

《阿尔及利亚民法典》也是全面规定人格权请求权的立法。该法第47条规定：“当事人基于人格享有的固有权利遭受不法侵害时，得请求停止侵害和损害赔偿。”这个条文虽然简单，但是其内容非常全面，是规定得最为完整的人格权请求权。

《瑞士民法典》是在立法史上第一次规定一般人格权和专章规定人格权的民法典。这部民法典也第一次完整地确立了人格权请求权，几经修改，不仅将原来的第28条作了修改使之完善，并且增加了第28条a至第28条l共11个条文进行完善，建立了全面的人格权请求权，包括请求禁止即将面临的妨害、请求除去已经发生的妨害和请求消除影响，同时它也确立了人格权请求权的其他相关规定。

《瑞士民法典》关于人格权请求权规定的最主要内容是：

第一，规定人格权请求权，这就是第28条规定：“（1）人格受到不法侵害时，为了寻求保护，可以向法官起诉任何加害人。”

第二，规定人格权请求权的具体权利内容，即第28条a规定：“（1）原告可以向法官申请：①禁止即将面临的侵害行为，②除去已发生的侵害行为，③如果侵害仍然存在的话，确认其不法性。（2）原告尤其可以请求消除影响或将判决通知第三人或公开。（3）赔偿金和慰抚金之诉以及依照无因管理规定返还利得之诉，不受此限。”

第三，规定人格权请求权中的采取预防措施的要件。第28条c规定：“（1）凡经初步证明，其人格已受到不法侵害，或有理由担心该侵害会发生且因此可能对其造成不易补救之损害的，可申请有关预防措施的责令。（2）法官尤其可以：①出于预防目的禁止或除去侵害，②出于保全证据目的采取必要措施。（3）侵害行为会导致非常严重的损害，其显然无支持理由，且采取的措施又并非不合理时，仅在此条件下，出于预防目的，法官可以禁止或除去通过周期性出版媒介施加的侵害。”

第四，与其他大陆法系民法典的规定一样，《瑞士民法典》也单独规定了姓名权的请求权。该法第29条第2款规定的是姓名权请求权的内容：“因他人冒用姓名而受到侵害的人，可诉请禁止冒用；如冒用有过失的，并可诉请损害赔偿；如就侵害的种类侵害人应当给付一定数额的慰抚金时，亦可提出此项诉请。”①

值得一提的是，在20世纪70年代和20世纪90年代，法国改变了《拿破仑民法典》没有规定人格权请求权的状况。《法国民法典》第9条（1970年修正）规定了法官有权采取阻止或者抑制妨害私生活隐私的任何措施；第16－2条（1994年修正）规定了法官有权采取阻止或者抑制对人体非法侵害的任何措施。

---

① 《瑞士民法典》，殷生根、王燕译，中国政法大学出版社1999年版，第9页。

通过以上的考察说明，各国民法典尽管在规定人格权请求权的立法例上并不相同，但是多数国家的民法典是确认人格权请求权的。在这些立法中，《瑞士民法典》的规定最为详尽、具体、全面，建立了完善的人格权请求权制度。《埃塞俄比亚民法典》和我国台湾地区"民法"也规定了人格权请求权，不过其范围和完善程度不如瑞士立法。在德国等民法中，只规定了姓名权请求权，而没有规定其他人格权请求权，究其原因，就是这些国家民法采用的是将人格权的主要部分规定在侵权法当中，而在总则中仅仅规定姓名权，这样就有了姓名权的请求权保护和其他人格权的债法保护方法的区别。不过，不论怎样，民法单独规定人格权请求权的基本做法，反映了人格权请求权客观存在的现实，因此，人格权请求权应当作为一项法律制度独立存在。人格权请求权的内容包括排除妨害请求权和停止妨害请求权，侵权请求权的内容为恢复原状请求权和金钱赔偿请求权。

二、人格权请求权客观存在的学理考察

（一）德国学说

德国学者拉伦茨认为，人格权请求权具有独立性，是一项独立的权利。他指出，在人格权有受到侵害之虞，司法实践准许提起侵害之诉，在继续受到侵害时，准许请求停止侵害。[①]德国学者沃尔夫认为，从德国的民法典和单行法律当中可以得出德国的先进法律的一个基本原则，即每一个绝对权都与《德国民法典》第1004条的适用相应，通过不作为请求权和排除妨害请求权而得到保护。因此，无论是《德国民法典》第823条第1款的权利还是违反一般的人格权（判决BGH NJW 1984，1886），无论是违反对公司企业的会员权或者股权还是违反经营权，都可以类推适用第1004条主张不作为或者排除妨害。[②]

（二）法国学说

《拿破仑民法典》没有确认人格权，当然也就更不必说人格权请求权了。根据萨瓦第埃的研究，当时的立宪委员会从未想过要就人格权提出什么宣言。实际上，法国一直是通过判例保护各种人格利益不受侵犯的。直到20世纪初，法国才借助德国的学说在人格权领域有了基本的共识，并进一步区分人格权请求权和侵权请求权。后来，《法国民法典》修正委员会吸收了这一研究成果，在民法典草案第165条规定："对人格权施加的不法侵害，被害人有中止侵害请求权。这并不妨碍加害者应承担的损害赔偿

---

① ［德］卡尔·拉伦茨：《德国民法通论》（上册），王晓晔、邵建东、程建英译，谢怀栻校，法律出版社2003年版，第169～170页。

② ［德］曼弗雷德·沃尔夫：《物权法》，吴越、李大雪译，法律出版社2002年版，第161页。作者所称的不作为请求权即本书所称的停止妨害请求权。

责任。”[①]类似的条文在1970年和1994年分别被通过,正式成为《法国民法典》的组成部分。

（三）日本学说

在日本,关于侵权行为的效果是否应该认可能够请求停止、排除侵害行为的停止行为请求权,存在对立的意见。有学者认为,在构成侵权行为的侵害行为仍在继续的场合下,只承认对已经发生的损害的赔偿请求权,作为对受害者的救济是不充分的,这种见解是认可停止行为请求权的立场的根据。但是,对在立法论上主张停止行为请求权应该如何评价的问题另说,仅就解释论而言,通说对现行法上作为侵权行为的效果,是否应该认可停止行为请求权的问题是持否定态度的。关于停止行为请求的法律依据,也同样存在“权利说”和“侵权行为说”的对立,“权利说”包含物权性请求权说、人格权说和环境权说,“侵权行为说”包含纯粹侵权行为说、违法侵害说和新忍受限度论。[②]

总的来讲,日本的学说总体上倾向于支持本国法院的判例,承认人格权请求权的独立性,否认侵权请求权包括停止行为请求权。

（四）我国台湾地区学说

我国台湾地区学者大多根据台湾地区“民法”第18条、第19条、第184条、第194条和第195条的规定阐释人格权保护的理论。他们在实质上承认了人格权请求权,但是,台湾地区学者很少用人格权请求权这一提法,他们大多用“不作为请求权”、“除去侵害请求权”和“保护(保全)请求权”等提法。[③] 略举数例以说明:

史尚宽先生认为,不法侵害人格权,可以请求除去其侵害。人格权因其为绝对权,其有被侵害之虞者,亦得请求防止之(参照我国台湾地区“民法”第767条)。[④] 史先生的这一论断,阐明了人格权请求权的两个主要方面。

王伯琦先生认为,(人格权)其保护方法有二:(1)除去侵害请求权。“民法”第18条规定,人格权受侵害时,得请求法院除去侵害。所谓除去其侵害,系使侵害之行为或状态终止之意。被侵害人为此项请求时,不必证明自己之损害,及行为人之故意过失,

---

① ［日］星野英一:“私法中的人”,王闯译,载梁慧星主编:《为权利而斗争》,中国法制出版社、金桥文化出版(香港)有限公司2000年版,第355~358页。

② 于敏:《日本侵权行为法》,法律出版社1998年版,第334~335页。也可参见邓曾甲:《日本民法概论》,法律出版社1995年版,第126页。

③ 梅仲协:《民法要义》,中国政法大学出版社1998年版,第61页;胡长清:《中国民法总论》,中国政法大学出版社1997年版,第86页;曾世雄:《损害赔偿法原理》,中国政法大学出版社2001年版,第6~8页;曾世雄:《民法总则之现在与未来》,中国政法大学出版社2001年版,第234~235页;郑玉波:《民法总则》,台北三民书局1979年11版,第97~99页。

④ 史尚宽:《民法总论》,中国政法大学出版社2000年版,第127页。

一有侵害行为虽未发生损害,行为人虽无过失,即得请求除去。此与第767条对于所有权之保护相仿。人格权得受与财产权同一之保护,乃近代法律之进步也。(2)损害赔偿请求权。上述之除去侵害请求权,仅属消极的保护,仅使不再有侵害行为,或使侵害状态不能再继续存在而已。如其已受损害自应予以赔偿。故第18条第2项规定,人格权被侵害的请求损害赔偿或慰抚金者,有第11条之姓名权,有第194条之生命权、第195条之身体、健康、名誉、自由。① 王先生关于人格权的保护应当与所有权的保护相一致,人格权得受与财产权同一之保护的观点,是极为鲜明的。

李宜琛先生的观点与王先生的意见大致相同,只不过其又指出,"然于具体侵害之际,欲为排除侵害之请求,自须就各种特定的人格利益而为考察。盖非此不足以明确其侵害之有无及损害之程度也"。②

陈猷龙先生认为,人格权受损害救济方法有三:请求除去侵害;请求防止侵害;请求损害赔偿或抚慰金。③ 这个说法言简意赅,明确指出了人格权请求权的基本方法。

王泽鉴教授认为,五编制是民法之形式结构,贯穿其间而作为其核心概念的,系权利及法律行为。权利可以分为人格权、财产权(物权、债权)、身份权。此等权利,为满足其利益,或为维护其圆满之状态,均具有或可发生一定的请求权,得请求他人为一定的行为。如人格权受侵害时,得请求法院除去其侵害,并得依法律之规定,请求损害赔偿或慰抚金。④ 人格权的保护分为不作为请求权、损害赔偿请求权和不当得利请求权。其中不作为请求权包括侵害除去请求权和侵害防止请求权(须侵害行为具有不法性,有无故意或过失在所不同)。⑤ 王先生的这个主张客观地描述了人格权请求权的基本含义和意义,是对现实存在的人格权请求权的准确表述。

以上关于人格权请求权的学说主张并不全面,但是通过这些学者的论述,可以说明人格权请求权的客观存在是被学者所确认的。人格权请求权作为私法的重要思考工具,其在制度设计上是围绕人格权考虑的,其功能就是预防和保全人格权不受损害、避免更严重的侵权行为发生,它作为独立的请求权类型,客观存在着,立法必须正视它的存在。

---

① 王伯琦:《民法总则》,台北正中书局1979年8版,第57~58页。

② 李宜琛:《民法总则》,台湾地区"国立编译馆"1977年版,第403页。

③ 陈猷龙:"人格权之保护",载《首届海峡两岸民商法学研讨会成果报告》,台湾地区辅仁大学2000年刊印。

④ 王泽鉴:《法律思维与民法实例》,中国政法大学出版社2001年版,第63~64页。

⑤ 王泽鉴:《民法总则》,中国政法大学出版社2001年版,第128 ~130页。

三、确认人格权请求权为独立请求权的意义

既然人格权请求权是一个现实的存在，是一个对人格权保护的不可或缺的法律制度，那么在民事立法上就应当依法确认它，使它发挥其应有的作用。我们认为，确认人格权请求权为独立的请求权制度，具有以下意义：

（一）确认人格权请求权为独立请求权是对人格权保护制度的完善

人格的弘扬乃人类社会的根本，人是世界上最宝贵的东西。梁启超先生曾言："凡人之所以为人者有二大要件：一曰生命，二曰权利。二者缺一，时乃非人。"尽管我国有"仁者爱人"这样的古老传统，但是，令人遗憾的是，长期的战争和政治运动破坏了我们对于传统文化的继承的连续性。同时，前苏联的计划经济和高度国家主义的影响依然存在，社会主义初级阶段的市场经济利益主体和意识形态日益多元化，这一切都会进一步加剧人们对人格权的漠视。在这样的背景下，我国法律有必要加大人格权的保护力度。

加大对人格权的保护力度，仅仅有侵权请求权并不完全和完善，还必须有人格权请求权对自己的保护。侵权请求权主要是在权利已经造成了损害的情况下适用，如果人格权并没有受到实际损害，而是受到损害的危险，仅仅依靠侵权请求权的保护就无法实现。只有建立了完善的人格权请求权制度，人格权才能够得到应有的保护。

（二）确认人格权请求权为独立的请求权是对私法请求权思考方法的完善

请求权是私法的基本思考方法之一。德国学者梅迪库斯认为，当今流行最广的案例分析方法，是根据请求权进行操作的。实体法上的请求权对未经严格训练的初学者来说，是其分析案例的一种不可缺少的思维手段。用请求权及抗辩权来思维，可以使对法律关系内问题的分析集中在一些重要的问题上；解决了这些问题，案例中提出的问题也就迎刃而解了。① 这是关于请求权基础的思考方式的精辟论述。王泽鉴教授专门论述了请求权方法比照历史方法处理案例的优越性；②他还强调了请求权基础的检查次序的重要性，认为请求权基础的寻找原则上应该依照上述次序，通盘检讨，其优点有三：可以藉此养成邃密深刻的思考；可以避免遗漏；可以确实维护当事人的利益。

但是，上述请求权的思考方法是围绕财产权展开的，传统意义上请求权基础的思考方法没有给人格权请求权以一席之地。王泽鉴教授认为，各种请求权基础包括契约上的请求权、类似契约请求权（包括无权代理人损害赔偿责任等）、无因管理上之请求

---

① ［德］迪特尔·梅迪库斯：《德国民法总论》，邵建东译，法律出版社2001年版，第70～72页。

② 王泽鉴：《法律思维与民法实例》，中国政法大学出版社2001年版，第40～46页。

权、物上请求权、不当得利请求权、侵权行为损害赔偿请求权、其他请求权。[①] 此外，王泽鉴教授对人格权请求权的称谓很不固定，按照他的理论，他所说的保护请求权、不作为请求权、人格权上的请求权，实际上指代同一内容，即人格权的停止妨害请求权和排除妨害请求权。[②] 事实上，名称上的不确定性也反映了理论上的不清晰。

我们认为，人格权请求权没有取得合理的理论地位，是与其母体权利即人格权的发展状况密切联系的，财产法观念的膨胀使作为私法工具的请求权基础理论体系集中在物权和债权等财产权的请求权上面。[③] 事实上，学者们并不是拒绝吸收人格权请求权的概念和理论，而是认为人格权的保护自有其办法，不一定非得要建立人格权请求权和侵权请求权两套办法，这其实是对人格权及其保护的忽视。在一个庞大的民法典体系中，对一个庞大的人格权的内容仅仅将其放在债法的角落当中偶尔一提而过，不能不说是《德国民法典》等对人格权的忽视。在这样的情况下，不规定或者仅仅规定某种具体人格权请求权，不是很能说明问题吗？现实的问题是，如果过分地强调民法的财产法属性，那么人格权请求权很难进入请求权基础的思考体系。反之，如果我们强调民法是人法，并且首先是人法，那么我们就可以理所当然地确认人格权请求权为请求权基础思考方法的内容之一。说到底，对于民法本质属性的认识决定了请求权思考方法对人格权请求权的取舍。

完善的私法请求权制度应当包括三个方面：第一，是相对权请求权，就是债权的请求权，包括合同请求权、不当得利请求权和无因管理请求权，以及其他具有本权请求权性质的请求权。第二，是原权请求权，也称绝对权请求权，包括人格权请求权、身份权请求权、物权请求权、知识产权请求权、继承权请求权。第三，是侵权请求权，即次生请求权。这既是私法的请求权思考方法，也是私法的权利保护体系。在这样一个严密的体系当中，如果缺少人格权请求权，那就是残缺的思考方法，也是残缺的请求权制度。

---

① 王泽鉴：《法律思维与民法实例》，中国政法大学出版社 2001 年版，第 77 页以下。王泽鉴先生没有明确指出其他请求权包括人格权请求权。

② 在《侵权行为法》一书中，王泽鉴教授将人格权请求权称为不作为请求权、保护请求权。参见王泽鉴：《侵权行为法》，中国政法大学出版社 2001 年版，第 104 页。在《民法总则》中，王泽鉴教授曾经直接用了"人格权上的请求权"（第 18 条）的提法。王泽鉴：《民法总则》，中国政法大学出版社 2001 年版，第 92 页。

③ 关于传统民法注重保护财产权的论述很多。兹举一例：台湾地区学者施启扬认为，各国民法在传统上偏重对财产权的保障，而忽略人格权的价值与对人格权的保护。此乃因为 19 世纪到 20 世纪初叶，欧洲几部重要民法典制定时的法律思潮，将个人意思的自由以及个人尊严的价值，表现在个人对财产权的支配方面（所有权神圣不可侵犯、所有权绝对原则），对于人格权本身的保护反而未加注意。参见施启扬：《民法总则》，台北三民书局 1996 年增订七版，第 97 页。

(三)确认人格权请求权为独立请求权有利于厘清侵权法体系上的混乱

如前所述,人格权请求权和侵权请求权是两种不同的请求权。由于人格权请求权和侵权请求权的个性大于共性,如果将排除妨害和停止妨害的人格权请求权纳入侵权法的体系,将会使以过错为基础的侵权法进一步消解,[①]不利于侵权法的内部协调,会发生体系混乱的问题。而我们现行的做法正是这样操作的。例如,我国现行的侵权行为法立法和理论构筑的归责原则和责任构成体系,实际上都是为侵权损害赔偿请求权所构建的,对于排除妨害和停止侵害等侵害人格权的救济基本上不适用。因此,区别人格权请求权和侵权请求权对于侵权法而言,有如下意义:

其一,重新界定侵权法上的损害。有学者认为,因侵权行为导致的损害,主要有侵占、损害、伤害、妨碍等几种情形。[②] 人格权请求权的独立使我们能够区分损害与妨害,把妨害行为与损害结果相区别。

其二,侵权法归责原则的协调。人格权请求权和侵权请求权的混同在一定程度上造成了侵权法归责原则的混乱。事实上,人格权请求权的归责是客观归责,凡是非法妨害,尽管没有造成损害,也应当认为是请求权的行使要件,可以依法行使。台湾地区曾经有学者主张侵害姓名权适用无过失责任,对于姓名权成立侵权行为而发生的损害赔偿,不以侵害人有故意或者过失为要件,[③]这也说明了在这个问题上的侵权法的混乱。事实上,这说的是人格权请求权,而构成侵权请求权必须具备过错要件。

其三,醇化侵权责任构成内涵。我国《侵权责任法》关于侵权请求权的规定是同责任规定在一起的,是从责任的角度作出的规定,因此讲到侵权请求权的时候,就是讲侵权责任;侵权责任方式包括了 8 种之多。但是在规定侵权责任构成时,所强调的则是侵权损害赔偿责任的构成,因而,或者将排除妨害或者停止侵害等人格权请求权的构成等同于侵权损害赔偿请求权,在责任构成上同等要求;或者讲的是一套,做的是另一套,形成理论和实践的"两层皮"。将人格权请求权独立出去,对人格权的保护会更加完善,也会使侵权法的责任构成学说和规定变得更为单纯和精确。

---

① 曾世雄认为,民事责任之基础并非单一,而系复数。惟复数之责任基础中,仍以过失为其主干。亦即民事责任原则上仍建立在过失之要求上,例外之情形建立在危险、社会安全或保险之上。曾世雄:《损害赔偿法原理》,中国政法大学出版社 2001 年版,第 7 页。

② 宁金成、田土城:"民法上之损害研究",载《中国法学》2002 年第 2 期。

③ 王泽鉴:"人格权之保护与非财产损害赔偿",载王泽鉴:《民法学说与判例研究》(一),中国政法大学出版社 1998 年版。

第二节 人格权请求权的基本概念

一、人格权请求权的概念和特征

(一)人格权请求权的概念

人格权请求权应当作为正式的称谓。虽然将其称为人格权损害之除去请求权、人格权妨害排除请求权和侵害防止请求权等,但是这些不同的称谓都没有人格权请求权准确和周延。理由是,这些称谓实际上都是人格权请求权的具体内容,只有人格权请求权才是能够涵盖它们的唯一概念。另外,在物权请求权中,还可以称之为物上请求权,学者认为统一称为物权请求权更为准确。① 人格权请求权不存在这样的称谓,更容易统一。

关于人格权请求权的概念界定,我们认为,人格权请求权是指民事主体在其人格权的圆满状态受到妨害或者有妨害之虞时,得向加害人或者人民法院请求加害人为一定行为或者不为一定行为,以回复人格权的圆满状态或者防止妨害的权利。

(二)人格权请求权的特征

人格权请求权具有以下几个特征:

1. 人格权请求权是一种手段性的权利

人格权请求权是基于人格权而产生的权利,但它不是人格权本身,而是一种手段性权利,它的功能是预防、保全母体权利即人格权不受非法妨害。正如德国学者拉伦茨指出的,人格权请求权实际上具有服务的功能,这种请求权的实质和目的仅仅是回复人格权的圆满状态,在请求对方不作为的情况下,则是保持人格权的圆满状态。请求权使人格权主体能够反对特定的人,即非法干扰者,从而使人格权相应的状态重新恢复。②

2. 行使人格权请求权的前提是人格权受到妨害

我们认为,这里需要区分妨害、损害和侵害三个概念。妨害和损害适用于不同的救济制度,妨害是行使人格权请求权的要件,损害是提起侵权损害赔偿之诉的要件。

---

① 王利明:《物权法研究》,中国人民大学出版社 2002 年版,第 101 页。

② [德]卡尔·拉伦茨:《德国民法通论》(上册),王晓晔、邵建东、程建英译,谢怀栻校,法律出版社 2003 年版,第 326 ~ 328 页。

从人格权请求权的角度出发，可以概括为，妨害是没有构成损害的侵害。而“侵害”一词可以涵盖妨害和损害的内容，侵害是二者的上位概念。学者运用语义分析得出结论，认为侵害行为（infringement）是侵权行为（tort）的上位概念。在一般意义上，侵权行为（tort）的范围要稍窄一些，它只覆盖了负有损害赔偿责任的侵权行为；而侵害行为（infringement）的覆盖面较宽，它除了把侵权行为（tort）涵盖在内，还涵盖了一切侵犯他人权利或利益的行为。从字面上看，你只要“进入”（in）了他人的“圈”（fringe），即只要有了侵入事实，侵害行为（infringement）即可确定。这里绝不再以什么主观状态、实施损害等为前提。至于进一步探究侵害行为（infringement）之下包含的侵权行为（tort）是否能构成侵权责任，则要具备过失、实际损害等要件。① 这种分析是正确的。据此，我们可以得出这样的结论，当人格权受到侵害并没有达到构成侵权行为的时候，可以行使人格权请求权，因为只要具备了对人格权妨害的条件，就可以行使人格权请求权了。当然还有必要指出的是，当人格权受到侵害已经构成侵权行为时，当事人仍然可以行使人格权请求权，这种情况下发生的是人格权请求权和侵权请求权的聚合，“举轻以明重”，说的就是这个道理。我国侵权法的理论和实践一直认为侵权行为的效力包括排除妨害和停止妨害等人格权请求权内容，就是因为人格权请求权属于侵权请求权救济的前一阶段，这一点与刑法中的“既遂吸收未遂”理论有某些相似之处。

3. 人格权请求权的基本性质是请求权

人格权请求权是对于相对应的民事主体的请求为一定行为或者不为一定行为的请求权。所谓相对应的民事主体，不是相对权的意思，而是指的人格权请求权的义务人。义务人对于特定的人格权人实施妨害行为，或者有妨害行为之虞，这个义务主体即确定，与权利人从绝对的关系变为相对应的关系，因而产生了请求权。义务人的义务也就特定化，从绝对的义务转变为相对的义务，需要对权利人承担为一定行为或者不为一定行为的义务。当然，这并不意味着所有的民事主体都享有同样的人格权请求权，实践中需要对不同的人格利益进行具体分析，进而确定不同人格权请求权的具体内容。“盖非此不足以明确其侵害之有无及损害之程度也。”②

二、人格权请求权的基本内容

（一）人格权请求权的来源和性质

人格权请求权的来源是人格权。人格权是民事主体生而固有的权利，是必备的权

① 郑成思：“中国侵权法理论的误区与进步”，载《中国专利与商标》2000 年第 4 期；郑成思：《WTO 知识产权协议逐条讲解》，中国方正出版社 2001 年版，第 159 页。

② 李宜琛：《民法总则》，台湾地区正中书局 1977 年版，第 403 页。

利,那么,人格权请求权也是附随于人格权的发生而产生的权利。一方面,人格权作为一类民事权利,这种人格权就具有请求权的内容。当我们从总体上研究人格权请求权的时候,人格权请求权是人格权所具有的请求权权利。另一方面,我们在研究具体人格权的请求权的时候,人格权请求权就是具体人格权的请求权。不论从哪方面观察,人格权请求权都是人格权的具体权利,是随着人格权或者具体人格权的产生而产生的。因此,人格权请求权也具有固有性、必备性的特点。

正因为其有着这样的来源,人格权请求权的性质应该属于非独立性请求权。德国学者拉伦茨认为,请求权有独立请求权和非独立行请求权之分,独立请求权自身具有一定的意义,它具有独立的经济价值,本身就属于一种权利,这些独立的请求权有债权、亲属法中的抚养请求权。非独立请求权则是为实现它的权利服务的,这些权利是绝对权、人格权、人身亲属权、支配权或无体财产权。① 易言之,人格权请求权是基于人格权而产生的保护人格权的权利,是一种手段性、方法性的权利,它是非独立请求权、防卫性请求权。人格权请求权本身兼具绝对权和相对权的效力,它是人格权和债权的混血儿。② 而侵权请求权是债权请求权、独立请求权、进取性请求权、索取性请求权,具有完全不同的性质。

(二)人格权请求权的功能和目的

人格权请求权的功能和目的,就是通过人格权行使过程中的排除妨害和停止妨害,起到预防和保全权利人的人格利益的作用。拉伦茨认为,人格权请求权具有这样的意义,即它能够使一个针对某人的和一个绝对权相应的状态得以实现,③人格权请求权是服务于人格权的。人格权请求权主要基于人格权的支配性、排他性、绝对性而产生,其为人格权权利本身的作用的结果。④ 在可能存在妨害的情况下,权利人

---

① [德]卡尔·拉伦茨:《德国民法通论》(上册),王晓晔、邵建东、程建英译,谢怀栻校,法律出版社2003年版,第325页。这里,作者将支配权、绝对权同人格权、人身亲属权和无体财产权并列,这种做法和我国传统民法理论是相背的,存在逻辑上的矛盾,是我国在继受民法的过程中出现了某些错误,还是翻译上存在错误,我们暂且存疑于此。

② 人格权请求权和物权请求权同为绝对权请求权/非独立请求权,具有可类比性。在台湾地区的物权请求权学说中,也存在物权作用说,认为物权请求权乃物权之作用(效用),并非独立之权利;准债权之特殊请求权;纯债权说;非纯粹债权说;物权效力所生请求权说;物权派生之请求权说;所有权动的现象说等。参见谢在全:《民法物权论》,中国政法大学出版社1999年版,第38~39页。

③ [德]卡尔·拉伦茨:《德国民法通论》(上册),王晓晔、邵建东、程建英译,谢怀栻校,法律出版社2003年版,第326~328页。

④ 此种论断较多地参考物权请求权成立的解释。有学者认为,物权请求权是一种典型的从物权的排他性、绝对性衍生而来的防卫性的请求权。梁慧星主编:《中国物权法草案建议稿》,社会科学文献出版社2000年版,第197页。也有学者认为,物权请求权系直接来自物权之直接支配性。谢在全:《民法物权论》(上册),中国政法大学出版社1999年版,第37页。

可以行使排除妨害请求权;在存在妨害的情况下,权利人可以行使停止妨害请求权。因为如果等到损害真的发生了,也就只能要求损害赔偿了,这对于保护人格权是极为不利的。有学者主张,“人格利益是难以事后救济的。与财产利益的侵害不同,人格利益一旦遭受侵害就覆水难收,事实上无法再通过金钱对损害予以填补。生命、身体、名誉、隐私等人格利益被侵害后的治愈是极端困难甚至不可能的。正因为如此,针对盖然性较高的侵害事先采取措施防患于未然就显得极为必要”。[①] 也正是在这一层面上,确立人格权请求权独立性的意义较之确立物权请求权的独立性具有更大的意义,可以说,人格权请求权的独立对于弘扬“民法是人法”的精神具有基础性的意义。

20 年前,12 岁的内蒙古少年齐某误闯一个工厂设置在厂区外的变电房,被高压电击伤,双上肢截肢。工厂只是将其送到医院治疗,付了第一次医疗费之后,没有再给予任何赔偿。当时齐某年幼,其父在云南三线厂工作,多年没有回家,其母无知,请求工厂赔偿没有回应,但也没有向法院起诉。现在,35 岁的齐某流离失所,没有生活来源,多次向法院起诉该工厂请求赔偿,都被驳回。

在这一点上,作为侵权请求权的恢复原状和金钱赔偿主要发挥的是补偿的功能,其目的是使“被害人能够再处于如同损害行为未曾发生然之情况”。[②] 简言之,人格权请求权——防患未然;侵权请求权——亡羊补牢。

(三)人格权请求权的基本类型

人格权请求权的基本类型,按照人格权请求权的方式划分,可以分为停止妨害请求权和排除妨害请求权。

人格权请求权所针对的对象,是存在妨害行为或者极有可能存在妨害行为,而不是权利损害的结果。对于可能发生的妨害,权利人可以通过排除妨害请求权请求救济;[③]对于已经存在的妨害,权利人可以通过停止妨害请求权请求救济。排除妨害和停止妨害这两种请求权都直接指向妨害,其目的也只是积极地预防或者保全权利人的人格权不受损害。侵权请求权直接指向的是一定程度的损害,包括财产损害、人身损害和精神损害。具体到人格权,其成立的基础就是人身损害和精神损害。侵权请求权针

---

① 姚辉:“民法上的‘停止侵害请求权’——从两个日本判例看人格权保护”,载《检察日报》2002 年 6 月 25 日。

② 曾世雄:《损害赔偿法原理》,中国政法大学出版社 2001 年版,第 15 页。

③ 王泽鉴教授指出,在台湾地区法上,若无损害,虽然不成立侵权行为,但无碍于主张不作为请求权(第 767 条)。王泽鉴:《侵权行为法》,第 182 页。台湾地区“民法”第 767 条规定的是物权请求权。

对的主要是行为所导致的结果——损害。[①] 无论是恢复原状,还是金钱赔偿,都以既存的一定损害为前提,没有损害,侵权请求权就失去了存在的基础。西方法谚——无损害,无赔偿——从一定意义上说,讲的就是这个道理。

在研究这个问题的时候,还有以下几个问题需要解决:

1. 恢复名誉、消除影响、赔礼道歉是否要纳入人格权请求权范围作为人格权请求权的一个种类

我们认为不应该把恢复名誉、消除影响、赔礼道歉规定为人格权请求权的内容。首先,恢复原状与金钱赔偿[②]同属于侵权行为的法律效果即损害赔偿。当侵权行为所侵害的标的物是可替代物的时候,可以适用恢复原状;当侵权行为所侵害的标的物是不可替代物的时候,可以适用金钱赔偿。实际上,请求恢复原状和请求金钱赔偿的目的是一致的,其根本的目的都是使权利人的权利回复到未受损害的状态。关于二者的关系,请求恢复原状和请求金钱赔偿为选择之债,金钱赔偿与回复原状,应属请求权竞合的关系。[③] 其次,恢复名誉、消除影响、赔礼道歉是恢复原状的措施。恢复名誉、消除影响、赔礼道歉针对的是损害结果而非妨害行为,是事后的救济措施而非事前的预防措施,因此,其本质是恢复原状的措施。尽管人格权本身一旦受到损害就不可能恢复原状,但是,我们仍然可以认定恢复名誉、消除影响、赔礼道歉是法律明知不可为而为之的一种无奈的立法技术考虑。

综上所述,不应该把恢复名誉、消除影响、赔礼道歉规定为人格权请求权的内容。

2. 精神损害赔偿是否要纳入人格权请求权作为人格权请求权的一个类型

我们认为,精神损害赔偿不应该作为人格权请求权的内容规定。理由如下:首先,人格权请求权本质上是预防保全措施,而不是赔偿措施,其针对的是妨害行为,而不是损害结果。而精神损害赔偿本身是相对应精神损害这种结果的一种赔偿措施,其针对的是损害后果,而不是妨害行为本身。因此,精神损害赔偿不符合人格权请求权的预防保全功能的本质,不应该作为人格权请求权的内容。其次,精神损害赔偿制度在性质上更符合侵权法的本质。侵权法本质上是赔偿法律制度,赔偿制度是侵权法构成的

---

① 该损害例外地存在以预期性利益为赔偿客体。曾世雄:《损害赔偿法原理》,中国政法大学出版社2001年版,第50页。

② 传统理论认为,侵权损害赔偿包括了恢复原状和金钱赔偿,但是究竟哪一个为原则哪一个为例外,各国规定不一。回复原状主义为原则的:《德国民法典》第249条至第251条,《奥地利民法典》第1322条;金钱赔偿主义为原则的:罗马法、法国法、日本民法。张龙文:《民法债编实务研究》,台湾地区汉林出版社1977年版,第78页。

③ 邱聪智:《民法研究》(一),中国人民大学出版社2002年版,第377页。

核心要素。[①] 而精神损害赔偿制度恰恰符合侵权法这一本质属性的,[②]因此,精神损害赔偿应该作为侵权法的重要内容规定,而不应该作为人格权请求权的内容规定。没有精神损害赔偿制度,侵权法就不能构成一个完整的赔偿体系。

(四)人格权请求权的举证责任

主张人格权请求权时,权利人只需要证明妨害行为的违法性、妨害行为可能发生或者正在进行和因果关系为已足,不必像行使侵权损害赔偿请求权那样,权利人必须证明构成侵权责任的全部要件,依据通说即要证明违法行为、损害事实、因果关系和过错。事实上,主张侵权请求权的权利人举证责任还是很重的,权利人必须证明损害的程度、损害的范围、行为的违法性、责任成立的因果关系、责任范围的因果关系,以及加害人的主观可归责状态。在这里,是否要求加害人具有过错,是区分两种请求权的重要标准。众所周知,侵权法的责任基础主要是过错,诚如耶林所言,不是损害而是过错造成了责任。简而言之,就像化学家所断言的那样,燃烧的不是光亮,而是空气中所含的氧气。[③]

(五)人格权请求权的诉讼时效

依据传统理论,人格权请求权不适用诉讼时效,而侵权请求权则适用诉讼时效。这个意见是应当充分肯定的。

从理论上讲,人格权请求权不适用诉讼时效的原因如下:其一,如果对于人格权请求权也适用诉讼时效的规定,将不利于对权利人的保护。停止妨害请求权所指向的,或者是持续的妨害行为,或者是持续的妨害状态。而对于排除妨害请求权而言,其所针对的是可能发生而又没有发生的妨害,更加难以适用诉讼时效制度。总之,诉讼时效在人格权请求权起算点上的难以确定性,决定了诉讼时效不能够适用人格权请求权制度。其二,人格权请求权与诉讼时效的设立目的相冲突。民国民法"立法理由"认为:"规定请求权若干年不行使而消灭,盖期确保交易之安全,维持社会秩序耳。盖以

① [德]克雷斯蒂安·冯·巴尔:《欧洲比较侵权行为法》(上卷),张新宝译,法律出版社2001年版,第1页。

② 除了传统的民法典,这方面新的证据是2002年新修订的《魁北克民法典》,其明确规定了民事损害包括财产损害、人身损害和精神损害。例如,其具有侵权行为法一般条款性质的第1457条规定:"Ⅰ 每个人都有义务遵守依据具体情况、习惯、法律设定约束自己的行为规则,并不得对他人实施加害行为。Ⅱ 具有识别能力而没有尽到其义务,造成他人损害的,不论该损害在性质上是人身的、精神的,还是财产的,均应承担损害赔偿责任。Ⅲ 在一定条件下,一个人也有责任赔偿由于他人的行为或者过错或者其监护下的物件造成的损害。"

③ [德]克雷斯蒂安·冯·巴尔:《欧洲比较侵权行为法》(下卷),焦美华译,张新宝校,法律出版社2001年版,第143页。

请求权永远存在，足以碍社会经济之发展。”[①]可见，诉讼时效本质上是交易的制度，是财产上的制度。而相对于人格权请求权而言，人格权请求权具有人身性，其主要行使方式——停止妨害和排除妨害，都是非财产性的法律措施。人格权请求权救济措施的非财产性决定了其不能够适用诉讼时效制度。

三、人格权请求权的基本权利

（一）排除妨害请求权

排除妨害请求权是人格权请求权的基本权利，是指民事主体的人格权有受到不法妨害之虞时，得向加害人或者人民法院请求加害人为或者不为一定行为以防止妨害的权利。

排除妨害请求权的行使要件应当具备：第一，民事主体的人格权有受到妨害之虞；第二，加害人的妨害行为具有违法性；第三，加害人的违法行为和妨害事实之间具有因果关系。

其抗辩事由是：第一，妨害情节轻微。权利人应该忍受适当的不舒适的感觉，轻微的损害不能够获得司法的救济。[②] 人类共同生活在这个绿色的星球上，人与人之间不可能没有摩擦，如果法律允许民事主体动辄为鸡毛蒜皮的小事情诉诸法庭，那么，有限的司法资源就不能够发挥其对整个社会的调控作用。[③] 第二，受害人自己有不当行为。例如，如果有证据证明受害人行窃，那么商场就可以在一定条件下对受害人的人身自由进行限制。第三，受害人允诺。第四，与公共利益相冲突。当民事主体的人格权请求权的行使有碍于公共利益时，法律不允许人格权请求权的行使。第五，其他依据法律规定可以提供正当事由的。如果存在第四种和第五种抗辩事由的话，就发生了人格权请求权之诉向侵权请求权之诉的转化，依据国外的习惯，该民事主体可以获得侵权法意义上的替代性赔偿。

排除妨害请求权的效力在于：当权利人依据法律规定向加害人请求排除妨害时，加害人应该采取相关预防措施。当权利人依据法律规定向人民法院请求排除妨害时，符合条件的，由法院发出裁决，加害人应该履行妨害排除的义务。排除妨害的费用由

---

① 王泽鉴：《民法总则》，中国政法大学出版社 2001 年版，第 516 页。

② [德]克雷斯蒂安·冯·巴尔：《欧洲比较侵权行为法》（下卷），焦美华译，张新宝校，法律出版社 2001 年版，第 84 页。曾世雄：《损害赔偿法原理》，中国政法大学出版社 2001 年版，第 6～8 页。

③ 从这个意义上讲，美国宪法修正案第 7 条规定小额诉讼的最低限额是有其道理的。美国宪法修正案第 7 条规定：“在普通法上之诉讼，关于价额超过 20 元的诉讼，有受陪审团审判的权利；由陪审团审理的事实，非依普通法上之规定，于合众国任何法院不得再理。”李龙：《宪法基础理论》，武汉大学出版社 1999 年版，第 339 页。

被告自己负担。如果被告不履行裁决,原告可以请求人民法院强制执行。在英美法上,被告不执行法院的排除妨害禁制令的时候,被告的行为就构成蔑视法院。对于蔑视法院的行为可以针对不同情况处以监禁、查封财产、罚金的处罚。凡是禁制令禁止做一项事情,就是绝对的禁止,与当事人的意思没有关系。第三人知情地帮助或者煽动违反禁制令,同样构成蔑视法院行为。但是,如果需要的话,应该给予被告一定时间的宽限期,以免利益过多地向原告倾斜。①英美法的上述制度值得借鉴。

由于排除妨害请求权得到法院支持的后果是被告的行为受到拘束,因此法律应该在授予原告排除妨害请求权的同时给予其一定的限制。首先,原告向法院提起人格权请求权之诉必须提供一定的证据,必须有初步的证据证明有正当理由认为原告的人格权可能受到不法妨害。其次,如果排除妨害措施会给被告造成一定的损害,那么原告应该提供一定的担保。再次,排除妨害请求得到法院的支持以后,原告必须在一定期间内主动通过和解、调解、仲裁或者起诉等方式解决纠纷。如果原告没有在该期间内主动解决纠纷,排除妨害措施因时间期满而自动失效。最后,如果原告过错行使人格权请求权,原告应该赔偿因其所造成的损害,当然无过错或者轻微过错的可以不赔或者少赔。

(二)停止妨害请求权

停止妨害请求权也是人格权请求权的基本权利,是指民事主体的人格权受到不法妨害时,得向加害人或者人民法院请求加害人为或者不为一定行为以回复人格权的圆满状态的权利。

停止妨害请求权的行使要件是:第一,民事主体的人格权受到不法妨害,该不法妨害可以是持续行为,也可以是可能重复发生的行为。第二,加害人的妨害行为具有违法性。第三,加害人的违法行为和妨害事实之间具有因果关系。

停止妨害请求权的抗辩事由与排除妨害请求权的抗辩事由基本相同。

停止妨害请求权的效力的基本表现是,符合停止妨害请求权的构成要件的,加害人应该停止妨害以恢复权利人人格权的圆满状态。如果停止妨害会产生一定的费用,那么加害人应该自己承担。当加害人的行为不能够使人格权回复圆满状态的时候,受

---

① 参见沈达明:《衡平法初论》,对外经济贸易出版社 1997 年版,第 295 页。在英美法上,对于人格权已经受到妨害或者有妨害之虞的情况,一般采取禁令的保护方法。禁令是一种和损害赔偿(damage)、自力救济(self-help)相对应的救济方法。英美法上的禁令或者禁制令或者禁止令或者禁止命令都是 injunction,学者认为,禁制命令是禁止实行、或持续违法作为的法院命令。目前不仅衡平法院,而且高等法院的所有庭都可以给予救济。禁令的分类包括,中间禁令和终局禁令;禁止的禁令和强制的禁令;预防的禁止命令等。参见望月礼二郎:《英美法》,五南图书出版公司 1997 年版,第 255 页、第 262 页以下。实际上禁令制度发挥了大陆法系请求权制度的功能。此外,世界贸易组织的《与贸易有关的知识产权协议》第 44 条也是有关禁令的规定。

害人可以再次请求加害人采取措施回复其人格权的圆满状态。加害人拒绝或者故意拖延的,受害人可以请求人民法院强制执行。

此外,加害行为同时构成侵权的,受害人可以一并请求损害赔偿。

第三节 人格权与其他相关权利的关系

一、人格权请求权与人格权侵权请求权的关系

有学者认为,包括物权请求权、人格权请求权和知识产权请求权在内的绝对权请求权应该和侵权请求权合并在一起规定,绝对权请求权没有独立的必要性。① 其中代表性的观点认为,物权请求权可以被侵权请求权所容纳的原因如下:第一,各种观点均承认物上请求权为请求权,而不是支配权,这一点从根本上将它与物权区分开来。第二,物上请求权与物权关系密切,不能成为它不是债权的理由。第三,在市场经济条件下,区分物上请求权(物权保护方法)与侵权请求权(债权保护方法)意义不大。第四,物上请求权与侵权请求权的共性多于个性,且有物上请求权向侵权请求权转化的情形。该文还认为侵权请求权应当是指侵害民商主体的人身权、物权和知识产权后所产生的请求权。人身权、物权、知识产权均属静态型权利,如果分别规定保护措施,就会使类似条文太多,显得法典臃肿繁复。而将侵犯这三类权利的法律后果统一于侵权行为之债,则整齐划一、简洁明晰。②

该文通过论证物权请求权可以为侵权请求权所容纳,进而得出物权请求权、人格权请求权和知识产权请求权等绝对权请求权能够被侵权请求权所容纳的观点,我们认为,该观点没有真正认清两类请求权的关系。这种意见的缺陷在于:

第一,承认人格权请求权等绝对权请求权的请求权性质并不意味着人格权请求权等绝对权请求权可以被侵权请求权所容纳。因为侵权请求权和请求权并不能画等号,请求权还有独立请求权和非独立请求权之分。其中,侵权请求权属于独立请求权,而人格权请求权属于非独立请求权。

第二,没有认识到人格权请求权和侵权请求权等绝对权请求权的本质差别。人格

① 李大平、张大伟:“也谈物上请求权———质疑物上请求权独立于侵权行为法的必要性”,载《前沿》2002 年第 5 期;王明锁:“物上请求权与物权的民法保护机制”,载《中国法学》2003 年第 1 期。

② 王明锁:“物上请求权与物权的民法保护机制”,载《中国法学》2003 年第 1 期。

权请求权和侵权请求权在来源、性质、功能、构成要件、举证责任方面的区别是其本质差别，这些差别决定了人格权请求权不能够被侵权请求权所吸纳。

第三，没有认识到确认人格权请求权为独立请求权具有极为重大的理论和现实意义，这一点前面已经作了详细论述，不再赘述。

我们认为，尽管人格权请求权和人格权侵权请求权同为请求权，但是二者的个性大于共性。在前面的讨论中，我们已经谈到了人格权请求权与人格权侵权请求权在来源、性质、功能、目的、举证责任、诉讼时效等方面的区别。其实，人格权请求权和人格权侵权请求权的差异还有很多：

第一，人格权请求权的主体范围与侵权请求权的主体范围有差异。人格权请求权的主体只包括加害人和受害人。侵权请求权的基本主体为加害人和受害人，此外，在加害人之外还存在替代责任者，在受害人之外还存在间接受害人、受害人的法定继承人，父母、配偶、子女和为被害人支付丧葬费之人。① 由此可以看出，与人格权侵权请求权相比，人格权请求权的封闭性、相对性更强一点，这是和人格权请求权的预防保全功能相一致的。

第二，程序的救济要求有所不同。人格权请求权要求比较简化的裁判程序，人格权侵权请求权经过的程序相对冗长，需要人民法院作出判决。如前所述，主张人格权请求权时，权利人的举证责任较为轻微。相对侵权之诉而言，对于事实认定和对法律适用的要求都比较低，加害人一般也很难进行抗辩。如果把人格权请求权之诉纳入侵权之诉当中，所造成的结果只能是损害权利人的利益，混淆不同的构成要件和法律效果。由于侵权之诉的审理时间相对较长，法院的判决就会与加害行为的发生时间间隔较长，或者使本来不应该发生的损害发生，或者使已经发生的损害继续扩大。

第三，两种请求权的适用阶段也不同。人格权请求权适用于诉讼前后的一切阶段，其中，排除妨害请求权是事前措施；停止妨害请求权可以是事前、事中、事后措施。不同的是，人格权侵权请求权本质上是赔偿，是事后救济措施。换言之，成立侵权未必适用停止妨害、排除妨害；反之，在适用停止妨害、排除妨害的时候，也不一定成立侵权。二者之间的关系既不是充分条件也不是必要条件。例如，直接将他人伤害，在受害人投诉到法院时，妨害已经停止，在不存在持续妨害时，只能够请求损害赔偿。②

第四，人格权请求权的内容包括排除妨害和停止妨害，具有人身性，而人格权侵权请求权的内容包括恢复原状和金钱赔偿，体现了财产性。

第五，也是极为重要的，就是在侵权请求权已经超过诉讼时效期间的，侵权损害赔

---

① 曾世雄：《损害赔偿法原理》，中国政法大学出版社 2001 年版，第 33 页。

② 李宜琛：《民法总则》，台湾地区正中书局 1977 年版，第 404～405 页。

偿的侵权请求权丧失了胜诉权，这个时候，恰好由人格权请求权发挥作用，可以行使这个请求权，保护妨害的排除和停止，恢复权利的圆满状态。如果没有人格权请求权，则人格权受到妨害的状态就只能永远地存在下去。

二、人格权请求权和其他请求权的竞合问题

传统理论认为，因同一原因事实而发生两个以上的请求权，若其内容不同时，得为并存（请求权聚合）；其内容同一时，则发生请求权竞合，由权利人选择行使之。[①] 据此，我们认为，人格权请求权和侵权请求权之间的关系是责任聚合，而不是责任竞合；人格权请求权和物权请求权与知识产权请求权的关系是责任竞合，而不是责任聚合。

（一）人格权请求权和侵权请求权能否竞合

有学者认为，停止侵害、消除危险、排除妨害等民事责任方式尽管与物上请求权等存在理论上的竞合，但是为了发挥侵权法的积极功能，仍吸收《民法通则》的成功经验，对这些民事责任方式继续加以规定。[②] 我们认为，上述看法有一定的道理。正如前文所述，如果构成妨害的情况下能够适用停止侵害、消除危险、排除妨害，"举轻以明重"，构成损害的情况下当然也能够适用以上几种责任方式。但上述责任方式可以作为物权请求权、人格权请求权以及知识产权请求权的固有内容。

这样，我们在处理人格权请求权和侵权请求权能否竞合的问题上可以有两种选择。其一是认为二者是请求权竞合。该主张认为侵权请求权包含了人格权请求权的全部内容，因此当事人在进行诉讼的时候只能够择一而诉。其二是认为二者是请求权聚合。其主张的前提是人格权请求权包括停止妨害、排除妨害等，那么在这样的情况下由于请求的内容不同，就只存在责任聚合，而不是责任竞合的问题，从而也避免了责任竞合时择一而诉造成的不完全救济的制度缺陷。具体到程序法上，对于请求权的聚合可以用"客观的诉合并"或者"请求的合并"来解决。对此，《德国民事诉讼法》第260条有类似的规定可以参考。[③]

总的来讲，人格权请求权和侵权请求权能否竞合实际上是一个立法选择问题，而不是一个逻辑判断问题。我们的意见还是全面分开，不能采用竞合的方式处理。

（二）人格权请求权和物权请求权、知识产权请求权能否竞合

由于人格权请求权和物权请求权、知识产权请求权都具有排除妨害和停止妨害的

---

① 王泽鉴：《民法总则》，中国政法大学出版社2001年版，第93页。

② 张新宝："《中国民法典·侵权行为法编草案建议稿》理由概说（五）"，载中国民商法律网，www.civillaw.com.cn/法界动态/立法聚焦。

③ ［德］卡尔·拉伦茨：《德国民法通论》（上册），王晓晔、邵建东、程建英译，谢怀栻校，法律出版社2003年版，第350页。

内容，因此，当上述三种请求权发生竞合时，依据一般的原理，权利人只能够择一行使。下面各举一例进行分析：

人格权请求权和物权请求权的竞合。甲在乙的房屋周围修建高楼，造成乙房屋常年见不到太阳，这样就发生了人格权请求权和物权请求权的竞合问题。依据请求权竞合的原理，乙只能够选择物权请求权或者人格权请求权其中之一提起诉讼。如果造成损害的，乙可以依据侵权法向甲请求损害赔偿，因为无论是人格权请求权还是物权请求权，和侵权请求权的内容都不同，可以和侵权请求权发生聚合，而不会发生竞合。

人格权请求权和知识产权请求权的竞合。乙自导自演了一部电影，甲未经乙的许可将包含乙自己肖像的剧照用于自己产品的广告当中，这样就发生了人格权请求权和知识产权请求权的竞合问题。乙只能够选择知识产权请求权或者人格权请求权其中之一提起诉讼。当然，如果造成损害的，乙也可以依据侵权法向甲请求损害赔偿。

三、人格权请求权、实体法和程序法

请求权从诞生的那天开始，就是一个连接实体法和程序法的桥梁，人格权请求权也不例外。在具体的诉讼过程中，各国一般都是通过保护令状、预防措施或者禁止令状，而不是通过普通审判程序来实现人格权请求权的运作的。

事实上，我国目前几乎没有和人格权请求权相协调的程序法规定，立法存在较大缺陷。

第一，我国《民事诉讼法》用先予执行来替代禁止令状的做法存在局限。目前我国法律和司法解释中规定的“停止侵害”和“先予执行”的作用与“禁止令状”的作用相似。《民事诉讼法》第97条规定，对因情况紧急需要先予执行的案件，法院可以根据当事人的申请裁定先予执行。最高人民法院《关于适用〈中华人民共和国民事诉讼法〉若干问题的意见》第107条对紧急情况作了解释，其中包括需要立即停止侵害、排除妨碍以及立即制止某项行为的情形。最高人民法院《关于贯彻执行〈中华人民共和国民法通则〉若干问题的意见（试行）》第162条规定：“在诉讼中遇有需要停止侵害、排除妨碍、消除危险的情况时，人民法院可以根据当事人的申请或者依职权先行作出裁定。”《侵权责任法》第21条规定：“侵权行为危及他人人身、财产安全的，被侵权人可以请求侵权人承担停止侵害、排除妨碍、消除危险等侵权责任。”但是，先予执行和禁止令状是不能够相互代替的，因为先予执行是法院在诉讼过程中采取的措施，禁止令状则是法院经过审理后在诉讼过程中或诉讼结束时作出的。先予执行措施不能够完全起到禁

令的作用。①

第二,没有规定被告不执行禁止令状,而人民法院仍然有可能无法强制执行的相应措施。我国《民事诉讼法》第228条规定:“对判决、裁定和其他法律文书指定的行为,被执行人未按执行通知履行的,人民法院可以强制执行或者委托有关单位或者其他人完成,费用由被执行人承担。”但是,存在的问题是:充当强制执行的客体仅仅是作为,而不包括不作为,在作为中仅指可替代的行为,而不包括不可替代的作为。这样一来即使人民法院作出了命令或者禁止的裁定,被申请人不履行裁定时,人民法院仍然有可能无法强制执行。②

第三,没有考虑到应该对不执行禁止令状的自然人和法人的不同的处理措施。在比较法上,《瑞士民法典》的相关规定最为完善,其第28条c规定:“(1)凡经初步证明,其人格已受到不法侵害,或有理由担心该侵害会发生且因此可能对其造成不易补救之损害的,可申请有关预防措施的责令。”其第28条e规定:“预防措施的责令,像判决一样,在任何州都可强制执行。(2)在法官规定的期限内,最迟须在30天内,申请人未提起诉讼的,在诉讼发生拘束之日前责令采取的预防措施失效。”③

基于国内现有诉讼程序制度的缺陷、国外的立法经验以及人格权请求权本身的内在要求,我们认为,我国应该创设排除妨害禁止令和停止妨害禁止令,具体建议如下:

第一,保留先予执行制度,另外创设排除妨害禁止令和停止妨害禁止令。内容是:(1)原告可以基于人格权请求权向人民法院请求发布排除妨害禁止令或者停止妨害禁止令。(2)将排除妨害禁止令作为行为保全制度。排除妨害禁止令发布以后,原告必须在法官规定的期间内,最迟必须在30日内,主动通过和解、调解、仲裁或者起诉等方式解决纠纷。如果原告没有主动解决纠纷,排除妨害禁止令因期限届满而自动失效。(3)将停止妨害禁止令作为民事特别程序,规定停止妨害禁止令不因期限届满而自动失效,使法官的判决具有既判力,区别于保全制度。(4)如果排除妨害禁止令或者停止妨害禁止令会给被告造成一定损害的,原告应该提供一定的担保。(5)情况需要的,应该给予被告一定时间的执行宽限期。(6)过错行使人格权请求权的,原告应该赔偿因禁止令所造成的损害,但是原告无过错或者有轻微过错的,可以不赔或者少赔。

---

① 江伟、王景琦:“WTO协议与中国民事司法制度的完善”,载《中国法学》2001年第1期。

② 江伟、肖建国:“民事诉讼中的行为保全初探”,载《政法论坛》1994年第3期。

③ 《瑞士民法典》,殷生根、王燕译,中国政法大学出版社1999年版,第11页。

第二,创设排除妨害禁止令和停止妨害禁止令的强制执行制度。内容是:(1)针对被告不履行禁止令,人民法院仍然有可能无法强制执行的情况,可以规定对被告处以罚金、拘留、查封财产等处罚。(2)对于不执行禁止令状的自然人和法人采取不同的处理措施。自然人不履行禁止令的,原告可以请求人民法院强制执行。除了要求执行禁止令以外,法院还可以加害人蔑视法院为由对加害人处以罚金、拘留、查封财产等处罚。对于法人不履行禁止令的,除了要求执行禁止令以外,法院还可以其蔑视法院为由对该法人处以罚金、查封财产,对于法人的主管人员或者直接责任者处以拘留。

第四节　对我国立法以及立法草案及建议稿的评价与建议

一、我国现行立法存在的问题

我国《民法通则》人格权的规定是在第 98 条至第 105 条。在这些条文中,只规定了人格权的禁止性的条款,没有规定人格权请求权的内容。

在"侵权的民事责任"一节中,第 119 条规定:"侵害公民身体造成伤害的,应当赔偿医疗费、因误工减少的收入、残疾者生活补助费等费用;造成死亡的,并应当支付丧葬费、死者生前扶养的人必要的生活费等费用。"第 120 条规定:"公民的姓名权、肖像权、名誉权、荣誉权受到侵害的,有权要求停止侵害,恢复名誉,消除影响,赔礼道歉,并可以要求赔偿损失。法人的名称权、名誉权、荣誉权受到侵害的,适用前款规定。"这里规定的是侵权请求权。在"承担侵权民事责任的方式"一节中,《民法通则》第 134 条再次对侵权请求权的内容进行了确认,认为其包括:(1)停止侵害;(2)排除妨害;(3)消除危险;(4)返还财产;(5)恢复原状;(6)赔偿损失;(7)消除影响、恢复名誉;(8)赔礼道歉。《侵权责任法》第 3 条规定了侵权请求权,其中当然包括侵害人格权的侵权请求权。在第 15 条规定的侵权责任方式中,集中规定的还是这些请求权的内容。第 16 条和第 17 条规定了人身损害赔偿责任,第 22 条规定了侵害人格权益的精神损害赔偿责任。

由此可见,我国现行立法没有区分人格权请求权和人格权侵权请求权。《民法通则》这样规定的根本原因在于立法者不是从权利的角度而是从责任的角度①来确定不同民事违法行为的不同责任方式，试图将所有民事责任一网打尽，统统规定在“民事责任”一章，忽略了人格权这样的绝对权还有自己的保护方式。立法者这样做的直接后果就是，《民法通则》没有对人格权请求权、物权请求权和知识产权请求权进行规定，没有形成完整的绝对权保护体系。《侵权责任法》仍然坚持《民法通则》的立法例，没有改变。

二、对民法典草案及其建议稿中相关规定的评述

中国人民大学《中国民法典·侵权行为法编》草案建议稿第 10 条（侵权责任的方式）规定：“受害人根据遭受损害的实际情况，可以请求侵权人承担下列一种侵权责任方式，也可以请求侵权人承担数种侵权责任方式：（一）停止侵害；（二）排除妨碍；（三）消除危险；（四）返还财产；（五）恢复原状；（六）赔偿损失；（七）消除影响、恢复名誉；（八）赔礼道歉。”其起草说明指出，关于侵权责任的方式，这一部分规定的内容主要是：第一，责任的方式分为八种，即停止侵害，排除妨碍，消除危险，返还财产，恢复原状，赔偿损失，消除影响、恢复名誉，赔礼道歉。第二，受害人可以根据自己所遭受损害的实际情况，请求侵权人承担其中一种侵权责任方式，也可以请求侵权人承担数种侵权责任方式。第三，对于尚未造成现实的损害，只是存在现实威胁的时候，规定损害尚未发生，但已经使他人人身、财产受到现实威胁的，受到威胁的人可以请求行为人停止侵害、消除危险。②

中国社会科学院侵权法草案第 83 条（侵权的民事责任方式）规定：“承担侵权的民事责任的方式主要有：(1)赔偿损失；(2)停止侵害；(3)消除危险、排除妨害；(4)返还财产、恢复原状；(5)赔礼道歉、消除影响、恢复名誉；以上承担民事责任的方式，可以单

---

① 从责任出发的做法违背了我国学术和立法的传统。众所周知，我国民法属于德国法系，将民事责任单独规定为一章的做法有违德国民法以权利作为立法出发点的指导思想。德国民法的基本思路是以权利为逻辑出发点，以法律行为为主体。与之相对应的是，对于人格权等绝对权利的保护通过绝对权请求权和侵权请求权来实现。对于民事责任的立法规定我国学者多有评论，王利明教授认为，一方面，从立法技术上来看，穷尽各种民事法定义务与约定义务在技术上是不可行的。完整的体系要求在各编中规定不同的义务，然后再规定相应的民事责任。侵权法先明确侵权法保护的权利范围，确是违反义务的行为，然后才对侵权责任加以规定，只有这样才符合逻辑体系。另一方面，责任不只局限于违约责任与侵权责任之间，责任是多元的，如不当得利的返还请求权、基于无因管理的报酬请求权、缔约过失责任、物上请求权等。把这些责任归纳在一起写入民法典，将使民事责任一编变得十分庞杂，无所不包；而如果只把部分民事责任形式归纳于该编，则会使人产生其他的民事责任形式不属于民事责任的误解。参见王利明：“中国民法典的体系”，载《现代法学》2001 年 8 月。

② 杨立新：“《中华人民共和国民法典·侵权行为法编》起草说明（下）”，载中国民商法律网，www.civillaw.com.cn /法界动态/立法聚焦。

独适用,也可以合并适用。”其起草说明指出,这些民事责任方式(指《民法通则》的十种责任方式)有的仅适用于侵权案件,如停止侵害、排除妨害、消除危险、消除影响、恢复名誉以及赔礼道歉。考虑到有些侵权行为造成的损害需要用两个或者两种以上的民事责任方式予以救济,因此有必要规定法院得根据案件的具体情况判决加害人或者对损害负有赔偿等义务的人承担两种或者两种以上的民事责任(继受《民法通则》第134条第2款的规定)。为了保持法律的包容性同时给未来的发展留出空间,侵权行为法建议稿只对侵权的主要民事责任方式作出了以上规定,将来也可能通过最高人民法院的司法解释确定其他辅助的侵权责任方式。①

我们看到,上述草案建议稿都延续了《民法通则》的规定,没有对人格权请求权和侵权请求权进行区分。人民大学侵权法草案建议稿中的八种责任方式和社科院侵权法草案建议稿的五种责任方式在内容上是完全相同的,都继受了《民法通则》第134条,只不过在继受的同时都扬弃了明显与侵权责任不相适应的第6款(修理、重作、更换)和第8款(支付违约金)。所以,此处不再对这两个草案建议稿进行评论。

值得注意的是,社会科学院民法典总则编条文建议稿第48条(人格权的保护)规定:“人格权遭受不法侵害时,受害人有权请求人民法院责令加害人停止侵害、消除影响、赔礼道歉,并赔偿所造成的财产损失和精神损害。”②2002年全国人大常委会审议的民法典草案第四编(人格权法)第5条规定:“侵害自然人,法人人格权的,应当承担停止侵害,恢复名誉,消除影响,赔礼道歉,赔偿损失,支付精神赔偿金等民事责任。”③

显而易见,这些是关于人格权请求权的规定。上述规定具有非常积极的意义,其摆脱了《民法通则》现行制度的约束,将人格权请求权的内容界定为停止侵害、消除影响、赔礼道歉、请求精神赔偿金等。最终从整体上完善了人格权的民法保护机制——人格权请求权的保护方法和侵权请求权的保护方法。但是,其规定还是有一些不足:首先,上述规定漏掉了排除妨害请求权,造成了人格权请求权制度预防功能的缺失,排除妨害请求权应

---

① 张新宝:“《中国民法典·侵权行为法编草案建议稿》理由概说(五)”,载中国民商法律网,www.civillaw.com.cn/法界动态/立法聚焦。

② 这一规定部分是其主要起草人梁慧星研究成果的贯彻。梁慧星教授认为,人格权的保护方法包括除去侵害请求权和损害赔偿请求权,而且除去侵害请求权是首要的救济方法。参见梁慧星:《民法总论》,法律出版社2001年版,第137页。但是,梁慧星教授只是部分继受台湾地区“民法”的研究成果,没有将排除妨碍纳入人格权请求权里面。而且,将“赔偿所造成的财产损失和精神损害”与人格权请求权的内容在一个条款里面规定也值得商榷。

③ 民法典草案侵权责任法编第4条规定:“承担侵权责任的方式主要有:(一)停止侵害;(二)排除妨碍;(三)消除危险;(四)返还财产;(五)恢复原状;(六)修理、重作、更换;(七)赔偿损失;(八)消除影响、恢复名誉;(九)赔礼道歉。以上承担侵权责任的方式,可以单独适用,也可以合并适用。”据此,我们可以看到,该草案没有清楚地界定人格权请求权和侵权请求权之间的关系,重复的规定表明立法机关观点的模糊。

该补充进来;其次,上述规定把恢复名誉、消除影响、赔礼道歉、请求精神赔偿金等界定为人格权请求权的内容,混淆了人格权请求权和侵权请求权的不同功能,不值得提倡。

三、我国民法应当采取的立场

综上所述,我们认为,我国的民事立法应该在人格权部分直接规定人格权请求权的内容,包括排除妨害、停止妨害。与此同时,在侵权民事责任部分只规定恢复原状和损害赔偿即人身损害赔偿和精神损害赔偿两种责任方式。具体而言:

(一)规定人格权请求权的基本条文

应当规定的内容是:

1.人格权受妨害时,得请求加害人停止妨害;有受妨害之虞时,得请求加害人排除妨害。

2.加害人不履行前款规定的义务时,得请求人民法院发布排除妨害禁止令或者停止妨害禁止令。情况需要的,应该给予加害人一定时间的执行宽限期。

3.不履行禁止令的,原告可以请求人民法院强制执行。加害人是自然人的,法院可以加害人蔑视法院为由对其处以罚金、拘留、查封财产等处罚。加害人是法人的,法院可以加害人蔑视法院为由对法人处以罚金、查封财产,对于该法人的主管人员或者直接责任者处以拘留。

4.排除妨害或者停止妨害产生的费用由加害人承担。

(二)应当规定排除妨害禁止令和停止妨害禁止令在时间上的差别

应当明确规定的内容是:

1.人民法院可以出于预防目的,也可以出于保全证据目的发布排除妨害禁止令。

排除妨害禁止令发布以后,原告必须在法官规定的期间内,最迟必须在30日内,主动通过和解、调解、仲裁或者起诉等方式解决纠纷。如果原告没有主动解决纠纷,排除妨害禁止令因期限届满而自动失效。

2.停止妨害禁止令不因期限届满而自动失效,法院的判决具有既判力。

(三)明确规定过错行使排除妨害禁止令、停止妨害禁制令的损害赔偿责任

1.规定排除妨害禁止令或者停止妨害禁止令会给被告造成一定损害的,原告应该提供一定的担保。

2.过错行使人格权请求权的,原告应该赔偿因禁止令所造成的损害,但是原告无过错或者有轻微过错的,可以不赔或者少赔。

(四)规定侵权请求权

被侵权人有权请求侵权人承担侵权的民事责任的方式有恢复原状、人身损害赔偿和精神损害赔偿。

第七章　人格权侵权损害赔偿请求权

第一节　人格权侵权损害赔偿请求权及产生、变更和消灭

一、人格权侵权损害赔偿请求权概述

(一)请求权的概念和体系

在侵权损害赔偿法律关系中,赔偿权利人所享有的权利是侵权损害赔偿请求权。《侵权责任法》第 3 条规定:“被侵权人有权请求侵权人承担侵权责任。”这是立法第一次规定侵权请求权,其中就包括人格权侵权损害赔偿请求权。

如前所述,请求权是指请求他人为一定行为或不为一定行为的权利。请求权有两种含义:第一种含义,请求权是与支配权、形成权相对应的概念,是指本权请求权,这是作为权利类型意义上的请求权;第二种含义,请求权是民事权利的保护方法,包括原权请求权和次生请求权即侵权请求权,即手段性权利的请求权。人格权侵权损害赔偿请求权是侵权请求权中的一种,是最为重要的一种。当人格权受到侵权行为的侵害之后,受害人产生人格权侵权损害赔偿请求权,有权请求加害人履行赔偿给付,以补偿受害人的人格权益损害。

(二)人格权侵权损害赔偿请求权的概念

人格权侵权损害赔偿请求权作为侵权请求权的一部分,是一种新生的权利,是人格权受到损害时的救济权、保

护权。在我国《侵权责任法》第3条规定的侵权损害赔偿请求权中,就包含这种侵权损害赔偿请求权。人格权损害赔偿请求权的产生基础,就是侵害人格权的侵权行为。

研究人格权侵权损害赔偿请求权,应当重点掌握四点:

第一,人格权侵权损害赔偿请求权是新生的权利,性质属于次生请求权。人格权侵权损害赔偿请求权发生之前,人格权侵权损害赔偿请求权的双方当事人之间并不存在特定的权利义务关系。双方或者是素不相识,或者是亲密友好,如果没有这种请求权发生根据的法律事实的出现,他们就都是平等的权利主体,不存在相对的权利义务关系,任何一方都不能请求对方履行义务以满足自己的要求。只有发生了侵权行为,一方的行为造成了另一方人格权的损害,才能在受害人一方发生人格权侵权损害赔偿请求权。这个请求权是新生的权利,是原来所没有的请求权。

第二,人格权侵权损害赔偿请求权的发生根据是侵害人格权的侵权行为,而不是其他法律事实。其他法律事实也有可能发生请求权。例如,无因管理行为可以发生无因管理之债请求权、不当得利可以发生不当得利之债请求权,但都不会发生侵权损害赔偿请求权,更不会发生人格权侵权损害赔偿请求权。

第三,人格权侵权损害赔偿请求权是基于人格权以及人格利益的损害而发生的。这种损害既可以是生命权、健康权和身体权的损害事实,也可以是精神型人格权即名誉权、肖像权、姓名权、隐私权以及人身自由权等权利的损害事实,以及侵害民事主体人格利益的损害事实。没有造成人格权益损害的客观事实,不产生人格权侵权损害赔偿请求权。

第四,人格权侵权损害赔偿请求权的赔偿责任主体是特定的人,即实施侵害他人人格权益侵权行为的加害人;指向特定的赔偿范围,即在一般情况下,请求赔偿的范围只能是侵权行为所造成的人格权益损失的范围,即使在精神损害要求赔偿损失的情况下,尽管这个特定范围不是那么严格,但仍然不能离开损害影响所及的范围。

二、人格权侵权损害赔偿的请求权与举证责任

请求权与举证责任是两个密切相关的概念。在古罗马的民事诉讼中就有“谁确认,谁就应当证明;谁要求诉讼保护,谁就一定要证明”的规定。近现代,各国民事诉讼法都认为,当事人对自己所主张的事实和提出的请求,承担举证责任;如果负举证责任的一方举不出证据来,诉讼的结果必然对其不利,承担败诉后果。因此,举证责任的基本规则十分明确,那就是“谁主张,谁举证”。

我国《民事诉讼法》第64条规定:“当事人对自己提出的主张,有责任提供证据。当事人及其诉讼代理人因客观原因不能自行收集的证据,或者人民法院认为审理案件

需要的证据，人民法院应当调查收集。人民法院应当按照法定程序，全面地、客观地审查核实证据。"这一规定具有鲜明特点。在人格权侵权损害赔偿请求权和举证责任的关系中，表现为：

第一，享有请求权的一方负有举证责任。享有人格权侵权损害赔偿请求权的人对自己的请求主张，有责任提出证据证明。这既是请求权人的权利，也是请求权人向人民法院应尽的诉讼义务，体现了诉讼权利和诉讼义务的不可分离。因此，人格权侵权损害赔偿请求权人在提出赔偿请求的时候，就应当举出证据，证明对方侵害了自己的人格权益造成损失，构成侵权责任，自己的侵权请求权依法成立；不能证明自己主张的，须承担败诉的结果。

第二，在适用无过错责任原则和过错推定原则的情况下，原告证明自己应当证明的内容，法律对某些事实的认定实行举证责任倒置。在《侵权责任法》中，第 32 条规定的监护人责任、第 34 条规定的用人单位责任、第六章规定的机动车交通事故责任、第十一章规定的物件损害责任等，是过错推定责任，对其过错要件的举证责任实行推定；第 66 条规定的环境污染责任构成中的因果关系要件，实行因果关系推定；这些都是采取这种倒置的举证责任。在这些侵权责任类型中，免除受害人即人格权侵权损害赔偿请求权人对于过错要件和因果关系要件的举证责任，受害人只要证明侵权责任构成要件的违法行为、损害事实和因果关系这三个要件，法官就直接推定加害人具有过错，无须请求权人再加以证明；这时，举证责任倒置，由加害人证明自己没有过错。在适用无过错责任原则中，如《侵权责任法》第五章规定的产品责任、第八章规定的环境污染责任、第九章规定的高度危险责任、第十章规定的饲养动物损害责任，以及《关于审理人身损害赔偿案件适用法律若干问题的解释》第 11 条和第 12 条规定的工伤事故责任，受害人应当证明违法行为、损害事实和因果关系三个要件。如果加害人主张受害人是故意引起损害，则为免责事由，其举证责任倒置，由加害人举证证明；能够证明者，免除加害人的责任。在这些侵权责任类型中，侵权人侵害了被侵权人的人格权益，在侵权损害赔偿请求权的证明中，应当按照这样的规则实行推定，实行举证责任倒置。

第三，请求权人承担举证责任，法院也有必要的调查收集证据的职责。人格权侵权损害赔偿请求权人有责任就自己的赔偿请求提供证据，法院的主要任务是审查核实证据。如果受害人及其诉讼代理人因客观原因不能自行收集的证据，或者人民法院认为审理案件需要的证据，人民法院应当调查收集。

第二节 人格权侵权损害赔偿请求权的产生

一、人格权侵权损害赔偿请求权产生的基础

人格权侵权损害赔偿请求权的产生基础，是侵害人格权的侵权责任构成。

《侵权责任法》规定侵权责任和侵权责任请求权是分别规定在第2条和第3条，第2条第1款规定的是侵权责任，第3条规定的是侵权请求权。这种立法方法曾经受到日本学者的强烈批评，认为这种写法是一个逻辑上的错误。2009年10月，正是《侵权责任法》通过之前最重要的时机，全国人大常委会法工委和中国人民大学法学院在苏州召开中日侵权法国际研讨会，这是《侵权责任法》通过之前的最后一次国际研讨会，也是最后一次讨论侵权责任法草案的大型国际研讨会。在会上，参会的几位日本学者都不约而同地反对第3条规定，理由是，既然第2条已经规定了侵权责任，其对应的当然就是侵权请求权，没有必要在法律上要作两个条文的规定，因此在逻辑上是不对的。

从学理上说，他们的意见是对的，笔者也赞成。但是，立法机关执意这样规定，在我国民法对请求权研究不足的情形下，拿出一个条文特别规定侵权请求权，也未尝不是一件好事。当然，侵权责任构成的另一个方面，就是侵权责任请求权的成立；同样，侵权责任请求权成立，必须是侵权责任构成。将一个问题分为两个条文规定，也不能就说是一个严重逻辑错误。最后的结果，当然还是按照立法机关的意见作了规定，这样的立法，只要弄清楚了两个条文之间的逻辑关系，就不会出现错误适用法律的问题，因此问题不大。

因此，在研究人格权侵权损害赔偿请求权产生的时候，当然就是研究侵害人格权侵权责任的构成。侵害人格权的侵权责任何时构成，人格权侵权损害赔偿请求权就在何时产生。

二、确定人格权侵权损害赔偿责任的归责原则体系

依照《侵权责任法》第6条和第7条的规定，我国侵权责任法的归责原则体系是由过错责任原则、过错推定原则和无过错责任原则构成的。在三个归责原则中，基本的归责原则是过错责任原则。过错推定原则是过错责任原则的一种特殊形式，也是坚持过错是侵权责任构成要件，只是在过错要件的证明上采用推定的形式。无过错责任原则并不否定过错责任原则，只是在法律规定的特殊场合，以损害事实作为归责的价值

判断标准,确定侵权损害赔偿责任的归属,是独立于过错责任原则之外的归责原则。这三个归责原则构成侵权责任法完整的归责原则体系。确定侵害人格权益的侵权责任构成,应当分别不同情形,依照这三个归责原则依法确定。

(一)过错责任原则

过错责任原则,是以过错作为价值判断标准,判断行为人对其造成的损害应否承担侵权赔偿责任的归责原则。对于一般侵权责任,应当由主观上有过错的一方承担赔偿责任。主观上的过错是损害赔偿责任构成的基本要件之一,缺少这一要件,即使加害人造成了对方损害,并且加害行为与损害结果之间有因果关系,也不承担民事赔偿责任。

在实践中运用过错责任原则确定侵害人格权侵权责任,应当掌握以下要点:

第一,过错责任原则的性质是主观归责原则。这一原则要求在确定侵权人的侵害人格权侵权责任时,要依行为人的主观意思状态来确定,而不是依行为的客观方面来确定。例如,确定侵害精神型人格权的侵权责任构成,必须具备过错要件,根据侵权人的主观心理状态确定,不能依照客观损害确定责任归属。

第二,以过错作为侵害人格权侵权责任的必备构成要件。在适用过错责任原则的场合,行为人的过错是必备要件之一,如果行为人在主观上没有过错,就不能构成侵权责任。在侵害人格权侵权责任构成中,一般的是具备故意、过失均可,仅在特殊情况下只有故意才构成侵害人格权的侵权责任,例如侵害姓名权的侵权责任。

第三,以过错作为侵害人格权责任构成的最终要件。过错责任原则以过错作为法律价值判断标准,就不仅仅要求将过错作为侵权责任构成的一般要件,而且要求将过错作为决定侵权责任构成的最终的、决定的要件。只有这样,才能彻底贯彻"无过错即无责任"的精神。侵害精神型人格权以及其他精神性人格利益的侵权责任构成不适用无过错责任原则,无过错即无责任。

第四,适用过错责任原则,在一般情况下,应当把过错作为行为人承担赔偿责任的根据,而不是将其作为确定赔偿范围的根据。特别是在侵害物质型人格权的侵权赔偿责任的大小,不能根据侵权人的过错程度决定损害赔偿责任的大小。但是侵害精神型人格权以及精神型人格利益的情形,属于例外,侵权人的过错程度对损害赔偿范围有一定的决定作用。

(二)过错推定原则

过错推定原则是过错责任原则的一种特殊表现形式,是指在某些法律规定的特殊场合,可以从损害事实的本身推定加害人有过错,并据此确定过错行为人赔偿责任的归责原则。

推定是指法律或法官从已知的事实推论未知事实而得出的结果,实际上就是根据已知的事实对未知的事实进行推断和认定。过错推定,是在受害人在诉讼中能够证明损害事实、违法行为和因果关系的情况下,如果加害人不能证明对于损害的发生自己没有过错,就从损害事实的本身推定加害人在致人损害的行为中有过错,并为此承担赔偿责任。

在适用过错推定原则的时候,应当注意以下几点:

第一,适用范围:(1)在关于责任主体的特殊规定中,监护人责任、暂时丧失心智致人损害、无民事行为能力在教育机构受到损害的责任,适用过错推定原则;(2)在机动车交通事故责任中,机动车造成非机动车驾驶人或者行人人身损害的,适用过错推定原则;(3)在医疗损害责任中,医疗伦理损害责任适用过错推定原则;(4)在动物损害责任中,动物园的动物造成损害的,适用过错推定原则;(5)在物件损害责任中,建筑物以及建筑物上的搁置物悬挂物致人损害、堆放物致人损害、林木致人损害、在公共场所危险施工等,都适用过错推定原则。其他侵权责任不适用过错推定原则。这些特殊侵权责任类型,通常都会造成人身损害或者财产损害,不会造成精神型人格权及人格利益的损害。凡是在上述场合发生生命权、健康权或者身体权损害的,应当适用过错推定原则确定侵权责任,以更好地保护受害人的合法权益。应当特别强调的是,侵害精神型人格权及人格利益的侵权责任不适用过错推定原则。

第二,人格权侵权责任的构成要件,仍须具备损害事实、违法行为、因果关系和主观过错这四个要件。

第三,在侵害物质型人格权的侵权责任中,过错证明的规则是:首先,原告起诉应当举证证明三个要件:一是违法行为,二是损害事实,三是因果关系;原告承担这三个要件的证明责任。其次,这三个要件的举证责任完成之后,法官直接推定被告具有主观过错,不要求原告去寻求行为人在主观上存在过错的证明,不必举证,而是从损害事实的客观要件以及它与违法行为之间的因果关系中,推定行为人主观上有过错。再次,在过错的要件上实行举证责任倒置。如果被告认为自己在主观上没有过错,则须自己举证,实行举证责任倒置,证明自己没有过错;证明成立者,推翻过错推定,否认行为人的侵权责任。最后,被告如果证明不足或者不能证明者,则推定过错成立,行为人应当承担侵权民事责任。

第四,适用过错推定原则的侵害人格权的侵权责任形态,基本上是替代责任,包括对人的替代责任和对物的替代责任。

(三)无过错责任原则

无过错责任原则是指在法律有特别规定的情况下,以已经发生的损害结果为价值判断标准,由与该损害结果有因果关系的行为人,不论行为人有无过错,都要承担侵权赔偿责任的归责原则。

适用无过错责任原则的意义，在于加重行为人的责任，使受害人的损害赔偿请求权更容易实现，受到损害的权利及时得到救济。这对于物质型人格权受到侵害的被侵权人来说，具有更为重要的意义。

适用无过错责任原则的具体方法是：

第一，适用无过错责任原则的范围是：（1）产品责任；（2）高度危险责任；（3）环境污染责任；（4）动物损害责任中的部分责任；（5）工伤事故责任。在这些侵权责任类型中，多数都是受害人的物质型人格权受到损害，通过无过错责任原则的适用，使受害人能够得到更好的保护。侵害精神型人格权及人格利益，不适用无过错责任原则。

第二，适用无过错责任原则的侵权责任构成，须具备三个要件：一是违法行为，二是损害事实，三是违法行为与损害事实具有因果关系。

第三，适用无过错责任原则的举证责任，受害人即原告应当证明违法行为、损害事实和因果关系。在受害人证明上述责任构成以后，加害人如果主张免责，应当承担举证责任，所要证明的不是自己无过错，而是受害人的故意是致害原因。行为人如能证明损害是由于受害人的故意所引起的，即免除赔偿责任。人格权受到侵害的受害人在诉讼中，应当承担这三种侵权责任构成要件的证明责任。

第四，适用无过错责任原则的人格权侵权责任形态，通常是替代责任。

三、人格权侵权损害赔偿责任的构成要件

（一）人格权侵权责任构成的违法行为

1. 违法行为的概念和要素

违法行为，是指公民或者法人违反法定义务、违反保护他人的法律或者故意违背善良风俗而实施的作为或不作为。侵害人格权益的违法行为，当然是公民、法人违反对他人人格权利的不可侵义务、违反保护他人人格利益的法律，以及故意违背善良风俗损害他人人格利益，而实施的作为或者不作为。

违法行为作为侵害人格权侵权民事责任构成的客观要件，包括行为和违法两个要素，这两个要素构成违法行为要件的完整结构。这一结构表明，侵害人格权的侵权行为，首先，必须由行为来构成，而非由事件或思想等行为以外的事实构成，事件侵害人格权，不构成侵权责任，思想则无法构成侵害人格权的客观事实；其次，侵害人格权益的行为必须在客观上违反法律，具有违法性，没有违法性，也不构成侵害人格权的侵权责任。

在确定侵害人格权侵权责任构成中的行为和违法性的要素时，应当把握一般标准，即第一，行为是人类或人类团体受其意志支配，并且以其自身或者控制、管领物件或他人的动作、活动，表现为客观上的作为或不作为。第二，违法是指行为在客观上与

法律规定相悖,主要表现为违反法定义务、违反保护他人的法律和故意违背善良风俗致人损害。

将上述标准具体化,内容是:

侵害人格权益的行为,绝大多数是作为的行为方式,无论是侵害物质型人格权还是侵害精神型人格权,作为是主要的行为方式。但不作为的行为方式也构成侵权责任,例如负有法定救助义务的人不履行救助义务造成受害人损害;负有事先审查义务的媒体编辑出版机构未尽义务造成失实新闻发表造成诽谤后果。

侵害人格权益的违法性判断:(1)违反法定义务的违法性,是公民、法人作为他人享有人格权的义务人时,负有法定的不可侵的法定义务,侵害人格权这种绝对权利,即违反该法定的不可侵义务,具有违法性。(2)违反保护他人利益的法律的违法性,根据法律和司法解释的规定,行为人负有保护他人一般人格利益、死者人格利益以及胎儿的人格利益的法定义务,违反这种义务造成他人人格利益损害,也具有违法性。(3)故意违背善良风俗的违法性,是行为并不违反法律,但是行为人故意违背善良风俗致人损害,也构成违法性。在侵害人格权和人格利益的侵权责任构成中,这种违法性也存在。

这个案例是具有违反法定义务的违法性的典型案例:2004 年 4 月间,某房产公司负责水电安装的中年男子柴某,见邻居家住着一对年轻的姜某夫妇,其门上方的天窗玻璃有个缺口,用报纸糊着,于是买了个微型监控探头,趁姜某夫妇上班之际,将报纸弄掉一点,用胶带将探头黏在窗角,方向对着姜某夫妻的床,然后用导线连在自家电脑上。日后,柴某经常偷窥姜某夫妇的私生活,并拍摄了 30 多张照片。姜某夫妻发现后,向法院起诉,法院认为被告的行为具有违法性,构成侵害隐私权的侵权责任,判决被告赔偿原告精神损失 1 万元。

2. 人格权侵权责任构成的违法行为方式

违法行为依其方式,分为作为和不作为。这两种行为方式,均可构成人格权侵权责任的客观表现方式。

区分行为的作为与不作为,应以法律规定的法定义务为标准。行为人违反法律规定的不作为义务而为之,为作为的违法行为。反之,行为人违反法律规定的作为义务而不履行,即为不作为的违法行为。例如,在媒体上编造虚假事实对他人进行侮辱诽谤,作者实施的行为是作为的积极行为方式,而编辑出版机构未尽事先审查义务,致使侵权作品发表,就是不作为的消极行为方式。

作为的违法行为是侵权行为的主要行为方式。不作为的违法行为亦可构成侵权行为的行为方式。确定不作为违法行为的前提,是行为人负有特定的作为义务,这种特定的作为义务,不是一般的道德义务,而是法律所要求的具体义务。特定的法定作为义务的来源,为以下三种:一是来自法律的直接规定,例如公共场所的管理人或者群众性活动的组织者对进入自己区域的人所负有的安全保障义务,就是依据《消费者权益保护法》和《侵权责任法》等有关法律规定发生的作为义务;二是来自业务上或职务上的要求,例如媒体机构对编辑出版的稿件的事先审查义务、消防队员对火灾事故的救助义务、游泳场救生员对落水发生危险的人的救助义务,都是来自于业务上和职务上的作为义务;三是来自行为人先前的行为,例如成年人带领未成年人从事危险性活动,或者网络服务提供者接到被侵权人的通知后负有的对侵权文章采取必要措施的义务,都是基于行为人先前行为而发生的作为义务。

3. 人格权侵权责任违法行为的样态

人格权侵权责任构成要件的违法行为,分为三种样态:

(1)直接行为。行为人自己实施的侵害他人人格权益的行为,是侵害人格权的一般侵权行为责任构成的违法行为样态。行为人自己实施行为,无论作为还是不作为,均构成一般侵权责任,即自己责任。

(2)对人的间接行为。行为人自己监护、管理下的人实施的侵害他人人格权益的行为,是对人的间接行为,这是间接行为构成侵害人格权益的特殊侵权行为;行为人承担的侵权责任是对人的替代责任。

(3)对物的间接行为。自己对管领的物件的不当行为,是对物的间接行为。行为人对于自己管领、控制的物件应妥善处置。管理不当,物件造成他人生命权、健康权或者身体权受到损害,虽非自己的直接行为,却为侵害人格权的间接行为,构成对物的替代责任。

这三种不同违法行为的样态,意义在于侵权人承担不同的侵权责任。为自己的行为负责是直接行为,行为人承担的是自己责任,即自己为自己的行为承担侵权损害赔偿责任。为他人的行为负责和为自己控制、管领物件的不当行为,为间接行为,责任人承担的是替代责任,是为他人的行为负责,或者为自己管领的物件所致损害负责。前者为一般侵权行为,一般适用过错责任原则;后者为特殊侵权行为,根据法律的规定,适用过错推定原则或者无过错责任原则。

(二)人格权损害赔偿责任构成的损害事实

1. 损害事实的概念

损害事实是指一定的行为侵害权利主体的人身、财产权益,造成财产利益和非财产利益减少或灭失的客观事实。人格权损害赔偿责任构成的损害事实,是一定的行为造成侵害民事主体的人格权或者人格利益,造成财产利益和非财产利益减少或者灭失的客观事实。

损害事实作为人格权损害赔偿责任构成要件之一,是由两个要素构成的:一是人格权益被侵害，二是人格权益被侵害而造成的财产利益或者非财产利益受到损害的客观结果。

确定权利被侵害这一要素的意义，是确定侵权行为的范围，分清侵权行为的不同性质。人格权侵权行为的侵害客体包括人格权及人格利益，据此与侵害身份权、物权、债权知识产权等侵权责任相区别。确定财产利益或者非财产利益受损害这一要素的意义，在于确定是否成立侵权责任，以及如何确定赔偿范围。人格权益侵害的要素和财产利益或者非财产利益损失的要素结合在一起，构成侵害人格权损害赔偿责任的损害事实要件。这一客观要件的存在，是侵权法律关系赖以产生的根据。侵权责任只有在违法行为侵害了人格权益并且造成相应利益损害的条件下才能发生。如果仅有违法行为而无权利侵害和利益损失的损害事实，不能发生侵权民事责任。

2. 损害事实的种类

人格利益损害是侵害人格权所造成的损害事实。由于人格权可以分为物质性人格权和精神性人格权两个类别，因而人格利益损害也分为两种不同的损害事实。

(1)人格利益的有形损害

侵害自然人身体权、健康权、生命权，其人格利益的损害为有形损害。这种有形损害，首先，表现为公民的身体、健康损伤和生命的丧失。当违法行为作用于受害人的物质性人格权的时候，受害人所享有的作为物质性人格权客体的人体利益将受到损害，造成伤害或死亡。人体利益，是人之所以为人的物质条件，维持生命、维持人体组织完整和人体器官正常机能，是享有民事权利、承担民事义务的物质基础。这种利益的损害，破坏了人体组织和器官的完整性和正常机能，甚至造成生命的丧失，因而在外在形态上是有形的。其次，表现为公民为医治伤害、丧葬死者所支出的费用，这种财产上的损失，也表现为有形的损害。最后，人体伤害、死亡还可能造成其他财产上的损害，如伤残误工的工资损失，护理伤残的误工损失，丧失劳动能力或死亡所造成其扶养的人的扶养费损失等，这些损害也是有形的损害。人格利益有形损害可以造成财产上的损失这一特点，给其金钱赔偿提供了准确计算的基础，因而人格利益的有形损害是可以计算并用金钱准确赔偿的。人格利益有形损害虽然是一种非财产损害，但却可以造成财产利益的损失。这种财产利益上的损失，是通过人体伤害、生命丧失的非财产损害引起的，而不是由行为直接造成的财产利益损失。人格利益有形损害的这一特征，既区别于财产权损害，又区别于人格利益的无形损害。

(2)人格利益的无形损害

侵害精神性人格权所造成的人格利益损害是无形的人格利益损害。精神性人格权的客体，均为无形的人格利益，在客观上没有实在的外在表象。例如名誉权的客体，是他人对公民、法人的属性所给予的社会评价；隐私权的客体，是与公共利益、群体利益无关且不愿让他人知道的个人信息；自由权的客体，则是人的行为、意志不受他人约束的状态等。对这些精神性人格权无形的人格利益造成损害，其损害形态也必然是无形的。人格利益的无形损害与人格利益的有形损害相比，除了有形、无形的区别以外，在主体上也有区别。人格利益有形损害的主体只能是自然人，法人不会产生这种损害；人格利益无形损害的主体，既包括自然人也包括法人，当法人的名称权、名誉权、信用权等受到侵害，均可造成人格利益的无形损害。人格利益的无形损害可能表现为三种形态：一是财产利益损失，包括人格权本身包含的财产利益损失和为恢复受到侵害的人格而支出的必要费用；二是一般人格利益的损害，即人格评价的降低、隐私被泄露、自由被限制、肖像或名称被非法使用等；三是受害人的精神创伤和精神痛苦。人格利益无形损害的这三种形态，以一般人格利益的损害为主要形态，其他两种形态均由该种损害所引起。人格利益无形损害的三种形态，决定了对这种损害的赔偿责任，既有可计算的一面，也有不可计算的一面，与人格有形损害形成鲜明对照。

侵害物质性人格权引起人格利益有形损害和侵害精神性人格权引起人格利益无形损害，并不是完全割裂、绝对分开的。侵害物质性人格权在引起人格利益有形损害时，也可能造成精神痛苦、感情创伤的无形损害；侵害精神性人格权造成人格利益的无形损害，其中也包括财产利益损失的有形损害。

（三）人格权侵权损害赔偿责任构成的因果关系

1. 因果关系的概念

因果关系是一个哲学概念，引起某一现象产生的现象称原因，而被某些现象所引起的现象称结果；客观现象之间的这种引起和被引起的关系，就是事物的因果关系。侵权责任构成中的因果关系要件，是指违法行为作为原因，损害事实作为结果，在它们之间存在的前者引起后者、后者被前者所引起的客观联系。侵害人格权的违法行为造成了人格权和人格利益的有形损害或者无形损害，二者之间具有引起与被引起的的逻辑关系，就构成人格权侵权损害赔偿责任的因果关系要件。

2. 确定因果关系的规则

确定违法行为与损害事实之间的因果关系，应当遵循以下因果关系规则：

第一，对于具有直接因果关系的违法行为与损害事实，适用直接因果关系规则确定因果关系。例如殴打致受害人耳膜穿孔，行为与损害实施之间具有直接因果关系。

第二，违法行为与损害事实之间因果关系较难判断的，采用相当因果关系规则确定因果关系。适用相当因果关系规则，关键在于掌握违法行为是发生损害事实的适当条件。适当条件是发生该种损害结果的不可缺条件，它不单是在特定情形下偶然地引起损害，而且是一般发生同种结果的有利条件。判断相当因果关系的标准，即确定行为与结果之间有无因果关系，要依行为时的一般社会经验和智识水平作为判断标准，认为该行为有引起该损害结果的可能性,而在实际上该行为又确实引起了该损害结果,则该行为与该结果之间为有因果关系。最典型的情形是:伤害他人,受害人因破伤风感染造成脓毒败血症而死亡,伤害行为是死亡后果发生的适当条件,因此,伤害行为与死亡后果之间具有相当因果关系。

上述关于侵权责任构成中因果关系要件的原理,适用于一切侵权责任构成的场合,侵害人格权的侵权损害赔偿责任构成当然同样适用。

3. 人格权损害赔偿责任因果关系的几种特殊情况

在侵害人格权的因果关系要件中有以下几个具体问题,应在实务中认真掌握。

(1)在环境污染致人身伤害的案件中实行因果关系推定

环境污染致人身伤害案件,污染行为复杂多样,致害范围广泛,依照一般常识难以判断,需要较高的自然科学知识。对其因果关系的确定,各国多采用因果关系推定原则,即在公害侵权责任确定中,只要证明企业已经排放了可能危及人身健康的有害物质,而公众的人身健康在排污后受到或正在受到危害,就可以推定这种危害是由该排污行为所致。《侵权责任法》第66条规定:"因污染环境发生纠纷,污染者应当就法律规定的不承担责任或者减轻责任的情形及其行为与损害之间不存在因果关系承担举证责任。"

(2)侵害精神性人格权的因果关系具有特殊性

侵害精神性人格权的违法行为不是直接地作用于侵害客体而造成损害事实,而是经过社会的或心理的作用,达到损害受害人人格利益的结果。没有社会的或心理的中介,一般难以造成损害的后果。例如,加害人夜晚在墙上涂写诽谤他人文字,过后被雨水冲掉,无人见到,受害人即使受到人格损害,也可以断定非该行为所致,因该行为没有见诸社会,没有公布,不会造成此种损害。

鉴于侵害精神性人格权的损害事实无形性的特点,确认其因果关系更为困难。据此,应当特别注意在侵害精神性人格权因果关系确定上的违法行为社会化的特点,只要侵害精神性人格权的违法行为一经公诸社会,即公布、为他人所知悉,即构成该违法行为与人格损害的因果关系。

(3)共同原因中原因力大小对侵权责任大小的决定作用

在多因一果的情况下,多种原因对于人格权损害事实的发生为共同原因。共同原因中的各个原因对于损害事实的发生发挥不同的作用,因而有原因力大小的问题。例如,在医疗损害责任中,在通常情形下,受害人死亡的原因并非都是医疗机构以及医务人员的过失所致,受害人的疾病原因也是造成死亡后果的原因之一。在处理医疗损害责任经常使用的"损害参与度"、"医疗过失参与度"的概念,实际上指的就是医疗损害责任原因力规则的适用。

原因力,就是在构成损害结果的共同原因中,各个原因对于损害结果的发生或扩大所发挥的作用力。单一原因对于结果的发生,原因力为100%,因而考察其原因力不具有实际的意义,只有在共同原因中,考察原因力才有意义。

原因力的大小决定于各个共同原因的性质、原因事实与损害结果的距离,以及原因事实的强度。直接原因的原因力优于间接原因;原因事实距损害结果近的原因力优于原因事实距损害结果远的;原因事实强度大的原因力优于原因事实强度小的。根据这样一些因素,可以判定共同原因中各个原因对于损害事实发生的具体原因力的大小。

原因力大小在共同侵权和过失相抵的责任分担上具有相对的决定作用。在共同侵权行为中,原因行为的原因力大,行为人应承担较多的责任;原因行为的原因力小,行为人应承担较少的责任。在过失相抵中,加害人和受害人双方的行为是损害发生的共同原因,各行为人的行为原因力大小,对确定各自的责任,也发生如上的作用。

例如,2004年1月29日晚,郑某、张某与赖某等一伙年轻人在酒吧喝酒贺岁,直到深夜。赖某因饮酒过量无法走动,郑某与张某等丢下赖某不管;酒吧老板刘某将赖某搀扶到店内的沙发上睡着了。次日上午,发现赖某已经死亡,死因是呕吐物进入气管、支气管导致机械性窒息而死。赖某的家属向法院起诉,要求几个劝酒者与酒吧老板共同赔偿死者死亡补偿费、丧葬费、被抚养人生活费等13万多元。法院判决认定,赖某大量饮酒是造成自己死亡的主要原因;刘某和劝酒者没有对醉酒者进行必要的救助,不作为行为也是赖某死亡损害事实的发生的共同原因,具有一定的因果关系,判决承担相应的损害赔偿责任。

(四)人格权侵权损害赔偿责任构成的过错

1. 过错的概念和形态

过错,就是指行为人在实施违法行为时的主观心理状态。过错分为两种基本形态,即故意和过失。

故意,是行为人预见自己行为的结果,仍然希望它发生或者听任它发生的主观心理状态。确定故意的标准在于,行为人应当认识到或者预见到行为的结果,同时又希望或听任其发生,即为具有故意。

过失,包括疏忽和懈怠。行为人对自己行为的结果,应当预见或者能够预见而没有预见,为疏忽;行为人对自己行为的结果虽然预见了却轻信可以避免,为懈怠。疏忽和懈怠,都是过失,都是受害人对应负的注意义务的违反。过失,是指行为人对受害人应负注意义务的疏忽或懈怠;换言之,过失就是行为人的不注意的心理状态。

这些过错形态,在人格权侵权损害赔偿责任构成中都存在。在通常情况下,构成人格权侵权损害赔偿责任,故意、过失均可构成;但在特殊情形中,只有故意才能构成侵害某种人格权。最为典型的是姓名权,如果没有故意,仅仅是因过失而使用他人姓名,不构成侵权责任。例如,故意使用他人的姓名出版图书,或者故意使用混同于他人的姓名出版图书,构成侵权责任,“金庸”与“全庸”,“古龙”与“古尤”,就是故意混同他人姓名而侵权;如果是使用笔名而与某人姓名近似,没有侵权故意,不认为是侵权行为。

过错程度有轻重之分。在一般情况下,过错的轻重对于确定行为人的侵权责任并无实际意义。因为侵权责任的承担完全是根据损害事实决定的,行为人故意造成他人伤害与过失造成他人伤害,在侵权责任的承担上是完全一样的。但是在法律有特别规定和共同侵权、有过失及第三人过错的情况下,过错程度的轻重对于决定民事责任具有决定的作用。

故意和过失共分五个等级:一是故意,二是重大过失,三是主观过失,四是客观过失,五是轻微过失。主观过错的轻重,对民事责任的轻重有着决定性的影响。其中仅为故意负责者,责任最轻。在过失中,注意义务轻重、过失轻重、责任轻重之间的关系是:注意义务越轻,则过失越重,而责任程度越轻;反之,注意义务越重,则过失越轻,而责任程度越重。

2. 侵害人格权侵权损害赔偿责任对过错的具体要求

在侵害人格权民事责任构成的过错要件中,有特殊要求,尤其是在侵害精神性人格权中尤为突出,这是由侵害人格权行为的特殊性以及法律的特别要求决定的。

(1)对于人格权侵权责任构成中主观过错的程度要求不同

这不同于侵害财产权责任构成。侵害财产权责任构成对过错程度作统一规定,即有过错即应负责,在法律规定的情况下,无过错亦应负责。侵害人格权责任构成区别侵权客体以及侵权的具体内容,确定不同的主观过错程度的标准。

第一,侵害身体权、健康权、生命权,适用侵害财产权同一的过错程度标准。即有过错(无论故意过失)均应负责,在法律有特别规定的情形下,无过错亦应负责。

第二,侵害某些精神性人格权,以故意为构成要件,过失不构成侵权。侵害姓名权、名称权,须以故意为要件,非法干涉他人姓名权、名称权行使,非法使用他人姓名、名称,均须故意所为,过失不构成侵害姓名权、名称权。这是因为:一是行为人在无预见能力情况下取与他人相同或相似的姓名或名称,法律未作此要求;二是行为人即使预见此种后果,但法律允许行为人进行这种行为,①因而不存在过失侵权问题。

第三,在侵害某些精神性人格权中,对于过错程度区分具体情况而作不同要求。

① 王利明主编:《人格权法新论》,吉林人民出版社1994年版,第99页。

例如，刊载和出版侵害他人名誉权、隐私权、信用权等精神性人格权的稿件，编辑出版者应否承担侵权责任，因稿件的体裁不同，而对过错程度作不同的要求。对以新闻、报告文学、纪实性文章以及广告、特写等体裁报道、描写真人真事的稿件，编辑出版者应负事实真实性的审查义务，未尽此义务而刊载、出版这类稿件，无论故意、重大过失或一般过失，均应负侵权责任。对小说、散文、剧本、诗歌等非以真人真事作为描写对象，即以虚构为其艺术特色的稿件，编辑出版者不负事实真实性的审查义务，只有故意发表此类稿件，或者发表以后故意拒不为受害人恢复名誉的，才负侵权责任，因而小说等稿件侵权，编辑出版者仅为故意负责。此外，在侵害精神性人格权中，凡属非法干涉权利者，均须以故意为构成要件，其他侵权行为可以由故意构成也可以由过失构成。

(2)主观过错程度对侵害精神性人格权和身份权的民事责任轻重有重要影响

这些侵权行为造成的损害均为无形损害，在确定赔偿责任时，无法依据客观上的有形损害确定赔偿数额的大小，因而，过错程度的轻重也就成为确定赔偿责任大小的因素之一。对此，我国立法虽无明文规定，但在学说上和司法解释上持赞同态度。例如，最高人民法院《关于审理名誉权案件若干问题的解答》第 10 条第 4 款规定："公民、法人因名誉权受到侵害要求赔偿的，侵权人应赔偿侵权行为造成的经济损失；公民并提出精神损害赔偿要求的，人民法院可根据侵权人的过错程度、侵权行为的具体情节、给受害人造成精神损害的后果等情况酌定。"其中，侵权人的过错程度被置于酌定侵权赔偿范围诸因素之首，可见其对侵权责任大小的影响力。此外，当过错程度较轻微时，还可以只令侵权人承担非财产责任方式，而不责令其承担赔偿责任，亦见过错程度对民事责任的影响力。

四、人格权侵权损害赔偿请求权的产生时间

(一)人格权侵权损害赔偿请求权产生的事实根据

人格权侵权损害赔偿请求权产生所依据的法律事实，是侵权行为造成了损害事实。侵权损害事实一经发生，受害人一方即产生损害赔偿的请求权，依法得向加害人要求对所造成的损害予以赔偿；加害人则产生对自己造成的他人损害进行赔偿的义务，应受害人的请求，赔偿受害人因损害所造成的损失。

侵害人格权的损害事实包括人身损害事实、财产损害事实和精神损害事实。这些损害事实一经发生，受害人即产生人格权侵权损害赔偿请求权。

(二)侵害人格权益损害事实发生的时间

人格权益损害事实发生的时间，实际上是指损害后果能够确定的时间。损害后果没有确定、正在发展或者加强，不能是损害事实已经发生，而是正在发生。对于人身伤

害的损害事实确定,最高人民法院《关于贯彻执行〈中华人民共和国民法通则〉若干问题的意见(试行)》第168条规定:“人身损害赔偿的诉讼时效期间,伤害明显的,从受伤害之日起算;伤害当时未曾发现,后经检查确诊并能证明是侵害引起的,从伤势确诊之日起算。”

人身损害,应以损害所造成的最严重程度,并且能够确认为损害事实发生时间。生命权损害,死亡是最高程度,死亡的发生是损害事实发生时间。健康权受到损害没有造成死亡结果的,一般的有一发展弧线,即发生、发展、高峰、好转、治愈,应以高峰作为损害发生时间;致残的,最高程度是残疾,则以能确定其残疾之时为损害发生时间;人格损害以人格受到严重影响能够确定为损害事实发生时间。

精神型人格权无形损害事实的发生时间,一般应当是侵权行为实施终了之时。例如,在文字诽谤侵权行为,侵权行为一经终了,损害事实即确定下来;实施拘禁人身侵害人身自由权的侵权行为,例如拘禁五天,行为实施终了的时间应当是将被侵权人予以解禁时为标准,而不是实施拘禁行为的开始时间。

(三)人格权侵权损害赔偿请求权产生时间的意义

确定请求权发生时间的重要意义,一是确认受害人有无诉权,二是确定诉讼时效的开始时间。在通常情况下,损害事实的发生时间,就是人格权侵权损害赔偿请求权产生的时间;但是,为了保护受害人的合法权益,在某些情况下又有一定差异:

第一,财产损害赔偿请求权应当从损害事实发生之时产生,包括侵权行为与损害结果同时发生和相继发生的,都以确定的损害事实发生之时产生请求权,同时开始计算诉讼时效期间。

第二,人身损害赔偿请求权,最高人民法院从两个方面规定:一是伤害明显的,从受到伤害之时计算。二是伤害当时未曾发现,后经检查确诊并能证明是侵害引起的,从伤势确诊之日起算。这样的规定其实对受害人的保护不利。笔者认为,不应当从人身损害发生之时产生请求权,而是从财产损失已经发生之时产生请求权。例如,因人身损害住院治疗,只有伤病痊愈出院或者死亡,才能计算出实际的财产损失,否则难以确定损失的价值和赔偿范围。只有这样才能够更好地保护受害人的权利。

第三,精神损害应当以能够确定其损害程度为请求权产生时间。例如,加害人在报纸上发表文章诽谤受害人,发表之时就是请求权产生时间。

第四,受害人尚不知道损害之发生或谁为加害人时,应当从受害人已知或应知损害的发生或谁为致害人的时候产生请求权。

人格权侵权损害赔偿请求权产生的法律后果:一是诉讼时效开始计算,二是受害人获得起诉权。

第三节　人格权侵权损害赔偿请求权的变更和消灭

一、人格权侵权损害赔偿请求权的变更

（一）人格权侵权损害赔偿请求权变更的概念

人格权侵权损害赔偿法律关系基于一定的法律事实而改变其主体、内容或客体，这种局部的变更，必然使受害人的请求权随之变更。这种因侵权损害赔偿法律关系的局部变更而引起的受害人赔偿请求权的变更，就是人格权侵权损害赔偿请求权的变更。

（二）人格权侵权损害赔偿请求权变更的形式

人格权侵权损害赔偿请求权变更的形式，主要是：

1. 权利主体变更

人格权受到损害以后，权利主体和责任主体都可能变更。例如，人身损害的受害人死亡，其继承人或近亲属可以取得该项损害赔偿请求权，要求加害人予以赔偿。人格利益的损害，一般规定，受害人死亡后，其请求权消灭，但已经确认的请求权和向法院起诉的除外。按照《侵权责任法》第18条的规定，被侵权人死亡的，其近亲属有权请求侵权人承担侵权责任；被侵权人为单位，该单位分立、合并的，承继权利的单位有权请求侵权人承担侵权责任。这一条文后段规定的，就是侵权责任主体的变更。

2. 损害事实变更

损害事实发生变更也就是损害事实发生变化，如原来所造成的损害后果或者发展、扩大，或者计算有错，则请求权的赔偿范围发生变更。

3. 请求权人部分处分损害赔偿权利

请求权人对实体权利的部分处分，可以引起损害赔偿法律关系的内容发生变更。例如，权利主体要求减少赔偿额的，这种处分也使请求权的内容发生变更。

（三）人格权侵权损害赔偿请求权变更的法律后果

人格权侵权损害赔偿请求权一经变更，立即在诉讼中产生新的变化。（1）请求权主体变更，将更换原告。（2）请求权内容、客体的变化，将使赔偿的责任和范围发生变化。（3）有的请求权变更，可以引起诉讼时效的变化。如加害人的侵权行为造成新的损害事实，使旧的诉讼时效终止，新的诉讼时效开始；受害一方对加害一方实施侵害造

成损害事实,原加害人请求权产生,同时原加害人的诉讼时效开始,原受害人的诉讼时效则继续进行。

二、人格权侵权损害赔偿请求权的消灭

(一)人格权侵权损害赔偿请求权消灭的概念和原因

人格权侵权损害赔偿请求权消灭,是指既存的侵权损害赔偿清求权已经不复存在,也就是侵权损害赔偿的权利义务关系已终止。

引起人格权侵权损害赔偿请求权消灭的原因,主要有如下几种:

1. 因履行而消灭

加害人全面、适当地履行了赔偿义务,即以请求权要求义务人承担的给付义务已经给付,作为请求权人的受害人的请求权得到实现,至此该侵权损害赔偿的债的目的已经达到,这种债的关系也随之消灭。赔偿义务的履行有两种形式:一是一次给付,二是将来的定期给付。无论一次的还是定期的给付,只要赔偿义务已经清偿,受害人已经受领,受害人的请求权即因履行而消灭。

2. 因抵销而消灭

在相互致害的侵权损害赔偿案件中,因双方互负债权债务关系,属于同一种类的给付,并且性质能够抵销,因此,两项债务相互充抵而同时消灭。这样既可以使双方的债权利益都得以实现,又可以节约因实际履行所消耗的时间和费用,在一般情况下,互致损害的损失不会相等,如有差额,双方就其低额实行抵销,就其余额仍保留债权债务关系。

3. 因免除而消灭

人格权侵权损害赔偿请求权的消灭因下列两种情况而免除:(1)权利人放弃请求权,依权利人的意思表示免除加害人的义务而消灭请求权。在这种情况下,权利人的行为必须符合《民法通则》第55条规定的三项条件,即行为人具有相当的行为能力;意思表示真实;不违反法律或者社会主义公共利益。(2)依法免除加害人的义务而消灭请求权。例如,受害人有故意或重大过失而加害人仅有一般过失或根本无过失时,得免除加害人的赔偿义务,受害人的请求权则依法消灭。

4. 因超过诉讼时效义务人行使抗辩权而消灭

按照《民法通则》第七章关于"诉讼时效"的规定,诉讼时效期间完成,侵权人主张抗辩权的,除特殊情况外,受害人的请求权消灭。这种特殊情况包括:(1)人民法院认为可以延长诉讼时效的,由人民法院决定;(2)已经超过诉讼时效期间,当事人自愿履行的,不受诉讼时效的限制,受害人仍享有请求权。

(二)请求权消灭的特殊情形

在请求权消灭中还有一种特殊情形值得注意,这就是责任人即加害人的死亡。

加害人的死亡,并不必然导致权利人请求权的消灭。如果加害人死亡就必然导致受害人因加害人的违法行为而造成的损害得不到赔偿,不仅不符合民法的公平、正义原则,而且会增加社会的负担和不安定因素。因此,具体的处理办法是:

第一,加害人有遗产并且被继承人继承的。加害人死亡后,只要加害人有遗产,就应当由继承其遗产的继承人负责清偿;继承人应当以其继承的遗产为限,对请求权人承担赔偿责任。

第二,加害人有遗产继承人没有继承的。加害人有遗产,但继承人没有继承的,则应当直接以该遗产承担侵权责任。

第三,加害人的遗产没有被分割而被继承人共同继承的。加害人死亡后没有进行遗产分割,而由加害人的近亲属共同继承的,形成共同继承遗产,请求权的义务人是死者遗产的共同继承人,全体共同继承人应以所共同继承的遗产为限,承担损害赔偿责任。

在这三种情况下,加害人的遗产继承人或者近亲属作为义务人,受害人的请求权应当对他们行使。只有在加害人生前无任何财产的情况下,受害人的请求权才能够消灭。

第四节　人格权侵权损害赔偿法律关系

一、损害赔偿的概念和特征

(一)损害赔偿的概念

损害赔偿,是指当事人一方因侵权行为或不履行债务而对他方造成损害时应承担补偿对方损失的民事责任,对权利人来说,损害赔偿是一种重要的保护民事权利的手段,对义务人来说,它是一种重要的承担民事责任的方式。[①]也有的解释为致害人或加害人因侵权行为或债务不履行使受害人财产、人身遭受损害而产生的债权债务关系。[②]这些对损害赔偿概念的界定各有特色,也各有不足之处。

界定损害赔偿的概念,首先遇到的问题就是它的性质。在上述两个定义中,一个认其为责任,另一个认其为债,这是对损害赔偿概念最基本的分歧。

---

① 《中国大百科全书·法学》,中国大百科全书出版社1988年版,第571页。

② 《法学词典》,上海辞书社1988年增订版,第749页。

主张债权债务说的学者认为,损害赔偿的实质是在受害人和加害人之间因加害人的侵权行为或违约人的违约行为,产生以赔偿损失为标的的债权债务关系。请求赔偿金钱对受害人而言,是权利;支付赔偿金对加害人来说,则是义务。双方当事人之间的这种权利义务关系,构成损害赔偿之债;损害赔偿的当事人也就是损害赔偿关系的债权人和债务人。

主张责任说的学者认为,损害赔偿的实质是民事责任,是加害人或违约人不履行法定的或者约定的义务而致对方当事人损害时,对受害人所应承担的民事责任。他们认为,《民法通则》将侵权行为和违约行为规定在"民事责任"一章,是立法直接确认侵权行为和违约行为的法律后果是责任,《侵权责任法》也是同样规定,因而债权债务说的主张不够准确,既不能反映立法的原义,也不能突出侵权责任制度着重制裁侵权行为、保护公民合法权益的目的。

损害赔偿的性质具有双重性。首先,损害赔偿是一种民事责任,具有民事责任的一切特点,况且《民法通则》"民事责任"一章以及《侵权责任法》第 15 条都明确规定赔偿损失是民事责任方式之一。否认损害赔偿的性质为民事责任是不正确的。其次,它也是一种债。《民法通则》第 84 条规定:"债是按照合同的约定或者法律的规定,在当事人之间产生的特定的权利义务关系。"在损害赔偿法律关系的当事人之间,主体具有相对性,内容又是一方享受权利、另一方负有义务,标的是对损害的赔偿,具备债的关系的一切特点,不认其性质是债说不出任何道理。

不过,从侵权请求权的体系上观察,对应本权请求权的对方当事人负担的是义务,构成权利义务关系;对应原权请求权的是责任,表现的是义务人负担的义务性质的转化,已经成为具有强制性效力的责任。而新生的请求权即侵权请求权,当然更是责任,更具有强制性。当然,这些都不能否认原权请求权和侵权请求权,确实具有债权的性质,并且应当接受债法总则的一般性指导,因此在习惯上仍然称之为损害赔偿之债,是具有债的性质的民事责任。

据此可以说,损害赔偿是指当事人一方因侵权行为或违约行为等对他方当事人造成损害时,在当事人之间产生的具有债的性质的请求赔偿权利和给付赔偿责任原权请求权和侵权请求权所对应的民事责任方式。人格权侵权损害赔偿当然就是这种性质的侵权责任方式。

(二)人格权侵权损害赔偿的法律特征

人格权侵权损害赔偿的法律特征是:

第一,损害赔偿的根本目的是救济损害,人格权损害赔偿的根本目的是救济人格权益的损害。有损害才有赔偿,无损害就无赔偿。人格权损害赔偿的目的是救济人格权益受到的损害,使受到损害的人格权益得到恢复。除此之外,人格权损害赔偿也有制裁民事违法行为和抚慰人格权受到损害的被侵权人的作用,但这两个作用不是其根本目的。

第二,人格权损害赔偿具有财产性责任方式的特征。人格权损害赔偿完全是以财产的方式救济受害人非财产的损失,即人身损害和精神损害。看起来,非财产损失适用财产救济方式进行保护有一定的矛盾,但这正是近代以来侵权法保护人格权的基本特征。对人身损害必须以财产的形式赔偿受害人的财产损失;对精神损害,其赔偿也只能以财产的方式履行,不可能用其他方式赔偿。

第三,人格权损害赔偿同样具有相对性的特征。相对性是债的基本特征,即使在原权请求权和侵权请求权,其所对应的责任,相互之间也具有这种相对性特征。损害赔偿永远发生在相对人之间,即权利主体和责任主体永远是特定的,且只在相对的特定主体之间发生。人格权受到侵害的被侵权人只能向特定的侵害人格权的行为人请求赔偿,赔偿责任主体也只需向特定的人格权受到侵害的被侵权人履行赔偿责任。

第四,人格权损害赔偿同样具有强制性法律特征。相对于损害赔偿责任的人格权请求权和侵权请求权与本权请求权完全不同,本权请求权的行使,权利人须向义务人主张,权利的实现,完全在于义务人的义务履行。原权请求权和侵权请求权相对应的不是义务,而是责任,是具有强制性的责任,权利人不是直接向责任主体请求,而是向法院请求,请求法院强制责任主体承担责任。这就是民事责任强制性效力的具体体现。

二、人格权侵权损害赔偿法律关系主体

民事法律关系的主体是参与民事法律关系的当事人。人格权侵权损害赔偿法律关系的主体,即人格权侵权损害赔偿的双方当事人,他们享有或者承担由这种人格权侵权损害赔偿法律关系所确定的权利和义务。在人格权侵权损害赔偿的双方当事人中,被侵犯了人格权利及所保护的人格利益,依法享有赔偿损失请求权的一方当事人是受害人,是该项民事法律关系的权利主体;违法侵害受害人人身权利或者财产权利以及法律所保护的利益,依法负有损害赔偿义务的一方当事人为加害人,又称侵权人,是该项民事法律关系的责任主体。人格权侵权损害赔偿法律关系的参加者,即受害人和加害人,一方只享有权利,他方只承担责任;权利主体和责任主体都只能是特定的人。因此,人格权侵权损害赔偿法律关系的性质是债的关系,具有相对性,同时也是单务法律关系,与双务的合同法律关系不同。除此以外,人格权侵权损害赔偿的主体制度与其他法律关系的主体制度都是相同的,即权利主体和责任主体可能都是单数,也可能一方或双方是多数;既可以是自然人也可以是法人甚至是其他组织。

(一)赔偿权利主体(受害人)

在人格权侵权损害赔偿法律关系中,人格权受到损害的受害人是赔偿权利主体,

如果进行诉讼,则为原告,即诉讼请求的提出者。除受害人以外,还有受害人的利害关系人、死者的近亲属,也是赔偿权利主体。最高人民法院《关于审理人身损害赔偿案件适用法律若干问题的解释》第1条规定:“本条所称‘赔偿权利人’,是指因侵权行为或者其他致害原因直接遭受人身损害的受害人、依法由受害人承担扶养义务的被扶养人以及死亡受害人的近亲属。本条所称‘赔偿义务人’,是指因自己或者他人的侵权行为以及其他致害原因依法应当承担民事责任的自然人、法人或者其他组织。”这里规定了主要的侵权法律关系的赔偿权利主体,但是不够,还需要补充。

1.直接受害人

直接受害人是人格权侵权损害后果的直接承受者,是因侵权行为而使人格权益受到侵害的自然人和法人。

(1)具有完全民事行为能力的直接受害人。受害人的资格不在于是否有完全民事行为能力,而在于其是否具有民事权利能力。凡是具有实体法上的民事权利能力,又因侵权行为而使其民事权利受到侵害的人,就具有受害人的资格。但是,有无民事行为能力,涉及是否可以行使赔偿权利,因而,区分直接受害人的民事行为能力还是有意义的。具有完全民事行为能力的直接受害人,可以自己行使侵权赔偿请求权,向赔偿责任主体请求赔偿。

(2)无民事行为能力或限制民事行为能力的直接受害人。直接受害人无民事行为能力或民事行为能力受限制,自己不能行使赔偿请求权,应当由其法定代理人代其行使侵权赔偿请求权。法定代理人可以作为代理人进行诉讼。

(3)多数直接受害人。一个侵权行为有数个直接受害人,所有的直接受害人都享有赔偿请求权,都可以提起侵权赔偿诉讼。依其人数,2至9个直接受害人,作为必要的共同诉讼,一般应当合并审理,个别直接受害人不起诉的,并不影响其他直接受害人提出赔偿请求;有10个以上直接受害人的案件,按照最高人民法院《关于适用〈中华人民共和国民事诉讼法〉若干问题的意见》第59条的规定,可以进行集团诉讼或代表诉讼。其区别在于:代表诉讼是直接受害人的人数已经确定;集团诉讼的直接受害人的人数尚未确定,判决对未参加诉讼的直接受害人亦发生拘束力,未参加集团诉讼的直接受害人可以在诉讼时效期间起诉,适用该判决。集团诉讼和代表诉讼的共同特点,都是选派代表进行诉讼,代表人的诉讼行为对其所代表的直接受害人发生效力,但代表人变更、放弃诉讼请求或者承认对方当事人的诉讼请求,以及进行和解,必须经被代表的直接受害人同意。

(4)侵害生命权的直接受害人。侵害生命权,有双重直接受害人,即被致死的受害人和为死者送葬、治疗而遭受财产损失和精神损害的近亲属。前者已经死亡,不能行使赔偿权利;后者可以依法行使请求赔偿财产损失和精神损害的权利。《侵权责任法》

第18条规定:“被侵权人死亡的,其近亲属有权请求侵权人承担侵权责任。被侵权人为单位,该单位分立、合并的,承继权利的单位有权请求侵权人承担侵权责任。被侵权人死亡的,支付被侵权人医疗费、丧葬费等合理费用的人有权请求侵权人赔偿费用,但侵权人已支付该费用的除外。”这里规定的也是直接受害人。

2. 间接受害人

间接受害人是指侵权行为造成了直接受害人的人身损害,因此而使人身权益受到间接损害的受害人。这样的间接受害人有两种:

(1)扶养来源丧失之人作为间接受害人。行为人实施的侵害生命权和侵害健康权行为造成直接受害人劳动能力丧失,原依靠直接受害人扶养、因直接受害人死亡或丧失劳动能力而使其扶养来源丧失的人。间接受害人是侵权行为的非直接受害人,但须是直接受害人生前或丧失劳动能力之前扶养的人,这种扶养权利因直接受害人受害而受到侵害,因而享有法定的扶养损害赔偿请求权。间接受害人的扶养损害赔偿请求权是独立的赔偿请求权,可以和其他直接受害人一并提起诉讼,也可以独立提起扶养损害赔偿诉讼。

(2)反射性精神损害的间接受害人。目睹亲人在惨烈的人身损害事件中遭受损害事实的受害人近亲属,其精神利益受到了严重损害,造成了严重的精神痛苦。按照侵权法的一般规则,这种主体并不能产生损害赔偿请求权。现代侵权法认为,对于这种受害主体也认为是间接受害人,产生精神损害赔偿的请求权,有权向加害人请求赔偿。

3. 胎儿和死者近亲属的赔偿请求权

(1)胎儿。对胎儿在其孕育过程中受到损害,如何行使赔偿请求权,我国《民法通则》未作规定,是亟待解决的问题。例如,胎儿父亲因他人侵权行为而丧生或丧失劳动能力,其出生后的扶养损害赔偿问题;因污染、服药、损伤而使胎儿健康、生命法益受到损害的赔偿问题等。对此,应当准许胎儿在其出生为活体、取得民事权利能力后,行使赔偿请求权;出生为死体的,可由胎儿的母亲自己行使权利。

(2)死者近亲属。死者的姓名、名誉、隐私、肖像、荣誉以及死者的遗体、遗骨等法益受到侵害,因其已经丧失民事权利能力和民事行为能力,其赔偿请求权由其近亲属享有,可以死者利益保护人的身份向法院提出损害赔偿诉讼,以保护死者的合法利益。

(二)赔偿责任主体(加害人)

在人格权侵权损害赔偿法律关系中,加害人是赔偿责任主体,在诉讼中为被告。除加害人以外,在替代责任情况下,行为人并不是责任主体,替代承担赔偿责任的责任人,才是赔偿责任主体,为被告。无民事行为能力人或者限制民事行为能力人致人损害,司法实务不认其法定代理人为赔偿责任主体,但却是赔偿责任的承受者,由其支付赔偿费用。在物件致人损害中,物的所有人、占有人为赔偿义务主体。最高人民法院

《关于审理人身损害赔偿案件适用法律若干问题的解释》第1条第3款规定："本条所称'赔偿义务人',是指因自己或者他人的侵权行为以及其他致害原因依法应当承担民事责任的自然人、法人或者其他组织。"这里规定了主要的侵权法律关系的赔偿义务主体,但也还需要补充。

1. 直接加害人

直接加害人是直接实施侵权行为造成受害人损害的人。直接加害人分以下三种情况:

(1)单独的直接加害人。直接加害人为一人的为单独加害人。单独加害人为赔偿责任主体,由其个人承担赔偿责任。

(2)共同加害人。共同侵权行为的加害人,为共同加害人。共同加害人承担连带赔偿责任,在诉讼中为必要的共同诉讼,应合并审理。

(3)共同危险行为人。共同危险行为的行为人不是共同加害人,但因共同危险行为的责任形式是连带责任,故共同危险行为人为共同赔偿责任主体,为共同被告。

2. 替代责任人

(1)对人的替代责任人。在替代责任形式的特殊侵权责任中,直接造成损害的行为人并不是赔偿责任主体,不直接承担损害赔偿责任。其赔偿责任主体是为直接造成损害的行为人承担赔偿责任的替代责任人。例如,工作人员因执行工作任务致人损害,用人单位是承担赔偿责任的责任主体;无民事行为能力人或者限制民事行为能力人致人损害,其监护人是责任主体、承担赔偿责任,等等。这些直接承担责任的主体是赔偿责任主体。

在未成年人致人损害的赔偿案件,实务中确定赔偿责任主体的做法不当。未成年人致人损害,实务把实施加害行为的未成年人列为被告,将其监护人不列为被告,只列为法定代理人。这种做法不符合《侵权责任法》第32条的规定,亦违背替代责任的原理,同时,判决被告不承担责任,而由监护人承担赔偿责任,于法理上讲不通。实务的这种做法应当改变,应将未成年人的监护人列为被告,直接判决该监护人承担赔偿责任;如果未成年人有财产,则将未成年人与其法定代理人列为共同被告,按照补充责任的规则处理。

(2)对物的替代责任人。物件致人损害,应由物件的所有人、占有人承担赔偿责任,这是侵权法一贯遵循的规则。因而,致害物件的所有人、占有人是该赔偿法律关系的赔偿责任主体,是赔偿诉讼中的被告。例如,高度危险责任的经营者,地下工作物、建筑物及其他地上物的所有人、管理人或者使用人,缺陷产品的销售者、制造者,污染环境企业的经营者,饲养动物的饲养人、管理人等,都是赔偿责任主体。

3. 按份责任人

侵害人格权的侵权行为如果是无过错联系的共同加害行为,其各个行为人为按份责任人。他们为共同被告,但是不承担连带责任,仅仅为自己的责任份额负责。

4. 不真正连带责任人

侵害人格权的不真正连带责任的责任人,多数时候并不是作为共同被告,而是单独作为被告被起诉。至于那些被同时起诉被作为共同被告的不真正连带责任人,最终承担责任的也是其中应当承担最终责任的责任人,而不是共同承担责任。

5. 补充责任人

在补充责任侵权法律关系中,对他人负有法定的或者约定的安全保护义务的人,由于没有尽到安全保护义务,而使受其保护的人遭受人身损害或者财产损害,在直接加害人赔偿不能或者赔偿不足时,应当承担补充的赔偿责任。这种违反安全保护义务而承担补充责任的人,就是补充责任人。同样,《侵权责任法》规定的其他补充责任,在侵害人格权损害赔偿中,也都采取这样的责任规则。

三、人格权侵权损害赔偿法律关系的内容

民事法律关系的内容,是民事法律关系参加人的权利和责任。人格权侵权损害赔偿法律关系的内容,就是侵权行为的受害人请求加害人赔偿损失的权利和加害人承担的赔偿受害人损失的责任。受害人的权利,是受害人一方要求实现赔偿以补偿受侵害所造成的损失的可能性;加害人的责任则是加害人为了满足受害人补偿损失的赔偿请求而履行给付的必要性。

人格权侵权损害赔偿法律关系的内容与其他民事法律关系内容相比,相同之处是:第一,权利、责任都是相互依存、相互联系的,没有请求赔偿的权利,也就没有赔偿的责任;第二,都是为法律所确认的,都以国家强制力保证其实现的权利和责任关系。

人格权侵权损害赔偿法律关系的内容与其他法律关系的内容有明显的区别,主要是按照民事权利的分类,人格权侵权损害赔偿的权利(当然也包括义务)是一种请求权、相对权、财产权。第一,作为请求权,侵权行为受害人的权利是请求加害人承担赔偿责任的权利,权利的实现须依加害人的给付来实现,而不是仅凭自己的行为就能引起某种民事权利产生、变更或消灭的形成权。第二,作为相对权,它是一种对人权,享有相对权的侵权行为受害人必须依靠加害人的积极给付才能实现其权利,而加害人这个责任主体又总是特定的人,这又与所有权、人身权这些绝对权(即对世权)相区别。第三,作为财产权,受害人请求赔偿权利的内容只能是财产,尽管他受到侵害的可能是人身权或者是人身权和财产权同时受到损害,例如健康的损害、名誉的诋毁,或者同时财产权也被侵害,但受害人只能请求赔偿一定范围的财产,而不能采取其他方式来进行赔偿。

四、人格权侵权损害赔偿法律关系的客体

人格权侵权损害赔偿法律关系的客体是赔偿，即补偿损害的财产给付。

在侵权法律关系中，受害人享有的权利是请求对他的损失给予赔偿；加害人负有的责任是对自己的侵权行为给受害人造成的损失进行赔偿。权利和责任共同指向的标的，就是加害人对其侵权行为所造成的损害给予赔偿，它以财产的给付作为标志。赔偿的性质是行为，即赔偿责任主体给付赔偿金的行为。

对于人格权损害赔偿的范围，《侵权责任法》在第16条、第17条和第22条作了规定。但这三条规定的内容仍然比较原则，操作性不强。在实务上如何确定损害赔偿范围，还应当参照最高人民法院在有关司法解释中的规定确定。

1. 人身损害赔偿

《侵权责任法》第16条规定："侵害他人造成人身损害的，应当赔偿医疗费、护理费、交通费等为治疗和康复支出的合理费用，以及因误工减少的收入。造成残疾的，还应当赔偿残疾生活辅助具费和残疾赔偿金。造成死亡的，还应当赔偿丧葬费和死亡赔偿金。"第17条规定："因同一侵权行为造成多人死亡的，可以以相同数额确定死亡赔偿金。"最高人民法院《关于审理人身损害赔偿案件适用法律若干问题的解释》，是关于处理人身损害赔偿的专门的司法解释，其中第17条至第35条是关于人身损害赔偿计算规则的具体规定。国务院2007年9月13日发布国函[2007]64号《关于核事故损害赔偿责任问题的批复》，第7条明确规定："核电站的营运者和乏燃料贮存、运输、后处理的营运者，对一次核事故所造成的核事故损害的最高赔偿额为3亿元人民币；其他营运者对一次核事故所造成的核事故损害的最高赔偿额为1亿元人民币。核事故损害的应赔总额超过规定的最高赔偿额的，国家提供最高限额为8亿元人民币的财政补偿。"这也是关于人身损害赔偿标准的规定，是我国第一次规定人身损害赔偿的限额赔偿标准，采用了国际通行的排除方法，特别值得注意。

2. 精神损害赔偿

《侵权责任法》第22条规定："侵害他人人身权益，造成他人严重精神损害的，被侵权人可以请求精神损害赔偿。"最高人民法院《关于贯彻执行〈中华人民共和国民法通则〉若干问题的意见（试行）》第150条规定："公民的姓名权、肖像权、名誉权、荣誉权和法人的名称权、名誉权、荣誉权受到侵害，公民或者法人要求赔偿损失的，人民法院可以根据侵权人的过错程度、侵权行为的具体情节、后果和影响确定其赔偿责任。"最高人民法院《关于审理名誉权案件若干问题的解答》第10条第4款规定："公民、法人因名誉权受到侵害要求赔偿的，侵权人应赔偿侵权行为造成的经济损失；公民并提出精神损害赔偿要求的，人民法院可根据侵权人的过错程度、侵权行为的具体情节、给受

害人造成精神损害的后果等情况酌定。”这两条关于确定精神损害赔偿范围的司法解释,既体现了实事求是的原则要求,也符合公平、等价的民法原则;既保护了受害人的合法权益,救济其损害,也保障加害人不负担其侵权行为以外的原因所造成的受害人的损失,不使其合法权益受到侵害。特别是最高人民法院 2001 年 3 月 10 日公布实施的《关于确定民事侵权精神损害赔偿责任若干问题的解释》,对人格权的司法保护和精神损害赔偿办法规定了详细的规则,具有特别重要的意义。

第五节　人格权侵权损害赔偿请求权的竞合

一、侵权请求权竞合的概念和理论基础

(一)侵权请求权竞合的概念

一个侵权行为产生两个或两个以上的请求权,使两个或两个以上的请求权并合在一起,或者分别行使或者一并行使的现象,称为侵权请求权的竞合。

请求权竞合也称民事责任竞合。责任竞合作为一种客观存在的现象,既可以发生在同一法律部门内部,如民法中的违约责任与侵权责任的竞合,也可以发生在不同的法律部门之间,如民事责任与刑事责任、民事责任与行政责任的竞合。对于民事责任竞合,从民事权利的角度来看,当不法行为人实施了一个行为,这个行为在法律上符合数个法律规范的要求,因而使受害人产生多项请求权,这些请求权相互冲突。《合同法》第 122 条规定了侵权责任与违约责任的竞合:“因当事人一方的违约行为,侵害对方人身、财产权益的,受损害方有权选择依照本法要求其承担违约责任或者依照其他法律要求其承担侵权责任。”这是我国民事法律第一次正式规定侵权请求权竞合规则。

(二)侵权请求权竞合的理论基础

侵权请求权竞合来源于法律规范竞合理论。现代法律都作抽象规定,并且从各种不同角度对社会生活加以规范,所以,经常发生同一个事实符合几个法律规范的要件,致使这几个法律规范竞合。法律规范竞合有发生在不同法律领域的,例如毁坏他人物品,一方面构成《刑法》规定的故意毁坏公私财物罪,另一方面依《侵权责任法》第 19 条亦构成侵权行为。

民法上的法规竞合就是请求权竞合,情况颇为复杂。这是因为民法是以权利为中心,而它的外部表现形态就是请求权。同一事实符合数个法律规范的情况,必然表现在请求权上。人格权侵权损害赔偿请求权的竞合,就是这一请求权与依其他民事规范

产生的请求权是由同一法律事实发生的。请求权的竞合将产生一定的法律后果。

二、请求权竞合的形态

人格权侵权损害赔偿请求权与其他民事请求权竞合的形态,主要有以下几种:

(一)与违约损害赔偿请求权竞合

侵权请求权与违约损害赔偿请求权竞合,即一个侵权行为,既产生人格权侵权损害赔偿请求权,又产生违约损害赔偿请求权。这种竞合有两种形式:一是"二合一"式,即同一个行为产生两个请求权,两个请求权为不同的权利人所有,共同指向一个义务人。例如,甲将乙所有的一匹马委托丙保管,丙擅自骑用,致该马损害。丙的行为,产生两个请求权:委托人甲因丙违背约定致生损害,产生违约损害赔偿请求权;所有人乙因财产权利被侵害,产生人格权侵权损害赔偿请求权。这两个请求权均指向同一义务人,两个权利人可以同时对丙行使请求权,丙既应承担侵权责任,又应承担违约责任。二是"一分二"式,即同一个行为在一个权利人身上产生两个请求权。例如,在买卖合同中,出卖人故意隐瞒出卖物缺陷,致使买受人损害时,买受人依法既产生人格权侵权损害赔偿请求权,又产生违约损害赔偿请求权。又如,在赠与合同中,赠与物具有瑕疵致受赠人以损害的,同时构成违约责任和侵权责任,受害人亦产生两个请求权,只是赠与属于无偿行为,法律减轻赠与人的注意程度,以赠与人有故意和重大过失为限。

(二)与返还不当得利请求权竞合

侵权请求权与返还不当得利请求权竞合,即一个行为既产生人格权侵权损害赔偿请求权,又产生返还不当得利请求权。例如,出纳员由于工作上的疏忽,将一卷票面为百元的人民币误为每张十元交给了领款人,领款人明知多领钱款而仍予以领受,这时,受害人即同时产生人格权侵权损害赔偿请求权和返还不当得利请求权。

(三)与其他请求权竞合

侵权请求权与其他请求权竞合,是指一个行为既产生人格权侵权损害赔偿请求权,又产生其他请求权。例如,《物权法》第92条规定:"不动产权利人因用水、排水、通行、铺设管线等利用相邻不动产的,应当尽量避免对相邻的不动产权利人造成损害;造成损害的,应当给予赔偿。"此种情况在受害人一方,则同时产生两个赔偿损失请求权:一个是违反相邻关系请求权,另一个是侵权请求权。

三、请求权竞合的法律后果

由于各种请求权的着眼点各有不同,尽管救济的内容基本相同,但是,行使哪一个请求权,其结果并不完全相同。权利人究竟选择行使何种请求权,对权利人的利益有相当的关系。因此,民事责任竞合的法律后果,说到底就是规范请求权的选择。具体有四种方法：

第一，对于法律已经明确规定了责任性质的，一般应当依据法律的规定，确定责任的性质。其中因不法行为造成受害人的人身伤亡和精神损害的，当事人之间虽然存在合同关系，也应按侵权责任而不能按合同责任处理。如因缺陷产品而致受害人伤害，构成违约责任和侵权责任的竞合。对此，《侵权责任法》第五章已经明确规定其为侵权责任，因此，这种责任的性质已经确定，一般来说，按照侵权责任处理对受害人较为有利。但是当事人坚决选择违约损害赔偿请求权的，也应当准许。

第二，双方当事人事先存在合同关系，但一方当事人与第三人恶意通谋，损害合同另一方当事人的利益，则由于恶意串通的一方当事人与第三人的行为构成共同侵权，第三人与受害人之间又无合同关系存在，因此应按侵权责任处理，使恶意串通的行为人向受害人负侵权责任。选择作为共同侵权行为起诉，则只能行使侵权损害赔偿请求权，不能再同时行使违约责任请求权。

第三，对于当事人在合同中已经有明确约定的，应当按照约定的内容行使请求权。在当事人之间事先有合同关系，且已经明确约定如何承担民事责任的，说明当事人之间对民事责任的承担是有一致的意思表示的，因此应当按照当事人的事先约定来承担民事责任。在这种情况下，一般应按照违约责任处理。

第四，对于法律没有规定、当事人事先也没有明确约定的，应当准许请求权人按照自己的意愿选择。请求权人就是受害人，受害人的权利受到侵害，享有损害赔偿的请求权。在民事责任竞合的情况下，究竟行使人格权侵权损害赔偿请求权，还是行使违约损害赔偿请求权或者其他请求权，应当依照请求权人有利于自己的利益的选择为之。

应当特别注意的是，在人格权侵权损害赔偿责任中，更应当重视请求权竞合的规则适用。原因是，在一般的财产损害赔偿中，作为违约损害赔偿请求和作为侵权损害赔偿请求的选择，意义并不特别重大，因为只要是固有财产利益的损害，无论依据违约损害赔偿还是侵权损害赔偿，赔偿的范围不会有太大的差别，只是在诉讼时效上有时会有差别。但是，作为人格利益的损害特别是人身损害的救济，违约损害赔偿和侵权损害赔偿差别相当大，因为违约损害赔偿没有精神损害赔偿，而人身损害赔偿以及精神型人格权的损害赔偿，都有精神损害赔偿，如果选择违约损害赔偿，就可能意味着法官不会判决给付精神损害赔偿，因此事关重大。

总之，构成侵权民事责任竞合，其法律后果就是当事人选择请求权。对此，应当保障受害人的权利，径由其选择。例如，徐甲在2000年6月购买一套商品房，与妻子周某和小女儿徐乙共同居住。8月7日，徐甲与该小区的物业管理公司签订有关物业管理的《公共契约》，物业公司承担安全保护等物业管理义务，徐某承担支付物业管理费的义务。由于物业管理公司只安排保安人员巡视安全，其监控设施没有经过有关部门验收而未正常使用，小区业主要求安装防护铁窗物业也予以拒绝，造成安全防范的漏洞。2001年3月5日凌晨1时许，两名罪犯借小区一扇通往垃圾场的小铁门没有上锁的机会，闯入徐某家，将徐乙奸淫后杀害。其中一名罪犯被抓获归案，判处刑罚。在刑事附带民事诉讼中，徐某索赔，判决该该刑事被告人赔偿13,246元，其余无能力赔偿。徐某依据《公共契约》的约定，向法院提起民事诉讼，请求物业公司承担违约损害赔偿责任。法院判决物业公司违反合同约定的安全保障义务，承担违约损害赔偿4万元，对徐某的精神损害赔偿请求不予支持。

本案物业公司的安全保障义务来自约定而不是法定，因此，受害人可以选择侵权诉因或者违约诉因起诉，行使责任竞合的选择权。本案当事人选择违约损害赔偿的诉因起诉，法院予以支持，并且判决不支持原告精神损害赔偿的请求，是正确的。如果原告选择侵权诉因起诉，则能得到精神损害赔偿。

四、请求权聚合及其后果

与民事责任竞合的法律后果不同，民事责任聚合及其法律后果是，在侵权损害事实发生前双方有契约关系，并且有法定和约定违约责任，产生的数个请求权的目的各不相同的，可以数个请求权分别行使。例如，出卖人出卖瑕疵物而致害，买卖合同规定违约责任，依据侵权法应当承担侵权责任，故可既追究违约责任又追究侵权责任。这种责任聚合，数个请求权可以分别行使，不因一个请求权行使完了而影响另一请求权的行使，既然可以分别行使，那么也可以就此同时向人民法院提出两个请求权的诉讼，人民法院应当同时受理。同一行为产生的两个请求权的目的不同时，可以一并行使。

侵权损害赔偿的主要目的是补偿，如果同时产生的请求权的目的不是同一项补偿，而是排除妨碍、消除影响、停止侵害、恢复名誉等时，数项请求权当然可以一并行使，也构成责任聚合。如侵害自然人的姓名权、肖像权、名誉权、荣誉权、隐私权的受害人，既有要求停止侵害、恢复名誉、消除影响、赔礼道歉的请求权，又有要求赔偿损失的请求权。《侵权责任法》第21条规定，侵权行为危及他人人身、财产安全的，被侵权人可以请求侵权人承担停止侵害、排除妨碍、消除危险等侵权责任。

第六节　法规竞合与侵权损害赔偿请求权的优先权保障

《侵权责任法》第4条规定了法规竞合与侵权请求权优先权保障制度，内容是："侵权人因同一行为应当承担行政责任或者刑事责任的，不影响依法承担侵权责任。因同一行为应当承担侵权责任和行政责任、刑事责任，侵权人的财产不足以支付的，先承担侵权责任。”条文中的两款，前者规定的是法规竞合引发的侵权责任与刑事责任或行政责任竞合问题，后者规定的是侵权请求权优先权保障问题。

一、法规竞合引发的侵权责任与刑事责任或行政责任竞合

法规竞合是指行为单数而法律复数的情形。[①] 其构成要件须为两个，分别为“同一行为”与“多个法律条文”。法规竞合的成因，在于现代法律均为抽象规定，并从各种不同角度规范社会生活，故常发生同一事实符合数个规范之要件，致使该数个规范皆得适用，[②]由此发生法规竞合。法规竞合的实质在于同一违法行为同时触犯多个法律条文。正是由于不同的法律或者同一法律的不同条文在调整的行为或者适用对象等方面，相互之间存在一定的交叉、重合、部分或者全部包容，因而导致同一行为同时触犯多个法条，不同的法律条文可以同时适用于同一违法行为，因而导致如何定性和选择适用法律条文。[③]

责任竞合也是法规竞合，是法规竞合的具体表现形式，作为一种客观存在的现象，既可以发生在同一法律部门内部，如民法中的违约责任与侵权责任的竞合，也可以发生在不同的法律部门之间，如民事责任与刑事责任、民事责任与行政责任的竞合。我国《民法通则》第 110 条规定：“对承担民事责任的公民、法人需要追究行政责任的，应当追究行政责任；构成犯罪的，对公民、法人的法定代表人应当依法追究刑事责任。”采用的就是这个规则；《侵权责任法》第 5 条第 1 款继续采用这个规则。

根据法规之间关系的不同，规范竞合分为冲突性竞合与非冲突性竞合两类。发生在不同法律部门之间的责任竞合，通常是非冲突性法规竞合，如对伤害罪可以同时追究刑事责任和侵权责任。非冲突性竞合是指数个法律规范可以同时适用，根据不同法律规范产生的数个法律后果并行不悖，可以共存。[④]

在当代，侵权行为是民事违法行为，犯罪行为是刑事违法行为，分别由民法和刑法这两种不同的基本法来调整。虽然侵权行为与犯罪行为有如此的区别，但是它们还是有相当的联系。侵权行为与犯罪行为有区别，但是又有重合问题，即侵害人身权利和财产权利的行为在构成犯罪的时候，无疑也是构成了侵权行为，这就形成了侵权责任与刑事责任的竞合问题。

---

① 陈兴良：“刑法竞合论”，载《法商研究》2006 年第 2 期。
② 王泽鉴：《民法学说与判例研究》（一），中国政法大学出版社 2003 年版，第 450 页。
③ 别涛：“一个违法行为同时触犯多个法律条文应如何处理”，载《中国环境报》2002 年 10 月 2 日。
④ 刘士心：“法规竞合论争与概念重构”，载《国家检察官学院学报》2002 年第 3 期。

同样,侵权行为与行政违法行为也是既有联系又有区别的两大类违法行为。一种违法行为既违反了行政法律,又违反了民事法律;既应当向国家承担行政处罚的责任,又应当向受害人承担损害赔偿的责任。在这种情况下,构成民事法律和行政法律的法规竞合,行为人应当同时接受民事法律和行政法律的制裁。

按照《侵权责任法》第 4 条第 1 款的规定,侵权责任与刑事责任或者行政责任竞合,后果是“不影响依法承担侵权责任”,因而发生的是附带民事损害赔偿责任。附带的损害赔偿,是指在刑事诉讼和行政诉讼中,因刑事犯罪和行政违法行为侵害公民、法人人身权利和财产权利,在确定刑事责任或者行政责任中,一并确定的损害赔偿责任。由于这种损害赔偿责任的确定:一是适用侵权法的原理和法律规定,二是在刑事诉讼或者行政诉讼的程序中附带加以确定,因而又称为附带的民事损害赔偿或者附带的民事赔偿。附带的损害赔偿包括两种,即刑事附带民事损害赔偿和行政附带民事损害赔偿。因此,同一违法行为在触犯刑事法律或者行政法律的同时,也触犯了侵权责任法的规定,可以同时承担刑事责任和侵权责任,或者同时承担行政责任和侵权责任。

二、侵权请求权优先权保障

《侵权责任法》第 4 条第 2 款规定的是侵权请求权优先权保障制度。这个优先权保障对于人格权侵权损害赔偿请求权具有更为重要的意义,因为救济人格权受到损害的,相对于财产损害赔偿请求权而言,更应当得到这个优先权的保护。

(一)侵权请求权优先权的意义

由于侵权行为有可能由刑法、行政法、侵权法等不同部门法进行规范,因此,形成了刑法、行政法、民法的法律规范竞合,即非冲突性法规竞合,侵权人可能由于同一个违法行为,同时要承担民事责任、刑事责任或者行政责任。由于不同部门法律规范的竞合属于非冲突性竞合,因此存在同时适用的可能。这样,侵权人因同一个违法行为,既要承担罚金、没收财产的刑事责任,或者罚款、没收违法所得的行政责任,又要承担损害赔偿的侵权责任,发生财产性的行政责任、刑事责任与侵权责任的竞合,并且应当同时承担。如果赋予被侵权人以损害赔偿请求权的优先权,则该请求权的地位就优先于罚款、没收财产的刑事责任或者罚款和没收违法所得的行政责任,使民事主体的权利救济得到更有力的保障,这就是损害赔偿请求权优先于行政责任或者刑事责任等责任的优先权保障赖以产生的法理基础。正因为如此,《侵权责任法》才规定“侵权人的财产不足以支付的,先承担侵权责任”。

《侵权责任法》规定侵权损害赔偿请求权应当得到优先权保障的理由是:第一,在我国,私人权利应当优先得到保障。第二,侵权损害赔偿请求权尤其是人格权侵权损害赔偿请求权是对私人权利特别是人格权受到损害时的救济权,担负着恢复私人权利、平复被侵权人损害的职责，设立侵权请求权优先权，就能够保障被侵权人的合法权益不受侵害，受到侵害能够及时得到救济，使之尽早恢复。第三，在关涉对被侵权人合法权益受到侵害的救济问题时，国家利益应当退到第二位，实行私权优先，优先保障人格权侵权损害赔偿请求权的实现。[①] 正因为如此，优先权在保障被侵权人的合法权益及其损害救济方面具有极为重要的意义，因此，设立这个优先权“就代表着人们在这方面的希望和努力，从而使其成为一项极具社会使命和人道主义精神的法律制度”。[②] 优先权是独立的法定担保物权，通过优先权保证被侵权人的人格权侵权损害赔偿请求权，就等于得到了法定的担保物权的保障，对于保证被侵权人的权利具有重要意义。

（二）侵权请求权优先权的概念和特征

侵权请求权优先权是指被侵权人依法享有的，就造成其损害的侵权人的总财产承担损害赔偿责任，优先于侵权人应当承担的财产性质的行政责任和刑事责任而优先受清偿的担保物权。

侵权请求权优先权的特点是：第一，侵权请求权优先权是民法上的优先权。民法上的优先权是指由民法加以规定的优先权，[③]如《合同法》第 286 条规定的建设工程价款的优先权。侵权请求权优先权不是这种优先权，是通过《侵权责任法》规定的优先权，因而是由民法规定的优先权。第二，侵权请求权优先权是一般优先权。一般优先权是指就债务人的总财产或者一般财产而优先受偿的优先权，[④]如受雇人的工资债权就债务人的总资产优先受偿。尽管侵权请求权优先权是为了保护被侵权人合法权益而设立的优先权，但其作为保证的资产并不是侵权人的特定财产，而是全部的总资产，包括动产和不动产，因此是一般优先权。第三，侵权请求权优先权是优先于特定权利的优先权。侵权请求权优先权并不是优先于所有权利的优先权，而是仅优先于行政责任及刑事责任中的财产责任，对于其他债权，侵权请求权优先权并不处于优先地位，应当受债权平等原则约束，更不能对抗有其他担保的债权。

（三）侵权请求权优先权的成立要件

侵权请求权优先权是法定担保物权，其成立应当具备法律规定的必备要件。应当具备的要件是：

1. 承担损害赔偿责任的人与罚款、罚金等责任的人须为同一侵权人

人格权侵权损害赔偿请求权的权利人是被侵权人，相对应的责任人就是造成其合

---

① 刘曙光：“二论私权优先原则”，载中国改革论坛，http://www.chinareform.org.cn/cirdbbs/dispbbs.asp? boardid = 2&id = 50068，2011 年 4 月 4 日访问。

② 崔建远主编：《我国物权法立法难点问题研究》，清华大学出版社 2005 年版，第 242 页。

③ 杨立新：《物权法》，高等教育出版社 2007 年版，第 318 页。

④ 刘保玉：《物权体系论》，人民法院出版社 2004 年版，第 338 页。

法权益受到损害的侵权人。不论应当承担刑事责任还是行政责任,以及承担损害赔偿责任,都必须是同一个侵权人应当承担的法律责任。只有在同一侵权人应当承担上述不同责任的时候,优先权才是有意义的,也是该优先权成立的要件,否则不存在优先权的问题。

2. 侵权人须同时承担损害赔偿责任和刑事罚金、行政罚款等责任

同时承担,就是指在侵权人在对被侵权人承担损害赔偿责任的同时,又要承担刑事罚金或者行政罚款等责任。因此,侵权人承担对被侵权人的损害赔偿责任作为前提,同时又要承担罚金或者罚款的责任时,才能构成侵权请求权优先权。前文所谓"等责任",是说还可能包括其他财产性的行政、刑事责任,例如没收财产等也在其内。

3. 侵权人须因同一行为而承担不同法律责任

成立侵权请求权优先权,必须是侵权人因同一个违法行为,既要承担对被侵权人的损害赔偿责任,又要承担对国家的罚款或者罚金等责任。在这种情况下,侵权人对被侵权人承担的损害赔偿责任就优先于罚款或罚金责任。《侵权责任法》第 4 条第 2 款规定的"因同一行为",特别强调的就是因同一行为应当承担民事责任或者刑事责任,不具备这个要件,不成立侵权请求权优先权。

(四)侵权请求权优先权的效力

1. 担保范围

侵权请求权优先权的担保范围是:第一,损害赔偿金。在侵权请求权优先权,其担保的范围主要是损害赔偿金请求权,也可以叫做赔偿金之债,被侵权人的合法权益受到侵害造成损失,不论是财产损害赔偿金还是人身损害赔偿金,不论是救济性损害赔偿金还是惩罚性赔偿金,作为损害赔偿的请求权,都一律受到优先权的保护。即使是确定的精神损害赔偿金,其请求权也受到优先权的保护。第二,损害赔偿金迟延给付的利息。在侵权请求权优先权中,利息之债也应当受到优先权的保护。不过,在通常情况下,损害赔偿责任在判决确定之前是不计算利息的,如果判决已经确定了损害赔偿金,并且规定了给付赔偿金的期限,超出该期限而为给付者,应当承担利息之债,该利息之债才受优先权的保护,否则,不存在利息的赔偿问题。第三,保全和实现优先权所支付的费用。被侵权人作为优先权人,为了保全和实现优先权所支出的费用,也应当在优先权担保的范围之内。在侵权人侵害了被侵权人的合法权益之后,被侵权人作为受害者,其为了救济权利而支出的费用,并不是保全和实现优先权所支出的费用,而是为了救济受到侵害的权利而支出的必要费用,这是在损害赔偿的范围之内的费用,是计算为损害赔偿责任的内容。仅仅是为了保全优先权、实现优先权,因而支出的费用才是该笔费用。不过,由此可见,不论是救济损害而支出的费用,还是保全、实现优先权而支出的费用,其实都在优先权的担保范围之内,只不过是分别计算而已。

2. 优先权的标的

侵权请求权优先权的标的，应当以承担损害赔偿责任的侵权人的所有物和财产权利为限。对于优先权的标的是否具有特定性，有不同看法，有的认为应当有特定性的限制，有的认为没有特定性的限制。[①] 依笔者所见，该标的的范围原则上不受特定性限制，而仅受善意取得的限制。侵权人的一般财产即物和财产权利都为优先权的标的，如果在优先权保障期间转让该财产且构成善意取得的时候，则优先权人不得主张权利，其他财产均在优先权标的之内。

3. 侵权请求权优先权对抗的对象

侵权损害赔偿责任优先权所对抗的对象，法律必须明确规定。侵权请求权优先权所对抗的，是同一侵权人同时承担的缴纳行政罚款和刑事罚金等财产性责任。不具备侵权请求权优先权的成立要件，不能对抗先前成立或者非因同一行为而成立的罚款和罚金的责任承担。至于后来就同一侵权人成立的罚款或者罚金，则因为不处于同时发生的地位，人格权侵权损害赔偿请求权也应当不存在优先承担的效力。不过，基于私权优先原则，后发生的罚款或者罚金责任，如果并不存在其他同时存在的民事优先权，应以人格权侵权损害赔偿请求权有优先权保障为妥。

《侵权责任法》没有规定侵权责任请求权对抗法院确定的民事制裁方式的优先权。民事制裁方式中也有罚款、没收非法所得等财产性质的制裁方式，这些制裁方式的性质与刑事责任和行政责任相关部分的性质是相同的，都是财产性的对国家承担的责任。既然侵权请求权的优先权可以对抗刑事责任和行政责任，那么就一定能够对抗民事制裁方式。因此，如果一个侵权人实施侵权行为应当承担侵权责任，同时也承担民事制裁方式，如果侵权人的财产不足以支付全部责任，侵权请求权优先。

对于其他债权，侵权请求权优先权不发生效力，不产生对抗的效力。例如，对侵权人自己负担的其他债务，即侵权人的其他债权人所享有的债权，与人格权侵权损害赔偿请求权具有同样的债权性质，依据债权平等原则，被侵权人不能主张优先权以排斥其他债权人主张债权的效力。

---

① 王利明主编：《中国民法典学者建议稿及立法理由·物权编》，法律出版社 2005 年版，第 545 ~ 546 页。

第八章　人格权的延伸法律保护

第一节　人格权的延伸法律保护的基本理论

一、人格权延伸保护概说

（一）问题的提出

我国《民法通则》颁布施行之后不久，天津市的《今晚报》因刊载连载小说《荷花女》，引起了关于死者名誉权保护的争论，进而扩展到全国法学界和司法界，成为热点讨论问题。

原告陈秀琴系天津市解放前已故艺人吉文贞（艺名荷花女）之母。1940 年，吉文贞以“荷花女”为艺名参加天津“庆云”戏院成立的“兄弟剧团”演出，从此便以“荷花女”的艺名在天津红极一时，1944 年病故，年仅 19 岁。被告魏锡林自 1986 年开始，以“荷花女”为作品主人公写小说，1986 年 2 月至 6 月间，曾先后三次到原告陈秀琴家了解“荷花女”的生平以及从艺情况，并向“荷花女”之弟吉文利了解情况并索要了照片，随后创作完成小说《荷花女》，该小说约 11 万字。在该小说中，作者使用了吉文贞的真实姓名和艺名，陈秀琴在小说中被称为陈氏，虚构了吉文贞从 17 岁到 19 岁病逝的两年间，先后同许扬、小麒麟、于人杰三人恋爱、商谈婚姻，并三次接受对方聘礼之事；其中说于人杰已婚，吉文贞“百分之百地愿意”做于人杰的妾。小说还虚构了吉文贞先后被当时天津帮会头头、大恶霸袁文会和刘广奸污而忍气吞声、不予抗争的情节，最后影射吉文贞系患性病打错针致死。同时，该小说还虚构了陈秀琴同意女儿做于人杰的妾和接收于家聘礼的情节。小说完稿后，作者未征求原告等人的意见，即投稿于《今晚报》社；《今晚报》自1987年4月18日开始在副刊上连载该小说，并加插图。小说连载过程中，陈秀琴及其亲属以小说插图及虚构的情节有损吉文贞的名誉为理由，先后两次到《今晚报》社要求停载。《今晚报》社对此表示，若吉文贞的亲属写批驳小说的文章可予刊登；同时以报纸要对读者负责为理由，将小说题图修改后，继续连载。① 经审理，天津市中级人民法院确认被告魏锡林、《今晚报》社构成侵害死者名誉权，判决刊登道歉声明，赔偿精神损害共800元，该小说不得再以任何形式复印、出版发行。被告不服上诉后，当事人双方达成调解协议，妥善处理了此案。这一案件不仅确认小说可以侵权，解决了"告作家热"中讨论的问题，而且还提出了对死者名誉保护的重要问题，并作了肯定的判决。本案作为一个典型判例，具有深远的重要影响。

对于这个问题，随着该案和类似案例的判决，以及最高人民法院几个适用法律的批复的公布，无论是在司法实务上还是在民法学理上，都已经有了一个明确结论。但是，关于死者名誉法律保护问题讨论的终结，却给人们以更为广泛、更为深刻的再思考。其中最重要，也是最有意义的问题，就是能不能举一反三，对于死者和未出生的胎儿是否还有类似的法律保护问题作出一个理论上的概括。把这个问题表述得更为准确一些，就是关于民事主体人格权的延伸保护问题。最初，理论界和实务界对这个问题的讨论还只局限在名誉权的范围，少数学者已经将其扩展到肖像的死后保护。将此种讨论的范围进一步扩大，扩展到整个民事主体的人格权领域，确定哪些人格权还可以适用延伸保护，探索其中的规律，用以指导实践和丰富学理，具有更重要、更积极、更具建设性的意义。

(二)人格权延伸保护的历史发展

民事主体人格权的延伸保护非自今日始，无论从立法上还是在学说上都有一个产生、发展和形成的过程。

人格权的延伸保护最早源于血亲复仇制度。血亲复仇是世界上不同地区、不同种族的原始人普遍遵行的一种社会习俗。原始社会的复仇以氏族血缘关系为基础，专指父母、兄弟、亲属被他人杀害或遭到侮辱，作为子弟或族人有权报复仇人的行为，这是约定俗成的正当报复措施，为本氏族每个成员所自觉遵守。② 如果说原始社会复仇制度还不具有法律上的意义，那么，在人类社会进入习惯法和早期成文法时期的法律中仍然规定有血亲复仇制度，这一时期的复仇具有法律意义。当民事主体已经被杀害，

① 以上案情引自《人民法院案例选》(1992年第1辑)，人民法院出版社1992年版，第97～98页。

② 徐晓光："中日古代复仇问题比较"，载《比较法研究》1994年第8卷第2期。

血亲所享有的复仇权利具有人格权的延伸保护意义。

在罗马法中,民事主体人格权的延伸保护就受到了重视。这种延伸保护:一是向民事主体诞生之前延伸,认为胎儿或即将出生的婴儿被视为已出生儿,人格权的延伸保护溯及出生前的一段时间,考虑尚未出生但已怀于母体中的人。罗马法认为,胎儿从现实角度上讲不是人,但由于它是一个潜在的人,人们为保存并维护自出生之时起即归其所有的那些权利,权利能力自受孕之时起而不是从出生之时起计算。罗马法甚至规定,为保存自受孕时起就归其所有的那些权利,在死因继承中,继承暂缓,同时选择一位胎儿保佐人,以维护即将出生的婴儿的利益。如果母亲在怀孕后但在分娩前丧失了自由和市民资格,子女在出生时仍是自由的并且是市民。即使父母在子女出生前丧失了产生于元老职位的特权,但只要在妊娠时他仍保留着这种特权,它就仍完好地保留给子女。二是向权利主体消灭之后延伸,认为随着主体的死亡,某一主体的权利及其诉权转移到其他主体,即继承人身上,但是,针对继承人,只能按照其得到的范围提起罚金诉讼和混合诉讼,而且不得提起所谓的"当事人间的报复性诉讼"。[①]

在近现代民事立法中,一般规定公民民事权利能力始于出生终于死亡,但对其人格权的法律保护仍作延伸保护的规定。例如,1804 年公布的《法国民法典》[②]第 312 条规定:"子女于婚姻关系中怀孕者,夫即取得父的资格。"父的资格的取得,乃为亲权的取得,可见胎儿在尚未出生之时,即已成为亲权的主体。该法第 725 条规定,必须于继承开始时生存之人,始能继承,但尚未受胎者除外。这意味着继承开始时已受胎者,就享有继承的权利。在德国法上,一方面在第 844 条"因侵害致死时第三人的赔偿请求权"中规定"第三人在被害人被侵害当时虽为尚未出生的胎儿者,亦同",对人格权保护作向公民出生前延伸的规定;另一方面在第 1 条仅规定公民权利能力始于出生的完成,却不规定权利能力的终期,为对民事主体人格权的死亡后延伸保护,留下了广阔的余地。正如学者所说,法律既然不设权利能力终于死亡之规定,则死者受侮辱或诽谤时,亦有受法律保护之必要。[③]《日本民法》采德国法体例,不规定权利能力的终期,同时在第 721 条规定:"胎儿,就损害赔偿请求权,视为已出生。"《瑞士民法典》第 31 条规定:"权利能力自出生开始,死亡终止。胎儿,只要其出生时尚生存,出生前即具有权利能力的条件。"日本法和瑞士法的这些规定,对于人格权保护延伸至公民出生之前,至为明显。在美国,对于公民的人格权法律保护延伸至公民出生之前,如判例法规定:

---

① [意]彼德罗·彭梵得:《罗马法教科书》,黄风译,中国政法大学出版社 1992 年版,第 30 ~ 31、109 页。

② 指尚未进行任何修订的《拿破仑法典》,中译本为商务印书馆 1981 年版。

③ 姚瑞光:"论人格权",载台湾地区《法令月刊》第 43 卷第 5 期。

“每个人都被保护,不受侵权行为之害,包括胎儿在内。”①在原东欧一些国家中,民事立法对公民死亡后人格权的延伸保护有明文规定,如《捷克民法典》第 15 条规定:“公民死亡后,请求保护他的人格权利属于配偶和子女。没有配偶和子女的,属于父母。”《匈牙利民法典》第 86 条规定:“死者名誉受到侵犯时,可由死者的亲属和死者遗嘱受益人提起诉讼。”

虽然民事主体人格权的延伸保护非至今日始,但在理论上提出这一概念,用以概括法律对民事主体诞生前和消灭后的人格利益进行保护的客观现象,却鲜见其例。因此,应当对这一法律概念进行准确、科学的界定。

(三)人格权延伸保护的概念和特征

民事主体人格权延伸保护,是指法律在依法保护民事主体人格权的同时,对于其在诞生前或消灭后所依法享有的人格利益,所给予的延伸至其诞生前和消灭后的民法保护。

民事主体人格权延伸保护的法律特征是:

1. 人格权延伸保护的民事主体包括公民和法人,但以公民为主

从历史上看,人格权延伸保护的主体是公民。公民作为民事主体,其享有的人格权极为广泛,因而在其出生前和死亡后,这些人格权所体现的利益,很多是先期存在和延续存在的。对于公民在出生前和死亡后先期存在和延续存在的人格利益不予以法律保护,必然会遭致损害,因而极有保护的必要。在现代社会,法律确认法人为拟制的法律人格,亦享有人格权,虽然在其成立前不像胎儿那样存在先期利益,但在其消灭后,却存在某些延续的利益,如名称、名誉、荣誉等。对此,法律亦给予适当的延伸保护,如《日本商法》第 30 条规定:“已登记商号者,无正当理由而于 2 年内不使用其商号者,视为废除该商号。”这意味着营业主体消灭后不使用该商号者,对其给予 2 年的延伸保护。

2. 人格权延伸保护的客体是人格利益而非权利本身

利益,是指应受法律保护的利益;人格利益,是指法律所保护的人格利益。当民事主体享有民事权利能力时,这种人格利益和身份利益通过人格权而享有、维护、支配;当民事主体还未诞生以及消灭以后,作为权利主体是不存在的,但由于其已具备若干生命的条件,或者刚刚失去主体的资格,围绕人格权而存在的先期人格利益和延续人格利益客观地存在于世。立法者不承认其为权利,但承认其为合法利益,并予以法律保护,因而成为法律保护的客体。诚如学者所言,对某种利益规定为权利抑或为利益,取决于立法者的意志。我国民事立法既确认公民的民事权利能力始于出生终于死亡,

① [美]彼得·哈伊:《美国法概论》,沈宗灵译,北京大学出版社 1983 年版,第 91 页。

自为不承认延伸保护的是权利,但同时又依法予以保护,其保护的对象当然是利益。

3. 人格权延伸保护的界限为民事主体民事权利能力取得前和终止后

所谓延伸保护,并非指对权利本身的保护,因为对人格权本身的保护为权利本身应有之义,无须再做画蛇添足之举。延伸保护,是在权利取得之前或权利消灭之后,将法律对该种权利所体现的先期或延续利益的保护,向前延伸或向后延伸,在一个适当的期间禁止他人侵害。向前延伸的保护仅为自然人出生前的保护;向后延伸的保护为公民死亡后和法人消灭后的保护,其界限均以民事权利能力取得前和终止后为准。

4. 人格权延伸保护与人格权保护相互衔接,构成协调的统一整体

人格权延伸保护与人格权保护目的相同,是一个统一的整体,只是在时间界限上互相衔接、互相配合,形成对人格权及人格权利益的严密而完备的保护体系。

二、人格权延伸保护的理论依据

(一)早期的理论

关于民事主体人格权延伸保护,在学说上有肯定说与否定说之争。就否定说而言,学者并非否认人格权延伸保护的合理性,而是基于立法的规定,以无具体规定而予以否定。我国台湾地区学者认为,外国学者所云死者某种人格权亦有受法律保护之必要,实为旧说,而非最新理论。现依我国台湾地区"民法"第6条后段,即明定人之权利能力终于死亡,则人一死亡,人格即告终了,人格权无所附丽,任何外国新理论在现行法规定之下,均不能用以解释现行民法。① 否定说之不当,是很明显的。近年来,台湾地区学者和法官亦受大陆地区判例和法理研究的影响,主张对死者人格利益予以保护。

事实上,关于民事主体人格权延伸保护的学说并非新理论。早在罗马法时期,保罗就指出:"当涉及胎儿利益时,母体中的胎儿像活人一样被对待,尽管在他出生以前这对他毫无裨益。"②康德在18世纪末出版的《法的形而上学原理》一书中,也已经提出了"一位好名声的人死后继承存在的权利"的学说。他认为:"一个人死了,在法律的角度看,他不再存在的时候,认为他还能够占有任何东西是荒谬的,如果这里所讲的东西是指有形物的话。但是,好名声却是天生的和外在的占有(虽然这仅仅是精神方面的占有),它不可分离地依附在这个人身上。""我们看待人仅仅是根据他们的人性以及把他们看做有理性的生命。因此,任何企图把一个人的声誉或好名声在他死后加以诽谤或诬蔑,始终是可以追究的。"其理由是,"抽象就是撇开一切存在于空间和时间的那些

---

① 姚瑞先:"论人格权",载台湾地区《法令月刊》第43卷第5期。

② [意]彼德罗·彭梵得:《罗马法教科书》,黄风译,中国政法大学出版社1992年版,第30~31页。

有形的具体条件,于是,考虑人时,就逻辑地把他和附属于人体的那些物质因素分开”,“这种情况下,他们有可能确实受到中伤者对他们的伤害”。①

(二)讨论中的不同意见

在我国,关于人格权延伸保护问题的探讨,主要围绕着名誉权延伸保护问题进行,有些学者也提到了姓名权、肖像权、隐私权的延伸保护问题,笔者在一篇文章中还提到了死者身体权的延伸保护。② 在这些讨论中,关于人格权延伸保护的主要观点是:

1. 权利保护说

这种学说认为,人格权之所以能延伸保护,就是因为死者仍是人格权的主体,仍享有权利,因而延伸保护的仍然是民事主体的人格权。例如,有学者认为,尽管立法规定公民权利能力始于出生终于死亡,但从历史上看,民事权利能力并不总和人的出生死亡相始终,从外国和我国有关法律规定看,民事权利能力始于出生终于死亡的观念已被突破,并有加剧趋势,因此,死者可成为名誉权的主体,应当受到法律保护。③

2. 近亲属利益保护说

这种学说主张,人格权延伸保护的实质与作用是保护死者近亲属的利益。学者认为,保护死者名誉的实质与作用,是保护死者的配偶、子女和父母的利益。在我国现阶段,根据公民通常的观念,死者的名誉好坏往往影响到对其近亲属的评价;其近亲属也会因此产生荣誉感或压抑感等感受。与其说对死者名誉需要民法保护,不如说是对死者的近亲属的利益或人格权的民法保护。④ 也有学者认为,对死者名誉的损害,实际上侵害的是其遗属的名誉权。⑤

3. 家庭利益保护说

这种主张认为,死者的名誉遭到侵害时,其遗属的名誉也往往会遭到侵害,这两者之间的联结点就是家庭名誉。家庭名誉是冠于一个家庭之上的,对于一个家庭的信誉、声誉的社会评价。个人名誉是家庭名誉的组成部分,家庭名誉是对家庭成员名誉的一种抽象。家庭名誉并不因为家庭个别成员的死亡而消灭,因而在对死亡人的名誉加以侵害时,家庭名誉也就必然遭到侵害。⑥ 这种观点的实质,是认为在个人的人格利益之上还有一个家庭的整体利益,这种家庭利益是全体家庭成员的抽象人格利益。对死者人格利益的延伸保护,实际上是对家庭抽象人格利益的保护。

---

① [德]康德:《法的形而上学原理》,沈叔平译,商务印书馆1991年版,第119~121页。

② 杨立新:“公民身体权及其民法保护”,载《法律科学》1994年第6期。

③ 郭林等:“试论我国民法对死者名誉权的保护”,载《上海法学研究》1991年第6期。

④ 魏振瀛:“侵害名誉权的认定”,载《中外法学》1990年第1期。

⑤ 史浩明:“关于名誉权法律保护的几个理论与实践问题”,载《学术论坛》1990年第3期。

⑥ 陈爽:“浅论死者名誉与家庭名誉”,载《法学研究生》1991年第9期。

4. 利益保护说

这种学说认为，就我国现行法律规定而言，死者不能成为民事权利的主体，更不享有权利；对死者，法律所保护的是利益。法律不仅仅保护权利，而且还保护超出权利范围的合法权益，保护死者的利益，这不仅仅是死者自身利益的需要，而且是社会利益的需要。“因此，死者名誉应该作为一种合法利益而存在，并受到法律的切实保护。”①

5. 延伸保护说

笔者在“公民身体权及其民法保护”一文中提出，死者利益的保护实际上是对其生前享有权利的保护在其死亡后，再延续一段时间，转由死亡公民的近亲属行使之。例如，对于身体权的保护，在主体死亡后，对遗体的保护，就是这样延续的保护。②

在关于对人格权延伸保护的上述学说中，前三种主张尽管有可取之外，但从总的方面说是不正确的。首先，延伸保护的是否为权利，应依法律的规定，法律规定死者不具民事权利能力，当其死后自然就不再享有权利，因而，认为延伸保护的是死者人格权的主张是不能成立的。其次，称保护死者名誉实质是保护其近亲属的名誉，有悖于名誉是对特定人的社会评价，以及权利主体与权利客体相统一的原理，将权利主体与权利客体相分割，将死者的名誉改变成其近亲属权利的客体，也是不适当的。最后，创设家庭名誉的概念，反复推理，得出侵害死者名誉实际上侵害的是家庭名誉的结论，不但在逻辑上烦琐，而且其大前提即存在家庭名誉的命题本身在民法上就不成立。民事主体只有公民和法人，扩大一步说有合伙、联营这种准主体，无论如何也难以得出有家庭这种民事主体的结论来。这种观点的错误之处至为明显。

（三）人格权延伸保护的基本理论依据

民事主体人格权延伸保护理论的理论根据，是在现代人权思想指导下，以维护民事主体统一、完整的人格利益为基本目的，追求创造、保护社会利益与个人利益的和谐、统一。其理论要点是：

1. 民事主体在其诞生前和消灭后，存在与人格权利相区别的先期利益和延续利益

现代人权理论认为，现代人权本身具有鲜明的时代特点，这种新的时代的人权观，基于它所反映的社会关系、国际关系日益复杂的特点，形成了丰富的要素结构，其中最基本的要素是人格权利。因为如果没有一个有生命的人类个体的存在，那么，所谓人权的问题是没有任何意义的。③ 法律规定，民事主体之所以享有人格权利，是因为其具有民事权利能力。但是，就客观事实而论，民事主体在其取得民事权利能力之前和终止民事权利之后，就已经或者继续存在某些人格利益，而且这些人格利益都与该主体

① 王利明主编：《人格权法新论》，吉林人民出版社 1994 年版，第 444～445 页。

② 该文载《法律科学》1994 年第 6 期。

③ 宋惠昌：《现代人权论》，人民出版社 1993 年版，第 65～66 页。

在作为主体期间的人格利益相联系。这些存在于主体享有民事权利能力之前已经存在的先期利益和之后仍然存在的延续利益，对于维护该主体的法律人格具有重要意义，当其受到侵害，将对其事后取得或已经终止的法律人格造成严重损害。法律确认这种先期利益和延续利益，使其成为民事主体的先期利益和延续利益，同样予以严密保护。民事主体所享有的这种先期的和延续的人格利益，与人格权不同，人格权利为有民事权利能力的主体所享有，人格利益是在主体的权利能力取得前和终止后已经存在和继续存在一定期间。

2. 人格利益与人格权利互相衔接，统一构成民事主体完整的人格利益

民事主体的人格利益由先期利益和延续利益构成。与这两种利益紧密地前后相衔接的，就是人格权利。先期利益、人格权利、延续利益之所以能够紧密地、有机地衔接在一起，原因在于它们具有共同的基础，即它们的客体都是人格利益。民事主体有关人身的先期利益和延续利益作为先期利益和延续利益的客体，享有主体资格期间的人身本体利益作为人格权利的客体，在客观上是一脉相承、先后相序的一个整体；先期人格利益作为先导，引发和转变为人身本体利益；本体人格利益作为基础和中心，在其终止后转变成延续人格利益，并使其继续存在。在这样一个前后相接、完整有序的人格利益的锁链之中，先期人格利益、本体人格利益和延续人格利益都是其不可或缺的一环，缺少任何一个环节，都会使这一锁链出现残缺，从而导致民事主体人格利益的不完整，也必然导致民事主体人格的损害。民事主体人格利益的统一性和完整性，决定了先期人格利益、人格权利和延续人格利益也构成一个统一、完整的系统。

3. 民事主体人格利益的完整性和人格利益与人格权利的系统性，决定了法律对民事主体人身保护必须以人格权利的保护为基础，向前延伸和向后延伸

民事主体人格利益的法律保护，必须是也必然是以人格权利的保护为中心，这正是现代人权观念最基本要素的体现。没有这种法律保护，民事主体的人格权利不复存在或者任意受到侵犯，民事主体就丧失了最基本的人权、丧失了法律人格或者造成法律人格的残损，人就无异于成为动物。如果法律仅仅保护民事主体的人格权利，必然会使其先期人格利益和延续人格利益成为自然利益，无法抵御外来的侵害，进而损害人格权利的本身。法律确认民事主体的先期人格利益和延续人格利益为利益，就确切地表明，法律以对民事主体人格权的保护为基础，向前延伸以保护民事主体的先期人格利益，向后延伸以保护民事主体的延续人格利益。这种双向的人格利益延伸保护，以人格权利的法律保护为基础和中心，在时间顺序上与之相衔接，构成了对民事主体人格利益法律保护的完整锁链，确保民事主体的人格权利、人格利益不受任何侵犯。这种完备、统一的人格利益法律保护，不仅是维护民事主体个体利益的需要，同时也是维护社会利益的需要。通过对个体人格利益的完备保护，确立社会统一的价值观、荣

辱观、道德观,引导人们珍视自己的人格利益,尊重他人的人格和尊严,创造和睦、友善、利人的良好社会风范,并且通过制裁侵害他人人格权利和利益的违法行为,维护整个社会利益。

三、人格权延伸保护的基本内容

(一)人格权延伸保护的范围

人格权延伸保护的范围对民事主体人格权的延伸保护,并非对民事主体所有人格权利都予以延伸保护,而且对同一种人格权利的延伸保护也不都包括向前、向后的两种延伸保护;同时因民事主体的性质不同,人格权利延伸保护的权利范围也不相同。对此,必须分别说明人格权延伸保护的范围。

1. 先期人格利益延伸保护的范围

首先,胎儿享有先期身体利益。胎儿怀于母体,为母体之一部分。但其形体具有先期身体利益,应予保护。当其成活出生,成为身体权的客体,如在母体中因致伤而堕胎,是对胎儿身体利益的侵害。流产的胎儿死体,应按善良风俗处理,非法利用者,为侵害其先期身体利益,应追究民事责任。胎儿健康遭受损害亦应予延伸保护,是为先期健康利益。其次,胎儿是否享有先期名誉利益,尚未见成说。例如,诅咒某胎儿为"杂种",虽使其父母名誉权受损害,但对该胎儿的先期名誉利益不无影响;但此种利益在保护上殊为困难,确认胎儿享有先期名誉利益,尚无把握。最后,对于其他人格利益,对胎儿无法予以延伸保护。

法律除了保护先期人格利益之外,对于亲属法上的身份利益,包括亲权利益和亲属权利益、监护权利益基于亲属法部分的内容,也应包括在内。这种身份利益,存在于胎儿受孕之始,从其成功地怀于母体之中时起,事实上就已存在了该胎儿与其父母及其他亲属之间的身份关系。正如《法国民法典》第 312 条规定的那样:"子女于婚姻关系中怀孕者,夫即取得父的资格。"同理,妻亦即取得母的资格,夫及妻的直系亲属也当然地取得与该子女的亲属资格。这种自子女于怀孕时即在父、母及父母的亲属中产生的身份关系,就是胎儿在其未出生前存在的基本的先期身份利益,法律确认这种先期身份利益,并予以法律保护。法律对胎儿先期身份利益的延伸保护,主要是确认这种身份关系,以切实保护胎儿的为子、为亲属的利益。同时,着重保护的还有继承遗产的利益和享受扶养请求的利益。继承法关于胎儿特留份的规定,保护的是继承的利益;侵权法关于致人死亡或丧失劳动能力之时,受害人的已受孕的胎儿享有对加害人请求扶养损害赔偿潜在权利的规定,保护的是胎儿请求扶养的利益。当以特定的身份关系为条件而赠与胎儿财产时,胎儿即享有接受该财产的利益,法律予以保护。当胎儿不以特定身份关系接受财产赠与或遗赠时,亦为法律所延伸保护的先期利益,虽为财产法上的利益,但仍以其人格的先期利益为基础。

至于法人在成立之前,虽然会有围绕其成立的活动,但这时的活动并不以法人名义活动,故难说其有先期人格利益,以不认其有人身先期利益为妥。

2. 延续人格利益延伸保护的范围

延续人格利益延伸保护范围远比先期人格利益延伸保护范围为宽,包括以下内容:

(1)延续姓名利益和延续名称利益。公民死亡后,其姓名权转变为延续姓名利益,得为延伸保护。法人名称权的延伸保护,日本法关于商号权的延伸保护,已如上文所引《日本商法》第30条之规定,可以借鉴。所应注意者,《民法通则》第99条第2款还赋予个体工商户和个人合伙以名称权,对此,亦应予以延伸保护。

(2)延续肖像利益。关于公民死亡后的肖像延伸保护,有肯定说与否定说之争。《德国美术作品著作权法》规定:肖像人死亡时,死亡后如未经过10年,公布或者公然展览其肖像,须征得死者亲属的同意。学者主张,作为权利主体人格标识的肖像体现了权利主体的人格尊严,也可能与他人的人格尊严,甚至国家的、民族的尊严发生关联,因此保护死者肖像上的精神利益具有重要意义。① 笔者赞成这种主张。

(3)延续名誉利益。死者名誉的延伸保护,已成民法上的通说,国外多以立法确认之,我国则以司法解释形式予以肯定,对此无须赘言。关于法人是否有延续名誉利益需延伸保护,笔者持肯定态度。

(4)延续荣誉利益。荣誉权一经取得,终生享有。公民死亡、法人消灭后,其荣誉利益继续存续,法律予以延伸保护。即使是公民死后所追认的烈士称号,也应受到此种法律保护,不准他人侵害。

(5)延续隐私利益。死者隐私利益应否予以延伸保护,有学者提出肯定的主张,②笔者持赞成态度。隐私是与公共利益、群体利益无关的当事人不愿他人知悉或他人不便知悉的个人秘密。公民享有隐私权,法律保护这种隐私利益;当公民死亡之后,这种隐私利益继续存在,法律应以延续隐私利益予以延伸保护。

(6)延续身体利益。关于死者遗体的法律保护,近来学者主张肯定态度。但保护的理论依据有不同看法。某一学说认为遗体为特殊物,以物权保护方法予以保护。③身体作为身体权的客体,在主体死亡后,身体变为尸体,具有物的性质,但是在保护方法上,并不是完全采用物权的保护方法,采用身体权的延伸保护予以解释更为恰当,且符合一般社会观念。侵害尸体、非法利用尸体,均应追究民事责任。

---

① 王利明主编:《人格权法新论》,吉林人民出版社1994年版,第391页。

② 王利明主编:《人格权法新论》,吉林人民出版社1994年版,第442页。

③ 张良:"浅谈对尸体的法律保护",载《中外法学》1994年第3期。

在列举的上述延伸保护的人格利益中，最高人民法院《关于确定民事侵权精神损害赔偿责任若干问题的解释》中，已经对死者的姓名、肖像、名誉、荣誉、隐私、身体（遗体、遗骨）的延续利益的司法保护，作出了规定，在实践中应当依照这一司法解释指导审判实践。对于延续的亲属利益，以及对于先期身份利益、先期身体利益、先期健康利益的法律保护，该司法解释没有作出规定。对于这些还要在司法实践中进一步积累经验，在学理研究中进一步探索。

（二）人格权延伸保护的方法

人格权延伸保护的方法，是指法律通过何种身份的人提出诉讼请求。因为人格权属于私权，其除自力救济外，公力救济必须由权利人或有权起诉的人提出，法院才能予以救济；否则，法律无力保护。

对于先期人格利益的法律保护，法律主要采取时间延长，待享有先期人格利益的胎儿出生，由其直接取得权利后，作为权利主体提出请求的办法实现其权利。对于出生时为死体的，应当认为是对母亲身体的侵害，由母亲享有损害赔偿请求权。

对于延续人格利益的延伸保护，各国采取的办法，均由死亡人亲属和遗嘱受益人提起诉讼。但近亲属范围的确定有不同做法，有的规定为配偶和子女，有的规定为配偶、子女和父母，也有的只规定为亲属。对此，《民法通则》没有规定，最高人民法院《关于审理名誉权案件若干问题的解答》第5条规定："死者名誉受到损害的，其近亲属有权向人民法院起诉。近亲属包括：配偶、父母、子女、兄弟姐妹、祖父母、外祖父母、孙子女、外孙子女。"这一司法解释虽仅为名誉利益的延伸保护而规定，但可扩张适用于人格权延伸保护的一般场合。最高人民法院《关于确定民事侵权精神损害赔偿责任若干问题的解释》第7条规定："自然人因侵权行为致死，或者自然人死亡后其人格或者遗体遭受侵害，死者的配偶、父母和子女向人民法院起诉请求赔偿精神损害的，列其配偶、父母和子女为原告；没有配偶、父母和子女的，可以由其他近亲属提起诉讼，列其他近亲属为原告。"这一规定完整地说明了死者人格利益的保护方法。

应当指出的是，上述近亲属所享有的权利，是对该利益延伸保护的请求权，因而这种权利的性质应为诉权。在此，必须划清人格权延伸保护与侵权行为既侵害了死者名誉又侵害了其近亲属的名誉权的界限。前者是单一的诉讼法律关系，后者在诉讼中是两个平行的诉讼法律关系。

死者没有近亲属的，以及法人撤销后，其延伸保护请求权应由谁来行使呢？笔者认为，可以由人民检察院作为主体提起诉讼，保护死者和已撤销的法人的延续人格利益。对此，国外有立法例可援，如《匈牙利民法典》第86条规定："如果损害死者（或者已撤销的法人）声誉的行为同时也损害社会利益，则检察长也有权提起诉讼。"在我国，人民检察院是国家的法律监督机关，既有权对民事审判活动进行监督，又有权向人民法院提出抗诉。对于死亡人没有近亲属以及已撤销的法人,人格权应当受到延伸保护的,检察机关有权直接向人民法院起诉,以维护社会公共利益。

按照最高人民法院关于精神损害赔偿责任的司法解释规定的上述办法,是将死者的近亲属作为死者人格利益的保护人规定的,具体分为两个顺序,第一顺序为配偶、父母、子女;第二顺序为其他近亲属。在第一顺序保护人存在的情况下,第二顺序的保护人不能够起诉行使保护死者人格利益的权利,只能由第一顺序的保护人行使该权利;第一顺序的保护人均不在位的时候,第二顺序的保护人可以行使保护死者人格利益的权利。

(三)人格权延伸保护的期限

国外对于人格权延伸保护期限有不同的规定。就我国现状而言,人格权延伸保护的期限分为以下几种:

一是先期人格利益延伸保护的期限,自胎儿出生之时,溯及其成功受孕之时。这一点,其他国家有关立法是一致的。

二是延续人格利益延伸保护为永久期限的,这种保护期限没有止期,永久存在。在著作人格权中的署名权、修改权、保护作品完整权,《著作权法》规定其保护期限不受限制。

三是延续人格利益延伸保护为确定期限的,这种情况只有著作人格权中的发表权,《著作权法》规定其保护期为作者终生及其死亡后50年;其他主体作品及其他作品的保护期限亦有明确规定。

四是以死亡人近亲属可以提起诉讼的办法,限定人格权延伸保护期限。前述最高人民法院《关于审理名誉权案件若干问题的解答》第5条和最高人民法院《关于确定民事侵权精神损害赔偿责任若干问题的解释》第7条就是采取的这种办法。与国外相关规定比较,我国关于近亲属的范围稍宽,估算起来,保护期限大约在50年左右,应属适当。

五是人民检察院为人格权延伸保护提起诉讼的,不受期限的限制,可以在任何时间提起诉讼。

第二节　对胎儿的法律保护

一、对胎儿损害的典型案例和进行法律救济的不同看法

侵害胎儿人格利益的侵权行为,是很长时间没有受到重视的一种侵权行为。其原

因在于,对胎儿人格利益是否应当受到保护的理论问题没有得到解决,同时在实践中也没有较为成熟的司法判例和经验。

在实践中,这样的案例已经出现了。成都市女市民贾丽怀有4个多月身孕,某日乘坐成都洪桥出租汽车公司戚天明驾驶的奥拓车出行,当车行至保和大道时,出租车将正在前方右侧车道修车的黄某、张某撞伤,坐在出租车内副驾驶座的贾丽同时被撞伤,右额粉碎性凹陷骨折及颅内血肿。交警部门认定,该起交通事故的发生,戚天明及黄某、张某均违反有关交通法规规定,负事故同等责任。贾丽认为,出了车祸后,自己吃了那么多药,肯定会对胎儿的健康有影响。成都市中级人民法院法庭科学技术研究所法医学鉴定认为,贾丽属十级伤残,其受伤后服用的复方磺胺异恶唑等药对胎儿的生长发育有一定影响,但由于缺乏具体的用药量及用药方法、时间,加之人的个体差异等,对胎儿的生长发育的具体影响尚无法确定。由于贾丽住院后司机戚天明等三人拒付医疗费,贾丽不得不出院。贾丽在生下小孩后,与对方多次协商无效后,向成都市成华区法院保和乡法庭递交民事诉状,向三名被告索赔,要求被告赔偿其医疗费、伤残补助费及对胎儿的伤害费等,共计20万元。

对于本案应当如何处理,有三种不同的意见。第一种意见认为,胎儿不具有独立的人格,不具有民事权利能力,不享有任何权利,因此,即使是他在母体内受到伤害,也不享有索赔权利。解决的办法是,胎儿是母体的组成部分,母亲可将胎儿视为身体的一部分,受到伤害,可以提出损害赔偿请求,但是应当是母亲受到伤害,是行使母亲的损害赔偿请求权。第二种意见认为,本案的母亲在事故中受到损害,被告承担侵权责任是应当的。但胎儿在事故中究竟是否受到药物影响,并无确实依据,因而胎儿不应获得赔偿,且赔偿数额应根据有关国家规定计算。第三种意见认为,母亲受到伤害,涉及胎儿的健康损害,胎儿可以通过孕妇名义间接提出索赔,因为现有的法医鉴定已明确药物对胎儿有影响,现孩子已出生,其权利应得到法律保护。

本案所涉及的是一个重要的侵权法法理问题,这就是对人格权的延伸法律保护问题。

对自然人的人格权予以法律保护,在受到侵权行为损害的时候,应当予以损害赔偿救济,这是不成问题的。但是,在自然人死亡后和出生前,其人格权受到侵权行为的侵害,能否得到侵权行为法的救济,在理论上不无疑问。民法理论认为,在自然人出生前或者死亡后,其人格利益亦应当受到法律的保护,这种保护,就是向前延伸,保护胎儿的人格利益;向后延伸,保护死者的人格利益。

在这样的理论指导下,我国法律和司法实践已经成功地解决了对死者人格利益保护问题。最高人民法院在司法解释中也作出了肯定的解释,对死者的姓名、肖像、名誉、荣誉、隐私利益以及遗体、遗骨予以司法保护,使其不受侵权行为的侵害。

对于未出生的胎儿的人格利益保护，理论上是认可的，但是在实践上，还没有成功的判例，最高司法机关也没有作出相关的司法解释。对此，应当进行法理分析，为确立这样的人格利益法律保护制度而努力。

二、国外关于胎儿受到伤害索赔的理论与实践

在古老的罗马法时期，法学家保罗就指出："当涉及胎儿利益时，母体中的胎儿像活人一样被对待，尽管在他出生以前这对他毫无裨益。"①罗马法认为，胎儿从实际的角度上讲不是人，但由于他是一个潜在的人，人们为保存并维护其自出生之时即归其所有的那些权利，而且为对其有利，其权利能力自受孕之时起产生，而不是从其出生之时起计算。

在近现代的民事立法中，规定胎儿在其母体中受到侵权行为的侵害，自其出生时始，享有损害赔偿请求权。《德国民法典》第844条规定："第三人在被害人被侵害当时虽为尚未出生的胎儿者，亦发生损害赔偿义务。"《日本民法典》第721条规定："胎儿，就损害赔偿请求权，视为已出生。"《瑞士民法典》第31条规定："胎儿，只要其出生时尚生存，出生前即具有权利能力的条件。"在美国，判例法规定，每一个人都被保护，不受侵权性行为之害，包括胎儿在内。② 美国加利福尼亚州上诉法院改判的辛德尔诉阿伯特化学厂损害赔偿案，对此问题极具说服力。辛德尔是一个乳腺癌患者，在她出生前，其母亲服用了当时广为采用的防止流产的乙烯雌粉（diethylstilbestrol，简称DES），后来研究证明，服用此药可能引起胎儿患乳腺癌等症，辛德尔就是此药的受害者。辛德尔提出诉讼以后，初审法院没有支持其诉讼请求；辛德尔上诉以后，上诉法院认为辛德尔的这种诉讼请求是正当的，判决支持了辛德尔的赔偿请求。③

国外的这些理论、立法和司法实践都确定了一个基本原则：胎儿在母体中受到侵权行为的侵害，身体、健康受到损害，有权在其出生后，就其损害请求损害赔偿。

作者提出过人格权延伸法律保护的理论主张，可以作为确定这样的原则的理论基础。这就是，在现代人权观念的指导下，以维护自然人统一、完整的人格利益为基本目的，追求创造、保护社会利益与个人利益的和谐、统一。

三、保护胎儿人格利益的主要方面

按照上述法理基础，法律在保护胎儿的人格利益方面，主要有以下内容：

① [意]彼德罗·彭梵得：《罗马法教科书》，中国政法大学出版社1992年版，第30~31页。

② [美]彼得·哈伊：《美国法概论》，北京大学出版社1983年版，第91页。

③ 潘维大：《英美侵权行为法案例解析》，高等教育出版社2005年版，第154页。

首先是胎儿身体健康受到损害的损害赔偿请求权。侵权法认为,胎儿在其母体中孕育,为母体的组成部分,但是其形体具有身体和健康的人格利益,应当予以法律保护。胎儿的形体受到侵权行为侵害,造成身体或健康的损害,当其成活出生,成为一个具有权利能力的人的时候,就享有身体和健康损害的赔偿请求权,得依法行使,使其受到侵害的人格利益得到恢复、权利得到保护。在本案中,贾丽遭受车祸损害,因服用治疗伤害的药物,间接致害其体内的胎儿。因而,受到损害的就不仅仅是贾丽,还损害了胎儿的健康利益。这里的损害赔偿请求权,不仅为贾丽所享有,其出生后的孩子因其作为胎儿的时候就受到了损害,因此也享有损害赔偿的请求权,可以直接向法院请求加害人承担损害赔偿责任。现在的问题是,本案的这个已经出生的孩子的健康是不是受到了损害,还没有得到确切的证明,如果能够得到确切的证明,其损害赔偿请求权是没有问题的,应当得到法院的支持。在这里探讨这个问题,假设这个损害已经得到了确切的证实,因而更容易说明问题。

除此之外,民法对胎儿的其他利益也予以保护:一是胎儿的身份利益。这就是确定胎儿的身份关系,包括亲子关系、亲属关系,在胎儿未出生之前,这种关系实际上就已经确定了,任何人否认这种关系,都是不准许的。二是胎儿的扶养关系。胎儿虽然尚未出生,但是对亲子关系和亲属关系中的扶养关系也是确定了的,其一经出生,其父母就对其负有扶养的义务。对此,最有使用价值的就是,侵权行为的直接受害人受到伤害致死,或者是致残,其生前或者致残前所抚养的人,有权请求加害人承担其抚养损害的赔偿;如果直接受害人生前或致残前有尚未出生的胎儿,该胎儿出生后,也可以请求同样的损害赔偿。三是胎儿的继承关系。《继承法》规定,在继承开始的时候,对胎儿要保留应当继承的份额,在胎儿活着出生之后发生继承。

四、保护胎儿身体利益的基本规则

对侵害胎儿身体利益的侵权行为,应当认定为侵害胎儿的身体健康的侵权行为,加害人应当承担侵权责任。侵害胎儿身体健康的侵权行为有两种形式:第一种,直接侵害胎儿人身。直接侵害胎儿的身体健康这种侵权行为,行为人的行为直接指向胎儿的身体健康。行为人的意图是造成胎儿的健康受损,行为是直接指向胎儿,就是针对胎儿的侵权行为。这种侵权行为较为少见。第二种,间接侵害胎儿人身。间接侵害胎儿人身的侵权行为,是行为人的行为侵害了怀孕的母亲的身体健康,作为后果,造成了胎儿的身体健康受损。这种侵权行为是较为常见的,是最常见的侵害胎儿身体健康的侵权行为。这两种行为实施以后的后果是一样的,都是造成了胎儿的身体健康损害,构成侵权责任。

确定侵害胎儿身体健康的侵权责任的基本规则是:

第一,胎儿的人格利益受到法律的保护,其在母体中受到身体损害或者健康损害,法律确认其产生损害赔偿请求权。

第二,胎儿的这种损害赔偿请求权,在胎儿还没有出生之前,是一种潜在的权利,因为他(她)还没有享有这种权利的权利能力。因此,这种损害赔偿请求权应待其出生后,依法行使。这时胎儿就不再是胎儿,而是一个具有民事权利能力的主体,行使损害赔偿请求权不再存在任何障碍。

第三,由于初生儿具有民事权利能力而不具备民事行为能力,因而在行使侵权损害赔偿请求权的时候,应当由其亲权人作为法定代理人代为行使,而不是单单由母亲行使。

第四,如果胎儿出生时为死体,无论是侵权行为致死还是其他原因所致,胎儿都不能产生损害赔偿请求权,而由受害人即怀孕的母亲享有损害赔偿请求权。这是因为,胎儿是母体的组成部分,伤害胎儿就是伤害母亲的身体健康,其母亲产生损害赔偿请求权。

第五,胎儿的身体健康是否受到损害在出生时不能得到确定,能否行使损害赔偿请求权的问题,则应当在这个结论能够确定之时,即损害状况能够得到确定之时再来决定。

第六,这种案件的损害赔偿诉讼时效问题,原则还是按照权利人知道或者应当知道权利被侵害之时起计算。胎儿受到伤害的索赔,也应当从知道或者应当知道权利受到侵害,即损害能够确定之时计算。在出生时即可确定损害的,即时起计算;在以后的时间才能确定的,在伤害确定之时计算。

至于侵害胎儿人格利益的侵权责任范围和方式,则依照人身损害赔偿的一般方法进行。

第三节　对死者人格利益的民法保护及商业化使用问题

一、关于使用鲁迅肖像和姓名纠纷案件的媒体报道

2000 年,某地鲁迅美术学院使用鲁迅姓名申请注册“鲁迅”商标;某公司使用鲁迅肖像用于商业活动。这些事件引起广泛的关注,媒体作了深入的报道。主要媒体的报道如下:

《浙江青年报》报道,得知“鲁迅”商标被申请注册的消息之后,住在北京的鲁迅之子周海婴立即到国家商标局查询,在42个大类的商标中只发现教育系列的“鲁迅”商标被鲁迅美术学院申请注册。周海婴委托律师向国家商标局提出申请,以鲁迅的姓名权被侵犯为由,要求国家商标局撤销鲁迅美术学院的商标注册申请,同时向国家商标局递交了“鲁迅”商标图案,申请注册“鲁迅”教育类商标及酒类商标。

《辽沈晚报》报道,鲁迅家人认为,鲁迅美术学院侵权不是说鲁迅美术学院不能叫这个名,而是指鲁迅美术学院在未与鲁迅家人联系的情况下,却把“鲁迅”作为商标申请注册。鲁迅的商标只能由其家属来申请注册,不应由鲁迅美术学院来申请注册。据称,目前全国有近十家学校用“鲁迅”的名字,这些学校的冠名均应征得周家的同意,而此番要求撤销鲁迅美术学院的商标注册申请,讨回鲁迅的注册商标是要讨回鲁迅的姓名权不被侵犯。

《文汇报》报道,经与鲁迅家人多次协商,鲁迅外国语学校将以50万元买下鲁迅的三年冠名权,成为全国第一所被授权冠名的“鲁迅”学校。鲁迅外国语学校是一家投资1.2亿元的民办学校,去年开始正式招生。今年年初,鲁迅家人曾两次委托律师,对学校使用鲁迅姓名进行交涉,认为任何未经鲁迅先生直系亲属许可,以营利为目的擅自使用鲁迅姓名的行为均属侵权行为,要求停止以鲁迅姓名作为校名的行为。据了解,校方在接到律师函后,与鲁迅家人进行了协商。经双方初步协商,“鲁外”以50万元的价格买下三年冠名权,校方聘请周海婴为名誉校长,周海婴之子周令飞为教育总监,参加学校的重大活动,负责监督学校的教育质量,使冠名学校不辱伟人的形象。鲁迅家人表示,用冠名权的形式是对无形资产的尊重,也是市场经济条件下品牌意识的觉醒。至于冠名费,他们将以鲁迅家人的身份捐赠给学校。①

《江南时报》报道,鲁迅先生的故乡浙江绍兴的古越龙山绍兴酒股份有限公司,经鲁迅先生之子周海婴先生授权同意,将在先生120周年诞辰之际推出“鲁迅酒”。然而,国家工商总局正式告知媒体,周海婴向其申请注册“鲁迅酒”商标一案,经初审予以驳回,正式文案将随后送达相关人士。据国家工商总局商标局审查处的具体经办“鲁迅酒”商标的人士表示,“鲁迅酒”商标注册申请目前已经被驳回。据称,名人商标是一种特殊的商标,要考虑社会影响。根据我国《商标法》第8条第1款第9项的规定,商标容易引起社会不良影响的不予以核准通过。就本案来说,鲁迅先生是名人,是一代大家,把他的名字作为商标用在商业活动中是不合适的。②

《检察日报》报道,我国伟大的文学家、思想家、革命家鲁迅先生之子周海婴状告绍

① 参见《文汇报》2001年6月23日报道。
② 参见《江南时报》2001年8月11日报道。

兴市越王珠宝金行,认为该金行未经原告同意制售圆形和方形鲁迅肖像金卡礼座,并于1996年开始销售。金卡正面除中间有鲁迅肖像外,其右侧书有“绍兴近代贤人图”和落款为鲁迅的对联“横眉冷对千夫指,俯首甘为孺子牛”,鲁迅肖像左侧写着“绍兴市越王珠宝金行承制”和“9999纯金”字样。金卡背面是鲁迅先生的生平简介。原告认为,被告未经原告同意,制售鲁迅肖像圆形和方形金卡礼座,显然侵犯了鲁迅的肖像权,也侵犯了原告的合法权益。原告在诉状中请求法院判令被告立即停止侵权,并向原告赔礼道歉,诉讼费由被告承担。法庭主持调解,没有成功。有关人士认为,公民的肖像权受法律保护已很明确,而死亡者的公民权自然消灭,对其肖像权是否应当延伸保护,目前法律尚无明确规定。①

这些案件引发一系列的法律问题,诸如:(1)鲁迅学校、鲁迅纪念馆等未经鲁迅后代许可使用鲁迅姓名、肖像,是否构成侵权?纪念鲁迅先生的邮票、邮折等纪念品是否必须经过鲁迅后代的同意才能发行?(2)著名人物的姓名权、肖像权、名誉权在其死亡后,能否理解为姓名、肖像等人格权益转化为财产权益,由其后代继承?(3)死者后代能否以申请商标注册的形式排他地独占死者人格因素的使用权?(4)如死者人格因素归入公共领域,则对其如何保护?对其使用(包括商业化使用及非商业化使用)又适用何种规则?这些问题集中起来,都涉及死者人格利益的民法保护和商业化利用的问题。

二、死者的人格利益应当得到民法保护是确定的

死者的人格利益应当得到民法的保护,这个结论在今天已经是不争的结论。这个结论的得出,却经历了长期的实践和理论探索的过程。

(一)死者人格利益民法保护的发展过程

《民法通则》在制定中,关于死者的人格利益的民法保护问题没有在考虑之中。这表现在《民法通则》的条文中,没有一个条文对这个问题进行规定,甚至无法引申出对死者人格利益进行民法保护的意思。这和当时民法理论和实践的实际水平是相当的,因为在这个时候,我国民法的理论和实践还都没有提出这个问题。

但是,在《民法通则》确定了对自然人的人格权进行民法保护的原则之后,对人格权民法保护的一系列问题就在实践中不断产生,对死者名誉利益的保护问题,就是《民法通则》实施后最早遇到的重大问题之一。天津法院审理“荷花女案”最高人民法院集中了学术界和司法界的讨论意见,作出司法解释,规定对侵害死者名誉权的,受害人的

---

① 参见《检察日报》国际网站2000年9月1日报道。

近亲属可以向法院提起诉讼,请求民法保护。[1] 这个司法解释起到了一锤定音的作用,对激烈的讨论作出了结论性的意见。[2]

随着司法实践的不断深入,对死者其他人格利益的民法保护问题不断地展现出来。例如,对死者肖像的保护问题、对死者隐私利益的保护问题、对死者身体利益的保护问题,在司法实践中渐次出现,成为民法理论探讨的热点问题,推动对人格权民法保护研究不断深入。例如,哈尔滨市法院受理的一个案件,就涉及死者肖像利益的保护问题。两个老太太原来是邻居,分别搬进新居后很长时间没有见面,某日在一个小区的路上见了面。一个问另一个:"你搬到哪里住了呀?"另一个就指着身后的高楼说:"我家就在那座楼!"这一个就用手遮在眼前往那座楼上看。有一位摄影家这时恰好在旁边,把这个画面拍了下来,作品反映了人民群众住上新居的幸福之感,参加了摄影展并获奖。后来,某广告商接受了司机防晕眩眼镜的广告设计,找到了这位摄影家,请他提供画面,他就将这幅照片拿出来。广告商将用手遮在眼前的老太太的那一半照片作为广告的主体画面,加上"司机朋友,慈母盼你平安归"的广告词,介绍了防晕眩眼镜对于安全驾驶的作用。这时,肖像被作了广告的那位老太太已经去世。在报上刊登了这幅广告以后,这位老太太的家属诉至法院,请求侵权损害赔偿。[3] 吴姓公民因偷开汽车被公安机关收容审查,因病取保候审住院治疗,4 天后死亡,为鉴定死因,委派某医学院进行尸检,该学院利用尸检机会组织教学,摘取器官作为标本。死者家属提起诉讼,追究行为人侵害尸体的民事责任。[4] 该案涉及对死者身体利益的民法保护问题。

这些案例和问题都说明,对死者人格利益的保护问题,绝不是仅仅对死者的名誉利益的保护,而是涉及一系列死者人格利益的保护问题。对此,学术界和司法界经过十几年深入研究,取得了重要的成果。这些成果集中体现在最高人民法院 2001 年 3 月 10 日施行的《关于确定民事侵权精神损害赔偿责任若干问题的解释》第 3 条规定:"自然人死亡后,其近亲属因下列侵权行为遭受精神痛苦,向人民法院起诉请求赔偿精神损害的,人民法院应当依法予以受理:(一)以侮辱、诽谤、贬损、丑化或者违反社会公共利益、社会公德的其他方式,侵害死者姓名、肖像、名誉、荣誉;(二)非法披露、利用死者隐私,或者以违反社会公共利益、社会公德的其他方式侵害死者隐私;(三)非法利用、损害遗体、遗骨,或者以违反社会公共利益、社会公德的其他方式侵害遗体、遗骨。"根据这一规定,死者的姓名、肖像、名誉、荣誉、隐私以及身体利益,都受到民法保护。这

---

① 参见最高人民法院 1989 年 4 月 12 日〔1988〕民他字第 52 号《关于死亡人的名誉权应受法律保护的函》。

② 但是,对于死者名誉保护的理论基础却仍然是众说纷纭,各种观点仍然在探讨中。

③ 参见杨立新主编:《民商法评论》(第一辑),吉林人民出版社 2001 年版,第 59 页。

④ 参见杨立新:《民法判解研究与适用》,中国检察出版社 1994 年版,第 167 页以下。

些死者人格利益受到侵害，死者的近亲属都有权请求人民法院予以民法上的保护。

（二）死者人格利益民法保护的理论基础

在对死者的人格利益应当进行民法保护的结论得到统一以后，对死者人格利益民法保护的理论研究任务并没有结束，还必须进行更为深入的讨论和研究，在理论上对这种民法现象进行总结和说明，探讨对死者人格利益进行民法保护的深层次的理论问题。

在这方面，康德对“一位好名声的人死后继续存在的权利”的学说，①以及罗马法关于法律对人的胎儿时期的人格利益和死后的人格利益受到侵害其继承人可以提起罚金诉讼和混合诉讼的规定，②具有极为重要的启示。

中国民法学家对死者人格利益的民法保护的理论基础进行了深入的探讨，提出了诸多观点。综合各种学说的特点，笔者提出了人身权延伸法律保护的理论，指出了前三种学说的不完善之处，对“利益保护说”进行了完善。

笔者认为，现代人权思想是人身权延伸保护的理论依据，以维护民事主体统一、完整的人格利益为基本目的，追求创造、保护社会利益与个人利益的和谐、统一。基本理论要点是：第一，民事主体在其诞生前和死亡后，存在与人身权利相区别的先期利益和延续利益；第二，先期的人格利益与延续的人格利益与人身权利相互衔接，统一构成民事主体完整的人格利益；第三，民事主体人格利益的完整性和人格利益与人身权利的系统性，决定了法律对民事主体人身保护必须以人身权利的保护为基础，向前延伸和向后延伸。向前延伸，保护的是人在胎儿时的人格利益，向后延伸保护的是人死亡后的人格利益。运用人身权利延伸保护的学说，不仅可以解释对死者人格利益的保护理论问题，而且还可以解决对人出生前作为胎儿存在时期的人格利益保护问题。③

人格权延伸保护的理论较好地解决了对死者人格利益进行民法保护的理论依据，能够较为妥善地解释对死者人格利益保护的原因，说明死者人格利益法律保护的基本问题，因而可以作为死者人格利益保护的理论基础。依据最高人民法院关于精神损害赔偿司法解释起草者的说明，这一司法解释关于死者人格利益保护的规定中，借鉴了

---

① ［德］康德：《法的形而上学原理》，沈叔平译，商务印书馆 1997 年版，第 119～121 页。

② ［意］彼德罗·彭梵得：《罗马法教科书》，黄风译，中国政法大学出版社 1992 年版，第 30～31、109 页。

③ 关于这一理论的完整内容，可以参见杨立新：“人身权的延伸法律保护”，载《法学研究》1995 年第 2 期。这个理论最早提出，是在我的另一篇文章，即“论公民身体权及其民法保护”，载《法律科学》1994 年第 6 期。

人身权延伸法律保护的理论。[①] 因此,人格权延伸法律保护的理论可以作为死者人格利益民法保护制度的理论支撑。

基于以上说明和分析,笔者认为,我国民法对死者人格利益的法律保护问题,在制度上和理论上已经基本成熟、完备。

三、死者人格利益商业化使用的基础

死者的肖像和姓名,以及死者的隐私、名誉、荣誉、尸体,具有人格利益因素,应当予以保护。之所以要给予法律上的保护,尤其是给予民法的保护,就在于死者的人格利益具有利用的价值。

这种价值,首先表现为精神利益的价值。这是人格权的基础,也是人格利益的基础。按照现代人权观念,人的尊严,是人的基本价值,是人之所以为人的价值。一个现实社会的人,必须具有自己的存在价值,即作为"人"的基本人格。这不仅是指人之所以为人而受到应有的尊重,而且是人之所以为人而从事任何活动包括民事活动的基本条件。一个人只有具有人格,并且这种人格受到法律的承认,才能够享有全部的权利,承担全部的义务。法律维护死者的人格利益,就在于"一个一生无可指责的人,死后也应该受到尊重,那就要承认,这样的一个人可以(消极地)获得一个好名声,并构成属于他自己所有的东西,纵然他在人间已不能再作为一个有形的人存在了。他的后代和后继者——不管是他的亲属或不相识的人——都有资格去维护他的好名声,好像维护自己的权利一样。理由是,这些没有证实地谴责威胁到所有人,他们死后也会遭到同样地对待的危险"。[②] 这就是死者人格利益的价值之一。仅从这一点就可以看出死者人格利益保护的社会意义,以及死者人格利益是精神价值的一部分。此外,对死者人格利益的保护还涉及社会利益、死者近亲属的利益等。这些都是死者人格利益的精神价值。

我们现在在这里研究的侧重点,不是死者人格利益的精神价值,而是死者人格利益的财产价值或者称之为经济价值。这就是死者人格利益商业利用的基础问题。就像本书所讨论的鲁迅肖像、姓名的商业利用问题一样,对死者肖像、姓名、隐私等人格利益的商业利用,不在于利用死者人格利益中的精神利益因素,而在于利用死者人格利益因素中的财产利益或者经济利益。假如死者人格利益中不具有这种财产的或者

---

① 参见陈现杰:"人格权司法保护的重大进步和发展",载《人民法院报》2001 年 3 月 28 日。该文将关于死者人格利益的保护列为第四题,即"人格利益的延伸保护",指出以往的司法解释仅就名誉权的延伸保护有过规定,《解释》(指关于精神损害赔偿的司法解释)则将其扩大到自然人的其他人格要素,包括姓名、肖像、荣誉、隐私以及死者的遗体、遗骨。

② [德]康德:《法的形而上学原理》,沈叔平译,商务印书馆 1997 年版,第 120 页。

经济的利益因素，商家就不会在商业领域中对死者的姓名、肖像或者隐私利益等发生兴趣。

现在，我们要研究死者人格利益中的财产利益或者经济利益因素的产生机制问题。这是研究死者人格利益商业化利用的基本问题，不解决这个基础问题，涉及这个问题的任何其他问题都无法解决。

从本原上说，人的人格只具有精神利益，并不具有财产的或者经济的利益因素。因为人格问题，说到底就是解决人的做人资格问题，人格并没有依此取得财产的意思。① 但是，一方面，人格是取得财产的基础，民法的财产法就是规定人对世界上的财富支配的规则，是谁享有哪项财产，怎样享有该项财产；另一方面，人格也是解决人格利益中的财产利益因素的最重要的方面，就是人格中的精神利益在一定的条件下能够转化为财产利益因素，并且依此可以获得财产利益。

对此，笔者在一篇文章中论证了肖像权的精神利益如何转化为财产利益的道理。②从原则上说，人格权不是财产权，一般不具有财产的内容，但是，肖像权由于具有物的某些因素，因而与其他人格权相比，具有明显的物质利益。这种物质利益产生的机理就是，公民的肖像是一种视觉艺术品，具有美学价值，在商品经济条件下，具有美学价值的肖像在商业领域中使用，这种美学价值能够转化为财产上的利益，享有肖像权就可以获得财产上的利益。当然，这种物质利益不是肖像权的主要内容，而是由肖像权的精神利益所派生、所转化的利益。③

事实上，任何人格利益中的精神利益向财产利益的转化都具有这样的过程。所不同的是，肖像权客体即肖像的某些物质属性和美学价值更为具体、更为明显，转化的过程更为直观而已。在其他的一些人格权中，也具有这样直观的转化。例如，名称权，其本身就含有较为明显的财产利益因素，使用一个成功企业的名称，就可以得到较大的财产利益，这种财产利益的产生，不像肖像权那样是由美学价值转化而来，而是名称本身所含有的财产利益因素，这种财产利益因素直接由于使用而产生了财产上的利益。

在死者的人格利益中，肖像利益、姓名利益、隐私利益、名誉利益、荣誉利益以及身体利益的客体，都有转化为财产利益的可能。换言之，死者人格利益的财产利益转化，是这种人格利益的客体在使用中的转化。

在肖像的美学价值转化为财产利益的分析中，实际上只是对自然人肖像精神利益转化为经济利益的说明，而且是对活着的人的肖像利益转化的描述。事实上，在全部

---

① 这里所说的财产，不是指财产所有权的问题，而是从人格利益中取得财产的利益。

② 杨立新："侵害肖像权及其民事责任"，载《法学研究》1994 年第 4 期。

③ 杨立新："侵害肖像权及其民事责任"，载《法学研究》1994 年第 4 期。这一论述比较准确地描述了肖像权精神利益向物质利益转化的机理。

的精神性人格权当中，无论是生者还是死者，都存在这种利益转化的问题。可以有一个简单的判断，那就是，如果人格权的客体没有这种利益转化的可能，那就不会出现对生者或者死者人格权客体的商业化利用问题。

现在仅就死者人格利益的客体发生利益转化问题进行分析。

死者人格利益客体的利益要进行转化，必须存在转化的前提和因素。这些因素是：

一是，人格利益客体的美学价值。这一点如同前文所分析的那样，就是肖像利益的客体即肖像所具有的美学价值。这种价值在市场经济中，经过利用，转化为财产的利益，为利用者创造财产利益。这种利益转化，决定于肖像的美学价值的高低，美学价值越高，转化为财产利益的可能性和利益的量就越大，反之，则较低。事实上，在死者人格利益的保护中，肖像的美学价值对于转化为财产利益，所起的作用已经大为降低，转而起更为重要作用的则是人物的知名度和影响力。

二是，存在于人格利益中的主体的知名度和影响力。在死者人格利益的客体中，利益转化的决定性因素，在于其主体的知名度。主体的知名度和影响力越高，转化为财产利益的可能性和利益的量就越大。例如，在商品广告上，决定性的因素之一是广告的公知度。广告的覆盖程度，实际就是要扩大其所宣传的商品的公知度；主体的知名度和影响力越高，就越能扩大广告的公知度，扩大商品的公知度。利用已故公众人物的人格利益客体，能够达到这样的目的，主体的知名度和影响力就转化成为财产上的利益。

三是，人格利益的主体在历史上的作用。一个人在历史上发挥过重大作用，这个人就是历史上的重要人物。历史人物的这种重大历史作用就会被公众所关注，具有重要的社会价值。将这种作用使用到商品经济当中、使用到商业领域，这种社会价值也会转化为财产利益，产生经济上的价值。

四是，人格利益的具体内容对公众知情权的满足感。一个人生前的复杂经历和丰富阅历，也具有重要的社会价值。当其死后，其经历和阅历也能够创造财产利益，使这种社会价值转化为财产利益。例如，一个人的隐私具有这样的因素，利用死者的隐私创作作品，满足公众的知情权，也会转化为财产上的利益。

五是，其他方面。例如，人的器官，人体的特异体质等，在主体死亡后，都有极为重要的利用价值，就是一般的尸体也具有解剖的教学等价值，经过利用都可以产生财产利益。

死者人格利益因素转化为财产利益的机理，就在于上述各方面的因素对于社会或者公众的价值。这些因素一旦应用到商业领域或者社会有关领域，就可以产生号召力，应用这些因素的商品或者事业就会产生公众的兴趣，使之关注这些商品和事业，投入热情,发生商业上的作用,转化为财产利益。

可以说,死者人格利益商业化利用的基础,就是死者人格利益具有财产利益转化的可能。没有这样的转化可能,任何商人都不会对死者的人格利益产生兴趣。这说明,在死者人格利益上隐藏着巨大的商业价值,在商品经济社会,对这种商业价值进行开发,可以创造巨大的商业利益。由此而言,对死者人格利益的民法保护,既是对死者人格利益中的精神利益的保护,也是对死者人格利益中的财产利益的保护。在现实的商品经济社会中,后一种保护具有更为重要的意义。

四、死者人格利益保护与商业化利用的平衡

民法保护死者人格利益,除了要保护其中的精神利益之外,还要注重保护其中的财产利益。这就涉及死者人格利益所包含的财产利益在不同主体之间的平衡问题,也就是死者人格利益保护与商业化使用的平衡问题。

(一)获得死者人格利益中的财产利益的主体

在死者的人格利益产生财产利益时,可能获得这种利益的主体有以下几种:

1. 死者近亲属

死者人格利益中的财产利益,最主要的承受者就是死者的近亲属。自然人死亡后,其遗产由其近亲属继承,其人格利益由其近亲属保护;同样,死者人格利益中的财产利益也当然由其近亲属承受。这种承受关系类似于继承关系,但是有质的不同,因为这不是财产关系,而是人身关系的内容。然而,这并不妨碍按照继承关系的要求,处理死者人格利益中的财产利益的归属。因为按照这样的关系处理这个问题,可以推定为最符合死者的意志。

死者的近亲属是一个较大的范围,死者人格利益究竟由哪个近亲属保护,其中的财产利益究竟由哪个近亲属承受,还必须解决一个顺序的问题。在国外,一般是按照继承顺序解决的。我国在很长时间里没有解决这个问题。最高人民法院在《关于确定民事侵权精神损害赔偿责任若干问题的解释》中解决了这个问题。该司法解释规定:"自然人因侵权行为致死,或者自然人死亡后其人格或者遗体遭受侵害,死者的配偶、父母和子女向人民法院起诉请求赔偿精神损害的,列其配偶、父母和子女为原告;没有配偶、父母和子女的,可以由其他近亲属提起诉讼,列其他近亲属为原告。"这种规定,虽然规定的是程序问题,但是解决了实体上的问题,其参考的还是继承顺序,这是符合现实情况的。因此,在保护死者人格利益,承受死者人格利益中的财产利益上,首先要由配偶、父母和子女保护和承受,没有这个顺序上的近亲属的,才可以由其他近亲属保护和承受。

2. 公众和国家

在有些时候,死者人格利益是要归属于公众的,公众是这种利益的承受者。例如,

在鲁迅姓名使用上，如果使用在公共利益之上，作为学校命名，这种人格利益就归属于公众。对于公众人物，在民法上对其死后的人格利益不再予以保护，其人格利益中的财产利益就归属于公众承受。

对于某些死者的人格利益要归属于国家享有。例如，国家领袖、历史人物等，对他们死后的人格利益由国家进行保护，其中的财产利益也由国家承受。

这种人格利益如果受到侵害需要进行保护的，公共利益或者国家的代表人例如检察院，就可以行使自己的职权，提出诉讼请求，要求依法予以保护。

3. 开发者

在死者的人格利益不为死者近亲属保护和承受时，这种财富就成为公共资源，对于其中的财产利益因素进行开发的开发者，可以享有其依靠这种公共资源开发所创造的价值。

（二）平衡死者人格利益产生的财产利益的原则

对死者人格利益的商业利用，最重要的就是在上述不同的死者人格利益的承受者之间，如何进行平衡，这也是民法所要解决的一个重要问题。

在平衡死者人格利益中的产生的财产利益时，所要遵循的原则是：

第一，死者人格利益中的财产利益归属，跟随对死者人格利益保护的权利人。对死者人格利益享有保护权利的人，就是其财产利益的承受人。保护死者人格利益和承受死者人格利益中的财产利益相一致，是处理这类问题的最好办法。例如，保护死者人格利益的人，一般就是死者的近亲属，由其承受其中的财产利益，最符合死者的意志，也符合社会的民事传统。

第二，公众人物死亡后的人格利益归属于国家和公众，国家和公众使用这种人格利益，应当予以保障。公众人物的人格权受到某些限制，其根本原因，就在于其活动的广泛性和公开性。在其死亡后，其人格利益在很大程度上归属于公众和国家，应当首先满足公众和国家的使用，因为这种使用对国家和社会有益，可以满足更多的人的需要。例如，使用公众人物包括领袖、著名人物、历史人物等的姓名命名学校、命名图书馆、命名某种机构的名称，这就是公众使用。对此，死者的近亲属不应当予以干预。最典型的实例如延安时期的鲁迅艺术学校的命名，就是对著名人物姓名的使用；白求恩医科大学的命名使用的也是著名人物的姓名，也是公众使用；这些都是应当保障的。对这种使用予以干预，则是不顾公共利益和过于自私的表现。

第三，对于超过保护期限的死者人格利益中的财产利益，他人可以进行开发，以满足社会的需要，创造社会价值。在死者的人格利益保护超过一定期限的时候，这种人格利益实际就转化为公共资源。对这种人格利益中的财产利益进行开发利用，是对社会有益、对公众有益的。因此，应当准许这种开发，进行商业化利用，以创造价值、服务社会和公众。但是,这种开发必须遵守公序良俗,不得违背公共道德。

(三)民法保护死者人格利益和准许对其进行商业化利用的规则

在明确了以上原则以后,在民法上对死者人格利益的保护和商业化利用,就可以制定出必要的规则了。可以考虑的规则如下:

1. 民法将对死者人格利益的保护以及商业化利用的权利确认为死者的近亲属享有

死者的近亲属是死者生前最亲近的人,由他们对死者的人格利益进行保护,是最恰当的。同样,对死者人格利益中的财产利益的商业化使用权利,也应当归属于死者的近亲属。死者近亲属可以对死者的人格利益进行支配,对其中财产利益可以进行开发。任何人使用死者的人格利益客体,都要经过死者近亲属的同意或者准许,否则为侵权行为。如果死者的人格利益受到侵害,死者近亲属有权向法院提起诉讼,请求精神损害赔偿、获得精神损害赔偿。对于未经死者近亲属准许而进行的商业化使用,死者近亲属有权予以制止,并且有权起诉,请求赔偿。

2. 对死者人格利益的民法保护需要规定期限

在我国,对死者人格利益的保护虽然没有规定期限,但是在实际上是有期限的。这就是采用确定对死者人格利益保护的主体范围的做法,明确保护的期限。死者在有近亲属存在的期限内,其人格利益就受到保护,在没有近亲属存在的时候,就超出了保护的期限。这种期限有其不足之处,这就是对死者人格利益保护的期限各不相同,而不是像《著作权法》所确定的保护作者死亡后的50年那样具体、明确。但是,在没有制定出更好的办法之前,这还是一个较好的办法。但是,有一个重要的问题是,对于死者的肖像利益的保护期限必须明确,期限要缩短,因为肖像保护还有一个对肖像作者的著作权的保护问题,期限过长,损害著作权人的利益。按照德国的规定,死者肖像利益的保护期限是10年,超过这个期限,死者的肖像利益不再予以保护。[①] 但是在超过这个期限后,他人对死者肖像进行商业化使用的,必须经过死者近亲属的同意(假如死者存在近亲属),并给予适当的费用。其他的死者人格利益的保护也是如此,其近亲属不存在以后,不再加以保护,其利益归属于国家或者公众,使之成为公共资源,他人可以进行开发使用。

3. 为公共利益和国家利益使用死者人格利益者优先

对于死者人格利益客体的使用,应当保证为国家利益和公众利益的优先使用。如果国家使用和公众使用与死者近亲属的利益发生冲突,应当首先满足国家和公众利益。例如,在使用公众人物的姓名命名学校、单位的名称时,或者使用公众人物的肖像

① ［德］迪特尔·梅迪库斯:《德国民法总论》,邵建东译,法律出版社2000年版,第801页。

进行公益展览、建筑时,死者近亲属不得以自己是死者人格利益的保护人为由予以阻止和干涉,或者索要报酬。

4. 他人对死者的人格利益进行商业化利用应当征得死者近亲属的同意

他人对死者人格利益进行商业化利用,在死者近亲属存在的时候,应当征得死者近亲属的同意,采用合同的方式确定使用的方式、范围、期限等一系列问题,不得违背死者近亲属的意志而为使用,违反者为侵权行为。在死者没有近亲属的情况下,他人对死者人格利益的商业化利用,必须遵守社会公德和公序良俗,不得有损于死者的人格利益,不得对社会造成负面影响。

五、结论

综合上述讨论,笔者想对鲁迅姓名、肖像使用问题提出一个结论性的意见。

第一,鲁迅是公众人物,是国家著名的文学家、思想家、革命家,他的一切都是国家的财富,是民族的财富,同时也是世界的财富。因此,鲁迅不属于任何人。从民法上说,鲁迅死后的人格利益,也是国家的、公众的"遗产",应当归属于国家和公众所有。任何人贬损、侵害他的人格利益,都是对国家和公众利益的侵害,国家有权指定专门机关起诉,追究侵权者的侵权责任。为了国家的利益和公众的利益,例如学校、展览馆、公共设施等,可以使用鲁迅的肖像或者姓名等人格利益的客体,其近亲属不得主张侵权责任。因为这些使用不是商业利用,而是为了国家利益、公众利益和民族利益,体现的是民族的精神。这种使用,推定符合死者的本意;相信鲁迅先生在世也会同意这样的使用,而不会认为是侵权行为。

第二,对鲁迅死后人格利益的商业化利用,必须经过鲁迅的近亲属同意,未经其同意,构成对死者人格利益的侵害,可以追究民事侵权责任。这是因为,在死者人格利益中的财产利益归属于死者的近亲属,任何对鲁迅人格利益中的财产利益的开发,都是对其人格利益的商业化利用,所产生的财产利益,其支配权属于死者的近亲属。在商业化使用之前,应当与鲁迅的近亲属进行协商,签订死者人格利益客体使用的协议书,规定双方的权利义务条款,按照协议的规定处理双方的关系。未经同意而使用,或者虽经同意而使用但是在使用中超出了使用范围的,都构成侵权,应当承担侵权民事责任。确定这一点的依据,就是鲁迅虽然是公众人物,但是其人格利益中的私权方面的利益支配权,还是应当归属于其近亲属为妥,不应归属于直接开发的人。他人对鲁迅人格利益的这种开发,其近亲属有权决定是否准许。

第三,当以后鲁迅的近亲属不存在的时候,对鲁迅人格利益的商业使用可以直接进行,因为这时的这种人格利益已经成了公共资源,任何人都可以使用。这种使用,对国家、对民族、对社会都是有好处的,应当准许,不应当加以限制。但是,这种使用必须遵守一个规则,那就是不得违背公共秩序和善良风俗,不得有损于鲁迅的形象和声誉。例如,将鲁迅的肖像注册为酒类商标不妥,有损于鲁迅在公众心中的形象。因此,国家商标注册机关对这个商标不予注册是应当支持的,这是维护鲁迅的形象,同时也是在维护中国人的形象。任何有损于鲁迅形象的商业化使用,不论是由他人还是鲁迅的近亲属所实施,都应当予以禁止;他人这样使用的,应当追究侵权民事责任。

第四,基于以上的结论,前文提到的几个具体问题也就清楚了,这就是:(1)鲁迅学校、鲁迅纪念馆等未经鲁迅后代许可使用鲁迅姓名、肖像,不构成侵权。纪念鲁迅先生的邮票、邮折等纪念品,因为属于为公共利益而使用,因此没有必要经过鲁迅后代的同意才能发行。(2)著名人物的姓名权、肖像权、名誉权在其死亡后,其姓名、肖像等人格权益转化为的财产权益,由其近亲属承受,任何人进行私人(指民法上的私人的意义)的商业化使用,应当征得其在世的近亲属的同意。(3)在一般情况下,著名人物死后的人格利益客体不宜申请注册商标,死者的近亲属或者他人都不宜采用这种以申请商标注册的形式排他地独占死者人格利益客体的使用权。(4)在死者人格因素归入公共领域以后成为公共资源,法律应当准许一般的商业化开发使用,但是不得违背公序良俗,不得有损于死者的形象。

第九章　媒体侵害人格权责任与抗辩

第一节　媒体侵害人格权的责任认定

媒体侵害人格权，简称媒体侵权，是指报纸、杂志等媒体故意或者过失地登载诽谤他人的新闻，或者以其他方法实施侵权行为，造成受害人名誉权等人格权损害的侵权行为。媒体侵权构成侵权法律关系。本节就媒体侵害人格权的责任认定，采用比较法的方法，结合我国的具体实践，阐释以下看法。

一、新闻自由与人格权保护

刊登诽谤他人的新闻等，能构成侵害名誉权等人格权的责任，法学界、司法界与媒体已有共识。但是，以新闻自由作为立论根据主张新闻不能构成侵权责任的也不乏其例，尤以在个案的争辩中为甚。对于新闻自由与人格权保护之间的关系，仍有深入探讨的必要。

（一）新闻自由

各国宪法规定新闻自由，大体采取两种方式：一是将新闻自由概括在言论出版自由之中，有的另立新闻法明确规定。在美国，新闻自由就是以美国宪法第一修正案作为依据的，该法案的内容是，国会不得制定剥夺人民言论或出版自由的法律。[①] 在法国，法学家认为 1789 年《人权宣言》第 11 条是规

---

① ［美］约翰·豪亨伯格："美国媒体与法律"，载中国社会科学院新闻研究所、北京新闻学会编：《各国新闻出版法选辑》，人民日报出版社 1981 年版。

定新闻自由的依据:"思想与意见的自由交换,为人类最宝贵的权利。因此,每一个公民享有言论、著作和出版自由。"二是明确规定新闻自由。1946 年《日本国宪法》第 21 条规定:"报纸除有害于公共利益和法律禁止的场合外,享有报道、评论的完全自由。"我国关于新闻自由的立法属于前者,我国《宪法》第 35 条关于"中华人民共和国公民有言论、出版、集会、结社、游行、示威的自由"的规定中,言论、出版自由即为新闻自由的宪法依据。

关于新闻自由的界定,并没有统一的定义。日本新闻协会对新闻自由有一个权威性的定义:"具体地讲,第一,任何势力也强制不了的符合事实的报道和评论的自由;第二,为此目的而接近新闻出处、采访新闻的自由。"①在美国,新闻自由包括采访自由、通讯自由、批评自由、出版自由和贩卖自由。②《埃及新闻法》第 1 条至第 3 条规定了新闻自由权利,包括"解释舆论的倾向,运用各种表达方式形成和指导舆论,自由地行使自己为社会服务的使命",以及新闻工作者"在工作中不受非法的权力的约束"。在我国,新闻自由是新闻业为实现其为社会服务的目的,依法进行采访、写作、发表、出版新闻作品,不受非法控制、约束的权利,它包括两个层面:对记者、通讯员等新闻作者来说,其采访、写作、发表新闻作品不受非法控制、约束,属于言论自由的权利;对于报社、杂志社、新闻社等新闻单位来说,是组织新闻、出版新闻作品不受非法控制、约束,属于出版自由的权利。在我国,对新闻业的理解应适当扩大,报社、杂志社、新闻社以及具有新闻报告功能的网站、手机报等,都属于新闻业,而且每一个公民都可以通过撰写新闻作品向新闻单位投稿而成为新闻单位的业余通讯员,新闻自由也是公民的权利。

(二)舆论监督

舆论监督是媒体以及其他舆论通过发表新闻、评论等,对社会的政治生活、经济生活、文化生活等方面进行批评,实行监督的权利和功能。舆论监督并非一个准确的法律概念,原本意义上的舆论监督,涵括在权力监督体系之中;后来,舆论监督被进一步扩展,其含义已经超出了对权力监督的职能,几乎成了无所不能的权利和功能。舆论监督属于新闻自由的范畴,就是新闻批评的自由和权利,媒体通过行使新闻批评的自由和权利,实现对社会生活的监督功能,新闻批评自由是新闻自由的一个组成部分。德国《北莱茵—威斯特伐利亚州新闻法》第 3 条明确规定:"媒体履行一种特殊的公共职能,即采集并传播新闻,公开观点,提出批评,以及以其他形式制造舆论。"提出批评即为媒体公共职能之一。新闻批评自由是一种权利,新闻的采写者、出版者有权通过

---

① 中国社会科学院新闻研究所、北京新闻学会编:《各国新闻出版法选辑》,人民日报出版社 1981 年版,第 264 页。

② 中国社会科学院新闻研究所、北京新闻学会编:《各国新闻出版法选辑》,人民日报出版社 1981 年版,第 178 页。

新闻媒体对不正当的社会生活现象提出批评，形成舆论，督促其改进，推动社会文明的进步。可见，舆论监督与新闻批评自由是同一概念，因而使用新闻批评自由比使用舆论监督更准确、更科学。

（三）新闻自由与人格权的保护

自由是一种权利，它意味着“只要不违反任何法律禁令，或者侵犯其他人的合法权利，那么，任何人可以说想说的任何话、做所想做的任何事”。[①] 任何自由都不是绝对的，法律在赋予权利主体自由权的时候，都规定行使自由权的必要限制，以防止权利滥用。同样，新闻自由也不是一种绝对权利，行使新闻自由权的最大限制，就是不得以新闻自由为借口，侵害他人的私权。在美国，新闻自由受到普遍的尊重，宣称“新闻自由是人类的重大权利，应当受到保护”，同时也宣称“报纸不应侵犯私人权利和感情”；[②] 美国报纸编辑协会制定的《新闻工作准则》明文作了上述规定。《埃及新闻法》第 6 条规定：“新闻工作者对所发表的东西，要遵守宪法所明文规定的社会基本准则。”《德国基本法》第 5 条在规定新闻出版自由的同时规定“上述权利仅受到普通法、保护青少年法和保护个人名誉权利法的限制”。世界各国立法在规定新闻自由的同时又加以上述限制，就在于，实行新闻自由的最大危险就是侵害他人的人格权。

从原则上说，新闻自由与民事主体的人格权保护是并行不悖的。但是，实行新闻自由，尤其是新闻批评自由，就是对被批评者的指责。如果把这种批评限制在适当的范围之内，尽管也是对被批评者的指责，总不会造成侵权的后果；如果这种指责超越了适当范围，造成了被批评者人格的损害，就侵害了被批评者的人格权。

人格权是民事主体的人身所固有的权利，是民事主体作为法律上的人所必须享有的基本民事权利。民事主体如果不享有人格权，就不成其为一个民事主体；民事主体的人格权受到侵害，就会对该民事主体造成严重的后果。因而人格权历来被认为是绝对权、对世权，任何人都负有维护他人人格权的义务，禁止非法侵害。当行使新闻自由的权利与保护人格权发生冲突的时候，法律毫不犹豫地选择后者，禁止新闻自由权利的滥用，并以国家的强制力保障民事主体的人格权。在国外，诽谤法就是力求维持个人名誉和新闻自由这两者之间平衡的法律准则。

上述原理，得到我国《宪法》和各基本法的确认。《宪法》第 38 条规定：“中华人民共和国公民的人格尊严不受侵犯。禁止用任何方法对公民进行侮辱、诽谤和诬告陷害。”第 51 条规定：“中华人民共和国公民在行使自由和权利的时候，不得损害国家的、社会的、集体的利益和其他公民的合法的自由和权利。”这两条宪法原则科学地规范了

---

① 《牛津法律大辞典》，光明日报出版社 1988 年版，第 554 页。

② 中国社会科学院新闻研究所、北京新闻学会编：《各国新闻出版法选辑》，人民日报出版社 1981 年版，第 191、192 页。

新闻自由与保护人格权之间的关系，任何人在行使新闻自由权的时候，侵害他人人格权，都是对权利的滥用，是对他人人格尊严的侵犯，都违反宪法的原则。我国还通过《刑法》、《民法通则》规定了侵害他人人格权的刑事责任和民事责任，用刑罚和损害赔偿等刑事的和民事的制裁手段，制裁这种违法、犯罪行为，使受到侵害的权利得到恢复。因此，在我国，新闻自由与保护人格权之间的法律平衡，是非常明确的，是有法可依的，尽管我国还没有出台《新闻法》，还缺少具体的规则，但现行法律规定的内容是基本完备的。

（四）适当侧重保护媒体的新闻自由权利

《民法通则》实施以来，我国司法对人格权的保护是越来越进步、越来越周到。但是，从 20 多年来人格权的保护实践来看，很多人对名誉权等人格权产生了一种虚幻、膨胀的感觉，很多人认为对自己的任何批评都是侵害名誉权，也就是说，膨胀的人格权观念使人们接受批评的能力大大地减弱了，经受不住任何正当的批评；只要进行批评就是侵害名誉权，就是侵害隐私权。因此，在观念上对名誉权等人格权也必须有一个“瘦身”的过程，其中也包括对个人感觉的观念消肿过程。应当肯定的是，即使是尖锐的、尖刻的批评，也还是批评，并非侵害名誉权。

正是在这样的情况、在这样的事实下，我们要给舆论和媒体以“喘息的空间”，让媒体能够更多地干预公共事务、干预社会生活，这样才能够使社会更加和谐地发展。牺牲一点个人膨胀的名誉权观念，给媒体一个喘息的空间，就能够使社会更加进步。

二、媒体侵权责任的构成

确定媒体侵权责任构成，应当适用《侵权责任法》第 6 条第 1 款的规定。在制定《侵权责任法》中，有很多学者主张应当规定媒体侵权责任，[①]但最终法律没有规定。有人认为没有规定媒体侵权，对保护媒体的权利和追究媒体的责任就会发生不利的后果，这样的认识是不正确的。《侵权责任法》规定媒体侵权责任当然更好，因为特别法优先于普通法的适用。但是，没有具体规定，那就要适用确定侵权责任的一般归责原则，即过错责任原则。用侵权责任一般条款确定媒体侵权责任构成具有较大的灵活性，应当更有利于保护受害人以及媒体的合法权益。

（一）媒体侵权的主体

媒体侵权的权利主体，一般是指媒体侵权的直接受害者，《日本新闻纸法》第 17 条

① 杨立新：《中华人民共和国侵权责任法草案建议稿及说明》，法律出版社 2007 年版，第 17 ~ 19 页；王利明主编：《中国民法典草案建议稿及说明》，中国法制出版社 2004 年版，第 241 ~ 242 页；徐迅等：“新闻侵害名誉权、隐私权新的司法解释建议稿”，载中国人民大学民商事法律科学研究中心、INTERNEWS 国际记者培训机构编：《“媒体侵权与法律适用”主题研讨》2008 年内部论文集。

还规定包括与该事项有关的直接关系者。《哥伦比亚新闻法》第20条规定:“如受害当事人因不在,或无法行使上述刊登更正声明的权利,则应将其扩大到当事人上下两代直系亲属或同代姻亲的范围。”《塞尔维亚共和国公共宣传法》第105条对死者受侵害的规定是:“如果新闻涉及的人已死亡,有权要求发表纠正的人是:子女、配偶、父母、兄弟姐妹。可利用这种权利的还有联合劳动组织、其他自治组织和其他法人或国家机关,而其条件是:新闻涉及的死者的活动同这些组织、联合劳动组织或其他法人有关。”因而,媒体侵权的权利主体除受害人之外,还有其他直接关系人、死者的上下两代近亲属。在我国,受害人是当然的权利主体;此外,也包括受侵害的死者的近亲属。后一种权利主体为最高人民法院的司法解释所确认,不仅确认死者的名誉应受法律保护,还明确了死者的父母、子女作为权利主体有权提出起诉。至于死者名誉保护期限和死者受侵害其权利主体的范围,是用“近亲属”来限制权利主体的范围,同时也以其限制保护的期限。可以确定,我国媒体侵权的权利主体,为受害人及已死亡的受害人的近亲属。相比之下,近亲属的提法与国外立法基本相同;其他直接关系者,我国目前没有规定。

媒体侵权的责任主体,各国规定的范围不尽一致。在美国,“凡与刊登引起诉讼的材料有关的当事人都有责任”,“从发行人、出版商到一些有影响的编辑部成员,如总编辑、收入丰厚的专栏作家、评论员或其他记者”;[①]我国清末的《大清印刷物专律》第6条规定:作毁谤之人,印刷毁谤之人、谤件出版所之主人、谤件出版所之经理人、谤件之发卖人贩卖人或分送人,均为责任主体;法国亦规定销售者为责任主体。规定稍窄范围的责任主体,包括作者、编者、业主、出版者,如瑞典;再窄的,包括编辑和作者,如《丹麦新闻法》第6条规定:“只能对编辑和作者罚以赔款。”最窄的如原捷克斯洛伐克《定期刊物和其他宣传工具法》第16条第3款,规定:“决定出版者有赔偿因定期刊物或其他宣传工具发表的内容给组织和公民造成的损失的义务。”其责任主体仅为决定出版者。

我国关于媒体侵权责任主体的规定,来自于最高人民法院1988年1月15日法(民)复〔1988〕11号《关于侵害名誉权案件有关报刊社应否列为被告和如何适用管辖问题的批复》,规定:“报刊社对要发表的稿件,应负责审查核实。发表后侵害了公民的名誉权,作者和报刊社都有责任,可将报刊社与作者列为共同被告。”对比起来,我国只将报刊社和作者列为媒体侵权的责任主体,属于较窄的一类。根据我国的具体情况,报刊社和媒体不得由私人开办,管理结构相对单一,这样规定比较适合国情。

---

① [美]约翰·豪亨伯格:“美国媒体与法律”,载中国社会科学院新闻研究所、北京新闻学会编:《各国新闻出版法选辑》,人民日报出版社1981年版。

实践中,新闻单位作为媒体侵权责任主体,有三个具体问题:

第一,怎样处理编辑、记者与新闻单位的关系。编辑对稿件进行编辑加工、记者为自己的新闻单位采写稿件,均为职务行为,是新闻单位的组成部分,而不采国外对编辑、记者进行起诉的做法,只以新闻单位作为被告。这种规则是《侵权责任法》第34条第1款规定的用人单位责任的替代责任规则。

第二,新闻总社与分社的关系,原则上以总社作为侵权责任主体。我认为,可以参照将银行在各地分行作为其他组织的办法,将新闻分社作为独立的诉讼主体,更有利于体现两便原则。

第三,作者和新闻单位是否列为共同被告,实践中的做法是只诉作者的,列作者为被告;只诉新闻单位或对作者和新闻单位都起诉的,一般列为共同被告。这种做法并不科学,也不合理。在媒体侵权中,主要的责任主体应是新闻单位,应承担主要责任;而实践中的这种做法,将作者作为主要的责任主体。《最高人民法院关于审理名誉权案件若干问题的解答》第6条规定:"因新闻报道或其他作品发生的名誉权纠纷,应根据原告的起诉确定被告。只诉作者的,列作者为被告;只诉新闻出版单位的,列新闻出版单位为被告;对作者和新闻出版单位都提起诉讼的,将作者和新闻出版单位均列为被告,但作者与新闻出版单位为隶属关系,作品系作者履行职务所形成的,只列单位为被告。"这种办法是科学的、合理的。

(二)媒体侵权的客体

媒体侵权所侵害的具体人格权,各国立法的规定不尽相同,最常见的是只规定名誉权。美、英两国采用诽谤法制裁媒体侵权行为,而诽谤法保护的就是个人名誉,哥伦比亚大学新闻学院给诽谤下的定义就是:"诽谤是以文字、印刷品或其他可见的方式损害他人名誉的行为。"①英国学者认为:"诽谤法保护个人名誉不受无理攻击。"②《坦桑尼亚出版法》第38~40条明文规定媒体侵权的客体为"他人名誉"。规定媒体侵权客体范围较宽的,通常包括名誉权、隐私权、尊严、威信及利益。例如,塞尔维亚共和国《公共宣传法》第104条规定的是"新闻损害了其人格、名誉、权利和利益",这样规定是相当宽泛的。

在我国,确定媒体侵权客体原则上适用《民法通则》第120条,姓名权、名称权、肖像权、名誉权、荣誉权都能构成媒体侵权的客体。在实践中,原告起诉基本上多数是以侵害名誉权起诉,最高人民法院的法(民)复〔1988〕11号批复也是这样进行司法解释

---

① 中国社会科学院新闻研究所、北京新闻学会编:《各国新闻出版法选辑》,人民日报出版社1981年版,第200、220页。

② 中国社会科学院新闻研究所、北京新闻学会编:《各国新闻出版法选辑》,人民日报出版社1981年版,第200、220页。

的;起诉肖像权、隐私权、姓名权的,也比较多。

事实上,并非只有名誉权可以作为媒体侵权的客体,《侵权责任法》第2条第2款规定的姓名权、名誉权、肖像权、荣誉权、隐私权等,都可以成为媒体侵权的客体,其中隐私权是最容易受到滥用新闻自由行为侵害的权利,理应成为媒体侵权的客体;信用权以及其他人格利益也都可能被媒体侵权所侵害。受害人可以依据媒体侵权所侵害客体的不同,选择不同的诉因起诉。

(三)媒体侵权的违法行为

在大多数国家,都把媒体侵权的违法行为概括为诽谤。在美国,除了前文引述的哥伦比亚大学新闻学院给诽谤下的定义以外,纽约州刑法第1340条规定的诽谤定义是全美国引用最多的诽谤定义之一。内容是"怀有恶意出版文字、印刷品、图片、画像、标记或其他非口头形式的物品,使活着的人或对去世的人的追忆,受到憎恨、蔑视、嘲笑或指责,使他人受到孤立或有受到孤立的倾向,或使他人或任何公司、社团在经营或职业上的声誉受到损害的倾向,皆为诽谤"。在英国,诽谤分为一般的诽谤和口头诽谤,媒体侵权的诽谤为前者,这种诽谤分为两种:"影响个人私人名誉以及影响个人在公务或职业上声望的言论"。[①] 有些国家把媒体侵权的行为分为诽谤、侮辱、中伤等不同种类,如法国,一是诽谤,在于援引某个事实或将某个事实归罪某人或某个团体,从而损害了他的名声或荣誉;二是侮辱,指侮辱人的言语、蔑视或谩骂的词句,这些言词并不包含对任何事实的指控。[②] 日本新闻协会认为:个人秘密是指不愿让他人知道的、私生活领域里的无形秘密,泄露个人秘密,也可能被指控为一种侵犯。[③]

研究媒体侵权的行为,至少要从以下四个角度去揭示它的特点:

第一,媒体侵权具体行为的形式包括写作与发表、编辑与出版。对于作者来说,写作侵权新闻,已经是在侵害他人的权利,但写出来的新闻如若没有发表,未产生侵权的后果,尚不构成侵权责任;侵权新闻一经发表,即构成侵权。就媒体侵权而言,发表是作者与新闻单位两者行为的结合,只有一方的行为尚难成立媒体侵权;写作与发表两个行为结合在一起,作者的侵权行为即已完备。就新闻单位而言,侵权行为的构成也包括两个部分,一是编辑,二是出版,这两个行为结合在一起,即为新闻单位的行为构成,但这两个行为均以作者的写作与谋求发表侵权新闻的行为为前提。新闻单位的记

---

① 中国社会科学院新闻研究所、北京新闻学会编:《各国新闻出版法选辑》,人民日报出版社1981年版,第224页。

② 中国社会科学院新闻研究所、北京新闻学会编:《各国新闻出版法选辑》,人民日报出版社1981年版,第257页、第267页。

③ 中国社会科学院新闻研究所、北京新闻学会编:《各国新闻出版法选辑》,人民日报出版社1981年版,第257页、第267页。

者采写新闻，同样也由写作与发表的行为构成问题，但由于记者采写新闻本身是新闻单位委派执行职务，因而记者的行为应为新闻单位的行为，这时，写作、编辑、发表、出版，均为新闻单位行为的构成。

第二，媒体侵权的行为方式，多数以作为的方式构成，不作为也可能构成特殊的媒体侵权的行为。写作与发表、编辑与出版，均为作为的方式。新闻单位对新闻稿件负有的审查核实义务未履行，发表了侵权作品之后的道歉和更正义务不履行，均为不作为的侵权行为，具有违法性，也构成新闻单位的行为。

第三，媒体侵权的行为，可以划分为以下种类：(1)侮辱，指用恶毒语言或举动损害他人人格，一般不包括具体的事实，一旦涉及事实，也并非虚构或捏造的事实；(2)诽谤，能捏造事实，散布虚假的足以损害他人人格的言论；(3)公然丑化他人人格；(4)泄露、宣扬他人隐私；(5)非法使用他人肖像；(6)非法使用他人姓名、名称；(7)其他类似的行为。这些具体行为种类是最高人民法院司法解释规定的，[①]概括了新闻侵害名誉权行为的种类。

第四，确定媒体侵权的行为，在实践中掌握以下标准：(1)利用新闻报道的方式，故意写作、编辑、发表、出版侵权新闻；(2)作者、编辑选材、写作、审查核实不严，造成新闻失实，侵害他人名誉权等人格权；(3)擅自公布、揭载他人隐私；(4)写作、编辑、发表的新闻事实基本真实，但文中有侮辱、诽谤人格的言词，足以造成人格损害的。这四个具体标准，在审判实践中作为辨别的尺度，具有现实的价值，可以参照使用。

这样的媒体行为都具有违法性，构成侵权责任要件。应当指出的是，上述关于行为的阐释，主要是就新闻侵害名誉权所论。从广义上而论，新闻侵害肖像权、名称权、姓名权、信用权、荣誉权等，其行为各有特点，不再一一说明。

（四）媒体侵权的主观心态

媒体侵权责任构成的主观要件与一般侵权行为相比，没有不同的要求，故意、过失均可构成。各国新闻出版法对此大体规定为，侵权新闻一经发表即构成侵权，无须区分故意与过失的不同。例如，坦桑尼亚《报刊法》第 38 条规定："任何人通过印刷、书写、绘画、模拟、肖像或者其他不仅是动作、言词或其他音响手段，非法发表任何有关他人的毁誉性文字，旨在败坏他人名誉，就是犯了文字诽谤罪。"

在我国，确定媒体侵权主观要件的故意与过失的不同是有意义的：一是故意或过失对确定赔偿数额有重大影响；二是确定故意或过失使用的标准并不相同。

确定媒体侵权的作者、新闻单位的故意，应当适用主观标准，应当证明作者或新闻单位追求或放任侵权后果发生的主观心态。媒体侵权作者的故意往往是直接故意，而

---

① 《关于贯彻执行〈中华人民共和国民法通则〉若干问题的意见（试行）》第 140 条。

新闻单位的故意基本上是间接故意,但也不排除特殊情况。作者为故意者并非新闻单位一定为故意,媒体可能为过失。当新闻单位的记者故意侵权而新闻单位的编辑出版者并非故意时,应认定为故意;编辑的故意亦应认定为新闻单位的故意。确认为故意侵权的,确定赔偿责任应加重责任。

确定媒体侵权的作者、新闻单位的过失,应适用客观标准,即以其承担的法定义务为标准,确定其是否违背其注意义务。作者的注意义务为真实报道和不得侵害他人人格权,新闻单位的注意义务为对新闻审查核实的义务。违背上述注意义务,撰写不真实的报道、撰写侮辱、诽谤他人的报道,以及审查核实不周而致侵权新闻报道发表,均为过失。过失致人损害,确定赔偿责任应当低于故意所为。

媒体侵权责任的构成,亦须具备损害事实和因果关系的要件。不过,这两个要件在媒体侵权构成中无特别研究的必要,不再赘述。

三、媒体侵权的义务与责任

媒体侵权行为发生之后,依照《侵权责任法》第 2 条和第 3 条规定,在侵权人和受害人之间产生侵权责任和侵权请求权。侵权人为侵权法律关系的责任主体,负有侵权责任;受害人为权利主体,享有侵权损害赔偿请求权,有权向法院起诉,请求对侵权媒体依法强制执行。

由于我国《民法通则》和《侵权责任法》都把侵权行为的后果规定为侵权责任,因此在说到媒体侵权的时候,就想到媒体侵权责任、就想到打官司来解决问题,而忽略了履行义务的不同方法,这是一种偏见。

(一)更正或答辩的义务

各国新闻立法普遍规定新闻机构的更正义务,准许不实新闻的受害人进行答辩或辩驳的义务。更正或答辩的义务,是指定期或不定期的新闻出版物,在发表、出版不当新闻后,应当在邻近的下期或近期的出版物上刊载更正或受害人答辩、辩驳的文字,以澄清事实、说明真相,向相关人及读者致歉的义务。《国际新闻自由公约草案》专设了第二公约,即《国际新闻错误更正权公约草案》。《日本新闻纸法》第 17 条规定:"新闻纸揭载事项有错误时,倘与该事项有关之本人或直接关系者请求更正或揭载正误书、辩驳书,须在接收请求后次回或第三回发行之时实行更正,或揭载正误书、辩驳书之全文。"哥伦比亚《新闻法》第 19 条规定:"任何报刊如登载侮辱性消息、文章等,其领导人必须免费刊登被侮辱的个人、官员、公司、单位的更正声明。"

更正权的权利主体一般为该事项有关的本人或直接关系者;如果新闻涉及的人已死亡,死亡人的子女、配偶、父母、兄弟姐妹等亲属也可以作为权利主体;更正的责任主体,即为发表错误媒体侵权的新闻机构。关于更正的具体方法,外国法律一般规定,更正声明应刊登在造成过失的文字的同一部位，采用同样型号的字体，作同样的版面处理，包括使用同类标题。更正期间，各国规定略有不同，一般规定日报为三日以内，期刊为下一期，均从接到受害人请求后计算。各国在规定上述更正的权利义务的同时，还规定了拒绝更正的诉讼程序，当事人对更正发生争议，可以向法院起诉由法院依法裁判。

在我国，更正错误新闻的做法并非没有先例可援，但适用在媒体侵权中尚不多见。换言之，由于尚未制定《新闻法》，对于媒体侵权在新闻单位和受害人之间产生的更正的权利义务关系，没有强制性法律规范规定；但在新闻实践中，已经被媒体和媒体侵权的受害人所接受，将其作为一种解决媒体侵权纠纷的办法来适用。

侵权法应当确认侵权新闻发表后，新闻单位与受害人之间更正的权利义务关系，这对于发展新闻事业、保障新闻自由、保护他人人格权具有重要意义。它有利于捍卫新闻真实性原则，维护新闻机构的尊严，调整新闻自由与保护他人人格尊严之间的平衡，保护他人人格权不受侵犯；同时，也有助于在媒体侵权中引导受害人追求精神权利损害以精神救济方法解决，防止对财产赔偿的过分追求。

第一，确认更正是媒体侵权产生的权利义务关系。新闻单位发表侵权新闻以后，应当负有更正的义务，侵权新闻的受害人也应当了解自己享有请求更正的权利。在制定《新闻法》时，应当明确规定更正权利义务的条文，将这种权利义务关系法律化、条文化，成为一种确定的法律制度。

第二，明确更正义务的具体内容。参照最高人民法院的司法解释精神，更正的权利主体限于受害人，死亡的受害人的近亲属亦为权利主体；更正的责任主体为发表侵权新闻的新闻单位；更正的期限、形式，均可参照国外的一般做法；更正的内容可以按照《侵权责任法》第15条规定的非财产性责任方式，但须注意不得重述侵权事实，防止造成新的侵害。

第三，确立拒绝更正的诉讼程序。这种程序不必是特别程序，而是可以与侵权诉讼一并进行，也可以单独以侵权诉讼起诉。这样既简化程序，又能够使拒绝更正的纠纷有一个最终的解决办法。

（二）媒体应当如何对待自己应当承担的侵权责任

媒体侵权行为实施之后，发生侵权法律关系。在侵权法律关系中，受害人一方作为侵权请求权的主体，享有侵权请求权；媒体作为侵权责任主体，负有侵权责任。其中的责任，既是责任，其实也是义务。

在我国，媒体侵权行为发生的损害赔偿法律关系，尚不是媒体侵权责任的全部内容，还包括其他非财产法律关系，诸如停止侵害、恢复名誉、消除影响、赔礼道歉。有的认为，非财产的法律关系是媒体侵权责任的主导方面、主要内容，损害赔偿法律关系是媒体侵权的辅助方面、次要内容。但在商品经济社会中，带有经济内容的责任，不仅对于受害人是更有意义的抚慰，而且对于侵权人来说，也更有制裁的价值；在理论上，可以引导在解决媒体侵权争议中侧重采取非财产性质的责任方式解决纠纷，但是，作为侵权责任主体的新闻单位则应当看到，必要的财产赔偿可能会收到更好的效果。

我在这里论述媒体侵权法律关系，更重要的意图是提供解决争议的途径。既然新闻单位与受害人之间已经发生了侵权法律关系，新闻单位应当主动寻求避免诉讼解决的办法。因而，新闻单位自动与受害人达成谅解，向受害人履行义务，就是最主动的办法。在美国，新闻媒介多数都明白这一道理，认为任何新闻机构都无法完全避免类似的事情发生；发生了，为求主动、保全报纸、电台、电视台的面子，多数与受害人协商，达成协议，给予赔偿了事。例如，一位退伍军人在街头逮住了一个抢人钱包并企图逃走的扒手，记者在报道这条消息时，误将退伍军人写成扒手。记者所在报社与退伍军人自行协商，给付退伍军人 1 万美元，将此事了结。这种办法，各国的媒体都普遍采用。在我国，反对在媒体侵权中采用这种办法的理由，一是私下解决侵权之争丧失原则，二是私下解决的赔偿费用无法核销。关于前者，既然已经发生了侵权的事实，当事人之间已经存在法律关系，责任主体自动履行义务承担责任，怎么会是丧失原则呢？须知，作为权利人，他可以处分自己的权利，双方处理得好，权利人放弃权利，责任人就消灭责任；作为责任人，则只有履行责任才能消灭责任，舍此还有什么办法呢？后者确实是一个问题，但并非没有办法解决，一是可以更多地采用非财产的方法满足权利人的要求；二是可以从社长、台长基金中解决。只要确认自己发表的新闻侵害了他人的权利，要想减少麻烦，应尽早解决纠纷，又想不损失面子，就可以想出自动履行义务的办法。1989 年，某妇女抱着女儿在京城的马路边冒着风雨，哭诉其婆母因其生女孩而不准其回家，其状凄惨。某摄影记者见状拍成新闻照片，送至某大报作为新闻照片发表，配以其婆母虐待生育女孩的儿媳的说明文字。事实上，该妇女精神状态不佳，星期天抱着孩子偷跑离家，很快就被亲属找回，其所述虐待的情节不存在。该大报发现此事之后，及时找到受害人赔礼道歉，妥善解决了纠纷。这一成功的实例当引为媒体的借鉴。

媒体侵权行为在当事人之间产生侵权赔偿法律关系，当事人可采取不同方法，使权利人的权利得到满足，使该权利义务关系消灭，避免发生诉讼，减少损失；如果不能用自觉履行的办法解决矛盾，则在诉讼中，责令侵权人承担责任，实现受害人的侵权请求权。对于新闻单位来说，①采取自觉履行的办法解决争议，不仅可以尽早解决纠纷，避免被卷入更大的麻烦之中，而且还可以保住自己的面子，避免自己的名誉、信誉因此而受到更大的损害。

---

① 对此，也包括作者，不过对新闻单位来说更有意义。

(三)媒体侵权责任确定

媒体侵权行为产生的民事义务不履行,即转化为侵权民事责任。各国民法和新闻法一般都准许媒体侵权的受害人向法院提起民事诉讼,由法院根据事实和法律,判决侵权的新闻单位承担精神损害赔偿责任。

在确定媒体侵权民事责任的时候,人民法院应当着重注意以下几点:

第一,对媒体侵权的非财产责任方式和财产责任方式应当两者相济,共同发挥作用,防止偏废其中一种。在理论上,有的过于强调非财产责任方式的适用,忽视财产责任方式的适用;在实务方面,则过于强调财产责任方式的适用,忽视非财产责任方式适用。从总体上说,这两种责任方式各有不同作用,并无主要、次要之分。然而,精神损害赔偿制度毕竟是一种财产赔偿制度,在一般情况下,构成媒体侵权,权利人提出赔偿损失请求的,原则上应予以赔偿;但不能忽视非财产责任方式的适用,因为这种责任方式对于恢复受害人的权利具有重要的作用。

第二,对于作者和新闻单位的责任确定,原则上应视为共同侵权行为,由双方连带负赔偿责任。但是在实务中,往往确定双方各自的责任,并非确定一个总的责任,然后再按份额承担。这样做,是有道理的,原因是,媒体侵权的作者与新闻单位的行为是各自独立的,并非如典型的共同侵权行为那样具有共同的意思联络。在确定各自的责任后,如果一方不能履行,应当依照《侵权责任法》第 8 条规定承担连带责任。至于原告对作者和新闻单位只起诉一方而不起诉另一方,人民法院应当准许,不必另外追加当事人,在审判中可只就起诉的被告确定其应承担的民事责任,不可因此而确定总的责任而要单独起诉的被告连带承担责任。

第三,确定赔偿责任既不能过高也不能过低。国外媒体侵权案件的赔偿数额,最高的达到几百万美元,我国的新闻单位和作者没有这样的负担能力,但也不能赔偿数额太低。有两起案件,人民法院判决精神损害赔偿数额为人民币 5 元,有失法律制度的严肃性。一个概略的标准是,赔偿数额能够救济损害,又能够制裁侵权人,还对社会具有一般的警示意义。根据这个标准要求,可以确定适当的赔偿数额。

第四,关于非财产责任方式的适用。对于赔礼道歉、消除影响、恢复名誉的责任,既可以口头方式,也可以书面方式进行,其内容不得违反法律规定和社会公德,书面材料需要公布的,必须经人民法院审核同意。消除影响、恢复名誉的范围,应当与侵权造成的不良影响相同,但应防止借此扩大侵权影响。停止侵害的责任方式,在媒体侵权中一般是禁止刊有侵权新闻的报纸、杂志继续发行;对此,应采慎重态度。在判决时采用,需确有必要;在诉讼中原告申请按先予执行方式停止侵害的,应当提供担保。

原告起诉新闻单位承担更正责任的,人民法院应当确认新闻单位是否构成侵权。如果与赔偿等一并起诉,可以一并审理,更正责任可与其他非财产责任结合适用;单独起诉更正的,判令新闻单位予以更正,内容须经人民法院审查同意。

第二节 媒体侵权抗辩事由及体系与具体规则

媒体侵权抗辩,是确定媒体侵权责任的重要问题。尽管主张权利保护的人能够证明其人格权受到侵害,具备媒体侵权责任的构成要件,但如果新闻媒体能够提出正当的抗辩,仍然可以免除新闻媒体的侵权责任。近年来,我反复思考这个问题,认为确定媒体侵权责任,既要保护好民事主体的人格权,同时也要很好地保护新闻媒体新闻批评自由的权利,给新闻媒体以更大的"喘息空间",以期更好地发挥新闻媒体的舆论监督作用,反映民声和民意,推动社会不断进步。对此,法官在审理这样的案件时,应当兼听则明,把案件的法律适用处理得更好。

一、媒体侵权抗辩和研究媒体侵权抗辩的意义

(一)中国新闻法不发达而媒体侵权法发达的原因

众所周知,我国目前还没有制定《新闻法》或者《新闻出版法》。但是,有一个特别的现象经常引起国外或者境外学者的疑问,这就是,中国为什么新闻法不发达,而媒体侵权法却十分发达呢?提出这一疑问的具体根据是,中国热心于研究《新闻法》的人并不是很多,而热心于研究媒体侵权法的,不仅在民法学者中大有人在,而且新闻学者也都十分热心并且十分专注;不仅法学专家在起草《中国民法典·侵权责任法建议稿》中专门规定媒体侵权的内容,①而且新闻学者还专门研究《新闻侵害名誉权隐私权新的司法解释建议稿》。② 在法学和新闻的学术界,研究媒体侵权的著作和论文也相当丰富。

中国出现这种状况的原因是,在一个社会中,对新闻出版行为必须有法律进行规制,正确划清新闻自由以及滥用权利之间的界限,划清新闻自由与人格权保护之间的界限,划清新闻媒体正当行使新闻监督权利和媒体侵权之间的界限。这样,即使没有新闻出版法进行规制,通过媒体侵权法也能够给新闻媒体行使新闻自由权利界定具体规则,通过确定媒体侵权行为的范围而界定新闻媒体的行为规范,以及对新闻行为进

---

① 王利明主编:《中国民法典草案建议稿及说明》,中国法制出版社2004年版,第241~242页。

② 徐迅等:"新闻侵害名誉权、隐私权新的司法解释建议稿",载中国人民大学民商事法律科学研究中心、INTERNEWS国际记者培训机构编:《"媒体侵权与法律适用"主题研讨》2008年内部论文集。

行法律规制的方法和规则。我国社会的这个特别的法律现象,实际上是对没有《新闻法》或者《新闻出版法》而采取的一个变通和替代的办法,具有非常积极的重要意义。

(二)研究媒体侵权责任特别研究媒体侵权抗辩的原因和意义

存在的另一个问题是,中国民法特别注重研究媒体侵权法,为什么又要特别研究媒体侵权抗辩问题呢?我的认识是,在1987年实施《民法通则》之后,我国民事主体的权利意识迅速提高,维权活动深入人心,这是非常值得赞赏的社会现象。但是,从另一个方面观察,过分地强调保护名誉权等权利,致使有些人的权利观念过于"膨胀",①出现了权利泛化以及权利滥用等较为普遍的现象。而过度、过分的权利主张,必然挤压甚至限制新闻媒体新闻自由的"喘息空间",使新闻媒体无法承担批评社会、促进社会进步的职能,其结果必然会损害全体人民的整体利益。研究媒体侵权,制裁媒体侵权行为,当然并不是为了打压新闻媒体的新闻自由,而是要给新闻媒体行使新闻自由权利确立具体规则,不属于媒体侵权的新闻行为,就是合法的新闻行为,可以正当进行。而特别研究媒体侵权抗辩,则是从正面确立新闻媒体正当行使新闻行为的规则,使新闻媒体能够依法提出事实根据,以对抗不当的媒体侵权诉求,保障新闻媒体依法行使新闻权利。研究媒体侵权法,通常更多地去研究媒体侵权责任构成和媒体侵权行为的类型,即在什么情况下、什么样的情形能构成媒体侵权责任,以更好地保护民事主体的人格权。同样,研究媒体侵权法,在坚定不移地保护民事主体人格权的同时,还应当注重从另外一个角度上研究,即在什么情况下新闻媒体可以抗辩媒体侵权责任的诉求,对抗侵权责任构成,以确保新闻媒体依法行使的新闻行为受到法律保护,不受不当诉讼行为甚至是恶意诉讼行为的干预和打击。这样,就能够从两个不同的方面来考虑媒体侵权责任问题,划清前述"三个界限",确定媒体侵权责任就会更客观、更全面,特别是在权利过于膨胀、权利泛化和权利滥用面前,给新闻行为确立法律规范,保障新闻媒体的新闻自由,给新闻媒体以更大的"喘息空间",更好地发挥新闻媒体的舆论监督职能作用,促进我国的政治体制改革和经济体制改革不断深化,建设和谐稳定的社会。

正因为如此,研究媒体侵权抗辩所具有的重要意义,可以从三个方面进行观察:

第一,媒体侵权抗辩与媒体侵权请求权相对应,其价值在于对抗以至于否认媒体侵权请求权的正当性,否定侵权责任。请求权是裁判权的基础,②原告享有媒体侵权请求权,就可以向法院起诉,只要证明自己的请求权成立,被告就应当承担媒体侵权责任。但是,无告不成讼,一个原告在向法院起诉主张自己的请求权时,作为这个请求权

---

① 我在"中国名誉权的'膨胀'与'瘦身'"一文中,提出了名誉权膨胀的问题,参见杨立新:《从契约到身份的回归》,法律出版社2007年版,第111～120页。

② 杨立新:"民事裁判方法的现状及其改进",载《民事审判指导与参考》(第29辑),法律出版社2007年版。

的义务人也就是新闻媒体，如果存在法定的不承担侵权责任的正当理由，则进行抗辩，就能够否认原告的请求权，阻却自己的媒体侵权责任。

第二，形成诉讼上的诉辩对抗，使法官做到兼听则明，准确适用法律。原告提出媒体侵权诉讼请求，被告依法进行抗辩，就能够使原告的请求与被告的抗辩形成诉辩双方的对抗，形成诉辩交锋，能给法官对案件进行全面审查、准确认定案情提供基础，以便对案件作出正确裁判。否则，原告说什么，法官就信什么，请求什么就判什么，就无法保证法律的正确适用，对当事人是不公平的。

第三，补充新闻立法不足，更好地保护新闻媒体的新闻权利。由于我国没有制定《新闻法》，因此不易确认新闻媒体的行为准则。通过研究媒体侵权以及媒体侵权抗辩，从中能够确定新闻媒体的行为准则，可以更好地保护媒体的新闻报道自由和新闻批评自由。

（三）媒体侵权抗辩理论体系的构建

1. 媒体侵权抗辩和媒体侵权抗辩事由的概念

抗辩事由，是指被告针对原告的侵权诉讼请求而提出的证明原告的诉讼请求不成立或不完全成立的事实。[①] 媒体侵权抗辩，是指新闻媒体作为被告对原告的媒体侵权诉讼请求提出的证明原告的诉讼请求不成立或者不完全成立的主张；而媒体侵权抗辩事由，则是媒体侵权抗辩的特定的具体事实。在侵权行为法中，抗辩是对请求的对抗，而抗辩事由是针对承担侵权责任的请求而提出来的具体事实，所以，媒体侵权抗辩总是表现为具体的事由，即媒体侵权抗辩事由。认为“媒体侵权抗辩事由，就是指媒体的新闻活动虽然给他人造成了损害，但该行为依法不构成侵权行为的情形”[②]的观点，似乎还需要进一步严密界定。

侵权行为法的抗辩事由是由侵权行为的归责原则和侵权责任构成要件派生出来的，适用不同的归责原则，就有不同的责任构成要件，因而也就总是要求与归责原则和责任构成要件相适应的特定抗辩事由。媒体侵权同样如此，由于媒体侵权在归责和构成上的特殊性，媒体侵权责任的抗辩事由也就更加丰富，更为多样化，需要专门进行研究。

2. 媒体侵权抗辩的性质

媒体侵权抗辩的性质既不是抗辩权也不是反驳，而是抗辩中的事实抗辩和法律抗辩。

抗辩和抗辩权，是民法的重要概念，但二者具有严格的界限。抗辩，是针对请求权

---

① 王利明、杨立新：《侵权行为法》，法律出版社1997年版，第76页。

② 郭卫华、常鹏翱：“论媒体侵权的抗辩事由”，载《法学》2002年第5期。

的防御方法，是针对请求权的构成而提出的对抗性意见，是指被告通过主张与原告的诉讼主张不同的事实或法律关系，以破坏对方所主张的请求权，使其不能成立的行为。抗辩权，则是指被告对于原告的诉讼请求，有拒绝给付的权利，是针对请求权的行使而享有的对抗权利，是一个具体的实体权利。请求权已经构成并且可以依法行使，但抗辩权的行使即可抗拒和阻却请求权，抗辩权人不承担侵权责任。例如，诉讼时效的完成就使被告产生抗辩权，被告行使之，即可阻却请求权，可以依法拒绝履行义务。

抗辩与反驳，也有严格区别。反驳，是指一方当事人提出于己有利的事实和理由，为反对当事人的主张所进行的辩论。实体反驳，是指被告以实体法律为根据，说明原告的实体权利请求的事实依据或者法律依据不存在，如被告用事实证明原告的权利根本就不存在或已经实现，或者证明原告提出的作为诉的理由的事实根本就没有发生过或与事实真相不符等。而抗辩，则是被告根据原告的诉讼请求，主张自己存在客观事实或者法律根据以对抗原告的请求。

媒体侵权的抗辩，既不是已经产生的实体抗辩权，可以之直接对抗原告的媒体侵权请求权，阻却该请求权的行使；也不是否认原告诉讼请求而提出的事实根据或者法律根据的反驳，而是主张自己存在客观上的事实和法律依据，证明自己具有适当的理由，破坏原告的媒体侵权请求权的构成，使其媒体侵权请求权不能成立，从根本上否认原告的媒体侵权请求权，使自己免予承担媒体侵权责任。因此，媒体侵权抗辩的性质，是抗辩，既不是抗辩权，也不是反驳。

3. 媒体侵权抗辩事由的构成

概括起来，构成媒体侵权抗辩事由必须具备两个条件：

(1) 对抗性要件

媒体侵权抗辩事由必须对抗媒体侵权责任构成的具体要件，破坏媒体侵权责任构成的内在结构，使原告诉请的媒体侵权请求权归于不能成立。媒体侵权请求权是新生的请求权，必须具备构成要件才能够发生。原告提出媒体侵权请求权，要证明自己的请求具备媒体侵权构成所必须具备的要件。不论其证明是否成立，媒体侵权抗辩事由尽管从整体上看是对抗原告的侵权诉讼请求，但它具体对抗的则必定是侵权责任构成及其要件，破坏原告媒体侵权请求权的构成，导致原告的媒体侵权诉讼请求在法律上不成立。如果媒体侵权纠纷的被告提出的主张不具有对抗性，而仅仅能证明自己的行为可以谅解但不足以破坏媒体侵权请求权的构成，不能对抗媒体侵权请求权的事实和理由，则不能成为媒体侵权抗辩事由。①

---

① 佟柔主编：《中国民法》，法律出版社 1995 年版，第 571 页。

(2)客观性要件

媒体侵权抗辩事由必须是客观事实,须具有客观性的属性。它要求媒体侵权抗辩事由必须是客观存在的、已经发生的事实,不能是主观臆想的或者尚未发生的情形。例如,不论事实基本真实,还是权威消息来源等,作为媒体侵权抗辩事由,都是已经发生的客观事实,既不是假想和猜测,也不是将来能够发生的事实。仅仅表明某种损害没有发生,或单纯否认对方请求权的存在,不能成为媒体侵权的抗辩事由,因为它不是客观事实。

(3)正当性要件

媒体侵权抗辩必须具备的内在价值判断,须为具有正当性要件。这一要件意味着,尽管新闻媒体的新闻行为造成了受害人的损害,但媒体的新闻行为于社会而言是正当的,对社会有重要的进步价值,能够推进社会的公平正义,社会对这种造成损害的行为予以正面肯定,在法律上确认其具有阻却新闻行为违法的功能,不具有违法性。正因为如此,一切抗辩事由包括媒体侵权抗辩事由才能够成其为抗辩事由,才能够对抗侵权的诉讼请求,免除自己的侵权责任。一个媒体侵权抗辩如果不具备正当性要件,即使存在对抗性和客观性要件,也不能发生对抗媒体侵权请求的法律后果。

(四)媒体侵权抗辩的具体事由体系

媒体侵权抗辩事由应当定型化、具体化,才能起到指引和告知作用,使新闻媒体和其他当事人以及法官知道应当怎样为和不为,从而在事前建立预测和筛选机制,防止诉讼的发生和进一步发展,①规范新闻行为、保护新闻自由和当事人的合法权益。媒体侵权抗辩事由共有22种,用完全抗辩和不完全抗辩的分类作为标准,构建成一个完整的媒体侵权抗辩事由的体系。这个体系是:

1. 完全抗辩

媒体侵权的完全抗辩,是指能够完全对抗原告的媒体侵权请求权,免除自己的媒体侵权责任的媒体侵权抗辩事由。

媒体侵权抗辩事由中的完全抗辩事由包括以下15种:(1)事实基本真实;(2)权威消息来源;(3)连续报道;(4)报道特许发言;(5)公正评论;(6)满足公众知情权;(7)公众人物;(8)批评公权力机关;(9)公共利益目的;(10)新闻性;(11)受害人承诺;(12)为本人利益或者第三人利益;(13)“对号入座”;(14)报道、批评的对象不特定;(15)配图与内容无关和配图与内容有关。

2. 不完全抗辩

媒体侵权的不完全抗辩,是指须具备特别理由或者具体条件才能成立并能够完全

① 郭卫华、常鹏翱:“论媒体侵权的抗辩事由”,载《法学》2002年第5期。

对抗媒体侵权请求权,或者仅能对抗部分媒体侵权请求权以减轻被告侵权责任的媒体侵权抗辩事由。

不完全抗辩事由包括以下7种:(1)已尽审查义务;(2)已经更正、道歉;(3)如实报道;(4)转载;(5)推测事实与传闻;(6)读者来信、来电和直播;(7)文责自负。①

当然,媒体侵权抗辩事由还可以其他条件为标准进行不同的分类。例如,根据媒体侵权抗辩事由的构成要素为标准,可以分为事实抗辩和法律抗辩。在媒体侵权抗辩事由中,以事实作为抗辩事由的,是事实抗辩;以法律为抗辩事由的,是法律抗辩。例如,事实基本真实、连续报道等,抗辩的根据都是事实,因此都是事实抗辩;而公众知情权、公众人物、公共利益、新闻性等,抗辩的根据不是事实,而是法律规定,因此都是法律抗辩。

二、媒体侵权抗辩的具体事由及规则

(一)事实基本真实

事实基本真实,是最高人民法院司法解释确立的媒体侵权抗辩事由。如果媒体报道的事实是基本真实的,那么,新闻媒体的报道就不存在侵权问题,不应当承担侵权责任。② 可以参考的是《美国侵权法重述》第581A条规定:"就事实而作具有诽谤性之陈述公布者,如该陈述为真实者,行为人无须就诽谤而负责任。"③在英国诽谤法,如果被告能够证明其言论是真实的,则其可成功地抗辩原告关于诽谤的指控。④ 王利明主编的《中国民法典草案专家建议稿》第1867条专门规定了这个媒体侵权抗辩事由:"新闻作品的内容真实、合法。"⑤

确定事实基本真实,涉及新闻真实、法律真实和客观真实三个概念的关系问题。首先,何谓新闻真实?在最高人民法院参加起草《关于审理名誉权案件若干问题的解答》时,我们就反复强调,新闻媒体在报道消息的时候,应当承担事实真实的审查义务。其审查义务应当达到的程度,就是事实基本真实,新闻报道如果达到了事实基本真实的程度,应当认为新闻媒体已经尽到了审查义务,就不存在侵权问题。因此,事实基本真实就是新闻真实。其次,事实基本真实不是基本事实属实。基本事实属实是"严打"

① 请原谅我采用这样的顺序号编排这些抗辩事由,这主要是为了下文继续阐释具体抗辩事由的方便而已。

② 最高人民法院《关于审理名誉权案件若干问题的解答》第8条规定:"文章反映的问题基本真实,没有侮辱他人人格的内容的,不应认定为侵害他人名誉权。"

③ 美国法学会:《美国法律法整编·侵权行为法》,刘兴善译,台北司法周刊杂志社1986年版,第466页。

④ 王军、王轩:"英国法上的名誉权保护",载《法学杂志》2008年第2期。

⑤ 王利明主编:《中国民法典草案专家建议稿及说明》,中国法制出版社2004年版,第242页。

时确定“严打”案件事实的标准，案件的基本事实没错就不算错案。但事实基本真实是对新闻事实真实性提出的标准，对媒体报道的事实，审查义务不能要求得太高、太苛刻。我曾经在《北京日报》上写过一篇文章①说明这个观点：司法机关对一个刑事案件从公安开始侦查到检察院起诉，到法院最后判决，有严格的程序和国家的强制力量保障，仍然不能保证调查的事实是客观真实，不能保证绝对不出错案。那可是用国家的侦查、检察、审判的特权作为保障的啊！而新闻记者完全凭借自己的眼睛和自己的头脑进行采访、调查、判断，很难保证调查的事实具有高度真实性，更不用说客观真实了。再次，法律真实和客观真实是证据法所使用的概念。法律真实是证据所能够证明的程度，它是对案件事实的高度盖然性的证明，并不能保证证据所证明的事实能够完全还原于客观真实，那是永远也不能做到的。因此，法官对案件事实的认定，只能是法律真实，而不是客观真实。而客观真实则是事实的本来状态，是存在于已经流逝的历史之中、不会再复原了的事实。因此，客观真实不是在法律上追求的真实，不是证据所能够证明的真实，更不是新闻真实所应当达到的标准。最后，事实基本真实就是法律真实，是对新闻事实认定的标准，不过它比一般认定侵权责任的事实认定标准还要低一些，报道的事实基本真实就可以了，就不构成媒体侵权。因此，事实基本真实是媒体侵权抗辩中的完全抗辩。

因此，新闻真实、法律真实和客观真实这三个概念并不是一个层次上的问题。客观真实和法律真实是证据法的概念，在过去的极“左”年代，曾经要求案件事实的证明标准是客观真实，在事实上是做不到的。因此，在证据的证明标准上要讲法律真实，法律真实就是当事人的证明达到了法官的内心确信。能够使法官达到内心确信，这个案件的事实就可以认定，心证实际上也是这样要求的。而新闻真实就是事实基本真实，当然也就是法律真实，不可能是客观真实。

事实基本真实的标准是合理相信。一个记者经过采访、调查或者亲身经历，能够使自己确立合理相信，就达到了事实基本真实的标准。建立起合理相信事实基本真实，应当具备的条件是：(1)新闻媒体揭示的事实的主要经过、主要内容和客观后果基本属实，不是虚构、传言或者谣言等，在主要问题上不存在虚伪不实；(2)新闻媒体确有证据证明，可以合理相信这个事实是真实的；(3)新闻媒体进行的报道和批评具有善良目的，不具有侵害他人人格权的恶意和重大过失。

在特定情况下，事实基本真实不能作为正当抗辩，新闻批评涉及信用权时，事实基本真实不是免除责任的抗辩。信用权具有特殊性，在涉及他人信用权的新闻报道中，

---

① 这篇文章是“如何把握法律范围内的新闻真实”，后来编入杨立新：《闲话民法》，人民法院出版社2005年版。

即使事实是真实的,也可能构成侵害信用权。例如,报道一个卖羊肉的店铺门口经常停着运狗肉的车,如果该店铺主张侵害其信用权,应当构成侵权,即使媒体报道的这个事实是真实的,照样可以认定侵害信用权,应当承担侵权责任。因为任何人看了这个报道都会联想到这个卖羊肉的店铺是"挂羊头卖狗肉",肯定会对其信用权造成损害。[①]同样,侵害隐私权也不能以事实基本真实作为抗辩事由,[②]就他人的私生活作不合理之详尽报告而侵害隐私权的诉讼,[③]构成新闻侵害隐私权。

(二)权威消息来源

权威消息来源,是抗辩事实不真实的媒体侵权抗辩事由。英美侵权法对诽谤诉讼有特许报道的辩护事由,对官方文书和官方人员在某些场合下的言论的正确报道免负损害名誉的责任。[④] 我国的权威消息来源作为媒体侵权抗辩事由,仅指消息来源具有权威性,新闻媒体报道的事实即使是不真实的,如果具有权威消息来源,也不构成媒体侵权责任。最高人民法院《关于审理名誉权案件若干问题的解释》第6条规定:"新闻单位根据国家机关依职权制作的公开的文书和实施的公开的职权行为所作的报道,其报道客观准确的,不应当认定为侵害他人名誉权。"这是我国认定权威消息来源为媒体侵权抗辩事由的法律根据。权威消息来源是完全抗辩,可以全面对抗媒体侵权请求权。在专家起草的侵权行为法草案建议稿中,差不多都规定了这个抗辩事由。[⑤]

构成权威消息来源,应当具备的条件是:(1)发布消息的机关是权威的。所谓权威,就是指消息来源的权威性。只要发布消息的机关是权威的,就应当认为权威消息来源提供的事实材料达到可以确信的程度。因此,只要审查提供消息的机关的权威度,就可以确认是否构成这个要件。(2)消息的真实性由发布消息的权威机关负责,媒体不必进行调查核实,不必进行审查,可以直接进行报道,即使出现事实不真实的情况,新闻媒体也不负媒体侵权责任。例如,政府机关、司法部门、政党团体公布的事实,新闻媒体对此进行报道,不必进行调查、审查,即使存在事实错误,也不是新闻媒体的责任。(3)媒体报道时未添加其他不实事实或者诽谤、侮辱性文字,或者没有删减事

---

① 史尚宽:《债法总论》,台北荣泰印书馆1978年版,第148页。史先生称:"流言某腊肠商店之前,屡停有屠马者之货车,而对其货车之未卸下何物,默而不言,则可使人想象该店有混用马肉之事,以毁损其信用。"

② 杨敦和:"论妨害名誉的民事责任",载《辅仁法学》第3期,转引自王利明主编:《人格权与媒体侵权》,中国方正出版社2000年版,第645页。

③ 美国法学会:《美国法律法整编·侵权行为法》,刘兴善译,台北司法周刊杂志社1986年版,第481页。

④ 王利明等主编:《人格权与媒体侵权》,中国方正出版社2000年第2版,第647页。

⑤ 王利明主编:《中国民法典草案建议稿及说明》,中国法制出版社2004年版,第242页;杨立新主编:《中华人民共和国侵权责任法草案建议稿及说明》,法律出版社2007年版,第17页。

实,如果在事实上进行删改、增减,致使发生侵权后果的,则构成侵权。具备以上三个要件,可以对抗媒体侵权责任。例如,对一个犯罪行为的报道,媒体报道了一审法院判决被告人有罪的消息,又报道了二审法院判为无罪的消息。有人认为这种情况可以适用连续报道作为抗辩事由,但这是发布消息的权威机关的责任,不是媒体的责任,不必适用连续报道的抗辩事由抗辩,以权威消息来源抗辩即足以对抗媒体侵权请求权。

有的认为,社会团体、企事业单位就其职责范围内的情况向新闻媒体发表的材料,公民、法人关于自身活动供新闻单位发表的材料,以及主动的消息来源提供的事件现场目击者第一手材料等,也属于权威消息来源。① 对此,应当慎重。我认为,这些单位和个人尚不具有足够的权威性,新闻媒体有调查、核实的可能和余地,对此不能简单地以权威消息来源而抗辩媒体侵权责任。另外,新闻媒体依据权威消息来源进行的报道,"前述文书和职权行为已公开纠正而拒绝更正报道,致使他人名誉权受到损害的,应当认定为侵害名誉权"。②

(三)连续报道

连续报道,是媒体侵权的抗辩事由,被多数学者所接受,也有人反对连续报道为媒体侵权抗辩事由,对此,我持肯定态度。在我主编的《中华人民共和国侵权责任法草案专家建议稿》第66条中,专门规定了连续报道的抗辩事由:"连续报道,最终报道内容真实、合法"。③

连续报道是媒体侵权抗辩事由中的完全抗辩,符合连续报道要求的新闻报道,可以完全对抗媒体侵权请求权,不构成媒体侵权责任。对此,我国法院判决的范志毅涉嫌赌球的媒体侵权案,已经作出了肯定结论,认为这"是根据新闻传闻做的求证式报道,且被告经过一系列的报道后,最终又及时地以《真相大白:范志毅没有涉嫌赌球》为题为原告澄清了传闻,给社会公众以真相,端正了视听。被告的系列报道是有机的、连续的,它客观地反映了事件的全部情况,是一组完整的连续报道","被告的报道没有造成原告社会评价的降低",因此不构成侵权。④ 这个判决是完全有道理的,具有创新性。

构成连续报道,应当具备以下条件:(1)前导报道的消息来源不是一个肯定的事实,而是一个推测或者传闻的事实,报道时应当明确其报道的事实是不具有肯定性的事实。如果前导报道时即采取肯定性的态度进行报道,如果该报道构成侵权,则即使今后进行了新的报道,也不能构成连续报道,而仅仅是事实的更正。(2)后续报道是及时的,应当保证与新闻事件的进展保持基本上的同步,不能有过长时间的拖延。(3)连

① 王晋敏:"媒体侵权的责任分担",载《新闻记者》1991年第7期。

② 最高人民法院《关于审理名誉权案件若干问题的解释》第6条后段。

③ 杨立新主编:《中华人民共和国侵权责任法草案建议稿及说明》,法律出版社2007年版,第18页。

④ 见上海市静安区人民法院(2002)静民一(民)初字第1776号民事判决书。

续报道的最终结论是肯定性的、真实的,不涉及侵害被报道人的人格权问题。(4)媒体报道时应具有善良目的,态度实事求是,为事件真实而进行公正报道,不具有侵权的故意,包括直接故意和间接故意。(5)连续报道的各次报道在版面上处理适当,即版面语言使用适当,不得将否定性的报道使用突出的版面,肯定性的报道使用不突出的版面。

在一个连续性的报道中,媒体如果故意利用这种形式,先对被报道对象进行恶意报道和评论,然后再用后续报道慢慢地补回来,恶意追求的是前导报道所造成的损害后果,这样的"连续"报道不构成连续报道,不能抗辩媒体侵权责任,构成媒体侵权责任。

(四)报道特许发言

报道特许发言,是媒体侵权的抗辩事由。报道特许发言,是指新闻媒体在报道具有特许权的新闻人物的发言时,由于该新闻人物具有特许权,即使其发言有侵权的内容,新闻报道也不因为报道该新闻人物的言论而被追究侵权责任。

有的学者认为,这个媒体侵权抗辩应当叫做特许权,①而不是报道特许发言,我的看法不同。这种特许权并不是给新闻媒体的特许,而是新闻人物享有的特殊权利,他的发言享有特许权,即使其内容涉及侵害他人人格权的内容,也不追究其侵权责任。因此,特许权相当于豁免权。按照英国诽谤法,享有特许权的,是上议院的议员对于其出席议会时的发言及辩论中的言论享有绝对的特权,在司法程序中相关人员所发表的言论享有绝对的特权,行政官员在履行职务过程中对其他行政官员所发表的言论也享有绝对的特权,都可以对抗诽谤之诉中原告的主张。② 可见,新闻媒体能够作为抗辩的,不是自己享有特许权,而是由于新闻人物对其言论享有特许权,不被追究侵权责任,因而也就使新闻媒体对该新闻人物的发言所作的报道免除了侵权责任。因此,报道特许发言是媒体侵权抗辩事由,而不是新闻媒体享有可以抗辩媒体侵权的特许权。

报道特许发言的范围是特定的,只有具有这些身份的人,在特定的场合内进行的发言,才具有特许权,对其报道才可以作为免除媒体侵权责任的抗辩事由。在美国,具有特许权的是司法人员、律师、司法程序之当事人、司法程序之证人、陪审员、立法者、立法程序之证人、高级行政人员、夫妻,以及依法律规定应作的公布。③ 我国的报道特许发言的范围是:(1)各级人民代表大会代表在人民代表大会上的发言;(2)各级政治协商会议委员在政治协商会议上的发言;(3)法官、陪审员、检察官、律师在法庭上的发

---

① 徐迅等:"新闻侵害名誉权、隐私权新的司法解释建议稿",载中国人民大学民商事法律科学研究中心、INTERNEWS 国际记者培训机构编:《"媒体侵权与法律适用"主题研讨》2008 年内部论文集。

② 王军、王轩:"英国法上的名誉权保护",载《法学杂志》2008 年第 3 期。

③ 美国法学会:《美国法律法整编·侵权行为法》,刘兴善译,台北司法周刊杂志社 1986 年版,第 483 ~ 490 页。

言;(4)司法程序中的当事人、证人。对于这些发言,媒体进行报道,因为发言者享有特许权,新闻媒体因此对其报道也有了一个侵权责任的"豁免权",任何人不得追究其侵权责任。在美国法,夫妻在其相互之间所作的有关第三人的诽谤事项予以公布者,是一个抗辩事由,[①]但不是媒体侵权的抗辩。如果夫妻相互之间作有关第三人诽谤事项的公布,媒体进行报道的,不能因此而主张媒体侵权抗辩。

(五)公正评论

新闻评论是新闻媒体结合重要的新闻事实,针对普遍性关注的实际问题发表的论说性的意见,诸如社论、评论员文章、短评、编者按语、专栏评论、述评等。评论不是事实,仅仅是一种意见、看法的表述。[②] 公正评论是对抗媒体侵权的正当抗辩事由,能够完全阻却媒体侵权请求权,媒体不承担侵权责任。我们在起草侵权责任法草案专家建议稿中,都规定了这个抗辩事由。[③]

在美国,公正评论也叫作免责之批评,开始为专门的抗辩事由,后来改为适用"意见之表达"的抗辩。《美国侵权法重述》第566条规定:"诽谤性之传递消息可能为意见表达方式之陈述;但此种本质之陈述,谨于其隐含该意见之根据有未揭露之诽谤性事实之疑时,方得做诉讼上之请求。"换言之,如果其隐含该意见之根据没有未揭露之诽谤性事实之疑时,或者其隐含该意见之根据有已揭露之诽谤性事实之疑时,都不构成诽谤。[④]

公正评论应当具备何种要件?英国法认为,第一,被告要证明其评论涉及的是有关公共利益的事项,第二,被告必须证明其评论具有事实上的根据,第三,被告还要证明其评论不是恶意的。[⑤] 根据我国的实际情况,构成公正评论应当具备以下要件:(1)评论的基础事实须为公开传播的事实,即已揭露的事实,而不能是由评论者自己凭空编造的事实,也不能是具有明显不真实的事实。对符合上述要求的已揭露的事实进行评论,即使该事实具有诽谤性,或者不真实,媒体发表评论都不负侵权责任。以故意编造或者明显虚假的新闻事实作为评论的依据,本身就构成侵权责任;如果评论隐含该意见的根据有未揭露的诽谤性事实可能的,也不具备本要件。(2)评论须公正。评论的内容应当没有侮辱、诽谤等有损人格尊严的言辞。对此,应当特别区分评论的言

① 见《美国侵权法第二次重述》第592条,载《美国法律法整编·侵权行为法》,刘兴善译,台北司法周刊杂志社1986年版,第489页。

② 参见王利明主编:《人格权与媒体侵权》,中国方正出版社2000年版,第650页。

③ 王利明主编:《中国民法典草案建议稿及说明》,中国法制出版社2004年版,第242页;杨立新主编:《中华人民共和国侵权责任法草案建议稿及说明》,法律出版社2007年版,第17页。

④ 美国法学会:《美国法律法整编·侵权行为法》,刘兴善译,台北司法周刊杂志社1986年版,第469、503页。

⑤ 王军、王轩:"英国法上的名誉权保护",载《法学杂志》2008年第3期。

辞尖刻与诽谤之间的界限。在评论中,即使批评的言辞非常尖刻,只要不是诽谤,不是故意贬损他人人格,就不是侵权;如果评论中有贬损人格尊严的侮辱、诽谤性言辞,则为侵权。其标准,应以人格是否受到侵害为标准。有学者提出,在以上范围内,即使是片面的、偏激的、甚至具有诽谤性的评论,也不应追究法律上的责任。[①] 这种看法不够妥当。片面、偏激并不会涉及侵权问题,但具有诽谤性的评论则必然会涉及被评论人的人格尊严,应当构成侵权。(3)评论须出于社会和公共利益目的,没有侵权的故意。社会和公共利益目的包含两种情况:一是社会公众对于评论中所涉及的事项享有法律上的利益;二是评论中所涉及的事项受到公众的质疑或是公众的广泛关注。[②] 如果媒体发表的评论出于作者的恶意,借评论而故意贬损被评论人的人格,构成媒体侵权。在宣科起诉的关于纳西古乐侵害名誉权案件中,被告在评论文章中虽然语言尖刻,但属于基于学术研究而进行的评论,因此不应当认为是侵害名誉权。法院认定该评论文章构成侵权,显系不妥。[③]

有人认为,对特定人的评论所涉及的事实如果虚假,这种评论就没有依据,自然不会公正。[④] 评论所依据的事实不真实或者虚假,被评论人提出媒体侵权诉讼,是否都能构成侵权责任? 对此不能一概而论。评论事实虽然不真实,但符合公开传播事实的要求,不是评论者故意编造的事实,或者虽然是明显不真实的事实但评论者依据新闻从业要求不能发现,评论人又没有侵权故意,没有贬损他人人格的言辞,当然不构成媒体侵权。认为凡是评论的事实虚假则评论就自然不会公正,有绝对化的嫌疑。

(六)满足公众知情权

满足公众知情权,是一个完全的媒体侵权抗辩事由。知情权又称为知的权利、知悉权、了解权,是由美国的一位新闻编辑肯特·库珀在 1945 年 1 月的一次演讲中首先提出来的。20 世纪五六十年代,美国兴起"知情权运动",知情权被广泛地援用并成为一个具有国际影响的权利概念,成为与新闻自由、创作自由、言论自由、出版自由诸概念密切相关的一个权利概念。知情权给新闻业、出版界等舆论单位及时报道新闻事件提供了新的法律依据和事实依据,为了满足公民知情权的需要,通过报纸、杂志、广播、电视、广告等大众传媒去接收世界上形形色色的事件、信息,新闻自由、言论自由被扩展到极大的限度。对于这些,都可以知情权的需要而予以充分披露,因而知情权与隐

---

① 魏永征:"中国大陆媒体侵权法与台港诽谤法之比较",载台湾地区台中刊《新闻大学》(上海)1999 年冬季号。

② 王军、王轩:"英国法上的名誉权保护",载《法学杂志》2008 年第 3 期。

③ 关于对本案的评论,请参见杨立新:《亲近民法》,中国法制出版社 2007 年版,第 3 ~ 5 页;《从契约到身份的回归》,法律出版社 2007 年版,第 121 ~ 129 页。

④ 王利明主编:《人格权与媒体侵权》,中国方正出版社 2000 年版,第 652 页。

私权之间不可避免地产生重大冲突。

公众知情权,是指公民享有的对社会发生的感兴趣的情事及其发生、发展、变化予以了解和知悉的权利。[①] 该权利属于公权利,其相对的义务人就是公共媒体。对此,公共媒体负有予以满足的义务。因此,公众知情权是媒体侵权的最好抗辩。理由是"公众人物、新闻事件等具有公共利益或正当的公众兴趣的领域,视为自然人私生活领域的例外"。[②] 我国媒体目前更多的是满足"喉舌"的职能,其实更重要的应当是满足公众知情权的职能,那才能够叫做真正的公共媒体。当然,我们的新闻媒体具有公共媒体的职能,可以适用公众知情权作为媒体侵权的正当抗辩。

构成满足公众知情权需要具备以下三个要件:(1)报道的须是一个正在发生、发展、结果的新闻事件或者与新闻事件有关的背景。(2)报道的事项须为不特定的多数人对此抱有兴趣,想知道事件的发生、发展、结果以及与该新闻事件有关的背景。不特定的多数人,就是公众的含义。(3)媒体进行报道须符合媒体的职责要求,不违反公共利益和善良风俗,不具有侵权的恶意。构成公众知情权,不要求存在不侵害他人权利尤其是隐私权的内容,正是为了满足公众知情权可能会影响到某些人的个人权利,因此才要求不违反公序良俗即可。

我国法院在范志毅案件的判决中,已经援引了这个抗辩事由,即公众关注。判决书说,"本案争议的报道是被告处在'世界杯'的特定背景下,遵循新闻规律,从新闻媒体的社会责任与义务出发,为了满足社会大众对公众人物的知情权而采写的监督性报道",并以此作为免除文汇新民联合报业集团媒体侵权责任的理由。这个理由是成立的,可以对抗媒体侵权请求权。

(七)公众人物

公众人物,是美国最高法院通过沙利文诉《纽约时报》案确立的概念,后来成为诽谤法的一个重要规则。1960年2月,美国黑人民权运动高涨,同年3月29日,《纽约时报》刊登了名为《关注他们高亢的呼声》的整版政治广告,广告上有64位知名人士签名。沙利文时任蒙哥马利市公共事务委员会委员,负责监管该市的警察局。他认为广告中的若干虚假陈述构成诽谤,为此他曾请求《纽约时报》更正,但遭到拒绝。据此,沙利文向法院起诉;初审法院认定《纽约时报》侵权,亚拉巴马州最高法院维持初审裁定;《纽约时报》向联邦最高法院上诉。联邦最高法院判决认为,在政府官员就指向他的公务行为的批评而提出的民事诽谤之诉中,亚拉巴马州法院适用于本案的法律规则不足以从宪法上保障第一和第十四章修正案所要求的言论自由和新闻自由。在此类诉讼

---

① 杨立新:《人身权法论》,人民法院出版社2006年版,第694页。

② 王利明主编:《中国民法典草案建议稿及说明》,中国法制出版社2004年版,第52页。

中，州法院不能判决政府官员获得赔偿，除非该官员证明被告实有恶意（明知虚假陈述而故意为之）或玩忽放任（根本不在乎所述事实真实与否），从而判决案件发回原审法院，以进一步审理与本法律意见不符的部分。

我们历来主张公众人物是媒体侵权抗辩事由，在我主持起草的侵权责任法草案建议稿中，专门规定这个抗辩事由："为社会公共利益进行宣传或者舆论监督，公开披露公众人物与公共利益相关的以及涉及相关人格利益的隐私，不构成侵权。超过必要范围的，应当承担侵权责任。"①在范志毅案件中，我国法院的判决书第一次使用了公众人物的概念。该判决书认为，"中国国家队的表现是社会各界关注的焦点，本案原告系中国著名球星，自然是社会公众人物，在此期间，关于中国国家队和原告的任何消息，都将引起社会公众和传媒的广泛兴趣和普遍关注"，②因此，判决书将此作为被告文汇新民联合报业集团媒体侵权抗辩的免责事由之一，具有开创性的意义。

公众人物是指因其特殊地位或者表现而为公众所瞩目的人物，如各级政府官员、主动寻求公众评价的各种公开的候选人、体育艺术明星、因重大不凡表现而影响社会的发明家和企业家等。他们的表现或与公共利益有重大关系，或为大众关心的焦点，因此成为公众人物而自愿暴露在公众面前，因而应对公众的评论有所容忍。③

应当明确的是，公众人物总还是人，是民法规定的民事主体中的自然人。公众人物的人格没有缺陷，具有完全的民事主体资格，应当享有一般的民事主体所享有的全部民事权利。但是，公众人物区别于其他一般的自然人的不同之处在于，他们的知名度超过常人，或者承担的职责涉及公共利益或者国家利益，人们对他们的关注和观察就远远地超出对一般的自然人所关注的程度。因此，公众人物涉及两个问题：一是社会公共利益，二是公众知情权。前者表明，如果公众人物的行为关系到了国家利益或者公共利益，那么这种行为无论是多么隐私，也是一定要让公众知道的，一定要让人民能够监督，否则就会损害社会公共利益；后者则是为了满足公众知情权，因而牺牲公众人物的部分权利内容。不论前者还是后者，都是为了满足或者实现更大的利益，而牺牲作为极少数的公众人物的某些权利中的利益。这是法律在利益冲突面前不得不作出的一种权衡和选择，不得已决定由公众人物做出一些牺牲，让他们对自己的一些权利内容造成的损害予以适当容忍。

界定公众人物作为媒体侵权抗辩事由，应当具备以下要件：（1）被报道的人物须是公众人物。关于公众人物的界定，我们曾经说是"领导人、艺术家、影视明星、体育明

① 杨立新主编：《中华人民共和国侵权责任法草案建议稿及说明》，法律出版社2007年版，第18页。

② 上海市静安区人民法院（2002）静民一（民）初字第1776号民事判决书。

③ 王利明主编：《人格权与媒体侵权》，中国方正出版社2000年版，第651页。

星、社会活动家等”,[①]徐迅在其媒体侵权新的司法解释建议稿中界定为:“依《中华人民共和国公务员法》管理的人士;在事关公共利益的企业或者组织中担任重要职务的人士;文化、体育界名人及其他众所周知的人士;在特定时间、地点、某一公众广泛关注或者涉及公共利益的事件中,被证明确有关联的人士。”[②]这一界定似乎过宽。我认为,公众人物应当包括:一是国家机关领导人及其他国家公务人员;二是被社会广泛关注的艺术家、社会活动家以及影视体育明星。(2)报道或者评论不具有恶意或者明显的放任或者重大疏忽。(3)不超过保护人格尊严的必要限度。并不是对公众人物所有问题进行报道和评论都是免责的,应当有必要的界限,超出必要界限就构成媒体侵权,即使是公众人物也是如此。

批评官员,由于官员是公众人物,当然构成媒体侵权抗辩事由。我国已经有若干官员提出过侵害名誉权的诉讼,多数被驳回,但确有少数案件法院的判决不正确。广东省有一个法院的院长,在洗头房进行不当行为后,让案件当事人为其付费,被当事人拒绝。该当事人向广州某媒体请求援助,该媒体进行报道批评,该院长起诉后,法院竟然判决媒体败诉,这是典型的错案,不过这已经是十几年以前的案件了。事实上,官员已经有国家的公权力在保护自己,即使媒体对其批评不正当,应当有容忍的义务,除非批评具有明显的恶意。有人主张官员也是人,应当同样保护,是没有道理的。

(八)批评公权力机关

批评公权力机关,也是媒体侵权的抗辩事由。对于法人的诽谤,必须具有必要的条件。按照美国的经验,发布有关法人的诽谤性事项,符合下列规定之一者,应对该法人负责任:(1)法人如为以营利为目的,其所发布的事项欲使其营业受到侵害或阻碍他人与其交往;或者(2)法人虽非以营利为目的,但依赖社会大众的财政上援助,而其发布的事项欲借社会大众对其评估的侵害而干预其活动。[③] 公权力机关当然是法人,但是,按照我国宪法规定,我国的公权力机关应当接受人民群众的监督,新闻媒体进行监督,开展新闻批评,是依法行使新闻监督的权利,即使存在过失,造成批评的事实失实,新闻媒体也不应承担侵权责任。国家机关、司法机关尽管都是法人,都享有《民法通则》规定的名誉权,但是,这些机关不是以营利为目的,也不是依赖于社会大众的财政支持,不能利用名誉权而拒绝人民群众和新闻媒体的监督。如果公权力机关动辄以侵

---

① 王利明主编:《中国民法典・人格权法编与侵权行为法编》,中国人民大学民商事法律科学研究中心报全国人大法工委稿 2002 年版,第 41 页。

② 徐迅等:“新闻侵害名誉权、隐私权新的司法解释建议稿”,载中国人民大学民商事法律科学研究中心、INTERNEWS 国际记者培训机构编:《“媒体侵权与法律适用”主体研讨》2008 年内部论文集。

③ 美国法学会:《美国法律法整编・侵权行为法》,刘兴善译,台北司法周刊杂志社 1986 年版,第 466 页。

害名誉权而追究民众的责任，追究新闻媒体的责任，则是拒绝监督的表现。对此，我国法院判决的某些案件是不正确的。典型案例是深圳市××区人民法院诉《民主与法制》杂志社侵害名誉权案，认为《民主与法制》杂志社对其报道造成了该法院的名誉权损害，要求对其承担损害赔偿责任。而结果是，法院真的就判决《民主与法制》杂志社败诉，责令对该法院承担媒体侵权责任，这是一个毫无道理的判决。[①] 对此，学者指出：自1994年至2001年，发生了14起法院或者法官状告媒体的案件，"法官处于居中裁判的地位，就像是一场足球赛中的裁判。现在，'裁判'下场'踢球'了，这正是笔者所说的'最奇特'之处"。[②] 确立批评公权力机关为媒体侵权抗辩事由，就是为了制止'裁判'下场'踢球'现象，给媒体以免责的特权。

因此，可以确定，批评公权力机关，是媒体侵权抗辩事由中的完全抗辩，以此阻却公权力机关拒绝批评的媒体侵权请求权，给媒体和公众以"更大的喘息空间"。

（九）公共利益目的

公众利益目的是媒体侵权抗辩的一个重要事由，能够全面对抗媒体侵权请求权，是完全抗辩。特别是在批评性的新闻报道中，公共利益目的完全可以对抗媒体侵权请求权，免除新闻媒体的侵权责任。在《民法通则》实施之初，北京某报纸曾经刊载了一幅批评照片，是一个人在北京动物园前翻身跳跃马路中间护栏的形象。被批评者向法院起诉，认为侵害了其肖像权，追究媒体的侵权责任。法院认为这个批评报道具有公共利益目的，判决不构成媒体侵权。我们在起草侵权责任法草案建议稿中，提出的"正当行使舆论监督权"或者"正当行使新闻舆论监督权"，[③]就是指为了公共利益目的。

公共利益目的，是关系到不特定的多数人利益的目的。以此作为媒体侵权的抗辩事由，应当具备的要件是：(1)须具有公共利益目的。媒体发布一个新闻报道，进行一个新闻批评，或者使用一幅新闻照片，须出于公共利益的目的，而不是其他不正当目的，更不得具有侮辱、诽谤或者侵害他人人格权的非法目的。(2)须没有有损于他人人格的语言和言辞，不得借公共利益目的之机而侮辱、诽谤他人。

在关于偷拍、偷录的新闻报道是否构成媒体侵权的问题上，公共利益目的是一个可以成立的抗辩事由。有人反对公共利益目的是偷拍、偷录的合法抗辩理由，认为即使是为了公共利益目的，进行偷拍、偷录也构成媒体侵权，我反对这样的意见。如果是真正出于公众利益目的而进行善意批评，在适当的范围内，进行偷拍、偷录，用于揭露社会阴暗面，批评社会的负面行为，不能认为是媒体侵权。

---

① 参见1997年8月26日《人民法院报》。

② 徐迅：《中国媒体侵权纠纷的第四次浪潮》，中国海关出版社2002年版，第22页。

③ 杨立新主编：《中华人民共和国侵权责任法草案建议稿及说明》，法律出版社2007年版，第18页；王利明主编：《中国民法典草案建议稿》，中国法制出版社2004年版，第242页。

（十）新闻性

新闻性，是对于图片新闻构成媒体侵权的抗辩事由。有的学者认为具有新闻价值是最一般的抗辩事由，[①]其实，这种主张更多的是指满足公众知情权。在确认满足公众知情权为媒体侵权抗辩事由的基础上，将新闻性主要作为对抗图片新闻的抗辩事由，更为准确，也更容易把握。对于图片新闻报道，如果利害关系人主张侵害肖像权的媒体侵权责任，新闻性是最好的抗辩，是完全抗辩。在我们起草的人格权法草案建议稿中，我们提出"公众人物、新闻事件等具有公共利益或正当的公众兴趣的领域，视为自然人私生活领域的例外"，其中的"新闻事件"就是指新闻性。[②] 其规则是，如果一个人物的形象处于一个具有新闻性的事件中，即使媒体使用该新闻照片没有经过肖像权人的同意，也不得主张侵害肖像权或者隐私权。

对于新闻图片的侵权诉求，确定是否构成新闻性的抗辩，应当具备的条件是：(1)人物须出现在具有新闻价值的公众视野之中。公众视野就是公众都能够自然看到的范围。新闻记者可以拍摄处于公众视野内具有新闻价值的人和物体，而无须顾忌侵犯肖像权等权利。(2)媒体采制和使用图片的目的须为进行新闻报道或者新闻批评，而不是以营利为目的。凡是以营利为目的而使用他人的图片，即使具有新闻性，也不得对抗媒体侵权诉求。(3)通过图片报道的新闻须事实基本真实，虚假的事实即使具有新闻性，也不得对抗媒体侵权诉讼请求。(4)使用的新闻图片及配发的文字须没有侮辱、诽谤的内容。不具备上述要件，不构成新闻性，不能免除新闻媒体的侵权责任。

新闻性作为抗辩事由，主要在于两个方面：第一，在公众视野中具有新闻性的人物，例如元首、政治家等，凡具有新闻兴趣的人皆不得主张肖像权和姓名权。[③] 第二，具有新闻性的事件，例如在公众视野中参加集会、游行、仪式、庆典或者其他活动的人，由于这类活动具有新闻报道价值，任何人在参加这些社会活动时，都允许将其肖像和姓名、名称用于宣传报道，[④]不得主张肖像权和姓名权、名称权。20 世纪 90 年代初，刘晓庆回自贡老家参加灯会，被新闻记者拍照后，曾经著文说她的人格权受到侵害。这种说法其实是不成立的，理由是她既处于新闻事件之中，又是新闻人物，且在公众视野之中。人物参与集会、游行、庆典或类似事件，其肖像不构成肖像制品的主题时，可以被合理使用。[⑤]

---

① 郭卫华、常鹏翱："论媒体侵权的抗辩事由"，载《法学》2002 年第 5 期。

② 王利明主编：《中国民法典草案建议稿》，中国法制出版社 2004 年版，第 52 页。

③ 史尚宽：《债法总论》，台北荣泰印书馆 1978 年版，第 150 页。

④ 王利明主编：《人格权与媒体侵权》，中国方正出版社 2000 年版，第 680 页。

⑤ 王利明主编：《中国民法典草案建议稿》，中国法制出版社 2004 年版，第 49 页。

（十一）受害人承诺

受害人承诺，也叫作受害人同意或者受害人允诺，是指受害人容许他人侵害其权利，自己自愿承担损害结果，且不违背法律和公共道德的一方意思表示。这种承诺，是侵权行为的一般抗辩事由，[①]当然也是媒体侵权的抗辩事由。在作为一般抗辩事由时，受害人承诺仅仅受到《合同法》第 53 条规定的限制，即人身损害事先免责条款无效。侵害健康权、生命权的侵权行为，不得因受害人承诺而免除其侵权责任。在侵害名誉权的诉讼中，美国侵权法认为，对有关诽谤的事项公布予以同意时，就该人主张受诽谤而提起的诉讼，有完全的抗辩。[②] 我们赞成这种意见，受害人承诺是媒体侵权的完全抗辩，可以全面对抗媒体侵权请求权。[③]

成立受害人承诺须具备以下要件：(1)须权利人有处分该项人格权的能力与权限。无行为能力人或者限制行为能力人处分自己的权利，须经监护人同意，非经同意，其本人的允诺无效。(2)须遵守一般的意思表示规则，即须具备一般意思表示的生效要件。在一般情况下，承诺侵害自己的财产权利，应当为有效；承诺侵害自己的人身权利，则应区分具体情况，如承诺他人将自己身体致轻微伤害，属正当的意思表示，允诺媒体使用自己的肖像、姓名、名称、隐私，亦属正当意思表示；如果嘱托他人帮助自杀，或者承诺他人将自己杀死或重伤，受人身损害事先免责条款无效的约束，为无效行为。(3)受害人须有明确承诺。承诺应当采用明示方式，或是发表单方面声明，或是制定免责条款。权利人没有明示准许侵害自己权利的承诺，不得推定其承诺。如果受害人明知或预见到其权利可能受到损害，但并未向加害人承诺，不构成抗辩事由。例如，电台记者采访未经同意而录音，如果没有告知并经被采访人明示同意，不得推定接受采访即推定其同意录音。[④] (4)受害人事前放弃损害赔偿请求权。放弃损害赔偿请求权不必采取明示方法，只要有允许侵害自己权利的承诺，即可推定其放弃损害赔偿请求权。

---

① 杨立新：《侵权法论》，人民法院出版社 2005 年版，第 260 页。

② 美国法学会：《美国法律法整编·侵权行为法》，刘兴善译，台北司法周刊杂志社 1986 年版，第 483 页。

③ 我和王利明教授在起草侵权责任法草案建议稿的时候，都规定了“当事人同意公布相关内容”作为媒体侵权抗辩事由的条文。参见杨立新主编：《中华人民共和国侵权责任法草案建议稿及说明》，法律出版社 2007 年版，第 18 页；王利明主编：《中国民法典草案建议稿》，中国法制出版社 2004 年版，第 242 页。

④ 这个意见有一个典型案例作为支持。简要的案情是：某市一些声讯台挂靠该市某区民政局违法经营，用不正当手段欺骗儿童拨打声讯电话，造成儿童家庭财产的大量支出。该市电台女记者进行调查。在采访该区民政局女局长时，没有经过同意即进行录音。下午 4 点，采访结束，女记者收回录音机，女局长予以制止，并指出，没有经过其同意而录音，是非法的，要求女记者洗掉录音。女记者不同意，女局长就不准其离开。双方争执，直到晚上 10 点，仍没有结果。电台新闻部主任来现场调解和协商，在女局长的坚持下，洗掉了录音，女记者方离开。女记者向法院起诉，认为女局长侵害其采访权和人身自由权，请求赔偿其精神损害 1 分钱。法院判决驳回其诉讼请求。参见杨立新：《侵权法论》，人民法院出版社 2005 年版，第 263 ~ 264 页。

在媒体侵权中，对于新闻媒体涉及肖像权、姓名权、名称权或隐私权的使用，如果事先得到权利人的允诺，在新闻报道中使用其肖像、姓名、名称和隐私，就不构成侵权。这是完全抗辩，是事实抗辩。

（十二）为本人或者第三人利益

为本人或者第三人利益，是媒体侵权的一个抗辩事由，但其适用的范围较窄，不是一个普遍的抗辩事由。美国侵权法认为，为本人或者第三人利益，是诽谤的附条件免责事由。具体条件是：（1）本人或者第三人利益的保护，公布者为情势诱使正确或者合理相信，有影响本人或者第三人的充分重要利益的消息，并且本人为公布者依法有对之公布诽谤性事项之责的人或本人为公布者与其他方面就一般适当行为标准可以对之公布消息的人。（2）数人就一特定标的有共同利益，如事件致其中任何一人正确地或者合理地相信，享有共同利益者有知悉该消息的权利者，免除公布者的侵权责任。（3）有影响本人的亲属成员或者第三人利益的消息，并且本人知悉诽谤性事项，将因而提供亲属成员利益合法保护的服务，并且本人请求为诽谤性事项的公布或者本人为公布者于其他方面就一般适当行为为标准，可以对之公布消息的人。①

为本人或者第三人利益作为媒体侵权抗辩事由，所抗辩的媒体侵权责任主要是媒体使用他人肖像和姓名、名称等行为。其构成要件是：（1）媒体确系为了本人利益或者第三人利益而使用他人的肖像、姓名或者名称，不得存在侵权的目的。（2）涉及本人和第三人的利益须为重大利益，而非一般利益或者微不足道的利益。（3）本人和第三人的利益应为正当，不得是非法利益，特别是涉及第三人利益的保护，第三人范围的确定应当准确，一般应为亲属成员利益。（4）使用不超得出合理范围，媒体使用他人肖像、姓名、名称的范围须适当，超出适当范围，则构成侵权。最典型的为本人或者第三人利益是刊登寻人启示之类，不构成媒体侵权责任。

对于侵害名誉权、隐私权的侵权行为，如果存在为本人或者第三人利益的情形，也可以作为抗辩事由，不过应当特别慎重。

（十三）“对号入座”

“对号入座”，历来是对他人主张作品所描写的人物主张侵权的一个抗辩事由，不仅是新闻作品，其他文字作品都有对号入座的现象。新闻作品同样有对号入座的问题，因此，“对号入座”是媒体侵权的抗辩事由，可以对抗媒体侵权请求权，免除新闻媒体的侵权责任。

“对号入座”，是指作品中所报道或者描写的人物本不是原告，而原告强硬地根据

① 美国法学会：《美国法律法整编·侵权行为法》，刘兴善译，台北司法周刊杂志社 1986 年版，第 494 ~ 497 页，分别是第 595、596、597 条。

自己的特点和特征与作品中人物的特点和特征“挂钩”（即“对号”），主张文中揭载的人物就是本人（即“入座”），诉求新闻媒体承担媒体侵权责任。典型案例如：某报社记者贾某调查某镇广开个体治疗性病医院，骗取钱财的不道德事件，在报纸上载文予以揭露，进行舆论监督。文章中对一个被骗钱财的性病患者某甲使用化名进行报道。恰好在临近一百多公里的另一个镇里，也有一个患同种性病的人某乙就叫这个化名。于是某乙向法院起诉，请求报社和记者以侵害其名誉权为由承担精神损害赔偿。一审法院判决报社和记者贾某构成侵权，承担赔偿责任。报社和贾某上诉，二审法院判决驳回某乙的诉讼请求，理由为原告是“对号入座”。①

构成“对号入座”应当具备以下要件：(1)新闻作品中的人物为特指，不论是使用真实姓名，还是使用非真实姓名，人物都须确有其人。即使对人物使用化名，也应当确有其人。(2)新闻作品中的人物并非确指原告。确定新闻作品中的人物确指原告，必须具备三个条件：一是新闻作品中的人物与现实人物的基本特征必须相同。基本特征，是能够将一人与他人区别开来的主要标志，如职业、经历、外貌等特征。二是新闻作品中的人物与现实人物所处的特定环境必须相同，即生活、工作环境以及人物之间的关系应当一致。三是熟悉现实人物的人读后公认新闻作品中的人物是现实人物。原告不能证明上述三个条件，就不是确指原告。如果具备三个条件，则可能发生作品人物与原告的混同，不能构成抗辩。(3)新闻媒体没有侵害原告的故意或者重大过失。如果媒体明知报道的人物可能与原告混同而发生侵权的后果，却故意为之，或者由于重大过失而轻信能够避免，都不构成“对号入座”的抗辩，可能构成媒体侵权责任。

（十四）报道、批评对象不特定

报道、批评对象不特定，是指媒体所报道的、所批评的对象不是特定的人，无法确定侵权行为的受害人。没有特定的受害人，无法构成侵权责任，因此，报道、批评对象不特定是媒体侵权的抗辩事由。其实，这也是侵权责任的一般抗辩事由。

最典型的案例，是辽宁省阜新蒙古族自治县人民法院的判决。郭宝昌的电视剧《大宅门》以及中国国际广播出版社出版的《四字语分类写作词典》中，都使用了“蒙古大夫”的用语或解释，引起该县189名蒙古医生的不满，向法院起诉。② 一审法院判决郭宝昌和该出版社败诉。对此，舆论议论纷纷，认为不构成侵权。据说在鲁迅的作品中也曾使用过“蒙古大夫”，不知道诸位原告是不是也应当追究鲁迅的侵权责任？

新闻媒体以及出版单位被指控的新闻行为，仅仅是对一个不特定的人群或者现象进行报道或则会提出批评，不能认为是侵权行为。不仅仅如此，就是指控的其他一般

---

① 杨立新：《侵权法论》，人民法院出版社2006年版，第25页。

② 辽宁省阜新蒙古族自治县人民法院（2002）阜县民初字第1095号民事判决书。

的侵权行为,如果没有特定的指向、没有特定的受害人,也不能认为是构成侵权。因此,构成报道、批评对象不特定,应当具备的要件是:(1)报道、批评的对象是一群人或者一类人,不是特定的人。(2)一群人或者一类人不能合理地理解为指其中的一个人或者特定的几个人,不能合理地推论特别提及了一个人或者特定的几个人。(3)报道或者批评没有侵害特定人合法权益的故意或者重大过失。以"蒙古大夫"案为例,该词是一个熟语,在民间以及作品中常用,尽管这个词对一群人或者一类人具有一定的贬损性,但不能够认为凡是使用这个词的,就构成侵权。因此,郭宝昌和该出版社不构成侵权,鲁迅当然也不构成侵权。

例外的情况是,对一群人或者一类人发布有关诽谤性事项,该群人或者该类人的人数如此之少,以致该诽谤性事项可以合理地理解为指其中一位特定的个人,或者发布的客观情况可以合理地推论为该公布特别提及了该个人的,可以认为构成媒体侵权责任,不能成为合法的媒体侵权抗辩。①

(十五)配图与内容无关和配图与内容有关

配图,是指为配合文字新闻及其他作品而使用的新闻或者其他照片。在实践中经常发生因作品配图而发生的媒体侵权争议,因此,研究作品配图的侵权责任抗辩具有重要意义。

配图涉及媒体侵权抗辩问题,有两个正当事由:

1. 配图与内容无关

配图与内容无关作为媒体侵权的抗辩事由,应当严格把握。应当具备的要件是:(1)配图与新闻报道的内容须完全没有关联,无论从其性质、内容,还是其关涉的其他方面,都与新闻报道的内容无关。(2)在配图时须加"配图与内容无关"的明确说明。(3)配图不能引发涉及侵权的其他联想。(4)新闻媒体须无侵权的故意或者过失。具备以上要件,构成媒体侵权的抗辩,免除新闻媒体的侵权责任。例如,新闻报道法院审理一个案件的情况,用了一个法庭开庭,审判长敲法槌的新闻图片,报纸声明配图与文字报道内容无关。如果审判长和其他审判员提出侵权诉讼,追究新闻媒体的侵权责任,则不构成侵权。如果媒体报道某地抓"三陪"小姐的新闻,配发一个美女的照片,如果这个美女起诉媒体侵权,则为有理由,应当构成媒体侵权。

2. 配图与内容有关

配图与内容有关,也是一个媒体侵权的抗辩事由。典型案件是北京市法院判决的刘翔诉《精品购物指南》侵害肖像权案。本案的案情是,杂志的封面是刘翔的跨栏照

① 参见《美国侵权法重述》第564条,载美国法学会:《美国侵权法重述·纲要》,许传玺、石宏等译,法律出版社2006年版,第191页。

片,封面大标题是“影响2004”,封面底部有一个广告式的文字。在杂志中报道的影响2004十大人物中,就有刘翔的报道,排在第一位。刘翔向法院起诉,认为该杂志侵害其肖像权。一审法院判决认为不构成侵权,二审法院认为报社在使用刘翔肖像过程中,因过错造成刘翔人格受商业化侵害,构成侵犯肖像权。① 我认为,这个案件不构成侵权,理由就是配图与内容有关。在杂志的封面上使用刘翔的肖像,并且写明了影响2004的十大人物,刘翔恰恰是影响2006的人物,杂志中还有关于刘翔影响2006的突出事迹,因此,即使杂志的封面上载有部分广告内容,也不能影响本案报道的新闻性。图片与内容有关,不能认为该图片的使用构成媒体侵权。

构成配图与内容有关,应当具备的要件是:(1)须为配图而使用了载有他人肖像的新闻照片。(2)该图片与媒体报道的新闻具有内在的联系,图片是新闻报道不可分离的组成部分,所起的作用是形象地表达新闻内容。(3)尽管未经本人同意但所报道的新闻具有新闻性。具备上述要件,可以抗辩媒体侵权的诉讼请求,媒体不构成媒体侵权。

(十六)已尽审查义务

新闻媒体对于自己发表的新闻报道,对事实真实性负有审查义务。没有尽到该审查义务,致使报道的事实失实,构成媒体侵权。对此,1988年1月15日最高人民法院法(民)复(1988)11号《关于侵害名誉权案件有关报刊社应否列为被告和如何适用管辖问题的批复》予以确认:“报刊社对要发表的稿件,应负责审查核实。发表后侵害了公民的名誉权,作者和报刊社都有责任。”如果新闻媒体的报道虽然失实,但已尽审查义务,可以对抗媒体侵权责任请求权。

已尽审查义务,是指媒体对报道的事实已经尽到了审查核实义务,根据实际情况无法发现报道的事实失实。学者认为,新闻媒介和出版机构已经尽到合理的审查核实责任,但因受访人、受害人自身过错或其他无法预料的原因,致使报道失实的,新闻媒介和出版机构不承担侵权责任。② 这个标准是基本可行的,其构成要件是:(1)新闻媒体及其工作人员已经对报道进行过审查、核实;(2)由于新闻媒体意志以外的原因无法核实报道事实的真实性,或者没有办法得到更多的事实证明确认报道失实;(3)新闻报道的事实确实失实,造成损害后果。

具备上述要件,构成媒体侵权抗辩事由,免除新闻媒体的侵权责任。

---

① “刘翔肖像权终审改判”,载中国法院网 http://www.chinacourt.org/public/detail.php? id=189240。

② 徐迅等:“新闻侵害名誉权、隐私权新的司法解释建议稿”,载中国人民大学民商事法律科学研究中心、INTERNEWS国际记者培训机构编:《“媒体侵权与法律适用”主题研讨》2008年内部论文集。

（十七）已经更正、道歉

更正、道歉是世界各国新闻法确定新闻媒体的一个义务。① 在我主编的《中华人民共和国侵权责任法草案建议稿》规定了第69条："媒体机构在作品已经被认定为侵权后，或者有证据表明显属于侵权的，应当及时刊登声明，消除影响，或者采取其他补救措施。媒体机构拒不刊登声明、采取其他补救措施，或者继续刊登、出版侵权作品的，应当承担侵权责任。"②

在我国，更正、道歉分为两种：第一种是对报道的事实未尽审查义务，造成媒体侵权的后果，新闻媒体应当承担的更正、道歉义务；第二种是新闻媒体或者其他出版单位报道或者出版的著作物，发表或者出版的行为没有构成侵权行为，但由于发表或者出版的行为造成侵权后果而产生更正道歉的义务。这两种更正道歉的义务不同，产生的法律责任也不同。

已经更正、道歉，是媒体侵权的正当抗辩事由。但由于更正、道歉义务的性质不同，因此，已经更正、道歉作为抗辩事由的效果不同。

1. 完全抗辩的更正、道歉

作为第二种更正、道歉义务，新闻媒体已经更正、道歉，属于正当抗辩事由，是完全抗辩，可以对抗全部媒体侵权请求权，全部免除新闻媒体的侵权责任。这个规则来源于最高人民法院1992年8月14日〔1992〕民他字第1号《关于朱秀琴、朱良发、沈珍珠诉〈青春〉编辑部名誉权纠纷案的复函》。该复函认为，《青春》编辑部发表侵权小说之后，"仍不采取措施，为原告消除影响，致使该小说继续流传于社会，扩大了不良影响，侵害了原告的名誉权"。既然编辑部发表侵权小说的行为不构成侵权，但造成了侵权的后果，编辑部如果进行更正或者道歉，就可以免除侵权责任。

2. 不完全抗辩的更正道歉

作为第一种更正、道歉义务，新闻媒体已经更正、道歉，则属于不完全抗辩，不能对抗全部侵权请求权，而是减轻责任的抗辩，可以视侵权行为情节以及更正、道歉的程度，酌情减轻新闻媒体的侵权责任。例如，文章的转载者，转载的作品构成侵权责任，转载者更正、道歉以后，就不再承担侵权责任。如果新闻媒体是直接报道的一个消息，没有尽到审查义务，在这种情况下，仅仅是更正道歉还不足以构成免责事由，再加上受害人谅解的条件，才能构成抗辩，没有受害人的谅解，仅仅更正、道歉只是减轻责任的理由。

（十八）如实报道

如实报道，也称为事实如此，是指新闻所报道的事实是真实的事实，新闻媒体在报

---

① 仅举《哥伦比亚新闻法》第19条规定："任何报刊如登载侮辱性消息、文章等，其领导人必须免费刊登被侮辱的个人、官员、公司、单位的更正声明。"

② 杨立新主编：《中华人民共和国侵权责任法草案建议稿及说明》，法律出版社2007年版，第18页。

道时并没有进行加工、篡改,也没有进行增删。例如,媒体报道某人在某政府门口打出一个牌子,上面说某某县长是一个贪官。这个事实是一个真实的事实,新闻媒体如实进行报道,至于该县长是不是贪官,则未可知。这就是如实报道。

如实报道能够作为媒体侵权的抗辩事由,但须具备严格的要件。构成如实报道应当具备的要件是:(1)媒体报道的事实须为真实,已经客观发生、正在进行,或者已经结束。(2)媒体对报道的事实不能进行夸大或者缩小,不能进行歪曲或者篡改,也不得进行加工或者改造。(3)新闻媒体须无侵权的故意或者过失。故意者,为故意利用客观发生的事实进行报道,意图损害他人人格权;过失者,则能够判断出发生的事实为虚假或者不真实,却没有发现而进行报道。

构成如实报道,新闻媒体不承担侵权责任。但发现如实报道侵害受害人的人格权后,新闻媒体应当及时进行更正、道歉。如果拒不更正、道歉的,则尽管发表如实报道不能构成侵害人格权的媒体侵权责任,但拒不更正和道歉的行为,则构成不作为的侵权责任。

(十九)转载

转载,作为一个媒体侵权的抗辩事由,是不完全抗辩,不能完全对抗媒体侵权请求权,但是能够部分对抗媒体侵权请求权,是减轻媒体侵权责任的抗辩。转载也称为重复公布或者传递。

转载可以免除媒体侵权责任,但须附条件。按照美国侵权行为法的经验,有三个理由可以作为免除媒体侵权责任的条件:第一,转载者具有重复公布、传递文字诽谤或者非文字诽谤之免责特殊报道,例如报道特许发言。第二,转载者的重复公布、传递文字诽谤或者非文字诽谤系经原诽谤行为人的授权或依其所授意者,既然是原诽谤行为人授权或者所授意,那么第三人的行为就具有"代理"性质,当然由原诽谤行为人承担侵权责任,而不是重复公布或者传递人承担侵权责任。第三,转载者的重复公布、传递文字诽谤或者非文字诽谤,系可以被合理预见。[①] 在《中华人民共和国侵权责任法草案建议稿》中,我们主张:"媒体转载作品侵权的,受害人可以要求转载者承担相应的侵权责任,但媒体无重大过失或法律另有规定的除外。"[②]

按照我国的经验,构成转载应当具备以下条件:(1)须有合理的转载来源。作品须转载于其他新闻媒体或者出版单位,而非媒体自己采制或者自己的通讯员撰写。(2)转载的作品须与原作内容一致,无转载者添加、删减、篡改、伪造的内容。(3)转载作品中没有作为新闻媒体职业要求明显可以判断的虚假事实或者侮辱、诽谤语言。如果转载者按照新闻媒体的职业要求不能审查被转载作品的上述内容的,则不承担侵权

① 美国法学会:《美国法律法整编·侵权行为法》,刘兴善译,台北司法周刊杂志社1986年版,第474~475页。

② 杨立新主编:《中华人民共和国侵权责任法草案建议稿及说明》,法律出版社2007年版,第18页。

责任。

对于转载的法律后果,学者认为,新闻媒介和出版机构转载的作品由于内容失实侵害他人名誉权时,主要承担及时更正和道歉的法律责任,人民法院可以根据扩大损害后果的程度适当确定赔偿责任。[①] 这种观点不够准确。我认为,构成以上转载的要件,转载者的责任是减轻责任,不能仅仅是更正、道歉的责任。至于责任应当减轻多少,则可以幅度较大,只要承担与转载者的行为相适应的责任就可以了,不必负担较重的责任。如果转载者已经承担了更正、道歉的义务,则可以免除侵权责任。

(二十)推测事实和传闻

推测事实和传闻,也是媒体侵权的抗辩事由。不过,推测事实和传闻作为抗辩事由,须具备更为严格的要件。其要件是:(1)刊出或者播出的消息是推测的事实或者是传闻,没有经过核实。(2)媒体在发布这样的新闻时,应当作出特别声明,确认自己没有进行审查和核实。(3)没有审查或者核实的原因是时间紧迫无法进行,或者由于其他客观原因。(4)媒体对推测事实或者传闻没有进行审查或者核实不存在故意或者重大过失。

由于媒体对于推测和传闻的性质本身是明知的,明知是推测事实或者传闻,而仍然进行报道,应当说本身就存在某种过失。因此,对于媒体刊载推测事实或者传闻具有一般过失或者轻微过失的,不应当承担侵权责任。

(二十一)读者来信、来电和直播

读者来信、来电和直播,在新闻报道中具有特殊性,具体表现在如实反映、现场进行和即时报道等方面,因此,媒体在刊登、播出时无法进行审查核实。如果读者来信、来电和直播发生媒体侵权纠纷,媒体可以此作为媒体侵权的抗辩事由。

对此,学者认为:"新闻媒介和出版机构发表读者来信、来电时或在直播节目中,以适当的方式声明相关的内容尚未得到证实,并且在利害关系人提出异议后,及时发表其答辩意见或者及时进行更正道歉的,不应认定新闻媒介和出版机构构成侵权。"[②]这种意见是正确的。

构成读者来信、来电和直播,其要件是:(1)作品的性质须是读者来信、来电,或者是进行现场直播。(2)媒体以适当方式声明上述内容尚未经过证实,对其真实性没有进行审查。(3)在相关利害关系人提出异议后,及时发表其答辩意见或者媒体及时进行更正或者道歉。

---

① 徐迅等:"新闻侵害名誉权、隐私权新的司法解释建议稿",载中国人民大学民商事法律科学研究中心、INTERNEWS 国际记者培训机构编:《"媒体侵权与法律适用"主题研讨》2008 年内部论文集。

② 徐迅等:"新闻侵害名誉权、隐私权新的司法解释建议稿"第 4 条,载中国人民大学民商事法律科学研究中心、INTERNEWS 国际记者培训机构编:《"媒体侵权与法律适用"主题研讨》2007 年内部论文集。

应当注意的是，对于读者来信构成媒体侵权抗辩，条件应当更严，因为对读者来信毕竟还有一个审查的过程和可能，要有一定的审查义务，如果明显看到来信反映的事实是虚假的还要照登，媒体就有重大过失，不能作为合法抗辩。而来电和现场直播则无法进行控制，因此，不要求媒体已尽审查义务。

（二十二）文责自负

有人提出，文责自负应当是媒体侵权的抗辩事由，因为文责自负正是马克思和恩格斯所主张的“撰稿人应当对他们所报道的事实的准确性负责”的体现，不仅符合我国新闻媒体的性质以及实现宪法赋予公民的言论、出版自由及批评、建议等权利的需要，也是符合我国《民法通则》确认的过错责任原则的。①

我认为，对文责自负应当进行区分。媒体上发表的文章，有两种情况：第一种是记者采访撰写的文章，记者的行为是职务行为，属于媒体行为的延伸，文责自负是对媒体内部追究责任时的要求，对外不发生效力；第二种是通讯员写的文章，给媒体投稿，媒体采用，这里说文责自负，有一定的道理，但媒体要承担事实真实性的审查义务，应尽的审查义务没有尽到，该稿件的事实失实，构成侵权时，报社应该承担责任。对此，应当适用《最高人民法院关于审理名誉权案件若干问题的解答》第6条规定：“因新闻报道或其他作品引起的名誉权纠纷，应根据原告的起诉确定被告。只诉作者的，列作者为被告；只诉新闻出版单位的，列新闻出版单位为被告；对作者和新闻出版单位都提起诉讼的，将作者和新闻出版单位均列为被告，但作者与新闻出版单位为隶属关系，作品系作者履行职务所形成的，只列单位为被告。”这个司法解释主要是讲从程序上怎样列被告，但实际上是在讲侵权责任关系。作者的行为不是职务行为的，作者和新闻媒体都应当承担责任，受害人起诉对哪个被告行使请求权，哪个被告就应当承担侵权责任。因此，文责自负并不是一个完全抗辩，而是不完全抗辩，可以减轻新闻媒体的侵权责任。如果文责自负与已尽审查义务相结合，则可以成为一个完全抗辩，可以对抗媒体侵权请求权。

三、媒体侵权抗辩滥用及其责任

媒体侵权抗辩滥用，就是权利滥用。禁止权利滥用是民法的基本原则，其历史起因，在于个体权利与社会利益、个体权利与他人权利的矛盾激化，客观上需要对权利的行使进行必要限制。该原则是为了权利而限制权利，其最终目标是保护和实现权利。因此，滥用权利为侵权行为，媒体侵权抗辩的滥用也是权利滥用，受禁止权利滥用原则的约束。

① 周泽：“新闻官司，媒体为何多喊冤？”，载《法制日报》2001年9月29日。

(一)确定媒体侵权抗辩滥用的要件

确定媒体侵权抗辩滥用,应当具备以下要件:

1. 新闻媒体实施了具有媒体侵权抗辩事由的新闻行为

构成媒体侵权抗辩滥用的首要条件,是在新闻媒体实施的新闻行为中,确实具有媒体侵权抗辩的具体事由。没有这个前提条件,就不存在媒体侵权抗辩滥用的问题。因此,凡是新闻媒体在实施新闻行为中,具备上述媒体侵权抗辩事由之一者,才能具备媒体侵权抗辩滥用的构成要件;不具备上述媒体侵权抗辩事由的新闻行为,不能成立媒体侵权抗辩滥用。

2. 新闻媒体在实施主张媒体侵权抗辩的新闻行为时超过了法律规定的必要界限

新闻媒体在实施新闻行为时,没有按照法律规定实施新闻行为,超出了媒体侵权抗辩所允许的必要界限,侵害了受害人的民事权利或合法利益,造成了受害人的人格利益损害。在媒体侵权抗辩事由中,任何一个抗辩事由都是有界限的,并不是完全没有边界。例如,即使是事实基本真实这样的完全抗辩,也必须依照法律规定的范围行使新闻权利,进行报道和批评,新闻自由也不是毫无限制的自由。如果故意利用基本真实的事实加害于他人,同样构成媒体侵权责任。况且即使事实基本真实,而报道和批评涉及个人隐私或者信用的事实,也都可能构成媒体侵权抗辩的滥用。这就是新闻媒体的行为超越了法律规定的媒体侵权抗辩的必要界限。界定媒体侵权抗辩事由的具体界限,应当以各种具体抗辩事由的具体情况界定,无法规定抽象规则。

3. 新闻媒体在实施主张媒体侵权抗辩的新闻行为时具有侵权的故意或者重大过失

新闻媒体在实施所主张的媒体侵权抗辩的新闻行为时,应当具备故意或者重大过失,才能构成媒体侵权抗辩滥用。在一般情况下,媒体侵权抗辩滥用应当是故意所为,即新闻媒体明知其实施的新闻行为能够造成受害人的人格损害,却借用某种抗辩事由而追求这种结果的产生,或者放任这种结果的产生。美国侵权法中的鲁莽弃置真实于不顾的诽谤结果发生,①其实就是放任诽谤结果的发生,应当是间接故意的主观心理状态。除此之外,新闻媒体未尽新闻从业人员的必要注意义务,明知而轻信自己的新闻行为能够避免媒体侵权抗辩滥用的后果,而结果却是发生了媒体侵权抗辩滥用的后果,同样成立媒体侵权抗辩滥用。

(二)媒体侵权抗辩滥用的具体事由

以上论述的是媒体侵权抗辩滥用的一般规则。在现实中,新闻行为具有以下具体

---

① 《美国侵权法第二次重述》第600条,见美国法学会:《美国法律法整编·侵权行为法》,刘兴善译,台北司法周刊杂志社1986年版,第499页。

事由，可以明确认定为媒体侵权抗辩滥用：

1. 明知事实虚假或者放任事实是否真实

新闻媒体公布具有诽谤性的消息或者实施的新闻行为具有违法性，具有媒体侵权抗辩事由，但媒体明知公布的事实为虚假，或者媒体放任公布的事实是否真实而最终该事实为虚假，或者欠缺合理相信其为真实的正当理由而事实确为虚假的，构成媒体侵权抗辩的滥用，应当承担媒体侵权责任。例如，合理相信是确认事实基本真实的标准，媒体在对事实进行真实性审查时，以合理相信为由确信为真实，但在实际上欠缺合理相信的正当理由，因而鲁莽地进行新闻行为，造成了侵权后果，构成媒体侵权抗辩的滥用。

2. 诽谤性谣言的公布

媒体虽然具有媒体侵权抗辩事由，却公然公布对他人具有诽谤性的谣言，或者公布对他人具有诽谤性谣言嫌疑为虚伪不实的，为媒体侵权抗辩的滥用。但是，公布的媒体公开声明诽谤性事项为谣言或者嫌疑而不是事实，或者就当事人之间的关系、受影响利益的重要性及公布可能导致的损害等的考虑，认为公布为合理的，不认为是媒体侵权抗辩的滥用，仍然是合法的媒体侵权抗辩。

3. 不具有媒体侵权抗辩目的或者违反媒体侵权抗辩目的

媒体实施的新闻行为，在形式上具有媒体侵权抗辩事由，但在实施新闻行为时，并不具有媒体侵权抗辩的目的，或者违反媒体侵权抗辩的目的的，而是追求其他的非法目的，虽借口媒体侵权抗辩，但为媒体侵权抗辩滥用，应当承担媒体侵权责任。

4. 超过媒体侵权抗辩的必要界限

按照媒体侵权抗辩的要求，新闻媒体实施新闻行为应当限制在必要范围之内，不能超出必要界限，方构成媒体侵权抗辩。新闻媒体实施新闻行为超出了该必要界限，造成受害人人格利益损害的，构成媒体侵权滥用，应当承担媒体侵权责任。

5. 同时公布不具有媒体侵权抗辩事由的相关诽谤等事项

新闻媒体在实施新闻行为具有诽谤等侵权内容时，部分具有媒体侵权抗辩事由，部分不具有媒体侵权抗辩事由，对于不具有媒体侵权抗辩事由的诽谤等事项，为媒体侵权抗辩滥用，造成受害人人格权损害的，应当承担媒体侵权责任。

（三）媒体侵权抗辩滥用的后果

新闻媒体滥用媒体侵权抗辩，就是借媒体侵权抗辩事由而行媒体侵权之实。因此，媒体侵权抗辩的滥用，就是媒体侵权行为，应当承担媒体侵权责任。

媒体侵权抗辩滥用所承担的侵权责任，与媒体侵权责任相当，仍应当依照过错责任原则的要求，确认其媒体侵权责任。对此，我在很多著作中予以阐释，不再赘述。①

---

① 例如杨立新：《人身权法论》（修订版），人民法院出版社 2002 年版，第 311～330 页。

因媒体侵权抗辩滥用构成的媒体侵权，新闻媒体应当对受害人承担精神损害赔偿责任。至于因其毕竟存在媒体侵权的抗辩事由，是否考虑原因力的影响而适当减轻侵权责任问题，我认为，由于明知超出媒体侵权抗辩的范围却滥用该抗辩事由，实际追求的仍然是媒体侵权的后果，具有故意或者重大过失，因此，不应当减轻新闻媒体的责任。如此要求，对于净化新闻道德、规范新闻秩序、保护民事主体的人格权，均有裨益。

第二编　抽象人格权

第十章　抽象人格权概述[①]

第一节　亟待解决的人格权发展之谜的形成

人格权经历了一百余年的发展之后，在人格权理论体系中，一般人格权、具体人格权以及各种新型人格权之间存在一个基本逻辑结构矛盾，需要对人格权体系进行改革和重新构建。我们发现，解决这个逻辑矛盾的基本方法，就是确立抽象人格权的概念和体系，并使之与具体人格权相对应，形成科学的人格权法的逻辑框架和基本体系。

一、外国人格权发展带来的难解之谜

人格权自其产生之日起就处于不断发展之中。自从19世纪末期创建了一般人格权的概念之后，经过了一百多年的发展，不仅在具体人格权体系中增加了隐私权、肖像权、知情权等一系列具体权利，而且在非具体人格权领域也发生了极大变化，产生了公开权、自我决定权等非具体人格权，因而出现了一般人格权作为非具体人格权不再一家独大的现象。但是具体人格权与非具体人格权之间是何种逻辑关系，人格权的概念和体系需要进行怎样的整理和重构，成为人格权发展

---

① 本章的基本内容是与刘召成博士共同研究取得的研究成果，原文发表在《法学研究》2011年第1期。

之谜。

（一）一般人格权的创立和发展

首先在德国创设了一般人格权的理论。早在19世纪末期，一般人格权理论已经通过德国学者 Regelsberger 和 Gierke 的努力得到系统构建。[①] 但是当时的主流意见认为，人格保护主要是刑法的任务，民法对此应当予以保留，[②]而且立法者关于人格权能否作为主观权利还不存在明确的认识，《德国民法典》第一草案立法理由书认为，基于故意或过失通过违法行为侵犯生命、身体、健康、自由和名誉等法益，对此应承担损害赔偿义务，这并不表明草案认可了对于人本身的权利，关于这一问题还是交由法学界探讨后决定。[③] 因而《德国民法典》仅在第823条第1款对生命、身体、健康以及自由四种重要法益进行规定，确立了个别列举具体人格权的立法例。值得注意的是，对其损害提供救济而不是在总则人法部分进行规定的模式，表现出了《德国民法典》立法者对于人格权作为一种权利的迟疑态度。

一般人格权的立法实践由《瑞士民法典》完成。瑞士私法对于教义学的兴趣要比德国和法国小得多，私法秩序构建的必要性是依据伦理规范被承认的，[④]因而伦理学和自然法上的一般人格概念就容易被立法所接受。受这种观念的影响，1881年的《瑞士债务法》在“不法行为”部分第55条规定了对于一般人格关系侵害的非财产损失的赔偿：任何人的人格关系被其他人的不法行为严重侵害的，即使没有财产损害的证据，法官也可以承认适当的金钱赔偿。[⑤] 在学说上，德国学者 Gierke 的一般人格权理论对于瑞士私法产生了积极影响，更有瑞士学者 Bluntschli 以有效的方法对于一般人格权理论进行了清楚的阐释，而且 Eugen Huber 作为《瑞士民法典》的制定者认为一般人格权具有非常重要的意义，因而一般人格权被作为瑞士私法的重要部分予以构建。[⑥] 作为对于伦理和自然法上的一般人格以及一般人格权理论的确认和保护，《瑞士民法典》在标题“人格的保护”之下首先确立了在人格的内部关系上个人不得放弃其人格的规定，也就是《瑞士民法典》第27条：任何人不得全部或者部分放弃自己的权利能力和行为

---

① Dieter Leuze, Die Entwicklung des Persönlichkeitsrechts im 19. Jahrhundert, Verlag Ernst und Werner Gieserking, Bielefeld 1962, S. 111, 112.

② Scheying, Zur Geschichte des Persönlichkeitsrechtes im 19. Jahrhundert, AcP 158, 507.

③ Motive zu dem Entwurfe eines Bürgerlichen Gesetzbuches für das Deutsche Reich, Amtliche Ausgabe, Berlin Guttentag, 1888, Bd. Ⅰ, S. 274.

④ Bürgi, Wesen und Entwicklung der Persönlichkeitsrechte nach Schweizerischem Privaterecht, ZSR, Band 66, 1947, SS. 4 – 5.

⑤ Richard Frank, Der Schutz der Persönlichkeit in der Zivilrechtsordnung der Schweiz, AcP 172, 61.

⑥ Bürgi, Wesen und Entwicklung der Persönlichkeitsrechte nach Schweizerischem Privaterecht, ZSR, Band 66, 1947, SS. 6 – 7.

能力;任何人不得放弃自己的自由或者在违反法律或者道德的程度上对于自由予以限制。继而在上述1881年《瑞士债务法》第55条的基础上,构建了一般条款意义上的保护人格的外部关系不受他人不法行为侵害的条文,也就是《瑞士民法典》第28条:任何人在其人格关系受到未经许可的侵害时,都可以提起排除妨害之诉;损害赔偿和金钱赔偿之诉只有在法律规定的情况下才可以提起。① 通过这样的规定,一般人格权首次在立法上得到确立,创造了对于人格的全部而非个别方面予以保护的立法例。这种抽象的框架式立法模式确立的一般人格权制度需要进一步具体化,对于这一制度的解释和具体化,属于司法判决的任务。②

德国战后通过解释基本法的人格尊严条款将一般人格权引进立法和司法领域。"二战"后,人格尊严和人格价值被作为社会最重要的价值对待,《德国民法典》关于人格个别方面的列举式保护已经不能满足司法实践的需要,德国联邦最高法院通过解读《德国基本法》第1条第1款的人格尊严和第2条第1款的人格发展,首先在"读者来信"案中创造了一般人格权,③并通过后续的一系列判决对它进行了系统的构建。④ 一般人格权被作为《德国民法典》第823条第1款意义上的其他权利纳入了民法典体系,⑤这种作为框架性权利的一般人格权制度并非是对于作为一般人格的核心的人格尊严、人格发展等抽象价值的保护,而是对于被具体化了的一般人格的各个具体方面的保护,至于这些具体人格方面的范围则需要法院通过判例予以确认,表现为书信、肖像、姓名、谈话等固定了人格个性的存在。⑥ 一般人格权制度弥补了具体人格权的不足,极大地扩大了德国民法对于人格的保护范围和程度。

至此,人们已经普遍接受了"一般人格权→具体人格权"的人格权的逻辑结构和体系模式。在瑞士,通过司法机关的具体解释,实现了从立法上的一般人格权到司法上的相对具体的人格权;在德国,虽然一般人格权是司法机关的创造,但是得到宪法法院的确认,因而通说认为,一般人格权构成了具体人格权的基础,具体人格权可以被视为是一般人格权的分裂物。⑦ 在日本,学说也认为人格权可以分为一般人格权和具体人

---

① 值得注意的是,关于损害赔偿和金钱赔偿的限制性条款现在已经被删除,并被1985年生效的第28条a替代。

② Andreas Bucher, Natürliche Personen und Persönlichkeitsschutz, Helbing&Lichtenbahn Verlag, Basel 1986, S. 132.

③ BGH, Urteil vom 25. 5. 1954, NJW 1954, 1405.

④ 秘密录音案 BGHZ27, 284, 人参案 BGHZ 35, 363。

⑤ Münchener Kommentar, Bürgerliches Gesetzbuch, Band 1, Verlag C. H. Beck, München2001, S. 225.

⑥ 在这一点上,德国法对一般人格权的利用,有些像美国的隐私权,后世也正是基于这样的思路,解释一般人格权。

⑦ Larenz /Wolf, *Allgemeiner Teil des Bürgerlichen Rechts*, Verlag C. H. Beck, München 2004, S. 128.

格权。后者是指如姓名权、肖像权、名誉权那样，对构成要件具有严格限制的权利；与此相对应，前者是具体人格权的总称，特别是在保护尚未被严格限定的人格利益上，这一概念起到主要作用。[①]

（二）非具体人格权的不断发展引来的困惑

美国在20世纪50年代承认了公开权。随着社会的发展，人格中的财产价值逐渐要求得到法律的承认，美国在1953年通过公开权对人格中的商业价值进行保护，法院将公开权定义为对自己的姓名、肖像和角色拥有、保护和商业利用的权利。[②] 在该案发生后的第二年，学者Nimmer发表《公开权》的著名论文，对于公开权进行了全面论述，[③]奠定了公开权在美国法上的地位。之后公开权得到美国大部分州的广泛承认，成为美国法上与隐私权并存的重要制度，隐私权着重于对人格的精神层面予以保护，公开权则强调对人格的财产层面予以保护。

美国的公开权对德国法产生了一定的影响，德国对于人格的商业价值也逐渐予以承认。虽然在1968年的"Mephisto"案中法院已经间接提及人格权中的财产部分，[④]但是真正明确承认人格财产价值的案件是1999年的"Marlene Dietrich"案。在该案中法院认为："受到《民法典》第823条第1款保护的一般人格权以及姓名、肖像等它的特殊表现形式不仅服务于人格的精神保护，而且也服务于人格的财产价值。""一般人格权及其特殊表现形式首先服务于精神利益，尤其是人格的价值和尊重的请求权的保护。""与此对应，一般人格权及其特殊表现形式还保护人的财产利益。照片、姓名以及其他的人格标志就像声音一样能够带来可观的经济价值。"[⑤]通过承认人格权中的财产价值，德国法的人格权形成了与美国法相似的结构，同样包括精神和财产两个方面。虽然人格的财产价值得到了法院的承认，但是它在人格权体系中的地位却难以确定。这种公开权显然不是具体人格权，按照德国联邦法院的观点，它与早已被承认的一般人格权也存在区别，法院认为："人格权就其服务于人的精神价值的保护方面，属于宪法所保护的人格发展（《基本法》第1条和第2条第1款）的核心，而通过判例发展的对于人格财产部分的保护的基础在于市民法。"[⑥]众所周知，德国的一般人格权制度是通过《基本法》第1条和第2条第1款发展起来的，因而对于人格的财产部分予以保护的人格商业利用权显然不同于一般人格权。这样，人格商业利用权与具体人格权以及一般

---

① ［日］五十岚清：《人格权法》，铃木贤、葛敏译，北京大学出版社2009年版，第7页。

② See Haelan Laboratories V. Topps Chewing Gum, 202 F2d 866(2nd Cir 1953).

③ See Nimmer, *The Right of Publicity*, 19 Law & Contemporary Problems 203, 1954.

④ BGHZ 50, 133.

⑤ BGH, NJW 2000, 2197.

⑥ BGH, NJW 2008, 3783.

人格权之间的关系就变得非常复杂,也对“一般人格权→具体人格权”的模式提出了质疑。

更为复杂的问题产生在日本创设自我决定权之后。日本在战后通过判例发展人格权以补充《民法典》第710条关于具体人格权规定的不足,将宪法关于人格尊严的价值通过判例具体化为各种具体人格利益,以个别增加的方式扩展人格权制度。[①]特别是日本最高裁判所于2000年通过判例发展出的对于身体的自我决定权,法院认为:患者认为输血会违反自己宗教信念而明确作出拒绝伴有输血的医疗行为的意思时,该意思决定权应为人格权的内容,医院对此意思决定权应予以尊重。在本案的上述事实下,手术时除输血以外别无其他救命方法;但在入院时,医生应对患者说明在医疗过程中必要情况下还是要输血,是否要接受该医院的手术,应该属于患者的自我决定权。本案被告怠于履行上述告知义务,因此可以认为其已经侵害了患者的意思决定权,即被告已经侵害了患者的人格权;因此,被告应该就受害人所受的精神痛苦负担慰抚金损害赔偿责任。[②] 这一判决确立的自我决定权对于日本人格权的发展具有重大意义,它保护的不是患者的身体的形式完整性以及实质完整性,而是对于身体进行自我决定的自由。但是同样面临的问题是,自我决定权肯定不是具体人格权,那么,自我决定权在人格权体系中如何定位?它与一般人格权和公开权之间又是什么关系呢?

(三)非具体人格权的发展对传统人格权逻辑结构和体系模式的质疑

到目前为止,在比较法上人格权呈现出来的这种复杂状态,使人们对传统人格权的逻辑结构和体系模式产生了强烈疑问:一是对于具体人格要素予以保护的具体人格权,二是对于广泛的人格的精神价值予以保护的一般人格权,以及新产生的将人格的财产价值部分与精神价值部分相独立构建的公开权,还有对于人格要素进行自我决定的自我决定权,它们之间究竟是怎样的关系?随着人格权的发展,还会出现其他的非具体人格权,它们面临的共同问题都是如何与既有的人格权制度相协调并纳入人格权体系,这是人格权发展必须解决的问题。对于这个充满疑惑的人格权发展之谜,目前尚无权威的、具有说服力的解释或者说明予以破解;或许大陆法系各国民法理论和实践都在期待着一个具有严密逻辑结构和科学合理的体系模式来破解这个人格权发展之谜。

---

① 邓曾甲:《日本民法概论》,法律出版社1995年版,第116页。

② 本案为日本最高裁判所2000年(H12)2月29日第三小法庭判决,载日本最高裁判所网站,http://www.courts.go.jp/hanrei/pdf/js_20100319120604218580.pdf,2010年9月11日访问。

二、我国人格权理论和实践的发展同样遇到上述之谜

（一）我国人格权的发展概况

在我国，《民法通则》大体上采用了德国法的模式规定了具体人格权。在20世纪90年代，我们又通过继受德国法的一般人格权理论构建了我国的一般人格权学说和实践做法，创建了一般人格权的理论学说，[①]并在其后成功地将其引进司法实践领域。[②]尽管我国民法学界关于具体人格权和一般人格权关系有很多争议，有的学者认为，一般人格权是各种具体人格权的概括；[③]有学者认为，一般人格权并不包括具体人格权，是对具体人格权之外的其他人格利益的保护；[④]但我国民法确立了一般人格权这一事实，是没有人否认的。被广泛接受的基本逻辑结构和体系模式，仍然是"一般人格权→具体人格权"。

但是应当看到的是，我国的一般人格权仅仅继受了德国法一般人格权的精神保护部分，关于人格的财产价值保护并不属于一般人格权的内容。[⑤] 关于人格的财产价值保护，学说上既存在对于德国法上的人格商业利用权的继受，也存在对于美国的公开权制度的继受，并在具体名称和内容上进行了适当改造，也就是说对于人格的财产部分应当予以保护是没有疑问的，只是保护的方法不同而已。但是关于它在人格权体系中的地位，则不存在具有说服力的观点，有的学者认为它是一个独立的人格商品化权，[⑥]有的学者则认为它不过是一般人格权的一个组成部分。[⑦] 因而它在人格权体系中的地位至今仍是一个疑难问题，它的产生也对我国的"一般人格权→具体人格权"模式提出了质疑。

---

① 杨立新、尹艳："论一般人格权及其民法保护"，载《河北法学》1995年第2期。姚辉："论一般人格权"，载《法学家》1995年第5期。

② 见2001年1月10日最高人民法院《关于确定民事侵权精神损害赔偿责任适用法律若干问题的解释》关于人格尊严和其他人格利益的保护的规定。

③ 王利明：《人格权法研究》，中国人民大学出版社2005年版，第177页。

④ 熊谞龙："权利，抑或法益？——一般人格权本质再探讨"，载《比较法研究》2005年第2期。尹田也持类似观点，参见尹田："论人格权独立成编的理论漏洞"，载《法学杂志》2007年第5期。

⑤ 一般认为，我国的一般人格权是对公民和法人享有的人格利益的抽象概括，包括人格独立、人格自由、人格平等或人格尊严；王利明：《人格权法研究》，中国人民大学出版社2005年版，第160页；杨立新、尹艳："论一般人格权及其民法保护"，载《河北法学》1995年第2期；姚辉："论一般人格权"，载《法学家》1995年第5期。

⑥ 王利明：《人格权法研究》，中国人民大学出版社2005年版，第284页。

⑦ 杨立新：《人身权法论》，人民法院出版社2006年版，第370页以下。该意见把人格标识的商品化权放在一般人格权一章进行说明，也体现了作者对一般人格权与公开权的关系的疑惑。

近年来,日本法的自我决定权研究在我国的医疗侵权领域得到充分重视,[①]学者也提出意见,认为自我决定权应当作为一种人格权予以认真研究。[②] 但其究竟是何种性质的人格权,没有明确的见解。同样,对于公开权(即商品化权)的性质也是如此。学者认为,在大陆法系,将公开权作为人格权的一个部分的观点,依然占有主导地位,但受美国将公开权作为财产上的权利来理解的观点影响,日本对此表示赞同的见解很多,那么在现行法律体系中如何对其定位又是一个问题,因此有人认为将其靠近知识产权的观点非常引人注目。[③] 但是,这些意见都没有说清楚自我决定权究竟属于何种人格权,其在人格权体系中的地位何在,仍然需要研究解决。

(二)我国人格权发展的基本矛盾

我国民法人格权制度中的具体人格权、一般人格权、公开权以及自我决定权都是我国民法对比较法上的人格权制度继受的产物。这样的对于国外法律制度和法学理论的继受,虽然有利于我国利用后发优势,选择最佳的制度来构建我国的人格权体系,但是由于国外这些制度本身并非按照一定的标准对于人格权的体系化构建的产物,而是对于具体人格权补充性发展的结果,在体系上存在难以破解之谜。而且我国在继受一般人格权概念之时,根据我国实际情况使其具有更高的抽象性,是对于抽象的人格独立、人格自由、人格平等和人格尊严的保护,不能被具体化,[④]因而公开权和自我决定权不能归属于一般人格权。而且在继受公开权以及自我决定权这些人格权的时候,对于其既不能被一般人格权所容纳,又非具体人格权的的法律地位也没有提出合理的解决方法。这样,在我国,具体人格权与一般人格权、人格商业利用权、自我决定权之间的关系处理,以及将它们构建为一个逻辑融洽的人格权体系,相比其他国家就存在更加难以解决的困难。

我们认为,我国的具体人格权和一般人格权构成的人格权体系存在如下矛盾:

首先,我国现有具体人格权和一般人格权的划分并非是对于人格权的完整二分法,人格权中除了具体人格权和一般人格权之外还存在公开权与自我决定权,这些人格权属于具体人格权抑或一般人格权并不存在被广泛接受的学说,无论是将其归入具体人格权还是现有的一般人格权都存在概念和体系上的巨大困难。

---

① 杨立新、袁雪石:"论医疗机构违反告知义务的医疗侵权责任",载《河北法学》2006年第12期。

② 王利明:《人格权法》,中国人民大学出版社2009年版,第96页。作者在文中使用的是自主决定权的表述。

③ [日]五十岚清:《人格权法》,铃木贤、葛敏译,北京大学出版社2009年版,第146页。

④ 我国的这种抽象一般人格权制度与众不同,不同于瑞士法和德国法上的一般人格权。瑞士法的通过立法确立了一般人格权的抽象概念,但是需要司法机关对其具体化,德国法上的一般人格权更是司法机关通过判例确立的,表现为相对具体的人格层面。

其次,我国现有具体人格权和一般人格权的划分并非是逻辑对应的,具体人格权是对各种具体人格要素的保护,存在明确的权利客体;一般人格权并非这种意义上的权利,它是对更加抽象的一般人格的保护,包括人格独立、人格平等和人格自由。综观大陆法系立法例,对于人格的保护,或者采用将各种具体人格要素予以列举,形成不断发展丰富的具体人格权体系,奥地利采此立法例;[①]或者采用整体人格的观念,设立以完整人格为客体的一般人格权,对于人格的各个层面进行全面保护的权利,瑞士采此立法例,由于《瑞士民法典》第28条对于人格进行了一般性规定,为所有人提供了对其实质性品质、生物性品质以及精神性品质的全面保护,[②]所以法律有意识地排除了对于人格利益的列举性规定。[③] 这两种思路所产生的具体人格权和一般人格权在某种程度上存在逻辑上的对立,如果将两者归入同一体系,必须进行妥当处理,否则可能会产生混乱,因为一种人格要素既属于具体人格权的客体又属于一般人格权的客体是无法想象的,德国法关于一般人格权与具体人格权关系的争吵说明了这一问题的复杂性。[④]

再次,我国现有的具体人格权和一般人格权在概念上也存在矛盾,如果一般人格权是对所有人格要素的抽象概括保护,具体人格权应当是一般人格权的一种权能,那么作为一种权能的具体人格权独立存在的价值则存在疑问;如果一般人格权是对于具体人格权之外的其他人格利益的保护,那么我国现有的一般人格权的结构显然是过于宽泛了。

最后,我国的一般人格权概念与人格权概念存在矛盾。一方面,我国的一般人格权被界定为是对于全部人格利益的抽象概括保护,那么一般人格权与作为对主体的全部人格利益予以保护的人格权存在混淆的可能,因为两者都是以人的全部人格利益为保护对象的。另一方面,由于一般人格权包括各种具体人格权,因而一般人格权是具体人格权的上位概念,那么人格权的体系就是垂直结构,即从人格权到一般人格权再到具体人格权这样的递进结构,而非学界所公认的人格权包括一般人格权和具体人格权这样的树形结构。

---

① 奥地利的司法实践只承认具体人格权而不承认一般人格权。OGH, 14. 03. 2000, Geschäftszahl 4Ob64/00s.

② Max Gutzwiller, Schweizerisches Privatrecht, Band 2, Einleitung und Personenrecht, Verlag von Helbing und Lichtenhahn, 1967, S. 355.

③ Heiz Hauscheer/ Regina E. Aebi-Müller, Das Personenrecht des Schweizersichen Zivilgesetzbuches, 2 Auflag, 2008, S. 118.

④ 德国法上存在具体人格权是一般人格权的片段的学说, Larenz /Wolf, Allgemeiner Teil des Bürgerlichen Rechts, Verlag C. H. Beck ,2004, S. 128. 还有具体人格权是与一般人格权并列的学说, Marion Baston-Vogt, Der sachliche Schutzbereich des zivilrechtlichen allgemeinen Persönlichkeitsrechts, Mohr Siebeck, 1997, S. 111。

三、我国民法同样面临的人格权发展之谜亟待破解

上述矛盾说明,我国现有的人格权制度存在严重不足,尤其是一般人格权制度本身具有缺陷,无法实现预定的功能。而这些问题产生的主要原因是欠缺一种科学的分类标准来构建我国的人格权体系,造成人格权内容的庞杂和无序,新产生的人格权也无法予以归类,处于游离状态。比较典型的是公开权和自我决定权的情形:关于公开权与具体人格权的关系以及在人格权体系中的定位,难以形成具有说服力的学说;关于自我决定权的概念以及自我决定权和具体人格权关系的研究也由于人格权体系的欠缺而无法获得实质性的进展。而且随着人权意识以及人格保护程度的提升,会逐渐产生一些新的人格权,这些权利的界定及其与既有人格权的关系,受到其在人格权体系中地位的影响,只有将这些权利置于人格权体系之中,才能够对这些人格权产生准确的认识。在某种程度上说,人格权体系的欠缺已经成为制约人格权发展的重要因素,科学的人格权体系亟待建立。

由此可见,在我国,人格权体系在"一般人格权→具体人格权"的模式之上,在又继受了公开权和自我决定权这些新兴的人格权之后,无法处理它们与一般人格权和具体人格权之间的关系,不知道这些新型的人格权在"一般人格权→具体人格权"的逻辑和体系中究竟属于哪个位置。因此,我国民法对于人格权的逻辑结构和体系模式同样面临着20世纪以来的人格权发展之谜,亟待破解。

第二节　破解人格权发展之谜的人格逻辑基础

我们认为,破解人格权发展之谜的关键之处,在于确定一般人格权、人格商业利用权和自我决定权这些非具体人格权在人格权法中的地位。而如何确定这三个权利的人格权地位,关键在于厘清人格的基本逻辑结构,以及人格基本逻辑结构与不同的人格权之间的关联关系。

在各种权利的分类标准中,权利客体是近代民法优先选用的标准,学者按照外在于意志的对象来构建私权体系。按照萨维尼的理解,意志支配的对象的种类有三个:首先是原初的自身,与此对应的是原权;其次是在家庭中扩展的自身,这种支配只部分属于法律领域,与此对应的是家庭法;最后是外部世界,与此对应的是财产法,它又可

以区分为物法和债法。① 因此,作为人格权客体的人格是人格权分类的最佳标准,人格权体系的构建有赖于对人格要素的分类,关于人格的逻辑结构的研究对于人格权的逻辑结构和体系化具有重要意义,人格逻辑结构的分类作为人格权体系化的前提,因而成为破解上述人格权发展之谜的基础。

一、人格的逻辑层次

(一)人格分为三个逻辑层次

人格存在三个层次,处于核心的是人的意志,其次是人的内在自我,最后是人的诸种外部存在,三个层次的人格分述如下:

1. 意志人格

意志,也就是意志人格,是一个自主的、活跃的自我,它不断地通过决定去影响人的其他存在层面,是人所具有的按照对于规律的认识去行为的能力。意志一直为法学所重视,称之为"理性",但是法学所认识的理性是"强有力的、有见识的、朝向目的的自由意思"。② 将意志简化为"理性",没有认识到意志的全部,意志的决定过程其实是一个复杂的内部过程,这一过程包含了人的个性特征,是人格的重要部分。意志的本质在于自由,这种自由是一种积极的对于自己人格发展的自由,是人格发展的动力。在人格的整个构造中,意志的自我决定自由是一种独立的人格要素。

2. 内在人格

内在自我就是内在人格,其作为人的内部存在,具有丰富的构成因素,包括关于哲学的、宗教的、社会的、人生的等观念,由这些相对稳定的观念构成了一个内在的主观人格,属于人的精神性存在。这一层次的人格是一个比较丰富的存在,相对于人的外部存在而言,更能体现人的本质特征。每个人因其不同的经历和教育状况形成不同的内在观念,由这些观念塑造了人的独特的内在特质和个性,人有权保有此独特的内在个性,并对其进行发展。

3. 外在人格

第三个层次的人格是可以为感官感知的人的外部性存在,即外在人格,主要是人的物理性存在,还有因人类共同生活所产生的可以为他人感知或识别的社会性存在。外在人格为传统人格权所关注,包括生命、身体、健康、姓名、肖像、名誉等人的存在,其中生命、身体和健康属于人的物理性存在,姓名、肖像和名誉等属于社会性存在。

---

① [德]萨维尼:"萨维尼论法律关系",转引自朱虎:《萨维尼法律关系理论研究——以私法体系方法作为观察重点》,中国政法大学 2008 年博士学位论文,第 93 页。

② 卡邦尼埃:op, cit, 1, n. 13. sinzheimer, op. cit. , S. 8. ,转引自[日]星野英一:《私法中的人》,王闯译,中国法制出版社 2004 年版,第 37 ~ 38 页。

（二）三个人格层次的关系

在人格的三个层次中，意志处于枢纽地位，是人格中最为活跃的因素。意志对于内在人格具有控制权，不断地通过决定（decision）去型塑和发展内在人格。对于这两个人格层次，必须有正确的认识，二者之间存在紧密的联系，人们通过意志形成自己的思想和情感，这些思想和情感作为前在理解又参与意志的决定过程。[①] 质言之，一方面，内在人格决定了意志的选择，内在人格的特点基本上确定了意志决定的内容；另一方面，意志也对内在人格具有重要影响，正是通过人们针对自身的自我选择，意志塑造、发展和强化了内在人格，实现了人格的发展和完满。

内在人格作为人的精神性存在，体现了人的本质，外在人格是人的外部性存在，是人格最外层的表现，包括人的各种可以被感知的存在，主要是人的生物性存在以及社会性存在。内在人格与外在人格的划分不同于我国学界通行的物质性人格与精神性人格的划分，外在人格的范畴要比物质性人格更加宽泛，物质性人格主要是生命、身体和健康要素，姓名、肖像和名誉等被作为精神性人格要素。我们认为，由于姓名、肖像和名誉已经采用客观化的标准，成为外在有形的存在，因此应当被认为属于外在化精神性要素，属于外在人格。有学者持相似观点，精神性人格权的客体均为无形的人格价值因素，在客观上没有实在的外在表象，而标表性人格权则指向一些外在于主体的将自己与他人区别开来的标志符号。[②] 对于法律和法学来说，调整无形客体和有形客体的法律技术是不同的，因此以是否具有外在可感知的形态作为人格要素划分的标准具有科学性，依此标准，内在人格主要是他人无法感知的人的内在的观念和精神性存在，外在人格主要是他人可以感知的人的外部性存在，对于它们分别适用不同的法律规则。

二、传统人格权仅限于部分人格逻辑结构的保护

（一）对于外在人格的保护

大陆法系主要国家大多对于外在人格进行了列举性的保护，1804 年的《法国民法典》虽然没有明确的关于人格保护的规定，但是法国通过判例保护生命、身体、名誉、贞操、姓名、肖像、信用等多种人格利益。[③] 1896 年的《德国民法典》第 12 条对姓名权进行保护，第 823 条通过侵权责任一般条款对生命、身体、健康、自由这些人格权进行保护，第 847 条对妇女的贞操权进行保护，1907 年的《德国艺术著作权法》对肖像权进行

① See Steven J. Heyman, *Righting the Balance: an Inquiry into the Foundations and Limits of Freedom of Expression*, 78 B. U. L. Rev. 1275, 1325(1998).

② 马俊驹：《人格和人格权理论讲稿》，法律出版社 2009 年版，第 204 页。

③ ［日］星野英一：《私法中的人》，王闯译，中国法制出版社 2004 年版，第 54 页。

保护。《日本民法典》通过第709条、第710条以及第711条对生命、身体、自由、名誉进行保护。

这些大陆法系主要国家深受罗马法的影响,认为只有获得外在表现的可以被人们感官接触的那些人格特征才能得到法律的保护,例如人的生命、健康、身体、自由等。这些获得保护的人格权被认为是可以感知的,因为它们涉及的主要是人的物理性方面。①

虽然法学与法典深受哲学思想的影响,人格的确立主要在于伦理人格,而且法学对于人格特征保护的正当性也源于人格特征与伦理人格的紧密联系,由于人的姓名是人格的代表,人的生命是人格存在的前提,人的身体是人格的容器,这些外在的可识别的与人格具有紧密联系的领域成为抽象人格的载体,应当获得法律的保护。其中关于人格与身体的关系,法学学说论述最为充分,人格与身体是一个自然的整体,人格只能通过身体存在,因此对身体的侵害就构成对人格的侵害;而且人格通过身体进行感知,对于身体的伤害会造成人格的痛苦。从这样的人格与身体一体的角度看,"他人加于我的身体的暴力就是加于我的暴力"。②

但是在这种立法体系中,获得保护的仅是人的外部存在,即在社会生活中可以为人们感官所感知的人格特征。法律所保护的所有人格权都是外在的,生命、身体、健康这些可感知的外在存在满足了这一条件自不待言,名誉要获得法律的保护也必须具有外在形式,名誉关注的不是自我的内在方面,而是它的外在方面。③ 法学学说认为,广义上的名誉具有两层含义,第一层含义是指他人对特定人(包括法人)的属性所给予的社会评价,即外部名誉,为狭义的名誉;第二层含义是指人对其内在价值的感受,即内部的名誉,亦谓名誉感。④ 对于个人的主观的名誉感,法律不予保护,名誉权所保护的是客观的社会公众的评价。⑤

(二)对于内在人格的保护

随着社会的发展,法律仅对外在人格提供保障远不能满足社会的需要了。随着文明的发展,人们逐渐认识到他们的幸福不仅仅在于物质,更在于深层次的智力和感情生活,生活中仅有一部分痛苦、快乐和利益是有形的,思想、情感和直觉等无形的利益

---

① See Eric H. Reiter, *Personality and Patrimony: Comparative Perspectives on the Right to One's Image*, 76 Tul. L. Rev. 673, 688(2002).

② [德]黑格尔:《法哲学原理》,范扬、张企泰译,商务印书馆1961年版,第57页。

③ See Steven J. Heyman, *Righting the Balance: an Inquiry into the Foundations and Limits of Freedom of Expression*, 78 B. U. L. Rev. 1275, 1340(1998).

④ 王利明主编:《人格权法新论》,吉林人民出版社1994年版,第401页。

⑤ 王利明:《人格权法研究》,中国人民大学出版社2005年版,第478页。

更需要法律的保护,①这些保护来源于人的不可侵犯的人格。② 在这一转变过程中,法律的视角进行了调整,人格的外在存在的重要性逐渐减弱,内在存在的重要性逐渐增强,对于内在人格的救济成为法律关注的重点。在美国侵权法从伤害性殴打(harmful battery)到冒犯性殴打(offensive battery)乃至恐吓(assault)的发展过程中,人格的内在方面逐渐替代外在方面成为保护的核心。③

人格权法对于内在人格的保护包括两个方面:第一是对于内在人格形式完整性的保护,即排除外在世界对于内在人格的接触;第二是对于内在人格实质完整性的保护,也就是对于人的内在精神的纯正与完全的保护。

第一,对于内在人格的形式完整性的保护。对于内在人格的形式完整性的保护在法律上主要是通过隐私权进行的,学者认为,隐私权是公民享有的私生活安宁与私人信息依法受到保护,不被他人非法侵扰、知悉、搜集、利用和公开等的一种人格权。④ 隐私权为权利人设置了一个保护屏障,在此屏障内,权利人可以排除外界的干扰。这一屏障是对于内在人格的形式性的保护,使得内在的思想、观念等免于外界的冒犯,人格从外部世界退回自身,追求自身的完整。王泽鉴教授认为,隐私权的价值在于个人自由和尊严的本质,体现于个人自主,不受他人的操纵及支配;对个人内心领域的侵入构成对其自我存在的严重危害。⑤ 此种屏障式的保护对于内在人格是必要的,人的内在人格在强大的社会面前是很脆弱的,如果内在人格完全暴露于社会的道德以及舆论之下,人将会被社会完全同化吸收,人的个性以及多样性亦不复存在,人最终会变成虽然外貌各异但是内在世界完全一致的“机器人”。在“文革”中逼迫人人进行“斗私批修”、“狠斗私字一闪念”,其反动性就在于同化人格,消除人的个性和多样性。隐私权不但对于内在人格的形式完整性具有意义,而且对于内在人格功能完整性的保护也提供了必要的前提,通过内在人格与外部世界的分离,内在人格获得了自我发展的能力,可以形成自己的价值、观念、情感,并进而可以按照这样的人格特性进行自我决定。⑥

第二,对于内在人格的实质完整性的保护。隐私权保护的是内在人格不被知悉接触的权利,是对内在人格形式完整性的保护,其类似于身体权中对于身体形式完整性的保护,即保护身体不被他人接触,即使这种接触没有造成损害。身体的形式完整性

---

① See Samuel D. Warren & Louis Brandies, *the Right to Privacy*, 4 Harv. L. Rev. 193,195 (1890).

② See Samuel D. Warren & Louis Brandies, *the Right to Privacy*, 4 Harv. L. Rev. 193,205 (1890).

③ See Steven J. Heyman, *Righting the Balance: an Inquiry into the Foundations and Limits of Freedom of Expression*, 78 B. U. L. Rev. 1275, 1325 (1998).

④ 王利明:《人格权法研究》,中国人民大学出版社 2005 年版,第 567 页。

⑤ 王泽鉴:“人格权的具体化及其保护范围·隐私权篇(上)”,载《比较法研究》2008 年第 6 期。

⑥ See Steven J. Heyman, *Righting the Balance: an Inquiry into the Foundations and Limits of Freedom of Expression*, 78 B. U. L. Rev. 1275, 1334(1998).

之外还存在实质完整性，其在于对身体实质组成部分的完整保护，破坏身体内外部之有形组织，属于对于身体实质完整性的侵害。[①] 与身体的实质完整性相似，内在人格也存在实质完整性，即内在人格不受侵扰保持其消极自由的权利，旨在保护人的内在的观念、价值以及情感的纯正与完全，保护人的内在个性。主要包括观念生活之纯正以及感情生活的完整，对于前者的侵害，例如妨害学者之思索或妨害人之安眠休息；对于后者的侵害，例如二人对坐辱骂可造成名誉感的侵害，构成侮辱。[②] 还有故意愚弄他人使得他人陷入精神的痛苦、在他人进行宗教膜拜之时故意播放色情音乐，[③]以及对未成年人传输色情观念，妨害其精神纯正等，[④]均属侵害他人精神消极自由，干扰他人内在人格的实质完整，是对于他人内在人格实质完整性的侵害。

三、传统人格权的缺陷在于未对意志人格予以保护

传统民法确立的人格权仅仅是对于人的人格的不全面保护，对于人格构成中更重要的意志人格，立法者认为通过财产的和平享有与法律范围内的人格自主已经得到很好的保护了。[⑤] 法学认为人的理性是强有力的，可以支配一切，将内在的人格构建成可以对外部实现完全支配的智者形象，它是“强有力的、有见识的、朝向目的的自由意思”。[⑥] 法学将人的内在世界简约为一个理性的意志，自由意志成为法学对于“外在于我的”权利体系进行构建的重要手段，法学甚至以自由意志为核心发展了意思表示理论，意志因而获得了对于外部世界的完满的支配力，但是意志对于人自身的发展、对于人格的塑造和提升的能力却未得到传统法学和法律的肯认。

在此种体系框架中，传统民法所规定的具体人格权属于静态人格权，即对于外在人格和内在人格特征进行消极的保护，仅仅保护和维持外在人格和内在人格的既有状态，使其免受外在干扰，人格自决在人格权中没有得到体现，人发展并实现其最高人格本质的价值没有得到贯彻，意志对于人格的塑造和发展的能力没有获得承认。正是意识到传统民法的这种保护上的缺陷，大陆法系各国均通过一定方法对其进行续造，以寻求对于人格权的全面保护，因此在现代民法中出现了一般人格权、自我决定和公开

---

① 史尚宽：《债法总论》，中国政法大学出版社 2000 年版，第 148 页。

② 参见史尚宽：《债法总论》，中国政法大学出版社 2000 年版，第 157 页以下。

③ 参见王泽鉴：《侵权行为法》（第一册），中国政法大学出版社 2001 年版，第 139 页。

④ 参见张俊浩主编：《民法学原理》，中国政法大学出版社 2000 年版，第 157 页。

⑤ See Hannes Rosler, *Harmonizing the German Civil Code of the Nineteenth Century with a Modern Constitution-The Luth Revolution* 50 *Years Ago in Comparative Perspective*, 23 Tul. Eur. & Civ. L. F. 1, 26 (2008).

⑥ 卡邦尼埃：op, cit, 1, n. 13. sinzheimer, op. cit. , S. 8. ，转引自［日］星野英一：“私法中的人——以民法财产法为中心”，王闯译，载梁慧星主编：《民商法论丛》（第 8 卷），法律出版社 1997 年版。

权这些权利类型,但是由于传统人格权体系的局限性,因而它们难以融入传统人格权的框架体系中。公开权和自我决定权这些非具体人格权在人格权体系中的恰当位置难以确定,即使是一般人格权,它作为非具体人格权也同样存在这样的问题,这不能不说是传统人格权框架的一个致命弱点。

第三节　抽象人格权概念的发现是破解人格权发展之谜的逻辑必然

我们发现,一般人格权、公开权和自我决定权具有相同的属性,它们都不是具体人格权,都不保护具体的人格利益,而是对具体人格利益的抽象支配。因此,抽象人格权的概念是破解人格权发展之谜的答案,用其概括一般人格权、公开权和自我决定权这三个人格权,形成抽象人格权的逻辑结构和体系,用以保护意志人格,并与具体人格权对于内在和外在人格的保护相对应,形成人格权的基本逻辑关系,构成人格权的完整体系。在这样的人格权体系中,具体人格权、一般人格权、公开权和自我决定权都具有明确的保护对象,对应不同的人格逻辑层次,这样的"抽象人格权→具体人格权"体系构造理顺了这些人格权之间的逻辑关系。

一、抽象人格权的构建源于意志人格保护的必要性

在人格的构造中,意志的自我决定和选择处于核心地位,对一个人来说,活着不仅仅是保全自身,它还意味着施展本领,满足自身愿望,简单说也就是活动,而且要自主地活动,因为人是理性的生物。① 伦理学和社会学关于人的论述有一点是非常明确的,即人是有理性的,并且能够按照自己的理性作出决定,人的自我决定能力直接形成了人的特点,决定了人格的构建,并不断发展其人格特质,使得人格逐渐成熟,因而应当获得人格权的保护。

(一)意志人格作为伦理学中人的核心

近代以降,哲学家均认为人的主体地位的确立在于其意志,笛卡儿认为一切存在都是不确定的,唯一确定存在的是人的思维和理性,并提出了"我思故我在"的命题。康德乃西方伦理哲学集大成者,构建了完整的人格哲学,认为人格的核心在于人的意志的自我选择。康德认为,自然界的万物只能依照因果律被动地运动,唯独有理性的

① ［法］雅克·盖斯旦等:《法国民法总论》,陈鹏等译,法律出版社2004年版,第172页注［1］。

东西有能力按照对规律的认识,也就是按照原则而行动,这种能力就是意志。

意志具有自律性,这是意志由之成为自身规律的属性,而不管意志对象的属性是什么。它是这样的一种规则,即在同一意愿中,除非所选择的准则同时也被理解为普遍规律,就不要作出选择。自律性规则是一种命令性规则,任何有理性的东西的意志都必然受其约束。① 这种理性存在物所具有的作为道德律令最高原则的自由意志的自律性使得所有的理性存在物成为神圣的道德律令的主体。② 所以包括人在内的理性存在物自在地具有绝对的价值,它作为目的能自在地成为确定规律的根据,它不能被当作实现目的的手段,任何时候都必须被当作目的,是一个受尊重的对象。

以康德伦理学为主的哲学文化和价值确立了一种能够按照理性自主行为的自我负责的人的形象,在这种伦理学中理性和意志居于非常重要的地位,正是人的理性认识到了道德律令,并按照道德律去行为,才成为值得尊重的存在。对于这样的人来说,最重要的莫过于人的自我决定,人正是通过其理性的自我决定,不断地形成和发展自己的人格,不断地完善自己的人格,如果没有意志通过决定对于人的特质的发展,人的人格将处于停滞状态。

(二)意志的自我决定作为社会学中人的本质

社会学关于人的论述最重要之处莫过于人的自我呈现或自我决定,正是人的有意识的自我决定与自我设计,通过不同角色的扮演,并通过对这些角色的自我认同,人格才得以形成。人格不是什么抽象和虚无的东西,人格恰恰是通过自我决定予以展现的,人格的产生和变化完全取决于自我决定,从某种意义上说,如果这种角色扮演的面具代表了我们已经形成的自我概念——我们不断努力去表现的角色——那么这种面具就是我们更加真实的自我,也就是我们想要成为的自我。最终,我们关于我们角色的概念就成为了第二天性,成为我们人格中不可分割的一部分。我们作为个体来到这个世界上,经过努力而获得了性格,并成为了人。③ 对于社会学来说,一个先验的人格是不存在的,人格恰恰是一个过程,是人的多种角色的综合,我们所能观察到的只是人的不同的角色活动,在这种人格展现或者叫做实现的过程中,人的意志担当了重要作用,正是希望向外界展示什么样的形象的意志通过决定扮演什么样的角色,从而最终塑造了不同的人格,也正是人的意志的决定实现了人格的最高本质。

(三)意志的自我决定作为宪法确定的人的形象

随着社会的发展,权利人发展其人格的自由逐渐得到法律的认可,人人具有发展

---

① [德]康德:《道德形而上学原理》,苗力田译,上海人民出版社2002年版,第60页。

② [德]康德:《实践理性批判》,邓晓芒译,人民出版社2003年版,第119页。

③ 罗伯特·E.帕克:《种族与文化》,伊利诺伊州格伦科自由出版社,第249页。转引自[美]欧文·戈夫曼:《日常生活中的自我呈现》,冯钢译,北京大学出版社2008年版,第17页。

其人格的权利被作为宪法上的权利得以确认。但是法律为人格权划定的自由领域不同于财产权的自由领域,财产权利人可以按照其意志处分其财产,只要不侵害他人以及社会公共利益。但是人格权权利人的自由是另外一种自由,它不是对于人格要素的随意处分,而是按照人的本性发展与丰富其人格的自由,其中自我决定居于核心地位。正如有学者所言,“人格的发展”一词比“一般行为自由”用得更多,它清楚地显示,保护行动自由本身并非为实现个人自身的意愿,而是为了使人们尽可能发展天赋的能力。①

人格发展的哲学价值获得宪法上的确认,德国 1949 年基本法第 2 条第 1 款规定:“人人有自由发展其人格之权利,但以不侵害他人之权利、不违反宪政秩序或道德规范者为限。”日本宪法第 13 条规定:“对于生命、自由和追求幸福的国民权利,只要不违反公共福利,在立法及其他国政上都必须受到最大限度的尊重。”我国宪法虽然没有明确规定人格发展的权利,但是在第 33 条第 3 款规定:“国家尊重和保障人权。”人格发展作为一项重要的人权自然也受到我国宪法的保护。

二、抽象人格权的构建是意志人格保护的现实要求

进入现代社会后,文明的进步带来了日益强烈的智力和情感生活以及更加敏锐的感官,②相对于人的生命、身体等外在性存在,更重要的是对于人的个性的培养,对于人格的自我决定与发展的保护。在这种情况下,法律仅对于外在性和内在性人格的完整性的保障远不能满足社会的需要了,人需要更高程度的人格自决,意志要求对于人格要素的塑造、发展和使用的控制能力。

学者逐渐认识到,人格的保护包括两个方面:一是对于作为人的那些特征的静态保护;二是对于人的自我发展、自我决定的动态保护。③ 个体为了其生活利益的缘故被赋予法律上的力去发现、保护和发展他的人格中具有特别意义的利益,它使得人格不像其他自然的人格利益一样只能获得消极静态的完整性保护。④ 因应这种变化,法律对于人格权的保护方法必须进行调整,在德国,人格权的发展和完善主要是在民法典制定之后通过一般人格权开始的,在 1900 年生效的民法典中,德国哲学传统中的人格观念没有包含在内。⑤

---

① 林来梵、骆正言:“宪法上的人格权”,载《法学家》2008 年第 5 期。

② See Samuel D. ,Warren & Louis Brandies, the Right to Privacy, 4 Harv. L. Rev. 193, 195(1890).

③ Jürgen Gleichauf, Das postmortale Persönlichkeitsrecht im internationalen Privatrecht, Peter Lang Europ?ischer Verlag der Wissenschaften, 1999, S. 68.

④ Marion Baston-Vogt, Der sachliche Schutzbereich des zivilrechtlichen allgemeinen Persönlichkeitsrechts, Mohr Siebeck , 1997, S. 87.

⑤ See James Q. Whitman, *the Two Western Cultures of Privacy: Dignity versus Liberty*, 113 Yale L. J. 1151, 1187 (2004).

意志人格作为人格的本质与核心必须得到人格权的保护，由于意志人格的本质在于意志的决定自由，因此对意志人格的保护不同于对外在和内在人格要素的完整性的保护，主要表现为对意志针对内在和外在人格要素的决定自由的保护，因而需要采用特殊的法律技术。只有构建抽象人格权制度，对于意志针对外在和内在人格要素的塑造、发展和使用的自由予以保护，才能够实现对于意志人格的保护。

三、抽象人格权的构建是克服一般人格权的缺陷理顺人格权体系的必然要求

一般人格权制度的功能是为了弥补具体人格权的不足、实现对于人格的全面保护，因而一般人格权的内容应当以具体人格权制度为基础进行构建。

人格权观念在《德国民法典》制定之时并未被广泛接受，因此，德国法上的具体人格权不但类型非常有限，而且具体人格权的内容也仅局限于法律所列举的人格要素的完整性，并不承认权利人对于人格要素的任何权能。在这种情况下，为了弥补萎缩的具体人格权制度对于人格保护的严重不足，德国的一般人格权制度被设计为对于人格尊严和人格发展予以全面保护的制度。这样产生的问题就是，对于立法所确定的具体人格要素的完整性的保护属于具体人格权的内容，而对于这种人格要素的其他方面的保护则是一般人格权的内容，这与传统的关于权利的客体加权能的认识方式产生了重大冲突。产生这一现象的根本原因是：对于人格的立法并未采用权利的模式，而只是采用个别人格要素完整性保护的模式，因而在不能通过立法对于这种模式进行改进的情况下，出现的法律体系的不协调。

而我国的《民法通则》制定于20世纪80年代，此时比较法上的一般人格权理论已经发展到了成熟阶段，我国的具体人格权制度对于这一成果进行了充分吸收，将通过一般人格权发展出的新的人格利益具体化为各种具体人格权，并且将各种具体人格权的权能进行了全面扩充，能够容纳针对该具体人格要素产生的各种权能。也就是说，我国的具体人格权制度采用了客体加权能的传统权利的立法方法，人格权的绝对权利地位得以确立。在这样的具体人格权的基础上，如果仍然采用德国法式的宽泛的一般人格权制度，一方面不能满足人格权的体系融洽性要求，产生人格权体系内部的矛盾；另一方面也是对于既有具体人格权发展成果的否定。

因此，我国一般人格权的构建应当以我国的具体人格权为基础，将一般人格权的保护对象限定于基于目前的立法技术尚无法与人格明确分离的非典型的人格要素，而权利人针对那些已经通过立法确立的具体人格要素的发展和利用的自由由于已经成为具体人格权的权能，因而不应当属于一般人格权的内容。

然而我国现有的一般人格权制度并未尊重我国具体人格权的现实，完全继受了德国法的做法，确立了涵盖所有人格内容的宽泛制度，正是这种做法使得我国人格权体

系的矛盾更加复杂。因而必须对我国一般人格权的内容进行适当限制，对于具体人格权的权能予以独立构建，并结合我国关于公开权的研究成果，对人格权体系予以理顺，使得一般人格权、自我决定权和公开权分别具有界限分明的权利边界，它们与具体人格权一起构成逻辑融洽的人格权体系，从而克服现代民法中由于多种非具体人格权的出现造成的体系和逻辑的矛盾。

综上，在民法中构建抽象人格权的概念和体系，将一般人格权、自我决定权和人格商业利用权在该体系内予以适当整理，构成“抽象人格权→具体人格权的”逻辑结构，就是破解人格权发展之谜的钥匙。用这种思路理顺人格权体系的内部关系，构建人格权的逻辑结构和体系模式，是摆在当代民法面前、摆在当代民法学家的面前的重大问题。

第四节　抽象人格权的概念界定、体系构成以及在人格权体系中的地位

综上，我们发现，在所有的这些非具体人格权之上，存在一个上位的概念，这就是抽象人格权。抽象人格权概括一般人格权、自我决定权和人格商业利用权，与具体人格权的概念相对应，构成完整的人格权体系的逻辑结构。我们将抽象人格权的概念、体系以及在人格权体系中的地位，作如下表述。

一、抽象人格权的概念

为了促进人格的发展，实现人的最高人格存在，必须构建抽象人格权对于意志人格的决定自由予以保护。但是值得注意的是，作为人格权的意志决定自由应当局限于人格的构成要素，人与物的二分，以及民法典和民法学中根深蒂固的人格权与财产权的区分，决定了对于作为人格核心的意志的决定自由进行人格权法上的保护时不得涉及财产性的要素。作为一种人格权的意志的决定应当局限于与人的外部人格存在紧密联系的领域，如果不加限制地将这种自我决定扩张于财产领域，将造成人格权与财产权区分的混乱，以及整个民法体系的崩塌。

我国台湾地区 1992 年度台上字第 2462 号判决将意思决定自由不加限制地作为应受人格权保护的自由，认为“惟查所谓侵害他人之自由，并不以剥夺他人之行动或限制其行动自由为限，即以强暴、胁迫之方法，影响他人之意思决定，或对其身心加以威胁，使生危害亦包括在内”。此项判决将自由扩张于意思决定自由，采用了扩张解释的方

法对于意思决定自由进行保护，对于强化人格权保护具有意义，但是由于其对于意思决定自由不加限制，故广受学者诟病。学者认为，如果对于意思决定自由不予限制，那么所有的加害行为均属对于意思决定自由的侵害，[①]人格权与财产权将产生混淆。

因此，抽象人格权所保护的意志决定自由限于意志对于外在和内在人格要素的决定，主要表现为两方面：其一，意志通过决定去控制、塑造各种外在和内在人格要素，以形成个人独特的人格特质，实现人格发展；其二，意志还可以在法律和道德的限度内对人格要素予以使用，以实现人格要素的财产价值。

对于意志人格予以保护的人格权是对意志针对外在和内在人格要素的决定与控制的保护，其不同于对于内在和外在人格要素的完整性予以保护的具体人格权，具有抽象性，是抽象人格权。我们提出抽象人格权概念的界定意见：抽象人格权是意志以发展人格为目的，对各种外在的和内在的人格要素进行支配，予以塑造和使用的自由。

二、抽象人格权的特征

抽象人格权保护的对象是意志决定的自由，因而表现出比较特殊的特征，主要体现在如下方面：

第一，抽象人格权虽然针对一定的人格要素，具有外在表现形态，但它并非是对于这些人格要素的完整性的保护，而是对于意志针对这些人格要素的决定自由的保护，体现的是人格的自我决定和自我发展的价值。

第二，作为抽象人格权客体的外在和内在人格要素必须通过一定方式成为可以为人们所识别的人格表征。法律与道德的重要区别在于法律并不能调整完全主观的东西，纯粹的观念和情感必须通过一定的方法得以表现，才能够成为法律保护的客体。外在人格要素作为人们可以感知的物理性和社会性存在，满足了这一要求，自不待言；内在人格要素却需要通过一定的方式获得外在的表现形态，这种表现或者是日记，或者是书信，或者是通过录音形式得以记录人的内在情感等。

第三，抽象人格权的权利内容是意志对于外在和内在人格要素的各种决定，具体到不同的人格要素又表现为不同的形态，或者是对于人格要素的塑造和发展，或者是对于人格要素的商业价值予以使用。针对某一人格要素，是发展塑造，还是商业利用，抑或两者兼备，则要以人格发展目的兼顾宪法价值标准予以判断。

第四，抽象人格权的权利外观并不能通过权利客体予以确定，这一点与具体人格

---

① 詹森林："自由权之侵害与非财产上之损害赔偿——最高法院八十一年台上字二四六二号民事判决之研究（下）"，载《万国法律》第 70 期。另请参见王泽鉴：《侵权行为法》（第一册），中国政法大学出版社 2001 年版，第 120 页。

权存在明显区别。具体人格权的权利内容完全局限于其所保护的人格要素,权利内容与权利客体达到了相互融合和指代的程度,权利客体的界限就是权利内容的限度,权利客体成为权利的外观,对于具体人格权的侵害一定表现为对于具体人格要素的侵害,反之亦然。然而抽象人格权的权利内容为按照权利人的意志对于人格要素予以塑造和使用的自由,这样的权利内容并不能为权利客体所涵盖,因而权利外观并不能通过权利客体予以清楚界定。

三、抽象人格权的体系构成

各种外在和内在人格要素通过一定的方式成为人们可以识别的人格表征,这些人格表征可以区分为:社会公认的典型的人格表征、非典型的人格表征以及能够与主体相分离并获得独立地位可以予以商业利用的人格表征。

社会公认的典型人格表征存在时间较长,已经获得比较成熟的认识,并被法典作为具体人格权的客体,包括生命、身体、健康、姓名、名誉等,这类人格表征大部分是外在人格要素;非典型人格表征则是随着新技术的发展,通过特定技术得以表现的能够体现人的人格个性的存在,例如通过录音或书信的方式得到固定的人的特定言论、通过基因技术得到展现的特定基因类型等,其类型和内容处于不断增长中,这种人格表征大部分是内在人格要素的表现;之所以将典型人格表征与非典型人格表征进行区分,是因为对这两类人格表征予以法律保护需要的技术不同,典型人格表征已经获得法律的认可,成为具体人格权的客体,意志针对它们的决定自由应当获得保护是没有疑问的,我国的人格权立法将这种意志决定自由作为具体人格权的权能。但是非典型的人格表征是否应当获得法律保护以及其保护的程度都需要具体的个案衡量,在法律技术上不同于典型人格特征。

能够与主体相分离并获得独立地位可以予以商业利用的人格表征,是指通过一定方法可以获得与人自身相分离地位并能够予以商业利用的人格特征,包括姓名、肖像、声音、形象等人格要素。这种人格表征独立规定的必要性在于,对于人格表征的商业利用是一种独立的价值,其不同于人的人格个性的发展,在比较法上具有相对独立的地位。① 而具体到我国的法学理论和实践,一直也是将人格的商业化利用作为一种独立的制度予以构建的,因此,获得独立地位可以予以商业利用的人格表征具有独立的地位,应当予以独立规定。

---

① 在美国法中,它是作为不同于隐私权的公开权获得保护的;在德国法中,德国联邦最高法院确认了一般人格权包含人格的财产价值,但是却认为其并非源于宪法第 1 条和第 2 条,而是源于民法。因此,在德国法中人格的商业化利用与一般人格权还是存在一定的差异的。

相应地，针对这三种人格表征构成了三种抽象人格权，分别是一般人格权、自我决定权和公开权。

(一)自我决定权

自我决定权是意志以发展人格为目的对于生命、身体、健康、姓名等典型的人格表征的控制与塑造的抽象人格权。传统学说对于各种典型的外在人格特征的保护局限于既存的现有状态，仅提供防止他人侵害的的侵权法的保护，并不承认主体对于它们具有决定的权能。例如，对于生命权，一般不认为权利人对于生命具有支配性，仅在对于生命的维护以及对他人侵害行为的正当防卫等方面具有有限的支配性。① 对于身体权，传统学说认为，是自然人保持其身体的完整的权利。② 诚然，人的外在人格特征作为人格的表现，其上蕴涵着人的伦理性以及人性，不能随意处分，但是按照人格发展的理论，生命、身体、健康、姓名以及名誉等人格存在是为了人格的尊严与人格的发展，这些存在之所以具有重要的价值就在于它们是维持人的尊严以及人格发展的必要前提，如果权利人对于它们的控制与塑造能够促进与实现人格的发展，那么法律应当承认权利人对于这些特征的自我决定的能力。而且现代社会将人格的动态方面，也就是人格的自我发展作为社会的重要价值，人不但要求人格的完整存在，更要求对于自己人格特征的自我决定与塑造的能力，以寻求人格的发展与完满。因此，意志在人格领域的决定自由获得承认，并成为整个法律体系要积极实现的重要价值。在这种情况下，突破传统民法的局限，赋予权利人针对其典型人格表征以人格发展为目的的自我决定的权能，是一种必要。而且我国《民法通则》关于具体人格权的规定吸收比较法上对于人格发展价值予以保护的经验，确立了针对具体人格要素自我决定的权能，例如姓名权的内容不但包括了防止他人对于姓名予以歪曲和不当使用的完整性保护，而且包括广泛的决定、使用和改变姓名的权能。③ 因而自我决定权应当予以确认。

自我决定权保护的不是这些具体人格特征的形式完整性与实质完整性，而是意志为了实现人格的最高本质对于它们的自我决定，例如，为了科学的真理、祖国的安全或者更多人的幸福，权利人应当具有终结其生命的自我决定权；同样，个人选择安乐死，体现的也是人对自己生命终结的合理自我决定；④为了实现自己的人格追求，可以对于自己的姓名进行自我决定。再如，日本的"X 教徒输血案"，该判例保护的不是患者的身体的形式完整性以及实质完整性，而是根据自己的个性对于身体进行自我决定的

① 王利明：《人格权法研究》，中国人民大学出版社 2005 年版，第 303～309 页。

② 史尚宽：《债法总论》，中国政法大学出版社 2000 年版，第 148 页。

③ 参见我国《民法通则》第 99 条的规定。

④ 杨立新：《人身权法论》，人民法院出版社 2006 年版，第 392～396 页。

自由。[①]

自我决定权作为权利人对于自己典型人格表征在人格发展方向上自我控制与塑造的权利，是权利人针对自己典型人格表征的自由，属于人格权的权能，这种自我决定的权能使得权利人能够决定自己的人格个性，实现自己最高的人格本质。实践中对于自我决定权的侵害主要是对于权利人针对自己典型人格表征的自由的侵害，主要表现为通过欺诈、胁迫以及未履行告知义务，从而侵害权利人的决定自由，救济方法包括人格权、请求权和侵权请求权。

（二）一般人格权

人格个性的流露和表达并非仅限于典型的外在人格要素，足以表征人格个性的人的外部表征有很多，虽然某些外部表征没有传统公认的人格要素那么典型，没有准确的概念对其进行界定，但是在其上体现了更多的人格特性，它们更能够彰显人的存在与个性，意志对于这些外部表征的自我决定应当得到保护。例如，对于言论完整性的保护，任何一次言论都是对某一思维内容的固定，都是言论者的人格的流露，都是言论者在向公众展示其内在人格特性，言论者有权选择适当的内容与表达方式去展现真实的内在自我，未经同意对于言论的改动，可能会呈现出一个错误的人格形象。[②] 更为广泛的是对于人的同一性的保护，个人有权按照其内在人格个性去决定向公众展示的人格形象，并根据人格的发展去改变这种形象。对于这种同一性的保护要求即使没有损害个人名誉，也不允许歪曲一个人的人格形象并对此加以传播。[③]

但是由于这些外在人格表征的非典型性，在对意志针对它们的自我决定的保护过程中，存在其是否属于应受法律保护的人格要素的判断的难题，以及个人人格发展的价值与其他社会价值的冲突与衡量问题，这些都需要法院根据实际情况进行个案衡量。因此需要一个不同于自我决定权的制度，一般人格权制度可以实现此项功能。

在一般人格权的构造中，意志的自我支配处于核心地位，一般人格权是意志对于人的某种外在客观存在的支配。德国联邦宪法法院在其典型案例中成功地揭示了自身人格领域"自由的意思"的某些方面，对这些方面而言，自主支配人格的意思获得了一个坚实的、他人可以识别的基础，亦即获得了某种他人应予以尊重的"客观载体"。[④] 分别在"读者来信"案、"骑士"案、"录音"案中确立了意志对于信件、私人领域以及话

---

① 夏芸：《医疗事故赔偿法——来自日本法的启示》，法律出版社 2007 年版，第 535 页。

② ［德］马克西米利安·福克斯：《侵权行为法》，齐晓琨译，法律出版社 2006 年版，第 52 页。

③ ［德］克雷斯蒂安·冯·巴尔：《欧洲比较侵权行为法》（下卷），焦美华译，法律出版社 2004 年版，第 115 页。

④ ［德］霍尔斯特·埃曼："德国民法中的一般人格权制度——论从非道德行为到侵权行为的转变"，邵建东等译，载梁慧星主编：《民商法论丛》（第 23 卷），金桥文化出版（香港）有限公司 2002 年版。

语的支配。质言之,一般人格权所保护的不是人格的某种"客观载体",而是意志对于这一"载体"的支配,是对宪法所确认的人格发展自由的价值在私法领域的实现。

德国的一般人格权是一个对于各种外在人格表现的自我决定予以保护的框架性权利,这个权利从其产生之日起就具有重大争议,而且它与具体人格权的关系难以厘清,更重要的是我国的具体人格权制度已经具有了部分传统一般人格权的内容,因此我们舍弃了我国传统的一般人格权关于抽象的整体人格予以保护的观点,对一般人格权概念进行了限缩,限制于意志对于具体人格权客体之外的其他非典型人格表征的决定的权利,履行着对于尚未得到具体人格权保护的非典型的人格利益进行保护的功能,虽然这一做法与我国关于一般人格权的传统认识不同,但是这种缩限却是人格权体系构建的要求,形成了人格权体系上的融洽。

(三)公开权

公开权,也叫做人格商品化权、人格商业利用权。[①] 人格以意志人格为核心,包括内在人格要素以及外在人格要素,但是在人格的边缘地带,人格要素与财产利益的界限难以划清,关于财产的主要理论也说明了这一问题。对于人如何能够获得财产,有并入理论和投射理论两种理论,前者主张外部物通过进入身体成为财产,后者主张把人体现在外部物中而使之成为财产;[②]但是并入理论已逐渐不被人们认可,投射理论仍然具有正当性。[③] 洛克的财产理论以劳动来论证财产权的正当性,外在物因为添加了人的劳动而成为他的财产,[④]这种财产理论建立了人格与物的沟通与联系,从人对于自己身体和思想的狭义的自己所有权推导出对于财产的广义的自己所有权。[⑤] 黑格尔的财产理论也认为,人作为一种意志的存在是自由的,但必须有外部世界,只有在与外部的某件东西发生财产关系时才成为真正的自我,财产是个人人格的延伸的最初的一部分。[⑥] 也就是说,当人格的某部分特征与人格相对分离并以某种方式获得外部存在时,它即获得了一定的财产属性,在这一方面知识产权表现最为明晰,知识本为人脑中的一些观念和想法,属于内在人格的范畴,但是它们一旦通过某种方式获得外在化的存在形式,就能够作为一种财产权,但是由于其与人格的联系,一般认为,知识产权中还存在人格因素,主要是著作权中作者的精神性权利。当姓名、肖像、声音、形象等人格

---

① 这三个概念我都使用过,但最终决定使用公开权的概念,理由是简洁、通用,且是美国法概念的原义,在概念的界定上没有区别。

② [美]斯蒂芬·芒泽:《财产理论》,彭诚信译,北京大学出版社 2006 年版,第 53 页。

③ [美]斯蒂芬·芒泽:《财产理论》,彭诚信译,北京大学出版社 2006 年版,第 55 页以下。

④ [英]洛克:《政府论》(下),叶启芳、瞿菊农译,商务印书馆 1964 年版,第 18 页以下。

⑤ 易继明:"评财产权劳动学说",载《法学研究》2000 年第 3 期。

⑥ [德]黑格尔:《法哲学原理》,范扬、张企泰译,商务印书馆 1961 年版,第 50 页。

要素获得相对于人的独立地位时，它们具有了一定的财产属性，当事人可以对其进行商业化的利用，表现为公开权。公开权是指个人将其姓名、肖像、声音、形象等可以获得相对独立地位的人格表征用于商业目的，并禁止他人未经授权进行商业利用的权利。

对于公开权的正当性学界存在争议，存在自然权利说、诱因说、禁止不当得利说、经济效率说以及保护消费者说等学说。[①] 我们认为，公开权的正当性源于意志对于获得相对独立地位的要素的自我决定。在传统社会，人格要素与人相分离获得相对独立的存在形式几乎不可能，但是现代高科技的发展，尤其是传媒技术的进步使得人的人格特征的固定化成为可能，人的容貌特征、人的整个身体形象、声音甚至个人隐私等都可以通过多媒体技术以影像资料的形式获得独立的存在。当人的某些特征通过这种方式予以固定化，从而获得对于人相对的独立地位时，其与人的人格的联系不是那么紧密，于是在某种程度上获得了财产的属性。人的姓名、肖像等外在人格特征获得相对独立地位后，在商业活动中获得了财产价值，权利人对此财产价值具有支配权能，可以自己使用也可以允许他人使用。这种支配和使用源于人格发展理论，权利人为了发展自己的人格，有对自己的人格特征进行自我决定的权利，对于自己人格特征所体现的财产价值当然也有权自我决定。因此公开权不同于传统人格权的对于人格特征既有状态的保护，是对意志的自我决定的保护，对于公开权的侵害表现为对权利人按照自己意志使用其人格特征的自由的侵害。权利人对于自己的姓名、肖像、声音、形象等外在人格表征具有进行商业利用的支配权能，不妨碍这些特征作为人格权客体的地位，因为这些特征从本质上说是人格存在的表现，仅仅因为这些人格特征通过现代技术物化以后具有了财产的价值，权利人对于这些具有财产价值的人格要素的决定产生了公开权。

四、抽象人格权在人格权法中的地位

(一)抽象人格权是具体人格权权能的抽象概括

民法作为关涉价值的规则，[②]要受到哲学和宪法所确立的理念和价值的影响和指导，并以实现和促进这些价值为目的。民法应当通过一定的法律技术对于意志人格进行保护，以实现哲学和宪法确立的人格发展的价值，抽象人格权的构建就是这一产物。抽象人格权表现为对于外在和内在的人格要素的决定、发展和使用，是权利人针对自

① 关于该权利正当性的各种学说，参见王泽鉴："人格权保护的课题与展望"，载《人大法律评论》2009年卷。

② 德国法学家拉德布鲁赫将所有科学分为无关价值的、超越价值的、评价价值的和关涉价值的。参见[德]G.拉德布鲁赫：《法哲学》，王朴译，法律出版社2005年版，第2页。

己人格要素的自由，属于对于具体人格权的权能的抽象概括，这种自我支配的权能使得权利人作为自己的主人，能够决定自己的人格个性，发挥人格要素的价值，实现自己最高的人格本质。

抽象人格权是对具体人格权权能的抽象概括，针对不同的人格要素，会有不同的表现形态。自我决定权是针对典型人格表征予以塑造和发展的能力，一般人格权是对非典型人格表征予以控制的能力，人格商业利用权是对姓名、肖像、声音、形象等具有相对独立性的人格表征予以商业化利用的能力。由于一般人格权作为具体人格权权能的观点与学界关于一般人格权的性质的认识存在较大差异，因而需要特别说明。一般人格权与具体人格权存在显著不同，一般人格权不存在明确的权利客体，所保护的是权利人的意志决定自由，外在的人格要素仅仅使得这种自由获得他人可以识别的外部表征，因此一般人格权的本质是对于客体的决定与控制，属于具体人格权的权能。一般人格权之所以被认为是一种权利，主要是由于对于权利人针对人格表征的决定自由的保护，使得权利人获得了一定的利益，具备了权利的外观。

（二）抽象人格权是一种相对独立的权利

权利与权能之间并不存在实质性的区别，如果以学界公认的“法力说”作为判断标准，权能被认定为权利不存在任何障碍。权利与权能的差别也仅仅在于重要性和独立性的不同，具有独立地位和重要性的权能可以上升为权利。我们认为抽象人格权虽然是人格权的权能，但同时也是一种相对独立的权利，理由如下：

第一，抽象人格权所保护的是权利人针对人格要素的意志决定自由，这种自由是权利人塑造与发展其人格要素、发挥人格要素的价值、实现权利人最高人格本质的重要能力，具有特别的重要性，其重要性在一定程度上甚至超过了外在和内在人格要素的完整性，作为一种权能不足以显示其重要性。

第二，抽象人格权具有相对独立的保护对象，以保护权利人的意志人格为目的，由于对意志人格的保护主要表现为对于意志针对人格表征的决定自由的保护，而非人格要素完整性的保护，因而抽象人格权表现为不同于具体人格权的权利形态，表现出其独立性。

第三，法律具有很强的历史延续和继承性，制度和体系的构建必须在既有的基础上进行。侵权法对于权利的保护，区分为对客体完整性的保护以及其他方面的保护，例如侵权法对于所有权的救济区分为两种情况，即对于物的损坏，以及造成财产损失的其他形式；界定是否存在物的损坏主要还是依赖于行为人是否侵犯了物的实体。[1]在传统人格权法中，侵权法对于具体人格权的保护主要是对于客体完整性的保护，只

---

① ［德］克雷斯蒂安·冯·巴尔：《欧洲比较侵权行为法》（下卷），焦美华译，张新宝审校，法律出版社2004年版，第37～38页。

要对于具体人格要素造成损害即可认定行为不法。抽象人格权的内容主要是对于人格要素塑造和利用的自由,这种自由并不能为人格要素所吸收,侵权法对其的保护属于对于客体完整性之外的其他保护,需要特殊的侵权法保护方法,特殊情况下违法性的认定还需要进行利益衡量,因此抽象人格权具有相对独立的地位。

(三)抽象人格权促进具体人格权的发展并与具体人格权共同构成完整的人格权体系

这样,人格权就可以分为两大类,具体人格权和抽象人格权。具体人格权对外在人格要素和内在人格要素的完整性提供保护,抽象人格权对意志人格针对外在和内在人格要素的决定自由进行保护,两者相结合对人格的三个逻辑层次进行了全面完备的保护。

传统人格权由于受侵权法的限制,仅对具体人格要素的完整性予以保护,人格权的权能极度萎缩。抽象人格权扩充了权利人针对自己的外在和内在人格要素的决定自由,充实了人格权的内容。自我决定权使得权利主体具有了发展自己人格,实现个性的能力;人格商业利用权使得权利主体具有对于自己特定人格特征予以商业化利用的权利,实现了自身的价值;一般人格权更是具有发掘人的自主性,保护人格发展,促进新的具体人格权产生的功能。随着社会以及科学技术的发展,人的人格会获得更多的表现形式,在法学对于这种人格表现充分研究精确界定之前,首先通过一般人格权保护主体对这些表现形式的自主控制与决定的能力,以促进人格的发展,当学界做好充足的理论准备之后,这些人格表现形式可以上升为具体人格权,得到法律更加充分的保护,这种从一般人格权向具体人格权的转变是必要的并值得期待的发展。①

由具体人格权和抽象人格权构成的人格权体系在逻辑上是封闭的,在内容上却是开放的,具有高度的容纳性,可以对新出现的人格利益予以保护,具体表现为以下两方面:第一,具体人格权是不断发展的,随着对人的保护程度的提升,会有更多的人格要素通过一般人格权发展为具体人格权,形成不断增多的具体人格权。隐私权即典型代表,隐私起初被作为一种利益予以保护,在一定时期被放在名誉权中予以寄生保护,但是随着社会的发展以及对其认识程度的提高,隐私权逐渐发展成为一种具体人格权,获得独立的法律地位。第二,抽象人格权具有高度概括性,对意志针对外在和内在人格要素的决定自由进行了高度抽象,能够包括各种类型的塑造、发展和利用自由,可以适应因社会发展而出现的各种意志针对人格的决定自由。

由具体人格权和抽象人格权构成的人格权体系,逻辑严密,内容开放,各种抽象人

---

① Deutsch/ Ahrens, Deliktsrecht, 4. Auflage, 2002, S. 103.

格权和具体人格权具有各自不同的保护客体，它们之间的关系清晰明确，相互结合共同对人格进行全面保护，这样的人格权体系是一种科学合理的人格权体系。用抽象人格权来破解人格权发展之谜，各种新产生的人格权都可以纳入由抽象人格权和具体人格权构成的人格权体系，人格权发展之谜将不再存在。

第十一章　一般人格权[①]

第一节　从具体人格权到一般人格权的发展

一、一般人格权产生前的人格权

一般人格权概念产生前，法律保护的人格权是具体人格权。

在古代习惯法时期和古代成文法时期，法律没有一般人格权的概念，也没有类似于一般人格权的概念，当然也没有人格权的概念，只是对我们现代民法所说的人格权有具体的保护规范而已。

历史上最早产生的具体人格权，是生命权和健康权。古代最早出现的同态复仇制度，就是对生命权、健康权的法律保护。在这一制度下，人的生命权、健康权受到侵害，受害人或者受害人的血亲有复仇的权利，有权向侵害人实施同态的报复行为，以救济生命权、健康权的损害。随着社会的进步和文明的发展，经过选择赔偿或选择复仇的自由赔偿时期，过渡到强制赔偿而禁止复仇的时期，实现了对生命权、健康权法律保护的质的飞跃。

继生命权、健康权之后，出现的人格权是名誉权、贞操权（性自主权）、自由权等权利。对这些权利的保护，多数采用

① 本章的较多内容，是与刘召成博士共同研究完成的。

严厉的刑罚手段和部分民事赔偿手段进行。《德国民法典》规定了身体权、姓名权、贞操权(性自主权)等具体人格权;而肖像权、隐私权、信用权等人格权则是晚近出现的人格权。

二、一般人格权概念的萌芽

一般人格权是一个发展的概念。很多学者认为一般人格权概念产生于1907年的《瑞士民法典》,[①]虽然这种看法是正确的,但是,一般人格权的概念并非在法律发展史上的某一阶段突然产生,而是有一个萌芽、孕育、产生的过程。仅仅认为一般人格权产生于20世纪初叶,有割断历史之嫌。

一般人格权萌芽于罗马法时期。马克思曾经指出,罗马法最先制定了"抽象人格的权利"。[②]所谓抽象人格的权利,其实就具有一般人格权的含义。

罗马法上这种抽象人格的权利,首先是自由。罗马法上的自由并不是指现今社会所说的自由,而是指一种人的身份。查士丁尼《法学总论——法学阶梯》第一卷第三篇"关于人的法律"开宗明义,第一句话就规定:"关于人的法律的主要区分如下:一切人不是自由人就是奴隶。"接下来规定:"自由人得名于自由一词。自由是每个人,除了受到物质力量或法律阻碍外,可以任意作为的自然能力。""奴隶一词的由来是:将领们命令把俘虏出卖,于是就把他们保存起来而不把他们杀掉。""一切奴隶的地位没有任何差别;至于自由人则有许多差别,他们或是生来自由的,或是被释放而获得自由的。"[③]意大利罗马法学家彼德罗·彭梵得认为,自由"这个定义是指法律意义上的自由,因而那些受到强力阻碍而无法支配自己的人身和行为的人同样被正确地视为自由人;那些被控制在强盗手中的人并不因此而是不自由的,他仍然具有权利能力。这个定义也是指私法和实在法意义上的自由,而不是公法上的自由,也不同于自由的哲学概念。"[④]

《法学总论》关于自由的定义和彼德罗·彭梵得的上述解释清楚地表明,罗马法中自由的概念不是指具体的权利概念,而是指权利能力的概念,是指人格的概念。如果自由是指具体的人格权,那么无法支配自己的人身和行为的人,以及被控制在强盗手中的人,就应当是丧失自由的人。正因为自由指的是权利能力这种抽象人格,所以,上述两种自由权受限制的人仍然是自由人,因为他们并没有丧失权利能力,仍具有自由的人格。

自由还表明人的法律地位。罗马法认为,自由地位因出生或摆脱奴役地位而取

---

① 王利明主编:《人格权法新论》,吉林人民出版社1994年版,第157页。

② 《马克思恩格斯全集》(第1卷),第382页。

③ [罗马]查士丁尼:《法学总论——法学阶梯》,张企泰译,商务印书馆1989年版,第12页。

④ [意]彼德罗·彭梵得:《罗马法教科书》,黄风译,中国政法大学出版社1992年版,第32页。

得,因而有生来自由人和解放自由人的区别;这两种不同的人在法律上的地位是不同的。与此相适应,自由地位的丧失与死亡相等,发生同样的法律后果,“罗马人则把因失去自由或失去市民身份而终止权利能力看做是纯粹任意的和实证的事实,或者说是市民法的事实。因上述两种资格的丧失而导致的权利能力灭失构成‘人格减等’,它被等同于市民法上的死亡。丧失自由地位是‘最大人格减等’”。①

既然罗马法上的自由表示的是人格和地位,因而它具有一般人格权的含义。

罗马法上还有两个概念与一般人格权概念有相近之处,一是市民权,亦称公民资格,二是名誉。其中市民权的丧失,导致人格中度减等,而与具有完全人格、地位的自由人有区别,但仍有自由人格,只是受限制而已,例如被禁止使用水火的人,或被流放岛上的人的情况。名誉也标志着一个人的人格是否完善,但不构成人格减等的后果,而只是对不名誉的人法律规定其某些行为、职业或判罚导致权利能力的削减。这种不名誉不是现代人的坏名声,而是指受到判罚,从事卑贱职业、重婚、破产者、作虚假宣誓、被军队开除的士兵和高利贷者。可见这种不名誉并不涉及名誉权的具体权利,而是涉及权利能力,即人格的问题。市民权与名誉都指的是人的人格和地位,具有抽象权利的意义,因而与一般人格权概念有密切联系。

可以认为,罗马法中自由、市民权和名誉这三个概念,包含了现代一般人格权的一些基本内容,是一般人格权概念的萌芽。

在欧洲中世纪,一般人格权概念的萌芽被扼杀了。在文艺复兴时代,罗马法也得到复兴,这一概念开始复苏,为现代一般人格权的产生准备了一颗种子,以便在适宜的土地上,生长成一棵严格的法律概念的大树。

三、一般人格权的产生和发展

在近代以来,民法的发展突飞猛进,确认身体权、健康权、生命权、名誉权、贞操权(性自主权)等权利为独立的人格权,同时又产生了一些新的具体人格权,陆续被民法所确认,如姓名权、信用权、隐私权、肖像权等。

在陆续产生的众多具体人格权面前,人们发现在这些众多的具体人格权之中,存在一个一般权利的概念,它统率着、指导着、包容着所有的具体人格权。这个一般的权利概念就是一般人格权。德国学者发现了这个概念,但是没有能够写进民法典。

在起草《瑞士民法典》过程中,该法典的起草人欧根·胡倍尔(Huber)等人非常注重民法对人格权的保护,在法典草案中曾写道:“凡人格受到不法侵害者,得请求除去妨害并赔偿损害,又得依情形,请求一定金额之金钱给付,以作补偿。”该条文在讨论中

① ［意］彼德罗·彭梵得:《罗马法教科书》,黄风译,中国政法大学出版社 1992 年版,第 41 页。

争论的焦点是一般人格权受到侵害是否均应适用精神损害赔偿，争论的结果，确认了一般人格权的概念，单设了“人格的保护”这一部分，其中第一部分就是“一般规定”，规定人格不得让与，人格受侵害时，可诉请排除妨害，诉请损害赔偿或给付一定数额的抚慰金，只有在本法明确规定的情况下，始得允许。该法典单设人格权保护的一般规定，立法旨趣就在于“承认‘一般人格权’的概念，对人格权（关系）的保护树立原则性的规定。”①瑞士立法的这一举措，开创了一般人格权立法的先声，创造了新的立法体例，在民法发展历史上具有不可磨灭的伟大功绩。

《德国民法典》第823条没有规定一般人格权，也没有规定名誉权等其他具体人格权。“二战”以后，德国基本法规定：“人类尊严不得侵犯。尊重并保护人类尊严，系所有国家权力（机关）的义务。”“在不侵害其他人权利及违反宪法秩序或公序良俗规定范围内，任何人均有自由发展其人格的权利。”这一宪法条文规定的是一般人格权。由于宪法对一般人格权的原则作出了规定，而民法典对此没有明文规定，所以德国法院以基本法确立的原则为依据，创设对一般人格权民法保护的判例法（法官法）。最具典型意义的是“读者投书案”。被告D出版公司在其发行的周刊杂志上撰文批评曾在纳粹政权担任要职的Dr. H氏开设银行之事。Dr. H氏委请M律师致函D出版公司，要求更正。D出版公司以读者投书处理M律师的函件，并删除若干关键文字。M律师认为D出版公司侵害其人格权，诉请法院判决D出版公司在该周刊杂志读者投书栏刊登更正启事，表示该函系律师函件，而非读者投书。对于此案，联邦法院认为，《德国基本法》第1条明定人格尊严应受尊重。人格自由发展是一种私权，在不侵害他人权利、违反宪法秩序或伦理的范畴内，是一种应受宪法保护的基本人权。思想或意见源自人格，是否发表，如何发表以传达于公众，将受舆论的评价，涉及作者的人格，应由作者自己决定。擅自发表他人私有资料，固属侵害个人应受保护的秘密范畴，发表他人同意的文件，擅自添加或减少其内容，或以不当的方式为之时，亦属对人格权的侵犯。故以侵害人格权判决原告胜诉。此后，德国联邦宪法法院又判决了一个“犯罪纪录片案件”，亦援引联邦基本法的规定，确认对一般人格权的法律保护。② 至此，德国判例法已承认一般人格权。

在日本，原民法并无人格权的一般规定。“二战”结束后修宪，其宪法第13条规定：“凡国民之人格，均受尊重。”提出了一般人格权的宪法原则。为了使民法和宪法相协调，日本立即于1947年4月19日制定《日本国宪法施行后民法应急措置之法律》，与宪法同日实施，以应急需。该法第1条规定：“本法律之目的，在于新宪法施行后，就民

① 施启扬：“关于侵害人格权时非财产上损害赔偿制度的研究修正意见”，载台湾地区《法学丛刊》第88期。

② 王泽鉴：“人格权慰抚金与法院造法”，载台湾地区《法令月刊》第44卷第12期。

法方面，以个人之尊严，与两性之本质的平等为基础，为应急的措施。”开宗明义，明确规定了一般人格权。次年1月1日正式施行《改正民法一部分之法律》，在民法设置第1条之二：“本法，应以个人之尊严，与两性之本质的平等为本旨，而解释。”将宪法的原则在民法中予以落实，确认了一般人格权，并进行民法保护。①

国民政府在制定民法时，接受世界民法立法的最新潮流，于第18条明文规定一般人格权，规定：“人格权受侵害时，得请求法院除去其侵害，有受侵害之虞时，得请求防止之。前项情形，以法律有特别规定者，得请求损害赔偿或慰抚金。”这里的人格权即指一般人格权。

俄罗斯联邦1991年11月22日通过《人和公民的权利和自由宣言》，在序言中的第一句话就指出：“确认人的权利和自由及其人格和尊严是社会和国家的最高价值。”在最显著的地位规定了公民的一般人格权。

在目前，或者通过立法或者通过判例确认一般人格权，已为世界各国民法的立法通例。

第二节　我国一般人格权的立法

一、我国一般人格权的立法状况

在最高人民法院《关于确定民事侵权精神损害赔偿责任若干问题的解释》颁布实施之前，很多学者认为我国尚无一般人格权的立法，我不同意这种观点。

认为我国立法没有规定一般人格权的根据，是《民法通则》对该权利没有明确的条文规定。我持与这种观点相反的意见，认为我国关于人格尊严的立法，就是确认一般人格权的法律依据。

（一）立法对一般人格权的规定

在当时，在以下法律中，对一般人格权已经作了规定：

1.《宪法》规定

《宪法》第38条规定：“中华人民共和国公民的人格尊严不受侵犯。禁止用任何方法对公民进行侮辱、诽谤和诬告陷害。”这一条文的前段，与德国基本法、日本宪法确认一般人格权的条文内容是一致的，是确立一般人格权的宪法依据。

---

① 林纪东：《战后日本法律》，台湾地区正中书局1968年版，第80~81页。

2.《民法通则》规定

《民法通则》第 101 条规定:“公民、法人享有名誉权,公民的人格尊严受法律保护,禁止用侮辱、诽谤等方式损害公民、法人的名誉。”从该条的立法本意看,条文中的人格尊严似乎是指名誉权的客体,其实人格尊严并非名誉权的客体,而是一般人格权的内容。对于这种立法可以按照客观解释原则,将其确认为一般人格权的民法立法依据更为有利。

3.《残疾人保障法》规定

《残疾人保障法》第 3 条第 2 款规定:“残疾人的公民权利和人格尊严受法律保护。”1990 年《残疾人保障法》第 49 条规定:“残疾人的合法权益受到侵害的,被侵害人或者其代理人有权要求主管部门处理,或者依法向人民法院提起诉讼。”

4.《未成年人保护法》规定

《未成年人保护法》第 5 条第 1 项规定:“尊重未成年人的人格尊严”。第 21 条规定:“学校、幼儿园、托儿所的教职员工应当尊重未成年人的人格尊严,不得对未成年人实施体罚、变相体罚或者其他侮辱人格尊严的行为。”第 50 条规定:“公安机关、人民检察院、人民法院以及司法行政部门,应当依法履行职责,在司法活动中保护未成年人的合法权益。”第 60 条规定:“违反本法规定,侵害未成年人的合法权益,其他法律、法规已规定行政处罚的,从其规定;造成人身财产损失或者其他损害的,依法承担民事责任;构成犯罪的,依法追究刑事责任。”

5.《妇女权益保障法》规定

1991 年通过的《妇女权益保障法》第六章“人身权利”第 39 条规定:“妇女的名誉权和人格尊严受法律保护。禁止用侮辱、诽谤、宣扬隐私等方式损害妇女的名誉和人格。”第 52 条规定:“侵害妇女的合法权益,造成财产损失或者其他损害的,应当依法赔偿或者承担其他民事责任。”在前一条规定中,立法者已经将名誉权和人格尊严严格区分开了,体现了立法者确认其为一般人格权的明显意图。

6.《消费者权益保护法》规定

《消费者权益保护法》对一般人格权的规定作出了更进一步的努力。该法首先在第 14 条规定:“消费者在购买、使用商品和接受服务时,享有其人格尊严、民族风俗习惯得到尊重的权利。”第 25 条规定:“经营者不得对消费者进行侮辱、诽谤,不得搜查消费者的身体及其携带的物品,不得侵犯消费者的人身自由。”除此之外,还对人格尊严和人身自由受到侵害的,规定了民法制裁的规范,这就是第 43 条:“经营者违反本法第二十五条规定,侵害消费者的人格尊严或者侵犯消费者人身自由的,应当停止侵害、恢复名誉、消除影响、赔礼道歉,并赔偿损失。”至此,立法者规定一般人格权的立法意图,已经十分明显了。

（二）学理对一般人格权的说明

在学理上，学者认为销售者侵害消费者人格尊严的行为，侵害的正是一般人格权。有一个典型案例即倪某、王某诉国贸中心惠康超级市场侵害名誉权纠纷案，这个案件对于《消费者权益保护法》规定一般人格权的保护规范发挥了重要作用。该案二原告系女青年，于1991年12月23日去被告处购买商品，在买完并付完货款准备离开时，被告的两名男服务员将二人拦住，反复逼问二原告拿没拿别的东西，并将二原告推进一间仓库，强行要求其摘下帽子，解开衣服，打开包，进行检查。二原告人格受到侮辱，十分屈辱，哭泣不已，反复申明自己没拿别的东西，并负辱遵从检查。经查二原告无辜才予放行。对于此案，学者认为被告侵害的不是原告的名誉权，而是一般人格权中的人格尊严，①这一观点受到各方支持。《消费者权益保护法》上述三个条文的规定，不仅规定了授权性规范，而且规定了禁止性和保护性规范，关于一般人格权的上述规范中具备了全部的假定、处理、制裁的法律规范逻辑因素，应认为是通过特别民事立法设立的一般人格权的法律规范。

二、对我国一般人格权立法的分析

在上述立法中对于人格尊严的规定分为三种形式：一是《宪法》的原则规定，二是《民法通则》的原则规定，三是单行法的具体规定。

我国《宪法》对人格尊严的规定没有任何缺陷，因为《宪法》是根本大法，它只能就某项基本权利作原则规定、确立宪法原则，再由基本法去作具体规定。在这一点上，我国《宪法》关于人格尊严的立法与各国宪法的规定基本相同。

《民法通则》对人格尊严的规定是有严重缺陷的。首先，该法没有规定一般人格权的条文；其次，将人格尊严规定在名誉权的条文之内；最后，在民事责任中没有规定一般人格权的法律保护条文。这些缺陷是显而易见的。《民法通则》本来就不是一个完备的民法，其中缺漏、不足并不鲜见，在适用中，应当发挥立法解释和司法解释的功能，对其进行完善。好在该法条文毕竟规定了保护“人格尊严”的内容，可以依据这一基础作出一般人格权的扩大解释，司法机关也可以据此作出保护一般人格权的判决。因而不能绝对地说我国民法就是没有关于一般人格权的规定，而是有一条不完善、有很多缺陷的规定。

在各单行法关于人格尊严的立法中，立法者在着力对《民法通则》的上述缺陷进行修补。从《残疾人保障法》开始，就特别强调保护人格尊严，并规定权利和人格尊严等合法权益受到侵害的，可依法向法院起诉。在《未成年人保护法》中，这种努力又进了

① 王利明主编：《人格权法新论》，吉林人民出版社1994年版，第157页。

一步，强调尊重未成年人的人格尊严，禁止侮辱人格尊严的行为，保障其合法权益，在侵害未成年人上述合法权益造成财产损失和其他损失、损害的，应负民事责任。这里特别强调其他损失、损害，包含侵害人格尊严造成的精神损害。在《妇女权益保障法》中，这种努力已经达到了一个新的阶段，真正把人格尊严和名誉权在立法上分开，分别进行保护。如果说在《民法通则》制定之初对一般人格权和名誉权还混淆在一起的话，到《妇女权益保障法》通过之时，这一问题已经彻底解决，到《消费者权益保护法》关于人格尊严的立法，已经在立法上彻底承认了一般人格权为概括的基本人格权，并且确立了相应的法律保护制度。

现在的问题是，上述四部单行法关于人格尊严的立法是否属于民事立法范畴，能否作为民法保护一般人格权的一般适用原则。这种疑问不无道理，因为这些法律都是保护特定主体的人格尊严，而不是对一般主体的人格尊严的保护。对此，我有以下看法：

第一，我国的立法体系是一个整体。在这一整体中，有宪法原则作指导，各部门法、单行法符合宪法原则的规定，就是一个完整的系统。在宪法关于人格尊严保护的原则指导下，《民法通则》和各单行法对人格尊严的法律保护规定，有相互修补作用，成为一个完整的人格尊严保护体系。

第二，上述单行法律的基本立法宗旨，是保护公民的权利，其中虽多有政治权利的规定，但绝大部分是对民事权利的规定。这些单行法关于民事权利的规定就是民法的特别法规范，本来就属于民法整体的一部分，在这些法律中的民法规范关于对人格尊严即一般人格权的规定，理所当然地应当作为民法的一部分。

第三，这些法律的全部内容加起来，仍未能概括进全体公民这一一般主体，但所遗漏不多。从积极的角度考虑，既然已经确认了一般人格权及其保护的原则，那么再有宪法原则和《民法通则》的指导，应当说已经确定了我国一般人格权及其法律保护制度，是有充分根据的。

最高人民法院正是依据上述法律规定，按照这样的理解，在《关于确定民事侵权精神损害赔偿责任若干问题的解释》中，对一般人格权的法律适用作出了解释，规定人格尊严权和其他人格利益的法律保护措施，确认了人格尊严的一般人格权地位，以及以其他人格利益受到损害的救济方法保护一般人格权做法。①

---

① 参见该司法解释第 1 条第 1 款第 3 项和该条第 2 款的规定。

第三节 我国一般人格权制度存在的问题及改造思路

一、我国一般人格权制度与人格权体系的矛盾

(一)我国一般人格权制度的发展与现状

尽管我们在前述内容中列举了大量的我国法律关于一般人格权的规定,但多数是学理解释的结果,多数法律的这些规定是不自觉地作出有关一般人格权及保护的规定。事实上,我国的一般人格权制度主要是通过学说和司法实践的共同努力发展起来的。

《民法通则》除了对生命权、健康权、姓名权、名称权、肖像权、名誉权和荣誉权等具体人格权进行明确规定之外,尽管也在第 101 条对人格尊严的保护进行了规定,但它是对名誉权内容的规定,学理通过解释,确认这样的规定具有规定一般人格权的意义,因此,在实践中确立了对一般人格权保护的措施。

随着社会的发展,《民法通则》的上述立法体例表现出了严重的局限性,无法对新出现的不属于具体人格权和人格尊严的人格价值提供保护依据。学者借鉴德国、日本以及我国台湾地区法律规定一般人格权制度,并结合我国立法关于具体人格权之外的其他人格利益保护的规定,以及我国《宪法》对人格尊严保护的规定,发展出我国的一般人格权制度。① 认为,一般人格权保护的是高度概括的全面的人格利益,包括人格独立、人格自由、人格平等和人格尊严,这种一般人格权的认识逐渐获得学界的广泛认可。在司法实践领域,司法机关在借鉴上述学说,并总结司法实践经验的基础上,逐渐接受了一般人格权的思想,并在最高人民法院《关于确定民事侵权精神损害赔偿责任若干问题的解释》中对其予以了确认。② 这样就基本形成了我国的一般人格权制度,对人格利益提供广泛、全面的保护,以补充具体人格权保护的不足。

一般人格权已经成为我国人格权体系中的一项重要制度,与具体人格权一起共同对民事主体提供全面的人格保护。一般认为,一般人格权是对公民和法人享有的人格

---

① 杨立新、尹艳:“论一般人格权及其民法保护”,载《河北法学》1995 年第 2 期;姚辉:“论一般人格权”,载《法学家》1995 年第 5 期。

② 我国《关于确定民事侵权精神损害赔偿责任若干问题的解释》第 1 条对作为一般人格权核心的人格尊严作出了规定。

利益的抽象概括,包括人格独立、人格自由、人格平等和人格尊严,①其在人格权体系中具有解释、创造和补充的功能,②能够补充具体人格权对人格保护的不足。

一般人格权是为了弥补具体人格权对人格保护的不足而产生的,其源于人格作为人的本质的最高价值,这些价值在现代民主法治社会已经得到宪法的确认,并通过宪法影响部门法。但是民法对人的价值的保护必须通过特定的法律技术转变为民法上可以操作适用的具体制度,也就是说,民法作为一门科学,必须通过自身的制度去实现宪法对于人的价值的保护。一般人格权作为一项民法制度,必须纳入民法的框架,这是一般人格权的宿命也是民法学者的使命。德国的一般人格权虽然源于基本法,是对基本法第1条第1款人格尊严以及第2条第1款人格发展的价值的实现,但是自其产生之日起,学界就一直努力将其纳入民法体系,寻找其请求权基础,认为一般人格权作为一种框架权利属于《德国民法典》第823条第1款的其他权利,从而通过该条获得了请求权基础。③ 与此同时,学界还通过多种方式具体化一般人格权,获得法律适用的确定性。④

与此不同的是,我国的一般人格权制度尚处于概念与性质的抽象界定阶段,学界缺少将一般人格权纳入民法体系的努力,造成了我国一般人格权制度不能更好地发挥法律调整作用。关于一般人格权的性质,我国学界大概有三种观点:有学者认为它是一种权利,⑤有学者认为它是一种法益,⑥有学者认为它并非权利或法益,而是法律对人格予以保护的框架性条款。⑦ 我们认为,对于我国一般人格权性质的讨论,必须以学界关于一般人格权的共识为基础,这就是,一般人格权是对抽象的人格利益的保护,也就是对人格独立、人格自由、人格平等和人格尊严的保护。按照传统民法的权利观念,权利的内容必须是明确的、可以划定的,无论是物权、债权还是具体人格权都至少具有权利客体的可确定性,一般人格权并非这种意义上的权利,对于人格独立、人格自由、人

① 王利明:《人格权法研究》,中国人民大学出版社2005年版,第160页;杨立新、尹艳:"论一般人格权及其民法保护",载《河北法学》1995年第2期;姚辉:"论一般人格权",载《法学家》1995年第5期。

② 杨立新、尹艳:"论一般人格权及其民法保护",载《河北法学》1995年第2期;尹田:"论一般人格权",载《法律科学》2002年第4期。

③ Deutsch/ Ahrens, Deliktsrecht, 4. Auflage, 2002, S103. Kötz/ Wagner, Deliktsrecht, 10 Auflage, Luchterhand Verlag 2006, S. 67.

④ Jürgen Gleichauf, Das postmortale Persönlichkeitsrecht im internationalen Privatrecht, Peter Lang Europ?ischer Verlag der Wissenschaften 1999, S. 67 – 71.

⑤ 王利明、杨立新、姚辉:《人格权法》,法律出版社1997年版,第26页。

⑥ 熊谞龙:"权利,抑或法益?——一般人格权本质再探讨",载《比较法研究》2005年第2期。

⑦ 马俊驹:《人格和人格权理论讲稿》,法律出版社2009年版,第200页。

格平等和人格尊严无法具体界定并划定范围，因此我国的一般人格权并非权利。[①]

在德国法中，一般人格权被视为一种不同于传统权利的框架性权利。[②] 而我国的一般人格权是否属于框架性权利，需要慎重考察。我们认为，我国的一般人格权制度与德国的一般人格权制度存在较大差异，不能简单移植框架权利的概念。虽然德国的一般人格权制度和我国的一般人格权制度都是对源于宪法的人格价值的保护，但是作为民法上的一项制度，德国的一般人格权并非以抽象的人格作为保护的客体，联邦最高法院一直是将人格在特定领域的表现形式而非抽象的人格作为一般人格权的保护对象，这种人格的表现形式或者是客观化了的人的表达，或者是私人领域，或者是得到固定的话语等。[③] 而且随着判决的增加，这些人格的表现形式在不断增加，所有这些都是一般人格权的保护对象。与此形成对照的是我国的一般人格权的保护客体，无论是学界还是司法实务都不存在将人格在特定领域的表现形式作为一般人格权客体的尝试，主流观点认为，一般人格权是对抽象的人格独立、人格自由、人格平等和人格尊严的保护，也就是对整个抽象人格的保护，因为无论是从哲学还是社会学的角度考察，人格独立、人格自由、人格平等和人格尊严都是人格的代名词，是对人格的全面概括。

虽然我国一般人格权关于对人格独立、人格自由和人格平等保护的论断，与德国法关于一般人格权源于宪法、是对宪法第1条和第2条确定的关于人格尊严和人格发展的保护的论断相似，但是相似也仅止于此。不管是有意还是无意，我国的一般人格权不存在通过人格的具体化进行权利构建的尝试，而是采用了与德国法不同的做法，通过一般人格权确立了一个转介条款，宪法上关于人格保护的价值通过该条款获得了民法的效力，侵害人格独立、人格自由、人格平等和人格尊严的行为，可以获得侵权法的救济。因此我国现有一般人格权是一个高度抽象的概念，人格独立、人格自由、人格平等和人格尊严在民法中的具体表现及其范围尚有待确定，尤其是人格自由作为整个民法制度的基础价值，特别表现为民事行为能力与合同自由。在这种民法框架内，作为一般人格权保护内容的抽象的人格自由到底能扩展到何种程度，是一个不可回避的问题。不管学者的态度如何，民法的各种法律制度必须是具体的，抽象的概念只能作为民法的原则而不能成为制度。在德国，通过学者的努力，一般人格权已经发展为一种中等抽象的概念，我国的一般人格权如何从宪法价值的转介条款具体化为一种民事权利，是需要学界认真对待的问题。

---

① 更加详细的关于一般人格权并非权利的讨论，请参见熊谞龙："权利，抑或法益？——一般人格权本质再探讨"，载《比较法研究》2005年第2期。

② Münchener Kommentar, Bürgerliches Gesetzbuch, Band 1, Verlag C. H. Beck 2001, S. 225.

③ 这三种人格的客观表现是联邦最高法院分别在"读者来信"案、"骑士"案、"录音"案中确立的。

(二)现有的一般人格权制度与具体人格权存在矛盾

我国现有一般人格权与具体人格权的关系是“剪不断、理还乱”,其复杂程度远甚于德国法上一般人格权与具体人格权的关系。一方面,大多数学者认为,一般人格权是各种具体人格权的概括,也是各种具体人格权产生的基础。① 但是,另一方面又认为,已经为法律确认的具体人格权的利益,不应当包括在一般人格权中。② 我们认为,由于我国一般人格权制度的特殊构造,造成了一般人格权与具体人格权的矛盾关系,主要表现为:

第一,我国现有一般人格权的高度抽象性,使得具体人格权丧失了独立性。一般人格权的保护客体具有高度的抽象性,是抽象的人格独立、人格自由、人格平等和人格尊严,而具体人格权的客体是各种具体的人格要素,正是这种抽象与具体的关系形成了一般人格权与具体人格权的区分。但是问题并非如此简单,如果人格独立、人格自由、人格平等和人格尊严是对民事主体全部人格利益的抽象概括,而具体人格要素又是民事主体人格利益的表现,那么具体人格要素自然被人格独立、人格自由和人格平等所吸收,具体人格权将成为一般人格权的权能,具体人格权则丧失了作为独立权利的资格。如果要坚持具体人格权的独立性,从而认为一般人格权不包括具体人格权的人格利益,又会造成与一般人格权是对主体的人格利益予以全面保护的界定的冲突,进而产生逻辑上的矛盾。

第二,在一般人格权对具体人格权的解释与补充功能上两者也存在矛盾。例如,有人认为,我国《民法通则》第 100 条规定的侵害肖像权的行为仅限于以营利为目的,显然不利于权利人人格的保护,应当通过一般人格权对此进行补充,那么以非营利方式使用肖像的行为应当属于对一般人格权的侵害。但是由于我国的一般人格权所保护的是抽象的人格独立、人格自由、人格平等,并非具体的人格要素,而这里所针对的是作为具体人格要素的肖像,因而又不能归属于一般人格权。这就造成了既要通过一般人格权进行保护,而按照一般人格权的概念又无法保护的困境,这说明我国的一般人格权概念本身存在缺陷。在德国,由于一般人格权是以人格在特定领域的表现为保护对象的,这样的一般人格权已经获得了具体化,因而不会产生这样的问题。例如对于姓名的保护,《德国民法典》第 12 条对作为具体人格权的姓名权仅规定了排除他人争夺和无权使用的情况,这里主要是防止姓名归属上的混乱。通过其他方式使用姓名的行为不属于该条规定的对姓名权的侵害,而属于一般人格权的保护范围,德国联邦最高法院在其判决中对在广告中单纯提及某人姓名的情况,通过一般人格权予以救济

---

① 王利明:《人格权法研究》,中国人民大学出版社 2005 年版,第 177 页。另外请参见魏振瀛:《民法学》,北京大学出版社 2000 年版,第 638 页。

② 王利明:《人格权法研究》,中国人民大学出版社 2005 年版,第 160 页。

(这里并非是使用他人姓名进行广告,而仅仅是在广告中提及该姓名)。①

(三)现有的一般人格权制度与公开权关系复杂

人格中的财产价值应当予以保护已经成为两大法系主要国家的共识,由于法律传统以及法律体系的不同,其表现为不同的制度构造,美国法是通过公开权制度进行保护的,②德国法是通过一般人格权进行保护的。③ 我国学者对于人格中的财产价值应予保护也已经形成了共识,但是如何将其纳入我国的人格权体系则存在障碍。我们在《人身权法论》一书的第三版中,将人格商品化权(即公开权)放在一般人格权一章中论述,表现的就是这种障碍以及对此的困惑。④ 按照我国的人格权体系,具体人格权是对各种得到法律承认的具体人格要素的保护,一般人格权则是对于具体人格权不足的补充,那么,所有具体人格权未规定而确有保护必要的人格利益都应当通过一般人格权来保护,因而公开权应当作为一般人格权的一部分。但是由于我国的一般人格权被构建为对抽象的人格独立、人格自由和人格平等的保护,而公开权则表现为对具体的人格要素的财产价值的利用,因而不能被一般人格权的概念所容纳。这样公开权就成为一种游离于具体人格权和一般人格权之外的制度,从而破坏了学界公认的由一般人格权和具体人格权构成的人格权体系。而且由于一般人格权的高度抽象性,随着社会发展产生的新的需要保护的具体的人格利益也不能纳入其中,这样会不断产生游离于体系之外的权利,使得人格权体系杂乱无章,缺少必要的逻辑性。

(四)现有的一般人格权制度与人格权概念存在矛盾

我国现有的一般人格权概念与人格权概念也存在矛盾。一方面,我国的一般人格权被界定为是对全部人格利益的抽象概括保护,那么一般人格权与作为对主体的全部人格利益予以保护的人格权存在混淆的可能,因为两者都是以人的全部人格利益为保护对象的。另一方面,由于一般人格权包括各种具体人格权,因而一般人格权是具体人格权的上位概念,那么人格权的体系就是垂直结构,即从人格权到一般人格权再到具体人格权这样的递进结构,而非学界所公认的人格权包括一般人格权和具体人格权这样的树形结构。

(五)我国的一般人格权制度与人格权体系矛盾的根源

之所以会产生一般人格权与人格权体系的上述矛盾,最根本的原因是我国现有的一般人格权未经法律技术处理转变为民法的制度,德国法的一般人格权经过学界和法

---

① BGHZ 30, 7.

② Nimmer, *The Right of Publicity*, 19 Law &Contemp. Prob. 203, 216(1954).

③ Gerhard Wagner, Neue Perspektiven im Schadensersatzrecht—Kommerzialisierung, Strafschadensersatz, Kollektivschaden, C. H. Beck Verlag 2006, S. 37.

④ 杨立新:《人身权法论》,人民法院出版社 2006 年版,第 370 页以下。

院的共同努力，从抽象的概念转变为中等抽象的概念，从而作为框架性权利成为民法中的制度，因此不存在上述矛盾。我国的一般人格权制度不能停留在宪法价值在民法中适用的转介条款的阶段，它必须以此为基础完成其民法化进程。一般人格权的概念停留在对于人格独立、人格自由、人格平等和人格尊严的保护这样的层面是远远不够的，这样的界定损害了一般人格权本来应当具有的功能，因为在社会生活中出现的需要得到保护的人格利益总是具体而非抽象的，不仅如此，这样的一般人格权构造还进而造成了人格权体系的混乱。我国的一般人格权制度必须完成其痛苦的蜕变过程，真正成为一项民法制度，与其他人格权制度相配合，构成逻辑融洽、功能完整的人格权体系。

二、解决一般人格权制度存在矛盾的办法

面对上述这些一般人格权制度存在的矛盾现象，应当进行分析，以便寻求正确的解决办法。应当看到的是，一般人格权在我国的社会生活中出现，并被大家所接受，不过是十几年的时间。在法学理论上进行探讨，自从我和王利明教授 1993 年在《人格权法论》一书中第一次提出来，至今也不过十七八年的时间。在这样短短的时间里，这个概念能够被社会所接受，并且在最高人民法院的司法解释中作出规定、在各级人民法院的判决中体现出来，是难能可贵的。正因为它被我国法学界和司法界接受的时间较短，因此存在各种问题和矛盾是可以理解的。面对这样的问题，不应当是消极地批评，而应当积极进行解决。对于上述矛盾，我的分析是：

第一，一般人格权和具体人格权之间的矛盾，主要反映在一般人格权的客体与具体人格权的客体是否冲突。看起来，一般人格权的客体是高度抽象的人格利益，包括人格独立、人格平等、人格自由和人格尊严，似乎已经代替了所有的具体人格利益。从逻辑上说，当然是这样，所有的具体人格利益，最高的抽象其实都在人格尊严之中。但这并不是说，一般人格权就能够代替一切具体人格利益的保护。实事求是地进行分析，更应当看到，抽象的人格利益与具体的人格利益是不同的，具体的人格利益是人格的具体要素，既然已经具体，就与抽象人格利益相脱离，并且在具体保护方法上划清界限。解决这个矛盾的方法是，已经独立的具体人格权所保护的客体是特定的具体人格利益。具体人格利益尽管可以概括在抽象人格利益之中，但并不等于就是抽象人格利益，也不再用抽象人格利益的保护方法进行保护。作出这样的理解，就能够划清一般人格权和具体人格权的界限，在强调一般人格权时不会使具体人格权丧失独立性。

第二，一般人格权具有解释具体人格权的功能，也具有对具体人格权立法不足的补充功能。看起来，这两个功能是存在矛盾的，既然能够解释具体人格权，为什么还要补充呢？事实上，我们提出的一般人格权的解释功能，是一般人格权给具体人格权的

解释提供标准和依据，是对具体人格权进行解释的时候，只能按照一般人格权的规定性进行解释，违反一般人格权对具体人格权解释的规定性，就是错误的解释，并非是对每一个具体人格权进行具体解释。在对肖像权进行解释的时候，是对《民法通则》在规定肖像权的条文中规定了“以营利为目的”的解释，而非对肖像权本身的解释。在相当长一段时间里，很多学者和法官都认为这一法律规定是规定了侵害肖像权的构成要件，只有以营利为目的非法使用他人肖像的，才构成侵害肖像权的侵权责任。对肖像权作这样的解释，违反了一般人格权保护人格尊严的规定性，因此，这样的解释是错误的。并非承认以营利为目的的侵害肖像权就构成侵权责任，非以以营利为目的的非法使用他人肖像就必须以一般人格权进行保护。按照这样的思路，对非以营利为目的的非法使用他人肖像，就体现了一般人格权的补充作用。应当看到的是，一般人格权的解释功能是抽象的，是一般性的要求，并不是具体解释。至于一般人格权的补充功能，那才是具体的，对此，下文再说。关于肖像权的立法问题，实际上是当时《民法通则》对肖像权的规定还缺乏经验，也缺少必要的理论基础，因而这个规定本身就是不对的，并且本条不是规定侵权责任构成，而是授权性规范。

第三，一般人格权与公开权之间的矛盾是存在的，也是我们长期疑惑的问题。当时之所以将公开权归置于一般人格权的属下，就是因为它并不是一个具体人格权，而是抽象的人格权。当时存在的错误是，公开权与一般人格权并不是一回事，尽管德国现在也将商业利用权概括在一般人格权之中，但公开权说的是具体人格利益中的财产价值如何才能够得到更好的保护。应当看到的是，我国人格权制度建立较晚，具有后发优势，尽管《民法通则》对具体人格权规定的种类很少，具体内容也不完善，但是，随着我国人格权法理论研究也具有后发优势，在解释具体人格权的时候，早已把具体人格权保护中的财产性人格利益包含在其中，用具体人格权已经足以保护好这些人格利益了，最典型的，就是《民法通则》第 100 条关于对肖像权的规定了。在这个条文规定的最初的思路，就是要特别保护肖像权中包含的财产性人格利益，凡是以营利为目的使用他人肖像的，更应当予以损害赔偿的侵权责任保护，才能够更加全面地保护肖像权，而非只保护其财产利益而不保护精神利益。因此，公开权不是一个具体权利，而是一个抽象权利，它只负责指导具体人格权保护人格利益时的对财产性人格利益的特别保护，而不是他自己替代具体人格权，发挥具体人格权的保护功能。因此，它是一个权能性的抽象权利，与一般人格权着重以补充功能发挥具体作用之间，不存在横向的联系。划清了这个界限，一般人格权与公开权也就不会发生矛盾了。

第四，一般人格权与人格权之间的关系，我以前确实考虑的是垂直结构，而不是作为树形结构。这是一个很大的错误，也是我们在说人格权发展之谜的时候的一个巨大困惑。经过近年来的思考，特别是对德国一般人格权理论的考察，我们发现了解决这个问题的方法,那就是设立抽象人格权的概念,将一般人格权、自我决定权和公开权作为抽象人格权的范畴,并且使抽象人格权与具体人格权概念相互对应,共同作为人格权概念的下属范畴;在抽象人格权和具体人格权之下,再设立相应的概念,即各种抽象人格权和具体人格权,这个结构就是科学的了,一般人格权和人格权概念也就不会发生冲突了。

三、以一般人格权的具体化和抽象化为基础构建一般人格权

(一)德国法中一般人格权具体化的借鉴

人格权的观念在《德国民法典》制定之时并未被广泛接受,立法者认为,人格利益不应归属于主体性权利,不要试图超越刑法的规范去保护它们。[①]《德国民法典》第一草案立法理由书认为,虽然基于故意或过失通过违法行为侵犯生命、身体、健康、自由和名誉等法益,对此应承担损害赔偿义务。这并不表明认可了对于人本身的权利,关于这一问题还是交由法学界探讨后决定;[②]而且对此的保护部分原因是出于与刑法协调的需要。[③] 一般人格权产生之后,司法机关通过一般人格权对人的人格尊严和人格发展进行全面保护,人格权观念也得到了学界的广泛支持,人格权才真正得到了确立。但是通过一般人格权理论对于人格的保护能够扩张到何种程度,尚存在疑问,对于通过司法实践发展起来的一般人格权,理论界不能放弃对其体系化的努力,并尝试将其纳入民法典体系。这种体系化和具体化的努力是通过对既有判决关于人格保护的具体化与明确化,形成相对具体化的具体人格权实现的。从一般人格权向具体人格权的转变是必要的并值得期待的发展,只有通过具体人格权的构建,该特别领域的人格才能获得具有法律确定性的保护。[④] 尼佩戴教授更加鲜明地指出,一般人格权必须通过从它本身流淌出来的得到限定的具体明确的具体人格权得到保护。[⑤] 针对这种具体化,学者提出了领域说,一般人格权可以具体化为个性领域、私人领域以及私密领域。[⑥]个性领域是指在社会环境中表现出来的人的特征;私人领域是指家庭、住宅以及其他私人生活领域;私密领域是指人的内在思想、主观感受,以及它们的外在表现,例如私

---

① Enneccerus-Nipperdey, Allgemeiner Teil des Bürgerlichen Rechts, 15. Aufl. 1959, S. 841.

② Motive zu dem Entwurfe eines Bürgerlichen Gesetzbuches für das Deutsche Reich , Amtliche Ausgabe, Berlin Guttentag, 1888, Bd. Ⅰ, S. 274.

③ Nehlsen-v. Stryk Karin, Schmerzensgeld ohne Genugtuung, JZ1987, 124.

④ Deutsch/ Ahrens, Deliktsrecht, 4. Auflage, 2002, S. 103.

⑤ Nipperdey, Das allgemeine Persönlichkeitsrecht, UFITA 1960, 8.

⑥ Heinrich Hubmann, das Persönlichkeitsrecht, 2 Auflage, Böhlau Verlag 1967, S. 175ff. und 268ff.

密信件和日记,除此之外还有健康状况和性生活的记录。[①] 通过这种努力,具体人格权逐渐形成,虽然在到底具有哪些具体类型上还存在不同的看法,但是对于一些主要的具体人格权类型已经基本形成了共识,主要包括姓名权、对肖像的权利、对名誉的权利、对私人领域的权利,[②]其他的具体人格权仍在逐渐形成之中。一般人格权具体化的主要困难在于部分人格特征不够典型与明确,以至于无法形成与人格明确分离的客体,具体人格权的形成与发展需要法学发展出将这些人格领域予以明确界定的法律技术。

可见,德国一般人格权的体系化是通过具体化一般人格权的保护领域,形成新的具体人格权实现的。由一般人格权向具体人格权的发展,有利于实现法律的确定性与安定性。在这种框架下,一般人格权并非最终的目的,司法机关通过一般人格权不断积累对于新的人格领域保护的经验,待其成熟之后再通过具体人格权予以固定。一般人格权源于法典关于具体人格权的规定对人格保护的不足,并最终促进新的具体人格权不断形成。

(二)应当以我国具体人格权制度为基础构造一般人格权

法律的安定性以及一般人格权功能的实现都要求一般人格权的具体化,并进而形成具体人格权,我国的抽象的一般人格权制度已经不能适应人格保护的需要。至于我国应当建立什么样的一般人格权,必须从一般人格权的功能出发。由于一般人格权是对具体人格权关于人格保护不足的补充,因此具体人格权的结构是一般人格权构造的基础,应当以我国具体人格权为基础构造一般人格权。

由于我国《民法通则》制定于20世纪80年代,且在此后不断发展,在比较法上的一般人格权理论已经发展到了成熟阶段,通过我国台湾地区、日本以及德国学者的著作,我们对人格权的认识远远超越了德国民法典制定之时,我国的具体人格权制度已经部分吸收了一般人格权的发展成果,尤其是一般人格权具体化的成果,不但具体人格权的类型甚至具体人格权的内容都比德国民法典规定的具体人格权丰富。

在具体人格权的类型上,《德国民法典》明确规定的具体人格权只有姓名权,德国《肖像艺术和摄影作品著作权法》对肖像权进行了规定,生命、身体、健康和自由是虽然被视为权利予以保护,但对于它们是否属于人格权,法典有意予以回避。[③] 而在我国的

---

① Jürgen Gleichauf, Das postmortale Persönlichkeitsrecht im internationalen Privatrecht, Peter Lang Europäischer Verlag der Wissenschaften 1999, S. 68.

② Nipperdey, Das allgemeine Persönlichkeitsrecht, UFITA 1960, 5. K? tz/ Wagner, Deliktsrecht, 10 Auflage, Luchterhand Verlag 2006, S. 147 – 155.

③ Motive zu dem Entwurfe eines bürgerlichen Gesetzbuches für das Deutsche Reich, amtlicheAusgabe, Berlin Guttentag, 1888, Bd. Ⅰ, S. 274.

《民法通则》中,得到明确规定的人格权有生命权、健康权、姓名权和名称权、肖像权以及名誉权,身体权和人身自由权虽然未被《民法通则》所规定,但是经过学者努力也已经成为重要的人格权,在新近颁布的《侵权责任法》中,又增加了隐私权。因此,在权利类型上,至少肖像权、隐私权和名誉权作为具体人格权是吸收了德国一般人格权具体化的成果,尤其是关于名誉权的规定,表现出了比较高明的立法技术。名誉权在德国没有作为一种人格权予以规定的原因,除了将名誉视为生命通过决斗予以维护的民族传统之外,名誉作为一种客体予以明确界定也存在一定的困难。而我国通过自清末以来的长期的学说发展,将名誉通过社会评价这一方法予以客观化,为名誉权作为一种具体人格权提供了重要的理论前提。

在具体人格权的内容上,《德国民法典》规定的姓名权仅包括排除他人争夺和无权使用的情况,对于姓名的其他的自我决定和利用的能力是通过一般人格权保护的。而我国《民法通则》关于姓名权的规定不但包括排除他人争夺和无权使用的情况(干涉和假冒),而且包括广泛的决定、使用和改变姓名的权能,而且有学者主张《民法通则》关于姓名的盗用包括了德国通过一般人格权发展出的在广告中对于姓名自我决定的内容。① 由此,我国《民法通则》对姓名权规定了颇为广泛的权能,将德国法中通过一般人格权对姓名的保护也纳入到了姓名权中。另外,德国《肖像艺术和摄影作品著作权法》对于肖像权仅规定了肖像的传播和公开展览需要得到肖像权人的同意,对于肖像的制作的同意则是通过一般人格权予以保护的。而我国的肖像权则全面包括了肖像的制作、使用和传播,学者认为,肖像权是指自然人对于自己的肖像享有再现、使用或许可他人使用的权利,包括形象再现权、肖像使用权以及不作为请求权。②

由此可见,我国的人格权立法以及理论研究利用后发优势,通过具体人格权理论继受了比较法上尤其是德国法关于一般人格权的发展成果,将通过一般人格权发展出的新的人格利益具体化为各种具体人格权,并且将各种具体人格权的权能进行了全面概括,能够容纳针对该具体人格要素产生的新的利用权能。这种人格权发展的思路也符合德国法一般人格权具体化的发展趋势,因此我国的一般人格权制度的构建应当秉承这一传统,并在此基础上进行。

我国的具体人格权已经通过类型增加和权能扩充,部分地实现了一般人格权的功能,因而我国的一般人格权完全不需要再是一个内容非常广泛的制度,这是不必要的,也是无意义的。而且完全抽象的对于人格予以全面概括的一般人格权也根本无法予以法律适用,这一点不但可以从以上关于我国一般人格权与人格权体系的矛盾的论述

---

① 陈龙江:"德国民法对姓名上利益的保护及其借鉴",载《法商研究》2008 年第 3 期。

② 马俊驹、余延满:《民法原论》,法律出版社 2005 年版,第 108 页。

予以证明,而且也可以从德国法一般人格权的具体化得到证实,因为对于人格的保护必须落实为各种至少是相对具体的人格要素类型,对抽象的人格的保护在违法性、损害以及因果关系的判断上都存在巨大困难。

因此,我国一般人格权的构建应当以我国的具体人格权为基础,将一般人格权的保护对象限定于基于目前的立法技术尚无法与人格明确分离的非典型的人格要素,主要表现为我国具体人格权尚未规定的人格要素的保护,这些非典型人格要素基于人格尊严和人格发展而成为人格的必要组成部分,应该得到一般人格权较具弹性的保护,由司法机关在实践中根据案件的具体情况进行利益衡量及构成要件判断。

(三)继续坚持一般人格权所具有的抽象人格权功能

如果仅仅将一般人格权作为一个解决具体人格利益保护的权利,它也就失去了一般人格权的职能和地位,其实就降低到了具体人格权的地位,一般人格权也就失去了自己存在的价值和意义。我的看法是,作为抽象人格权的一般人格权是一个具有双重属性的权利:一方面,它是一个抽象的权利,正因为如此,它超然于具体人格权而存在,发挥着它的人格权渊源权和母权利的作用,发挥着它的创造一般人格权和解释具体人格权的功能;另一方面,它是一个具体的权利,因而能够补充具体人格权立法的不足,对具体人格权所不能予以保护的其他人格利益提供补充的依据,更好地保护民事主体的人格利益。

这个具体化的法律基础,就是《侵权责任法》第 2 条第 2 款以及第 6 条第 1 款。第 2 条第 2 款中规定的人身权益,包括人格权益和身份权益,其中当然包括人格利益;对具体人格权不能提供保护的其他人格利益,一般人格权基于这个规定而提供保护。至于请求权的基础,那就是第 6 条第 1 款规定的侵权行为一般条款,凡是侵害具体人格权无法保护的其他人格利益,侵权人当然要有过错,有过错的行为造成了其他人格利益的损害,就应当依照《侵权责任法》第 6 条第 1 款规定,承担侵权责任。

在最高人民法院《关于确定精神损害赔偿责任若干问题的解释》中,其实已经看到了这样的努力。该司法解释规定,对于人格尊严权受到侵害的,可以请求精神损害赔偿;对于其他人格利益受到侵害的,也可以请求精神损害赔偿。这些本来都是一般人格权的内容,却一定要分为两个问题进行规定,体现了最高人民法院对这个问题的思考。但是,这个做法并不成功,理由是,人格尊严本来是一个抽象的人格利益,并不是一个具体的民事权利,但是"人格尊严"一旦加上了"权"字,它的一般人格权的地位就发生了变化,就成为了一个具体的人格权,而不是一个抽象的人格权了。而在处理其他人格利益的保护上,最高人民法院的司法解释是正确的,这正是将一般人格权具体化的必要措施。这样的规定使一般人格权的补充功能逐渐弱化,完全可以依据司法解释以及《侵权责任法》第 6 条第 1 款和第 2 条第 2 款的规定,实现对其他人格利益的保护，一般人格权仍然是比较超脱的，没有必要在具体适用法律的过程中，还要指出这是一般人格权的具体作用。因此，一般人格权在更大范围内是抽象人格权。

第四节　一般人格权概述

一、一般人格权的概念和特征

(一)一般人格权的概念

关于一般人格权的概念，还缺少准确的界定。王泽鉴先生在他的文章中曾指出，人格权系指一般的人格权，人格系人之所以为人的尊严和价值。人格权既是一种母权，也是一种发展中的概念。立法者由之析出若干人格利益，具体化为个别人格权。[①]我国民法学者认为："一般人格权是相对于具体人格权而言的，是指法律采取高度概括的方式赋予公民合法人享有的具有权利集合性特点的人格权，是关于人的存在价值及尊严的权利。"[②]

我认为，一般人格权是指民事主体享有的，概括人格独立、人格自由、人格尊严全部内容的一般人格利益，并由此产生和规定具体人格权，并对具体人格权不能保护的人格利益进行保护的抽象人格权。

(二)一般人格权的特征

一般人格权与具体人格权相比较，具有以下法律特征：

1. 主体普遍性

一般人格权的主体，是普遍主体。在历史上，罗马法中的自由、市民权和名誉具有一般人格权的某些属性，但其与现代一般人格权相比较，是把人的人格分成等级，因而不为所有的人享有或不完全享有。现代一般人格权为所有的公民一律平等地享有，并且不独为公民所享有，而且法人也享有一般人格权。具体人格权区分其不同种类，有的为公民、法人共同享有，有的为公民享有而法人不享有。一般人格权的主体既包括公民也包括法人，所有主体一体享有，且公民和公民之间、法人和法人之间一律平等。只要是一个人(包括公民和法人)，不论其在社会中有何政治地位、身份和能力，其在经济能力上有何不同，都平等地、普遍地享有一般人格权，并与个人的属性终生相随，直

---

① 王泽鉴："人格权、慰抚金与法院造法"，载台湾地区《法令月刊》第44卷第8期。

② 王利明：《人格权法研究》，中国人民大学出版社2005年版，第159页。

至其死亡或消灭。

2. 权利客体具有高度概括性

一般人格权的客体是一般人格利益，这种一般人格利益具有高度的概括性。从具体内容上分，一般人格利益包括人格独立、人格自由和人格尊严，但这些人格利益不是具体的人格利益，而是高度概括的人格利益。这种概括性包括两个方面的意义：一是一般人格利益本身的概括性，人格独立、人格自由、人格尊严都不能化成具体的人格利益，也不能成为具体人格权的客体。二是一般人格利益是对所有具体人格权的客体的概括，任何一种具体人格权的客体，都可以概括在一般人格利益之中。因此，一般人格权才成为具体人格权的渊源，由此产生并规定具体人格权。

3. 权利内容的广泛性

对此，学者有精辟的论述。德国学者拉伦茨认为，一般人格权具有概括的广泛性。莱普迪则认为一般人格权不仅涉及国家和个人的关系，而且也涉及民法典第 823 条所包括的具体人格权，一般人格权范围极为广泛，在内容上是不可列举穷尽的。[①] 台湾地区学者施启扬也认为，法官的任务只是依有关价值观念将一般人格权具体化并确定其界限，因为人格的本质不易明确划分界限，一般人格权作为概括性权利，在内容上是不易完全确定的。[②] 一般人格权的内容包括具体人格权的内容，但是，对于具体人格权所不能包含的人格利益，也都包含在一般人格权之中。它不仅是具体人格权的集合，而且为补充和完善具体人格权立法不足提供切实可靠的法律依据。人们可以依据一般人格权，在自己的人格利益遭受损害但又不能为具体人格权所涵括的行为时，可依据一般人格权的法律规定寻求法律上的救济。

4. 一般人格权具有双重属性

一方面，一般人格权是基本权利，是抽象人格权，与一般人格权相对应，对具体人格权有概括和指导的作用，决定着和派生着各种具体人格权；另一方面，它又有一定的具体保护功能，即对那些具体人格权无法保护的其他人格利益，提供法律保护依据，发挥人格权法具体人格权立法不足的补充作用。在现实生活中，一般人格权的后一种作用更为具体。

二、一般人格权的性质和地位

(一) 一般人格权的性质

一般人格权的性质不是具体权利，而是抽象人格权。与自我决定权和公开权一

---

① 转引自王利明主编：《人格权法新论》，吉林人民出版社 1994 年版，第 161 页。

② 施启扬："从个别人格权到一般人格权"，载《台湾大学法学论丛》第 4 卷第 1 期。

道,构成我国抽象人格权的体系,它更为抽象和具有概括性,成为人格权中最具抽象意义和典型性的基本人格权。正如德国学者胡伯曼(Hubmann)所说,一般人格权不同于人格权本身,也不同于各项具体人格权,而是个人的基本权利。否定一般人格权,实际就否认了个人的基本权利。[①] 一般人格权的抽象性表现在,它原则上不具体解决人格权的保护问题,那是具体人格权的职能。它作为具体人格权的渊源权,作为具体人格权的母权利,规定具体人格权的属性、内容和解释;当一个具体的人格利益已经成熟,并且能够独立成为一个具体人格权的时候,依据一般人格权的功能,创造出一个新的人格权。这样的一个民事权利当然是一个抽象权利,而不是具体权利。

但是,一般人格权又具有一定的具体作用。一般人格权在这一点上,其保护对象是未得到我国具体人格权规定的不确定的人格组成部分,由于这些组成部分基于目前的认识和立法技术尚无法与人格予以明确分离,因此具有很强的主观性,主要表现为意志对于人格的自主决定。因此一般人格权保护的不是人的外在的表现形态,该外在形态只是使得一般人格权获得可以识别的标志,其核心的价值是对于意志的自我决定的保护,这种意志的自我决定是人格尊严和人格发展的核心,使得人能够成为自己人格发展的主宰,自己决定自己人格的发展方向,形成自己独特的人格个性。

因此一般人格权属于抽象人格权,不是一种主观权利,不具有独立的权利地位,它主要是一种权能性的权利,但具有一定的独立性。

(二)一般人格权保护的价值

科学技术的发展,为人格发展提供了更多的选择与可能性,很多以前不可能展现在公众面前的人格个性获得了为人们识别的可能,比如人的肖像、声音以及基因构成等,而且随着科技的创新,会有更多展现人格的可能性。在这种情况下,这些人格个性是否要向社会公众展现,或者其中的哪些要向社会展现,以什么样的方式展现,在何种范围内展现,都关涉一个人的人格个性与人格发展,因此,主体对于这些方面的自主决定成为人格尊严和发展的关键,也是人格权发展的动力。在这种情况下,人的物理性的静态存在丧失了其在人格中的主导地位,意志针对自己人格的自我决定成为人格的核心,因为人格个性的大多数方面以及人格的发展是由意志的自我决定表现与控制的,而且对于人格的侵害并不局限于对人格的物理性存在的损害,更多表现为违反主体的意志对其人格予以展现,或者歪曲地展现了其人格个性。个人的哪些人格个性要向社会展示,在多大范围内展示,以及是否展示也都是一个人人格的本质,应当由每个人自己决定。比如有的人人格个性比较张扬,希望向公众展示自己多方面的人格特性,而有些人则比较内敛,希望将自己的大部分人格个性控制在一个亲密的朋友圈内,

---

① Stim Stromholm:*Right of Privacy and Right of the Personality*,P. 39.

而不愿意将其向公众展示，对此法律必须予以尊重，并向其提供法律上的工具实现其意志。

一般人格权作为一种法律工具保护的是以意志决定自由为核心的人格的自我发展，通过对于人针对其人格的意志决定自由的保护，为人格的表现和发展提供了更加周到与细致的保护，也为人格的多层次表现创造了可能，比如权利人可以仅将自己对某一问题的看法在某个亲密小范围内予以表达，其他人不得非法知悉，或者将自己的某种人格特性在某一范围内表现，而将另外的人格特性在另一领域表现，从而实现人格的层级式表达，极大地解放了人的个性，促进了人格的发展。

（三）一般人格权在抽象人格权体系中的地位

抽象人格权是对于人针对其人格表征的意志决定自由予以全面保护的工具，一般人格权只是抽象人格权体系中的一种。

我们说，抽象人格权中的一般人格权，与自我决定权和公开权一样，属于同等的抽象人格权，但一般人格权在抽象人格权中的地位更高，是抽象人格权中第一位的人格权。这是因为，一般人格权是具体人格权的母权利，是渊源权，对所有的具体人格权具有概括的指导作用和规定性，而自我决定权和公开权没有这样的价值。

自我决定权的基本功能在于权利人依照自己的独立意志支配自己的人格利益，行使自己的人格权。社会公认的典型人格表征存在时间较长，已经获得比较成熟的认识，并被法典作为具体人格权的客体，非典型人格表征则是随着新技术的发展出现的，而且对于它们是否属于人格表征并应当予以保护尚需要判断，而判断又往往涉及社会传统、习俗以及价值观念。之所以对两者进行区分，是因为对这两类人格表征予以法律保护需要的技术不同，典型人格表征已经获得法律的认可，成为具体人格权的客体，意志针对它们的决定自由应当获得保护是没有疑问的，我国的人格权立法将这种意志决定自由作为具体人格权的权能。但是非典型的人格表征是否应当获得法律保护以及保护的程度都需要具体的个案衡量，在法律技术上不同于典型人格特征，因此我们将意志针对非典型人格表征的决定自由构建为一般人格权，而意志针对典型人格表征的决定自由构建为自我决定权。

公开权的基本功能是保护具体人格权中所包含的具有财产价值的人格利益。随着社会的发展，新的科学技术提供了增加这种表现的工具，从而实现更多的人格特性与人格分离的可能，这也是现代社会人格权发展的根本原因，比如在基因技术产生之前，基因信息是无法与人格相分离成为人格表征从而获得人格权保护的。但是人的人格表征的范围与人格的范围一样难以界定，我们可以大概地将人格表征作如下分类：社会公认的典型的人格表征、非典型的人格表征以及能够与主体相分离并获得独立地位可以予以商业利用的人格表征。这些人格表征一旦应用于商业领域，就会产生价值。这些价值是随着主权利而发生的，并不是基于其他因素而产生，因而必须属于权利人自己，由权利人自己支配。违反这样的规则，非法使用他人的有财产价值的人格利益要素进行商业活动，就属于侵害人格权，对被侵权人负有侵权责任。

将能够与主体相分离并获得独立地位可以予以商业利用的人格表征予以独立的必要性在于，对于人格表征的商业利用是一种独立的价值，其不同于人的人格个性的发展，在比较法上具有相对独立的地位。例如在美国法中，它是作为不同于隐私权的公开权获得保护的；在德国法中，对于人格的商业化利用是否属于一般人格权尚存在争议，有学者认为一般人格权是对于人的尊严和个性的保护，并不包含财产价值，[①]因而人格的商业化利用与一般人格权是两种并列的制度。虽然德国联邦最高法院确认了一般人格权包含人格的财产价值，但是却认为其并非源于宪法第1条和第2条，而是源于民法。[②] 因此，在德国法中人格的商业化利用与一般人格权还是存在一定的差异的。而具体到我国的法学理论和实践，一直也是将人格的商业化利用作为一种独立的制度予以构建的，因此，获得独立地位可以予以商业利用的人格表征具有独立的地位，应当予以独立规定，从而作为抽象人格权的一种，为公开权。

尽管在具体价值上，一般人格权只是基于法律技术以及我国具体人格权现状的需要，随着对非典型人格表征研究的深入以及社会观念的认可，尤其是法律技术的提升，某些非典型的人格表征能够获得比较明确的界定，获得与人格相分离的独立地位，则应当作为典型人格表征对其进行规定，以获得明确的可预期的法律地位及法律效果，这样就实现了从一般人格权到具体人格权的转变。但是，应当看到的是，一般人格权的更大的作用，在于对具体人格权的指导和规定性，没有一般人格权的指导和规定，具体人格权就缺少统一的意志和灵魂，不能作为一个统一的整体，成为一个松散的组合。在这一点上，自我决定权和公开权都不具有这样的作用。因此，一般人格权是抽象人格权中最主要的范畴，地位非常重要。

三、一般人格权的功能

一般人格权的功能，是说一般人格权在人格权体系中所发挥的基本作用。我认为它的作用是解释功能、创造功能和补充功能。这些功能分为两种性质：一种是抽象功能，包括解释功能和创造功能，发挥的是一般人格权的母权利和渊源权的作用；另一种是具体功能，即补充功能，对具体人格权无法提供保护的其他人格利益提供保护。

---

① Heinrich Hubman, Das Perönlichkeitsrecht, 2 Auflage, Böhlau Verlag 1967, S. 134.

② BGH, WRP 2008, 1527 – 1530.

（一）解释功能

由于一般人格权的高度概括性和抽象性，使它成为具体人格权的母权，成为对各项具体人格权具有指导意义的基本权利，决定各项具体人格权的基本性质，具体内容，以及与其他具体人格权的区分界限。正因为如此，一般人格权对于具体人格权具有解释的功能。当对具体人格权进行解释的时候，应当依据一般人格权的基本原则和基本特征为标准，对有悖于一般人格权基本原理的解释，应属无效。除了在学理解释上一般人格权所具有的解释功能外，它还具有在司法适用上的解释功能。在司法解释上，对于具体人格权的法律规定应如何适用，也应依据一般人格权的基本原理进行解释，在具体人格权的法律适用上，不得违背一般人格权基本原理的要求。例如，关于侵害肖像权责任构成是否必须具备"营利的目的"，很多人民法院在适用《民法通则》第100条规定时，将其解释成必备要件。依据一般人格权的基本原理，人格尊严并非具有实在的经济价值，对人格尊严的侵害并非只有具备经济目的时才构成侵权，而是无论出于何种目的，或者不具有任何目的，只要构成对人格利益的损害均构成侵权责任。关于侵害肖像权责任构成必须具备营利目的的解释，违背一般人格权的基本原理，自属无效，这种解释也是错误的，用以指导司法实践则更属错误。

（二）创造功能

学者一般认为，一般人格权是一种渊源权，或者叫做权利的渊源。事实上，它不是所有权利的渊源，而只是具体人格权的渊源权，从中可以引出各种具体的人格权。人格权是一个不断发展的概念。纵观人格权的发展历史，它是一个从弱到强、从少到多，逐渐壮大的权利群。尤其是近现代民事立法创造了大量的具体人格权，使具体人格权达到了十几种，其种类之多，其他基本权利无法相比。这些权利的产生无一不是依据一般人格权的渊源而创造出来的。在成文法国家，一般人格权的这种创造功能更为明显。成文法国家规定任何权利，必须依法律明文规定，无明文则无权利。这种成文立法的局限性，对新生的具体人格权的确认和保护不无障碍。正确地运用一般人格权的创造功能，可依靠一般人格权创造具体人格权，并在实务中予以适用。以德国为例，《德国民法典》并未规定隐私权，但德国法院创造了保护隐私权的判例。苏菲亚系伊朗公主，德国某出版社出版的周刊杂志刊载虚构的伊朗废后苏菲亚访问记，苏菲亚主张其人格权受侵害，要求赔偿慰抚金1.5万马克。联邦法院判决原告胜诉，认为此项不实报道侵犯了个人隐私，构成对人格权的侵害，刊登更正启事尚不足回复原状，应以相当金钱慰抚受害人的精神损害。被告认为判决违法，侵害新闻自由和言论自由，违背现行民事立法，而提出宪法抗告。德国联邦法院认为此项抗告不成立，主要理由就是德国宪法明文规定人格应受尊重，私法承认一般人格权以补充现行民法的不足，系为实践宪法基本人权的价值体系，与宪法秩序尚无违背。因此，学者认为，德国关于人格权的保护立法并非先进,但判例法却迎头赶上而超越之,充分显现法院造法的活力,可见立法周全固属重要,判例更不容忽视。[①] 在这当中,一般人格权的创造功能无疑起了重大的作用。

(三)补充功能

一般人格权也是一种弹性的权利,具有高度的包容性,既可以概括现有的具体人格权,又可以创造新的人格权,还可以对尚未被具体人格权确认保护的其他人格利益发挥其补充的功能,将这些人格利益概括在一般人格利益之中,以一般人格权进行法律保护。当这些没有被具体人格权所概括的人格利益受到侵害时,即可依侵害一般人格权确认其为侵权行为,追究行为人的侵权责任,救济其人格利益损害。例如,名誉权的客体是社会的评价,而不包括名誉感,当侮辱行为没有使受害人的社会评价降低,而仅使受害人的名誉感受到严重损害时,受害人不能依侵害名誉权得到救济,由于名誉感关系人格尊严,名誉感的伤害实际上表现为人格尊严受到损害时,就是侵害了一般人格利益,侵害了一般人格权,得依侵害一般人格权请求损害救济。《消费者权益保护法》第 14 条先规定了消费者的人格尊严应受尊重,第 25 条规定经营者不得对消费者进行侮辱、诽谤,第 43 条规定侵害消费者的人格尊严应承担相应的民事责任,肯定了一般人格权的这种补充功能。一般人格权的这种补充功能与其概括功能、创造功能相比较,具有更强的实用性,法院可以据此直接作出侵害一般人格利益的判决,保护公民、法人的一般人格权。此外,在社会生活中的许多违法行为,究竟侵害的是何种具体的人格权,很难界定,如惊吓、恐吓、电话骚扰、语言骚扰等。对此,发挥一般人格权的补充功能,就能使其他人格利益受到一般人格权的法律保护。

第五节 一般人格权的内容

一般认为,一般人格权的范围是极其广泛的,在内容上是不可能列举穷尽的。这是一个客观事实,但它只说明了一般人格权的一个方面。在另一方面,采用高度概括的方式,也可以穷尽一般人格权的具体内容,将一般人格权极其广泛的内容涵括进去。

学者对此进行了努力,曾将一般人格权的内容概括为人身自由和人格尊严两大

① 王泽鉴:“人格权、慰抚金与法院造法”,载台湾地区《法令月刊》(第 44 卷)第 12 期。

类，[1]在2002年全国人大讨论的《民法·人格权法编草案》中，也存在这样的问题。确认一般人格权的内容包括人格尊严是正确的，但是上述对一般人格权内容的阐释，还存在两个问题需要研究。

第一，作为一般人格权内容的自由，是人身自由还是人格自由？人身自由是自然人的身体自由（即行为自由）和意志自由（即思维自由），它是自然人的一项独立的具体人格权。它的主体不包括法人，它的内容也不是一般人格利益而是具体人格利益。人身自由显然不是一般人格利益的内容。只有人格自由，才是一般人格权的内容之一。

第二，一般人格权的内容是否应当包括人格独立。现代立法确认人的个人价值，反对个人对他人的人身依附。法律确认人格权、财产权乃至所有的民事权利，就是确认每个人在人格上的独立地位。因此，一般人格权也应包括人格独立。

据此，可以认为，一般人格权的内容尽管极其广泛，但其概括的内容是可得而知的，这就是人格独立、人格自由和人格尊严。一般人格权的这三项基本内容，也是一般人格权客体的三大法益，可以概括人格权的所有内容。

一、人格独立

人格独立是一般人格权的基本内容之一。

人格独立的实质内容，是民事主体对人格独立的享有，表现为民事主体在人格上一律平等，在法律面前，任何民事主体都享有平等的主体资格、享有独立人格，不受他人的支配、干涉和控制。

（一）人格独立的意义

法律面前人人平等，是近现代立法的基本指导思想。资产阶级启蒙思想家为了反对封建专制和封建特权，提出了人的权利“天赋平等”和“自然平等”的理论，并且为资产阶级革命胜利后的宪法性立法所确认。1776年《美国独立宣言》宣布“不言而喻，所有人生而平等。”1789年法国《人权宣言》第1条宣布：“在权利方面，人们生来是而且始终是自由平等的。”这一原则被各国立法所采用，并赋予其新的含义。在民事立法上，依据这一基本原则，确认民事主体具有独立、平等的人格。1804年《法国民法典》第8条确认：“所有法国人都享有民事权利。”《瑞士民法典》在其“人格”一节中，规定人都有权利能力，在法律范围内，人都有平等的权利能力及义务能力（第11条）。日本战后宪法，把尊重个人人格和实现平等两种思想作为其基本的原则，与此相适应，《日本国宪法施行后民法应急措置之法律》第1条明确规定：“本法律之目的，在于新宪法施行后，就民法方面，以个人之尊严，与两性之本质的平等为基础，为应急的措置。”明确了

---

① 王利明主编：《人格权法新论》，吉林人民出版社1994年版，第175页以下。

人格独立与平等的一般人格权内容。

我国1982年《宪法》第33条规定："中华人民共和国公民在法律面前一律平等。任何公民享有宪法和法律规定的权利，同时必须履行宪法和法律规定的义务。"依据这一宪法原则，《民法通则》确认：民法调整的法律关系的主体，是平等主体（第2条），当事人在民事活动中地位平等（第3条）。这些法律规定确认我国民事主体人格独立、平等。

（二）人格独立的内容

人格独立表明人人都有平等的权利，人人都有保护个人人格的权利，人人都有捍卫个人独立性的权利。它包括：

1. 民事主体的人格不受他人支配

主体人格生而平等、生而独立，这种独立的人格只由主体自我进行支配，依照自己精神生活、物质生活的需要而支配，不得由任何其他人进行支配。禁止他人对权利主体人格的支配，是保障人格独立的基本要求，任何人支配他人的人格利益，无疑是否定权利主体的独立人格。应当强调的是，当自然人不具民事行为能力或不具完全民事行为能力的时候，法定代理人可以代理该权利主体进行民事活动，甚至支配其人格利益，例如父母同意将幼儿的肖像用于广告等营利活动。但这种支配的性质，是代理，而非强行支配幼儿的人格。

2. 民事主体的人格不受他人的干涉

人格为权利主体的做人的资格；保障人格独立，应由权利主体的意志决定，他人无权干涉。干涉他人人格，也是对人格独立的干涉，形成一部分主体的地位高于另一部分主体，可以干涉这一部分主体的人格。权利主体捍卫自己的人格独立，就要求他人不得干涉自己，如有干涉，则有权寻求司法保护。例如，干涉他人婚姻自主权，就其实质而言，是干涉了自然人的独立人格，因而造成了人的地位的不平等。

3. 民事主体的人格不受他人控制

在罗马法上，有"自权人"和"他权人"的概念。自权人和他权人虽然都是自由人，但他权人的人格须受自权人的控制。他权人必须在自权人的同意下，才能进行民事活动。在资产阶级的初期民事立法中，亦留有这种一部分人控制另一部分人的人格的立法，如妻的人格受夫的人格控制，因而妻无独立的人格，或者说人格地位无完全的独立性。现代法律彻底否定自权人和他权人的概念，要求人人权利平等，地位独立，不受任何他人的控制。任何控制他人人格的行为，均为严重的侵权行为。

二、人格自由

人格自由是一般人格权的另一项基本内容。

（一）人格自由的概念

作为一般人格权内容之一的自由，不是人身自由。关于人身自由，我国《宪法》、《国家赔偿法》和《消费者权益保护法》均已作明文规定，认其为一种具体人格权，它的具体内容是身体自由和意志自由。一般人格权中的自由不是这种具体的民事自由权。

作为一般人格权内容之一的自由，也不是政治自由。政治自由，为公权利，是宪法规定的言论自由、出版自由、集会自由、结社自由、游行自由、示威自由、宗教信仰自由。这些自由，是人享有的政治权利，是公法上的自由。而人格自由则是私法上的自由，与其性质不同。

一般人格权中的人格自由，是私法上的抽象自由，既不是公法上的自由，也不是私法上的具体自由权。它不是泛指主体的行为自由和意志自由，也不是指财产自由、契约自由，而是经过高度概括、高度抽象的人格不受约束、不受控制的状态。它既是指人格的自由地位，也是指人格的自由权利，是权利主体自主参加社会活动、享有权利、行使权利的基本前提和基础。权利主体丧失人格自由，就无法行使任何权利，不能从事任何社会活动。正如罗马法所言，自由人在行为受到阻碍或被人拘束的时候，他的具体自由权受到了限制，但他仍享有人格自由，不丧失自由人的身份，因而他仍可依其自由的人格而寻求司法保护，救济其具体自由权的损害。如果自然人、法人丧失人格自由，则其只能沦为他人的财产，成为物的具体形式，而不再称其为人。这种情况在一定意义上说明了人格自由与人身自由的关系，具有借鉴意义和启发意义。在今天的法律中，人格自由仍具有这种法律上的意义，它是自然人、法人享有一切具体自由权的基础和根源。

（二）人格自由的内容

作为一般人格权内容的人格自由，包括以下两个方面的内容：

1. 保持人格的自由

人格自由是一种权利，更是一种地位，民事主体人人都有保持自己人格的自由。《瑞士民法典》以及其他国家民法典规定"任何人不得让与其自由"，不仅仅是说人不得让与其具体自由权，更重要的是强调主体不能让与其保持自己人格的自由。人格是作为人的资格，这种资格与生俱来，与人不可分离，主体只有保持自己的人格，才能使其成为主体，而不致成为他人的财产。保持人格的自由，就是主体保持自己做人的自由。任何人企图将他人变成私人的财产，就是侵害人格保持的自由。

2. 发展人格的自由

人格为与生俱来的资格，但主体在其生存期间，却可以采取各种方法，例如接受教育、刻苦修养、不断深造、加强锻炼、接受治疗等，发展自己的人格，完善自己的人格，使自己成为更完美、更完善的人，提高自己的社会地位、资历、经验、知名度等，使自己的生活更具美的色彩,为社会做出更多的有益贡献。在这些方面,权利主体享有充分的自由,以发展自己的人格,完善自己的人格。禁止他人接受教育,限制他人接受治疗等等行为,都限制、干预了权利主体发展人格的自由,为侵害一般人格权的侵权行为。

三、人格尊严

人格尊严是一般人格权的基本内容之一,也是一般人格权三大利益中的最重要的利益,是一般人格权三项内容的核心,因此,人格尊严实际上也是一般人格权的代名词。

(一)人格尊严的概念

人格尊严是一个极抽象的概念,它不像有的著作所说的那样人格尊严是每个公民对自己的社会地位、社会价值的自我认识和自我评价,而是指民事主体作为一个"人"所应有的最起码的社会地位,并且应受到社会和他人最起码的尊重。换言之,所谓人格尊严,即把人真正当成"人"。因此,无论自然人职业、职务、政治立场、宗教信仰、文化程度、财产状况、民族、种族、性别有何差别,其人格尊严是相同的,绝无高低贵贱之分。①

(二)人格尊严的内容

人格尊严在性质上,与人格独立、人格自由并不相同。人格独立是人的客观地位,人格自由是人的主观状态,而人格尊严则是一种主观认识与客观评价的结合。

1. 人格尊严是一种人的观念

人格尊严是自然人、法人对自身价值的认识。这种认识基于自己的社会地位和自身价值,它来源于自身的本质属性,并表现为自己的观念认识。因而,人格尊严具有主观的因素。

2. 人格尊严具有客观的因素

这种客观的因素是他人、社会对特定主体作为人的尊重。这种客观因素是一种对人的价值的评价,但与名誉这种社会评价不同,是对人的最起码的做人的资格的评价,评价的内容不是褒贬,而是对人的最起码的尊重,是把人真正作为一个人所应具有的尊重。因而无论人的各种属性、状态有何不同,但其尊严的评价却无任何不同之处。

3. 人格尊严是人的主观认识和客观评价的结合

人格尊严既包括自我认识的主观因素,也包括社会和他人评价的客观评价和尊重,这两种因素结合在一起,才构成完整的人格尊严。

---

① 梁慧星:《中国民法经济法诸问题》,法律出版社1991年版,第73页。

（三）人格尊严的地位

人格尊严是一般人格权客体即一般人格利益的基础，“人的尊严是宪法体系的核心”。[①] 各国宪法均以相当重要的地位规定这一内容，并在民事立法中规定其为一般人格权的主要内容。新中国成立以后的前三部宪法都没有保护人格尊严的规定，因而导致了“文革”中和以后曾出现的严重践踏人格尊严的惨痛教训。1982 年以来，从宪法到基本法、单行法，都强调人格尊严受法律保护，构建了以人格尊严为核心的一般人格权体系。

人格尊严作为一般人格权体系的核心，它决定了一般人格权所具有的三项基本功能。在法律适用中，应当依据人格尊严解释各项具体人格权，创造新的具体人格权，以及补充不被具体人格权所涵括的一般人格利益。

---

① 王泽鉴：“人格权、慰抚金和法院造法”，载台湾地区《法令月刊》（第 44 卷）第 12 期。

第十二章　自我决定权[1]

第一节　自我决定权概述

一、引起对自我决定权讨论的典型案例

日本的“X 教派”教徒手术输血侵权案，突破了传统人格权法的保护范畴，确立了对患者针对自己人格特征予以自我决定的权利进行保护的先例，在促进人格权的发展方面具有重要意义。

“X 教派”的忠实教徒 A 罹患肝脏肿瘤，就诊于东京大学医科学研究所附属医院，患者 A 在就诊时明确表示因输血违背自己的宗教信念而拒绝接受伴有输血的医疗行为，但是在接受肝脏肿瘤摘除手术的时候，医生对她实行了伴有输血的医疗行为，手术成功。该患者后来得知自己在医疗过程中被输血的消息后，精神极度痛苦，遂对医院及医生提起损害赔偿之诉。后来，该患者在诉讼中死亡，由其继承人继承诉讼。日本东京地方法院 1997 年 3 月 12 日第一审认为，为救他人的生命而进行的输血行为，乃属于社会上的正当行为，以无违法性为由驳回原告的诉讼请求。第二审法院认为，因医师违反说明义务，以至于患者的自我决定权受到侵害，因此被告的行为构成侵权行为，判令被告赔偿原告 55 万日元。

第三审法院即最高裁判所第三小法庭认为，患者认为输

① 本文的主要部分内容是由作者和刘召成博士共同研究完成的。

血会违反自己宗教信念而明确拒绝伴有输血的医疗行为的意思时，该意思决定权应为人格权之内容，医院对此意思决定权应予以尊重。在本案的上述事实下，手术时除输血以外别无其他救命方法，但在入院时，医生应对患者说明在医疗过程中必要情况下，还是要输血；是否要接受该医院的手术，应该属于患者的自我决定权。本案被告怠于履行上述告知义务，因此可以认为其已经侵害了患者的意思决定权，即被告已经侵害了患者的人格权。因此，被告应该就受害人所受的精神痛苦负担慰抚金损害赔偿责任。①

在本案中，输血行为很难被认为是对患者身体权的侵害。传统民法中的身体权是身体完整不受侵害的权利，是对于人外部存在的既有状态的保护，患者对于手术的同意意味着对于身体完整性侵入的承诺。本案中患者所遭受的主要损害并非身体上的伤害，而是精神上的痛苦，如果拘泥于传统人格权理论，患者的损害很难得到救济。可见，传统侵权法对于人格的保护是存在缺陷的，保护的范围仅局限于人的外部存在特征，人对于自己身体的发展和塑造的能力没有获得承认。本案判决对于人格权的发展具有重大意义，明确提出了患者对于自己身体的自我决定权，在对身体的完整性进行保护之外，人对身体的自我控制与发展的能力也获得了人格权的保护。虽然自我决定权在医疗中获得高度重视，针对自我决定权也出现了一些判决，但是，这些案例都没有明确阐述患者的自我决定权到底是什么，②而且在法解释上也还没有充分明确的论述出现。因此，自我决定权存在深入研究的价值。

二、自我决定权的理论基础

（一）哲学与宪法上的人格理念

自我决定权的产生与哲学和法学观念的变革存在莫大的关联。传统人格权对于人的人格要素仅提供保护性的规定，法律所保护的是它们当前的既有状态，不承认主体对于它们自我决定背后的哲学基础是古典伦理学的框架。古典伦理学认为，人的最高本质在于其自由的意志，能够按照道德律去对自己进行约束的意志是人格的本质。这种出自实践理性的自我约束是实践中至高无上的价值表现，因此，人作为实践者也被赋予最高的道德价值，进而得出如下结论：人的存在本身即是目的，应当受到尊重。③但是人作为一种存在，除了意志之外必须具有其他存在形态，生命、身体、健康等生物性存在是人格存在的前提，并且在一定程度上成为人格的定在，体现了人格的特质。

---

① 本案为日本最高裁判所2000年（H12）2月29日第三小法庭判决。本案的素材系由日本东海大学法学部刘得宽教授提供。

② ［日］植木哲：《医疗法律学》，冷罗生、陶芸、江涛等译，法律出版社2006年版，第328页。

③ ［德］康德：《实践理性批判》，邓晓芒译，人民出版社2003年版，第119页。

因此,对于作为人格定在的生命、身体、健康等外部性存在予以尊重,进而对于在社会交往中作为人格表现形态的姓名、肖像、名誉等社会性存在予以尊重,是对人的人格予以尊重的必然要求。这些外部人格存在被赋予了道德价值,对这种价值只能予以尊重而不能随意进行处分,表现在私法中就是人格权不同于其他的权利,与物权等其他财产权利相比,人格权的权利主体具有非常有限的自主性,人格权只是对人格予以尊重的权利,[①]权利人对于这些人格特征没有进行自主决定的权利,仅仅受到侵权法的保护。

近来哲学观念获得重大发展,人的自主性逐渐提升,人格发展的价值得以确立。意志对于人的存在的自我决定自由成为社会的最高价值,人不但要求人格的完整存在,更要求对于自己人格特征的自我决定与塑造的能力,以寻求人格的发展与完满。因此,意志在人格领域的决定自由获得承认,并成为整个法律体系要积极实现的重要价值。《德国 1949 年基本法》第 2 条第 1 款规定:"人人有自由发展其人格之权利,但以不侵害他人之权利、不违反宪政秩序或道德规范者为限。"日本《宪法》第 13 条规定:"对于生命、自由和追求幸福的国民权利,只要不违反公共福利,在立法及其他国政上都必须受到最大限度的尊重。"我国《宪法》第 33 条第 3 款规定:"国家尊重和保障人权。"人格发展作为一项重要的人权自然也受到我国宪法的保护。

(二)意志决定自由的价值

受罗马法影响,法学对于有形利益进行全面保护,不但有形的财产毫无例外地得到两大法系的保护,对于有形的人格利益进行保护在两大法系也已经形成共识,但是对于某种无形利益能否进行保护却尚未达成共识,仍在探索之中。在财产法领域,纯粹经济损失因与权利人有形的人身与财产损害无关,因而被认为是"纯粹的",只能在某些特定条件下获得保护。在人格权领域,有形的生命、身体和健康无例外地获得两大法系的保护,但是对此之外的其他人格利益能否获得人格权和侵权法的保护,往往需要更加审慎的判断,很难达成一致意见;由此造成了对意志决定自由提供法律保护的困难。

虽然意志自由作为人格的本质早已为康德等所论证,并成为哲学、心理学等社会科学公认的常识,但是由于它的无形性,无法为人的感官所感知,因而作为法律上受保护的人格利益尚未得到广泛承认。传统人格权法只是对作为人格的表现和载体的生命、身体、姓名、名誉等外部人格形态予以保护,这种保护主要是对于人格既存状态的完整性的保护,属于对人格的初级保护。

人格的本质在于意志的自由,也就是人所具有的按照对于规律的认识去行为的能

---

① [德]卡尔·拉伦茨:《德国民法通论》(上册),邵建东等译,法律出版社 2003 年版,第 282 页。

力。虽然人的存在离不开生命、健康、身体等外部人格要素,但是意志的自我决定和选择自由处于人格的核心地位,生命、身体、健康等人的存在因为人的自我决定的自主性而获得价值,对一个人来说,活着不仅仅是保全自身:它还意味着施展本领、满足自身愿望,简单说也就是活动,而且要自主地活动,因为人是理性的生物。[①] 人的发展以及人的个性的形成依赖于意志作出的决定,意志不断地通过决定去影响人的其他存在层面。正是意志人格的自我决定和选择形成了人格的结构,促进了人格的发展,意志人格的发展与成长是人实现其最高人格本质的重要条件,对于意志人格的自我决定自由的保护是对人格的最本质的保护。

三、自我决定权的概念

(一)研究自我决定权应当考虑的因素

严格来说,自我决定原本是哲学和宪法中的概念,即一个人在自己生活范围内具有的自我决定的自由,该种自由尊重的是人的自主性。民法作为关涉价值的规则,[②]要受到哲学和宪法所确立的理念和价值的影响和指导,并以实现和促进这些价值为目的。但是民法对于这些价值的实现必须经过稳定的民法专门技术进行转介,通过其独特的法律主体、法律客体和权利等技术将哲学与宪法的基本价值融汇于原理、原则和具体制度之中,成为具有可操作性的法律规则。

作为民法中的人格权,必须经过法律技术进行概念构建,形成民法可明确把握的法律制度。正如自由和自由权这一对概念,自由这一概念具有宽泛的意义,是指免予外来的控制,免予所有除由法律正当施加以外的约束;[③]但作为人格权一种的自由权却具有严格的边界,仅包括身体活动不受限制的身体自由权和精神思维不受限制的精神自由。[④]

虽然自我决定权是对意志自由的保护,但是要作为民法中的一种权利,自我决定权还不能仅仅停留在意志的自由决定的阶段,意志的自我决定必须获得其定在,也就是得到一个他人可以识别的,并应予以尊重的客观载体。

首先,作为自我决定权的意志的决定自由应当局限于人格发展的范畴内。质言之,意志决定所针对的必须是人格的构成要素,以实现人格发展为目的。人与物的二分,以及民法典和民法学中根深蒂固的人格权与财产权的区分,决定了对作为人格核

---

① [法]雅克·盖斯旦等:《法国民法总论》,陈鹏等译,法律出版社 2004 年版,第 172 页注[1]。

② 德国法学家拉德布鲁赫将所有科学分为无关价值的、超越价值的、评价价值的和关涉价值的。参见[德]G. 拉德布鲁赫:《法哲学》,王朴译,法律出版社 2005 年版,第 2 页。

③ See *Black's Law Dictionary*, West Publishing Co. 1979, Fifth Edition, p. 827.

④ 史尚宽:《债法总论》,中国政法大学出版社 2000 年版,第 148 页。

心的意志的决定自由进行人格权法上的保护时应当限制于人格要素。作为一种人格权的意志的决定应当局限于与人的外部人格存在紧密联系的领域,如果不加限制地将这种自我决定扩张于财产领域,那么对于财产使用以及契约缔结的妨害也将构成对人格权的侵害,将会造成人格权与财产权区分的混乱,以及整个民法体系的崩塌。

其次,自我决定权的意志的决定自由应当更进一步地限定于部分典型具体人格要素之上。人格要素的概念有其清晰的核心,但是在其边缘地带是模糊不清的,因此,在人格要素的判断上仍然存在重大障碍,在到底"人是什么"这一存在哲学问题上,还存在人的诸属性中"民法应该保护的内容、部分是哪些"这个民法的守备范围的问题。① 生命、身体、健康、姓名、名誉、肖像这些具体人格要素作为人格不可分离的部分得到学界的一致公认,但是其他能够彰显人格个性的人的存在是否属于人格要素,还需要更多的论证与审慎的价值判断,并需要特殊的法律技术对其进行处理,这就决定了针对典型具体人格要素与非具体人格要素的自我决定需要不同的制度构建。自我决定权是意志针对典型具体人格要素的自我决定自由,而且自我决定权针对的具体外在人格要素也并非所有的传统民法所确认的具体人格要素,自我决定权的决定自由应当更进一步地限定在部分具体人格要素之上,这些人格要素必须是主体现实地能够予以决定的。

最后,自我决定权并非对于各种外部人格要素的完整性的保护,自我决定权保护的是意志针对这些要素的自我决定的自由,是意志人格对于这些外部存在的决定、塑造和发展的能力。因此,自我决定权是对人格的动态保护,通过对意志人格的保护,实现促进人格发展的目的。

(二)对自我决定权概念的界定

日本学者对自我决定权的概念,认为自我决定权是指个人对其自身的一定范围的私事,可以不受公共权力的干涉、自行决定的权利。但认为这主要是宪法上的权利,即宪法第 13 条的一部分,尽管法院已经作出了"耶和华的证人"的信徒拒绝输血案认可自我决定权,还不属于人格权的范畴。②(这一部分还要增加)

我们认为,界定自我决定权概念,应当适当扩大,将其作为抽象人格权来定义。因此,自我决定权是自然人享有的意志以发展人格为目的,对于生命、身体、健康、姓名等具体外在人格要素的控制与塑造有权自行决定的抽象人格权。

(三)自我决定权与思维自由权的区别

值得研究的是自我决定权的意志决定自由与思维自由权的关系。我国传统学说

① [日]星野英一:"私法中的人",王闯译,载梁慧星主编:《为权利而斗争》,中国法制出版社 2000 年版。

② [日]五十岚清:《人格权法》,铃木贤,葛敏译,北京大学出版社 2009 年版,第 187～188 页。

对于自由权采广义理解，认为自由权不仅包括身体自由也包括精神自由，[①]我们以前也持这种观点，认为人身自由权分为身体自由权和思维自由权。[②] 那么，自我决定权与思维自由权是什么样的关系呢？

随着人格权研究的深入，我们认为，精神自由应当区分为消极的自由和积极的自由，精神的消极自由是指精神不受干扰保持其完整与纯正的自由；积极自由是指意志积极地作出决定并表现于外的自由。对于精神的消极自由的保护，是对于权利人内在人格实质完整性的保护，例如对身体自由权的侵害，就是侵害了权利人的内在人格实质完整性，这并不与自我决定权发生冲突。意志的积极自由与自我决定权和思维自由权发生关系，需要进行区分。

对思维自由权或者称之为意志自由权，法律都予以保护。但是，侵害自我决定权的行为表现是，违法行为不尊重或者侵害权利人的意志自由，使权利人无法自我决定或者替代权利人作出自我决定；而侵害思维自由权的行为的表现是，侵权人采取欺诈或者胁迫的方法，使权利人违背自己的意志而作出了决定。前者是权利人没有自我决定或者无法作出决定，原因是违法行为人不尊重权利人的自我决定权或者擅自做主替权利人作出决定；后者是权利人确实是自己作出了自我决定，但违法行为人的欺诈或者胁迫是权利人作出决定的原因。如此区别，足以分清自我决定权与思维自由权的权利边界，不会发生权利冲突。

我国传统学说将欺诈和胁迫认定为是对思维自由权的侵害，[③]我们也持这种观点。[④] 欺诈或胁迫侵害的是意志的积极自由，采取的方法是将自己的意志通过欺诈或者胁迫而作用于权利人，由权利人自己作出违反自己意志的决定，侵害的不是自我决定权，因为表面上虽然是权利人作出决定，但在实质上违反了权利人的意志，因此侵害的是思维自由权而不是自我决定权。侵害自我决定权的欺诈是指故意以虚假的事实告知权利人，使权利人在虚假事实的基础上针对人格要素作出与其真实意志不相符合的决定。胁迫是指故意以给他人造成损害为目的进行要挟，使他人产生恐惧，从而针对人格要素作出与其真意不相符合的决定。以欺诈或胁迫的方法侵害他人思维自由权，属于故意侵权，在这种情况下受害人作出的决定一般都并非其真实的决定，也就是说，受害人若了解真实情况会作出不同的决定，对于此种实际损害要进行完全赔偿。

---

① 何孝元：《损害赔偿之研究》，台湾地区商务印书馆1982年版，第141～142页。
② 杨立新："侵害自由权及其民法救济"，载《法学研究》1994年第4期。
③ 何孝元：《损害赔偿之研究》，台湾地区商务印书馆1982年版，第141～142页。
④ 杨立新："侵害自由权及其民法救济"，载《法学研究》1994年第4期。

四、自我决定权的性质和法律地位

(一)自我决定权是人格权权能的抽象概括

从人格权的发展历史来看,人格权一直受到侵权法的影响和限制这一论断并非武断,在德国法中,人格权被作为侵权行为一般条款中应受保护的权利予以规定,即便是一般人格权理论的构建也是在侵权法的框架内进行的。我国受德国民法传统影响,针对人格权展开的研究也无法摆脱侵权法这只“看不见的手”,学者经常会不自觉地以侵权法的理念禁锢人格权的权利内容。由于受到侵权法保护的只是作为生命权、身体权和健康权的客体的生命、身体以及健康机能的完整,从而产生了人格权的权利内容仅限于客体完整性的定式思维。侵权法对于人格权权能保护的欠缺导致了人格权权能的萎缩,以至于有学者认为,生命权的意义在于保护人们的安全和生存,而绝对不在鼓励或者保护人们的“献身”。①

但是,应当指出的一个非常重要的问题是,受法律技术的限制,同时兼顾社会公众的行为自由,侵权法往往只对权利提供有限的保护,因而权利本身的内容会比侵权法所保护的内容更加丰富。非常典型的例子是侵权法对于物权的保护,学界一般认为所有权包括占有、使用、收益、处分的权能,但是侵权法并未对所有权的这些所有的权能都提供保护。侵权法对所有权的救济区分为两种情况,即对于物的损坏,以及造成财产损失的其他形式。界定是否存在物的损坏主要还是依赖于行为人是否侵犯了物的实体,②涉及物本身的物理完整性侵害的,侵权法提供完备的保护,但是对于与物本身的损坏无关的物权权能的侵害,尤其是妨害对于物的使用功能的保护尚未达成一致意见,其中纯粹经济损失即为著例。③

正是由于侵权法长久以来仅对人格权客体的完整性提供保护,造成了人们对人格权认识的偏差。学界长时间不当地认为生命权、身体权、健康权的权利内容仅限于权利人对于生命、身体和健康的完整性的享有,对权利人在这些权利上的自由视而不见。相反,姓名权由于并未局限于侵权法条款而是获得法典独立的规定,因而学界对姓名权的认识要全面得多,姓名权并不局限于姓名完整不受歪曲的权能,具有更多的改变、

---

① 尹田:“论人格权独立成编的理论漏洞”,载《法学杂志》2007 年第 5 期。

② [德]克雷斯蒂安·冯·巴尔:《欧洲比较侵权行为法》(下卷),焦美华译,张新宝审校,法律出版社 2004 年版,第 37 ~ 38 页。

③ [德]克雷斯蒂安·冯·巴尔:《欧洲比较侵权行为法》(下卷),焦美华译,张新宝审校,法律出版社 2004 年版,第 45 ~ 48 页。当然德国法院也采取扩大所有权保护范畴的方法,逐渐将对所有权的保护扩及于物的使用功能,以解决对于纯粹经济损失的保护问题。对此请参见王泽鉴:《侵权行为法》(第一册),中国政法大学出版社 2001 年版,第 101 页。

使用等其他权能。这也正说明自我决定权作为人格权权能的合理性与正当性。

自我决定权作为权利人对于自己具体人格要素在人格发展方向上自我控制与塑造的权利,是权利人针对自己人格要素的自由,属于具体人格权的权能,这种自我决定的权能使得权利人作为自己的主人,能够决定自己的人格个性,实现自己最高的人格本质。将自我决定权与物权的权能进行比较,有助于对自我决定的权能的正确理解。人格权与物权作为两种不同的权利分别实现不同的价值:物权提供经济利益,满足主体的物质需求,因而物权的权能以充分发挥物的经济价值为目的,表现为对物的使用收益等内容;人格权以维护人的尊严,促进人格发展为目的,人格权的权能并非对人格要素的收益乃至处分,而是对其予以维护和发展。自我决定权作为人格权权能的抽象,是一种一般性的概括,针对不同的具体人格要素,自我决定权会表现为不同的形态。

我国学者突破传统观念的束缚,扩大人格权的权能,认为人格权具有支配性。① 那么人格权的支配性与自我决定权之间是何种关系呢?我们认为,支配权是与请求权相对应的概念,表示权利的行使不需要他人积极协助的状态,是一种形式性的表述,并未表明权利的内容。虽然同为支配权,由于保护价值的不同,不同的权利会表现出大相径庭的支配状态。自我决定权是对人格权内容的实质性表述,表明权利人针对客体的行为自由主要表现为对人格要素的控制与塑造,是由人格权所要实现的价值决定的。因此,支配权与自我决定权都是对人格权权能的概括,前者侧重形式,后者侧重实质内容。应当注意的是,人格权的支配性与物权的支配性存在显著区别,不可将人格权的支配性类比物权的支配性。人格权的支配性表现为通过决定对于人格要素的发展与塑造;物权的支配性表现为占有、使用、收益和处分。

(二)自我决定权是一种相对独立的权利

学界虽然对权利和权能有明确的区分,但是严格说来两者并非泾渭分明,从权能到权利往往只是一线之隔。民法中的权利概念是从法律关系中抽离出来的,我们不是把法律关系所包含的每一种实施某种行为的权能都称作"权利",而是把某种具有相对独立意义的权能称为权利。② 可知,权利与权能并不存在本质的区别,具有独立地位并且比较重要的权能被作为权利。学者认为,权利与权能的区分并不是绝对的,要看它的独立转让性以及或多或少依它的重要性来决定。③ 我们认为,能否独立转让并非权

---

① 王利明:《人格权法研究》,中国人民大学出版社 2005 年版,第 35 页。马俊驹、张翔:"人格权的理论基础及其立法体例",载《法学研究》2004 年第 6 期。

② [德]卡尔·拉伦茨:《德国民法通论》,王晓晔等译,法律出版社 2003 年版,第 263 页。

③ [德]卡尔·拉伦茨:《德国民法通论》(上),王晓晔、邵建东、程建英、徐国建、谢怀栻译,法律出版社 2003 年版,第 201 页。

利和权能划分的标准,人身权虽然不能转让,但不妨碍将其作为一种权利,人格权由于与主体人格的紧密联系更是不能转让,但其作为民事权利体系中的一项重要权利早已为学界所承认。因此,具有相对独立的地位和重要性是权利与权能的区分标准,以此为标准,自我决定权应当是一种权利,理由如下:

第一,自我决定权所强调的是权利人针对具体人格要素的意志决定自由,这种自由是权利人塑造与发展其人格、实现权利人最高人格本质的重要能力,具有特别的重要性,作为一种权能不足以显示其重要性。

第二,自我决定权具有相对独立的保护对象,以保护权利人的意志人格为目的。而且由于侵权法对自我决定权的保护采用比较特殊的法律技术,使得对自我决定权的保护成为一个相对独立的问题。

(三)结论

据此,我们认为,自我决定权与公开权以及一般人格权作为人格权权能的抽象,都是抽象人格权的范畴,并且由它们作为抽象人格权的权利体系而与具体人格权的权利体系相对应,构成完整的人格权体系构架。这就是自我决定权的性质和法律地位。

第二节　自我决定权的具体内容

一、对于生命的自我决定

传统学说认为生命权是以自然人的生命安全利益为内容的人格权。一般不认为权利人对生命具有支配性,仅在对生命的维护以及对他人侵害行为的正当防卫等方面具有有限的支配性。[①] 的确,基于传统哲学观念,生命具有深厚的伦理价值,生命不属于个人,个人要对生命中的人性与伦理价值负责,不能随意处分其生命,如果人可以为了逃避痛苦随意结束生命,那么就是将人格视为工具,有违将人作为目的的基本伦理价值。[②] 但是世界上仍有比生命更重要的事物,那就是人的自主性和人的尊严,因为生命的意义必然在于继续活下去,在生命持续时,名誉的生存是必须的,如果一个人是为了避免不名誉地活着,那他就显得是勇敢的。[③] 如果一个人对于生命的决定是建立在

---

① 王利明:《人格权法研究》,中国人民大学出版社 2005 年版,第 303 ~ 309 页。

② 康德的名言,你要这样行动,永远都把你的人格中的人性以及每个他人的人格中的人性同时用作目的,而绝不只是用作手段。参见康德:《道德形而上学原理》,苗力田译,上海人民出版社 2002 年版,第 47 页。

③ 康德:《实用人类学》,邓晓芒译,上海人民出版社 2002 年版,第 164 页。

超乎个体的普遍利益和普遍道德准则的意志自律的基础上，那么就是勇敢的。[①] 按照人格发展的理论，生命的存在是为了人格的充分发展，生命的高贵在于它是人格发展的最根本的基础，如果生命的舍弃能够使人格得以升华，或者是为了实现被社会所尊崇的价值，例如为了科学的真理、祖国的安全或者更多人的幸福，权利人应当具有终结其生命的自我决定权。又如果生命的存在已不能促进人格的发展，反而有损于人格尊严时，有尊严的死亡是对人的最大关怀，权利人终结其生命的自我决定就是正当的。对于安乐死，我们认为，如果病患的生命的继续存续只会给他带来痛苦和毫无尊严的生存，他可以要求终止自己的生命，但是医生实施安乐死须符合必要的条件。

二、对于身体的自我决定

传统学说认为，身体权是自然人保持其身体的完整的权利。[②] 毫无疑问，身体的完整是权利人人格发展的必要条件，但这只是最低层次的条件，身体对于人格的发展不仅仅在于其完整性，身体作为人格的重要载体体现了人格的诸多特点，是人格的最明显的表现，身体在某种程度上成为一个人人格的表征，为了人格的发展，为了更好地发展天赋的能力，权利人按照其人格的追求去对身体形态的适当改变应当认为是权利人的正当的自我决定。例如，进行抽取脂肪的瘦身手术，以及根据爱好对于发型的选择等。另外，人的容貌形态作为人的身体的重要部分，权利人为发展其人格，展现其人格个性，可以利用现代医学手段进行适当改变。例如，艺术的天赋需要外在形象的彰显，众多影视明星为了发展其天赋的影视能力，为了使自己具有更大的人格魅力、事业获得更佳发展，往往进行整容以及美体手术。可见，整容现在已被一般公众认为是权利人的正当的自我决定。

在医疗活动中，为了治疗疾病，不得不对身体的某些部分以及特征进行改变，而这些改变在通常情况下是不可能的，因而在医疗活动中，自我决定权得到最为广泛的体现，法学界对其研究也相应地比较深入，并形成了一些共识。我们通过对医疗活动中知情同意理论发展进程的简要梳理，就能够发现人格权的保护从外在人格到意志人格的发展趋势，以及自我决定权的重要意义。

起初，按照传统学说与理论，医疗活动是对身体的侵袭，以患者的同意为阻却违法事由，未经患者同意的医疗活动，或者超出患者同意范围的医疗活动被认为是对身体权的侵犯，英美法上为 battery 之诉，法律所保障的是身体的物理完整性，而非患者的自

---

① 康德：《实用人类学》，邓晓芒译，上海人民出版社 2002 年版，第 168 页。

② 史尚宽：《债法总论》，中国政法大学出版社 2000 年版，第 148 页。

我决定权。[①] 学者多认为,同意仅仅被视作侵权法上的免责事由,此时同意与自我决定尚未建立起联系。[②] 传统身体权仅仅保护权利人身体的物理完整性,权利人的自主性是非常有限的,法律不承认权利人对自己身体的自我决定,对身体的医疗行为并非出于患者对自己身体的自我决定,而是为了祛除疾病、重获健康。而此时的同意并非身体权所包含的权能,其作为对于身体侵袭的阻却违法事由,更多的是侵权法上的意义,即获得同意的医疗行为并非侵权法意义上的违法行为。

随着医学的发展,医疗活动逐渐复杂,医疗方案也有多种选择,与每种医疗方案相伴随的是不同的风险,人们逐渐认识到医疗活动在为患者祛除病痛的同时,也对患者的人格特征产生重大影响,不同的医疗方案会造成患者大相径庭的人格特征改变。针对自己的身体采取何种医疗措施,从而形成何种身体特征,直接体现了患者对自己的人生安排、价值、道德观念以及内在的个性,从而直接影响患者未来的生活以及人格特质,对于患者的人格发展具有重大意义。对这种重大事项,只能由患者本人决定,患者是自己身体的决定权人,对于采用何种医疗方案享有自我决定权,权利人可以按照其内在人格特质去决定自己的身体特征,质言之,权利人可以按照其内在的情感、哲学、宗教以及人生观等构成其内在人格的重要观念,去对自己的身体特征进行自我决定,从而实现其人格发展。

对于这种重大价值,法律必须予以保护。对此,传统身体权理论无能为力,传统身体权理论只是保护身体的物理完整性,在得到患者概括同意的情况下,如果医生只是对手术风险、手术效果以及其他方案未予以告知,患者没有作出适当的医疗方案的选择,进行了非出于患者内在个性真实意愿的身体特征改变,这种情况很难说是侵害了身体的形式完整性。判例与学说发展了基于过失的侵权之诉(negligence),根据该理论,医务人员负有向患者公开有关治疗的重要事项、治疗本身所伴有的风险等足以影响患者作出决定的重要信息的法定义务,医务人员由于过失没有履行这一义务,给患者造成损害的,患者可以提起 negligence 诉讼。[③] 于是法律通过法定的告知义务间接确认了患者的决定权利,并对由于医生过失未履行告知义务,造成患者作出不真实决定而产生的损害予以救济。可见,美国法对患者自我决定的权利没有直接予以确认,而

---

① See R. Jason Richards, *How We Got Where We Are: A Look at Informed Consent in Colorado—Past, Present, and Future*, 26 N. Ill. U. L. Rev. 69, 76(2005). See Ken Marcus Gatter, *Protecting Patient-Doctor Discourse: Informed Consent and Deliberative Autonomy*, 78 Or. L. Rev. 941, 948(1999).

② See Ken Marcus Gatter, *Protecting Patient-Doctor Discourse: Informed Consent and Deliberative Autonomy*, 78 Or. L. Rev. 941, 948(1999).

③ See R. Jason Richards, *How We Got Where We Are: A Look at Informed Consent in Colorado—Past, Present, and Future*, 26 N. Ill. U. L. Rev. 69, 82-83(2005).

主要是通过侵权法上的救济来进行间接保护，对侵权法所救济的是何种权利未予明确阐述，体现了英美法与大陆法法律思维的不同。

日本作为大陆法系国家，经过多年对源于美国法的知情同意原则的继受与发展，在大陆法的体系框架内对知情同意理论进行了变革，在司法判例中确立了对身体的自我决定权，①对大陆法系人格权的发展具有重大意义。自我决定权保护的不是患者的身体的形式完整性以及实质完整性，而是根据自己的人格追求对身体进行自我决定的自由，是对意志人格的保护。

本章第一节讨论的案例是典型的侵害患者自我决定权，造成患者自我决定机会丧失的情形。日本另一则案例则属于典型的侵害患者自我决定权，造成患者实际损害的情形，即 1971 年 5 月 19 日东京地方法院的裁判。原告的右乳房发现恶性肿瘤，在得到其同意的情况下实施了乳房切除手术。但在切除了右乳房后，医师又对其左乳房作了病理切片检查，发现左乳房属于乳腺症，在没有取得本人同意的情况下，擅自将其左乳房也切除了。判决认为，全部切除女性乳房内部组织对于患者来说从生理机能到外观上都是具有非常重大后果的手术，为此，被告在切除原告左乳房手术时，必须重新取得患者的同意，在获得患者同意前，作为前提，医师有必要就症状、手术的必要性作出说明，像本案件这样手术有无必要存在不同见解的场合，患者是否接受手术的意思更有必要尊重。因此认为，医师应当把上述情况向患者作出充分说明并取得同意后才能进行手术。医师在没有取得患者同意的情况下切除左乳房手术的行为属于违法行为，命令其支付损害赔偿金。② 这种侵权行为是典型的未经同意而采取积极的医疗行为，所侵害的是患者的自我决定权。

三、对于健康的自我决定

传统学说认为健康权指以保持身体机能为内容的权利，很少论及权利人在健康方面的自由。应当认为，健康是一个人非常重要的人格要素，一个人的健康状况在一定程度上表现了他的人格特质，林黛玉欠佳的健康状况与其忧郁的性格构成她非常突出的人格特质。权利人针对自己的健康状况具有自我决定权，可以通过各种体育活动提高健康水平，在生理机能、功能出现不正常状况即健康状况下降的时候，有请求医疗、接受医治的权利，使健康状况达到完好的状态或者恢复到原有状态。那些干涉他人自主选择治疗方式、利用巫术欺诈患者等阻碍权利人进行治疗的行为，都属于对自我决

① 夏芸：《医疗事故赔偿法——来自日本法的启示》，法律出版社 2007 年版，第 535 页。

② 判例时报第 660 号，日本判例时报社，第 62 页。转引自段匡、何湘渝："医师的告知义务和患者的承诺"，载梁慧星主编：《民商法论丛》（第 12 卷），法律出版社 1999 年版。

定权的侵害。只不过由于这种决定自由很少受到侵害,不为侵权法所重视,因此为学界所忽视。

四、对于姓名的自我决定

关于姓名权,存在不同的界定,但基本上都承认权利人有使用或改变自己姓名的自由,但是对于该自由学者未作深入分析。众所周知,姓名由姓和名组成,姓是一定血缘遗传关系的记号,标示着血缘宗族的延续,一般情况下或者随父姓或者随母姓,但也有学者提出第三姓的问题。① 作为姓名组成部分的单字具有其自身的意义,中国的汉字具有几千年的历史,每一个汉字都有其丰富的哲学以及文化蕴涵,姓名作为汉字的组合具有其特定意义。每一个人的名字的意义都体现了本人对世界的认识,体现了对自己想要成为什么样的人的期许与追求,体现了其人生哲学、价值理想以及期待愿望。我国景颇族经常以“扎”、“迪”作为名,“扎”、“迪”具有“饱满”、“结实”的含义,其体现了希望自己成为健壮、勇敢的人的追求。② 而且,人名具有心理暗示作用,对人名持有者本人来说,意义尤为明显,人的一生中姓名之暗示力,因其不断的潜移默化诱导催生,自会影响人名持有者本人。③

所以,姓名体现了一个人对自我的认知和对人生的规划和追求,体现了人的哲学、价值等观念,是人格的流露,人对于自己姓名的自我决定的意志,直接决定了权利人的人格追求,形成了权利人独特的人格特质,是权利人实现其最高人格本质的重要方面,权利人可以按照关于自我的认识与期待去对姓名进行自我决定。

具体来说,姓名权人可以对自己的姓名予以改变,以更加符合本人的人生追求;为了彰显本人的人格特质和人生追求,权利人还可以不使用本名,而使用笔名或艺名,这些都是姓名权人针对自己姓名的自我决定权的具体表现。

五、自我决定内容呈现不断扩展的趋势

自我决定权的内容在某种程度上受到科学技术水平发展的影响,在现代医学发展之前,人们很难想象针对自己身体的自我决定。现代科学技术的发展为人们针对自己人格要素进行决定提供了越来越多的可能,甚至提供了人们针对自身基因进行决定的可能,虽然现在人们对于自己人格要素的自我决定的能力还受到很多的限制,但在不久的将来,对于人格要素的自我决定会有更多的可能,自我决定权的内容会越来越丰富。

---

① 马桦、袁雪石:“‘第三姓’的法律承认及规范”,载《法商研究》2007 年第 1 期。

② 陈桥妹:“景颇族姓名的文化解谈”,载《保山师专学报》2008 年第 1 期。

③ 杨卫东、戴卫平:“中国人姓名文化特色”,载《作家杂志》2008 年第 8 期。

第三节　自我决定权的民法保护

一、人格权请求权的保护

自我决定权作为人格权,其重要的保护方法是人格权请求权。人格权请求权是自我决定权本身固有的一种请求权,只要存在权利被妨害或妨害的可能,就可予以主张,不必要求侵害人存在过错,也不必造成现实的损害,直接针对妨害行为,产生于损害发生之前,具有重要的功能。自我决定权所具有的人格权请求权分为排除妨害请求权和停止妨害请求权。[①] 前者是指民事主体的自我决定权有受到不法妨害之虞时,得向加害人或者人民法院请求加害人为或者不为一定行为以防止妨害的权利。例如,当医生对于医疗措施的所有风险未予告知时,患者可以请求医生进行全面告知,以作出适当的自我决定。后者是指民事主体的自我决定权受到不法妨害时,得向加害人或者人民法院请求加害人为或者不为一定行为,以停止妨害,回复人格权的圆满状态的权利。例如,如果权利人改变自己姓名的决定遭到妨害,权利人可以请求妨害人停止妨害行为。

二、侵权请求权的保护

侵权法的主要任务在于如何构建法益保护与行为自由之间的矛盾关系,[②]侵权法的具体制度构造在很大程度上是两者平衡的产物。有形客体的明确的外观给他人提供了行为界限,因此对于客体完整性的保护不会过度限制一般公众的行为自由,除此之外的权利的其他内容由于并不存在明确的外观,对于它们的保护存在过度限制公众行为自由的可能,因而需要进行利益衡量。从这个层面来说,侵权法对于自我决定权与人格要素完整性的保护必定分别采用不同的法律技术,具体人格要素的存在具有一种外部的客观存在,相对于物权所要求的客观性,这种客观存在的表现形式更加多样,除了物理性存在之外,获得社会观念认可的稳定的存在也能够满足外在客观性的要求,比如作为名誉权客体的名誉虽然不具有物理的客观性,但是通过社会公众的客观

---

① 杨立新、袁雪石:“论人格权请求权”,载《法学研究》2003 年第 6 期。

② Larenz/canaries SBT 2 §75 I 1. 转引自[德]马克西米利安·福克斯:《侵权行为法》,齐晓琨译,法律出版社 2006 年版,第 4 页。

性评价予以转介也能够作为一种外在的客观存在，因而对于具体人格权客体完整性的保护可以采用一般条款予以解决，不需要特殊的法律技术。

由于自我决定权保护的并非具体人格要素的完整性，而是意志针对它们的自我决定自由，这种自我决定的自由并非权利客体所能吸收，不具有明确的权利外观，因此需要不同于对于人格要素完整性保护的特殊法律技术。对自我决定权的侵害主要表现为相对人未履行告知义务或者自作主张为权利人作出决定，救济方法主要是损害赔偿。

普遍存在的自我决定权受侵害的情况表现为行为人未履行告知义务，这种侵权行为发生在侵权人与权利人之间存在某种法律关系的情况，通常是合同关系。在这种关系中行为人的行为对于权利人的人格特质将产生重大影响，如果行为人未将相关情况告知权利人，权利人针对自身人格要素自我决定的机会被剥夺，自我决定权将受到侵害，此类侵权行为主要发生在医疗领域。

随着医学的发展，医疗活动的风险也随之增强，不同的医疗措施的选择会对患者的人格特质产生重大影响，对此只有患者本人享有决定权。在医疗法中，自我决定权的保护是通过知情同意规则具体实现的，知情同意规则是实现患者自我决定权的前提条件。[①] 换句话说，知情同意规则是患者自我决定权的具体化程序保障，是患者实现自我决定权的表现形式。在医疗活动中，医生要针对向患者提出的医疗处置方案，就其风险以及其他可以考虑采取的措施等作出详细的说明，是否接受医疗处置或者采用何种医疗处置方案应当由患者自己决定。因此医生的告知义务就是一种必要的法定义务，只有在医生充分告知的基础上，患者才能够作出符合其真意的自我决定。我们曾从侵权法的角度对医生的告知义务进行了研究，并认为医生告知义务来源于知情同意权，[②]这种认识是从侵权法的角度，并非从人格权的角度进行考虑的。应当看到的是，同意是权利人被动接受，决定是权利人自主决定，并不相同。因而知情同意权的概念与自我决定权有相当的差别，不可不查。

知情同意规则(informed consent)来源于美国法，是对医疗过程中医患双方当事人之间权利义务关系的概括，主要是从侵权法的角度解决患者权利保护的问题，强调医生应当履行告知的义务，并得到患者的同意，在法律层面没有涉及保护的是患者的何种人格权。美国法由于没有完善的权利体系，可以仅从侵权法的角度通过过失侵权(negligence)之诉对受害人提供救济，而不必考虑受害人受到侵害的到底是何种权利，而在大陆法系国家则要研究受到侵害的是患者的何种人格权或人格利益。医生的告

---

① 翁玉荣："从法律观点谈病患之自己决定权及医师之说明义务"，载《法律评论》(第66卷)第1~3期合刊。

② 杨立新、袁雪石："论医疗机构违反告知义务的医疗侵权责任"，载《河北法学》2006年第12期。

知义务、患者的知情,以及最终针对某种医疗处置方案的决定权都是前置性的程序条件,其最终要实现的是患者针对自己人格要素的自我决定的权利,保护的是患者的人格权。①

未履行告知义务对于患者自我决定权造成的损害区分为两种情况:

第一,如果未告知行为影响了患者的决定,也就是说,如果履行了充分告知义务,患者会作出不同的决定,此时构成意思决定事实因果关系,在此情况下要计算出充分告知与未告知两种情况下患者不同的决定之间的利益差,对此损害进行赔偿。

这种损害主要包括:其一,人身损害。比如,医生在剖腹产手术过程中认定再次怀孕将威胁病人的安全,于是在手术过程中根本未征求病人同意就当即进行绝育手术。②其二,精神损害。主要是未充分告知的医疗行为给患者造成的精神上的痛苦。其三,财产损害。包括直接财产损失和间接财产损失。就直接财产损失而言,违反告知义务切除患者肢体,造成患者残疾所必须支出的费用等;间接损害主要是指患者因医疗行为造成丧失劳动能力、工资收入的损失。其四,丧失治疗最佳时机(包括存活机会)、最佳治疗方案的损害。医疗机构没有履行转诊等告知义务,会使患者丧失确诊的最佳时机,比如,患者的病情已经由早期发展到晚期。

第二,如果未告知并未影响患者的决定,也就是说,即使在充分告知的情况下患者仍然会作此决定,那么不存在实际损害,只需要对患者自我决定机会的丧失的精神损害进行象征性赔偿。

---

① 自我决定权受侵害说已被日本和我国台湾地区学者所接受。参见[日]植木哲:《医疗法律学》,冷罗生、陶芸、江涛等译,法律出版社2006年版,第327页;侯英泠:“从德国法论医师之契约上告知义务”,载《月旦法学杂志》第112期。

② [德]冯·巴尔:《欧洲比较侵权行为法》(下卷),焦美华译,张新宝校,法律出版社2001年版,第390页。

第十三章　公开权[①]

第一节　公开权概念的发展和我国目前的实际状况

一、公开权概念的提出与发展

人格标识是民事主体标表其个性特征的人身识别因素，如自然人的肖像、姓名、形象、声音，法人或其他组织的名称等。20世纪后期，社会进入大众消费时代，市场经济快速发展、大众传媒极端普及、商业推广不断创新，在这样具有极端需求的大市场中，一些知名人物或组织的人格标识所具有的鲜明特征以及特别的影响力、号召力和亲和力，吸引了商人的目光，使他们瞪大了眼睛，紧紧盯住同样吸引消费者的这些人格标识，力图从中获得巨大的商业利益。因此，某些人格标识的商品化利用就成为当代市场经济中的必然现象，也是市场经济发展的一个必然趋势。

这样的形势显然对民事主体的权利保护不利。人格标识是民事主体的人格利益，归属于民事主体自己所享有；而商人从市场价值和市场需求出发，为谋求商业利益，对属于他人的人格标识擅自进行开发，却将最终的利益自己独占，或者仅仅给权利人微小的利益、自己取得绝大部分利益，显然是对权利主体所享有的权利的侵害。人格权法和侵权责任法面对这样

---

① 本章内容是作者与福建师范大学法学院林旭霞教授合作研究成果。

的侵权行为当然不会坐视不管，必须作出自己的反应。

美国法律率先对此作出了反应，并以其犀利的判决，向这种非法利用民事主体人格标识的侵权行为开了第一枪。Midler V. Ford Motor Co. 一案代表了这种意见。[①]

在理论上，这个权利被美国法中表述为 the right of publicity，即公开权。[②] 在 1953 年 Haelen Laboratoties，Inc. V. Topps Chrming Cam 案中，Frank 法官明确提出了这个概念，并就其含义进行论证。正是在这里，Frank 法官突破了传统的隐私权观念，不再将商业性地使用他人的身份局限在精神痛苦的范围之内，而是直接涉及人的人格标识的商业化开发中的财产利益问题，这就是公开权的核心。在该案中，第二巡回法院将公开权定义为“对自己的姓名、肖像和角色拥有、保护和进行商业利用”的权利。美国知识产权学家尼莫教授 1954 年发表了《论公开权》的论文，认为公开权是每个人对其创造和购买的公开的价值享有控制或获取利益的权利；[③]也认为，名人需要的不是对隐私的保护而是对自己身份的商业价值的保护。“尽管名人不愿意将自己隐藏在隐私的盾牌之后，但他们也绝不愿意让他人未经自己的许可或者未向自己支付报酬而使用、公开自己的姓名、肖像或形象。”这一定义在 1977 年得到了美国最高法院的支持，在法官和学者的共同推动下，美国公开权从传统的隐私权中独立出来，形成一种新的权利类型。到目前为止，美国已有 24 个州在成文法或判例中承认这一权利类型。[④] 在这些立法或判例中，公开权被界定为一种仅仅与真实的自然人相关的财产权。例如，《加利福尼亚州民法典》第 3344 条规定，保护自然人的姓名、肖像、声音和签名等，不受非法侵害；《纽约州民权法》第 50 条规定，保护“任何活着的人”的权利，“禁止未经许可使用他人的姓名和肖像”；纽约州的法院还一致裁定：任何法人不得依据上述规定主张权利，只有真实的自然人才可以依据上述规定主张自己的权利。

在日本，对某些商品上使用著名人物的形象或姓名，以及虚构人物或动物的形象或名称来吸引顾客，增强商品购买力的活动，称为“商品化”，将与此相应的权利称为“商业形象权”。日本从 20 世纪 70 年代开始引进商业形象权的概念，最早的判例将其定义为：名人对其姓名、形象及其他对顾客有吸引力、有识别性的经济利益或价值进行排他性支配的权利。对于商业形象权的界定，判例与学说存有两种倾向：一种是广义

---

① 李明德：“美国形象权法研究”，载《环球法律评论》2003 年冬季号。具体案情在本身第二十一章“声音权”中有引用。

② 如李明德在“美国形象权法研究”（载《环球法律评论》2003 年冬季号，第 474 页以下）一文中，所称的“形象权”，其含义即为公开权或公开权。作者认为，形象权概念中的形象与肖像、声音、姓名等逻辑上属于统一层次的人格特征，而形象权则应为与肖像权、声音权、姓名权等相并列的具体人格权的一种，形象权区别于公开权。

③ Nimmer，*The right of publicity*，19law & contemp/prob/203，216（1954）.

④ 李明德：“美国形象权法研究”，载《环球法律评论》2003 年冬季号。

的商业形象权，是指除自然人以外，漫画或动画中的人物甚至动物以及其他物品，只要对顾客有吸引力，也能成为商业形象权的对象；另一种是狭义的商业形象权，是基于隐私权、肖像权、名人的形象所具有的经济价值而产生的权利。[①]

对于公开权，有赞成保护和反对保护不同观点。赞成保护的理由主要有三点：一是劳动保护说，认为名人的各种人格利益也是其劳动成果的体现，因此应当受到保护；二是防止不当得利说，认为利用名人的肖像、姓名等获取商业利益，应当支付相应的报酬，否则为不当得利；三是激发潜能说，认为名人为了自己更有名，会付出加倍的努力，因而会尽可能地激发其潜能，有助于促进个人的创造力，并最终刺激经济的发展。反对保护的理由：认为公开权适用范围的扩张，将使得一些事物、话语和行为被垄断化，并在公众的支配中消失。[②]

对公开权尽管有争议，但目前，认可人格标识的公开权并且予以完善的保护，已经成为世界范围内的趋势，被越来越多的国家民事立法所采纳。

二、我国人格标识侵权猖獗而立法、司法滞后的现实状况

在我国同样存在这样的问题和保护的现实需要。模仿美国前总统克林顿的形象出现在中国商品的广告上，在中国的电视画面中谈笑风生，推销中国的商品；在某些风景名胜区，有人模仿毛泽东、蒋介石的形象，招徕生意，获取报酬；[③]与著名笑星赵本山名字谐音的“赵本衫”商标已被北京一家公司注册成功，并以1000万元人民币的价格叫卖；与赵本山同命运的还有歌星谢霆峰、刘德华、彭丽媛，与他们的名字谐音的“泻停封”、“流得滑”、“膨立圆”分别被注册为止泻药、涂改液、丰乳霜的商标。除此之外，更多的诸如模仿“唐老鸭”的配音演员李昂的声音作广告、模仿喜剧演员赵丽蓉的声音进行商业宣传等，屡见不鲜。不但自然人的人格标识被广为应用于商业领域，一些享有声誉和知名度的法人或组织也未能幸免，某大学的人文环境已成为相邻房地产开发商楼盘宣传的重要内容。[④]

可是，面对我国广泛存在的非法使用民事主体人格标识的侵权行为的现实，但至今未见形成可资借鉴的司法判例，立法更是没有发出应当发出的声音。在理论上，一些学者尽管在努力探讨这个问题，但没有引起更多的注意。

立法和司法的滞后助长了非法的人格标识商业化开发。特别是当代科学技术的

---

① [日本]萩萩原有里：“日本法律对商业形象权的保护”，载《知识产权》2003年第5期。

② 王利明：《人格权法研究》，中国人民大学出版社2005年版，第260～261页。

③ 杨立新、林旭霞：“论人格标识商品化权及其民法保护”，载《福建师范大学学报》（哲学社会科学版）2006年第1期。

④ 杨立新、林旭霞：“论人格标识商品化权及其民法保护”，载《福建师范大学学报》（哲学社会科学版）2006年第1期。

迅猛发展,社会需求的极端需要,都促使商人加大力度,以侵权为手段,获取更大的利益和价值。前者如当代声音克隆技术已大大发展,科学家正在进行声音克隆软件的开发,声音可以通过一定的程序分解,再和别人的声音嫁接;银幕上可能会出现与真人声音完全相同的虚拟人物,或真人声音与别人形象结合的新的银幕形象,因而作为人格标识的声音的非法利用更为便捷和卓有成效。后者如铺天盖地的"模仿秀"、"真人秀",就是公然地攫取他人人格标识中的财产价值,几乎相当于在进行公开劫掠。

问题出在哪里?分析以上事例,我们可以清楚地发现,在当代社会的人格标识利益在商业化开发利用中,民事主体产生的权利要求并没有受到立法者和司法机关的重视,立法和司法还拘泥于传统的人格权和人格利益保护的旧的立法、司法传统。而人格标识利益的商业化开发利用恰恰不是传统的民事权利体系中的人格权或财产权所能涵盖得了的权利要求,因而使我国民法的人格权保护出现了盲区。

以模仿名人形象特征为例,这些模仿行为擅自使用他人的形象为自己创造商业利益,肯定没有侵害被模仿人的肖像权。事实上,某人长得与某个名人相似,并通过不同的形式再现自己的形象,显然并没有侵害名人的肖像权,因为他再现的毕竟是自己的肖像,哪怕某人长得和名人一点不像,而是通过化妆、整容后,以酷似名人的形象再现,他也没有侵犯名人的肖像权。同样,模仿行为也没有贬损名人的名誉或披露名人的隐私。用明星姓名的谐音注册商标,显然也是利用了姓名权、商标权保护的空白点,商标申请人没有直接使用明星的姓名,以这些姓名的谐音注册,也不违反商标法的禁止性规定。某大学的外观形象被任意使用也具有这样的性质和后果,该房地产公司显然没有侵犯大学的名誉权,该大学的社会评价不会因房地产公司的广告而降低;其行为也不属于侵犯商标权,无论该大学是否注册商标,房地产公司都没有商标侵权的行为表现;此外,由于大学与房地产公司并非同行业,因此不正当竞争也难以成立。在现有法律框架内该大学可以行使的最相近的权利是名称权,但实际上房地产公司用于吸引消费者并为其带来利益的并非大学的名称,而是该大学经历史沉淀而形成的浓厚文化氛围和优雅的环境,即大学的整体形象。在北京也有著名大学的形象被非法利用的典型案例,某开发商在商品房推销的广告中宣称:"您入住某某小区,您的子女将于某某大学教授的子女一同成长。"这样的广告,也是对某某大学的人格标识利益进行了非法利用,也是在侵害某某大学的公开权,但并未侵害其名称权等具体人格权。

同样,在美国法官判决的模仿歌星的声音一案中,被告也未侵犯原告的著作权,因为被告已就使用歌词与歌曲获得了其著作权人(并非原告)的许可,而声音则不受著作权保护;被告行为也不构成不正当竞争,因为 Midler 与被告并无直接竞争关系的存在。同时,被告也未使用原告的姓名、肖像、签名或者声音等,使用的只是另一歌手 Ula Hedwig 的声音。

以上事例中,被商品化利用的对象,无一不是民事主体的人格识别因素或人格特征，但由此产生的权利，又不仅仅是指向人的精神利益、人的价值的权利。更重要的是，人格标识商品化之后，人格利益的变化所导致的权利配置问题，是传统人格权体系中的姓名权、肖像权、名誉权、隐私权等具体人格权所无能为力的；对人格特征因商业利用而产生的财产权益，是否适用财产权规则、在何种程度上适用财产权规则，现行的财产法同样无法作出回答。于是，当基于表现民事主体人格特征的人格利益被无关的他人占有、支配、开发、利用，创造出相当的经济利益，并且从中获利时，权利人痛苦万分，侵权人沾沾自喜、自得其乐，而法律面对权利的侵害却显得苍白无力。因此，对人格特征商品化过程中产生的权利义务关系亟须公开权来进行调整和保护权。

第二节 公开权的基本问题

一、公开权概念的界定

界定我国的公开权的概念，应当重点研究两个问题：

（一）对这个权利概念应当怎样表述

对于这个概念的表述，最主要的有如下几种：（1）公开权；（2）商业形象权；（3）商事人格权。

对于上述概念的不同表述究竟应当采用哪一个，颇费斟酌。分析起来，最贴切的，应当是美国法中的公开权。值得疑虑的是，使用公开权的概念，似乎看不出其民事权利的性质、看不出人格权的性质，容易望文生义，认为是一个政治权利；特别是 20 世纪 90 年代出现的公开化运动，更容易想到这个概念的政治属性。因此，公开权的称谓似乎不大适合我国民法的表述习惯。商业形象权的概念，看起来概括力不够；而说到形象权就容易与具体人格权中的形象权发生混淆，也不够好。商事人格权的概念虽然突出了商事的特征，又强调了人格权的特征，但嫌过于概括、不够具体。相比较而言，还是公开权的称谓好像较为实际，又能够概括人格标识利益的商品化开发的权利内容和其属性，但其表述过长，不够方便。我在以前的文章中，对此曾经使用过人格标识的商品化权，简称为商品化权，①也使用过人格商业利用权。② 王利明认为，我国应当采用人

① 杨立新、林旭霞：“论人格标识商品化权及其民法保护”，载《福建师范大学学报》（哲学社会科学版）2006 年第 1 期。

② 杨立新、刘召成：“抽象人格权与人格权体系之构建”，载《法学研究》2011 年第 1 期。

格权商品化的概念。[①] 不过，是人格权商品化还是人格利益商品化，似乎后者更为准确，而权利是不好商品化的。

经过仔细思考，我最终还是觉得使用美国法原创的公开权更为稳妥，也最能表达这个权利的典型特征。因此，在本书中，对这个权利使用公开权的概念。

（二）对这个权利概念应当怎样界定

我国学者对公开权有不同的表述，如将此权利定义为："对自己的姓名、肖像和角色拥有保护和进行商业利用的权利"，[②]或"将能够产生商品信誉的知名人物姓名、肖像等形象因素进行商业化使用的无形财产权"[③]等。在美国，法院认为，公开权是对自己的姓名、肖像和角色拥有、保护和进行商业利用的权利。通常认为公开权简单地说就是这样：每一个自然人固有的，对其人格标志的商业使用进行控制的权利。未经许可使用他人的人格标志将侵害他人的公开权，并且损害他人这一固有权利包含的商业价值，而且这种擅自使用不能根据言论自由原则豁免其责任。也有的认为公开权是限制他人未经许可使用自己姓名、肖像及其他方面的个人特性的隐私权的一个分支权利。[④]

分析以上立法或学说，特别是对美国关于公开权概念的界定，对公开权的界定可以分为广义说与狭义说。广义说是将公开权的保护对象扩展到一切可以商品化的对象，包括真实人物、虚构角色以及其他可商品化的标记、符号、物品等。狭义说是将公开权的保护对象局限于自然人的形象特征，即"形象"是指与生命特征相联系的人的个性人格特征。我们认为，广义说将保护范围扩及一切可以商品化的对象，其保护范围失之过宽，虚构或创作中的角色更接近于著作权的保护对象，应由《著作权法》调整；而标记、符号、动物、物品等，与真实人物的人格标识不具有相同的法律特征，不应属于同一种权利保护的对象。而狭义说局限于保护具有生命特征的人格标识，其保护范围又失之过窄，现实生活中，法人、组织的标志性特征同样有被商品化利用的可能，因此，就如同法人、组织享有名称权、名誉权、信用权等人格权一样，它们也应享有公开权。

因此，我们认为应当采用较为适中的概念界定，即公开权是指民事主体包括自然人、法人和其他组织对其具有一定声誉或吸引力的人格标识利益进行商品化利用并享

---

① 王利明：《人格权法研究》，中国人民大学出版社 2005 年版，第 282 页。

② 王利明、杨立新主编：《人格权与新闻侵权》，中国方正出版社 1995 年版，第 427 ~ 431 页。

③ 刘妙春等："知名人物的公开权及其法律保护——鲁迅姓名、肖像商业使用引发的思考"，载 http://www.tianhlaw.com，2011 年 4 月 5 日访问。

④ 以上美国对公开权的定义，转引自王利明：《人格权法研究》，中国人民大学出版社 2005 年版，第 260 页。

有利益的权利。

二、公开权的保护对象

公开权所保护的人格标识利益包括自然人的肖像、形象、[1]姓名、声音,法人或其他组织的名称、标志性建筑、地理特征以及以上“可指示性要素”综合而成的整体形象。

(一)肖像

肖像是以自然人的正面或侧面的面部(即五官)为中心的外貌在物质载体上再现的视觉形象。对肖像(包括面貌酷似名人的肖像)进行商品化利用,属于公开权保护的范围。

(二)形象

即自然人面部之外的身体形象,包括人的形体特征、侧影、背影等。如媒体上出现“手形广告”中的手形,“内衣广告”中的形体都应属于公开权的保护范围。

(三)姓名

姓名包括真实姓名、笔名、别名、绰号,姓名是标表主体身份的重要标识,也是商品化利用的主要对象。[2]

(四)声音

声音是自然人人格标识之一,具有唯一性、稳定性的特征。一个人独特的声音或声音风格,如演唱者独特的演唱声音、朗诵声音也可以指示该演唱者或朗诵者的身份,因此,声音也应成为公开权的保护对象。

(五)名称

法人或其他组织的名称是一定主体的标识,具有将被标识的对象从同类中区别出来和宣传该被表示对象的作用。名称以文字组成,但名称所表达的信息远远多于所组成名称的文字本身所包含的信息。它往往包含了主体的信用、信誉以及一个法人或组织的整体形象,因此也应成为公开权的保护对象。

(六)各种形象因素的综合

在某些情况下一些可以指示特定身份的因素,如富有特色的装扮、特有的道具等,综合起来,可明确指向某一特定的人,或者能让公众意识到某一特定的人。那么,这些

---

① 这里的“形象”是指自然人面部之外的身体形象。

② 但是,在重名的情况下,原告必须证明被告所使用的就是他的姓名或者说被告所用的姓名是指向自己的,否则就不能证明被告使用了自己的人格标识。

综合因素就是主体的人格标识并可加以商品化利用。[①] 同样的道理,特定的地理特征、建筑、历史传统等因素,综合起来,明确指向某一具有影响力、号召力的法人或组织,那么,这些因素的综合,也可能成为商品化的对象。

三、公开权的基本属性问题

(一)对公开权基本属性的不同认识

对于公开权的基本属性,学说上认识颇不一致。主要的观点是:

1. 人格权说

美国学者认为,公开权是从隐私权中衍生出来的一种新型人格权,是将隐私公开从而商业化使用的权利,或者公开权不过是确认了每个人人格中固有的特征,一些法院不愿意承认姓名、肖像等人格利益具有财产因素,因而创造了公开权概念并予以保护。在一些大陆法系国家,因为公开权是对人格标志的利用进行控制的权利,所以认为公开权是一种具有财产价值的人格权。[②] 因而其基本属性仍然是人格权。

2. 财产权说

由于公开权广泛存在于社会各个领域,特别是存在于经济领域,其主要功能是保障、促进人格利益的商品化利用,保护民事主体的权利的自我享有并获得其中的利益,因此,许多学者将其定位于财产权,认为"该权利所保护的是自然人身份中的商业价值或财产权益,事实上形象权本身就是因为保护这种财产权益而发展起来的。"[③]

3. 特殊知识产权说

这种主张以《世界知识产权公约》对知识产权范围的界定为依据,认为公开权属于第 7 项"制止不正当竞争,以及在工业、科学、文学或艺术领域,由于智力活动而产生的一切其他权利"的范围。该观点认为公开权具有无形性、专有性、地域性、时间性这些知识产权的特性。[④]

---

① 1992 年,美国的"怀特"一案是将各种因素综合起来判定是否侵犯他人身份特征的典型判例。原告怀特是著名的电视娱乐节目"幸运之轮"(WheelofFortune)的女主持人,收看该节目的电视观众非常广泛。被告三星电子公司为新上市的盒式磁带制作了一则广告,画面为一个拟人的机器人形象,头戴金色假发,身着晚礼服,佩戴珍珠项链。这是广告设计者刻意模仿怀特穿着的结果。除此之外,这个类似机器人的形象还站立在一块竞赛牌子(牌子上写有各种英文字母)的旁边,就像怀特主持"幸运之轮"节目时所做的那样。第九巡回上诉法院认为,如果将广告中的各个要素分开来看,不能说被告侵犯了原告的权利;但如果将其中的各个要素综合起来,毫无疑问广告所描绘的就是原告。因此,被告显然使用了原告的身份。

② 王利明:《人格权法研究》,中国人民大学出版社 2005 年版,第 266 页。

③ 李明德:"美国形象权法研究",载《环球法律评论》2003 年冬季号。

④ 刘春霖:"公开权论",载《河北大学学报》1999 年第 4 期;相同观点有朱妙春等:"知名人物的公开权及其法律保护——鲁迅姓名、肖像商业使用引发的法律思考",载特许经营律师网,http://www.fclaw.com.cn/Details.asp? id = 12394,2011 年 4 月 21 访问。

4. 无形财产权说

这种主张认为，诸如姓名、肖像、形体、名誉等人格因素，在商业化过程中已由传统人格利益演变成商业人格利益，即非物质化的新型财产权益，与商誉权、信用权、特许经营权一样，都是一种非物质属性但又不能归类于知识产权范畴的无形财产权。①

5. 边缘权利说

与上述观点不同，有学者认为，公开权在传统人格权和知识产权的边缘地带产生，但这并不表明可以将其简单地纳入人身权或知识产权的任一范畴。公开权的特殊权利性质决定了由反不正当竞争法予以保护更为妥当。

6. 人格权的一个部分说

这种主张认为，公开权是人格权的一个部分，而非一个独立的人格权，但也拥有一般的人格权不同的特色，对于在具体的问题的处理上，与公开权独立说的不同之处也很少。②

(二)对上述观点的分析

我们认为，上述这些观点未能正确反映公开权的真实的法律属性。

第一，公开权并不具备知识产权区别于其他民事权利的突出特征，即智力成果的创造性。作为公开权保护对象的人格标识如肖像、姓名等，是主体所固有的人格利益而不是知识产品。同时，它也不具有知识产权的地域性特征，就知识产权而言，按一国法律授予的知识产权只能在该国受到保护，除签有国际公约或双边互惠协定以外，知识产权没有域外效力；而公开权无须特定机关授予，也不会因为地域限制而失去保护。因此，将公开权归类为知识产权的理由难以成立。

第二，“无形财产权说”强调了人格因素在商品化过程中所产生的商业利益、财产价值，但忽略了公开权旨在保护主体的“人格标识”或“人的确定因素”的价值，它的产生以人格特质为前提，以人的情感、声誉、地位为基础，这是区别于任何财产权利的本质特征。同时，习惯上将无形财产权指代于知识产权，使用无形财产权的称谓也会混淆公开权与知识产权之间的界限。

第三，“特殊权利说”和“边缘权利说”未能明确公开权的法律地位，进而言之，该观点突破了传统民法的权利分类，强调了权利的保护方法，但忽略了权利类型的体系化思考的功能、示范的功能和认知价值，其结果不仅仅会带来法律推理的困难，而且还会带来利益分配、权利规则制定的困难。

---

① 吴汉东：“形象的商品化与商品化的形象权”，载《法学》2004 年第 10 期。

② ［日］五十岚清：《人格权法》，铃木贤、葛敏译，北京大学出版社 2009 年版，第 146 页。

(三)公开权的基本属性是抽象人格权

我们认为,公开权属于人格权体系的范畴,属于抽象人格权,是与一般人格权、自我决定权相并列的一种抽象人格权。

第一,公开权所保护是能够被商业化开发的人格利益,属于人格利益中的一类。民事主体对自己的姓名、名称、肖像、声音、形体等人格标识进行支配、利用,是以主体人格的独立性、完整性与不可侵犯性为基础,同时也为了使自身的价值得到充分的发挥。对人物的姓名、肖像等人格标识利益的商业化使用的保护,最初正是衍生于对人格利益的保护。正如 Jerome Frank 法官在前述 Haeleu Laboratories, Inc. V. Topps Chewing Gum 案中指出的那样,某些原告因其姓名或肖像被用于推销玉米片或洗发水而感到窘迫和羞辱,而另一些原告则因他们的姓名或肖像被投入商业使用但未得到任何报酬而感到愤怒。因此,Frank 法官才将一个人控制其姓名或肖像的商业化利用的权利称之为“right of puhlicity”。① 同时,被商品化利用的人格标识与人格的社会评价密不可分。例如,知名人物的声音、形体、习惯性动作等之所以可能成为商品化的对象,并非基于上述形象因素本身的艺术美感,而是利用了消费者对依附于其上的知名人物社会影响力所产生的信赖。从这个意义上讲,普通人的人格标识的商品化只是一种可能,而知名人物的人格特征转化为商业利益则具有保护的更为现实的必要。

第二,人格权非财产性的理念已被现代民法所突破。在传统意义上,人格权都不包含财产因素,进而不能进行积极的利用、转让、继承,甚至于把限制人格利益的商品化作为民法的宗旨之一,这极大地限制了“人作为终极目的”在法律上的实现。现代科学技术的发展、市场经济的深化、新闻媒体的发达,使人格利益转化为商业价值成为现实,而民事主体面对这样自己的人格利益中存在的商业价值,一方面不会无动于衷,另一方面也应当对这种利益进行严密的保护,使其归属于自己。现代民法不得不面对人格利益中物质利益因素凸显的现实,进而加快人格权体系扩张的进程,创设更多的人格权,对人格利益包括其中的财产价值进行更完善的保护。姓名、肖像、声音、名称等人格要素所包含的财产利益保护以及商业信誉、信用的保护,就是其典型表现。

第三,基于同一人格要素,可以同时存在不同的权利并实现不同的功能。肖像、姓名等人格要素之上可以在存在肖像权、姓名权等具体人格权的同时,存在公开权。具体人格权的功能重在维护人格独立及人的自由发展的精神利益,同时也保障人格利益中的财产性利益。而公开权作为抽象人格权,更是一种权能性权利,因而是允许他人使用、开发自己的人格利益并获得报酬的权利,其主要功能是保障、促进人格利益的商业化利用,既促进市场经济发展,又使民事主体在其中获益。公开权可能与具体人格

---

① 董炳和:“论形象权”,载《法律科学》1998 年第 4 期。

权产生竞合,例如,未经许可将在世的名人的姓名、肖像付诸商业使用,无疑是侵害肖像权、姓名权的行为,同时也是侵害公开权的行为。又如,未经许可将他人的姓名、肖像用于宣传或推销质量伪劣的产品,一方面,他会因劣质产品而受奚落使名誉权受损;另一方面,又会因未经许可商业性地使用了他的人格利益,造成人格权的损害。尽管如此,公开权仍不能为具体人格权所取代。如前所述,肖像权、姓名权等具体人格权不能解决模仿名人肖像、形象进行商业宣传的问题,同时也不能回答人格利益的放弃、转让、继承等问题,而公开权可以弥补具体人格权无法涉及的范畴。

第四,公开权与一般人格权亦有不同的作用。一般人格权虽有对具体人格权的补充、释明的功能,但由于一般人格权的内容主要是人格独立、人格自由与人格尊严,一般人格利益具有趋同性,一般人格权对人格利益的保护主要表现为消极权利,即以禁止性方式对侵害人格利益的行为进行救济;而公开权不仅包含消极权利,还包含授予他人利用自己的人格标识的积极权利。因此,公开权不能为一般人格权所吸纳、所涵盖,只能作为一种独立的人格权而存在。

综上,公开权与自我决定权、一般人格权共同构成抽象人格权体系,从不同的角度、以不同的方式对人格利益进行全面保护。

第三节　公开权的基本范畴及救济手段

一、公开权与相关具体人格权调整范围的整合

毫无疑问,公开权与相关的具体人格权有重合之处。姓名权、名称权、肖像权、声音权、形象权等,都是独立的具体人格权,而公开权也恰恰是在保护这些权利的商业化开发中存在的财产利益。把公开权作为一个独立的人格权,究竟应当如何处理这个权利与相关的具体人格权的调整范围,确实是一个重要问题。

事实上,美国的具体人格权保护与公开权的保护也存在同样的问题。例如,美国的肖像权受到隐私权的保护,侵害肖像权的侵权行为直接依照隐私权保护的法律处理。例如,《美国侵权行为法第二次重述》第652C条规定:“为自己适用或利益而窃用他人之姓名或肖像者应就侵害其隐私权而负责任。”[①]如果涉及肖像利益的商业化利用,需要以公开权保护的,则引用公开权的判例法进行判决。

---

① 美国法学会:《美国法律整编·侵权行为法》,刘兴善译,台湾地区司法周刊1985年版,第544页。

结合我国立法和司法的实际情况，我们可以采取下述办法进行整合和适用法律：

（一）明确分工

如前所述，凡是涉及相关具体人格权保护的一般保护的，适用具体人格权保护的保护方法进行保护；凡是涉及人格标识利益进行商业化开发利用的特殊保护的，适用公开权的保护方法进行保护。

（二）对难以区分的解决办法

对于无法区分是具体人格权的问题还是公开权的问题，其实也不一定就要截然分开，由于公开权所保护的与相关的具体人格权所保护的目标并无原则的差别，适用哪种权利进行保护，并没有实质性的区别，都是可以的。即使是应当适用公开权进行保护，而采取了具体人格权保护的保护方法进行保护，也不说能就是错误的。

（三）法律适用

在法律适用上，姓名权、名称权和肖像权已经有了明确的立法，对这些权利的救济直接适用这些法律规定确定责任和救济方法。对于形象权、声音权等具体人格权的救济，由于法律没有明确的规定，可以适用最高人民法院《关于确定民事侵权精神损害赔偿责任若干问题的解释》中有关其他人格利益保护的规定予以保护。对于公开权，现行法律当然没有规定，也可以适用《关于确定民事侵权精神损害赔偿责任若干问题的解释》中有关其他人格利益保护的规定予以保护。

二、公开权的主体、客体和内容

公开权的主体包括拥有人格标识的自然人、法人或其他组织，以及公开权的受让人、被许可人。

公开权的客体是民事主体对人格标识所享有的人格利益，主要表现为商业利益。

公开权的内容包括两个方面：一是消极权利，即人格标识的禁用权，权利人享有排除他人擅自将自己的各类人格标识进行商业化利用的权利。禁用权的行使以他人故意进行商业化使用为前提，换言之，合理使用应受法律保护。如果是利用他人的人格标识和特征，并足以误导社会公众，权利人有权禁止。二是积极权利，即人格标识的利用权，是指权利人对各类人格标识进行商品化利用的权利。权利人既可以是自己将各种人格标识使用于商业领域之中，依靠人格特质对公众的吸引力而在商品经营中直接获取利益；也可以是转让、许可他人将人格标识用于相关商品和商业活动中，从而收取转让费或许可费。

授权他人使用是公开权实现的主要途径。授权使用应对一些重要问题作出约定，如使用人格标识的商品或服务的范围、具体方式，地域、时间、范围以及专有使用或非专有使用。

三、公开权的期限

知名人物的人格特征往往永久存在于公众心目中,但人格利益是否应无期限地受到保护?对于公开权保护期限及于权利人终生,一般不存异议。但是,在权利人死后,公开权是否受保护?保护的法理根据是什么?在理论上和实践中存有不同见解。

有观点认为,人格权的消灭并非等同于人格权具体表现形式(如姓名、肖像)的本身不受法律保护,保护死者的姓名、肖像的目的是保护其上的精神利益,与死者关系密切的近亲属或其他个人、团体,作为该精神利益承受者,以大致与姓名权、肖像权相同的保护方式加以保护。①

相反,从前述公开权属于"财产权"的观点出发,不少学者认为,公开权属于具有可转让性和继承性的"财产价值权"。公开权在权利人死后"由其继承人继承"。②

在美国司法判例中,对权利人死后公开权保护及其根据也有不同的范例。例如,加州一高等法院在 Lugosi V. Universal Pictures 一案中认为,因电影 Dracula 而闻名的已故演员 Bela lugosi 亲属对他的肖像使用享有经济上的权益,Lugosid 的亲属已经继承了因电影中 Count Dracula 角色衍生而来的名誉和肖像的商业使用权;但上诉法院随后又推翻了关于继承性的判决;1979 年 12 月,加州最高法院确认了改判。在驳回公开权可继承这一判决的同时,加州法院也注意到,应该对"艺术家对自己劳动成果应有的权利严重缺乏支持"这种观念有所制止。通过将公开权与现有版权法关于艺术作品保护作类比,大法官建议,可以采用公众人物死后 50 年享有公开权的财产利益。③ 这一建议可以看成是在公开权的继承与公众利益之间寻求平衡。

在德国,虽然没有明文对此进行规定,但是在 1958 年德国民法典人格和名誉保护改革法草案中,也曾经提出过类似的建议,即"如果受害人已经死亡,或者侵害直接指向死者,其亲属有权主张权利,除非死者已经指定并授权他人在此情形下主张权利。自受害人死亡 30 年期满后,该权利不能再主张,除非已经依合同承诺或者在此前已经诉诸法院"。

我们认为,公开权保护期限的界定,应与权利人的人身权益相联系。学界关于"民事主体在其诞生前和消灭后,存在与人身权益相区别的先期法益和延续法益"④的观

---

① 刘妙春等:"知名人物的公开权及其法律保护——鲁迅姓名、肖像使用引发的法律思考",载特许经营律师网, http://www.fclaw.com.cn/Details.asp? id = 12394,2011 年 4 月 21 访问。

② 熊进光:"商事人格权及其法律保护",载《江西财经大学学报》2001 年第 5 期。

③ The Descendibility of the Right of Publicity :Memphis Development Foundation v . Factors Etc ,Inc , Heinon line - 14 Ga. L. Rev. 831.

④ 杨立新:《人身权法论》,中国检察出版社 1996 年版,第 284 ~ 285 页。

点，对阐明民事主体身后人格利益保护问题提供了理论基础。该观点认为：民事主体在取得民事权利能力之前和终止民事权利能力之后，就已经或继续存在某些人身利益，这些人身利益都与该主体在作为主体期间的人身利益相联系。这些先期利益和延续利益，对于维护主体的法律人格具有重要意义；人身法益与人身权利互相衔接，统一构成民事主体完整的人身利益；民事主体人身利益的完整性和人身法益与人身权利的系统性，决定了法律对民事主体人身保护必须以人身权利的保护为基础，向前和向后延伸。基于上述理论，我们认为，对形象利益的保护应在权利人死亡后延伸；具体的保护期限，应参照最高人民法院关于保护死者姓名、肖像、名誉、荣誉、隐私利益的方法，由死者的近亲属作为保护人，并界定保护的期限；如果死者没有近亲属的，就不再予以保护。这种做法与规定具体期限的做法相差不多，并且已经有司法解释作为依据，可以采用。

四、公开权的法律救济手段

侵害公开权的救济手段，仍然适用人格权请求权和侵权请求权的方法。由于公开权的功能体现为民事主体对自己的人格标识的使用及其财产价值的控制权，对公开权的侵害直接导致权利人财产利益的减损。因此，对公开权的救济应采用财产权保护的规则，即禁令和损害赔偿。

禁令，也称为禁制令，是指为制止侵权行为，从而使权利免受侵害和侵害危险的一种措施。它类似我国《侵权责任法》第 21 条规定的停止侵害、排除妨碍、消除危险和在诉讼中的对停止侵权先于执行的裁定。[①] 侵权禁令就是法院根据当事人的申请发布的令侵权人停止正在实施或即将实施的某种侵权行为，从而使权利人免受侵害或侵害危险的一种强制性措施，其目的在于保护权利人免受继续发生或将要发生的侵害，以此预防难以弥补损害的发生。在公开权的领域，对于那些损害数额不大的情况，禁令是一种有效的救济方法，应当更多地采用，以制止侵权行为，保护当事人的民事权益。

损害赔偿是侵害公开权主要的救济手段。请求损害赔偿首先应有损害事实发生，凡未经授权商业性使用权利人的肖像、姓名、形体、声音等人格标识，即构成侵权，包括商业性使用面貌酷似名人的肖像、模仿名人的形象、声音，以及商业性使用知名人物、组织姓名、名称的谐音，只要有相当数量的一般社会公众，能够辨别出使用的是权利人的人格标识，即构成侵权，但法律有限制的除外。其次应有财产利益的损失。财产利益的损失应为权利人对其人格标识所享有的商业利益的损失，包括权利人因侵权行为

① 蒋志培："美国对专利侵权的法律救济"，载"WTO 与法治论坛"，http://www.wtolaw.gov.cn/display/displayInfo.asp? IID = 20020924152212790 9，2011 年 4 月 21 日访问。

丧失的市场价值和侵权人所得的非法利润。损害赔偿以过错责任为归责原则，以填补权利人损害、恢复致未损害前的状态为原则。在市场均难以确定的情况下，采用法定赔偿金制度，即由法院根据法律规定的赔偿数额的范围，考虑侵权行为的社会影响、侵权手段与情节，作出相应的裁判。

第三编　具体人格权

第十四章　生命权

第一节　生命

一、生物学的生命概念

（一）生命的一般概念

生命原本是生物学的概念。在自然界中，由物质构成并具有生长、发育、繁殖等能力的物体，是生物。生物能通过新陈代谢作用跟周围环境进行物质交换而维持其生命，新陈代谢一停止，生命就停止。从生物学的角度上看，生命是“生物体所具有的活动能力”，①或者是“由高分子的核酸蛋白体和其他物质组成的生物体所具有的特有现象”。② 更详细一点说，生命是生物体所具有的利用外界的物质形成自己的身体和繁殖后代，按照遗传的特点生长、发育、运动，在环境变化时能够适应环境的活动能力。生命的本质，实质上是蛋白质存在的一种形式；其基本特征是，蛋白质通过新陈代谢而不断地与周围环境进行物质交换，保持其活力。新陈代谢停止了，蛋白质即失去其活力而分解，生命亦不复存在。

（二）法律意义的生命概念及其意义

法律意义上的生命，并不是泛指一切生物的生命，而仅指自然人的生命。因此，生命是指自然人的人体维持其生存的

① 《现代汉语词典》，商务印书馆 1979 年版，第 1016 页。

② 《辞海》，上海辞书社 1979 年版缩印本，第 1727 页。

基本的物质活动能力，是维持其民事主体地位的的最高人格利益。仅将生命认定为作为法律主体存在的自然人的最高人格利益，①没有揭示生命是人体维持其生存的基本的物质活动能力，并没有解释生命的本质。

人的生命是人的最高的人格利益，具有至高无上的人格价值，是人的第一尊严。中国古代学者云："人之所宝，莫宝于生命。"②黑格尔则认为："生命是无价之宝。"③这些论断无不道出生命之于人的最高价值。

从法律的意义上看，生命之于人的最高价值在于：

第一，生命是人具有民事权利能力的基础，人之所以具有民事权利能力，就是其具有生命，因而法律规定，自然人的民事权利能力始于出生，终于死亡，即在其具有生命形式时，才具有民事权利能力。人不具有生命，就不成其为民事权利主体，亦不具有民事权利能力。

第二，生命具有不可替代性，世界上"没有类似生命的东西，也不能在生命之间进行比较"，因而人的生命"没有什么法律的替换品或代替物"。④ 人的生命一旦丧失，就不可逆转地消灭，没有任何办法予以挽回。

第三，生命不仅对于人的本身具有价值，而且对于整个社会具有价值，人之所以能够制造工具改造自然，创造物质财富和精神财富，系以其具有生命为前提。人享有生命而创造财富，对他人、对社会均具重要的意义。

二、生命的开始与终止

（一）生命开始于出生

何为出生，历来有不同的主张，诸如"阵痛说"主张产妇阵痛开始为出生，"一部露出说"主张胎儿一部露出母体之外为出生，"全部露出说"主张胎儿全部露出母体之外为出生，"断带说"主张胎儿与母体分离，脐带剪断为出生，"独立呼吸说"主张胎儿产出母体并开始独立呼吸为出生，"发声说"则主张胎儿离开母体后发出第一次声音为出生。

郑玉波认为，出生应具备两个要件，一为"出"，二为"生"，二者缺一不可。"出"即指与母体分离，"生"则是指脱离母体的婴儿应有生命，而不论其生命所能保持的时间的长短。⑤ 这一主张无疑是正确的，但其仍没有解决"出"和"生"的具体标准。

---

① 王利明：《人格权法研究》，中国人民大学出版社2005年版，第303页。

② 《北史·源贺传》。

③ ［德］黑格尔：《法哲学原理》，范扬、张企泰译，商务印书馆1982年版，第106页。

④ ［德］康德：《法的形而上学原理》，沈叔平译，商务印书馆1991年版，第166页。

⑤ 郑玉波：《民法总则》，台湾地区三民书局1979年版，第68～69页。

关于"出"与"生"的标准,史尚宽认为,前者为胎儿须由母体完全脱离,以完全露出为标准,则脐带虽尚与母体连络,不妨谓之出生;后者以有活存之必要,即全部露出时须有呼吸能力。[①] 史尚宽先生提出的这一标准是较为可行的。按照当代医学公认的出生标准,出生应为胎儿完全脱离母体,独立存在,并能自主呼吸。何为完全脱离母体,一为史尚宽先生主张的"完全露出"说,二为"脐带剪断"。我认为,即以能独立呼吸为基本标准,则不必对完全露出和断带进行斤斤计较,因而同意史先生的意见。

胎儿是否有生命,是一个颇有争论的问题。否定说认为,尚未出生的胎儿不具有民事权利能力和主体资格,而仅属母体的一部分;[②]肯定说认为,胎儿虽未具有民事权利能力,但其已具有生命的形式。随着现代医学科学技术的发展,肯定说的主张渐占上风。澳大利亚维多利亚议会上院处理的美国自然人里奥斯夫妇所遗胚胎案,对此采取了积极的保护办法。里奥斯夫妇死于飞机失事,在澳大利亚墨尔本医院的胚胎库中,留有里奥斯夫人的卵子与匿名供体的精子受精而成的两个胚胎。如何处理这两个胚胎,澳大利亚专门成立了一个国际研究委员会,经反复研究提出了破坏这两个胚胎的建议。维多利亚议会上院决定把胚胎植入代理母亲子宫中,长大后继承里奥斯的遗产。[③] 这一件对胚胎生命予以法律保护的判例,显然采纳了肯定说的主张,也为肯定说主张提供了成功的例证。

我认为,胎儿(包括成功受孕的孕卵、胚胎)在客观上具有生命的形式,具有准人格,是不可否认的事实。但是,这种生命形式还不是生命权的客体,而是一种先期的生命利益,法律对这种先期生命利益予以保护,称之为先期生命法益。如果以胎儿的生命不是生命权的客体为论据,否认胎儿不具有生命的形式是不正确的;但是,因此而认为胎儿的生命与人的生命完全相同,没有区别,也是不正确的。因为胎儿的生命尚不是成熟的生命形式,只是先期的生命形式。

在实务上如何确定出生的时间,即生命开始的时间,一般应以医学上确认的出生时间为准。最高人民法院《关于贯彻执行〈中华人民共和国民法通则〉若干问题的意见(试行)》第1条规定:"……出生的时间以户籍证明为准;没有户籍证明的,以医院出具的出生证明为准。没有医院证明的,参照其他有关证明认定。"这一司法解释的意见虽然比较模糊,但是比较符合我国的实际情况,基本可行。至于涉及权属争议需要精确确定出生时间的,应当参照前述标准确定。

(二)生命终止于死亡

何为死亡,也有不同主张。诸如"脉搏停止说"认为脉搏停止为死亡,"心脏停止

---

① 史尚宽:《民法总论》,台湾地区正大印书馆1980年版,第73页。

② 王利明主编:《人格权法新论》,吉林人民出版社1994年版,第299页。

③ 邱仁宗:《生命伦理学》,上海人民出版社1987年版,第51页。

说”认为心脏停止跳动为死亡,“呼吸停止说”认为呼吸停止为死亡,“脑死亡说”认为大脑机能停止活动为死亡,“生活机能丧失说”认为生活机能遭到损害不能复生为死亡。史尚宽先生认为,死亡谓生活机能之绝对终止,一般以呼吸及心脏鼓动之停止时,为死亡的时期。[①] 可见生活机能损害的主张是一个综合的判断标准,较为稳妥。

确定死亡,在理论上应采“生活机能丧失说”作为判断标准。在实践中,应遵医学上的死亡确定为标准,以死亡证书上记载的时间为准,如果死亡证书上记载的时间与自然人死亡的真实时间有误差的,或者具体时间不精确的,则以查明的实际死亡为准。自然人死亡,其生命即时结束。

确定自然人生命终止的死亡为自然死亡,不包括宣告死亡。宣告死亡是自然人下落不明达到一定期间,依法律推定该自然人死亡,其目的不是解决其是否享有生命问题,而是要解决该自然人参与的民事法律关系因他长期失踪而造成的不确定状态问题。宣告死亡不必然引起生命终止,只有自然死亡才必然引起生命终止。

第二节 生命权的概念及特征

一、生命权的概念

(一)生命权的概念和性质

对生命权这一法律概念如何界定,有不同的主张。一是认为“生命权者,不受他人之妨害,而对于生命之安全,享受利益之权利也”;[②]二是认为“生命权,为享受生命安全之人格的利益之权利”;[③]三是认为“生命权是指自然人在社会上生存的权利”;[④]四是认为“生命权是自然人以其性命维持和安全利益为内容的人格权”;[⑤]五是认为“生命权是以自然人的生命安全的利益为内容的权利”。[⑥]

在以上对生命权的定义中,强调生命权是以生命安全利益为内容的权利,是其基

---

① 史尚宽:《民法总论》,台湾地区正大印书馆 1980 年版,第 75 页。

② 何孝元:《损害赔偿之研究》,台湾地区商务印书馆 1982 年版,第 124 页;龙显铭:《私法上人格权之保护》,中华书局 1948 年版,第 42 页。

③ 史尚宽:《债法总论》,台湾地区荣泰印书馆 1978 年版,第 140 页。

④ 徐显明主编:《自然人权利义务通论》,群众出版社 1991 年版,第 242 页。

⑤ 张俊浩主编:《民法学原理》,中国政法大学出版社 1991 年版,第 143 页。

⑥ 王利明:《人格权法研究》,中国人民大学出版社 2005 年版,第 303 页。

本方面，这是正确的。强调生命权包括维持生命的内容，则是生命安全利益的文中应有之义；至于强调生命权就是自然人生存的权利，则在概念上与生存权相混淆。有的学者认为现代自然人生命权已增加了尊严权的内容，生命与尊严的结合，可以理解为人“体面地生存的权利”，①这种理论不仅与生存权相混淆，而且也与一般人格权相混淆。在上述对生命权的定义中，以第五个定义比较准确。

故我认为，生命权是指自然人维持其生命存在，以保证其生命安全利益为基本内容的具体人格权。

（二）生命权的性质

关于生命权是否为独立的人格权，在学说上有三种主张：

1. 否定说

否定说主张生命非为独立人格权，认为有权利则有救济为法律上不可动摇的格言，如无救济之途，即不得谓为权利。在丧失生命之情形，被害人的人格即已消灭，自无由行使赔偿请求权，结局对于生命之丧失，不得请求何等赔偿，故生命非权利。②

2. 肯定说

肯定生命权是人格权的观点为通说，主张生命为人格利益中之最高贵者，应加特殊保护，故应为独立的人格权。《德国民法典》和《瑞士债务法》采此说，明定生命权为独立的人格权。

3. 身体权之一部分说

这种主张认为生命权为身体权之一部分，认为生活之身体为身体权成立之要素，身体的保护，当然包括生命之保护在内，盖所谓保护身体，乃谓保护生活之身体，而使生命绝止，系侵害身体之最者故也。③ 这种主张实质上承认生命权，但包含在身体权之内，不具独立人格权的性质。

我国《民法通则》和《侵权责任法》明文规定生命健康权包含生命权、健康权和身体权，认生命权为独立的人格权，为我国民法学的通说，并有法律确认。同时应当看到，生命权是一项具有普世性的基本人权。1948 年《世界人权公约》第 3 条规定：“人人都有权享有生命、自由和安全。”《自然人权利和政治权利国际公约》第 6 条也规定：“人人固有的生命权，应受法律保护，不得任意剥夺任何人的生命。”这些规定表明，生命权对于自然人而言，具有极为重要的地位和价值，是重要的民事权利。

---

① 徐显明：“生存权论”，载《中国社会科学》1992 年第 5 期。

② 龙显铭：《私法上人格权之保护》，中华书局 1948 年版，第 42 页。

③ ［日］鸠山秀夫：《日本债权法各论》，第 817 页。转引自龙显铭：《私法上人格权之保护》，中华书局 1948 年版，第 42 页。

二、生命权的基本法律特征

生命权为独立的人格权，因而有别于身体权、健康权，也有别于劳动能力。其法律特征是：

（一）生命权以自然人的生命安全为客体

生命权与身体权为相互依赖的人格权。生命存在于身体之内，身体依赖于生命的存在而存在。无身体，生命无所依存；无生命，身体则不复为身体。尽管如此，生命权与身体权并非为一个权利，各有不同的权利客体，身体权的客体是人体的整体构造，以及维护该种构造的完整性的利益；生命权的客体则是以人的生命安全为客体，即维护生命的正常活动，保障生命不受非法剥夺的人格利益。学者有谓生命加尊严方为生命权的客体，其错误之处，就是扩大了生命权的客体范围；生命加尊严，提高了生命的质量，但尊严却不是生命权的客体。法律赋予自然人以生命权，即依法保护其生命安全的利益，禁止他人侵害其生命。提高生命的质量，则由其他人格权来发挥此种功能，如以人格尊严为客体的一般人格权。

生命权与身体权的客体不同，在各自受到非法侵害时，表现得更为明显。“然身体权因创伤而受侵害，生命权则非有死亡发生，不能认为受侵害，故二者应分别视之。”[①]这一论述很精辟，身体权受侵害，表现为身体完整性的破坏，生命权受侵害，必须以生命不可逆转的丧失为标准，二者的区别极为鲜明。

（二）生命权以维护人的生命活动延续为其基本内容

生命权的基本内容是维护人体生命活动的延续，防止人为地将其终止。生命权与健康权相互依赖，人体生命活动的延续依赖于人的健康状况，人的健康状况又以人体生命活动的存在为前提。尽管如此，这两种不同的人格权也有本质的区别。健康权维护的是人体机能的完善性，保持其正常运作，而生命权维护的是人的生命活动的延续。违法行为侵害健康权，破坏了人体机能的完善性，但经过治疗，可以完全恢复健康和部分恢复健康，即使是受到破坏的健康状况不能恢复，但终无生命丧失的危险；而违法行为侵害生命权，则使人的生命活动不能继续延续，其必然后果是死亡。

（三）生命权的保护对象是人的生命活动能力

生命活动能力基础，在于人体蛋白质的新陈代谢能力。人体蛋白质的新陈代谢能力保证人体不间断地与周围环境进行物质交换，使人体生长、发育、运动、繁殖，保持其生命活动能力，生命权的保护对象正是人的这种生命活动能力。劳动能力，是人的一种重要的能力，为健康权的基本内容之一；人的生命活动能力与人的劳动能力并不相

---

① 龙显铭：《私法上人格权之保护》，中华书局1948年版，第42～43页。

同,劳动能力是人创造物质财富和精神财富活动的体力和脑力的总和。人的生命活动能力与人的劳动能力的区别在于,一是内容不同,前者的内容为人体蛋白质的新陈代谢能力,后者是在具有生命活动能力的基础上,为从事劳动,创造财富的体力和脑力;二是性质不同,人的生命活动能力是一项独立的人格利益,劳动能力则不是一项独立的人格利益,而是健康利益的一项具体利益。

(四)生命权在人格权中具有至高无上的地位

在所有的人格权中,生命权具有最高的、其他人格权无法比拟的法律地位,是至高无上的人格权。他不仅有民法的保护,还有宪法的保护。人格权还是各种具体人格权以及其他民事权利享有的基础,一个人的生命丧失,就丧失了所有的民事权利。更重要的是,生命权具有不可重复性,一旦丧失,无法再生,因而民法保护人的权利,最重要的就是保护人的生命权。同样,生命权是平等的权利,是不得克减的权利,不受非法限制,任何非法限制生命以及生命权行使的行为,都是违法行为。

第三节　生命权的内容

一、生命权内容的不同主张

(一)代表性的观点

关于生命权的内容,学者论述不多。较有代表性的主张有以下几种:

一是认为生命权的内容包括自卫权和请求权。《自然人权利义务通论》一书作者认为:自然人生命权具体表现为两个方面,即自卫权和请求权。自卫权是指当自己的生命面对正在进行的危害或即将发生的危险时,有权依法采取相应的措施自卫,或者采取紧急避险措施以防止危险。请求权是指当自然人的生命遭到不法侵害时,其本人或其亲属有权要求司法机关追究加害人的法律责任。[①]《法律学全书·民法学》的作者也持这种观点,认为生命权的内容包括保护自己生命安全的权利和依法请求司法保护的权利。[②]

二是认为生命权以性命维持和安全利益为其基本内容。这种主张虽未详细解说

① 徐显明主编:《自然人权利义务通论》,群众出版社 1991 年版,第 243 页。
② 刘春茂主编:《法律学全书·民法学》,中国人民公安大学出版社 1992 年版,第 619 页。

这两项内容,但认为生命权包括性命维持和安全利益两项内容,则是肯定的。①

三是认为生命权包括:生命享有权即生命权人有权享有自己的生命利益;生命维护权包括生命权人对生命利益享有的消极维护以及在遭受侵害时享有的积极防卫权;以及生命利益的有限支配权。②

四是认为传统生命权属于消极意义上的自由权体系，目的在于抵制国家专断剥夺个人生命，新的生命权概念在保持传统属性的同时又注入了新的内涵，一些社会权被赋予自由权属性从而获得司法保护，诸如住所权、医疗健康权、劳动权、环境权、受教育权等权利因与生命质量相关联而被重新解释。③

(二)生命权的具体内容

综合分析以上主张,各有可取之处,亦各有不当之处:

首先,维护生命和安全利益,确实为生命权的一项基本内容。生命的维护以其安全为必要;保护身体的完整性和功能的完善性,为身体权和健康权的基本内容。诸如锻炼身体、增加营养,保护人体机能的正常运作,均为维护健康利益;保护身体完整性不受破坏,实为维护身体利益。只有保护生命安全,防止生命被非法剥夺,才是维护生命利益。将性命维持与安全利益分离为生命权的两项内容,似不妥当。

其次,自卫权并非独立的生命权内容,而是生命安全维护权的具体内容。生命安全维护权是生命权的基本内容,包括维持生命延续、防止生命危害发生、改变生命危险环境等内容;自卫权是防止生命危险发生的权利。

最后,生命权的内容不仅包括生命安全维护权和司法保护权,还应包括生命利益支配权,否认生命利益支配权将使生命权的内容不完整。

综上所述,生命权的内容,包括生命安全维护权、有限的生命利益支配权和司法保护请求权。

二、生命权的具体内容

(一)生命享有权

生命的享有权是权利人有权享有自己的生命利益,维护自己的生命延续而享受生命、享受生活。自然人只有享有生命,才能够作为一个民事主体,享有民事权利、承担民事义务、参与市民社会活动。因此,生命是自然人第一位的人格利益。生命的享有,一方面是保持自然人的生命存在,另一方面是保持人的生命延续。生命延续是人体的

---

① 张俊浩主编:《民法学原理》,中国政法大学出版社 1991 年版,第 143 页。

② 王利明:《人格权法研究》,中国人民大学出版社 2005 年版,第 318~319 页。

③ 郑贤君:“生命权的新概念”,载《首都师范大学学报》(哲学社会科学版)2006 年第 5 期。

正常功能，是自然的因素，人可以通过锻炼和增加营养等方式提高健康水平，使人的生命适当延长，但却不可以改变其必然死亡的客观规律。自然人享有生命，就是有权保持自己的生命的存在和延续。

(二)有限的生命利益支配权

生命权是否包括生命利益支配权，实际上意味着生命权人可否处分自己的生命。对此，传统理论持否定态度，例如西方宗教认为，生命是上帝所赋予的，毁弃生命是侵犯全能上帝的特权。从民法的角度来看，一般也认为自然人无权处分自己的生命，因为一旦认为自然人有权处分自己的生命，就给自杀提供了合法根据。也有人认为，这种支配权并不存在，民事主体对生命的支配只是一种事实上的支配，而不是法律上的支配，没有上升为权利的必要。在这种情形下，请求权的基础权利并不存在，何谈生命权的地位独立?①

对生命利益支配权的否定理论，无疑是合理的。但是，否定说受到两个方面的挑战，一是为社会公共利益、他人利益或个人气节而慷慨赴死、舍己救人的献身精神，二是安乐死制度的施行。这两种情况，都涉及生命权人对其生命利益的支配或处分，因而，否定说的不正确之处，是不能概括和解释以上现象；反之，主张有限制的生命利益支配权，则是完全有根据的。

有限的生命利益支配权体现在献身和安乐死问题上。至于特殊人体试验和拒绝治疗问题，②主要涉及健康权的问题，而不是生命权的问题。

1. 献身问题

献身，包括两种含义，一是奉献生命，二是奉献全部精力。奉献生命，体现了生命权人对生命利益的支配或处分；奉献自己的全部精力不具有对生命利益的支配或处分的意义。

献身是古往今来的志士仁人所崇尚的人生追求境界，宁死不屈、视死如归、宁为玉碎、不为瓦全，都是传世的格言。反之，为保全生命而叛变事业、出卖同仁，历来为世人所不耻。中国古代有称“将士用命”，即服从命令而效命，为战争的胜利而献身。《书经·甘誓》云：“用命赏于祖，弗用命戮于社。”将士用命、献身，则为一种义务。

现代社会中，人们为高尚的目的，不惜舍弃自己的生命，谱写了可歌可泣的英雄赞歌。舍身拦惊马，保护了国家财产和他人的生命安全；为抢救儿童而牺牲自己的生命、为战争的胜利而甘冒被烈火烧死的危险，以及为保护他人的生命、财产安全而与犯罪分子搏斗，或为抢险救灾而光荣牺牲的人，都为人永世颂扬。

① 翟滨：“生命权内容和地位之检讨”，载《法学》2003 年第 3 期。

② 王利明：《人格权法研究》，中国人民大学出版社 2005 年版，第 321 页。

献身精神的实质,在于人们对于生命价值的评判。生命尽管对于人来说具有最高的人格价值,但是,当人们认识到个人的生命利益与他人的和社会公共利益相比,后者具有更高的价值的时候,权利主体毅然放弃自己的生命利益,去换取更高的社会价值。在这样的场合,权利人对自己生命利益的处分不仅是受到人们所尊敬、所赞扬的英勇行为,而且从法律的角度上看也是合法的行为。如果否认生命权人对于自己生命利益的支配、处分权,就难以解释这些英勇献身的行为。

法律反对人们轻生,因为轻生的价值选择是不正确的;但是法律并不禁止人们为崇高的目的而献身,正是因为献身所换取的社会价值更为重要。因而,生命权的生命利益支配权是有限制的,而不是绝对的。限制的标准,就在于生命利益损失与换取的利益是否平衡,二者平衡或后者高于前者,权利人处分其生命利益就是合法行为;后者利益低于前者的利益,处分其生命利益就是轻生,法律不认其为合法行为。

违反职责而惜命、贪生怕死、临阵脱逃、叛变事业、出卖同仁等行为,不是行使生命权的行为,而是违法行为,甚至构成犯罪,行为人应受到法律制裁。这是因为,当人们负有某种特别的职责时,如军人、刑警、消防队员,以及客运的车、船驾驶、乘务人员及航空器的机长、乘务员等,均负有保卫国防、治安、财产以及人民安全的义务,其从事该种职务之初,就已经作出了必要时舍弃自己生命利益的承诺。违反这种特别义务为违法行为,应当承担法律责任。

2. 安乐死问题

安乐死这个词据说是中国人的创造。①《孟子·告子上》:“然后之生于忧患,而死于安乐也。”这当然不是今日所说安乐死。安乐死一词源于希腊,意思是无痛苦死亡、快乐的死亡和尊严的死亡。②

刑法上的安乐死问题,主要是研究实施安乐死的行为是否构成犯罪行为;民法研究安乐死,则是研究安乐死的根本问题,即生命权人对于生命利益的支配权问题。如果生命权人享有生命利益支配权,就有权利选择安乐死;否则,对他人实施安乐死的行为,就是杀人罪。典型案例是:王明成,终年49岁,汉中市人,陕西第三印染厂职工。1984年10月,王明成的母亲夏素文患肝硬变腹水,1986年6月23日病危,王明成与其姐妹将其母送往汉中市传染病医院治疗。入院当日,医院就发了病危通知书,夏素文仍感到疼痛难忍,喊叫想死。6月25日,王明成和其姐妹在确认其母无治好希望的情况下,找到主治医生蒲连升要求实施安乐死,并表示愿意承担一切责任。蒲连升给夏素文开了100毫克复方冬眠灵处方一张,在处方上注明“家属要求安乐死”,王明成在

---

① 罗秉祥:“儒家的生死价值观与安乐死”,载《中外医学哲学》,第1卷第1期。

② 倪正茂等:《安乐死法研究》,法律出版社2005年版,第26页。

处方上签了名。注射后,夏素文在6月29日凌晨5时死去。因此,王明成与蒲连升被检察机关以故意杀人罪提起公诉,先后被关押了1年零3个月。1992年被法院宣告无罪释放。2000年11月,王明成也被查出患有胃癌并做了手术,2002年11月,癌细胞扩散到他身体其他部位,2003年1月7日再次住院治疗,6月7日要求给自己实施安乐死。前车之鉴,没有任何医生敢为其实施安乐死,于是,他在绝望中于7月4日出院回家,拒绝治疗,于8月3日凌晨在痛苦中离开人世。

安乐死(euthanasia)一语源自于希腊语"美丽的花",又称安乐术,或称怜杀,①也叫做无痛苦致死,是指对于身患绝症、濒临死亡的患者,无法忍受剧烈痛苦,本人或其家属要求医生依照其请求按照法定程序,采取措施提前无痛苦地结束患者生命的行为。《比利时安乐死法》第2条规定:"从本法的目的来看,安乐死应该定义为在被实施安乐死的人的请求下,有其他人来有目的地终结请求人生命的行为。"

安乐死有多种形式。有的学者认为,安乐死包括:一是自愿安乐死,是根据病人的意愿或者得到他的同意而实施的致死行为。二是非自愿安乐死,是对于无法矫治的畸形婴儿或植物人等无法表达意愿的危重病人,无法得到本人同意而实施的致死行为。三是积极安乐死,是对患有绝症的病患采取积极的作为方式致死的行为。四是消极安乐死,是对患有绝症的病患,不采取救治措施延长其生命的行为。五是被援助自杀安乐死,是为患有绝症的病患进行自杀提供致命药剂而使病患无痛苦死亡。这五种"安乐死"并不是严格法律意义的安乐死,其中只有少数符合安乐死构成要件的要求。

关于安乐死的讨论,国外从20世纪30年代起至今,已达70多年的历史。其基本观点有两种:

肯定说认为安乐死虽然在形式上符合故意杀人罪的要件,但由于安乐死是被害人的承诺行为,因而使安乐死行为阻却违法而成为合法行为。其理论依据是利益亏损原理,承诺人把自己所属的利益的保护权自愿放弃,把侵害性变成放任性,并经国家承认,视为正当行为,成立阻却违法事由,是基于被害人同意的一种自愿放弃生命的行为,为正当的行为。② 荷兰已经通过《依请求终止生命和协助自杀(程序审查)法》(2000~2001年第137号议会文件),这是一个关于安乐死的专门立法,它使荷兰成为第一个以立法的形式确认安乐死为合法的国家。2002年5月28日,比利时通过《安乐死法》;同时,一些有关安乐死的组织和协议也开始出现。③

否定说认为安乐死虽经被害人的同意,但这并不能阻却其行为的违法性,仍构成刑法上的故意杀人罪。其主要理由,一是人道主义以尊重生命为基本原则,安乐死违

---

① 包瑜、国惠霞:"安乐死与公民生命权的保障",载《法制与社会》2008年第5期。

② 赵秉志等:《中国刑法的运用与完善》,法律出版社1989年版,第371页。

③ 黄丁全:《医疗、法律和生命伦理》,台湾地区宏文图书股份有限公司1998年版,第79页。

背这一原则;二是刑法是保护人的生命的,安乐死提早结束病患的生命,于法不容;三是个人对其生命不能让与和支配,无权就放弃自己的生命而为承诺,“明日面临死运之人,今日提早杀之,仍为生命权之损害”。①

对于安乐死,我国学者的基本意见是赞成一定条件下有限制的安乐死。1988 年和 1994 年,我国召开两次安乐死学术研讨会,学者达成共识:安乐死是社会文明进步的一种表现,大势所趋;有利于从精神上、肉体上解除病人的痛苦;可以减轻家庭的精神、经济、情感和人为负担,解放生产力;有利于社会卫生资源的公正和正确的分配。② 事实上,安乐死并不是生与死的选择,而是痛苦死亡还是安乐死亡的选择。现代意义上的安乐死强调的是没有痛苦地致死,其目的是通过人工调节和控制,使死亡呈现出一种良好的状态,以避免精神和肉体的痛苦折磨,达到舒适和愉悦,即改善死者濒临死亡时的自我感觉状态,维护死亡的尊严。③

具体应具备以下四个要件:(1)病患必须身患绝症临近死期,所谓绝症是指所患的疾病按照当时的医学水平是无任何治愈希望的。临近死期,则为根据一定医学标准判断病患即将死亡,且与死期相距不远。(2)病患必须极度痛苦不堪忍受,这种痛苦限于肉体痛苦,不包括精神痛苦,肉体的痛苦必须达到不堪忍受的程度。(3)病患必须自愿请求采取安乐死,目前多有学者主张病患家属可以请求采取安乐死的意见,这是不能同意的,因为放弃生命利益只有权利主体本人才有权作出决定,其他人无权剥夺他人生命。同时,以病患承诺的提法亦不准确,因为这种提法容易误解为他人提出而病患同意,因而造成侵害权利主体生命权的后果。病患自愿请求必须以明示方法为之。(4)病患的请求必须经过医务部门同意,医务部门准许应由专门委员会讨论同意,个别医务人员或医治医生无权同意。同时,采用的方式应当合乎人道,不具残酷性。对此,《比利时安乐死法》第 3 条第 1 款规定:“如果医生是基于以下条件帮助实施了安乐死,不认为是犯罪:病人是已经达到法定成年或自立的未成年人,且在作出安乐死请求时有能力和正常的意识。安乐死的请求应该是自愿的、经过仔细考虑和反复要求的,不是屈从于外力压迫的结果。病人经受着一种不能减轻的经常的和难以忍受的身体与精神上的痛苦,处于一种医疗无效的状况,导致了病人因疾病或其他事件带来的严重的无法忍受的身心失调。医生依据本法规定,在充分地考虑了以上条件和程序的情况下,实施安乐死也不认为是犯罪。”

我们赞同在一定条件下有限制的安乐死。认识安乐死的关键,在于是否承认自然人有生命利益的支配权。反对安乐死的一个重要理由,就是自然人没有死亡的权利。

---

① 史尚宽:《债法总论》,台湾地区荣泰印书馆 1978 年版,第 140 页。

② 祝敏:“安乐死与生命权”,载《法制与经济》2008 年第 6 期。

③ 赵丽娜:“对安乐死与生命权问题的浅析”,载《法制与社会》2010 年第 3 期。

事实上，当病患身患绝症，临近死期，且极度痛苦又不堪忍受时，允许病患自愿请求结束其生命，不仅是对个人权利的尊重，且对社会利益和国家利益并无损害。

承认生命权包括生命利益支配权，就可以解决对安乐死的基本认识问题。生命利益支配权不是绝对的权利，而是有限的权利，它只限定于有限的场合，权利主体可以支配自己的生命利益，作出放弃生命利益的决定。正如学者质问的那样："赛车、拳击、漂流、登山等运动，都是危险性极高的竞赛项目，自古以来，已有不计其数的运动员在这些体育运动中丧失生命。在这些体育竞赛之前，运动员实际上已把生命权和健康权交了出来，作出了因竞赛伤亡而不追究他人责任的承诺。既然在运动场上运动员可以处置自己的生命和健康，那么为什么身患绝症的人就不能处置自己的生命呢？"①有限的生命利益支配权，是权利主体生命权的重要内容之一，当安乐死的必要条件具备时，作为权利主体的病患自愿放弃生命利益，是完全合法的，不得追究协助安乐死的人的刑事责任和民事责任。

生命利益支配权的有限性，表现在安乐死中，就是要严格依照安乐死的构成要件执行，不具备其全部要件的，不构成安乐死。在前述五种安乐死类型中，有些根本不构成法律上的安乐死。其中对于无法矫治的畸形儿和植物人实施非自愿安乐死，是违背生命利益支配权的原理的，不构成法律意义上的安乐死，因为生命利益支配权只限于权利人本人，任何其他人均无代行该权利的权利。被援助自杀的安乐死，因其协助安乐死的人非医务机关，又无医务部门的讨论同意，因而是援助自杀，而非安乐死。

（三）生命维护权

生命维护权，是指自然人维护生命安全的权利。生命权请求权的首要内容是维护生命的安全延续。生命是人的最高利益，是人的最基本人格。法律保护人的生命延续，不是通过提高健康程度而延长生命，因为这是健康权的内容，而是保护人的生命不因受外来非法侵害而丧失，保护的是人的生命安全利益。生命维护权的实质，是禁止他人非法剥夺生命，而使人的生命按照自然界的客观规律延续。具体内容是：

1. 防止非法侵害

当有非法侵害生命的行为和危害生命的危险发生时，权利人有权防止生命危害发生。有危及生命安全的危险和行为发生时，生命权人为维护生命安全，可以采取相应的措施，保护自己，排除危害。其中最基本的措施是正当防卫和紧急避险。当不法侵害生命权的行为发生时，生命权人有权进行正当防卫，防止生命危害发生；不仅生命权人有权正当防卫，其他人也有权正当防卫，以保护生命权人的生命不受非法侵害。当危及生命的紧急危险发生时，生命权人有权紧急避险，致他人以轻微损害，以保全自己

① 赵秉志等：《中国刑法的运用与完善》，法律出版社 1989 年版，第 377 页。

的生命。

2. 改变生命危险环境

生命维护权的第三项内容，是改变生命危险环境。当环境对生命构成危险，但该危险尚未发生时，生命权人有权要求改变环境、消除危险。《民法通则》第134条和《侵权责任法》都规定消除危险的民事责任方式，其中包括改变生命危险环境。改变生命危险环境应作广义理解，包括造成威胁生命的一切场合、处所、物件。改变生命危险环境可以由权利人自行改变，也可以要危险环境的管理人、占有人改变。改变生命危险环境实际上是改变人身、财产安全环境的内容之一，当负有改变生命危险环境责任的人不予改变时，权利人有权拒绝进入该危险环境或拒绝在该环境内作业、生活等。当然，负有特定职责的人，不得以改变生命危险环境为借口而拒绝履行职责，如消防队员不得因环境危险而拒绝进入火区，公安人员不得以环境危险而拒绝执行追捕、侦查任务，军人不得因战场危险而临阵脱逃等。

（四）生命权请求权

生命权请求权，是指请求权利人依法请求司法机关消除生命危险的权利，是人格权请求权的基本类型之一。

请求司法机关依法消除危及生命的危险，是生命权请求权的一项重要内容。最高人民法院《关于贯彻执行〈中华人民共和国民法通则〉若干问题的意见（试行）》第154条规定："从事高度危险作业，没有按有关规定采取必要的安全措施，严重威胁他人人身、财产安全的，人民法院应当根据他人的要求，责令作业人消除危险。"第162条规定："在诉讼中遇有需要停止侵害、排除妨碍、消除危险的情况时，人民法院可以根据当事人的申请或者依职权先行作出裁定。"在其他法律中，也有关于危及自然人生命健康权可以请求司法机关排除危险的规定。例如，《海洋环境保护法》第41条、《水污染防治法》第5条、《大气污染防治法》第36条等，都规定因海洋环境污染、水污染、大气污染直接受到危害的人，有权要求排污者排除危害。根据《刑法》的规定，对于危害公共安全，侵害自然人人身安全，尚未造成严重后果的犯罪行为，受危险威胁之人可以向自然人机关控告，追究其刑事责任，消除危险状态；对于不构成犯罪的上述行为，可以要求公安机关对行为人依照《治安管理处罚条例》的规定，予以治安处罚，以消除危险。

申请司法机关依法消除危害生命危险的请求权，是生命权法律保护的重要内容。权利人行使这一权利，应当依照法定程序进行。对于负有保护责任的司法机关，对该种请求必须认真负责，妥善处理，不得互相推诿。对于渎职造成申请人生命权损害后果的，必须严肃处理，依法追究其渎职罪的刑事责任。

第四节　侵害生命权的民法救济

一、民法救济的沿革

在古代习惯法时期和古代成文法初期，对于侵害生命权的法律救济主要是血亲复仇制度。当一个人被他人杀害，被害人的血亲有权将杀人者处死，以报血仇。这种复仇必须公开进行，或者以某种方式使人明白为何实施复仇，秘密进行是不允许的。复仇者在报复杀害杀人者之后，必须将杀人凶器留置在死者身上，以证明复仇者的行为。

在古代成文法后期，对侵害生命权的行为实行自由赔偿制度，采取复仇方式还是采取赔偿方式，由受害人的亲属选择。这种赔偿并不是现代意义的赔偿，而是对放弃报复权利的补偿，由双方协商，由杀人一方支付货币或牲畜等物资，接受赔偿之后，则不得再行实施复仇行为。

至罗马法后期，一律实行强制赔偿方法，对生命权受侵害之人，侵害人应以金钱或实物赔偿，禁止实行复仇行为。在我国从汉代起，即规定禁止复仇的制度，而采刑罚手段和赔偿手段即赎铜入杀伤之家、断付财产养赡、给付养赡银、烧埋银等，实行法律救济。

生命权首先在法国《人权宣言》中予以确认，规定“任何政治结合的目的都在于保存人的自然的和不可动摇的权利”。美国《独立宣言》规定“人人生而平等，他们都从他们的造物主那里被赋予了某些不可转让的权利，其中包括生命权、自由权和追求幸福的权利”。至民事立法法典化以后，《法国民法典》未明设对生命权遭侵害予以救济的条文规定，但将其含于该法典第 1382 条和第 1383 条之中，实行损害赔偿。《德国民法典》开创对生命权民法救济予以明文规定的先例，认其为最严重的侵权行为，采损害赔偿方式救济，并对生命权遭侵害的间接受害人的扶养损害亦进行赔偿。在原《苏俄民法典》中，虽未明确规定生命权，但对致人死亡的侵害生命权行为规定予以损害赔偿的救济手段，包括由死者扶养的或者在死者生前有权要求死者扶养的无劳动能力的人，以及在死者死后出生的子女，都有权要求损害赔偿。在现代，侵害生命权以损害赔偿方法予以民事救济，已成为各国立法通例。

二、民法救济的学说

(一)不同学说的比较

侵害生命权，以受害人死亡为其结果。受害人既已死亡，该损害赔偿法律关系缘

何而生,有不同主张。择其要者如下:

1. 民事权利能力转化说

自然人死亡是其民事权利能力终止的法律事实,这两件事实是同时发生的。但民事权利能力由存在到不存在有一个转化的过程,在这个转化过程中,产生损害赔偿请求权。如认为死亡与民事权利能力固然系同时丧失,但在"同时"之中,在质量上有由民事权利能力的存在趋于不存在的转化过程,故被害人可以因生命权被侵害而享有赔偿请求权。[①]

2. 加害人赔偿义务说

这种主张认为加害人的赔偿义务不因被害人死亡而消灭,所以被害人得受赔偿的地位当然由其继承人继承。民法创设不法侵害他人之权利者负损害赔偿之责任的规定,"系就加害人赔偿义务而为规定。加害人赔偿之义务,初不因被害人之死亡而消灭,则被害人受赔偿之地位,当然由继承人继承。盖侵权行为之制度,与其谓为被害人之损害之填补,不如谓为加害人损害之担任也",[②]说的就是这个意思。

3. 同一人格代位说

这种主张认为,继承人与被继承人二者的人格在纵的方面相连结,而为同一人格,故被害人因生命侵害而生的赔偿请求权,可由其继承人取得。[③]

4. 间隙取得请求权说

这种主张认为,被害人从受致命伤到其生命丧失之时,理论上总有一个或长或短的间隙,在这个间隙中,被害人是有民事权利能力的,故可取得损害赔偿请求权。自然人在死亡之前,他总有一段时间处于有生命状态,所以他也享有权利;他死亡之后,其请求赔偿的权利可以依继承移转给其继承人,他的继承人可以通过法院要求赔偿损失。[④] 侵害生命与丧失生命即权利主体消灭之间,理论上实不无多少之间隔,自应解为被害人已取得损害赔偿请求权,继承人得为继承。[⑤]

在以上各种学说中,多数学者采用间隙取得请求权的主张。

(二)双重受害人说

我们认为,民事权利能力转化说与同一人格代位说之不可采处较为明显,因为自然人的民事权利能力因死亡而即时丧失,不存在渐变的转化过程;各个自然人的人格

---

① [日]末川博:《权利损害论》,第418页。转引自龙显铭:《私法上人格权之保护》,中华书局1948年版,第45页。

② 史尚宽:《债法总论》,台湾地区荣泰印书馆1978年版,第141页。

③ 参见龙显铭:《私法上人格权之保护》,中华书局1948年版,第45页。

④ 孙亚明主编:《民法通则要论》,法律出版社1991年版,第204页。

⑤ 胡长清:《中国民法债编总论》,商务印书馆1946年版,第129~130页。

是完全独立的，也不存在同一人格的问题。加害人赔偿义务说和间隙取得请求权说，则均有可采之处。

在上述各种学说中，有一个共同点，就是都认为侵害生命权的损害赔偿请求权存在一个继承的问题，即侵害生命权的受害人享有损害赔偿请求权，在其死亡之后，由其继承人继承。这些学说忽视了一个客观的事实，就是在侵害生命权的法律关系中，实际上存在双重的直接受害人。《侵权责任法》第 18 条第 1 款前段关于“被侵权人死亡的，其近亲属有权请求侵权人承担侵权责任”的规定，显然采纳的是这种学说。

所谓双重直接受害人，是指侵害生命权的行为，既造成了生命权人生命丧失的损害事实，又造成了生命权人的近亲属的财产损失和精神痛苦的损害事实。生命丧失的直接受害人是死者，而财产损失和精神痛苦的受害人则是死者的近亲属，这两种受害人均为侵害生命权的直接受害人。

对于侵害身体权、健康权、生命权的法律救济手段，是全部赔偿因此而造成的财产损失。这一点，为现代各国民事立法所证明，我国《侵权责任法》第 16 条和第 17 条规定的原则也正是如此。依此原则，对于因此而造成财产损失之人，应作为直接受害人。侵害身体权、健康权行为与侵害生命权行为不同之处在于，前两种行为的双重损害结果集中在受害人一人身上，不存在双重受害人的问题。后者的双重损害结果，由于受害的生命权人已经死亡，而由死亡人和其近亲属各个承受该损害结果。也正是因为如此，死者在死亡的间隙中享有的损害赔偿请求权，实际上与死者近亲属所享有的损害赔偿请求权，内容是同一的，因死者死亡，而并合成由死者近亲属一并行使的损害赔偿请求权。依照这种理论，侵害生命权的损害赔偿请求权实际上不存在继承的问题；同时，作为加害人，其负有的损害赔偿义务，实际上存在两个权利人，其中死者死亡以后，还存在另外一个权利人，因而加害人的损害赔偿义务并未发生任何变化，只是向仅存的受害人清偿赔偿义务而已。

确立这一理论，侵害生命权的间接受害人原理是一个有力的佐证。侵害生命权行为造成因此而丧失扶养请求权的人，称为扶养丧失的间接受害人。① 间接受害人因死者对其负有扶养义务，因行为人致人死亡而丧失了扶养来源，因而侵害生命权的行为造成了间接受害人的财产利益的损失，享有损害赔偿请求权。同理，死者近亲属因生命权人死亡而造成财产损失，当然也享有损害赔偿请求权。

死者近亲属作为直接受害人，一般应以与死者共同生活的近亲属为限，因为在一般情况下，共同生活的近亲属的财产是共同财产，以共同财产支付死者的费用。死者不与他人共同生活，或者不与他人为共同财产者，应以对其有继承既得权的近亲属为

① 间接受害人还包括劳动能力丧失的间接受害人，这里只说其一。

限,因为赔偿所得财产应由这些继承人承受,其他为死者支付财产之人则从赔偿金中偿付。

第五节　侵害生命权的责任构成

一、侵害生命权责任构成概述

侵害生命权的民事责任构成,在主要方面与侵害健康权、身体权的民事责任构成相同。这主要表现在:

(一)适用的归责原则相同

侵害生命权的归责,同样适用《侵权责任法》第6条和第7条规定的过错责任原则、过错推定原则和无过错责任原则。在适用这些归责原则归责时,要严格掌握三个归责原则所调整的范围的不同,严格掌握其各自责任构成要件的不同。

(二)责任构成要件相同

在责任构成要件上,违法行为、因果关系、过错的内容,与侵害身体权、健康权责任构成对这三个要件的要求相同。

主要内容是:

1. 违法行为

侵害生命权的违法行为包括作为和不作为,其行为也包括直接行为和间接行为,行为亦须具备违反民事立法关于保护自然人生命权的规定,具有违法性。

2. 因果关系

侵害生命权的违法行为与生命权丧失的损害事实之间,须具备因果关系。判断因果关系的标准,应采相当因果关系理论,依通常的社会经验和知识水平判断,并非要求必然因果关系的存在。

所应注意者,是共同原因致死的原因力问题,与侵害身体权与健康权的因果关系相比有一定的特殊性。在其他原因为助成或扩大的原因时,违法行为与这些其他原因共同引起损害结果的发生,以原因力的大小确定其责任范围,并无特殊之处。

在实务中,以违法行为为“诱因”致人死亡的共同原因,应如何处理,殊值研究。例如,王某在地里看青,见高某正在地里拣粮,误认为是偷粮,便抓住高某,打了两个耳光,又打胸部一拳,将高打倒,头碰在坯堆上。当日下午,高头疼,住院两个月死亡。尸检确认高系结核性脑膜炎、粟粒结核及脓毒败血症致死(脓毒败血症系住院患褥疮所致)。在实践中,这种以"诱因"致受害人死亡的案件经常遇见。又如,某解放军特务连战士复员以后,到电影院做收票员工作,当时电影院的秩序不好,很多人无票想看"白戏"。该人做这项工作以后,声称会"掏心拳",打人一拳,三天后必死亡。很多人因惧怕他而不敢继续"蹭戏"。一日,某少年无票入场被该人抓获,该少年不服,与其争执、厮打,该人打其胸、腹部三拳,该少年回家后则腹痛不已,不足三天真的死亡。群众均认该人以"掏心拳"故意杀人,一致要求"偿命"。经尸检,为死者脾脏发生病变,外力致该有病变的脾脏受损,且未进行抢救性治疗而致死。

在以"诱因"致受害人死亡的案件中,侵权人的违法行为不是生命丧失的主要原因,受害人原存在的某些病变则是主要原因,违法行为所起的是催化、引发的作用,加速了死亡的到来。对于这类案件,实践中应遵循以下原则处理:第一,肯定该种违法行为与死亡结果之间有因果关系。这种原因有助成的作用,没有这种违法行为受害人不会立即死亡;否认其与死亡结果有因果关系,为不妥。第二,确认"诱因"是死亡结果发生的共同原因。在这种案件中,受害人死亡结果的发生非由一个原因所引起,而是外力作用与内在病因互相结合而使死亡结果发生。第三,违法行为与原病因相较为次要原因,依其原因力承担相应的部分责任,而非承担全部责任或主要责任。部分责任的大小,应以其实际产生的原因力大小确定,考虑其过错程度,在50%以下决定之。

(三)对过错的要求相同

过错,在侵害生命权责任构成中无特殊要求,故意、过失均可构成。在适用无过错责任原则的场合,则无须具备过错要件。

二、侵害生命权的损害事实

在侵害生命权民事责任构成中的损害事实要件,与侵害健康权、身体权的损害事实相比,最具特殊性,因此单独作为一个题目予以说明。

(一)损害事实的层次

侵害生命权的损害事实通常包括四个层次:

1. 生命丧失的事实

民法对于侵害生命权的理解与刑法的理解大不相同。民法所说的侵害生命,其意义较刑法杀人之意义为广,乃指招致人死亡之一切违法行为而言,盖徜不如是,则被害人之近亲得受救济之情形,未免过狭故也。在历史上,罗马法曾仅承认加害人因作为而成立的侵害生命权行为,而忽视因不作为而成立的侵害。日耳曼法则一直认为因不作为而侵害他人权利者,亦构成侵权行为。至十四五世纪的立法,对侵害生命权的损害事实意见基本趋于一致,认为侵害生命既包括杀人,亦包括伤害致死;不仅认因作为之杀害为侵害生命,而且认因违反义务之不作为致人死亡者,亦为侵害生命。①

正因为如此,作为侵害生命权最基本的损害事实是生命丧失。一方面,它与侵害身体权、健康权的损害事实相区别,另一方面,也给确定侵害生命权的基本损害事实提供了客观的评断标准,无论故意还是过失,无论杀人还是伤害致死,无论是作为致人死亡还是不作为致人死亡,只要造成受害人死亡的客观结果,即为侵害生命权。

称生命丧失为侵害生命权最基本的损害事实,是依该事实发生侵害生命权的民事责任,是不可不存在的必备事实,是构成损害事实的基础。

2. 生命丧失导致死者近亲财产损失的事实

侵权行为致人死亡,必然造成死者近亲财产上的损失。这种损害事实,包括死者近亲为抢救受害人而支出的费用,如抢救医疗费、护理费、车船费、住宿费等;也包括死者近亲为安葬而支出的丧葬费。这些财产上的损失,为侵害生命权损害事实要件的第二层次,为必要的内容,应依此而确定损害赔偿请求权的范围。

3. 生前扶养的人的扶养损害事实

死者生前扶养的人的扶养丧失的事实受害人生命丧失后,如果死者生前有直接扶养的人,该接受扶养的人因死者死亡而丧失了扶养的来源,这是侵害生命权所导致的客观结果,是损害事实要件的内容之一。但这一内容并非侵害生命权损害事实的必要内容,如果死者生前无直接扶养之人,则不必具备这样的损害内容。

4. 死者近亲属的精神痛苦损害

亲人之间的感情是最真诚、最密切的感情,侵权行为致亲属死亡,死者近亲无不蒙受巨大的精神创伤和承受感情上的痛苦。这种精神上的损害,亦为侵害生命权损害事实要件的内容之一,应作为慰抚金赔偿的标的。

(二)受害人的种类

与侵害生命权的损害事实相对应,侵害生命权的受害人分为以下三种:

1. 直接受害人

侵害生命权的直接受害人包括两种,一是生命权直接受侵害之人,二是为抢救死者、丧葬而遭受财产损失的死者近亲属。关于这两种直接受害人的范围,在本章第四节关于双重受害人的论述中已经作了说明。

2. 间接受害人

侵害生命权的间接受害人是受死者生前扶养之人。对此,在本书第八章关于扶养损害赔偿一节作了说明。

---

① 龙显铭:《私法上人格权之保护》,中华书局 1948 年版,第 43 页。

3. 因死者死亡而遭受精神痛苦的受害人

侵害生命权造成死者近亲属丧失亲人的精神损害，所受精神损害的近亲属，亦为侵害生命权的受害人。

以上受害人，在侵害生命权的侵权法律关系中均为请求权主体，有权请求赔偿相应的损失。只有死者的损害赔偿请求权并合在财产利益受损失之人的请求权中，才由财产利益受损失之人行使请求权。

第六节　侵害生命权的赔偿范围

一、侵害生命权赔偿的一般原则

《民法通则》第 119 条规定侵害生命权应赔偿常规赔偿、丧葬费赔偿和间接受害人扶养损害赔偿，是正确的，但不规定赔偿抚慰金显系不妥。《民法通则》在施行过程中，立法者和司法者都发现了这个问题，首先在制定《道路交通事故处理办法》中，为弥补这一缺陷，先规定了对道路交通事故中致死者，赔偿死亡补偿费。这一规定首先是基于交通事故的赔偿，但对其他侵害生命权的处理，具有示范的作用。最高人民法院《关于确定民事侵权精神损害赔偿责任若干问题的解释》已经明确规定，对侵害生命权的，应当赔偿死亡赔偿金。最高人民法院制定《关于审理人身损害赔偿案件适用法律若干问题的解释》，对侵害生命权的责任规定了详细的规则。《侵权责任法》第 16 条和第 17 条规定了原则性的办法，与《关于审理人身损害赔偿案件适用法律若干问题的解释》的规定基本相同。在实践中，应当依照《侵权责任法》的上述规定和最高人民法院的上述司法解释规定，确定侵害生命权的损害赔偿责任。学者认为，对于死亡赔偿，当前中国的立法和司法实践采用了一种改良了的继承主义，个中不太成功的改良被视为城乡二元歧视的又一体现，招致了所谓“同命不同赔”的责难，有待改进；①死亡赔偿的内容应该强化精神损害赔偿，淡化物质损失赔偿；②这些意见是正确的。

二、侵害生命权的具体赔偿范围

最高人民法院《关于审理人身损害赔偿案件适用法律若干问题的解释》第 17 条第

---

① 姚辉、邱鹏：“论侵害生命权之损害赔偿”，载《中国人民大学学报》2006 年第 4 期。

② 邵世星：“再论生命权的损害赔偿”，载《国家检察官学院学报》2008 年第 1 期。

3 款规定:“受害人死亡的,赔偿义务人除应当根据抢救治疗情况赔偿本条第一款规定的相关费用外,还应当赔偿丧葬费、被扶养人生活费、死亡补偿费以及受害人亲属办理丧葬事宜支出的交通费、住宿费和误工损失等其他合理费用。”

除了上述规定的赔偿项目之外,人身伤害的常规赔偿项目,侵害生命权的加害人也应当承担,如在遭受人身损害丧失生命的案件中,对于因抢救、治疗而发生的前述医疗费、误工费、护理费、交通费、住宿费、住院伙食补助费和必要的营养费的损失,都是正常的财产支出,按照常规赔偿项目进行赔偿。

(一)常规治疗损失的财产赔偿

在遭受人身损害丧失生命的案件中,对于因抢救、治疗而发生的前述医疗费、误工费、护理费、交通费、住宿费、住院伙食补助费和必要的营养费的损失,都是正常的财产支出,按照人身损害赔偿财产损失的规则进行赔偿。

(二)丧葬费赔偿

最高人民法院《关于审理人身损害赔偿案件适用法律若干问题的解释》第 27 条规定:“丧葬费按照受诉法院所在地上一年度职工月平均工资标准,以六个月总额计算。”

在原来的司法实践中,丧葬费的赔偿采用具体标准,就是损失多少赔偿多少。按照本条规定,丧葬费赔偿标准采用统一的计算方法和赔偿标准,就是受诉法院所在地上一年度职工月平均工资乘以 6 个月。这个方法简明,便于计算和操作,对受害人的保护也较为妥当。

(三)死亡赔偿金

最高人民法院《关于审理人身损害赔偿案件适用法律若干问题的解释》第 29 条规定:“死亡赔偿金按照受诉法院所在地上一年度城镇居民人均可支配收入或者农村居民人均纯收入标准,按二十年计算。但六十周岁以上的,年龄每增加一岁减少一年;七十五周岁以上的,按五年计算。”

按照本条规定,关于死亡赔偿金的赔偿方法是:

1. 死亡赔偿金的计算标准

死亡赔偿金的计算标准是,按照受诉法院所在地上一年度城镇居民人均可支配收入或者农村居民人均纯收入标准计算。

2. 一次性赔偿的方法

用一次性方法赔偿,期限是 20 年。如果受害人为 60 周岁以上的,年龄每增加 1 岁减少 1 年;75 周岁以上的,按 5 年计算。

《侵权责任法》第 17 条专门规定了因同一侵权行为造成多人死亡的,可以以相同数额确定死亡赔偿金。适用相同数额确定死亡赔偿金的规则是:第一,因同一个侵权行为造成受害人死亡,即大规模侵权;第二,死亡人数为二人以上;第三,这里规定的

“可以”,带有一定的强制性,就是在没有极为特殊的情况下,都应当以相同数额确定死亡赔偿金。

(四)其他费用赔偿

最高人民法院在《关于审理人身损害赔偿案件适用法律若干问题的解释》第17条第3款仅规定了一个范围,即“受害人亲属办理丧葬事宜支出的交通费、住宿费和误工损失等其他合理费用”,没有规定具体办法。在实践中,应当按照该司法解释的相关规定赔偿受害人亲属办理丧葬事宜支出的交通费、住宿费和误工损失等其他合理费用。

(五)抚慰金赔偿

侵害生命权的精神损害赔偿请求权,基于死者的近亲属遭受的失去亲人的痛苦,而这一痛苦是基于特定的身份关系产生的,这就是父母、子女、配偶等人之间的关系,这是一种以情感寄托为内容的精神利益关系,①法律应当保障。按照该司法解释第18条的规定,受害人近亲属请求精神损害赔偿的,应当依照《侵权责任法》第22条规定和《关于确定民事侵权精神损害赔偿责任若干问题的解释》的规定,请求精神损害抚慰金赔偿。

① 王一土:“侵害生命权的精神损害赔偿性质探析”,载《法治研究》2009年第9期。

第十五章　健康权

第一节　健康与健康权

一、健康

（一）语义学解释

古汉语称健者，一为刚强、有力，二为健康之义，三为善于、甚，四为贪。用于健康之义，如《三国志·魏·华佗传》："好自将爱，一年便健。"健字本身即为健康。古汉语称康者，含安乐、安宁、丰盛、广大、赞美、空虚之义。① 上述文字释义，虽未直释健康为何义，但健康一词含身体机能状况良好，因而刚强有力，享有安乐、安宁的利益等义。

现代汉语称健康者，为人体各器官发育良好，功能正常，体质健壮，精力充沛并且有良好劳动效能的状态；②或者人体生理机能正常，没有缺陷和疾病。③

上述关于健康的释义尚不够全面。健康既是名词，也是形容词。在其作为名词考察时，并非是形容词所包含的身体生理机能正常、发育良好、体质健壮之义，而是指人体生理机能、发育、体质等综合发展状况。因而在健康状况上，可以分为良好、较好、一般、不好等程度。例如，造成人体生理机能良

---

① 《辞源》，商务印书馆 1991 年合订版，第 130、547 页。
② 《辞海》，上海辞书社 1979 年缩印版，第 254 页。
③ 《现代汉语词典》，商务印书馆 1978 年版，第 550 页。

好的人的健康损害,为侵害健康,造成人体生理机能有欠缺的人即不健康的人的健康损坏,使其健康状况进一步恶化,仍为侵害健康。

(二)法律学解释

在法律上称健康者,源于语义学上的含义,但又具有法律概念内涵严格界定的特点。由于学者考察方式及观点的不同,对健康这一法律概念的界定有以下不同主张:

1. 生理健康说

认为"健康则系生理之机能",[①]不包括心理之机能。即健康就是人体生理机能的一般完善状况。

2. 肉体、精神健康说

认为健康既包括肉体上的功能完好,也包括精神上的功能完好。"不独肉体上健康之侵害,精神上健康之侵害,即引起精神系统之病的状态,亦为健康权之侵害。例如出卖腐肉或私用毒药以害人健康,因名誉毁损或恐吓而引起精神衰弱。"[②]

3. 生理、心理健康说

认为"健康是指身体的生理机能的正常运转以及心理状态的良好状态,包括生理健康和心理健康"。"侵害生理健康,就是指使受害人生理机能发生不良状态,不能正常运转,甚至引起某些生理机能的丧失";侵害自然人的心理健康,"其后果是造成被害人心理上的痛苦"。[③]

在以上三种学说中,生理健康说与肉体、精神健康说实际上为一种主张。因为整个人体生理机能,包括神经系统的机能,而史尚宽先生所称"引起精神系统之病",就是指神经系统之病态,因而肉体的健康与精神的健康就是指人体机能的正常运作。

健康包括生理健康和心理健康的主张是不正确的。所谓心理,是指人的头脑反映客观现实的过程,如感觉、知觉、思维、情绪等,也泛指人的思想、感情等内心活动,它属于精神的范畴;所谓生理,是指人的机体的生命活动和体内各器官的机能。[④]民法学上所说的健康,是物质性人格权之一健康权的客体,只能是指生理健康。对于心理这种精神上的活动,依法通过精神损害赔偿的办法进行保护,而不是通过健康权的保护方法予以保护。在现代医学上,确有将心理健康视为人的健康者,但应区分精神性疾病和心理痛苦、精神创伤的区别。精神性疾病属于生理健康范畴,而精神创伤、心理痛苦则是人的头脑在反映客观现实过程中的不良状态,并非本义上的健康损害。如果将心

---

① 何孝元:《损害赔偿之研究》,台湾地区商务印书馆1982年版,第135页;胡长清:《中国民法债编总论》,商务印书馆1946年版,第130页;龙显铭:《私法上人格权之保护》,中华书局1948年版,第59页。

② 史尚宽:《债法总论》,台湾地区荣泰印书馆1978年版,第12~143页。

③ 王利明主编:《人格权法新论》,吉林人民出版社1994年版,第303页。

④ 《现代汉语词典》,商务印书馆1978年版,第1016、1270页。

理健康置于健康概念中,将会混淆健康权损害赔偿和精神痛苦的慰抚金赔偿(即精神损害赔偿的一种形式)之间的区别,造成法律概念的界限不清以至于混同,给适用法律造成障碍。

简言之,作为健康权客体的健康,是指维持人体生命活动的生理机能的正常运作和功能的完善发挥。健康有两个要素,一是生理机能的正常运作,二是生理功能的完善发挥。通过这两个要素的协调一致发挥作用,达到维持人体生命活动的最终目的。它只包括生理健康,不包括心理健康。

二、健康权

学者认为,20 世纪以来,人类社会发生了诸多危害人们健康的事件,艾滋病、疯牛病到肆虐的非典型肺炎和最近在全世界蔓延的甲型 H1N1 流感;吸毒的泛滥、自杀率增加以及日益恶化的生态环境,说明健康这一伴随人类发展的永恒主题,随着社会的快速发展,正经受着严峻的挑战。另外,社会经济的发展,使得人们不再满足于简单的生存要求,不再满足于温饱状态的生活方式,而在普遍追求一种全新的生活、一种高质量的生活标准,人的健康问题自然备受关注。人们的健康意识在不断地加强,对健康的需求在不断提高,用保障人权最有效的手段——法律来保护人的健康以及健康权问题自然就成为人们当今重视的热点话题。①

正因为如此,国际社会对健康权更为重视。关于健康权,在现有的国际人权文件中有以下规定:(1)《世界卫生组织宪章》序言规定:“享受最高而能获致之健康标准,为人人基本权利之一。不因种族、宗教、政治信仰、经济或社会情境各异,而分轩轾。”(2)《世界人权宣言》第 25 条规定:“人人有权享受为维持他本人和家属的健康和福利所需的生活水准,包括食物、衣着、住房、医疗和必要的社会服务;在遭到失业、疾病、残废、守寡、衰老或在其他不能控制的情况下丧失谋生能力时,有权享受保障。”(3)《经济、社会和文化权利国际公约》第 12 条规定:“一、本公约缔约各国承认人人有权享有能达到的最高的体质和心理健康的标准。二、本公约缔约各国为充分实现这一权利而采取的步骤应包括为达到下列目标所需的步骤:(甲)降低死胎率和婴儿死亡率,使儿童得到健康的发育;(乙)改善环境卫生和工业卫生的各个方面;(丙)预防、治疗和控制传染病、风土病、职业病以及其他的疾病;(丁)创造保证人人在患病时能得到医疗照顾的条件。”(4)《儿童权利公约》第 24 条规定:“缔约国确认儿童有权享有可达到的最高标准的健康,并享有医疗和康复设施。缔约国应努力确保没有任何儿童被剥夺获得这种保健服务的权利。缔约国应致力充分实现这权利,特别是应采取适当措施,以(A)降

---

① 赵彤彤、杨智红:“试论健康权在我国的立法现状”,载《法制与社会》2009 年第 9 期。

低婴幼儿死亡率;(B)确保向所有儿童提供必要的医疗援助和保健,侧重发展初级保健;(C)消除疾病和营养不良现象,包括在初级保健范围内利用现有可得的技术和提供充足的营养食品和清洁饮水,要考虑到环境污染的危险和风险;(D)确保母亲得到适当的产前和产后保健;(E)确保向社会各阶层,特别是向父母和儿童介绍有关儿童保健和营养、母乳育婴优点、个人卫生和环境卫生及防止意外事故的基本知识,使他们得到这方面的教育并帮助他们应用这种基本知识;(F)开展预防保健对父母的指导以及计划生育教育和服务。"第 25 条规定:"缔约国确认在有关当局为照料、保护或治疗儿童身心健康的目的下受到安置的儿童,有权获得对给予的治疗以及与所受安置有关的所有其他情况进行定期审查。"(5)《消除对妇女一切形式歧视公约》第 12 条规定:"缔约各国应采取一切适当措施,消除在保健方面对妇女的歧视,以保证她们在男女平等的基础上取得各种保健服务,包括有关计划生育的保健服务。尽管有上面第 1 款的规定,缔约各国应保证为妇女提供有关怀孕、分娩和产后期间的适当服务,于必要时给予免费服务,并保证在怀孕和哺乳期间得到充分营养。"①

(一)比较分析

健康对于人类的重要性不言而喻。然而,健康作为一项权利——健康权,为人类认知却是晚近的事。第二次世界大战以来,人权出现了国际化趋势,纷纷签订国际性和区域性的人权文件。许多文件中规定了健康权,关于健康权的研究在各国纷纷展开。尽管联合国《经济、社会和文化权利国际公约》明确规定了健康权,许多国家的宪法也以不同的方式规定了健康权的相关内容,但是,对于健康权是否为一项基本权利的问题,学者们并没有一致的认识。②

在我国人格权法理论研究中,有关健康权概念界定的最大问题有两个:一是将身体权与健康权混在一起,如认为"健康权,也称身体健康权……自然人在生命存续期间,必须维持人体组织的完整性和人体器官正常的机能";③二是将生命权、身体权和健康权混在一起,通称生命健康权,认为"生命和健康是互相联系的,没有生命,无所谓健康,可是,有生命又不一定健康。因此,生命健康权是自然人依法享有的生命安全和身心健康不受非法侵害的权利"。④ 这两个问题的局限性已被学者所认识,通说认为身体权、健康权、生命权各个为独立的人格权。前述两种对健康权的不正确认识,已经被十分明确地指出。

我国民法学者关于健康权概念的界定,主要有以下三种:

---

① 焦洪昌:"论作为基本权利的健康权",载《中国政法大学学报》2010 年第 1 期。

② 焦洪昌:"论作为基本权利的健康权",载《中国政法大学学报》2010 年第 1 期。

③ 佟柔主编:《中国民法》,法律出版社 1990 年版,第 484 页。

④ 马原主编:《中国民法教程》,人民法院出版社 1989 年版,第 488 页。

1. 健康利益说

认为"健康权者,不为他人妨害,而就自己之健康,享受利益之权利也"。[①] 这种主张确认身体权的客体是健康利益,内容是不为他人妨害,是比较准确的,但由于未将健康利益作出解释,略嫌不足。

2. 身体机能完全性说

认为健康权是"以保持身体内部机能之完全性为内容之权利"。[②] 这一定义也比较准确,但我国台湾地区学者在论及健康权的具体内容时,将劳动能力不包括在内,而另设劳动能力权,不甚妥当。我国大陆民法学者也有接受这一学说的,认为"健康权是自然人以其器官乃至整体的功能利益为内容的人格权",[③]但不包括劳动能力。认为劳动能力权与健康权紧密相连,它原是健康权的重要方面,不过因其在实务上颇具重要意义,而被独立化。[④] 关于劳动能力是否为独立的民事权利,本章还要作专题论述。

3. 生理机能和良好心理状态说

认为"健康权是自然人以其身体的生理机能的完善性和保持持续、稳定、良好的心理状态为内容的权利";[⑤]或者认为健康权是指公民享有可能达到的最高标准的身体健康和精神健康和要求国家为公民实现健康提供必要保健条件的权利,对此权利的实现国家承担主要责任;[⑥]将生理健康和心理健康均作为健康权的客体,一并加以法律保护。[⑦]《民法学原理》的作者也持这种意见,认为健康不限于器质健康,而且包括功能健康;不限于生理健康,而且包括心理健康。在当代,心理健康的价值受到越来越广泛的肯定。[⑧] 对于心理健康不宜作为健康权的客体,我已在前文作了阐释。

(二)对健康权概念和特征的新界定

我认为,健康权是指自然人以自己的机体生理机能正常运作和功能完善发挥,以维持人体生命活动的利益为内容的具体人格权。

健康权的基本法律特征是:

---

① 何孝元:《损害赔偿之研究》,台湾地区商务印书馆 1982 年版,第 135 页;龙显铭:《私法上人格权之保护》,中华书局 1948 年版,第 59 页。

② 史尚宽:《债法总论》,台湾地区荣泰印书馆 1978 年版,第 142 页、第 145 页。

③ 张俊浩主编:《民法学原理》,中国政法大学出版社 1991 年版,第 144 页。

④ 史尚宽:《债法总论》,台湾地区荣泰印书馆 1978 年版,第 142 页、第 145 页。

⑤ 王利明:《人格权法研究》,中国人民大学出版社 2005 年版,第 369 页。

⑥ 蔡维生:《人权视角下的健康权》,山东大学 2007 年硕士学位论文,载中国期刊网全文数据库。

⑦ 赵彤彤、杨智红:"试论健康权在我国的立法现状",载《法制与社会》2009 年第 9 期。

⑧ 张俊浩主编:《民法学原理》,中国政法大学出版社 1991 年版,第 145 页。

1. 健康权以人体的生理机能正常运作和功能的正常发挥为具体内容，但不是以人体的整体构造为客体

对于健康权和身体权两个人格权的客体（即健康和身体）应当如何区分，学者有谓“唯身体系肉体之构造，健康则系生理之机能”，[①]这一区分标准是简洁而准确的。但是，健康一般系通过身体构造的完整性而实现，当人体的肉体构造遭到损害，进而损害健康者，应认定为身体损害抑或认定为健康损害，不无疑问。如断人肢体而致生理机能的不完善，应按照民法关于身体权和健康权法律保护的分工，认定为健康权损害。身体损害必须是身体组成部分构成的完整性、完全性受到损害，而对于身体机能运作的正常性及其整体功能的完善性没有明显的影响。当身体构成的完整性、完全性受到损害，并对人体机能运作的正常性及其整体功能的完善性造成损害的，应当认定为对健康权的损害。

2. 健康权以维持人体的正常生命活动为根本利益，但不是以人的生命安全和生命价值为客体

健康权所体现的根本利益，在于维护人体机能的完善性，进而维持人体的正常生命活动。尽管生命和健康紧密相联，但它们却不是一个概念，生命和健康同样存在于身体这一物质形态之中，相伴相存，但健康是维持人体正常生命活动的基础，当健康受到侵害时，无论是发生器质性的改变，还是功能性的改变，都可以经过医治而使其康复或好转，保持人体的生命能力；当生命权受到侵害时，生命的丧失却具有不可逆转性。健康损害的可康复性和生命损害的不可逆转性，是健康权和生命权的一个重要区别。此外，健康权以维持人体的正常生命活动为根本利益，但它不是以生命为客体，不是保护生命安全、生命价值的利益。这是健康权与生命权的另一重要区别。在现实中，有些行为的侵害目标是健康权，但最终因健康状况的严重损害而最终导致生命的丧失。在这种情况下，民法不采用刑法关于伤害致死和杀人的区别，而是以最终结果论，造成死亡后果的就是侵害生命权行为；没有造成死亡后果的，无论损伤多么严重，甚至造成受害人思维丧失的植物人后果，只要其生命尚存在，就认定其为侵害健康权的行为。

3. 健康权保护的是自然人身体功能的正常发挥，使其运作、运动自主，但不是保护身体、意志不受外界约束

健康权与人身自由权都保护人的自主运动和自主思维，但健康权保护的人的自主运动和自主思维是指人体自身的功能，这种功能决定人能够按照自己的意志去行动、去思维；人身自由权所保护的人的自主运动、自主思维，是指人的行为、意志不受外来的非法拘束。这两种权利的区别，从侵害行为的角度考察可以看得更清楚。侵权行为

① 何孝元：《损害赔偿之研究》，台湾地区商务印书馆1982年版，第135页。

侵害健康权，作用于人的内在因素，使其不能自主运动、自主思维，原因在于人体机能完善性的破坏和功能发挥的受限制，完全属于人体的内因。侵害人身自由权的行为并不破坏人体机能和功能，而是对人的行动、意志设置外来的障碍，使人因外界的束缚或影响而不能自主行动、自主思维，非法限制人身自由完全是外因所致。

第二节 健康权的内容

一、健康享有权

健康维护权是健康权的基本内容之一。20 世纪 40 年代《世界卫生组织宪章》规定："健康不仅是免于疾病和衰弱，而且是保持体格方面、精神方面和社会方面的完美状态。"在现代，人类把健康视作人权的基本内容之一，是人类发展自己、完善自己的重要目标。1978 年国际初级卫生保健大会《阿拉木图宣言》指出："健康是基本人权，达到尽可能的健康水平，是世界范围内的一项重要的社会性目标。"可见，健康权既是人的基本人权内容，也是社会共同的利益所在；健康维护权是自然人保护自己、造福人类的重要权利。

健康享有权，就是权利人享有保持其身体健康、发展其身体健康的权利。权利人对于自己的身体健康状况，如身体各器官、系统发育，功能发挥，体质、精力如常，保持劳动能力等，依法享有权利，有权保持它，有权发展它。保持健康，是说权利人对自己的健康状况有权保持，不被破坏；发展健康，是指权利人通过各种手段，内在的例如通过锻炼、健身等，增强体力、提高健康水平；外在的例如通过医疗、康复等，战胜疾病、恢复健康。这不仅是自然人维护自身生命、提高自己生活质量，追求体格、精神的完美状态，同时也具有维护社会利益，提高人类生存质量的意义。保持自己的健康，就是使自己的健康状况保持完好的状态，通过各种体育活动提高健康水平，在生理机能、功能出现不正常状况，即健康状况下降的时候，有请求医疗、接受医治的权利，使健康状况达到完好的状态或者恢复到原有状态；这些权利的行使，不受任何他人的干涉或强制。对于这些权利，均由权利人自己行使，任何人不得剥夺，不得干预；任何人剥夺、干预、破坏权利人的健康享有权，都构成侵权行为。

二、健康利益支配权

（一）健康权包括支配权

人格权均为对人格利益的支配性权利，那么健康权是否也具有支配权的性质呢？

在实务上,有人认为健康权不具有支配性,原因是自然人不能随意支配其健康,更不能依其支配权而放弃健康。例如,某医院高压氧舱因舱内空调器电机电路短路而引起舱内爆燃,致舱内8人中7人死亡,另外一名女青年生命尚存,但颜面、肢体被严重烧伤。在抢救中,该女青年拒绝治疗。对此,有人认为该女青年放弃健康的行为是违反法律的,因为自然人不能任意支配其健康。

应当说明,权利的放弃并不是支配权的唯一内容,即使是健康权的支配权也是如此。且不说放弃健康是否为合法,单就健康权人对健康维护权、对劳动能力的支配权,以至于在健康权受到侵害时对法律保护的请求权,都体现了健康权的支配权性质。例如,行为人自愿接受风险极大的手术、对身体实行麻醉、接受法律准许范围内的损害其健康的人体试验,都是权利人支配自己健康权的合法行为。[①] 因此,只要是权利人在法律允许的范围内,不违反法律和公序良俗、不损害自己健康的情况下,都可以对自己的健康利益进行支配。

健康支配权的另一个问题,是人体试验。为了医学进步和人类发展,需要以人体进行新药、新技术的试验,这就不可避免地会危及受试人的健康。我们认为,接受人体试验,是一个高尚的行为,是为了全体人民的福利而进行的活动,是值得尊重的。民法尊重和保护个人的自我决定权,进行人体试验应当由个人决定,并且这种选择不得违反法律和公共道德。

(二)健康利益支配权受到适当限制

健康利益支配权不是绝对的支配权,须受到适当的限制。不过,对健康权限制的程度不及对生命支配权限制的那么严格。对健康权的主要限制是:

第一,强制治疗、强制戒毒等强制性改善自然人健康状况的行政措施,不是对健康权这种支配权的强制干涉和侵犯,而是维护个人健康和公共利益的必要手段,是对权利人健康利益支配权的适当限制。强制治疗、强制戒毒等措施在性质上属于职务授权行为,为阻却违法的法定事由。尽管对患有非典型肺炎、性病、麻风病等恶性传染病患者进行强制治疗以及强制戒毒可能违背权利人的意志,但因这种强制措施因其阻却违法而成为适法行为,当事人不得主张侵权行为。对于放弃健康的患者是否可以给予强制治疗,现行立法没有规定。但从人道主义立场出发,对拒绝接受治疗的严重病人进行强制性治疗是适当的,不过在治疗过程中,应当尽量进行说服教育,做好思想工作;在必须进行强制治疗时,也应和平进行,不应采取暴力手段。

第二,订立处分健康权的合同,或者订立免除侵害健康权责任的免责条款,或者设

---

① 王利明:《人格权法研究》,中国人民大学出版社2005年版,第378页。

立已将健康毫无意义地置于危险状态为内容的合同，都应当认为无效。[①] 不过，在体育运动以及其他有关场合，这样的行为为有效。例如，日本福岛核电站因海啸发生事故，抢修工人为了更多人的利益而冒着健康损害危险进行抢修，不能认为他们处分健康权的行为是不正当的或者违法的。

第三，健康利益不得利用和转让。健康利益不具有财产利益，不得将健康利益商品化，应用于商业交易之中。同样，健康权是权利人的人格权，具有固有性，不得转让他人或者被他人利用。

三、劳动能力

(一)劳动能力不是独立的人格权

劳动能力是健康权的另一项基本内容。劳动能力，是在日常生活和法律领域中经常使用的概念。但劳动能力的基本含义是什么，认识上并不一致。从文义上解释，似可称之为劳动的能力，因而将劳动能力一般解释为"人用来生产物质资料的体力和脑力的总和"，[②]这种定义只强调人的生产物质资料的能力，显然不完整。在法律上，学者认为："劳动能力，为从事各种工作之能力。"[③]因而，对劳动能力也称为从业能力、生活上职业能力。这些定义均没有完整地揭示劳动能力的基本内涵，不能令人满意。

要给劳动能力下一个准确的定义，首先应当确定这一概念是什么性质。学说上有两种不同的主张：一是人格权说，认为劳动能力是自然人以其脑体功能利益为内容的物质性人格权。在侵权行为侵害身体导致劳动能力损害或丧失的场合，侵害的标的除身体权外，也应有劳动能力权。因此，自体系观点言之，劳动能力应肯认为一项独立的物质性人格权。考虑到社会主义的基本原则之一，是不劳动者不得食，因而肯认此项人格权具有重大意义。[④] 二是人格利益说，认为劳动能力包括商人之经营能力、技师之技术能力、劳动者之劳动能力，通说认为不是权利。盖以劳动能力，必以身体之肉体的组织及生理的机能俱完全无恙，而后能保持良好状态，故劳动能力之丧失或减少既不能全包入身体权，亦不能全包入健康权之内，虽可认为身体及健康之侵害，但似不如认为一独立的人格利益。[⑤]

我认为，劳动能力不是一种独立的人格权。其理由如下：

第一，确认劳动能力为独立的人格权，没有立法依据。我国《宪法》第42条只规定

---

① 尹田："自然人具体人格权的法律探讨"，载《河南省政法管理干部学院学报》2004年第3期。

② 《现代汉语词典》，商务印书馆1978年版，第669页"劳动能力"条。

③ 史尚宽：《债法总论》，台湾地区荣泰印书馆1978年版，第143页。

④ 张俊浩主编：《民法学原理》，中国政法大学出版社1991年版，第145页。

⑤ 史尚宽：《债法总论》，台湾地区荣泰印书馆1978年版，第143页。

我国自然人有劳动的权利和义务，并没有对劳动能力作出具体规定。《民法通则》第119条只规定侵害自然人身体造成伤害致人残废，并没有规定劳动能力的字样。同时，《民法通则》"人身权"一节也没有规定这项权利。主张劳动能力为独立民事权利的依据，是最高人民法院在《关于贯彻执行〈中华人民共和国民法通则〉若干问题的意见（试行）》中对"劳动能力"作了规定。① 诚然，最高人民法院在该司法解释的第146条和第147条使用了劳动能力的概念，但它既不是将劳动能力规定为独立的人格权，也不是对劳动能力这一"权利"损害如何进行救济的解释。究其本意，是对"残废者"如何理解的司法解释，残废者就是丧失劳动能力的人，包括全部或部分丧失劳动能力。将这种司法解释推衍为劳动能力为独立人格权的法律依据，过于牵强，显然不具有说服力。

第二，从传统的立法习惯和民法理论发展历史来看，没有可供借鉴的成例。从古代侵害人格权的同态复仇，到罗马法的对人私犯，都没有劳动能力的概念。在中国封建社会立法中，有对犯罪致被害人笃疾者断付财产养赡的制度，含有对劳动能力丧失救济的意义，但也没有劳动能力的概念。即使在《法国民法典》中，也没有出现这一概念。最先使用这一概念的是《德国民法典》，其第843条规定："因侵害他人身体或健康以致被害人因此丧失或减少劳动能力，或增加生活上的需要者，对被害人应以支付金钱定期金，给予损害赔偿。"在这一条文中，没有将劳动能力确定为民事权利的意思。后世民事立法，大体遵循这一体例。在理论上，通说不认其为独立的权利，而只承认其为一种人格利益，且鲜见持反对意见者。强调劳动能力为一种独立的民事权利，有悖于民法的传统和理论。

第三，将劳动能力认作一种独立的民事权利，既无实际的必要，也无确切的理论依据。自然人的物质性人格权只包括身体权、健康权和生命权。这三种人格权已经完全概括了自然人作为民事主体在物质性人格权方面的全部需要，没有必要再新规定其他物质性人格权。劳动能力可以完全概括或包含于健康权之中，保护健康权，就能使劳动能力得到妥善保护。

（二）劳动能力的性质

劳动能力是一种人格利益，但不是一种独立于健康权之外的人格利益。学者认为劳动能力是独立的人格利益，也是不足取的，从形式上看，劳动能力包含于身体权、健康权和生命权三位一体的自然人的物质性人格权之中，并不独立于这三种人格权之外。然而，劳动能力对于生命权和身体权来说，并无相当的意义。侵害生命权，劳动能力必然丧失，但民事主体已经消灭，讨论劳动能力还有什么意义呢？侵害身体权，以不破坏自然人机体组织功能完善为必要限度，超出此限度，即为侵害健康权，因而侵害身

---

① 张俊浩主编：《民法学原理》，中国政法大学出版社1991年版，第145页脚注。

体权的行为，显然涉及不到劳动能力的减少和丧失。正因为如此，劳动能力以自然人机体组织功能完善为基础，自然人保持健康，就保有劳动能力，自然人健康受到相当程度的破坏，劳动能力就会相应减少乃至丧失。因而，劳动能力完全包含于健康权之中，为健康权的基本内容之一，而不是独立的人格利益。

（三）劳动能力概念的定义

基于以上认识，可以得出这个结论：劳动能力是自然人从事创造物质财富和精神财富活动的脑力和体力的总和，是自然人健康权的一项基本人格利益。

（四）劳动能力的内容

劳动能力包含以下内容：

1. 劳动能力是指创造物质财富和精神财富的能力

在人类社会的生产中，包括物质财富的生产和精神财富的生产，在所有的生产中，都必须具备劳动者、劳动工具和劳动对象这三个要素构成的生产力因素。而劳动者必须以具备劳动能力为前提，不具备劳动能力的人，不是劳动者，不是生产力的因素。人只有具备创造物质财富和精神财富的能力，才能成为劳动者。作为一个劳动者，具有创造物质财富的能力，或者具备创造精神财富的能力，或者具备两种财富的创造能力，均为有劳动能力。

2. 劳动能力是劳动者脑力和体力的总和

进行任何创造性劳动，都必须具备脑力的因素和体力的因素，不可缺少其一。但由于创造财富的性质不同，对脑力和体力要求的侧重点不同。创造物质财富应以体力因素为主，创造精神财富则以脑力因素为主。当判断劳动能力的减少时，应以两种能力因素的综合考察为判断标准。

自然人享有劳动能力这种人格利益的缘由在于：一是有权保有这种利益；二是有权利用这种劳动能力以满足自己及社会的需要；三是有权发展这种利益；四是当这种利益受到损害时，有权要求加害人损害赔偿。

四、健康保护请求权

健康维护权的另一项重要内容，是当自然人健康权受到不法侵害时，享有法律保护的请求权，包括健康权请求权和侵权请求权。

健康权是绝对权、对世权，除权利主体之外，其他任何人都负有不得侵害健康权的法定义务。违反这一义务，侵害他人健康权，致健康状况受到损害，受害人有权依法请求侵权人承担相应的民事责任；构成犯罪的，还应当依法承担刑事责任。受害人行使这一权利，可以直接向加害人请求，也可以向有关组织请求，还可以直接向人民法院起诉。同时，也包括行使停止侵害、排除妨害的请求权。

同时，权利人有权采取各种合法手段维护自己的健康，排除他人的侵害。在发生损害健康的危险情形下，权利人可以主张消除危险、预防人身损害事故的发生。如果权利人已经面临实际的健康危险，权利人可以采取正当防卫和紧急避险以保护自己的健康。

第三节　对胎儿健康法益的延伸保护

一、关于胎儿健康利益保护的立法及判例

对人格权的法律保护应延伸至自然人出生前的胎儿时期，从罗马法开始，立法上就已经明确作出规定：至近现代时期，民事立法大多确认这种向前延伸的人格权法律保护。但是，对于这种先期人格利益的延伸保护是否包括胎儿的健康利益，则不无争议。

国外立法多承认这一人格利益的保护。例如，《日本民法》第721条规定："胎儿，就损害赔偿请求权，视为已出生。"我国台湾地区"民法"第7条规定："胎儿以将来非死产者为限，关于其个人利益之保护，视为既已出生。"其立法理由称："谨按依前条之原则，自然人必须出生，方有权利能力，而本条则未生者，亦得为权利之主体，即对于在胎内之儿女，以日后非死产者为条件，使得为出生前，所成立之权利主体，例如本于不法行为而生之损害赔偿请求权。盖本条为前条之例外规定，所以保护个人出生前之利益也。"①依此观察，胎儿的健康利益，应为延伸保护的对象。

《德国民法典》第844条对胎儿的扶养赔偿请求权作了规定，予以法律保护，对于胎儿健康利益的保护则无明文规定；在司法实践中，则确认这一原则。在1952年，德国高等法院的一个判决认为，"一个婴儿的母亲在受孕之前，由于医院方面的疏忽而使梅毒毒素进入了她的血液之中。随即，婴儿也受到了梅毒传染。法庭判决，胎儿有权在不受别人的疏忽造成的伤害的情况下被生下来"，因此，医院应承担该胎儿出生以后所受到的健康损害的责任。②

加拿大最高法院法官拉蒙特在1933年对"蒙特利尔电车公司诉列维利案"的判词

---

① 黄宗乐监修：《六法全书·民法》，台湾地区保成文化事业出版公司1991年版，第8页，立法理由称前条者，即为该法第6条："人之权利能力，始于出生，终于死亡。"

② ［美］彼得·斯坦等：《西方社会的法律价值》，王献平译，中国人民公安大学出版社1990年版，第204～205页。

中指出："如果认为一个婴儿在出生之后没有任何因出生之前的伤害提出诉讼的权利，那么，就会使他遭受不可弥补的错误伤害。""正是出于自然公平的缘故，活着出生并且能够存活下来的婴儿，应当有权对处于母亲子宫中时，由于错误行为给他造成的伤害起诉。"英国法律委员会在《关于未出生胎儿人身伤害问题的工作报告》中，专门引用了拉蒙特的这段判词，并且在报告中肯定了这种观点。[①]

美国判例法确立了侵权行为的过失责任、严格责任，将所有人、所有的权利都置于严密的法律保护之下，从而使"每个人都被保护，不受侵权性行为之害，包括胎儿在内"。[②] 1982年，加利福尼亚州上诉法院判决的辛德尔诉阿伯特化学厂一案，确认胎儿的健康利益应受法律保护。辛德尔是一个乳腺癌患者，其患病原因，是她母亲在怀她的时候，为保胎，服用了当时广为采用的防止流产的"乙烯雌粉"。后来研究证明，孕妇服用此药，可以导致胎儿患乳腺癌。辛德尔患乳腺癌的直接原因，就是在她尚怀于母亲腹中时其母亲服用了此药。辛德尔在胎儿时期，健康利益就受到了侵害，潜伏至其成年，终致发病。辛德尔据此向初审法院起诉，要求阿伯特化学厂赔偿健康损失，初审法院对此案不予受理；加利福尼亚州上诉法院接受了辛德尔的上诉，经审理，确认胎儿的健康利益受到损害，在其出生以后有权请求法律保护。由于辛德尔无法证明其母亲所服此药是当时生产此药的11家同类工厂中的哪一家工厂生产的，确认应由该11家同类工厂连带负责，故判决该11家工厂的制造商共同赔偿辛德尔胎儿健康利益受侵害所造成患乳腺癌的损失。这一判例所体现的原则就是："未出生的胎儿在遭到'人身伤害'时，可视其为'人'，可以为补救的目的而在其出生后就其出生前所遭受的损害提出诉讼。"[③]

以上关于对胎儿健康法益延伸保护的法律发展历史，既反映了民法对自然人健康权延伸保护的必要性，也反映了立法对自然人健康权延伸保护的客观规律认识的深化。目前，这一立法趋势已为大多数国家所确认。

二、对胎儿健康利益的保护办法

对胎儿健康利益的民法保护，应自胎儿成功受孕时起。无论胎儿是因合法婚姻关系而受孕，还是胎儿因合法婚姻关系以外的男女性行为而受孕，均在法律保护的范围之内。这是因为，胎儿因合法婚姻关系受孕或因合法婚姻关系外的男女性行为受孕，就胎儿而言，均享有合法的健康利益，这和非婚生子女与婚生子女在法律上地位平等、

---

① [美]彼得·斯坦等：《西方社会的法律价值》，王献平译，中国人民公安大学出版社1990年版，第204~205页。

② [美]彼得·哈伊：《美国法概论》，沈宗灵译，北京大学出版社1983年版，第91页。

③ *Black's law Dictionary*, West Publishing Co. 1979 Fifth Edition, p. 1029.

权利平等是一致的。当胎儿成功受孕时,其即享有健康利益。成功受孕当指精子与卵子结合,并于子宫内膜着床时始,并非要待胎儿初具人形,或者胎儿要有胎动之时,才视为成功受孕。自成功受孕时起,胎儿即享有健康利益。

对胎儿健康利益的侵害,表现为胎儿怀于母腹之中时,外力作用于母体,致胎儿身体功能的完善性受损害,既可以是致成外伤,也可以是致其内伤,还可以是致其患某种疾病。前例所述的辛德尔因其母服药而致患乳腺癌,即为后者。输血、输液造成母亲感染疾病,并使胎儿也受此感染者,属于胎儿健康利益受害。当外力作用于母体致胎儿外伤,或致内部器官损伤,因而致胎儿功能损害,皆为对胎儿健康利益的侵害。

确定胎儿健康利益的损害事实,须在胎儿出生、具有民事权利能力以后。胎儿尚在母腹之中,其健康利益的损害无法精确确定,只有在其出生之后才能够确定。因而,对胎儿健康利益的法律保护,虽为对健康利益的延伸保护,然而在客观上,则须在其出生之后才能正式进行。在此时提出法律保护的请求,溯及胎儿受孕之时的损害,予以法律救济。至于在自其出生后始至何时止的期间内才可以请求法律保护,应以健康利益的损害能够确定时,为该期间的止期。例如,胎儿在母体中受内、外伤,出生时即可确定者,自出生之时有权请求保护。如胎儿在母体中健康受潜在损害,待其出生后,其损害有显迹并可确认时,有权请求保护,如辛德尔案。至其有权请求保护之时起,应开始计算诉讼时效,其时效期间应与人身伤害的诉讼时效期间相同。

胎儿健康利益损害的请求权,应由胎儿出生后具有民事权利能力的本人享有并行使,不能由他人行使。这是因为,胎儿健康利益受损,并未害及其生命法益,当其活着出生之后,其即具有民事权利能力,自然可依自己的人格,享有权利、行使权利。在其不具有或不完全具有民事行为能力时,其行使权利可由其亲权人或监护人代理,但本人为权利主体。

对于胎儿健康利益的损害赔偿,应依健康权损害赔偿的一般原则进行。

第四节　侵害健康权的责任构成

一、侵害健康权的归责原则

确定侵害健康权请求责任构成,应当依据《侵权责任法》第 6 条和第 7 条的规定,根据不同情况,分别适用过错责任原则、过错推定原则和无过错责任原则。

构成侵害健康权的侵权责任,在一般场合,适用过错责任原则,其构成要件须具备违法行为、损害事实、因果关系和过错四项。适用过错推定原则,其侵权责任构成仍须具备上述四个要件,唯有过错要件实行过错推定,举证责任倒置;适用无过错责任原则确认侵害健康权行为责任,不须具备过错要件,其余三个要件的内容相同。

二、侵害健康权侵权责任构成

(一)侵害健康权的违法行为

侵害健康权的违法行为,包括以下内容:

1.行为包括作为和不作为

在侵害健康权的责任构成中,其客观的行为要件,作为和不作为均可构成。

作为的侵害健康权行为,是主要的行为方式。最主要的作为的侵害健康权行为,是殴打,另外,各种肇事、食源性疾患、药物中毒、毒气中毒、污染行为也是重要的侵害健康权的行为。这些行为,主要是违反了保护他人健康权的不作为义务,通过积极的行为而致他人损害。例如,贩卖病患动物肉,而致食用者染食源性疾患或中毒,交通肇事、工作事故、医疗事故,均为作为的侵害健康权行为。

不作为的侵害健康权行为,也是侵害健康权的重要行为方式。其特征是,行为人负有保护他人健康的作为义务,违背该作为义务而不作为,即为不作为的侵权行为。侵害健康权的不作为行为,如《侵权责任法》第86条和第87条规定的建筑物、构筑物或者他设施以及建筑物等上的悬挂物、搁置物脱落坠落致人健康损害,或者建筑物等倒塌致人损害,第88条规定的堆放物品倒塌致人损害,第89条规定的公共道路堆放物、倾倒物、遗撒物致人损害,林木折断致人损害,第91条规定的地下工作物施工未设安全标志和防范措施、管理人未尽管理职责致人损害等,均是。例如,某师范大学校园围墙倒塌,砸伤数人,这种行为就是不作为的侵害他人健康权的侵权行为行为。

2.行为包括直接行为和间接行为

行为人自己实施的侵害他人健康权的行为,是直接行为。行为人虽未亲自实施,但由其管束、监护、隶属下的人实施的行为,或者由其管理的物件致害他人健康的行为,是侵害健康权的间接行为。侵害健康权的行为多数是直接行为,但间接行为在侵害健康权中,亦占相当重要的地位。例如,监护人监护下的被监护人的行为、受雇人的行为、用人单位的工作人员的行为,以及建筑物致害、动物致害等,都可构成侵害健康权的间接行为。确认侵害健康权的间接行为,应按《侵权责任法》第四章至第十一章关于特殊侵权责任的规定进行,不能擅自扩大范围。

3.行为违法性的表现

行为的违法性表现为违反民事立法关于保护自然人健康权的规定。对此,《民法通则》第97条和《侵权责任法》第2条第2款有明文规定,违反该条即具备违法性的要件。

4. 行为主体

侵害健康权的行为主体，既可以是自然人，也可以是法人。

（二）侵害健康权的损害事实

损害事实侵害健康权所致损害事实是构成侵权责任的要件之一，包括三个层次：

1. 建康受损的事实

这表现为自然人维持人体生命活动的生理机能正常运作和功能完善发挥受到损害，因而生理机能不能正常运作、功能不能完善发挥，包括器质性的损害和功能性损害，如致外伤、内伤、疾患、精神病等。

2. 健康受损导致受害人财产利益的损失

这种损失是受害人因医治伤害、恢复健康所支出的费用，以及因健康受损而致的其他财产损失，诸如因伤害而支出的医疗费、误工损失、转院治疗的差旅费、住宿费、护理费、营养费，以及劳动能力丧失所致间接受害人的扶养费等。这些费用，都是健康受损所造成的财产损失，对于健康受损所赔偿的费用，即指此种财产利益的损失。赔偿的范围，应以此种财产利益的损失范围大小确定。

3. 精神痛苦的损害

健康权受损害，必然造成受害人精神上的痛苦和折磨。这种损害难以用金钱计算其损失价值，但予以金钱适当赔偿，可以抚慰受害人的感情，平复其精神创伤。因而，健康受损所致精神痛苦为抚慰金赔偿的标的。

（三）侵害健康权的因果关系

确定侵害健康权违法行为与损害事实之间的因果关系，应依相当因果关系学说判断。违法行为与健康损害结果之间依一般社会经验和智识判断，能够发生因果联系，在客观上该种行为又确实引发了这样的损害结果，即应确认其二者具有因果关系。

在违法行为直接引起健康权损害结果的情况下，因果关系的要件较易判断，如殴打致伤害、动物致伤害、建筑物倒塌致伤害等，因果关系至为明显。确认此种引起与被引起的关系，即构成因果关系要件。

在违法行为间接引起健康权损害结果的场合，违法行为只是引起健康权损害结果发生的原因之一，其中还有其他原因与违法行为相互作用，引起损害的发生。在这种场合，因果关系要件的确定，较为困难。具体地说，有四种情况：(1)违法行为与自然原因相互配合，致受害人伤害；(2)违法行为与第三人的行为相互配合，致受害人伤害；(3)违法行为与受害人自身的原因相互配合，致受害人伤害；(4)违法行为致受害人伤害后，第三人的行为致损害进一步扩大。

在这些情况下，违法行为以外的其他原因事实，对损害结果的发生所起的作用，分为两类，一是助成，二是扩大。无论助成还是扩大，均为健康权损害的共同原因。凡是因共同原因致健康权损害事实发生者，判断因果关系要件的规则主要表现为以下几个方面：一是不否认违法行为是损害事实发生的原因，即须确认违法行为与健康损害事实间有因果关系。二是应当区分违法行为对健康损害事实发生的原因力大小，依其原因力确定行为人所应承担的责任范围，对于因自然原因、受害人自身的原因致损害发生，应依其原因力大小，由受害人自己承担责任；对于因第三人的原因致损害发生，亦依其原因力大小，由该第三人承担责任。

在致人健康受损的因果关系中，环境污染致人健康损害案件适用推定因果关系的理论。

（四）侵害健康权的过错

在侵害健康权的责任构成中，故意、过失均可构成其要件。在适用过错责任原则时，过错应由受害人证明；在适用推定过错责任时，受害人不负举证责任，若加害人无过错，则由加害人证明。适用无过错责任原则，则不要求有过错的要件。

第五节　对健康权损害的常规赔偿

对于健康权损害的常规赔偿，应当适用《侵权责任法》第16条规定，参照最高人民法院《关于审理人身损害赔偿案件适用法律若干问题的解释》的有关规定进行。《侵权责任法》第16条前段和中段规定："侵害他人造成人身伤害的，应当赔偿医疗费、护理费、交通费等为治疗和康复支出的合理费用，以及因误工减少的收入。造成残疾的，还应当赔偿残疾生活辅助具费和残疾赔偿金。"这是确定侵害健康权人身损害赔偿的基本规则。

一、人身损害赔偿

（一）医疗费赔偿

医疗费赔偿曾经叫做医药、治疗费赔偿或者医药费赔偿，立意是区分医药费和治疗费的不同赔偿。后来统一叫做医疗费赔偿，其中就包括医药费和治疗费。

医疗费赔偿的目的，在于对侵害人身造成伤害所致财产损失的补偿。在这项赔偿上面，实行的是全部赔偿原则，即损失多少就赔偿多少，赔偿应当与损失相一致。只有这样，才能够恢复受害人的权利，救济受害人的损害。

在《关于审理人身损害赔偿适用法律案件若干问题的解释》中，规定了医疗费赔偿具体办法，即"医疗费根据医疗机构出具的医药费、住院费等收款凭证，结合病历和诊断证明等相关证据确定。赔偿义务人对治疗的必要性和合理性有异议的，应当承担相应的举证责任。医疗费的赔偿数额，按照一审法庭辩论终结前实际发生的数额确定。器官功能恢复训练所必要的康复费、适当的整容费以及其他后续治疗费，赔偿权利人可以待实际发生后另行起诉。但根据医疗证明或者鉴定结论确定必然发生的费用，可以与已经发生的医疗费一并予以赔偿”。

在医疗费的赔偿上，应当贯彻凡是治疗损害的合理损失都应当予以赔偿的原则，以尽量保护受害人的合法权益，使其受到损害的权利得到恢复。处理人身损害赔偿案件的实际情况，是在损害已经发生的情况下，对赔偿的问题发生争议，才起诉到法院进行评断，而不是在事先定出准则要当事人执行。确定这个基点，对有些问题的研究和解决就会脱离书生气，使之更有实践意义。

（二）误工费赔偿

误工费损失的赔偿，补偿的是受害人由于人身受到伤害，耽误工作而造成的财产损失。《关于审理人身损害赔偿案件适用法律若干问题的解释》第20条规定：“误工费根据受害人的误工时间和收入状况确定。误工时间根据受害人接受治疗的医疗机构出具的证明确定。受害人因伤致残持续误工的，误工时间可以计算至定残日前一天。受害人有固定收入的，误工费按照实际减少的收入计算。受害人无固定收入的，按照其最近三年的平均收入计算；受害人不能举证证明其最近三年的平均收入状况的，可以参照受诉法院所在地相同或者相近行业上一年度职工的平均工资计算。”

按照本条规定，误工费赔偿的办法是：

1. 误工的时间确定

一种情况是，以医疗机构出具的证明作为确定的标准；另一种情况是，如果造成伤残持续误工的，则将误工时间定为定残的前一天。具体办法：一是以负责治疗的医疗机构出具的证明确定；二是办法是由法医鉴定确定；三是按照受害人的实际损害和恢复情况确定。还可以将这三个办法结合起来确定，例如对医疗机构的证明有怀疑，就可以经过法医结合损害情况和受害人的实际损害和恢复情况进行鉴定，作出确切的判断。受害人致残的，有一个致残前赔偿误工费、致残后赔偿生活费的衔接问题，对此，应当以定残之日为准，之前的治疗期间赔偿误工费。受害人因伤害死亡的，也要对受伤害之后、死亡之前的实际误工费进行赔偿，误工费的计算，从侵权行为开始计算，至受害人死亡之时止。

2. 误工损失收入的计算

该赔偿计算原则是：一是有固定收入的，按照实际减少的收入计算；二是无固定收入的，按照最近3年的平均收入计算；三是不能举证证明最近3年的平均收入的，参照受诉法院所在地相同或者相近行业上一年度职工的平均工资计算。

对这项赔偿的原则是,应当按其实际伤害程度、恢复情况并参照医疗医院出具的证明或者法医鉴定等认定。

(三)护理费赔偿

护理费赔偿,补偿的是受害人因为受损害生活不能自理,由于需要有人进行护理而造成的财产损失。《关于审理人身损害赔偿案件适用法律若干问题的解释》第 21 条规定:"护理费根据护理人员的收入状况和护理人数、护理期限确定。护理人员有收入的,参照误工费的规定计算;护理人员没有收入或者雇佣护工的,参照当地护工从事同等级别护理的劳务报酬标准计算。护理人员原则上为 1 人,但医疗机构或者鉴定机构有明确意见的,可以参照确定护理人员人数。护理期限应计算至受害人恢复生活自理能力时止。受害人因残疾不能恢复生活自理能力的,可以根据其年龄、健康状况等因素确定合理的护理期限,但最长不超过二十年。受害人定残后的护理,应当根据其护理依赖程度并结合配制残疾辅助器具的情况确定护理级别。"

按照本条规定,关于护理费赔偿的办法是:第一,一般原则是根据护理人员的收入状况和护理人数、护理期限确定。对此,要实事求是。第二,护理人员原则上为 1 人;如果医疗机构或者鉴定机构有明确意见的,参照其意见确定。第三,如果护理人员是有收入的,按照误工费赔偿的规定计算护理费的具体数额。第四,护理人员没有收入或者雇佣护工的,参照当地护工从事同等级别护理的劳务报酬标准计算。第五,如何计算护理期限,具体办法是:一是一般原则,到受害人恢复生活自理能力时为止。二是受害人造成残疾不能恢复生活自理能力的,确定护理期限,但是最长不超过 20 年。第六,受害人定残后的护理,根据其护理依赖程度并结合残疾用具的使用情况确定护理级别,确定护理费用。

(四)交通费赔偿

对于救治人身损害需要支出交通费的,应当赔偿交通费损失。这种赔偿是赔偿受害人因人身损害而支出的实际财产损失。《关于审理人身损害赔偿案件适用法律若干问题的解释》第 22 条规定:"交通费根据受害人及其必要的陪护人员因就医或者转院治疗实际发生的费用计算。交通费应当以正式票据为凭;有关凭据应当与就医地点、时间、人数、次数相符合。"

按照本条规定,交通费的赔偿费用计算方法和标准是:第一,交通费赔偿的是受害人、护理人员就医、转院治疗所实际发生的交通费用。救治人身损害需要支出交通费包括:一是在救治人身损害的当时,送到医院时的交通费用,二是在转院治疗或者到外地治疗时支出的交通费。对于没有在就近治疗的,但是选择的医院是合理的、必要的,其交通费也应当赔偿。交通费赔偿的范围包括:一是受害人的交通费,二是参加救护的人的交通费,三是需要护理的人的交通费。第二,判断交通费赔偿的标准,以正式票据为准，且与就医地点、时间、人数、次数相符。对于不合理的支出不应当赔偿，但确定的标准不宜过于严苛，对于属于合理的部分应当予以赔偿。

（五）住院伙食补助费

受害人遭受人身损害需要住院的，在住院期间支出一定的伙食补助费，是必须的。《关于审理人身损害赔偿案件适用法律若干问题的解释》第23条规定："住院伙食补助费可以参照当地国家机关一般工作人员的出差伙食补助标准予以确定。受害人确有必要到外地治疗，因客观原因不能住院，受害人本人及其陪护人员实际发生的住宿费和伙食费，其合理部分应予赔偿。"

按照本条规定，住院伙食补助费的赔偿标准和计算方法是：第一，一般原则，是参照国家机关一般工作人员出差伙食补助标准确定。这样的标准是基本可行的。如果受害人的伤势严重，根据医疗单位的意见，可以适当高于这个标准计算赔偿数额。第二，到外地治疗，不能住院的，受害人本人及其陪护人员实际发生的住宿费、伙食费，合理部分应当赔偿。关于住宿费赔偿，是对受害人在治疗期间需要住宿，以及护理人员需要住宿，实际支出的住宿费的赔偿。这里不仅仅是对需要去外地治疗的要赔偿住宿费，就是在本地治疗的，确实需要住宿的，也应当赔偿。

（六）营养费赔偿

《关于审理人身损害赔偿案件适用法律若干问题的解释》第24条规定："营养费根据受害人伤残情况参照医疗机构的意见确定。"

按照本条规定，关于营养费的赔偿标准和计算方法是：根据伤残情况和医疗机构意见确定。一般说来，凡是受害人的伤势较重的，都应当赔偿适当的营养费；医疗单位认为或者根据实际情况判断有必要补充营养的，可以按照适当的标准确定。

（七）侵害身体权所造成的财产利益损失的赔偿

对于侵害身体权，造成难以计算的财产利益损失的，应当参照相当的标准计算。例如，侵害身体，非法抽血等形式的侵权行为，应当按照所抽取的血的数量和价格作标准，适当高于这个标准确定赔偿数额；没有办法计算的可以做估价，以估价作为赔偿计算的标准。在侵害身体权所造成的受害人的间接利益损失的场合，还要考虑对其所损失的间接利益给予赔偿。

二、精神损害抚慰金赔偿

受害人请求精神损害赔偿的，依照《侵权责任法》第22条规定，侵害人身权益，造成严重精神损害的，应当支持受害人的请求。精神损害抚慰金的请求权，不得让与或者继承。但赔偿义务人已经以书面方式承诺给予金钱赔偿，或者赔偿权利人已经向人民法院起诉的除外。

第六节 对劳动能力丧失的赔偿

一、劳动能力丧失损害赔偿的理论根据

侵害健康权行为造成受害人劳动能力减少或丧失的后果，加害人应当承担赔偿损失的义务。

（一）劳动能力损失赔偿的不同理论依据

在历史上，劳动能力损害赔偿的理论根据有两种：

1. 所得丧失说

这种理论认为，损害赔偿制度的目的，在于填补被害人实际所生损害，故被害人纵然丧失或减少劳动能力，但如未发生实际损害，或受伤前与受伤后之收入并无差异，自不得请求加害人赔偿。所得丧失说于计算损害赔偿额时，系以被受伤前收入与受伤后之收入差额为损害额，故又称"差额说"。这种理论的局限是，如是无业者，于受伤前因无现实收入，故因加害人的侵权行为以致残废，而丧失或减少劳动能力，亦不得请求加害人赔偿。但失业者现虽无职业，但如不是伤害，则将来并非无觅得职业的机会。未成年人现虽无谋生能力，但不得谓其将来亦无谋生能力。因此，这种理论仅以被害人现实收入之有无，作为得否请求赔偿之标准，显不合理。① 在俄罗斯，对劳动能力的损害赔偿，原则上采取所得丧失说理论，赔偿数额以收入的差额为标准。为了避免这种理论的缺陷，又对未满15岁自然人丧失劳动能力按照当地普通工人的平均工资金额确定赔偿数额。② 在日本，民法对此没有明文规定，从前的学说及判例采所得丧失说，现今学说及多数判例改为采用劳动能力丧失说。③

2. 劳动能力丧失说

这种理论认为，被害人因身体或健康受损害，以致丧失或减少劳动能力本身，即为损害，并不限于实际所得之损失。劳动能力虽无如一般财物之交换价格，但透过雇佣或劳动契约方式，事实上有劳动力之买卖，工资乃其对价。故劳动能力实为一种能力资本，依个人能力，而有一定程度之收益行情，故丧失或减少劳动能力本身即为损害，

---

① 曾隆兴：《现代损害赔偿法论》，台湾地区泽华彩色印刷事业有限公司1988年版，第196～197页。

② 《苏俄民法典》第465～467条。

③ 曾隆兴：《现代损害赔偿法论》，台湾地区泽华彩色印刷事业有限公司1988年版，第196～197页。

至于个人实际所得额，不过为评价劳动能力损害程度之资料而已。依此说，则被害人为未成年人、失业者、主妇等，而丧失或减少劳动能力，亦得评定其损害，而请求加害人赔偿。[①] 在英美法系，采劳动能力丧失说。我国台湾地区的司法实务也采同一理论，例如其判解认为：身体或健康受侵害，而减少劳动能力者，其减少及残存劳动能力之价值，不能以现有之收入为准，盖现有收入每因特殊因素之存在而与实际所余劳动能力不能相符，现有收入高者，一旦丧失其职位，未必能自他处获得同一待遇，故所谓减少及残存劳动能力之价值，应以其能力在通常情形下可能取得之收入为标准。[②] 被害人因身体健康被侵害而丧失劳动能力所受之损害，其金额应就被害人受侵害前之身体健康状态、教育程度、专门技能、社会经验等方面酌定之，不能以一时一地之工作收入为准。[③] 这些意见肯定劳动能力丧失说的正确性和实用性，对所得丧失说给予了批评。

（二）我国采取的立场

1. 早期的立场——生活来源丧失说

在我国，没有实施《关于审理人身损害赔偿案件适用法律若干问题的解释》之前，在理论上和实务上究竟采取何种学说主张。我们认为，首先，并未采用所得丧失说，因为《民法通则》第119条和《关于贯彻执行〈中华人民共和国民法通则〉若干问题的意见（试行）》第146条都没有说明采用这种理论和做法。其次，是不是在贯彻《民法通则》的司法解释规定了"丧失劳动能力"的提法，就可以认为采取的是劳动能力丧失说呢？也不是的。因为尽管司法解释规定了"丧失全部或部分劳动能力"的字眼，但赔偿的标准并不是丧失的劳动能力，而是生活补助费，因而，我国对劳动能力丧失的赔偿，所采理论并不是劳动能力丧失说。

我认为，我国立法和司法对劳动能力丧失损害赔偿所采理论依据，是与上述两种理论不同的第三种学说，即"生活来源丧失说"。首先，按照我国立法和司法实务，对残废者劳动能力丧失赔偿所依据的，并不是伤害前后劳动收入之间的差额，因而与所得丧失没有密切的关系；其次，确定受害人劳动能力的赔偿，基本上不考虑受害人受害之前的体能、技能、教育状态等劳动能力的构成因素，并因此而确定所丧失劳动能力的价值指标，这样，也和劳动能力丧失所依据的标准没有任何关系。从我国的立法和司法实务来看，受害人因残废而丧失全部或部分劳动能力，所造成的损害后果是受害人因此减少或丧失生活来源，所要赔偿的，正是受害人因此而减少或丧失的生活费。正因为如此，立法和司法实务才确定这种损害赔偿的内容，只是生活补助费，且"一般应补足到不低于当地居民基本生活费的标准"。

---

① 曾隆兴：《现代损害赔偿法论》，台湾地区泽华彩色印刷事业有限公司1988年版，第196～197页。

② 我国台湾地区"最高法院"1972年台上字第1987号判例。

③ 我国台湾地区"最高法院"1974年台上字第1394号判例。

将我国这种生活来源丧失与所得丧失、劳动能力丧失两种理论相比，前者最大的优点在于：一是标准明确，极易掌握，只要按照当地居民平均生活费的标准赔偿即可；二是对于加害人的利益保护周到，因为当地平均生活费标准一般都低于个人的工资收入和其他收入，只赔偿生活补助费比赔偿丧失的劳动收入或丧失的劳动能力的价值显然低得多。伴随其优点而来的就是其缺点，其最明显的缺点，就是不利于保护受害人的合法权利，没有救济受害人的全部损失，使受害人在受到侵害丧失劳动能力以后，除了依靠赔偿的生活补助费度日，再无其他应当有的可以进行其他必要活动的经济能力。这对于受害人来说，无疑是悲哀的。另外，还表现在对加害人予以法律制裁的不力，这是因为赋予其承担的责任低于其造成的损失，对社会的教育、预防作用不够明显，这是对这一民事违法活动制裁不力造成的必然后果。

对我国侵害健康权的劳动能力损害赔偿制度作这样的评价是实事求是的。造成这样的问题，立法者主要考虑的仍然是我国经济落后，自然人因收入低而经济负担能力不够。这样考虑问题当然也是必要的，但却以牺牲受害人的合法利益为代价，在法律价值的取舍上不无问题。另外，中国古代立法中某些侵权制度对此也不无影响。中国古代侵权法中的赎铜入伤杀之家制和断付财产一半养赡受害人的制度，都是对受伤害致残的（如废疾、笃疾）救济方法，这些救济，都只考虑养赡，而不考虑劳动能力的损失。

2. 新近的立场——采取有限的所得丧失说

生活来源丧失说的最明显缺点，就是不利于保护受害人的合法权利，没有救济受害人的全部损失，使受害人在受到侵害丧失劳动能力以后，不能依靠赔偿的生活补助费度日，再无其他应当有的可以进行其他必要活动的经济能力。另外，还表现在对加害人予以法律制裁的不力，这是因为赋予其承担的责任低于其造成的损失，对社会的教育、预防作用不够明显，这是对这一民事违法活动制裁不力造成的必然后果。但这个所得丧失说并不是彻底的，而是有限的，即不是对每一个受害人所受到的损失都予以全额赔偿，而是作出一个标准，按照这个固定标准计算每一个人的损失，超出这个损失或者不及这个损失的，都按照这个标准赔偿。

因此，我国司法对此转变立场，2003 年公布实施的《关于审理人身损害赔偿案件适用法律若干问题的解释》改而采用所得丧失说作为劳动能力损害赔偿的基础，并将造成劳动能力损害的赔偿生活补助费的做法，改为残疾赔偿金赔偿。这是一个极为重要的改变，是有利于受害人的保护的做法，同时也对制裁违法行为具有更好的惩戒作用。

尽管《侵权责任法》没有明确规定劳动能力丧失赔偿的具体规则，但是在条文的精神上，是采纳了最高人民法院上述司法解释的立场的。

二、丧失劳动能力的损害赔偿范围

(一)丧失劳动能力的损害赔偿范围

各国立法一般规定为三项:一是丧失或减少劳动能力的损失;二是增加生活上需要的费用;三是精神抚慰金。《德国民法典》除规定上述内容之外,还在第845条规定了对失去劳务的赔偿权,它与劳动能力丧失的赔偿不完全一致。

按照最高人民法院人身损害赔偿司法解释的规定,丧失劳动能力的赔偿范围是:"受害人因伤致残的,其因增加生活上需要所支出的必要费用以及因丧失劳动能力导致的收入损失,包括残疾赔偿金、残疾辅助器具费、被扶养人生活费,以及因康复护理、继续治疗实际发生的必要的康复费、护理费、后续治疗费,赔偿义务人也应当予以赔偿。"

其中,残疾赔偿金根据受害人丧失劳动能力程度或者伤残等级,按照受诉法院所在地上一年度城镇居民人均可支配收入或者农村居民人均纯收入标准,自定残之日起按20年计算。但60周岁以上的,年龄每增加1岁减少1年;75周岁以上的,按5年计算。受害人因伤致残但实际收入没有减少,或者伤残等级较轻但造成职业妨害严重影响其劳动就业的,可以对残疾赔偿金作相应调整。

(二)丧失劳动能力的损害赔偿方法

各国对劳动能力丧失的赔偿方法,都由法律规定,一般规定两种方法:一种是给付定期金;另一种是一次给付赔偿总额。以给付金钱定期金为主要方法,以一次给付赔偿总额为特殊方法。

按照最高人民法院人身损害赔偿司法解释的规定,我国对劳动能力的损害赔偿也采用这两种方法,不过是以一次性赔偿为主,可以采用定期金赔偿。

适用定期金赔偿时,应当着重注意以下两个问题:

一是定期金赔偿与一次性赔偿总额这两种方法并不互相排斥,可以根据具体案情确定适用哪一种方法。在一般情况下,适用定期金方法,比较有利,对受害人和加害人都有好处,可以按照受害人的实际寿命进行赔偿。适用一次性给付方法,可以尽早消灭赔偿法律关系,有利于维护正常的生活和民事流转秩序,不利的是需加害人一次支付大量金钱。只规定适用一种方法而排斥另一种方法的适用,是不正确的。

二是使用定期金的方法赔偿,应当由加害人提供适当的担保;否则,会造成很大的赔偿风险。赔偿义务人应以何种方式,并在何种金额范围内提供担保,应视情形确定。

第十六章　身体权

第一节　身体与身体权

一、身体权是自然人独立的人格权

（一）否认身体权为独立人格权的主张

在我国民法理论和实务中，对于身体权是否为自然人的一项独立的人格权，在《民法通则》实施之后的最初数年，通说持否定态度，只承认自然人享有生命、健康权，不认身体权为独立的民事权利。经过探讨，有更多的人认为身体权是一项独立的民事权利，为自然人所享有，并与自然人的生命权、健康权相区别，各个为独立的民事权利。[①] 这种理论已经成为通说，最高人民法院也通过司法解释确认身体权为独立人格权。比较遗憾的是，《侵权责任法》第 2 条第 2 款仍然采用《民法通则》的提法，仍然叫做生命健康权，但这也不否定身体权是一个独立的人格权。

由于早期的通说不认为身体权为自然人的独立民事权利，在实务中侵害自然人生命权和健康权的行为，均可以侵权行为予以民事法律制裁，对自然人的生命权、健康权加以民法保护。对于侵害身体权行为，如果造成了伤害

---

① 张俊浩主编：《民法学原理》，中国政法大学出版社 1994 年版，第 143～145 页；王利明主编：《人格权法新论》，吉林人民出版社 1994 年版，第 284 页；梁慧星："中国人身权利制度"，载《中国法学》1989 年第 5 期。

后果的，则依照侵害健康权的行为处理，如果造成了死亡后果，则属于侵害生命权的行为；如果既没有造成伤害后果，又没有造成死亡后果，在实务中则没有办法进行民法保护。然而，侵害身体权的行为在现实生活中大量存在，缺少必要的民法保护手段，就使自然人的这项民事权利时时受到威胁、侵害，而无民法救济方法。就是在承认身体权为人格权的今天，对侵害身体权的如何进行赔偿也仍无更为满意的办法。

主张我国法律不承认身体权为一项独立的民事权利的依据，是《民法通则》没有在“人身权”一节明文规定身体权，只是规定了“生命健康权”，因而不能认身体权为一项民事权利。

（二）确立身体权为独立人格权的理由

上述意见是不正确的，理由是：

1. 我国法律对身体权是有规定的

我国法律规定身体权的依据：一是我国《宪法》第 37 条第 3 款末段规定“禁止非法搜查公民的身体”；二是《民法通则》第 119 条规定“侵害公民身体造成伤害的”，应承担民事责任；三是最高人民法院在《关于贯彻执行〈中华人民共和国民法通则〉若干问题的意见（试行）》第 146 条和第 147 条两次提到“侵害他人身体”。从宪法到民法直到司法解释，均明文提到“公民身体”，给确认自然人身体权为独立的民事权利，提供了直接的法律依据。

2. 无明文规定就不能认定身体权是人格权的观点不能成立

认为法律没有明确规定“身体”是一种民事权利，就不能认其为民事权利的论点不能成立。应当说，我国《民法通则》是一个民事权利的宣言，它只规定了民法的一些基本的问题，还有很多民事权利没有规定进去。《民法通则》没有规定的民事权利就不成其为民事权利的论点，不具有说服力。例如，《民法通则》没有规定隐私权，但隐私作为一种基本的民事权利已为公众所承认，《妇女权益保障法》和《侵权责任法》也都予以确认，何况我国立法对“公民身体”已有上述法律规定。

3. 确认自然人身体权并非我国独创

早在《德国民法典》问世之时就宣告了身体权是自然人的基本民事权利。在我国封建社会末期，清朝统治者编修的《大清民律草案》在第 955 条、第 960 条等条款中明确规定身体权为自然人民事权利。

综上，在我国，身体权是自然人的一项独立的民事权利，既有法律的依据又有客观的依据，是不容怀疑的。

二、身体的概念

(一)语义学上的身体概念

身体,从语义学的角度上说,是指“一个人或一个动物的生理组织的整体”,①即“人和动物的躯体”。② 从这个角度上说,人和动物的生理组织的整体即躯体,都称为身体。汉语中的身体,不分人和动物,其躯体均为身体。英语中的 bodily 专指人的身体,与动物的躯体相区别,指人的不是精神的而是肉体的,是肉体的整个构造或附属于身体的所有部分。③

(二)法律学上的身体概念

法律学意义上的身体,专指自然人的身体,是指自然人的生理组织的整体,即躯体。身体包括两部分,一是主体部分,二是附属部分。主体部分是人的头颅、躯干、肢体的总体构成,包括肢体、器官和其他组织,是身体的基本内容。附属部分,如毛发、指(趾)甲等附着于身体的其他人体组织。身体虽然由头颅、肢体、器官、其他组织以及附属部分所构成,但它是一个完整的整体。身体具有完整性和完全性的基本特征。破坏了身体的完整性和完全性,就破坏了身体的有机构成。

移植的器官和其他组织是否为身体的组成部分呢?随着现代医学科学的发展,人类对自身身体的认识不断发展,目前可以做多种器官和其他人体组织的移植手术。最简单的如输血、植皮,复杂的如肾脏移植、心脏移植、角膜移植等。移植以后的器官和其他人体组织与受移植人成为一体即成功移植的,成为受移植人身体的组成部分,他人包括原来的身体权人都不能再主张这些器官、组织的身体权。

镶装、配置的人工制作的残缺身体部分的代替物,如假肢、假牙、义眼、人工心脏瓣膜、助听器等,能否构成身体的组成部分,应当区别情况。学者认为,对此,已构成躯体不可分离的一部分的,应属于身体,可以自由装卸的则不属于身体。④ 这是一个比较准确的标准,但还不够,还应对自由装卸加以限制,即虽然可以自由装卸,但需专业医学人员依照严格的医学操作规程进行。否则可造成健康损害或生命丧失的工人装置,亦应视为身体的组成部分,如固定的身体引流管、种植牙等。因而自由装卸是指普通人可以自由装卸,而非指专业人员的自由装卸。

---

① 《现代汉语辞典》,商务印书馆 1978 年版,第 1008 页。

② 《辞海》(缩印本),上海辞书社 1979 年版,第 1008 页。

③ *Black's law Dictionary*, West Publishing Co. 1979 Fifth Edition. p. 159.

④ 王利明主编:《人格权法新论》,吉林人民出版社 1994 年版,第 303 页。

三、身体权的概念和特征

（一）身体权的概念

关于身体权的概念，有以下定义：

我国台湾地区学者对身体权的定义，其主要者有二：一是认为身体权是"不为他人妨害，而就身体之安全，享受利益之权利"；①二是认为身体权是"为以保持身体之完全为内容之权利"。②

我国大陆民法学者对身体权概念界定的主要观点有：一是认为身体是指"自然人其对肢体、器官和其他组织的支配权"；③二是认为"身体权是以自然人保持其身体组织器官的完整性为内容的权利"；④三是认为"身体权，是指自然人保持其身体组织完整并支配其肢体、器官和其他身体组织并保护自己的身体不受他人违法侵犯的权利"；⑤四是认为："身体权所保护的客体不是人的身体本身，而是因身体而产生的身体利益，它是指公民维护身体形态完整和因身体存在而产生的其他身体利益不被侵害的权利。在内容上不仅包括与健康无关的自然形体的完整利益，而且包括因身体、身体功能和社会道德观念而产生的身体利益，这对具体解决侵犯尸体、性骚扰等实际问题有着重大意义。"⑥

上述关于身体权概念的界定，从不同侧面揭示了身体权概念的内涵，均有不够全面之感。如将大陆民法学者的两种观点综合起来，似更准确、全面。因此，身体权是自然人维护其身体完全并支配其肢体、器官和其他组织的具体人格权。

（二）身体权的法律特征

身体权具有以下法律特征：

1. 身体权以自然人的身体及其利益为客体

身体是自然人享受法律人格的物质基础，离开了身体，自然人无任何权利可言，不能具备法律上的人格。生命权是人的第一位重要的人格权，但是生命的物质载体是身体，没有身体则生命不能存在。自然人身体权以身体为客体，最重要的就是保持其身体整体的完全性、完整性。任何人破坏自然人身体的完整性，就构成对身体

---

① 何孝元：《损害赔偿之研究》，台湾地区商务印书馆 1982 年版，第 134 页。

② 史尚宽：《债法总论》，台湾地区荣泰印书馆 1978 年版，第 142 页。

③ 张俊浩主编：《民法学原理》，中国政法大学出版社 1991 年版，第 144 页。

④ 王利明主编：《人格权法新论》，吉林人民出版社 1994 年版，第 283 页。

⑤ "身体权"，载百度网"百度百科"，http://baike.baidu.com/view/283793.htm#sub283793，2011 年 4 月 25 日访问。

⑥ 毛立新："身体权理论与实践的再思考"，载《河南社会科学》2006 年第 2 期。

权的侵害。

2. 身体权是支配权

身体权还表现为对自己身体组织部分的肢体、器官和其他组织的支配权。传统理论并不认身体权中包含自然人对自己肢体、器官和其他组织的支配权,只承认身体完整性不得破坏,不得将身体的组成部分予以转让。但是随着科学技术的发展和现代法律伦理的进化,允许自然人将属于自己身体组成部分的血液、皮肤甚至个别器官转让给他人。这种转让,正是体现自然人对其身体组成部分的器官、组织的支配权。它表明,对于自然人身体的上述器官、组织,只有自然人本人才享有支配的权利,任何人都无权决定其转让;如果他人违背权利人自己的意志,强行索取、使用自然人身体的组成部分,就是侵害了自然人对身体组成部分的支配权。

3. 身体权是自然人的基本人格权

身体权是基本人格权之一,属于物质性人格权,表现为自然人对于物质性人格要素的不转让性支配权。[①] 它是人格权,而不是所有权。身体权和所有权同为支配权,但其支配的并非同一种客体。所有权支配的是物,身体权支配的却是自身的物质性人格要素,它的客体仍然是自然人的人格要素。

(三)身体权与生命权、健康权的区别

自然人的身体权与其他物质性人格权如生命权、健康权怎样区别呢?

生命权为不受他人之妨害,而对于生命之安全,享受利益之权利,[②]它的客体是自然人的生命。生命依附于身体而存在,身体依赖于生命的存在而存活。尽管如此,生命权与身体权在法律意义上,是十分容易区分的。

比较难以区分的,是身体权和健康权。健康权是自然人以其器官乃至整体的功能利益为内容的人格权,它的客体,是人体器官及系统,乃至身心整体的安全运作,以及功能的正常发挥。[③] 二者的区别:一是身体权的客体是身体,健康权的客体是健康;二是身体权体现的利益是自然人身体组织的完全性、完整性,健康权体现的利益是自然人肌体功能的完善性;三是身体权是自然人对自己身体组成部分的支配权,支配性较强,健康权的支配性质较弱。

---

① 张俊浩主编:《民法学原理》,中国政法大学出版社 1991 年版,第 142 页。

② 何孝元:《损害赔偿之研究》,台湾地区商务印书馆 1982 年版,第 124 页。

③ 张浩俊主编:《民法学原理》,中国政法大学出版社 1991 年版,第 144 ~ 145 页。

第二节　身体权的沿革、性质和内容

一、身体权的沿革

对于自然人身体的保护是自法律出现以来就存在的制度，不过并不详细区分生命权、身体权、健康权的不同保护。在罗马法时期，私法极其繁荣，但亦只在私法中规定对人私犯，称之为侵害行为[①]或侵辱，[②]并未区分生命权、身体权和健康权的不同。在这一点上，我国古代立法与其相似。

《德国民法典》第 823 条率先规定身体权，并与生命权、健康权等权利并列："因故意或过失不法侵害他人的生命、身体、健康、自由、所有权或其他权利者，对被害人负损害赔偿义务。"此后，《瑞士债务法》第 46 条、《奥地利民法》第 1325 条、《日本民法》第 710 条，以及我国历史上的两次民律草案和正式颁行的国民政府民法，都正式确认自然人身体权为独立的民事权利，并对侵害身体权的行为规定予以民事法律制裁，对于自然人身体权予以严格的民法保护。"民国民法"第 18 条规定："人格受侵害时，得请求法院除去其侵害；有受侵害之虞时，得请求防止之。前项情形，以法律有特别规定者为限，得请求损害赔偿或慰抚金。"据该条立法理由称，这里的人格包括身体权在内。该法第 193 条规定："不法侵害他人身体或健康者，对于被害人因此丧失或减少劳动能力，或增加生活上之需要时，应负损害赔偿责任。前项损害赔偿，法院得因当事人之声请，定为支付定期金。但须命加害人提出担保。"该法第 195 条第 1 款前段规定："不法侵害他人之身体、健康、名誉或自由者，被害人虽非财产上之损害，亦得请求赔偿相当之金额。"这三个条文，从总则到分则、从财产损害赔偿到非财产损害赔偿，规定得十分完整，构成了对身体权的完整保护。

二、身体权的性质

（一）学说比较

对于身体权的性质，有以下不同的主张：

---

① ［古罗马］查士丁尼：《法学总论——法学阶梯》，法律出版社 1989 年版，第 201～203 页。

② ［意］彼德罗·彭梵得：《罗马法教科书》，黄风译，中国政法大学出版社 1992 年版，第 404～405 页。

1. 所有权说

认为身体为所有权之一种而非人格权的一种，因为人格只是无形的法律观念而已，而身体是有形的，应属于以其身体为基础的人格所有，尽管身体不像一般财产那样可以任意处分，但这只是由身体的特有性质所决定的，并不能因此而否认身体的所有权性质。例如，日本学者就有这种主张，他们认为：其一，在法律上，人格乃无形之法律的观念，而与身体为全然各别之观念，故身体属于其以身体本身为基础的人格所有，在观念上毫无矛盾，此与财团法人之捐助财产恰相类似。其二，自己之身体，固不得如其他财产而任意处分，不得以与一般财产权同视，但此点仅系因身体之特质而生之当然结果，自不足因此而否认其为所有权。其三，且人死后之尸体当然归继承人所有，在睡眠中或其他无意识之间被切取身体之一部分，当然归于其人所有，如不认身体权为一种所有权，则凡此皆完全无由说明。①

2. 健康权说

我国多数民法学者采此说，认为《民法通则》仅规定了“自然人享有生命健康权”，并未将身体权单列为一种独立的人格权，故身体权应包括在健康权之内。如认为，身体是自然人生理组织的整体，由自然人的全部生理器官组成；自然人的健康权是自然人以保护身体各种器官的完全机能为内容的权利，是自然人从事各种民事活动和其他社会活动的保障。② 因此，身体为健康权的组成部分。

3. 人格权说

近年来，学者多倡导此种观点，认为身体既不同于所有权，也不同于健康权，是一种独立的人格权。学者认为，《民法通则》第 98 条规定自然人享有的生命健康权，其客体为人身最根本的利益，即生命、身体和健康，细分为生命权、身体权、健康权，③各个为具体的人格权。对此，我国台湾地区学者的意见是相同的。④ 也有学者进一步认为身体权的性质是物质性人格权。⑤

（二）身体权是人格权

在以上三种学说中，以人格权说为正确，理由是：

1. 身体权的性质不能是所有权

所有权说的错误在于将人的身体混同于物。正如学者指出的那样：“人格权乃以

---

① ［日］末弘严太郎：《债权各论》，第 1022 页，转引自龙显铭：《私法上人格权之保护》，中华书局 1948 年版，第 59 页。

② 卢庆昌：“试论我国的人身权利制度体系”，载《河北法学》1991 年第 2 期。

③ 梁慧星：《中国民法经济法诸问题》，法律出版社 1991 年版，第 68 页。

④ 何孝元：《损害赔偿之研究》，台湾地区商务印书馆 1982 年版，第 134～135 页。

⑤ 张俊浩主编：《民法学原理》，中国政法大学出版社 1991 年版，第 143 页。

与人之存在及活动有不可分离关系之利益即所谓人的利益为内容，而身体为最有此种关系之利益，故应解身体权为人格权之一种，且和解其为一种所有权，则系以自己身体为物界之一部分，亦甚反于一般社会观念。”①《法国民法典》第1128条规定：“仅仅是物始能在交易中成为契约的标的。”第16－1条规定：“人的身体、人的身体的组成部分和人的后代不能成为财产权的标的。”这些规定都十分明确。我认为，自然人的身体是自然人人格权的基础，是人最重要的人格权之一，离开了身体，自然人的任何人格权都不复存在。人的身体与动物的身体不同，动物虽然有身体有生命，但它在社会中不具权利主体的资格，只具有权利客体的资格，是物的一种，受自然人财产所有权的支配；人的身体是人的物质形态，而人是权利主体，不能以自己的物质形态作为所有权的客体，即自己所有自己。如前所述，身体权具有支配权的性质，但这种支配权是人支配自身，却不是支配物，是行使的人格权，而不是所有权。

2. 身体权不能为健康权所包含

身体权与健康权是两种独立的人格权。身体权以身体的整体为客体，体现的利益是自然人身体组织、器官的完整性和完全性；而健康权的客体是健康，体现的利益是自然人机体功能的完全运作及其完善性。二者相比较，前者有明显的支配性质，后者没有明显的支配性质。某一行为侵害身体权，不一定都侵害健康权，如非法剪人毛发，指甲；侵害健康权，也不一定就侵害身体权，如致人患病。② 将身体包含于健康权之中，混淆了两种人格权的区别，不仅在理论上是不正确的，而且在实践中也混淆了对两种人格权法律保护的不同手段，会导致适用法律的错误。学者认为，虽然《民法通则》在“人身权”一节中仅规定“生命”“健康”而无“身体”，但从其立法意图来看，这里的“健康”实际上包括了身体权和健康权两项权利，而且从司法实践来看，对身体权的重视程度远甚于健康权，因此，身体权和健康权应作为并列的两种人格权予以保护。③ 这种意见是正确的。

3. 将身体权作为独立的人格权有利于人身权法律保护体系的协调一致

《刑法》第134条和第135条规定了故意伤害他人身体和过失重伤他人身体罪的刑罚制裁手段，有关行政法也规定了殴打他人造成身体轻微伤害的行政制裁手段，与民法对身体权的保护是一个有机的整体，各个发挥不同的作用。刑事立法对伤害罪规定的侵害客体是身体权，行政立法规定的殴打行为，侵害的也是身体权。为保持人身权法律保护体系的协调一致，也应认身体权为独立的人格权。

---

① 龙显铭：《私法上人格权之保护》，中华书局1948年版，第59页。

② 梁慧星：“中国人身权制度”，载《中国法学》1989年第5期。

③ 施天涛：“生命健康权的损害赔偿新论”，载《政治与法律》1991年第5期。

三、身体权的内容

身体权的内容主要包括保持身体完整权和身体合理支配权。

(一)保持身体完整权

保持身体完整权,就是自然人对自己的身体的完整性,享有保持的权利,禁止任何人侵害身体、破坏身体的完整性。

身体的完整性,包含两个含义:第一是身体的实质性完整,是指身体的实质组成部分不得残缺;第二是身体的形式完整性,是指身体的组成部分不得非法接触。任何人非法侵害自然人的身体,造成了身体的实质性完整的损害,或者形式完整性的损害,都是侵害了自然人的身体权。

身体实质性完整的维护,就是禁止他人非经本人同意,而取得自己的身体的组成部分。这种身体的实质性完整当然是包括身体的全部;但是,在身体权的范围内,最主要的是指不涉及健康的身体组成部分。例如,未经本人同意强制进行献血,就是侵害身体权的表现。

身体的形式完整性的维护,就是权利人有权保持自己的身体不被非法接触。在我国国民意识中,身体权的观念较差,似乎对身体的接触并非是侵权行为。因此,在排队的时候总是愿意"亲密接触",排得很挤,挨在一起,也不觉得是对身体权的侵害。因此,有必要对身体权的概念进行宣传,使国民增强身体权尤其是身体形式完整性的认识,保护好自己的身体,不受非法侵害。

(二)身体利益支配权

身体利益支配权,是指自然人对自己的身体组成部分在法律准许的情况下,有适当的支配权,对自己的身体组成部分进行适当的处置。

首先,自然人对自己的血液、体液、毛发等附属部分,有处置的权利,依照自己的意志进行支配。例如,义务献血、捐献脊髓、救助他人,这是将自己的身体组成部分予以支配,奉献社会;将自己的精液献给精子库,为人工受精提供资源,这些都是对自己身体组成部分的支配。

其次,自然人对自己的器官,也可以有限度地捐献给他人,救助他人的生命,这也是行使身体权的行为。例如,将自己的肾脏捐献他人进行器官移植,将自己的角膜捐献给眼库,为他人带来健康和光明,都是高尚行为,是正当行使身体权的行为。

再次,生前留下遗嘱,死后将自己的遗体或者角膜捐献给医疗机构、医疗教学机构和眼库,进行医学研究教学或者为他人救治疾病。这些也都是对自己身体组成部分的合理支配,是合法的行使身体权的行为。

应当注意的是,自然人支配自己的身体组成部分,包括身体的附属部分和器官,应当合法并符合社会善良风俗。那种自愿捐献、救助他人的行为,是值得赞赏的。但是出于营利目的,进行非法的器官买卖、非法卖血等行为,超出了身体合理支配权的范围,法律是禁止的,不是正当行使身体权的行为。

(三)身体权保护请求权

身体权保护请求权包括身体权请求权和侵权请求权。身体权请求权是人格权请求权的范畴,身体权的侵权请求权是身体权遭受侵权行为侵害,构成侵权责任,依照《侵权责任法》第3条规定,身体权人新生的请求权,以救济自己身体权的损害。

身体权也是绝对权、对世权,除权利主体之外,其他任何人都负有不得侵害身体权的法定义务。违反这一义务,侵害他人身体权,致身体的实质完整性和形式完整性受到损害,受害人有权依法请求侵权人承担相应的侵权责任。受害人行使这一权利,可以直接向加害人请求,也可以直接向人民法院起诉。同时,也包括行使停止侵害、排除妨害的请求权。

同时,权利人有权采取各种合法手段维护自己的身体完整性、排除他人侵害。

第三节　对身体权的侵权法保护

一、侵害身体权责任的构成

侵害身体权的行为,是以身体权为侵害客体的行为。确定侵害身体权的侵权责任,应当适用过错责任原则。依照《侵权责任法》第6条第1款规定,侵害身体权的侵权责任构成要件是:

(一)违法行为

构成侵害身体权的行为,须违反法律。这种违法性,须违反保护自然人身体权的法律。在现行立法中,《民法通则》第97条和《侵权责任法》第2条和第6条第1款,都是保护自然人身体权的立法。行为人的行为违反了上述保护自然人身体权的立法,违反了对他人身体不可侵的义务,即具有行为违法性的要件。

侵害身体的行为方式,主要以作为的方式构成,如殴打、非法搜查、侵扰等,均为作为的方式。当行为人对他人负有特殊的作为要求时,不作为也可以构成。例如,医师施行手术以后,于适当时间怠于除去绷带,因而使伤口化脓,为不作为的侵害身体权行为。①

① 龙显铭:《私法上人格权之保护》,中华书局1948年版,第60页;何孝元:《损害赔偿之研究》,台湾地区商务印书馆1982年版,第135页。

（二）损害事实

确认侵害身体权的损害事实必须与侵害健康的损害事实区分开，其标准在于，侵害身体权的损害事实，必须是身体构成的完整性、完全性受到损害，而对于身体机能运作的正常性及其整体功能的完善性没有明显的影响。例如，医生手术过失切除患者乳房，究竟是侵害身体权，还是侵害健康权，颇值斟酌。据报载，49 岁的伦敦居民华芬太太是卧室整理工人，5 年前她偶然发现右乳房似有个硬块，便到某家诊所检查，又到某医院作进一步检查，确认患乳腺癌，先后切除两个乳房。5 年后即 1984 年，她去皇家马什德医院检查癌病有否复发，医生确认她根本就没有患乳腺癌，其双乳被切除为医生诊断过失所致。经诉讼，高等法院 1986 年 10 月 23 日宣判卫生当局赔偿华芬太太 98，631英镑，其中身体痛苦赔偿 2.5 万英镑，职业损失赔偿 49，870 英镑，不能有效做家务赔偿 3000 英镑，补助原告家庭生活费 1.5 万英镑。[①] 受害人年已 44 岁（致害时）切除其双乳房，破坏的是其身体构成的完整性，不影响其身体机能的完善性，故应为侵害身体权的损害事实。

确认侵害身体权的损害事实，还要与侵害名誉权的侮辱行为区别开来。在目前的民法理论中，将侮辱一律归结为侵害名誉权的侵权行为。应当将侮辱人格的损害事实与侮辱身体的损害事实区分开，单纯对人格尊严或名誉进行侮辱，造成损害事实，是侵害一般人格权或名誉权的损害事实；以受害人的身体为对象进行侮辱者，造成的损害是侵害身体权的损害事实。例如，历某与彭某、姜某系同村农民，彭、姜二人为婆媳关系。双方当事人平素关系不睦，经常发生口角。某日，历某从彭、姜家院外路过朝院内看了一眼，彭某即说历某瞪了她，叫出姜某，共同指责历某。历反驳，彭、姜即骂历，并动手打历。历还击打了彭一下，彭、姜二人将历按倒在地，拳打脚踢，并将历的上衣撕碎、扒掉，致历上体裸露；彭某还用手拨弄历的乳房，进行羞辱。在邻居的支持下，历某起诉要求赔礼道歉、赔偿损失。法院判决彭某、姜某向历某赔礼道歉，并赔偿名誉损失。彭、姜二人暴力裸露历某上体，并进行侮辱，其侵害客体显然是身体权，而非名誉权，确认其为侵害名誉权显系不妥。

（三）因果关系

侵害身体权责任构成中的因果关系，适用侵权责任构成因果关系要件的一般原理，并无特殊要求。在一般情况下，在侵害身体权的行为与结果之间，因果关系明显、直观，容易判断。在有些情况下，因果关系需要认真判断、证明，如不作为行为与身体权损害事实之间的因果关系情况比较复杂，确认因果关系必须有确凿的证据证明。

① 参见《中国法制报》1986 年 11 月 29 日第 4 版。

(四)过错

故意、过失均可构成侵害身体权责任。在非法搜查、侵扰、殴打等行为中,行为人的过错应为故意,违反法定作为义务的不作为所生身体损害或不当外科手术所致身体损害,由过失构成。其过错采用原告证明方式,不得实行过错推定。

无过错责任原则是否适用于侵害身体权行为的归责?在适用无过错责任原则的场合中,产品责任、高度危险作业、环境污染、动物致害和工伤事故案件,均可造成物质性人格权的损害,但主要是造成生命权、健康权的损害,上述侵权行为一般不会造成身体权的损害。

二、侵害身体权行为的主要方式

凡是具备以上侵害身体权责任构成要件的行为,行为人即应承担侵权民事责任。归纳起来,构成侵权责任的侵害身体权行为主要是以下几种:

(一)非法搜查自然人的身体

身体的完全性、完整性,包括形式的完全、完整和实质的完全、完整。《宪法》第37条规定禁止非法搜查自然人的身体,其重要意义,就是维护自然人身体的形式完整。身体的形式完整体现在自然人对自己身体支配的观念上,自然人是否接受对自己身体的检查,受自然人自己意志所支配,这种对自己身体支配的观念体现了自然人对自己身体形式完整的追求。依法搜查是职务授权行为,具有阻却违法的效力,不构成侵害身体权。非法搜查身体是指无权搜查或者有权搜查的机关或个人违反法律程序,擅自对自然人身体进行搜查的行为。非法搜查的主体可能是公、检、法机关,也可能是其他机关或个人。政法机关有权搜查,但如未履行法定手续而擅自搜查他人身体,构成非法搜查行为;没有搜查权的机关或个人只要对他人身体进行搜查,就构成非法搜查身体。非法搜查自然人身体,故意、过失均可构成,一般以故意居多,非法搜查自然人身体,可以构成刑事犯罪,这是刑法、民法两个基本法的法规竞合,应按照《侵权责任法》第4条规定的原则处理。

在实务中,往往对非法搜查自然人身体作为侵害名誉权案件处理,也有的认为是侵害一般人格权。笔者认为,这种行为侵害的客体不是名誉权,因为非法搜查并不影响自然人的社会评价,伤害的是自然人的名誉感,但名誉感并不是名誉权的客体。这种行为侵害的是身体权,基本特征仍是侵害身体权。

(二)非法侵扰自然人身体

英美法系中的assault,通常译作侵犯他人身体、企图伤害、侮辱或凌辱,是指非法侵扰自然人身体。当损害他人的故意或威胁与实施该行为的明显的现实可能相结合,且其暴力展示行为足够给予受害人理由以恐惧或预料到即时的身体损害时,这就构成了非法侵扰身体行为。这种行为并不要求具备对他人实际的触摸、打击或身体伤害。assault 有时也指一种特定的殴打。在侵扰罪中,如果被告的外在行为构成威胁且其具有伤害的企图,那么受害人无须因恐惧而担忧,即使在此种侵权行为中,受害人的主观状态是必须具备的,制造人身攻击是一种非法企图,在某些判例中,还将其划分为一级侵扰、二级侵扰甚至三级侵扰。[①] 笔者认为,非法侵扰身体是行为人对自然人身体以外力进行非法干扰,是对自然人维护自己身体安全以及支配权的侵害。这种行为往往有威胁、恐吓的内容,但并未对身体造成实际伤害,例如,面唾他人,当头浇粪等。[②] 行为人通过一种相当于企图殴打和威胁的行为,使他人处于遭受直接殴打的恐惧或忧虑之中,这种行为就是可以诉讼的胁迫,[③]这种胁迫,通常也认作非法侵扰身体行为。例如,蒋某与汪某都是同村农民,二人在果园承包中均参加投标,但村长将果园承包给蒋某。汪某认为蒋某与村长关系好,在村长面前讲了他的坏话才使他承包不成的,故怀恨在心,准备伺机进行报复。春天某日,蒋某去集贸市场卖青菜,汪某拎一粪桶,装上稀粪,趁菜摊前顾客多时,将粪桶扣在蒋某的头上,并声称:“这小子与村长狗搭连环,[④]坑害群众,这就是他的下场!”说完扬长而去。稀粪撒满蒋的全身,粪桶又将蒋面部划伤数处。这一案件,汪某将稀粪洒满蒋某的全身,并造成轻微伤害,显然是侵害身体权的行为。又如,胡某、张某、娄某均为同一煤矿工人,娄某与张某系夫妻。娄某趁张某外出探亲,与胡某通奸被张发现。张某对娄某进行“教育”之后,寻机对胡某报复。某日晨,趁工人上班之际,张骗娄到煤矿大门前堵截住胡某,张将胡摔倒予以殴打,娄在一旁观望。张朝他喊:“还不快上,考验你的时候到了!”夫妻二人遂将胡的内、外裤全部剥掉,张用皮带击胡阴部,并喊其他工人来观看,经保卫科出面制止,张方罢手。这种行为是严重的对身体权的非法侵扰。

这种行为,在我国民法理论中一般称为侮辱行为,习惯上认作侵害名誉权。其来源,是我国刑法理论的看法。由于我国刑法没有设非法侵扰罪,故将这类犯罪行为归入侮辱罪的范围,侵权法研究沿袭了这一做法,也将其认作侮辱行为而构成名誉权的侵害。细究起来,这种行为直接侵害的并不是自然人名誉权而是身体权,是对自然人身体的直接侵害,因而以侵害身体权处理,更符合行为本身的特征。这种行为是可以造成受害人名誉的损害的,但这不是该种行为的基本法律特征,而是侵害身体权行为的一个加重情节。

---

① *Black's law Dictionary*, West Publishing Co. 1979 Fifth Edition, p. 105.

② 史尚宽:《债法总论》,台湾地区荣泰印书馆 1978 年版,第 142 页。

③ [德]《国际比较法百科全书·侵权行为·为自己行为之责任》,第 62 页。

④ 东北土语,是狗性交动作的形容之语。

（三）对身体组织之不疼痛的破坏

法律保护自然人身体不受破坏，不受侵害。任何人侵害他人身体使其身体组织遭受破坏，都是违法行为。一般认为，对身体组织的破坏只要不造成严重的痛楚，不认为是对健康权的侵害，而认其为对身体权的侵害。根据这种标准，构成对身体侵害的行为，一般应是针对人体没有痛觉神经的身体组织而实施的行为，例如，头发、眉毛、体毛、指甲、趾甲等。眉毛是人面部的重要组织，强行剃除他人眉毛尽管不会造成痛楚，也不影响健康，但对一个人身体外观所造成的影响则是十分严重的。又如，一头秀发、漂亮的指甲，都是自然人尤其是女性精心修饰的对象，对这些身体组织的侵害都构成侵害身体权。法律教育网报道，某男子心理变态，带着剪刀到大街等公共场所里，见到长头发的女性，就上前疯狂地剪其头发。[①] 对有痛觉神经的身体组织进行破坏，只要不是造成严重的痛楚、不破坏健康，也认作是对身体权的侵害，例如牙齿损伤，强行抽取他人适量的血液等。

对于固定于身体成为组成部分而不能自由卸取的人工装置部分，如使假牙、假肢造成损害的，应认为是对身体组织的不疼痛破坏，为侵害身体权行为。

（四）不破坏身体组织的殴打

殴打既是侵害身体权的行为，也是侵害健康权的行为。“相争为斗，相击为殴”，[②] 殴打是侵害身体、健康权最重要的行为之一。既然如此，对这两种行为的区分应以后果加以区别，其标准为是否破坏身体组织功能的完善。殴打致受害人的身体组织功能不能完善发挥的，是侵害健康权，殴打已经进行但尚未造成上述后果的，是侵害身体权。在实务中，最常见的区分方法是行为是否造成伤害。在我国古代，有“见血为伤”[③] 的说法，在现代则有区别重伤、轻伤、轻微伤鉴定标准。我国目前实行的重伤鉴定标准、轻伤鉴定标准，主要适用于刑事法律领域，是确定重伤害罪、轻伤害罪的鉴定标准，对于确定是否破坏身体、健康不甚适用。笔者认为，轻伤标准对于确定殴打行为的刑民界限是重要标准，不够轻伤标准的殴打，应以侵害身体权、健康权来处理，而后两种行为性质的区分标准为是否构成轻微伤：构成轻微伤的，作为侵害健康权处理；不构成轻微伤的，作为侵害身体权处理。至于对轻微伤的标准，在没有正式的鉴定标准之前，可以按照习惯掌握。沙尔曼德给殴打定义为：无法律根据对他人施用暴力就是非法殴打他人。这种侵权行为导致损害赔偿义务产生，无须其他条件，甚至不需要伤害的存

---

① 李琳萍：“当街剪断他人头发引发的身体权保护问题”，载法律教育网，http://www.chinalawedu.com/new/16900a174a2011/201116wangyo15414.shtml，2011 年 4 月 25 日访问。

② 《宋刑统·斗讼律》“斗殴故殴杀”条。

③ 《宋刑统·斗讼律》“斗殴故殴故杀”条。

在。[①] 应当注意的是殴打本身就是侵害身体权，并非要求具备青肿、淤血的条件才构成。

（五）因违反义务之不作为所生之侵害身体

我国台湾地区学者认为，道路管理人怠于修缮，因而使人负伤；电灯公司就现代技术上系属可能之防止漏电，怠于为设施，因而发火，使人负伤；医师施手术后，于适当时间，怠于除去绷带，因而使化脓等，均为此种侵害身体权行为。[②] 这种看法不无道理，应注意的是，侵害身体权或健康权从行为的外观上，都是作用于自然人的身体，区分时仍要以是否破坏自然人肌体组织功能完善作为标准，而非只要是上述违反义务的不作为所生的身体侵害均为侵害身体，还是要以行为的后果论，没有造成伤害后果的，为侵害身体权；造成身体机能伤害的，为侵害健康权。

韩国首尔市某公司女职工杨某（40岁，未婚）参加该公司全体女职工的身体检查，并接受预防子宫癌检查后，突然发现阴道出血，并伴有阵痛感。杨某去妇科医院检查，发现处女膜损伤。10月，该女职工以"处女膜损伤引起的精神打击诱发忧郁症"为由，向法院起诉。起诉书申明，该女职工尚未结婚，把女性的贞操看做比生命还宝贵，在妇科检查前，医院事先并未说明会损害处女膜，因而，这是一次重大医疗事故，因而提出索赔请求。[③] 在该案中，医院方的医疗过失显而易见，但该医疗过失行为究竟侵害受害人何种权利，见解并不相同。一说认为处女膜是女性贞操的重要标志，医疗过失损伤受检人处女膜，为侵害贞操权；另一说认为侵害健康权。笔者认为，处女膜虽然是女性贞操的重要标志，但损坏处女膜的行为并非侵害贞操权，这是因为，侵害贞操权的行为以故意为构成要件，必须以故意破坏他人贞操为必要条件，不具备这一故意的行为，即使造成处女膜的损坏，也不构成侵害贞操权。从医学角度上说，处女膜是女性内生殖器的附属部分，对于身体机能的完善性和正常运作无关联，对其损坏不会造成健康权的损害，而是破坏了身体组织的完全性和完整性，因而侵害的是身体权。对此，认定为医疗过失之不作为所致侵害身体权更为准确。

（六）不当外科手术

医师施行手术，依现时通说认为，手术系为保全生命或身体之重要部分而为较小之牺牲，其目的正当，故欠缺违法性，医师之手术，得患者或其法定代理人之同意而行者固无论，即未同意者亦然。唯若医师不合手术之方法或治疗之目的及施行过度，致

---

① 《国际比较法百科全书·侵权行为·为自己行为之责任》，纽约海洋出版公司1975年版，第62页。

② 龙显铭：《私法上人格权之保护》，中华书局1948年版，第60页；何孝元：《损害赔偿之研究》，台湾地区商务印书馆1982年版，第135页。

③ 载《文摘旬刊》1994年3月28日第477期。

侵害患者之身体者，仍属于身体之侵害，而为损害赔偿之原因。[①] 例如，对女性自然人施行阑尾切除术而伤及生殖系统，造成一定的损伤但未丧失生殖机能，为侵害身体权。所应注意的是，这种侵害身体权的行为，行为人的主观方面应当是过失；如果是借用手术机会故意进行伤害，如利用切除阑尾的机会摘除其卵巢，则为故意伤害罪。[②]

（七）损害尸体

自然人死亡后，民事权利丧失，其所遗尸体仍应依法予以保护，为一致意见。但是，依据何种理由进行法律保护，意见分歧。按照笔者的意见，当为对身体权的延伸保护，在具体操作上，实际是将尸体作为物，可以采用精神损害赔偿的保护方法予以救济。

三、对自然人身体权的救济方法

民法对自然人身体权的保护，仍采认其为侵权行为并责令加害人对受害人承担损害赔偿责任的方式为之，并辅之以侵害之除去的责任形式。

对于自然人身体权的具体保护方法，国外民事立法通常采取对自然人健康权相同的保护方法，不加具体区分，即造成财产损失的赔偿财产损失；对其非财产损害亦采赔偿方式。如《德国民法典》第 823 条规定了前者："因故意或过失不法侵害他人的生命、身体、健康、自由、所有权或其他权利者，对被害人负赔偿损害义务。"第 847 条规定了后者："不法侵害他人的身体或健康，或侵害他人自由者，被害人所受侵害虽非财产上的损失，亦得因受损害，请求赔偿相当的金额。"这两种赔偿方式，构成对身体权的完整保护，缺少任何一种，都将使身体权民法保护的系统不完整。

在我国，对自然人身体权的民法保护恰恰面临着这种不完整保护的问题。在《侵权责任法》实施之前，我国《民法通则》第 119 条规定了对身体权的侵害，"造成伤害的，应当赔偿医疗费、因误工减少的收入"等费用，这是人身损害赔偿的一般方法；第 120 条规定了对自然人姓名权等精神性人格权侵害的赔偿方法，即精神损害赔偿，但不适用于身体权侵害的场合。这两条规定，前者规定赔偿的前提条件是造成伤害，而侵害身体权往往不必要造成伤害，因为造成伤害往往构成侵害健康权，因而对造成伤害的侵害身体权行为就不适用，或者不完全适用。后者则明确排除侵害身体权的适用，因为我国的精神损害赔偿制度是对姓名权等精神性人格权的法律保护手段。这样，对于身体权的民法保护手段，就成为残缺不全的系统，难以全面地保护这一民事权利，同时，对于侵害身体权的民事违法行为也难以进行有力的制裁。

---

① 何孝元：《损害赔偿之研究》，台湾地区商务印书馆 1982 年版，第 135 页。

② 杨立新：《侵权损害赔偿》，吉林人民出版社 1990 年版，第 86～87 页。

最高人民法院《关于确定民事侵权精神损害赔偿责任若干问题的解释》规定，侵害身体权可以请求精神损害赔偿，并将这种赔偿定名为精神抚慰金，确立了对身体权的抚慰金赔偿的保护制度。这对于保护身体权具有重要意义。《侵权责任法》实施之后，对侵害身体权的行为可以依照第 22 条规定，判决侵权人承担精神损害赔偿责任，救济被侵权人的身体权损害。

落实对自然人身体权抚慰金保护的规定，应当采取以下办法：

第一，坚持财产损失全部赔偿的原则，对于造成财产损失的侵害身体权行为，责令加害人予以赔偿。对于这种损害，依照《侵权责任法》第 16 条的规定，造成医疗费、误工费损失以及其他费用损失的，应予全部赔偿。对此，与侵害健康权的赔偿办法相同。

第二，对于难以确定损失价值的身体损害，应当参照相当的标准，确定适当的赔偿标准。

第三，对于侵害自然人身体权没有造成伤害后果，例如，殴打未致伤害、非法搜查身体、非法侵扰身体等行为，应当依照《侵权责任法》第 22 条规定，确定承担精神损害赔偿责任，依照精神损害赔偿的赔偿标准进行赔偿。

将来制定民法典时，应当就身体权的保护制定完备的措施，最重要的，就是对身体权保护的慰抚金制度作出相应的规定，使之保护系统完善化。应当制定相当于《德国民法典》第 947 条、《日本民法》第 710 条和我国台湾地区“民法”第 195 条内容的条文，规定不法侵害他人身体的，受害人所受侵害虽非财产上的损失，亦得因受损害，请求赔偿相当的金额，此种请求权不得让与或继承，但请求权已以契约承认或已发生诉讼拘束者，不在此限。

第十七章　姓名权

第一节　姓名

一、对姓名概念的不同界定

姓名，在法律上并不是一个十分复杂的概念，但对其下一个准确、科学的定义，并非易事。

汉字"姓"字，由女、生构成；名，由夕、口构成。《说文解字》释为：姓，人所生也，古之神圣母，感天而生子，故称天子，从女，从生，生亦声；名，自命也，从口、夕，夕者，冥也，冥不相见，故以口自名，意为黄昏后，天暗黑不能相认识，各以代号称。这便是姓和名的由来，多少有些传说的意味。英语中的name，含义比我国姓名的概念广，可以指名称、姓名，也可以指姓或名。《布莱克法律大词典》解 name 为："指个体的人的名称或者法人公司的名称。"①欧美国家对姓名的理解大体如此。

在东方语系国家，姓和名分得很清楚，并不是一个概念。在日本，姓是指"每户籍的个人的姓"，"姓氏仅仅成为表示个人同一性的称呼"；②名则是由父母给子女起的称呼。姓与名相结合，构成一个人有别于他人的文字标记。对此，在东方语

---

① *Black's Law Dictionary*, with Pronunciations fifth Edition, p. 922.

② ［日］我妻荣编：《新版新法律学辞典》，董璠舆译，中国政法大学出版社 1991 年版，第 39 页。

系的越南、韩国、朝鲜、日本和中国，大体上是相同的。

在我国台湾地区的民法著作中，对姓名的定义主要有两种：一是“所谓姓名，乃区别人我之一种符号”；①二是“姓名，系对一个人用以与他人相区别之称呼”。② 学者认为，名者，为使有个性之个体易于记忆之符号也，为避免一一列举个体之特征之烦，乃预附以所谓名之符合，用以简单表示个体。故凡吾人习常接触之个体，无不有名。人的姓名亦如此。③

在我国大陆学者的著述中，对姓名所下定义亦不乏其例，如“姓名是一个自然人区别于其他自然人的符号，是一个人的自身标记”、④“姓名是自然人特定的人身专用的文字符号，是自然人自身人格特征的重要标志，是区别于其他自然人的文字符号”。⑤ 所谓姓名，是姓与名的合称，其中姓是表明家族系统的，而名则是表示当事人本身的语文符号。⑥ 姓名作为一种符号类型，具有一般的符号性质。⑦

二、姓名的概念与范围

笔者认为，姓名是用以确定和代表个体自然人并与其他自然人相区别的文字符号和标识。姓名包括姓和名两部分，姓是一定血缘遗传关系的记号，标志着个体自然人从属于哪个家族血缘系统；名则是特定的自然人区别于其他自然人的称谓。姓名的组合，才构成一个个体自然人的完整的文字符号和标记，因而姓名是自然人的人身专用文字符号和标记，是自然人姓名权的客体。其意义在于，姓名在法律上使某一个自然人与其他自然人区别开来，便于参加社会活动，行使法律赋予的各种权利和承担相应义务。人被社会命名（通过社会化的其他人），而他自己从诞生那天起，也是一个社会人。⑧ 姓和名的组合，表现了个人对社会团体或血缘家族或某一类人的归属，也表现了从个体到群体的关系。⑨

当然也不尽然。我国少数民族的姓一般出现较晚，大多数是在汉族文化的影响下产生的。少数民族的姓名制度有三种情形，一是有姓有名，二是无姓有名，三是连名制

---

① 何孝元：《损害赔偿之研究》，台北商务印书馆1982年版，第151页。
② 王泽鉴：《民法实例研习丛书·民法总则》，台北三民书局1983年版，第94页。
③ 龙显铭：《私法上之人格权之保护》，中华书局1948年版，第87页。
④ 王利明：《民法新论》（上册），中国政法大学出版社1988年版，第183页。
⑤ 马源主编：《中国民法教程》，人民法院出版社1989年版，第489页。
⑥ 张俊浩主编：《民法学原理》，中国政法大学出版社1991年版，第147页。
⑦ 纳日碧力戈：《姓名论》，社会科学文献出版社2002年版，第1页。
⑧ 纳日碧力戈：《姓名论》，社会科学文献出版社2002年版，第1页。
⑨ 王利明：《人格权法研究》，中国人民大学出版社2005年版，第405～406页。

(父子等名字相连接)。[1] 尽管如此,他们的姓名同样具有这样的社会意义。

姓名亦有广义、狭义之分,狭义的姓名即本名;广义的姓名包括姓名本名以及字、号、笔名、艺名等区别自然人人身特征的文字符号。在我国,自然人的字、号已很少见,但别名、笔名、艺名的使用则很普遍,且为多数人所熟知,乃甚于本名,如鲁迅、茅盾、红线女等。这些本名之外的别号,在某些活动中有比本名更为重要的意义。

第二节　姓名权

一、姓名权的概念和沿革

(一)姓名权的概念和性质

1. 姓名权的概念

姓名权,在定义上有两种方式。一种是概括式的定义,如"姓名权为专用其名称之权利",[2]姓名权系"以使用自己姓名为内容的私权",[3]"人之姓名在法律上享有之利益,谓之姓名权",[4]"姓名权是自然人依法享有的为与他人相区别而使用姓名的权利"。[5] 二是列举式的定义,如"姓名权是自然人对于姓名设定、变更和专用的人格权"。[6]

在上述两种定义中,列举式的定义比概括性的定义更明确,更易于接受和掌握。故笔者在《民事审判实务》一书第 9 章中对姓名权下了这样的定义:"自然人的姓名权,就是自然人决定、使用和依照规定改变自己姓名的权利。"[7]这个定义是比较准确的,稍加修改,定义是:姓名权是指自然人决定、使用和依照规定改变自己姓名,并维护其姓名利益的具体人格权。

2. 姓名权的性质

姓名权为自然人的具体人格权,学说上已有定论。但是,也有学者主张姓名权是具有双重属性的民事权利。主要观点有两种:

---

① 纳日碧力戈:《姓名论》,社会科学文献出版社 2002 年版,第 240 页。
② 史尚宽:《民法总论》,台北正大印书馆 1980 年版,第 110 页。
③ [日]《新版新法律学辞典》,中国政法大学出版社 1991 年版,第 435 页。
④ 曾隆兴:《现代损害赔偿法论》,中国政法大学出版社 1988 年版,第 46 页。
⑤ 王利明等:《民法新论》(上册),中国政法大学出版社 1988 年版,第 187 页。
⑥ 张俊浩主编:《民法学原理》,中国政法大学出版社 1991 年版,第 147 页。
⑦ 马原主编:《民事审判实务》,中国经济出版社 1993 年版,第 208 页。

一是,有学者主张姓名权有双重性,既为人格权,又为身份权。"在这种双重关系中,人格关系与财产没有关系,但身份关系却与财产关系有联系,如身份权中的抚养权、赡养权、继承权等与财产都有关系。"①

二是,也有学者指出,姓名、肖像等商业化利用作为法律问题的前提,在于姓名、肖像持有人的经济利益要求合乎正当性,法律应予以保护,而姓名权的二元本质论,即姓名权分为人格性姓名权和财产性姓名权,是解决此问题的最佳选择。因此,姓名权具有人格权性质和财产权性质这样的双重属性。②

笔者认为,这些意见都是有道理的,但都有不足:

首先,姓名之姓,是表明一定的家族血缘关系,但名并非如此。抚养、赡养、继承都依身份关系发生,但并非是因为叫了什么姓名而发生这些法律关系。姓名权表明的是人格,并不是表明身份,不能将这两者混淆起来。诚然,姓名曾经承担了代表群体或者个体、表明等级身份、规范婚姻关系、弥补命运缺憾、指代特殊事物、体现社会评价、凝聚文明精华等社会功能,而姓名代表群体或者个体、表明等级身份、指代特殊事物和体现社会评价的功能具有法律层面上的意义。姓名权在历史上的确曾经以身份权的形态存在过,③但这不能证明今天的姓名权仍然具有身份权的作用。随着民法法典化的进程,民法对身份权和人格权之间的分野已经越来越清晰,不会将两种性质不同的民事权利混淆在一起。

其次,姓名权中的财产利益是客观存在的,但并非凡是具有财产性质利益的人格权就必须具有财产权性质,就必须在是人格权的同时还必须是财产权。如果坚持这样的思路,将大量的人格权都界定为具有财产权性质的人格权,或者都成为具有双重性质的民事权利,民事权利的类型就会发生混乱。同时也应当看到,如果将一个本来简单明了的民事权利刻意地复杂化,将会模糊不同类型民事权利之间的界限,需要更多地进行分析和说明,在民法理论建设上也是划不来的。

笔者认为,姓名权所体现的利益,从以上内容来分析,为精神利益。在现代社会中,姓名权的精神利益也可能带来一定的经济利益,如利用著名著作家的笔名发表作品,可以赚取稿费,利用著名演艺员的艺名可以提高票房价值。姓名权的精神利益是其最基本、最主要的利益,也包含一定的经济利益。有的学者正确地指出,姓名权财产利益是指作为自然人人格标识之一的姓名被用作企业名称、产品或服务之标识,用作企业、产品或服务之宣传或姓名本身构成产品或服务之一部或全部时,能给拥有该姓名之自然人带来的物质利益。它与姓名权的精神利益相对应,构成完全意义上的姓名

---

① 关今华等:《精神损害赔偿实务》,人民法院出版社1992年版,第236页。

② 袁雪石:"姓名权本质变革论",载《法律科学》2005年第2期。

③ 袁雪石:"姓名权本质变革论",载《法律科学》2005年第2期。

权的客体。[①] 这样的意见是有道理的。笔者的结论是,姓名权是具有一定财产利益因素的人格权。不是姓名权具有双重属性,而是姓名权中的客体即姓名利益具有双重属性,既有精神利益,又有财产利益,因而形成了姓名权的这个特征。

（二）姓名权的发展历史

姓名远在氏族社会就存在,一直延续至今。但姓名原不具事实的及社会的意义,故各个人原得任意使用而不受法律之束缚。最早出现在公元前 200 年的《摩奴法典》规定:"如果他在称呼他们的名字和姓的时候出言不逊,他就应该被烧红的十指铁钉刺进嘴里。"在古老的罗马法和日耳曼法,均无姓名权的规定。17 世纪始见关于姓名的公法规定,但其内容不过规定姓名不得任意变更,变更须得政府的许可。这并不是关于姓名权属人格权的规定,尚未认姓名权为一种私权。19 世纪初叶之立法,例如《普鲁士法》、《奥地利民法》、《撒克逊民法》,也仅仅是关于姓名取得方法的规定,规定嫡出子冠父姓、私生子冠母姓、弃儿由官吏命名而已,犹未认性质上为私权的姓名权。[②]

《德国民法典》在历史上最早确认姓名权为民事权利。其第 12 条规定:"1. 有权使用某一姓名的人,因他人争夺该姓名的使用权,或因无权使用同一姓名的人使用此姓名,致其利益受损害,得请求除去对此的侵害。2. 有继续侵害之虞时,权利人得提出停止侵害之诉。"在法国,早在 19 世纪中叶就在判例中得到了认可。1907 年《瑞士民法典》第 29 条规定:"(1)当就姓名的使用权发生争议时,可诉请确定此项权利。(2)因他人冒用姓名而受到损害的人,可诉请禁止冒用;如冒用有过失的,并可诉请损害赔偿;如就侵害的种类侵害人应当给付一定数额的抚慰金时,亦可提出此项诉请。"法国在共和历 11 年 1 月 2 日,明定一定姓名之主体,得禁止他人使用同一之姓名,其判例认姓氏为家族之所有权,故姓氏之冒用人,视为一种所有权侵害人。1916 年 3 月 19 日,奥地利以敕令承认性质上为私权的姓名权。[③] 日本民法中没有对姓名权的规定,根据特别法也只不过规定了在特定情况下对姓名等的进行保护,但是在学术上很早就将姓名权作为人格权的一种进行认可,早在战前就已经存在认可了姓名权的判例。在美国,则通过隐私权的保护,禁止在广告和商业行为中擅自使用他人姓名的行为。[④]

在中国古代,立法不承认姓名权为民事权利。至近代,《大清民律草案》不仅认姓名权为私权,而且在其第一编总则中以第 52 条至第 55 条共 4 条的篇幅,详加规定:"姓名须以户籍法规定登记之。姓名非登记不得与善意第三人对抗。"(第 52 条)"改名以经主管衙门允许为限。前项规定于前条准用之。"(第 53 条)"因改名而利益受损害者

---

① 张善斌等:"姓名权财产利益的法律保护",载《法商研究》2002 年第 4 期。

② 龙显铭:《私法上人格权之保护》,中华书局 1948 年版,第 87 页。

③ 龙显铭:《私法上人格权之保护》,中华书局 1948 年版,第 87 页。

④ ［日］五十岚清:《人格权法》,铃木贤、葛敏译,北京大学出版社 2009 年版,第 117 页。

得从其知悉之日起一年内请求撤销。”(第54条)“姓名权受侵害者得请求屏除其侵害。前项之侵害恐有继续情形者,得声请审判衙门禁止之。”(第54条)上述条文,前三条是对姓名使用的规定,最后一条是对姓名权保护的规定。1925年《民国民律草案》对姓名权作了两条规定,即第19条和第20条规定:“姓名权被侵害者,得提起摒除侵害之诉,请求除去其侵害,并请求损害赔偿。”“姓名权有被侵害之虞者,得提起预防侵害之诉,请求禁止其侵害,并请求损害赔偿之担保。”其第20条第2款的规定,在实际上是难以实行的。国民政府在1929年正式制定民法典,只设第19条,即:“姓名权受侵害者,得请求法院除去其侵害,并得请求损害赔偿。”在历史上正式建立了中国的姓名权民法保护制度。

新中国成立以后,在已拟定的几个民法草案中,由于受前苏联民法不设精神损害赔偿制度的影响,均未规定姓名权法律制度。1986年4月通过《民法通则》,在其第99条和第120条,规定了自然人姓名权和姓名权保护的法律制度。《侵权责任法》第2条第2款明确规定姓名权受侵权责任法保护。

两千多年来,姓名权在不断经历着自身的演进和发展,可以说正发挥着其积极的社会功能并反映着历史的变迁。①

二、姓名权的内容

姓名权包括以下内容:

(一)自我命名权

自我命名权是指自然人决定自己姓名的,任何人无权干涉的权利。自然人的姓,原则上无选择权。在英国,根据习惯,一个人如果是婚生的,即取其父姓,如果是非婚生的,则取其母亲的姓,女子在结婚后即改用丈夫的姓。在美国,女子结婚后是在自己的姓名之外再加上丈夫的姓。然而,一个人可以选取并使用自己所喜欢的任何姓名。②在中国历史上,子女随父姓,女子婚后在自己姓前冠夫姓。《婚姻法》第14条规定:“夫妻双方都有各用自己姓名的权利。”第22条规定:“子女可以随父姓,可以随母姓。”自然人的名,一般都是自然人出生时其父母给起的,但这不是对自我命名权的否定,实际上是父母亲权的表现,是父母实施亲权的代理行为,表达的是命名者的期待、意愿以及其他社会心理。③ 自然人成年后,也可以通过姓名变更手续,变更自己的名字。

媒体曾经讨论过子女是否可以姓第三姓的问题,即子女是否可以既不姓父姓也不

① 葛少华等:“论姓名权法律属性的发展变迁之路”,载《法学论丛》2008年第6期。

② 《牛津法律大辞典》,光明日报出版社1988年版,第625页。

③ 纳日碧力戈:《姓名论》,社会科学文献出版社2002年版,第1页。

姓母姓,而选择姓第三姓呢?有人认为,既然姓名权包括命名权,那么权利人就可以自己选择第三姓,想姓什么就姓什么。也有人认为,变更第三姓,必须具有一定的实体性前提,必须具有一定的程序性前提,符合者,应当准许变更为第三姓。① 笔者不赞成此种意见,姓名权中的名字是可以自由选择的,可以自由命名,但是姓氏代表的是亲属的血缘,不能随意选择,因此,子女不能选择第三姓,只能随父姓或者随母姓,除非有极为特殊情况,经过特殊的批准。

自我命名权的另一个表现,是自然人选择自己别名的权利,可以根据自己的意志和愿望,给自己确定本名以外的笔名、艺名以及其他相应的名字,任何人不得干涉。

(二)姓名使用权

姓名使用权就是自然人对自己的姓名的专有使用权。使用自己的姓名,是自然人姓名权的重要内容,自然人在民事活动中,除法律另有规定之外,可以使用本名,也可以使用自己的笔名、艺名或化名等。任何人不得强迫自然人使用或不使用某一姓名。姓名使用权是一种专有使用权,某自然人使用某姓名,原则上其他自然人不得使用同一姓名,但重名不在其内。重名也叫姓名的平行,数人合法取得同一姓名者,谓之姓名之平行,如有数人俱名李大民是。在此种情形下,各人使用同一姓名,而个人均系行使其权利,固属正常。②

姓名可否转让他人使用,是一个颇值得研究的问题,通说认为姓名是不能转让的。在实际生活中存在这种现象,例如,周某被某矿务局招收为煤矿工人,三天后便擅自离矿返家,多次动员不回。邹某系周某同村农民,经商量,由邹某冒充周某去该矿务局顶替,周某表示永不反悔。邹某自称为周某,到周某所在矿工作,后来矿领导知道邹某不是周某,亦未追查,数年后为其更改了姓名。邹某工作积极多次获奖,后来调回本县工厂工作。原告得知此事,认为回到县城工厂工作的应当是自己,遂起诉到法院,追究被告侵害姓名权责任,要求赔偿损失,并由自己接替被告的工作。法院审理认为,原、被告双方原来关于姓名使用的协议是违法的,法律不予保护,故对原告的诉讼请求判决驳回。法院的这一判决是正确的。

(三)改名权

改名权是指自然人按照法律规定改变自己姓名的权利,亦称姓名变更权。其含义为,自然人可以按照自己的意愿依照规定改变自己的姓名,不受其他限制。③ 这种变更姓名的行为虽然仅依单方意思表示即为已足,惟其表示须经公示,否则不得对抗第三

① 马特、袁雪石:《人格权法教程》,中国人民大学出版社 2007 年版,第 231 ~233 页。

② 龙显铭:《私法上人格权之保护》,中华书局 1948 年版,第 91 页。

③ 王利明等:《民法新论》(上册),中国政法大学出版社 1988 年版,第 187 页。

人。登记姓名的变更非依变更登记程序不生效力。①

在现实生活中,公民行使姓名变更权的难度较大。强某是上海市的一位普通公民，因嫌自己的名字没有个性，不易给人留下深刻印象，故向户口所在地的派出所提出更改姓名申请，但遭到了派出所的拒绝。在行政复议机关亦不同意其改名的情况下，强某一纸诉状将派出所告上了法庭。强某认为，自己的名字系父母所起，反映了父母的期望，但该名字其实并不适合自己，也并不代表本人的真实意愿。根据法律的规定，公民享有姓名权，现派出所的决定侵犯了原告的姓名权，故要求派出所履行法定职责为其更改姓名,但法院最终驳回了其诉讼请求。② 这个裁判是正确的吗？笔者持怀疑态度。公安机关对于姓名登记,是一种行政管理职能,不得公民随意变更姓名,是正确的。但是,姓名权是公民的人格权,凡是具有正当理由的变更姓名的请求,都应当予以准许;强制不得变更姓名,是侵权行为。对此,公安机关应当予以改进。

(四)保护请求权

姓名权保护请求权包括姓名权请求权和侵权请求权。姓名权请求权是人格权请求权的范畴,姓名权侵权请求权是姓名权遭受侵权行为侵害,构成侵权责任,依照《侵权责任法》第 3 条的规定,权利人新生的请求权,以救济自己身体权的损害。

第三节　侵害姓名权的责任构成及具体侵权行为

一、侵权责任构成

侵害姓名权的责任构成,须具备违法行为、损害事实、因果关系和过错四个要件。但是,由于侵害姓名权行为的特殊性,因而构成侵害姓名权民事责任的四个要件也有特殊要求:

(一)侵害姓名权的违法行为一般由作为的方式构成

构成侵害姓名权的侵权责任,通常是由作为的行为方式构成,即积极的侵害姓名权的行为。如盗用、冒用、干涉姓名的行为,均须以作为的方式实施,不作为不构成此种侵权行为。以不作为方式侵害姓名权是消极的侵害姓名权的侵权行为,只存在应使

① 张俊浩主编:《民法学原理》,中国政法大学出版社 1991 年版,第 148 页。

② 阮忠良、丁晓华:"论姓名变更权的法律保护",载《法治论丛》2005 年第 1 期。

用而不使用他人姓名的场合，范围很狭小。

（二）侵害姓名权的损害事实以非法使用他人姓名为主要表现形式

侵害姓名权的损害事实就是姓名被非法使用，或者应当使用而未使用姓名。因而，侵害姓名权的损害事实以盗用、冒用他人姓名、干涉他人行使姓名权、不使用他人姓名的客观事实为足，不必具备特别的损害事实，如精神痛苦、感情创伤等。因而，受害人只要证明侵害姓名权的行为为客观事实，即举证责任完成，无须证明侵害姓名的事实已为第三人知悉。

（三）侵害姓名权的违法行为与损害事实合一化

由上述表述可知，侵害姓名权的违法行为和损害事实有合一化的特点。例如，非法使用他人姓名，违反了保护他人姓名权的不可侵义务，具有违法性；同时，非法使用他人姓名又是权利人姓名权被侵害的损害事实。从不同的角度观察，这个要件既是违法行为，又是损害事实，因而二者之间的因果关系无须加以特别证明。

（四）侵害姓名权的过错须为故意

故意侵害姓名权，才能构成侵害姓名权侵权责任，过失不构成侵害姓名权，这是侵害姓名权侵权责任构成的基本特点之一。过失造成与他人姓名混同，不认为是侵害姓名权，因为命名权为姓名权的基本内容，权利主体有权决定使用什么样的姓名。但是，如果故意使用姓名混同方法达到某种目的，则为侵害姓名权。

二、侵害姓名权的具体行为

侵害自然人姓名权的行为，在我国台湾地区学者的著述中，一般分为两大类：一是因不使用而侵害，二是姓名权因使用而侵害。其中前一类侵害姓名权的行为比较简单，即指明某人时应使用其人姓名，否则为侵权，或者使用他人姓名时以滑稽发音者亦为不使用之侵权；后者主要指冒用他人姓名等。[①] 在我国大陆学者著述中，一般有两种分法：一是分成干涉自然人行使姓名权的行为和非法使用自然人姓名的行为两种；[②]二是分成假冒、不正使用、干涉姓名权行使和应标表而不标表四种行为。[③]

笔者认为，侵害姓名权的行为应当分为以下四种：

---

① 龙显铭：《私法上人格权之保护》，中华书局 1948 年版，第 89～91 页；何孝元：《损害赔偿之研究》，台北商务印书馆 1982 年版，第 152～153 页；曾隆兴：《现代损害赔偿法论》，台北泽华彩色印刷有限公司 1988 年版，第 47～48 页。

② 马原主编：《民事审判实务》，中国经济出版社 1993 年版，第 208 页。

③ 张俊浩主编：《民法学原理》，中国政法大学出版社 1991 年版，第 148 页。

(一)不使用他人的姓名的行为

姓名乃正当之指示手段,指明某人时,应使用其人之姓名。[①] 应当使用他人姓名而不予使用,为侵权行为。这种侵权行为的行为人,是负有使用他人姓名的义务人。负有使用义务而不使用,为不作为的侵权行为。这类侵权行为主要包括:一是该标表而不标表,例如使用他人作品时,未予标表作者姓名,或者标表有误,[②]而不能认为是原作者。二是应称呼姓名而未称呼,是指明某人时,应使用其人之姓名,否则其人之姓名权即受侵害。[③] 三是不称呼他人姓名而代以谐音,例如将他人姓名以滑稽发音,呼朱伯建为猪八戒者,即因不使用而侵害他人姓名权。[④]

(二)干涉自然人行使姓名权的行为

《民法通则》第99条特别强调禁止他人干涉自然人行使姓名权的行为。这种行为,是他人对自然人行使姓名权的命名权、使用权、改名权的无理干预,阻碍自然人对其姓名权的行使。换言之,干涉命名权、使用权、改名权,都构成侵害姓名权行为。

1. 干涉命名权

这种行为主要指干涉自然人给自己命名。自然人的正式姓名即本名,一般由自然人的父母在出生时给起,自己没有本名命名的行为能力。但当自然人成年以后,自我命名别名、笔名、艺名、化名,均须允许,不准自然人起别名、笔名、艺名、化名等,为侵害姓名权。值得注意的是,对未成年的被监护人,监护人依法有权决定其随父姓或随母姓,以及叫什么名字,这与干涉他人命名权有原则的区别。[⑤] 对此,被监护人主张侵害姓名权的,为无理由。

2. 干涉姓名使用权

姓名的使用为姓名权人专有,他人不得干涉。干涉姓名使用权,主要表现为不准某自然人使用其姓名,或者强迫某自然人使用某姓名。例如,某教师因某学生与自己的儿子同名且在同班上学,而不准该学生使用其姓名,为侵权行为。

3. 干涉改名权

姓名的变更应由姓名权人自主决定,他人无权干预。强迫自然人变更姓名,或者强迫自然人不得变更姓名,为侵权行为。例如,夫妻对子女命名后,一经离婚,不经夫妻协议或未经子女同意而改换姓,即为干涉改名权。

---

① 何孝元:《损害赔偿之研究》,台北商务印书馆1982年版,第152页。

② 张俊浩主编:《民法学原理》,中国政法大学出版社1991年版,第148页。

③ 龙显铭:《私法上人格权之保护》,中华书局1948年版,第89页。

④ 何孝元:《损害赔偿之研究》,台北商务印书馆1982年版,第152页。

⑤ 马原主编:《中国民法教程》,人民法院出版社1989年版,第491页。

（三）非法使用他人姓名的行为

非法使用他人姓名的行为，包括盗用他人姓名和假冒他人姓名。盗用他人姓名表现为未经本人授权，擅自以该人的名义进行民事活动或从事不利于姓名权人、不利于公共利益的行为。假冒他人姓名是冒名顶替，使用他人姓名并冒充该人参加民事活动或其他行为。这两种行为的相同点是：都是行为人在受侵害人不知情的情况下进行的；行为人在主观心理上都是故意的，并且具有一定的目的；都会造成一定的损害后果；都违反法律。不同之处是：第一，盗用姓名是未经姓名权人同意而擅自使用，而假冒姓名是专指冒名项替；第二，盗用姓名只是擅自使用他人姓名，行为人并未直接以受侵害人的身份进行民事活动，假冒姓名则是以姓名权人的身份直接进行活动；第三，盗用姓名只是以他人的姓名进行民事活动，假冒姓名则不仅假冒他人姓名，还包括故意利用自己的姓名与被侵害人姓名相同或相近的特点，冒充他人进行民事活动。

盗用他人姓名，是非法使用他人姓名行为的主要形式。例如，刘某现住自己的私房，较窄小，想拆除后重建。在审批过程中，建委要求拆建须有建筑单位的工程协议书，否则不予批准。周某是建筑个体户，有建委发给的建筑许可证，刘某便盗用周某的姓名，签订了一个建筑工程协议书，报上审批。建委见审批手续齐全，批准其拆建房屋。原告得知，与被告交涉，被告竟理直气壮地与原告争吵。原告到报社刊登被告侵害其姓名权的声明，同时到法院起诉，要求停止侵害，赔偿损失，撤销原批准建房的批文。法院判决被告停止侵害，赔偿原告经济损失，并建议建委撤销准许被告拆建房屋的批文。法院确认刘某的行为侵害姓名权，就是因其盗用周某的姓名。

未经姓名权人同意而使用其姓名，也是盗用姓名。例如，凌某系著名电影导演。1987 年年末，被告科教文中心影视部的一个摄制组拟拍摄 10 集电视连续剧《烟雨濛濛》，该摄制组负责人李某想请凌某执导，托人向凌某捎信。李某未经凌某同意，便以科教文中心影视部和《烟雨濛濛》摄制组的名义，散发《10 集连续剧〈烟雨濛濛〉赞助广告征集书》若干份，征集赞助。征集书明确写有“该片由我国著名导演凌某老先生执导”的内容。凌某向法院起诉。经审理，确定被告的行为侵害了原告的姓名权，调解达成协议。该案被告的行为属于盗用原告的姓名，只是未经同意而擅自使用，而未直接以姓名权人的姓名进行活动。

这种盗用姓名的行为违反《民法通则》关于保护自然人姓名权的禁止性规范，给姓名权人的权利造成了侵害，给其精神造成了痛苦，该行为与该结果间具有因果关系，且行为人在主观上具有主观故意。因此，构成侵害姓名权的民事责任。

假冒他人姓名是冒名顶替，非法的姓名使用人完全以姓名权人的身份从事活动，这样，假冒姓名行为的后果和社会影响全部及于姓名权人，损害的范围比盗用姓名行为大得多，所以，假冒姓名行为比盗用姓名行为造成的损害后果要严重。例如，鲍某为业余文学爱好者,写了一篇短篇小说,连续投寄数个文学刊物编辑部均被退稿。鲍某将稿子重新抄了一遍,署上著名作家林某的姓名和地址,投到一个省级文学刊物。该刊物予以发表,并将稿酬寄给原告。原告莫名其妙,便向编辑部询问,双方才知系冒名顶替。经编辑部按稿件的字迹和邮戳提供的线索分析,查清是鲍某所为,因为鲍某以前经常给该刊寄稿。原告起诉,被告当即承认错误,原告放弃赔偿,要求被告在该报刊刊登赔礼道歉声明,已发的稿酬作为刊登声明的费用。双方达成谅解,原告撤回起诉。

盗用姓名与假冒姓名并不限于使用他人本来之姓名,包括盗用或假冒他人的笔名、艺名、别名、化名。但盗用或假冒他人笔名、艺名等,一般应限于与该人笔名、艺名在同一使用范围内使用为侵权。如用“小丁”的笔名画漫画,用小白玉霜的艺名发行评剧录音带,均为假冒他人的笔名或艺名,构成侵权行为。

盗用姓名和假冒姓名两种行为有无轻重之分,理论上认为有加以区分的必要。在侵权行为中,区分某些相近或相似行为的责任大小、轻重,主要应当从行为人的主观心态和行为造成的损害后果来分析。在侵害姓名权的精神损害赔偿中,同样如此。盗用姓名和假冒姓名两种行为,其行为人的主观心理状态都是故意的,都是为了达到自己的一定目的,因而在主观方面很难区分两种行为的大小、轻重。从损害后果方面来看,盗用是擅自使用他人姓名,行为人并不以姓名权人的身份进行活动,这种行为往往是用他人姓名借以抬高自己或帮助自己达到某种目的,造成的影响是姓名权人参与了某项活动,姓名使用人的全部活动及于自己和姓名权人,并不全部及于姓名权人,因而损害的范围是有限度的。假冒姓名是冒名顶替,姓名使用人完全以姓名权人的身份从事活动。这样,假冒姓名行为的后果和社会影响全部及于姓名权人,损害的范围比盗用姓名的损害大得多。因此,可以认为,假冒姓名行为比盗用姓名行为造成的损害后果要大,行为轻重自然有所区别。

(四)姓名的故意混同行为

姓名的故意混同,并非使用姓名权人的姓名,而是使用可能与姓名权人的姓名混同的姓名,造成与使用姓名权人的姓名有同样效果的事实。这种行为同样是侵害姓名权的行为。

使用与他人姓名在外观上、称呼上和观念上相类似之姓名,例如变更拼音、变更字的笔画、全然不变更文字而发音类似,以及虽有语音不同而观念上则属同一者,均成立姓名权之侵害。[①] 这是因为行为人利用姓名在外观上、称呼上或观念上的与他人姓名相类似的特点,故意与姓名权人的姓名相混同,以达到自己的目的。

利用重名即姓名之平行而故意混同,亦为侵害姓名权。姓名之平行如有具体的混

---

① 龙显铭:《私法上人格权之保护》,中华书局 1948 年版,第 90 页。

同之危险时，则各人应于其姓名上附以特别之眉书，否则构成因不作为而侵害他人姓名权。[①] 前几年发生的“王朔新书”一案，就是出版社在书市上，大肆宣传“王朔新书”，却将新书用塑料纸包严，不准看其内容，欲订购者询问王朔真假，出版者故意神神秘秘，故弄玄虚，更引起读者的神秘感，因而大量订阅，达到了促销的目的。读者看后才发现，此王朔非彼王朔也，方知上当。可以说，这是“姓名平行”侵权行为的一个典型案例。[②]

应当注意的是，姓名使用的外观上纵有混同之危险，而事实上无虞者，即非可认为姓名权之侵害。姓名权侵害之成立，不仅须有抽象的混同之危险，且须有具体的混同之危险。因此，异职同名者，或虽同职同名然而他人应注意同名人之实质的差异者，仍非姓名权之侵害。[③] 同样，姓名的偶然一致，也不构成侵害姓名权，例如在小说和电视剧等文学作品中，作者创作的登场人物的姓名偶尔与实际存在的姓名一致，因此常常会给实际存在的人物带来麻烦，在这种情况下，因为作者的行为不具有违法性，所以原则上受害人对这种姓名的使用只能忍受。[④]

姓名权的混同还有另一种情况，即故意对某物命名与他人的姓名混同。如将豢养的狗称为某人的姓名，故意与某人的姓名混同。例如，白丽丽为甲之笔名，久居某公寓。乙系新搬进住户，住于甲之楼上，朝夕使用白丽丽名字称呼其狗，此种情况下，狗名与甲之姓名混同。如乙明知甲之笔名而呼狗，具有故意的心态，为侵害姓名权，但乙系新搬进住户，不知甲之笔名，客观上虽属不法侵害甲之姓名权；唯主观上不具故意或过失，甲就其所受损害应无请求损害赔偿之余地。[⑤] 对这种情况，直接称之为客观上侵害姓名权，尚须斟酌，但可请求责令乙不得再使用混同的名称称呼其狗。

第四节　侵害姓名权的民事责任承担

一、侵害姓名权的民事责任方式

侵害姓名权民事责任方式，一般规定为除去侵害、赔偿损失和给付慰抚金。除去

---

① 何孝元：《损害赔偿之研究》，台北商务印书馆 1982 年版，第 153 页。
② 葛少华等：“论姓名权法律属性的发展变迁之路”，载《法学论丛》2008 年第 6 期。
③ 龙显铭：《私法上人格权之保护》，中华书局 1948 年版，第 90 页。
④ ［日］五十岚清：《人格权法》，铃木贤、葛敏译，北京大学出版社 2009 年版，第 122～123 页。
⑤ 王泽鉴：《民法实例研习丛书·民法总则》，台北三民书局 1983 年版，第 94、97 页。

侵害的责任方式均作规定,赔偿损失一般也作规定,唯姓名权受侵害时是否给付慰抚金,各国立法不一致。《瑞士债务法》第45条规定为得以请求,而《德国民法典》第253条规定:"损害为非财产上的损害者,仅以有法律规定的情形为限,始得请求以金钱赔偿。"而该法典对姓名权侵害未明文规定可以请求金钱赔偿,故认为不得请求给付慰抚金。我国台湾地区"民法"对此规定与《德国民法典》相似,学者见解不同。一种主张认为,不得请求金钱赔偿;①另一种主张认为,按民法之规定对照以观,其系不得请求慰抚金似属毫无疑义,但法律安得谓被害人仅得请求财产上之损害,而将非财产上之损害置之不理。借鉴瑞士的立法例,民法应作如是解释,始可与其他人格权之规定相符合。② 从实务中看姓名权被侵害得请求给付抚慰金,已为一般趋势。德国最高法院1959年3月18日判例对于著名艺术家姓名被擅自使用于宣传广告案件,准许慰抚金之损害赔偿。日本民法虽无姓名权侵害之明文规定,但学说及判例均认为姓名权被侵害得请求非财产上损害赔偿。③

在我国大陆,侵害姓名权请求精神损害赔偿均无异议。其责任方式,包括停止侵害、消除影响、赔礼道道、赔偿损失。其中侵害姓名权责任一经成立,即应承担非财产的民事责任方式,造成财产损失的也应赔偿损失。唯有需要具备什么情节才应当予以精神损害赔偿,是应深入研究的问题。

第一,自然人的姓名权,既与自然人的名誉权不同,又与肖像权不同。自然人的名誉权,在通常情况下不具有经济利益,它只是社会对某一自然人的评价。肖像权,由于肖像的美学价值而使肖像权具有相当的经济利益的内容。姓名权既不像名誉权那样毫无经济利益,又不像肖像权那样具有明显的经济利益。譬如,冒充某名人的姓名去进行经济活动,往往会获得经济利益,而以自己的姓名去搞,就可能得不到这些利益。

第二,根据姓名权的上述特点,确定侵害姓名权的赔偿责任,应以适用精神损害赔偿的一般标准作为基本原则,应当在侵害姓名权具有严重情节,造成较严重后果的情况下,才予以赔偿损失。对于已经侵害姓名权但情节不甚严重损害后果不甚明显的,可以不予赔偿。赔偿数额的确定,也应以确定精神损害赔偿数额的一般方法进行计算。④

第三,对于侵害姓名权有营利性质的,可以适当参考侵害肖像权损害赔偿的标准,即受害人有赔偿损失请求的,参考营利因素确定赔偿数额,但不宜过高。

---

① 龙显铭:《私法上人格权之保护》,中华书局1948年版,第92页。

② 何孝元:《损害赔偿之研究》,台北商务印书馆1982年版,第154~155页。

③ 曾隆兴:《现代损害赔偿法论》,台北泽华彩色印刷有限公司1988年版,第49页。

④ 杨立新:《精神损害赔偿疑难问题》,吉林人民出版社1991年版,第11~13页。

二、侵害姓名权与侵害名誉权的责任竞合

自然人的姓名权与名誉权，是两种具体人格权，各个独立，但又是两种相邻近的人格权。因而一个违法行为在侵害姓名权的时候，又同时侵害名誉权。对此，应当仔细加以区别，准确确认侵害的是姓名权，还是名誉权。

例如，假冒他人姓名刊登征婚广告，给本人造成精神损害，侵害的是姓名权还是名誉权呢？仇某与汤某系同单位干部，汤某曾向仇某求婚，被拒绝，便蓄意戏弄仇某，拟一征婚广告：称“仇某，女，25 岁，面貌姣好，素质优良，品行端正，愿觅 25～30 岁男性为友。有意者请与其联系。”并注明地址。随后，仇某接二连三地接到求爱信数十封，造成很坏影响，使仇某十分痛苦。仇某原作为股长候选人参加竞选，呼声很高，因此事而使威信日减，被取消竞选资格。仇某起诉，法院认定被告的行为构成侵害名誉权，汤某赔偿仇某精神损害，某报社负责刊登赔礼道歉启事。

调转工作填写申请表时，擅自将他人写为自己的妻子，造成受害人精神损害，侵害的是姓名权还是名誉权呢？卫某在某偏远城市做教师工作，未婚。1986 年，卫某去省城 18 中学联系工作，与原告陈某相识。后来，卫某想调入省城，编造其妻在省城工作的谎言，向有关部门提出申请，得到调转申请表。填表时，卫某愁于自己无妻子，灵机一动，便将陈某的姓名等自然情况填写在“爱人情况”一栏。1987 年 11 月，有关部门未经严格审查，即批示：“照顾夫妻共同生活，同意将卫调入省城第 18 中学任教。”卫某工作调入以后，学校人事部门见调动材料中卫的妻子是陈某，遂进行询问，卫某不得不说出实情。陈某得知，与卫某发生纠纷，陈诉至法院，要求被告承担侵害姓名权责任。经调解，被告在适当场合向原告赔礼道歉，赔偿原告精神损害抚慰金。

在这两起案件中，行为人的一个行为，既侵害了权利主体的姓名权，又侵害了权利主体名誉权。这是一种民事责任的竞合，即一个行为侵害了民法所保护的两种民事权利，体现在请求权上，为一个受害人同时产生了两项损害赔偿请求权，因其赔偿的标的都是精神损害，故应择其一而行使请求权。

在这种情况下，笔者主张法院得依职权，按照行为的基本特征确定案件的性质。如其基本特征符合侵害姓名权的要求，则认定为侵害姓名权；如其基本特征符合侵害名誉权的要求，则认定为侵害名誉权。如果行为人在实施侵害行为时，主观上具备侵害两种权利的故意，则应认定为侵害两个人格权，构成两个侵权行为，受害人得提出两种救济权利的主张。

侵害姓名权行为与侵害名誉权行为的基本特征是有区别的。首先，侵害姓名权的过错必须为故意，过失不构成此种责任；而侵害名誉权，则故意、过失均可构成。其次，侵害姓名权的损害事实无须受害人证明，受害人不必证明行为人的侵害行为是否为第

三人知悉，只要有假冒、盗用原告姓名，或者干涉原告使用姓名的事实，即成立姓名权损害的后果；而侵害名誉权，受害人必须证明受害人的名誉在客观上已受损害，证明行为人的行为已为第三人知悉。最后，抗辩事由不同，侵害姓名权得以受害人同意作为抗辩事由，而侵害名誉权行为人不得以受害人同意作为抗辩事由。

在上述区别中，最主要的区别在于过错的区别。如果行为人在主观上以侵害姓名权为其故意内容，则其行为的基本特征为侵害姓名权；如果行为人在主观上以侵害名誉权为其故意内容，又造成了名誉权损害的后果，则应认定为侵害名誉权；如果行为人是依过失造成侵害名誉权、姓名权的后果，则应认定为侵害名誉权。

在前述两个案例中，前一个案例的被告在主观上，纯粹出于戏弄原告的心理，其主观故意十分清楚，是为损害原告的名誉，所以，法院以侵害名誉权认定案件的性质，确定被告的侵权责任，是完全正确的。后一个案例的被告未经本人同意而使用他人姓名，主观上是盗用他人姓名而达到调转工作的目的，原告的名誉受损，原非被告的本意，不是他刻意追求的目的，因而认定其为侵害姓名权，是正确的。

在一个行为侵害了姓名权、名誉权两种权利，又按其行为的基本特征认定为侵害名誉权或侵害姓名权以后，对于造成另外一个权利损害的后果，应当作为一个加重责任的情节，适当提高赔偿数额，使受害人的权益得到充分保护。

三、对死者姓名的保护

最高人民法院《关于确定民事侵权精神损害赔偿责任若干问题的解释》第 3 条第 1 项规定，自然人死亡后，其近亲属因以侮辱、诽谤、贬损、丑化或者违反社会公共利益、社会公德的其他方式，侵害死者姓名的侵权行为遭受精神痛苦，向人民法院起诉请求精神损害赔偿的，人民法院应当依法受理。这一规定确立了对死者姓名法益依法予以延伸保护的制度。

自然人死亡以后，其姓名法益应当再延伸保护一段时间。在这段期间里，以侮辱、诽谤、贬损、丑化或者违背公序良俗的其他方式，侵害死亡姓名的，构成侵权行为。

首先，行为人必须具备侵害死者姓名的故意。由于姓名的使用有一个并行的问题，一般不能认为某一使用死者姓名的行为就是侵权行为，例如叫李先进的人死亡后，就不能让其他人再叫李先进，给其他新生儿命名为李先进就是侵权。构成侵害死者姓名的侵权责任，与侵害死者名誉、肖像完全不同，必须具备主观恶意，即以侵害死者姓名为目的，否则不构成侵权。

其次，必须处理好侵害死者姓名和侵害死者名誉的关系。在一般情况下，以侮辱、诽谤、贬损、丑化的行为方式使用死者姓名，就构成侵害死者名誉，因而成为侵害死者名誉的侵权责任。如何处理，可以确定以下原则：一是行为人只是意图对死者进行侮辱、诽谤、贬损、丑化的，只构成侵害死者名誉，不构成侵害死者姓名。二是行为人既具有上述故意，又具有侵害死者姓名的故意的，构成侵权责任的竞合，行为是一个的，按照吸收的原则，以一个侵权行为论，从重确定赔偿数额；行为可以分成两个行为的，认定实施两个侵权行为，确定两个赔偿数额，合并计算。

死者姓名受侵害，其近亲属遭受精神痛苦，享有对侵权行为人的诉权。在这里，近亲属遭受精神痛苦，究竟是责任构成的要件，还是一般的起诉理由，值得研究。笔者认为，近亲属遭受精神痛苦，不应当是构成条件，因为这一条件过于虚化，可以从死者姓名遭受侵害的事实中推定，因而不易掌握。因此，应当视为起诉的理由。而这种理由不必证明，因为这一制度主要是保护死者姓名不受侵害，而不是保护死者近亲属不受痛苦。

对死者姓名的保护期限，应以死者近亲属存在为界限。当死者近亲属都不再存在以后，就不再对死者的姓名予以保护。

四、侵害姓名权与侵害受教育权

在侵害姓名权的侵权行为中，有一个现象应当特别注意，这就是侵害姓名权与侵害受教育权的竞合，典型的案件是齐玉苓案和罗彩霞案。

1990 年，就读于山东省滕州市第八中学的应届生齐玉苓（本名齐玉玲），原顺利考取山东省济宁商业学校，但被同班同学好友陈晓琪（本名陈恒燕），因父亲陈克政在地方具有政治势力，买通学校行政人员，冒名顶替成为该校学生并以被害人冒名顶替长达 8 年的时间。1998 年齐玉苓不堪身份地位的损失以及家人遭到陈克政的暴力威胁，愤而向枣庄市中级人民法院提出民事诉讼。1999 年齐玉苓不服一审判决，向山东省高级人民法院提出上诉。山东省高级人民法院经过最高人民法院的批复后，2001 年终审判决，引用《宪法》第 46 条，被告陈晓琪停止对齐玉苓的姓名权侵犯，以及被告人和单位需赔偿齐玉苓总共人民币 10 万元。[①]

2004 年 6 月，湖南省邵东县一中高中毕业生罗彩霞参加高考，总成绩 514 分。该省隆回县公安局政委王峥嵘从女儿班主任邵东县一中教师张文迪处获取了罗彩霞的高考信息，伪造了罗彩霞的户口迁移证等证件，成绩为 335 分的王佳俊冒用罗彩霞之名被贵州师范大学思想政治教育专业降低 20 分定向补录。2005 年罗彩霞被天津师范大学录取。由于 2008 年王佳俊用罗彩霞的姓名办理了毕业证、学位证、教师资格证等相关证件，2009 年 3 月罗彩霞在申办开通网上银行业务时被拒，随后确认王佳俊盗用

---

① 维基百科："齐玉苓案"，载 http://zh.wikipedia.org/wiki/%E9%BD%90%E7%8E%89%E8%8B%93%E6%A1%88，2011 年 4 月 25 日访问。

身份证信息。2009 年 5 月 17 日，罗彩霞以侵害姓名权、受教育权为由向天津市西青区人民法院起诉王佳俊、贵州师大等 7 个单位和个人，后又追加贵州师大历史与政治学院院长唐昆雄为被告。2010 年 8 月 13 日，天津市西青区人民法院在长沙市开庭，罗彩霞与各方达成和解协议，放弃对各被告的诉讼请求，被告王峥嵘一次性给付罗彩霞赔偿金 4.5 万元。①

这两起案件的性质完全一致，事实经过基本相似，是典型的侵害姓名权案，情节十分严重，给权利人造成的损害特别严重。其中有几个问题值得探讨：

第一，对于齐玉苓案是否有必要确定侵害受教育权的案由。齐玉苓案，被告的行为构成侵害姓名权的侵权责任，是毫无疑问的。但最后经过最高人民法院批复，确定为侵害受教育权，确定了侵权责任。笔者一直认为，该案的被告侵害姓名权是其行为的本质，受教育权的损害后果是造成的损害事实，是侵权行为的结果。确定侵权行为的性质，应当根据侵权行为的本质确定，而不能根据损害的后果确定。即使是两个侵权行为发生竞合，如果确定一个侵权责任且能够吸收另一个侵权责任的，也可以确定为一个侵权责任，据以进行损害赔偿救济。而本案并不具备这种情形，认定为侵害姓名权就足以保护受害人的合法权益，完全没有必要确定为侵害受教育权的侵权责任。

第二，是否有必要撤销原来的司法解释。最高人民法院撤销该司法解释的理由之一，是很多人认为这个司法解释在鼓吹宪法司法化。换言之，最高人民法院无权解释宪法，更无权裁判涉及宪法的案件。笔者认为，假如确有必要，最高人民法院援引宪法作出民事判决，是完全可以的。德国法院关于保护人格权的那些典型案例，差不多都是援引宪法作出的判决，形成判例，成为法官法。1990 年我国最高人民法院确定工伤事故事先免责条款无效的司法解释也是依据宪法作出的，有何不可？特别是宪法规定的那些具有人格权性质的公民权利如休息权、受教育权等，一旦受到侵害，如果不援引宪法作出民事判决，就使这些公民权利无法得到保护，因而成为没有法律保护措施的权利，使这些权利成为空话。因此，作出该司法解释时没有认真斟酌，在撤销时是盲目进行。

第三，罗彩霞案没有必要谨小慎微、兴师动众。罗彩霞姓名权被侵害，造成特别严重的损害，但其向法院起诉之后，法院却很长时间不敢立案，直到最高人民法院表明了态度，才对其立案受理。本来区区一个侵害姓名权的普通民事案件，天津法院竟然跑到千里之外的长沙开庭审理，不厌其烦地进行调解，最终使罗彩霞不得不接

---

① 据新浪网："罗彩霞谈被顶替上大学案：和解是种解脱"，载 http://edu.sina.com.cn/gaokao/2010-08-14/1422263075.shtml，2011 年 4 月 25 日访问。

受调解。之所以这样做的理由,就是因为齐玉苓案的余威未尽,害怕沾上“宪法司法化”的政治嫌疑,法官和法院唯唯诺诺,不敢大胆适用法律。此外,对案件强制进行调解,原因在于盲目贯彻坚持调解的原则,其结果,牺牲的必然是权利人的权利。试想,齐玉苓案的审判在先,赔偿10万元;罗彩霞案在后,损害后果比齐玉苓案更重,但却调解赔偿4.5万元,少了一半还多。因此,这样的调解就是损害权利人的权利。这说明,在我国司法领域中,形式主义、盲目跟风的恶习仍然根深蒂固。其实,将两个案件的这些外在的枝枝蔓蔓都去除之后,就剩下这个案件的本来面目,那就是一个侵害姓名权的案件,严格依照现行法律的规定审判,就能够保护好权利人的权利,完全没有必要如此操作。

第十八章　名称权

第一节　名称的基本含义和范围

一、名称的基本含义

名称权是法人、个体工商户和个人合伙的一项重要的人格权,其客体是法人、个体工商户和个人合伙的名称。

从语义学的角度考察,一般认为名称为“事物的名目或称号”,①或者是指“用以识别某一个体或一群体(人或事物)的专门称呼”。② 这样的解释没有原则的分歧。在英语中,名称与姓名同用一词,即 name,既指自然人的姓名,也指法人组织等非自然人的名称。在汉语中,名称与姓名有原则区别,不能混用。

从法律学的角度考察,学者对名称有不同的认识。有人认为,名称是社会组织相互区别的标志,是使该组织特定化的符号,它起着与自然人的姓名同样的作用。③ 又有人认为,名称是指非自然人的权利主体在社会活动中用以表现自己并区别于他人的标志。④ 还有人认为,名称又称字号,是法人、个

---

① 《大辞典》,台北三民书局 1985 年版,第 482 页。

② 王同忆主编:《语言大典》,三环出版社 1990 年版,第 240 页。

③ 王利明主编:《民法 · 侵权行为法》,中国人民大学出版社 1993 年版,第 280 页。

④ 关今华等:《精神损害赔偿实务》,人民法院出版社 1992 年版,第 277 页。

体工商户、个人合伙等民事主体之间相互区别的特定标志，是它们享有独立人格的基础。①

这些定义都从不同的角度揭示了名称这一概念的内涵，说明名称在法律学上与语义学上的不同，均有可取之处，但也有不足。前两个定义对名称的主体界定不够准确，后一个定义对名称特征的表述略嫌不够。

名称是指法人及特殊的自然人组合等主体在社会活动中，用以确定和代表自身，并区别于他人的文字符号和标记。名称并不是自然人的文字符号和标记，而是法人或特殊的自然人组合的文字符号和标记。称特殊的自然人组合者，是指个体工商户、个人合伙等不享有法人资格，但又不是自然人个体的其他组织，增加其容量，以涵括个体工商户、个人合伙及其他非法人组织，如不具有法人资格的私营企业等。名称的基本作用在于使上述主体在社会活动中确定自身的称呼，以其代表自身，并区别于其他自然人、法人和其他组织。名称是一种文字符号和标记，不是图形，也不是形象，这一点与姓名相同。

二、字号、商号

(一)字号与商号的含义

字号在中国古代有两种含义，一是指以文字作为编次符号；二是指商店名称，旧时商店标牌皆称字号，开设商店亦云开设字号。② 现代语义学称字号为商店的名称，③已不再使用原第一种含义。现代字号不仅局限于商店的名称，还扩展到个体工商户、个人合伙所使用的名称；此外，字号往往具有"厂店合一"的特点，通常采取前店后厂的形式，店、厂使用同一字号。

商号亦称商业名称，是商业主体依法申请登记，用以表示自己营业之名称，亦即商业主体在营业上所使用的名称。④ 它的特征是由商业主体享有，依法登记，在营业上使用。在英国商法，区分商行名称和营业名称，相互之间结成合伙关系的多个人的集合称为商行，商行名称则是指明全体合伙人姓名的简称；而营业名称是独资商、合伙或公司以其真实名字以外的名称从事经营，称之为商号。⑤ 这种立法值得借鉴，明确商号是商业主体在营业时使用的名称这一法律特征。对于"商号"的概念，不同国家有不同的界定。有的国家将商号从商主体的名称意义上界定商号。如德国，《德国商法典》第17

---

① 王冠："论人格权"，载《政法论坛》1991年第3期。

② 《辞源》，商务印书馆1991年合订本，第423页。

③ 《现代汉语词典》，商务印书馆1978年版，第1518页。

④ 刘清波：《商事法》，台北商务印书馆1986年版，第31页。

⑤ 董安生编译：《英国商法》，法律出版社1991年版，第211～212页。

条第1款明确规定:“商人的商号是指商人进行其营业经营和进行签名的名称。”日本、意大利也有类似规定。有的国家更广泛地将商号含义等同于“商业名称”,如1946年美国《商标法》明确规定商号定义为“被制造商、工业企业主、商人、农场经营者或其他采用来辨别其商业、行业或者职业的任何名称”。[①]

字号和商号均为名称之一种,并不是名称的全部。名称除字号和商号以外,还包括非商业主体法人的名称,如机关法人、事业法人以及其他社团法人等。

(二)字号与商号的区别

字号与商号之间的差别在于:第一,主体种类有所不同。字号的主体不包括法人,一般是指个体工商户、个人合伙等特殊的自然人组合;商号事实上是由企业法人在营业时使用,主体是从事商业活动的企业法人。但是这一区别并不是绝对的,历史沿用下来的老字号,经工商登记后仍然使用,既是字号又是商号。第二,确立形式不同。确立字号采取自由主义,可以登记,也可以不登记;确立商号,则非经登记不能取得。第三,使用范围不同。字号既可以称其个体工商户或个人合伙的自身,也可用于商业营业;商号则仅指商业主体在营业时使用的名称。由此可见,名称概念的外延包括字号、商号和非商业主体法人的名称这样三个部分。

第二节 名称权及其内容

一、名称权的概念

(一)名称权保护的沿革

名称的起源晚于姓名,但确认其为权利却与姓名权几乎为同时。名称起源于合伙,作为合伙的字号而广泛使用。但这只是一个事实,在法律上并不认其为权利,亦不受私法的保护。古代罗马法和日耳曼法对合伙认其为契约,并无名称的规定。至中世纪,公司在意大利沿海都市兴起,并在后半叶迅速发展,公司的商号广泛应用,但仍未作为私法上的权利予以法律保护。

在近代民事立法中,各国法律开始对商号权予以重视,并采取私法方法对其进行法律保护。采取民商分立的国家率先在商法中确认商号权,1890年公布、1899年施行的《日本商法》设专章规定商号,认商号权为商人对其商号所具有的权利,包括不妨碍

① 傅丽:“试论商号权的法律属性”,载《法制与社会》2010年1月(中)号。

他人使用商号的权利即商号使用权，以及他人以不正当的目的冒用其商号时可以请求制止使用的损失赔偿权利即商号专用权。[①] 采取民商合一立法例的，则将商号权概括在姓名权中一并加以保护。

在我国，国民政府制定民法典采民商合一制，对姓名权扩大解释，将商号权概括在姓名权中，采取同一的法律保护。司法解释确认他人冒用或盗用类似他人已经注册之商号，比照民法第19条关于姓名权保护规定，受害人得呈请禁止其使用。[②] 在英美法系国家，名称与姓名为同一概念，确认姓名权，即确认名称权。

名称与姓名是两个概念，名称权与姓名权不能混同；商号仅是名称的一种，不能概括名称的全部内涵，不能用商号权替代名称权。故在制定《民法通则》的时候，在第99条第1款规定了自然人的姓名权以后，设立第2款规定："法人、个体工商户、个人合伙享有名称权。企业法人、个体工商户、个人合伙有权使用、依法转让自己的名称。"这一立法体例开创了认名称权为民事权利的先河，将字号、商号权的范围予以扩大，包含了更多、更广泛的内容。

（二）名称权的概念

关于名称权概念的界定，我国民法学界的研究不够深入。代表性的定义有："名称权是法人、个体工商户、个人合伙依法享有的决定、使用、改变自己的名称，并排除他人干涉、盗用、冒用名称的权利"；[③]"名称权是指法人、个体工商户和个人合伙等组织使用自己的名称并不受他人侵害的权利"；[④]"名称权是指企业法人、个体工商户、个人合伙依法决定、使用和改变自己名称的权利，是它们重要的人格权"；[⑤]"法人、个体工商户和个人合伙的'姓名权'称为'名称权'"。[⑥] 上述定义，均有不当之处：在主体上，仅包括企业法人和个体工商户、个人合伙显系不当；在权利客体上称名称权是法人等主体的姓名权，更为不妥；在权利的内容上，没有容纳名称转让权，则为疏漏。

笔者认为，名称权是指法人及特殊的自然人组合依法享有的决定、使用、改变自己的名称，依照法律规定转让名称，并排除他人非法干涉、盗用或冒用的具体人格权。

（三）名称权的法律特征

它具有以下法律特征：

---

① ［日］《新版新法律学辞典》，中国政法大学出版社1991年版，第482页。

② 黄宗乐监修：《六法全书·民法》，台北保成文化事业出版公司1991年版，第16页。

③ 王冠："论人格权"，载《政法论坛》1991年第3期。

④ 王利明：《人格权法研究》，中国人民大学出版社2005年版，第426页。

⑤ 马源主编：《中国民法教程》，人民法院出版社1989年版，第490页。

⑥ 孟玉：《人身权的民法保护》，北京出版社1988年版，第8页。

1. 名称权的性质是人格权

名称权具有人格权的一切基本属性，因此，名称权是人格权，性质属于绝对权、专属权、固有权、必备权。概言之，名称权是法人、个人合伙、个体工商户等之所以为主体的基本权利之一，不享有名称权，民事主体不能成立。

2. 名称权的主体是法人和个体工商户、个人合伙等特殊的自然人组合

法人应包括企业法人和其他非企业法人。个体工商户、个人合伙均是特殊的自然人组合，也包括不具有法人资格的私营企业及其他类似的组织，他们都是名称权的主体。

3. 名称权的客体具有明显的财产利益因素

人格权以不具有直接的财产因素或不具有财产因素为基本特征，但是名称权不同，具有明显的财产利益因素。这主要表现在商业名称上，老字号、老商号、名牌企业的效益好、信誉高，必然带来高利润，因而使商业名称具有较高的使用价值。基于此，名称权具有可转让性这一显著特征，区别于其他任何人格权，也区别于姓名权。

二、名称权的内容

关于名称权的具体内容，有些学者依据《民法通则》第99条规定，认为只包括名称使用权和名称转让权。这样认识名称权的内容是不完整的。名称权包括以下四种具体权利：

（一）名称设定权

法人及特殊自然人组合享有名称权的最基本内容，是为自己设定名称的权利，他人不得干预。各国对名称的设定采取不同做法：一是采取自由主义，法律不加限制，可以自行选定自己的名称；二是采取限制主义，法律规定商号、法人的名称应当表明其经营种类、组织形式，非经登记，不发生效力，甚至规定对未设定名称的，“法院因利害关系人或检察官的请求，应予以规定”。①

对此，我国立法采折衷主义，即法人尤其是企业法人必须设定名称，并且依照法律的规定设定，非经依法登记不发生效力，不取得名称权。对于个体工商户、个人合伙等自然人组合则依其自愿，可以设定名称，也可以不设定名称。

（二）名称使用权

名称权主体对其名称享有独占使用的权利，排除他人非法干涉和非法使用。名称经依法登记，即产生名称权主体的独占使用效力，法律予以保护，在登记的地区内，不得他人再予以登记经营同一营业性质的该名称；未经登记而使用者，为侵害名称权。

① 《日本民法》第40条。

在同一地区内,数个单位曾使用同一名称,其中一方经登记后,其他单位不得再使用该名称,否则为侵权。名称使用的范围,应以其登记核准的范围为限,限于在本省、本市、本县以致本镇内使用,在核准使用的范围内,该名称独占使用。国家级企业的名称在全国范围内使用,均不得在国内使用同一名称。名称的独占使用限于同一行业,不排除不同行业使用,但在使用时必须标明行业的性质,如“东海商厦”与“东海制药厂”。

(三)名称变更权

名称权主体在使用其名称的过程中,可以依法变更自己登记使用的名称。名称变更可以是部分变更,也可以是全部变更。变更名称必须依法进行变更登记,其程序与设定名称相同。名称一经变更登记后,原登记的名称视为撤销,不得继续使用,应当使用新登记的名称进行经营活动。名称变更应依主体意志而为,他人不得强制干涉。

(四)名称转让权

依《民法通则》规定,企业法人、个人合伙、个体工商户有权转让其名称,非企业法人的名称不得转让。名称转让可以是部分转让,即将名称使用权转让于他人使用;也可以是全部转让,即将名称权全部转让于他人享有。部分转让者,转让的是名称使用权,且名称使用权也是部分转让,因此,名称权人仍享有名称权,仍得自行使用其名称,但名称使用人依其使用权的转让,而依约定使用该名称。全部转让者,原名称权人丧失名称权,不得继续使用;受让人成为该名称的权利人,享有专有使用权及名称权的一切权利。

第二节　名称权的性质

一、关于名称权性质的学说比较

名称权究竟为何法律性质,学者有不同的主张。主要有以下五种观点:

1. 姓名权说

这种主张认为,法人、个体工商户、个人合伙的名称权就是姓名权,“无论是自然人或法人均享有姓名权,自然人叫姓名权,法人叫名称权”。[①]“法人、个体工商户和个人合伙的‘姓名权’称为‘名称权’。”[②]持这种观点的学者往往以我国台湾地区学者的主

---

① 曹康:《人身权基本知识》,天津大学出版社 1990 年版,第 25 页。

② 孟玉:《人身权的民法保护》,北京出版社 1988 年版,第 8 页。

张为论据，因为我国台湾地区学者大多主张将法人的名称权解释为姓名权，根据民法对自然人姓名权的保护方式，保护法人的名称权，较为有利于保护被害人。[①] 姓名权与名称权不相同，虽然同为文字标表民事主体的符号，且《民法通则》将其规定在一个条文之中，但二者主体不同，自然人姓名具有血缘因素，姓氏是不可变更的，名称则不具有这些属性。同时，姓名权与名称权的具体内容也不相同，如姓名不能转让、继承，名称则可以转让、继承。我国台湾地区学者将名称权解释为姓名权，是因为其民法只规定姓名权而未规定名称权，不作这样的解释则无法对名称权进行法律保护。《民法通则》既已规定名称权，再作这样的解释则是不适当的。

2. 财产权说

这种主张认为，名称权具有财产权的一般特征，是一项可以占有、使用、收益、出卖、继承以及作其他处分的财产。[②] 因而，名称不是营业主体的人格，不属于人格权范畴而属于财产权范畴，是财产权的一种。[③] 称名称权为财产权，不符合民事立法的原义。《民法通则》将名称权置于"人身权"一节而未置于"财产所有权和与财产所有权有关的财产权"一节，其立法意旨十分明确，即认其为人身权。称名称权为财产权性质，混淆了财产权和人身权的界限。

3. 工业产权说

这种主张认为，名称权的性质实为一种无体财产权。名称权一方面具有专有性；另一方面又具有地域性，实乃与商标权、专利权相同，且有关国际工业产权条约已将名称权作为工业产权加以保护，[④]表明其性质为工业产权。诚然，企业名称与商标有着密切联系，都可以作为企业及其产品信誉的标志。但是，一是名称是用来区别一企业与他企业的符号，而商标则是用来区别产品的标志；二是企业名称并不要求具有显著特征，但商标却必须具备显著性；三是企业名称必须以文字构成，而商标则以文字、图形以及其他形式构成。[⑤] 除这些区别之外，企业名称虽然具有某些无形财产的性质，但其本质上是人格权，却不是工业产权。

4. 双重性质说

这种主张认为，名称权同时具有财产权和人身权的属性，一方面，是人身权，企业具有自己的名称是取得主体资格的必备要件，只有享有名称权，才能使其人格得以充分体现，否则其独立人格就失去了意义；另一方面，名称权又是财产权，可以作为财产

---

① 曾隆兴：《现代损害赔偿法论》，台北泽华彩色印刷公司1988年版，第50页。

② 杨明仑："论企业名称权"（续），载《北京律师》1992年第2期。

③ 龙显铭：《私法上人格权之保护》，中华书局1948年版，第89页。

④ 参见《保护工业产权巴黎公约》第8条。

⑤ 王利明主编：《人格权法新论》，吉林人民出版社1994年版，第347～348页。

使用、收益、转让、继承以及作其他处分。① 如前所述，名称权存在某种财产权的性质，但是，名称权的财产权只是其非本质属性，只有人格权才是它的本质属性，且名称权又不具外在物的形态，说它兼具人格权与财产权的性质，湮没了它的本质属性，并不适宜。

5. 身份权说

这种主张认为，名称权与姓名权不属于同一性质的权利，姓名权是人格权，而名称权因其可以被转让和继承，因而不是人格权而是身份权。② 名称权虽然可以转让和继承，但它表明的不是企业的身份，而是企业的人格，表明主体的文字标记，确定的是企业的主体资格，称名称权是身份权于理不通。

二、名称权的性质是人格权

笔者认为，名称权的性质是人格权。其理由是：首先，名称权的客体是法人等的人格利益，《民法通则》第 37 条规定，法人必须有自己的名称，此点与自然人必须具有姓名一样，只有具有名称才能使一主体与他主体相区别，无名称则无人格。其次，名称权具有人格权的全部特征，是固有权、专属权、必备权，其客体又是人格利益，虽然名称权可以转让、继承，但这并不能否认其专属权的性质，更具固有权、必备权的特征。更何况名称是法人成立的条件，而不是成立以后再取得名称权，其固有人格权的性质无可否认。最后，名称权虽具有某些无体财产权的属性，但这是它的具体内容的附属性质，而不是其本质属性。因而，确认名称权为人格权是有充分根据的。

第四节　名称管理及名称权的转让

一、名称管理

企业法人、个体工商户和个人合伙的名称权标志着它们的独立法律人格，具有重要意义，一方面，企业应当十分珍视自己的名称；另一方面，国家也应对企业等名称进行严格管理。

我国《企业名称登记管理规定》第 11 条规定："企业应当根据其主管业务，按照国

① 王利明主编：《人格权法新论》，吉林人民出版社 1994 年版，第 346 页。

② 王利明主编：《人格权法新论》，吉林人民出版社 1994 年版，第 346 页。

家行业分类标准划分的类别,在企业名称中标明所属行业或者经营特点。"这种企业名称登记的基本要求,体现了真实主义的要求。企业名称确定之后,必须进行登记注册,这种登记注册应作为法人登记的一个内容,为法人资格取得的一个条件。企业名称由工商行政管理机关核定,准予登记后,在规定的范围内使用,无特殊原因,在一年内不准申请变更。改变名称,应按规定办理名称变更登记,擅自变更名称的应按规定处罚。对于企业法人分支机构的名称,分支机构具有独立法人资格的,可以注册登记专有名称,享有名称专用权;分支机构不具有法人资格的,其名称应冠以其所隶属的企业名称,标以分公司、分厂、分店、分部门作为其名称,不享有名称专用权。

个人合伙的字号,是全体合伙人从事经营的工商业的名称,也是其营业的外部标记。合伙可以起字号,也可不起字号。起字号的,可以包括合伙人的姓名,也可以另起字号,均须以文字构成,不得冠以中国、中华、某省市的字样,经核准登记后,享有专有使用权。

个体工商户也可以起字号,字号是该经营业务的名称,也是经营者的外部标记。个体工商户起字号,应在进行工商登记时一并注册登记,经核准后在规定的范围内享有专有使用权。

二、名称权的转让

各国立法均承认商号等名称权的转让行为为合法行为,准许名称权主体依一定程序全部或部分转让其名称权。我国《民法通则》亦认企业法人、个体工商户、个人合伙享有名称转让权。

名称权的转让,包括名称使用权部分转让、名称权让与和名称权继承。

(一)名称使用权部分转让

双方当事人依名称使用达成协议,准许名称权受让人部分使用该名称,即构成名称使用权部分让与行为,对双方当事人发生法律拘束力。

名称使用权部分转让行为的性质,国外学者一般称其为商号借贷契约。日本学者认为,允许他人使用自己的姓名或商号进行营业的契约,为姓名商号借贷契约,也称为名义借贷契约或字号借贷契约,其内容是,有信用的人准许他人使用自己的姓名,取得营业许可者把名义借贷给无许可者等而使用。①

依据我国民事立法,称名称使用权部分转让行为为名称借贷契约或合同并不恰当。其理由,一是部分转让名称使用权行为与借贷主旨不同,依我国民法理论,可资借贷的应当是物,名称权属于人格权,不是借贷的标的。二是部分转让名称使用权,不仅

① [日]我妻荣编:《新版新法律学辞典》,董璠舆译,中国政法大学出版社 1991 年版,第 743 页。

包括将名称权准予无营业名义的人使用，也包括准予有其他名义的人使用该名称。前者如无工商登记的合伙等“挂靠”有名称权的经营单位而营业；后者如同类企业使用同类知名企业名称为联合生产同类产品者；这两种情况，依借贷合同无法包容完备。

笔者认为，部分转让名称使用权行为的性质为名称使用合同。首先，该种行为的性质是合同，因其符合双方意思表示一致，设立、变更或消灭民事法律关系，在平等、自愿基础上进行，约定对双方均具有法律拘束力等合同的基本特征。其次，该种行为的内容是使用名称，而非借贷。名称使用可以有偿使用亦可无偿使用，均依当事人约定。称其使用更贴切，且符合我国法律用语的习惯。最后，能够确定双方当事人的权利义务关系，均依合同约定行事，发生纠纷亦可依约定和合同法的规定处理。

名称使用合同的主体只能是名称权人和名称使用人，其他人不能成立该合同的主体。就使用第三人的名称而达成协议，不构成名称使用合同。名称使用合同的客体是对名称的使用，名称权人把自己的名称使用权部分地转让给使用人，使用人在约定的范围内使用该名称。这种约定，须采明示方式，默示不发生效力。名称使用合同的内容依双方约定，有偿的名称使用合同为双务合同，双方就名称权的使用及报酬进行约定，互享权利，互负义务；无偿的名称使用合同为单务合同，使用人享有使用名称的权利，名称权人负有准许使用人部分使用名称的义务，使用人违反约定，名称权人享有合同解除权。名称使用合同是诺成性的要式合同，双方意思表示一致，采书面形式，并经登记而发生合同效力。所应强调的是，名称使用合同具有人身权让与使用的性质，承诺使用人使用自己名称的名称权人，对于误认使用人为名称权人而为交易者，就交易产生的债务，名称权人与名称使用人负连带清偿责任。

（二）名称权让与

名称权让与是名称权人将其享有的权利全部让与受让人，其效力是受让人成为该名称权的主体，出让人丧失名称权。

对名称权让与历来有两种学说：一是绝对转让主义，认为名称转让应当连同营业同时转让，或者在营业终止时转让，名称转让以后，转让人不再享有名称权，受让人独占该名称权，各国商法典一般采此学说。二是相对转让主义，又称自由转让主义，即名称转让可以与营业分离而单独转让，并可以由多个营业同时使用同一名称，名称转让以后，转让人仍享有名称权，受让人亦取得名称权。

绝对转让主义更符合名称权让与的本质，有利于维护商业秩序和民事流转秩序，有利于保护当事人的合法权益，故应采纳这种立场。相对转让主义容易造成名称使用、管理的混乱，不宜采纳，如仅系名称使用权转让，则应依名称使用合同确立名称使用权部分转让的法律关系。

名称权让与为名称权的绝对转让，因而名称权人在转让其名称时，只能将名称与其营业一起转让,或者在其终止营业时将名称权转让。在民间,个体字号连同营业一并转让,常称之"兑"或者"盘",即为前者;后者则是营业主体在停业清算后,仅将名称转让给受让人,营业并不转让。

名称权让与后,出让人丧失该名称权,在该名称登记的地区,出让人不得再使用该名称,也不得再重新登记该名称,使用者为侵权行为。至于名称权与营业一起转让者,是否可以在同一地区再经营同一营业,《日本商法》为防止不正当竞争,规定当事人如无另外意思表示,则转让人在20年内不得于同一市镇村内或相邻市镇村内经营同一营业;转让人有不经营同一营业特约时,该特约只在同一府县内及相邻府县内,在不超过30年的范围内有效。目前我国立法对此没有限制,似应参照日本立法作出适当规定,但不应限制过严,期限也不亦过长。

名称权受让人承受名称权后,得继续使用该名称,并成为名称权人。受让人承受该名称权时,应就原来营业的债权、债务关系如何处理,与原名称权人协商处理办法,有明确约定的依约定处理;没有约定或约定不明确无法执行的,营业与名称一并受让的受让人,对于转让人因营业而产生的债务,亦负清偿责任,转让人的债权人就转让人因营业而产生的债权向受让人实行清偿时,以清偿人系善意且无重大过失情形为限,其清偿为有效;受让人清偿债务和受领清偿之后,可以将其后果转移给转让人。

(三)名称权继承

对于名称权可否继承,有肯定说和否定说两种不同的主张。肯定说认为,名称权虽为人格权,但因其具有无体财产性质,可以发生继承,但限制于个体工商户和个人合伙,法人不发生名称权继承问题。① 否定说认为,名称权为人格权,不是无体财产权,不能发生继承问题。

名称权是人格权,虽然不是无体财产权,但却具有某些无体财产权的性质,其可转让性就是它的特征之一。同时,对于非公有制的企业法人,以及特殊的自然人组合的营业实体,是以自然人及其团体为其特征,当营业实体的自然人死亡后,其财产应当由其继承人继承。当继承人继承该营业时,当然发生名称权的继承问题。因此,笔者赞同肯定说的主张,但对于继承的主体范围则主张应适当扩大,不应只局限于个体工商户和个人合伙,还应包括私营企业等以自然人身份开办的各种营业实体。公有制企业法人因其公有性质,不具有亲属法上的身份权,因而不发生继承名称权问题。当一企业撤销而另一企业承受该名称时,其性质是名称权的让与而非名称权继承。

名称权继承,一般应连同营业一并继承,也可以在营业终止时继承。在营业终止后的一定时期内,继承人未声明继承并进行继承登记的,视为放弃名称权的继承,该名

---

① 王利明主编:《民法·侵权行为法》,中国人民大学出版社1993年版,第282页。

称应停止使用。名称权继承以后,在一定期间内,继承人不再继续营业或未转让他人使用的,则丧失该名称权。

名称权继承应当进行继承登记。商业主体死亡后,由继承人依法继承营业时,应依其继承事由,申请继承登记。商业继承登记,不仅为商业之继承登记,而且包括商业名称之继承登记在内。① 经过登记,继承人便取得该名称权。名称权主体在终止后,其字号、商号等商业名称只有其继承人有权使用,他人未经继承人同意而使用该名称的,构成对名称权的侵权行为。

第五节　侵害名称权的行为及其损害赔偿

一、侵害名称权的侵权行为

侵害名称权的行为是侵权行为,应当依照侵权责任法的规定确定侵权责任是否构成,承担侵权责任。有的学者认为,在对企业名称权保护中,侵权法和反不正当竞争法之间是相互独立的保护体系,以两法保护企业名称权的保护方法为划分标准,侵权法之保护方法在于禁止侵权行为,而反不正当竞争法之保护方法在于禁止不正当竞争行为,亦是相互独立的两种行为。② 也有的学者认为,侵权行为和不正当竞争行为有着本质的不同,属两种行为。对于企业名称权人的保护而言,两者的作用也不同:禁止侵权行为是权利人最基本的直接保护手段,禁止不正当竞争行为是权利人更广范围保护的必要补充。要更好地保护权利人的企业名称权,必须正确界定侵犯企业名称权的行为和利用企业名称进行的不正当竞争行为。③ 这种说法有一定道理,但应当看到一点,就某一种行为的认定,不正当竞争行为与侵权行为的方法可能有所不同,但是,不正当竞争行为也是侵权行为,也受侵权法的调整,不能说反不正当竞争法和侵权责任法之间存在万丈鸿沟;也不能说不正当竞争行为与侵权行为是相互独立的两种行为,它们并没有本质的不同。

因此,确认侵害名称权的行为为侵权行为,即使构成不正当竞争行为也是一样,应当对侵权人责令承担侵权损害赔偿等民事责任,赋予名称权人以侵权请求权,是民法

---

① 刘清波:《商事法》,台湾地区商务印书馆1986年版,第38页。

② 张蕾:“竞争法视角下的企业名称权保护”,载《法制与社会》2010年第5月(上)号。

③ 孙曼曼:“论企业名称权保护中的侵权行为和不正当竞争行为”,载《宁夏大学学报》(人文社会科学版)2009年第1期。

保护名称权的基本方法。

确定侵害名称权损害赔偿责任的构成，仍须具备侵权责任构成要件，即具备侵害名称权的违法行为、名称权受有损害的客观事实、该违法行为与损害结果有因果关系、主观上的过错这四个要件。具体地说，以下侵害名称权的行为，构成侵权损害赔偿责任：

（一）干涉名称权的行为

这是指对他人名称权的行使进行非法干预的行为。非法干预，包括对名称设定、专有使用、依法变更和依法转让的干预，具备其中之一，即为非法干涉。干涉名称的行为大多为故意行为，如强制法人或其他组织使用或不使用某一名称，阻挠名称的转让、变更的行为。非法宣布撤销他人的名称，也属于干涉名称权的行为。① 例如，被告焦某曾在原告厂承包担任厂长，后来终止了承包合同，解除了焦某的厂长职务，但焦某却将原告厂的财务专用章私自带走。焦某离开原告工厂以后，到某市体委，经同意创办市体委体育用品厂。在进行工商登记时，工商机关考虑本市有相同名称的企业，拟不予注册登记，焦某见状，即称该厂已经撤销。工商机关承办人要正式文件，焦某即回去印制撤销原告企业名称的文件，盖上了私藏的原告财务章，因而将被告单位予以注销。当工商年检时，原告申请换发营业执照，工商机关以该厂已撤销为由拒绝办理，致使原告无法经营，造成经济损失。原告起诉，经法院调解，协议由被告停止侵害，消除影响归还财务专用章，赔偿经济损失。在这个案件中，被告为达到自己企业工商登记的目的，假冒原告企业名称，发出该企业撤销的文件，给原告造成了重大损害，影响了原告的正常经营活动，构成侵害法人名称权。被告的主观心理状态是故意，完全出于恶意，对于造成的损害应负损害赔偿及相应的其他民事责任。

（二）非法使用他人名称的行为

这种行为是指未经他人许可，冒用或盗用他人登记的名称。盗用名称是未经名称权人同意，擅自以他人的名称进行活动。冒用名称是冒充他人的名称，以为自己的目的而行为，即冒名顶替。盗用和冒用他人的名称，即为非法使用，各国立法均认其为侵权行为。在名称登记范围内，同行业的营业不得以不正当竞争目的而使用与登记相似易于为人误认的名称。这种行为为名称的混同，也是非法使用他人名称的侵权行为。

在非法使用他人名称的争议中，2008 年最高人民法院《关于审理注册商标、企业名称与在先权利冲突的民事纠纷案件若干问题的规定》第 2 条规定："原告以他人企业名称与其在先的企业名称相同或者近似，足以使相关公众对商品的来源产生混淆，违反反不正当竞争法第五条第三项的规定为由提起诉讼，符合民事诉讼法第一百零八条规

① 王利明主编：《民法·侵权行为法》，中国人民大学出版社 1993 年版，第 282 页。

定的,人民法院应当受理。”这是判断非法使用他人名称是否构成侵权的一个重要标准。施耐德电气(中国)投资有限公司、天津梅兰日兰有限公司(以下简称天梅公司)和施耐德电气工业有限公司诉被告上海梅兰日兰电器(集团)有限公司侵害名称权案,是典型的非法使用他人名称的案件。法院认为,天梅公司在先取得包含“梅兰日兰”字号在内的企业名称权,通过十余年的长期经营和投人大量资金进行宣传,其“梅兰日兰”字号已具有较高知名度,为相关公众所知悉。被告作为在后登记企业名称的企业,明知上述事实,对“梅兰日兰”字号亦不享有任何合法民事权益,理应尊重天梅公司对“梅兰日兰”字号享有的在先权利,但被告仍将与之相同的字号包含在企业名称中进行登记、使用,其目的显然在于利用天梅公司的商业信誉从事经营活动,使他人对被告和天梅公司的市场主体及其商品的来源产生混淆,行为违背了民事活动应当遵循公平、诚实信用的原则以及公认的商业道德,损害了原告的合法权利,破坏了公平竞争秩序,构成对天梅公司的不正当竞争。法院据此判决被告变更企业名称上海梅兰日兰电器(集团)有限公司,变更后的企业名称中不得包含重“梅兰日兰”文字。① 这个判决是十分有道理的。学者认为,在现代市场经济条件下,企业名称已成为一项重要的无形资产,具有重要的商业价值,对于企业的长远发展具有不可估量的作用。许多企业越来越重视对其企业名称的宣传、推广,在这种情况下,如何构建一套更为科学合理的企业名称登记制度及维护公平竞争的市场秩序就显得尤为重要和紧迫,是完全正确的。②

擅自宣称与其他经营主体联营,以推销自己产品的行为,属于盗用他人名称。企业的名称是企业的生命。企业创出名牌产品,它的名称也同时成为“名牌”,受到消费者和用户的信任,对于该企业的经营,就会产生巨大的保证力和推动力,所以,企业的名称,包括个体工商户和个人合伙的名称与自然人的姓名不同,具有重要的经济利益,使用“名牌”企业的名称,可以给自己的经营、生产活动带来好处;而擅自使用其他企业的名称,就会侵害该企业名称权,同时损害该企业的经济利益。企业法人的名称及个体工商户、个人合伙的名称,在某种意义上说,与商标有相似的作用,具有重要的经济价值。正因为企业等的名称具有这种作用,所以才存在名称的非法使用问题。未经本企业同意,擅自对外宣称与其他企业联营的行为,就是以该企业的名称这个“名牌”,使消费者和用户产生错误的心理,轻信它的产品与该名牌企业的产品同等质量。而实际上,它并没有与该企业联营,这种行为正是盗用企业法人名称的行为。例如,原告系国家定点鼓风机生产单位,产品质量好,信誉高,销售全国各地,多次获部优、省优、市优

---

① 李国泉等:“企业名称的司法救济”,载《人民司法·案例》2009 年第 22 期。

② 孙海龙、姚建军:“企业名称权的法律保护”,载《电子知识产权》2010 年第 1 期。

证书。被告亦生产鼓风机,但由于生产历史短,生产经验少,产品质量上不去。为打开产品销路,被告印制写有自己生产的鼓风机型号的《简明目录》说明书500份,宣称:"我厂还和某鼓风机厂(原告)进行联营,已协助该厂完成部分订货合同,质量优秀,用户满意,质量已经达到或超过该厂的鼓风机产品的质量。"被告将上述《简明目录》说明书发往有关用户。原告认为,被告盗用原告名称,假冒其为原告的联营厂,用以招揽客户,损害了原告的利益,侵害了原告的名称权,向法院起诉,要求停止侵害,赔礼道歉并赔偿损失。法院经调解,双方达成协议,被告停止《简明目录》说明书,在报纸上刊登声明予以道歉并赔偿损失。被告的行为是明显的盗用企业法人名称的行为,其假冒是把自己冒充为原告的联营厂,而非冒充原告,因而不是假冒名称行为。被告将自己的产品说成是与原告联营产品,会降低原告产品的信誉和工厂的信誉,影响到该厂的经营效益,构成侵权责任,应承担赔偿责任。

(三)不使用他人名称的行为

应当使用他人名称而不使用或改用他人的名称,同样构成对名称权的侵害。如甲商店出售乙厂的产品,却标表为丙厂的名称,甲对乙名称的不使用,构成对乙厂名称权的侵害。

二、侵害名称权的损害赔偿

构成侵害名称权,应承担侵权责任的最主要形式是赔偿损失。根据侵害名称权行为的特点,其赔偿损失的基本方法包括以下几种,可以根据具体情况选择使用。

(一)以实际损失确定赔偿数额

第一种方法是以受害人在名称权受到侵害期间的财产利益损失为标准,确定赔偿数额。名称权受到侵害所受到的直接损失,最基本的表现形式,就是受害人在侵权期间所受到的财产不利益,即受到的损失。当这种损失很明显,具有可计算的因素时,采用这种方法计算受害人的财产利益损失并予以赔偿,是最准确的赔偿数额。其计算公式是:

$$W = (P - C) \times (A1 - A2)$$

其中,W是损失数额,P是单位产品(或服务)的价格,C是单位产品(或服务)的成本,A1是指在侵权期间受害人应销售的产品量(或提供的服务量),A2是在侵权期间实际产品销售量(或服务量)。依此公式,即可计算出受害人在侵权期间应得的财产利益和实得的财产利益之间的差额,即为财产损失数额,为赔偿的数额。

(二)以所获利益计算赔偿数额

第二种办法是以侵权人在侵权期间因侵权而获得的财产利益数额为标准,确定赔偿数额。

侵权人因侵权行为所获得的利益是不法所得,是通过侵害他人名称权,使他人财产利益受到损害而获得的。如果受害人损失的财产利益无法计算或不易计算,以侵权人在侵权期间所获利益推定为受害人所受到的损失,至为公平、合理。其计算公式是:

$W = A \times (P - C)$

其中,W 是所获利益额,A 是侵权人在侵权期间销售的产品量(或提供的服务量),P 为单位产品(或服务)的价格,C 是单位产品(或服务)的成本。依此公式,即可计算出侵权人在侵权期间所获的不法利益,推定其为受害人的财产利益损失额,依此确定赔偿数额。

(三)综合评估方法

第三种方法是,在受害人的财产利益实际损失或侵权人在侵权期间所获财产利益均无法计算或不易计算时,可以采取综合评估的方法确定赔偿数额。

这就要根据侵害名称权的具体因素综合评估,推算合适的损害赔偿数额。考虑的因素,包括侵权行为的程度和情节、侵权期间的长短、损害后果的轻重、给受害人造成的经济困难程度,以及侵权人的实际经济状况。将这些因素综合考虑,确定一个适当的数额,作为赔偿的数额。应当注意的是,适用这种方法计算赔偿数额,一般不应超过最高限度,该限度即为该名称使用权转让费的数额。这种方法主要适用于非法干涉名称权和不使用他人名称等场合。

对侵害名称权的行为人确定民事责任,还包括除去侵害的方法。侵害他人名称权,首先应负有停止侵害的责任,使正在进行的侵害行为彻底终止。同时,对于侵权行为所造成的影响应予以消除,权利人要求赔礼道歉的还应当予以赔礼道歉。除去侵害是侵害人格权的必要的责任形式,对于保护受害人的合法权益具有重要意义,是不可忽视的。

第十九章　肖像权

第一节　肖像

一、肖像的概念

（一）语义学和美术学上的肖像

肖像，亦称写照、传神和写真。肖者，相似、象也；像者，比照人物制成的形象也。从字义上看，肖像乃比照人物而制成的与人物相似的形象。《现代汉语词典》将肖像释为“以某一个人为主体的画像或相片（多指没有风景陪衬的大幅相片）”，①有不贴切之处。旧版《辞海》对肖像的定义较为准确，即“图像以肖其人者，谓之肖像。即将其人之姿态、容貌、表情等特征，精确表出之也。如绘画、雕刻、塑像、摄影、刺绣等为表出之方法”。

美术意义上的肖像，属于造形艺术，是模仿人物外形而塑造形象，是以描绘人物形象为内容的造形艺术、视觉艺术。这种艺术形式具有悠久的历史，形成了丰富多彩的表现手法、表现形式和复杂、坚实的理论。

（二）法律意义上的肖像

法律意义上的肖像，是自然人的一种具体人格利益。在法律上使用肖像的概念，最早见于德国1876年颁布的《美术著作物之著作权法》和《不法模作之照像保护法》，初步提出

---

① 《现代汉语词典》，商务印书馆1978年版，第1260页。

了肖像的法律概念，并且对肖像权的保护作出了规定。而该两部法律的规定于肖像的保护方面缺点甚多。柏林高等法院法官克思奈于1896年出版《肖像权论》一书，提出了肖像权法律保护的新观念，引起激烈的讨论，[①]终至德国立法机关于1907年颁布了新的《美术作品著作权法》。把肖像作为法律概念的意义是，一个具体的肖像作品同时体现着两方面的权益，一方面是肖像作品的著作权所有人所享有的著作权，另一方面是肖像人就该肖像所享有的人格权。就同一肖像而言，这两方面的权益无疑是冲突的，法律所调整的正是这种冲突关系。[②] 这一立法，奠定了法律上肖像概念的基础。

我国民法学界界定肖像的概念，主要有如下几种，如认为"肖像是自然人人身真实形象及特征的再现"；[③]或认为"肖像表现一个人的形象，是一个人身材风貌的真实写照，是人格的外在表现形式"；[④]或认为"肖像是指以自然人个人形象通过造型艺术或其他形式在客观上的再现，它反映肖像人的真实形象和特征，与人的人格不可分离"；[⑤]或认为"肖像是采用摄影或造型艺术手段反映自然人包括五官在内的形象的作品"。[⑥] 也有学者直接引用《现代汉语词典》的原文，认为"肖像即以某人为主体的相片和画像，通常是没有风景陪衬的大幅照片"。[⑦] 我国台湾地区学者则认为："肖像者，人之容姿之模写也，分绘画、照像、雕刻等类。"[⑧]

这些定义各有特点。但是更准确地说，肖像是指通过绘画、照像、雕塑、录像、电影等艺术形式使自然人外貌在物质载体上再现的视觉形象。

学者认为，应当区分肖像和肖像载体的区别，[⑨]这个意见是对的。肖像权保护的是肖像，而不是肖像的载体，这是不言而喻的。

二、肖像的法律特征

（一）肖像首先是自然人的外貌形象

法律意义上的肖像，是指自然人所具有的客观的、实在的物质实体的外在形态，因而只有自然人才会有肖像。法人作为拟制的人格，不具有外貌形象，即使在社会生活

---

① 龙显铭：《私法上人格权之保护》，中华书局1948年版，第93～94页。

② 王利明主编：《人格权法新论》，吉林人民出版社1994年版，第362页。

③ 佟柔主编：《中国民法》，法律出版社1990年版，第485页。

④ 王利明等：《民法新论》（上册），中国政法大学出版社1988年版，第187页。

⑤ 马原主编：《中国民法教程》，人民法院出版社1989年版，第492页。

⑥ 张俊浩主编：《民法学原理》，中国政法大学出版社1991年版，第149页。

⑦ 刘歧山等：《民法问题新探》，中国人民公安大学出版社1990年版，第269页。

⑧ 龙显铭：《私法上人格权之保护》，中华书局1948年版，第93页；何孝元：《损害赔偿之研究》，台湾地区商务印书馆1982年版，第155页。

⑨ 王利明：《人格权法论》，中国人民大学出版社2005年版，第446页。

中对法人给予“形象”这种说法,如“公安机关高大形象”之类,但这种形象乃是抽象的、观念形态上的形象,不可能成为法律意义上的肖像。

(二)肖像是自然人外貌所再现的视觉形象

自然人的外貌形象并非肖像,自然人的外貌形象只有经过再现,即经过一种转换而得到的视觉形象。换言之,肖像不是自然人外貌形象的本身,而是自然人外貌形象的真实反映,或称之为“映象”。它是一种视觉形象,需要观赏者以视觉来感知。某些立体的肖像当然也可以用触觉来感知,但即使这样,肖像的主要功能在于其视觉的感受,而非触觉、听觉等感受。肖像应当包括自然人的整个外貌形象,但最主要之点,在于其面部形象,即“容姿”。其真实程度应为清晰可辨,即肖像反映的视觉形象与自然人本人的外貌形象清晰可辨,具有一致性。有人认为,这种可辨的真实性,要真实到某演员脸上特定部位有一明显的痣之类,如果反映的图像缺少这个痣,就不能确认该图像反映的肖像是该演员的肖像。① 这个结论过于武断。如果按照这种观点,某人盗用该演员的肖像,修除肖像面部上的痣后去做广告,难道就不认定其侵权了吗? 显然不能。这种结论,容易给侵权人以空子可钻。

例如,女青年某甲在海南打工,春节回老家休假中偶遇摄影师某乙,某乙提出要为某甲免费拍摄人体写真照,遂于次日到影楼拍摄,日后将制作精良的影册送给某甲。某乙将拍摄的最好的两辐照片命名后,送交全国第一届人体摄影大奖赛组委会参加评奖,被命名为“美姿”的作品获得银奖。该照片描写的主体是某甲的身体,面部只有鼻子以下的部分,以上部分被剪除。在巡回展出中,该大奖赛获奖作品在海南展出时,该照片被某甲的同事认出,某甲方知其肖像权被侵害,向法院起诉侵权。对于本案,专家在讨论中有三种意见:一是认为被摹写的不是某甲面部的全部,因此不构成侵害肖像权;二是认为由于没有摹写面部的全部,因此原则上应当不认为侵害肖像权,但是由于确实摹写的是某甲的形象,应当认为构成侵权;三是既然是摹写某甲的形象,即使不是面部的全部,但是熟悉某甲的人对该照片的形象清晰可辨,足以认出是某甲,应当认为构成侵害肖像权。笔者主张第三种意见。

(三)肖像须通过艺术形式将自然人外貌映象固定在物质载体上

人的外貌映象只有固定在物质载体上,才能成为法律意义上的肖像,如果这种映象固定不下来,就不能使用,也不存在肖像权的问题。譬如,镜中和水中的映象,不能简单地说它是肖像或不是肖像,它既不是通过艺术手段,也没有固定在物质载体上,应当说不是肖像。但是,如果将镜中或水中的人的外貌映象再通过艺术手段把它固定下来,仍然是肖像,不能说取自于镜中或水中的映象而不认为它是肖像。有问题的是:不

① 关今华等:《精神损害赔偿实务》,人民法院出版社 1997 年版,第 151 页。

是通过艺术手段,而是科技手段,将自然人映象固定在物质载体上是否为肖像?如电脑绘制人像。对此亦应认定为肖像,因为肖像的本质属性是人体形像在物质载体上的固定,至于手段可以界定得更宽泛;况且电脑绘画亦须人去编制程序,绘制的画像亦不妨称为艺术品。

(四)肖像具有物的属性

肖像具有物的属性,主要表现在:第一,肖像固定在物质载体之上,即与肖像人在客观上相脱离,独立于世。自然人的外貌形象,是其客观存在的外界感知,它与自然人本身是不可分离的客观的视觉形象。肖像作为自然人外貌形象的复制、摹写,必须固定在物质载体上,成为自然人再现的视觉形象。一旦自然人的形象固定在物质载体上,成为肖像,就立即脱离了肖像所摹写的自然人。尽管它摹写的就是该自然人的外貌形象,但它已经有了独立存在的形式,可以不依赖于肖像人而存在,成为既与肖像人相联系,又独立于肖像人的客观视觉形象。第二,肖像固定在物质载体上,能够为人力所支配。肖像既然与肖像人相脱离而独立于世,就可以受人的意志所支配,可以处分、可以使用。在这一点上,肖像与名誉、贞操、自由等人格权的客体不同。名誉、贞操、自由等不能固定在物质载体上,因而不能受人力的支配;人的外貌特征只有固定在物质载体之上,才有这种属性。如果人的形象再现在水面或镜面之上,由于不能固定,因而不是法律意义上的肖像,因而也不能受人力所支配。诚然,人身为人格之依托,有人格之自然人,当不许无故为他人所支配。然而,当人的身体外貌特征被摹写为肖像之后,独立于人体之外,可为人支配却成了客观的属性。第三,肖像固定在物质载体之上,具有一定的财产价值。肖像既独立于人的身体之外,被人力所支配,那么,肖像就可以被使用,而在使用中就可以产生一定的财产利益。当然,这种财产利益并非为人的外貌形象本身所产生,而是其精神利益在市场经济社会中转化的派生利益。

三、肖像的分类

(一)艺术分类

肖像首先是艺术形式,属于造型艺术。从艺术的角度分析,可以作不同的分类:从作品形式上分,可分为肖像绘画、肖像雕塑、肖像摄影、肖像刺绣等;从画面结构上分,有集体肖像、个人肖像,有背景肖像、无背景肖像;从肖像存在的形式上分,有静态肖像、动态肖像,动态肖像是指录像、电影中的人物形象;从表现手法上分,有写实肖像、漫画肖像;从肖像姿态上分,有着衣肖像、人体肖像、头像(特写)、胸像(中景)、全身像(全景)、站像、坐像、卧像;从肖像作用上分,有新闻肖像、广告肖像、艺术肖像、生活肖像、身份肖像,等等。这些肖像分类并非都具有法律上的意义。

(二)法律分类

具有法律上意义的肖像分类,主要有以下划分:

1. 个人肖像和集体肖像

1887年,法国巴黎高等法院受理某著名演员请求照相馆撤去所陈列的自己的肖像之诉,判决某个人的肖像得要求撤去,但包括该演员在内的集体照相,则无撤去之必要。理由是,一人关于其肖像所有的利益,为全体的利益所压倒,一人之个性为全画面所掩蔽,而人格权失其存在之基础。这一判例的主张为多数立法所采纳,[①]因而,个人肖像,肖像人得主张肖像权;集体肖像,各肖像人不得主张肖像权。[②] 应当注意的是,集体肖像并不是集体肖像权,[③]对此应当加以区别。

2. 新闻肖像与其他肖像

《德国美术著作物及照相著作物之著作权法》第23条第3项规定:"原像人所参加之集会游行及其他类似事件之描写","肖像之分布展览,无须依第22条之同意"。第22条规定的内容,是肖像之公布或公然展览,须经原像人之同意。克思奈认为,事件画,例如阅兵式、祭礼之行列等之摄影中所包含之人物肖像,原像人不得主张肖像权,但此时个人之肖像如系丑陋不堪,则原像人仍得行使肖像权。格来斯认为,人物之肖像包含于风景画或事件画中者,不得禁止他人制作及公布,但画中人物能识别而于原像人非常不利时,仍得禁止其复制及公布。[④] 因此,新闻肖像与其他肖像不同,如无特别不利于肖像人的事由,肖像人不得主张肖像权。

3. 着衣肖像与人体肖像

对这两种肖像,肖像人均享有肖像权,但人体肖像在肖像权之外,还涉及个人隐私权,涉及文化传统和风俗习惯,因而应予着意保护。

4. 写实肖像与漫画肖像

写实肖像为自然人形象的写照,肖像人自然得主张肖像权。漫画肖像以艺术夸张的方式再现人物形象,亦属法律意义上的肖像,应受法律保护。判断的标准,应以反映其容貌主要特征为准,如表现形式不甚准确,但用文字标表为谁之漫画肖像者亦属之。容貌特征无法确认,又无文字说明为谁者,不得主张肖像权。

用文字描绘他人肖像,如小说、剧本中的肖像描写,是否涉及肖像权问题呢?例如,刘某在小说中描写:×××,身躯消瘦,尖嘴猴腮,凹眉挖脸,一只鼻子经常出毛病,鼻孔常年不通,臭气难闻,一双暗淡无神的眼睛,从眼镜后面闪着令人讨厌的目光。

---

① 龙显铭:《私法上人格权之保护》,中华书局1948年版,第93页。

② 但是,在人格利益的商业化使用中,集体肖像存在人格利益准共有的问题,不可简单适用这一规则。

③ 王利明:《人格权法研究》,中国人民大学出版社2005年版,第469页。

④ 转引自龙显铭:《私法上人格权之保护》,中华书局1948年版,第96~97页。

×××,身高5尺7寸,一张猴子脸,几根山羊胡,鼻梁上架着一副宽边眼镜,一对足壳鱼眼睛常常闪出贪婪的目光。这些文字,描写的就是肖像,受害人也曾认为这是侵害了其肖像权,曾经向法院主张侵害了其肖像权,后来撤销了这一起诉。应当强调的是,肖像为造型艺术,为视觉形象,而非文学描写。文学中的肖像描写是以文字作为表达方式,需欣赏人通过文字描写,在大脑中经过艺术形象的再创造,才能形成思维上的形象。文学中通过肖像描写构造的肖像不是真正的肖像,不得主张肖像权。

第二节　肖像权概述

一、肖像权的概念及特征

(一)肖像权的概念

对于肖像权的概念有不同的定义。王利明认为,肖像权是自然人以自己的肖像所体现的利益为内容的权利。肖像权是以肖像所体现的人格利益及财产利益为内容的民事权利,它直接关系自然人的人格尊严及其形象的社会评价,是自然人所享有的一项重要的具体人格权。[①] 肖像权是指自然人享有的以自己肖像所体现的人格利益为内容的人格权,其内容包括肖像的使用、制作及维护肖像所体现的精神利益的权利。[②] 彭娟认为,肖像权是公民以自己的肖像所体现的利益为内容的具体人格权;[③]日本学者认为,肖像权是指未经本人许可,他人擅自将自己的肖像通过绘画、雕塑、相片等形式进行制作和发表时,可以对这种行为加以禁止的权利;[④]我们曾经提出,肖像权,是自然人对自己的肖像享有利益并排斥他人的侵害的权利;[⑤]这些界定的内容基本相同。基于肖像权所保护的利益的精神性和财产性的不同,笔者将肖像权的概念界定为:

肖像权,是自然人以在自己的肖像上所体现的精神利益和财产利益为内容的具体人格权。

---

① 王利明:《人格权法研究》,中国人民大学出版社2005年版,第449页。

② 魏振瀛主编:《民法学》,转引自王成:“侵犯肖像权之加害行为及肖像权的保护原则”,载《清华法学》2008年第2期。

③ 彭娟:“法律解释语境下的侵犯肖像权行为之界定”,载《政法学刊》2004年第3期。

④ [日]五十岚清:《人格权法》,铃木贤、葛敏译,北京大学出版社2009年版,第128页。

⑤ 王利明、杨立新、姚辉:《人格权法》,法律出版社1997年版,第106页。

（二）肖像权的法律特征

1. 肖像权的基本利益是精神利益

肖像权作为自然人的基本人格权，所体现的基本利益是精神利益。法律保护自然人的肖像权，最主要的是保护肖像权所体现的这种精神利益，这种保护，保护的是人之所以为人的肖像人格利益。人之所以具有法律上的人格，肖像权的精神利益是最重要的内容之一。这种对肖像权精神利益的保护，包含自然人对自己形象享有维护其完整的权利，有权禁止他人非法毁损、恶意玷污。与自然人的名誉权等其他人格权一样，歪曲其肖像，毁损、玷污其肖像，都会使肖像权人精神利益受到损害，对其作为自然人的人格尊严构成侵害。法律保护自然人的肖像权，最首要的就是保障自然人的人格尊严，保护肖像权所体现的这种精神权利。

2. 肖像权具有明显的财产利益

与自然人的名誉权等人格权不同，肖像权所具有的财产利益是肖像权所体现的一项重要内容。有些学者认为，“肖像权是一种与财产无关的人身权利”，[①]这种观点有失偏颇。说自然人的具体人格权并不是一种财产权是完全正确的，但如果说自然人的具体人格权都与财产及财产利益无关则不正确。在自然人的具体人格权中，名誉权、隐私权、自由权等与财产关系不大，但并非无关；而肖像权与其他人格权相比，是与财产有密切的关系的，这就是肖像权所体现的物质利益。自然人的肖像作为艺术品，具有美学价值，在市场经济条件下，这种美学价值能够转化为财产上的利益，享有肖像权，就可以获得财产上的利益，这是一个不可改变的客观事实。众多的商业广告要出重金聘用明星来做，就是明显的例证。当然，肖像权所包含的这种财产利益并不是其主要内容，而是由肖像权的精神利益所派生、所转化的利益，带有附属的性质。但物质利益确实是肖像权的一项重要内容，保护自然人肖像权，就要对物质利益在内的全部内容予以全面保护。

3. 肖像权是自然人专有的民事权利

肖像权的专有性，首先，体现在形象再现的专有性，即自然人享有是否允许他人再现自己形象的权利。换言之，他人是否可以取得肖像权人的肖像，属于肖像权人的权利，以偷拍、偷画等方式取得他人的肖像，是对肖像专有权的侵犯。其次，体现在肖像使用的处分性。肖像的使用权，属于肖像权人，肖像使用权的转让，是肖像权人对其肖像使用权的处分。肖像的取得和肖像的使用，是肖像权专有性的两个基本内容，从侵害肖像权的角度分析，后者具有更重要的意义。未经肖像权人同意而擅自使用，原则上属于对肖像的侵害。当然，肖像权的专有性是相对的，法律准许在一定的条件下使

---

① 关今华等：《精神损害赔偿实务》，人民法院出版社 1991 年版，第 156 页。

用自然人的肖像,但是这种使用必须具有阻却违法的事由。

4. 肖像权的主体只是特定的自然人

肖像是自然人有关形象的人格标识,反映的是自然人的外貌属性。肖像权只能由自然人所享有,且须特定的自然人所享有;法人不享有肖像权。

二、肖像权的内容

肖像权包括以下三项基本内容:

(一)制作专有权

肖像的制作,是指通过造型艺术手段将人的外部形象表现出来,并固定在某种物质载体之上的全部过程。只有经过这个制作过程,人的形象才能转化为肖像,以游离于人体之外的物质形态而为人们所传播和利用。① 肖像的制作可以由自己进行,如自画像、自拍摄影等,更多的是由他人制作,无论肖像由谁制作,肖像权人都对自己的肖像享有专有权。这种制作专有权,一方面,表现为肖像权人可以根据自己的需要和他人、社会的需要,通过任何形式由自己或由他人制作自己的肖像,他人不得干涉;另一方面,肖像权人有权禁止他人非法制作自己的肖像。肖像制作专有权是肖像权的基本权利,是肖像权其他内容的基础。

在肖像制作专有权上,有两种观点值得商榷:

一是,认为在肖像权保护方面,应把肖像的制作和公布区别开,仅以秘藏为目的而制作他人肖像,并没有侵害肖像人的利益,所以法律不应该加以制止。② 这种观点并不正确,理由是,肖像的制作专属于肖像人本人享有,他人无权行使这一权利。以秘藏为目的虽然有可能不会给肖像权人以直接的利益损害,但未经本人同意而制作其肖像,无疑侵害了肖像制作的专有权。

二是,认为从自然人个人形象转化为肖像需要一个再现的过程,如果一个自然人一生中从未制作过肖像,这个人就只有个人形象而没有肖像,因而,肖像权并非与生俱来,因而有的人并不实际拥有肖像权。③ 这种主张否认肖像权为自然人的固有权,其不正确之处非常明显;同时,认为肖像人不经制作肖像就不享有肖像权也是不正确的。肖像制作专有权,其权利内容是制作肖像的可能性,而非必然性。无论肖像人的肖像是否经过制作,就制作可能性而言,肖像人都享有这种权利。它表明,制作肖像与否,权利在于肖像人自己,只有他自己才有权决定。认为肖像权产生于肖像制作之后,则

---

① 王利明主编:《人格权法新论》,吉林人民出版社 1994 年版,第 373 页。

② 龙显铭:《私法上人格权之保护》,中华书局 1948 年版,第 98 页。

③ 陈爽:“略论肖像权”,转载于最高人民法院办公厅编:《报刊资料》1992 年第 1 期。

等于否定了肖像制作专有权。

（二）使用专有权

由于肖像具有美学价值，并在一定条件下可能产生物质利益的属性，因而肖像不仅对于本人，而且对于他人乃至社会，都具有利用价值。肖像使用专有权的实质含义，就是肖像权人对于自己的肖像利用价值的专有支配权。

肖像使用专有权首先意味着肖像权人对自己肖像有权以任何方式进行自我使用。自己使用自己的肖像，以取得自己精神上的满足和财产上的收益，是合法使用，任何人不得干涉。

肖像使用专有权还意味着肖像权人有权禁止他人非法使用自己的肖像。任何人未经本人同意而使用肖像权人的肖像，都是对肖像使用专有权的侵害。

（三）使用转让权

肖像权的另一项重要内容是肖像使用权的转让权。肖像使用专有权，并非是绝对的独占权，只能由自己而决不得由他人使用。对于肖像利用价值的专有支配权正表现在权利主体可以依自己的意志，将肖像利用价值转让他人，由他人使用。他人使用肖像权人的肖像可以出于多种目的，可以是有偿的，也可以是无偿的；可以约定期限，也可以不约定期限。无论怎样使用，均须由使用人和肖像权人平等协商，由肖像权人本人决定他人是否可以使用。肖像使用专有权的转让只能是部分转让，而不能全部转让。因为肖像利益是自然人的人格利益，全部转让肖像使用权，等于权利人抛弃了自己的人格利益，而人格利益是不准抛弃的。

（四）利益维护权

肖像权的另一个重要内容，是肖像利益的维护权。这个权利其实就是肖像权请求权。肖像权是绝对权、对世权，除权利人之外，其他任何人都负有不得侵害的义务。肖像权受到侵害时，肖像权人有权维护自己的肖像利益。

肖像利益维护权的首要内容，是维护肖像的精神利益，对于恶意毁损、玷污、丑化自然人肖像的行为，肖像权人有权请求行为人停止侵害并承担相应的民事责任。

肖像利益维护权也包括维护肖像的财产利益。任何人以营利目的使用他人肖像，肖像权人都有权要求赔偿其财产利益的损失。

肖像利益维护权最终表现为在权利受到侵害时，可以请求司法保护。对于所有侵害肖像权的行为，肖像权人都有权向人民法院起诉，要求人民法院保护自己的肖像利益、救济所受到的损害，包括精神损害和财产利益损害。

三、肖像权的性质

通说认肖像权的性质为人格权，自无疑义。但也有学者否认此性质，而认肖像权是一种介于人格权与身份权之间的特殊的人身权，它既有人格权的特性，又有身份权的特性，既不同于人格权，又不同于身份权。其基本理由，就是肖像权非与生俱来，具有特定的身份确定的过程，同时又必须基于个人形象这一人格前提而产生。①

这种认识和分析在理论上是混乱的，有必要予以澄清：第一，理论大前提是，人身权只有人格权和身份权这两种基本类型，不存在介于人格权和身份权之间的特殊的人身权。因而，这一理论在大前提上站不住脚。第二，肖像权是与生俱来的固有权、专属权、必备权，它无须自然人出生后基于一定事实而取得，而是生而有之。就基本特征而言，肖像权具备人格权的所有特征。第三，肖像权不具有身份权的特征。身份权是民事主体基于特定的身份关系产生并由其专属享有的，以其体现的身份利益为客体，为维护该种关系所必需的权利，其基本功能在于维护主体的特定地位，具有非固有性、非必备性的特点。而肖像权所体现的并非身份利益，不具备非固有性、非必备性的特点，而是人之所以为人的人格利益，说其具有身份权的特征，实属误解。

第三节　肖像使用行为

一、肖像使用行为的性质

（一）肖像使用行为具有合同的特征

既然肖像的使用是自然人肖像权专有性的最重要内容，是判断是否构成违法的主要标志，那么，肖像权人同意使用人使用其肖像的肖像使用行为就是合法行为，肖像权人不同意使用人使用其肖像的肖像使用行为就是违法行为。这样就涉及一个重要问题，即肖像使用行为在法律上是什么性质的法律行为呢？

笔者认为，合法的肖像使用行为，除去具有阻却违法事由的肖像使用以外，是肖像使用合同。这种肖像使用行为具有合同的一般特征：

1. 肖像使用行为是双方或多方意思表示一致的民事法律行为

合同的基本特征之一，就是双方或多方意思表示一致，而肖像使用行为正是肖像权人就其肖像的转让使用，与肖像使用人就该肖像的承受使用，具有一致的意思表示。由肖像权人与肖像使用人就肖像权的肖像使用问题形成的意思表示一致，表明肖像使用行为具有合同的基本特征之一。

---

①　陈爽："略论肖像权"，转载于最高人民法院办公厅编：《报刊资料》1992 年第 1 期。

2. 肖像使用行为的基础产生于双方当事人就他们之间设立以致变更、消灭肖像使用关系的协议

合法的肖像使用，必须先由双方当事人协商达成协议，约定肖像使用的范围、方式、报酬等具体内容，即双方的权利、义务关系。当肖像使用关系要变更或消灭时，亦应有相应的协议。这种在当事人之间设立、变更、终止某种民事法律关系的协议，正是合同的基本特征之一。

3. 肖像使用行为是当事人在平等、自愿的基础上所进行的民事法律行为

肖像权人和肖像使用人在肖像使用行为中，地位完全平等，不存在谁受谁支配、谁受谁领导的关系，同时，转让使用和承受使用，都是双方自主自愿，并非是一方将其意志强加给另一方的强迫使用，这也是合同的特征之一。

4. 肖像使用行为的约定对双方具有法律拘束力

肖像使用行为的约定对双方具有法律拘束力，双方必须遵守、不得违反，非经对方同意，任何一方都不得擅自变更或解除。超出约定使用范围的使用，或者限制在约定的使用范围内使用，都是违约行为，这是合同的另一个特征。

合法的肖像使用行为的四个基本特征，完全符合合同这种民事法律行为的基本特征，因此确信，合法的肖像使用行为就是肖像使用合同的这一结论是正确的。

(二)肖像使用合同的特征

肖像使用合同作为具体的合同，它又具有自己的法律特征：

1. 合同的主体只能是肖像权人和肖像使用人

合同的主体只能是肖像权人和肖像使用人，其他人不能成为该合同的主体。就他人的肖像使用和就使用他人的肖像所达成的协议，不成立肖像使用合同。

2. 合同的客体是对肖像的使用

合同的客体是对肖像的使用，即肖像权人把自己肖像的使用权部分地转让给使用人使用，使用人在约定的范围内使用肖像权人的肖像，肖像的使用范围依合同约定。肖像使用权的转让，只能是部分、有限转让，不可能是全部、无限转让，因此，肖像使用范围应在合同中采取明示的方式约定，不得以默示推定。

3. 合同的内容和形式在于双方约定

合同的内容和形式在于双方约定，既可以是有偿的，也可以是无偿的；既可以是双务的，也可以是单务的；既可以是要式的，也可以是非要式的。有偿的肖像使用合同是双务合同，肖像权人享有收取报酬的权利，承担按约定范围准许使用人使用其肖像的义务；使用人享有按约定范围使用肖像的权利，承担支付报酬的义务。无偿的肖像使用合同是单务合同，肖像权人承担义务，使用人享有权利。

4. 肖像使用合同具有诺成性

肖像使用合同是诺成性合同，一经成立，即发生法律效力，对双方当事人都具有拘束力。

5. 多数肖像使用合同具有隐蔽性

在实践中，肖像使用合同表现为两种形式，一种是纯粹的肖像使用合同，即肖像使用本身签订合同，如照片的陈列，以肖像印制挂历，用肖像制作广告；另一种是包含在其他合同之中的肖像使用合同，这种肖像使用合同属于从合同，隐蔽在主合同之中，从属于主合同。在后一种合同中，主合同中可能有肖像使用的明文约定，也可能没有肖像使用的明文约定。例如，某明星同意为某公司制作商业广告、某模特同意为某美术学校做人体模特等，其中并未明文约定肖像使用的问题，但实际上，在这些内容中包含了肖像的使用问题。在这种情况下，肖像使用范围应与主合同约定的范围相一致。

（三）确认肖像使用行为为合同性质的意义

确认合法的肖像使用行为的性质为肖像使用合同，为肖像权的法律保护提供有益的启发。在排除阻却违法事由之外，依照有效的肖像使用合同的约定使用肖像权人的肖像，为合法行为，法律予以保护；没有有效的肖像使用合同作为依据而使用肖像权人的肖像，或者超出肖像使用合同约定范围而使用肖像权人的肖像，必然是违法行为，法律不予保护。这样，关于肖像使用合同的讨论对于研究侵害肖像权责任的构成，是否可以提供一条简要的思考捷径呢？回答应当是肯定的。

依据这样的认识基础，我们来讨论人体画模特的肖像权问题，很容易得出正确的结论来。

民法学界对这个问题有两种对立的见解。一种意见认为，作为模特儿供艺术家描绘或者塑造的肖像，因为事前已经取得本人的同意，而且支付了相应的报酬，同时，由于这时的肖像是艺术家创作或艺术加工的作品，艺术家可以不再取得本人同意而使用，包括将其进行展览。① 另一种意见认为，以人体模特制作的艺术品非经肖像权本人明示同意，不得进行展览、出卖等处分行为，不能因为某自然人为了艺术的需要而做了艺术院校的美术裸体模特儿，就推定可将该自然人的裸体画像出卖。② 这两种主张以前者为多。

对这一问题应当从问题的实质来分析。

人体模特肖像权问题的实质，仍然是一个肖像权使用合同问题，只不过由于人体模特的特殊性，为这一问题蒙上了神秘的色彩。既然是一个肖像使用合同问题，那么，

---

① 李由义主编：《民法学》，北京大学出版社 1988 年版，第 567 ~ 568 页。

② 孟玉：《人身权的民法保护》，北京出版社 1988 年版，第 99 页。

肖像的使用就在于当事人双方的约定，看使用合同对使用范围是怎样约定的，并以此确定使用人的行为是否构成侵害肖像权。对于这一点，一般说来是没有争议的。

问题在于肖像使用合同没有使用范围约定的，应当怎么办。在通常情况下，是将这种情况推定为同意买卖、复制、展览的默示形式，还是推定为不得买卖、复制、展览的禁止条款，这是问题的关键。

艺术品是基于艺术家的创作而再现生活的作品，它的生命力在于社会的承认，它的价值在于公众对它的评价和认可。一件艺术品，如果创作出来只能锁在画室里，供创作者一人观赏，那么，它就永远也得不到公众的评价和社会的承认，也就失去了它的艺术价值，只有将它公之于世，让人们公开地进行观察、欣赏，才能评价出它的真实价值。从艺术品的这一基本的特性出发，可以说，人体模特同意供艺术家临摹、创作，就应当首先推定其同意以其肖像创作的作品进行展览、复制和买卖。如果肖像权人即人体模特不同意上述对艺术品进行处分的活动，需要双方在肖像使用合同中作特别约定，这种特别的约定应以明示的方式作出，作为合同的禁止条款规定下来。因此，我们在《中华人民共和国人格权法草案建议稿》中撰写了第 48 条规定："自然人接受作为人体模特的约定，视为放弃以其人体形象制作的作品的肖像权。当事人有特别约定的，从其约定。"①

从这样的角度出发，这一问题就很容易解决了。以人体模特创作艺术品是否构成侵害肖像权，首先应当看肖像使用合同对作品的使用是否有禁止条款的特别约定。有约定的，依其约定，超出约定部分的使用，应认定为侵害肖像权；没有约定的，作品的使用应限制在作者本人使用的范围，即进行艺术品一般的展览、复制、出卖等活动，但不得转让他人使用，如转让他人制作广告等。对于作者本人的上述正当使用，不构成侵害肖像权。

例如，1988 年形成热点案件的"将人体模特为摹写对象的油画公开展出案"。甲、乙、丙为某院校模特工。被告单位举办油画展览，将以三名原告作为模特创作的人体画予以公开展览，获得若干展出收益。校方招聘模特工简章规定：模特用于课堂教学、写生，对模特工的工作情况予以保密。校方使用模特工规则规定：教学使用模特工，由任课教师填写模特订单经系主任批准；教师创作也应先填订单经系主任批准；承包创作任务的单位所用模特工，须在订单上注明，在任务结算时从稿费中偿还模特费。原告以被告违背原商定的协议侵害其肖像权为由，请求法院予以保护。在这一案件中，被告的展览行为是否构成侵害肖像权，须以双方的约定为判断依据。而双方关于模特的肖像权使用，并没有明确的约定，只有招聘简章中规定为用于课堂教学、写生，并有

① 杨立新主编：《中国人格权法立法报告》，知识产权出版社 2005 年版，第 376 页。

为模特工作予以保密的承诺。结合其模特工使用规则的规定,可以看出模特工还应用于艺术创作。招聘简章可以认为是校方与模特的约定,而使用规则则是校方与使用人的约定,二者并不相同,其中亦有矛盾之处。而未经新的约定,展览单位将其人体作品公开展览,超出了原约定的肖像使用范围,也是对保密条款的违反,而不能适用未明确约定使用范围推定其同意正当使用的原则,构成侵害肖像权。

二、肖像使用合同的具体法律适用

适用上述理论研究具体案件,应当严格依照约定的内容确定当事人的权利和义务,注意以下几点:

(一)以约定的使用用途为标准

超出使用用途的约定,将肖像用作他途,构成侵权行为。例如,青春美发厅是某市较大的国营理发店,对该市的理发行业有较大的影响。奚某从另一个城市到该市旅行结婚,去青春美发厅做发型。理发师发现奚某头型端正,头发软硬适宜,经过精心制作,发型十分标致,遂与奚某商量,可否拍下发型照片以留作资料。奚某同意,但以不得公开摆放、陈列,照片的底片归奚所有作为条件。被告同意。奚某离开该市以后,被告将连同奚某的发型照片在内的10张发型照片印成一套,先在理发培训班上作展示教学用后,出售该市各理发店。原告的亲友发现后,告知奚某,奚某先质问被告为何违约,被告置之不理;奚某遂诉至法院,要求追究被告侵害肖像权责任,被告以出售的是资料照片为由答辩,否认侵权责任,法院判决被告赔偿原告损失。在这个案件中,判断是否侵害肖像权就是使用的上述标准。在双方协议中,使用范围约定的是作资料保存,特别强调不得陈列。双方约定虽未涉及出售照片资料问题,但从不得陈列可以推论出更不得出售的结论。从另一个角度分析,在约定使用范围以外的使用,应当属于禁止使用之列,而不得以未明文禁止作理由,对约定的使用范围作扩大解释。如果将发型照片在教学中展示,可以将其解释为资料的使用,确认其属于约定的肖像使用范围;而将其出售,则明显超出了约定范围,侵害了肖像权人的合法权利,应承担侵害肖像权的民事责任。

(二)确定约定的使用期限为标准

在约定的肖像使用期限内使用的,为合法使用;超出约定的使用期限的,为侵权行为。例如,幸福乳制品厂设计员金某与栗某相识,发现栗某相貌酷似神话传说中的老寿星,故邀请栗某为该厂做广告,栗某欣然同意。金某经请示厂领导,同意以栗某的肖像做该厂产品长寿牌麦乳精的听包装图案,栗某无异议。1985年上半年,该厂印制以栗某肖像为中心图案的麦乳精听包装铁罐4万只,用于生产。栗见到自己的形象印制在产品包装上,十分高兴,工厂给栗送去若干食品答谢。栗要去数个铁罐,陈列于自己家中欣赏。1985 年下半年,该厂又印制该种包装铁罐 22 万只,栗得知,要求该厂给付报酬,经协商,该厂给付栗若干元。该厂还要印制这种包装铁罐,栗某要求先议定报酬,否则不同意继续使用其肖像,该厂不同意,强行印制 42 万只。栗某起诉,要求法院判决被告侵害其肖像权,前后共印制这种包装罐 68 万只,要求赔偿损失。被告以原告同意使用为由进行答辩。法院判决,被告第一、二次使用原告肖像印制 26 万只包装罐的行为,系双方合意,不属侵权行为;第三次使用,在原告提出异议的情况下,强行印制使用,构成侵害肖像权,赔偿原告损失,准许被告使用已印好的包装铁罐。

在这个案件中,原告在被告未同意其使用条件的情况下,提出反悔,既有合理的部分,又有不合理的部分。从这一个肖像使用合同来看,开始并未议定报酬的内容,即属无偿的合同,但被告所谓的"答谢"行为也可以视为一种报酬。在第二次使用时,原告提出报酬问题,双方亦达成协议,进而使这一合同转变为有偿合同,这是合乎情理的。在第一、二次使用中,双方只就该项合同进行协商,并未议定继续使用问题,因此合同的效力只及于当次的合作行为,对以后的使用没有效力。当第三次使用之时,原告又提出报酬问题,是合理的,应当予以保护。原告由于第三次使用肖像因报酬问题与使用人达不成协议,进而对以前的协议也予以推翻,要求确定被告的赔偿责任,这种反悔没有根据。反悔之前合同已经履行的部分,使用人是在约定的使用范围内进行使用,并未超出约定的使用期限,因而不属侵权行为,原告无权就这一部分请求赔偿。至于第三次使用,超出了合同约定合作期限进行使用,违反了法律保护自然人肖像权的规定,侵害了栗某的肖像权,应当承担侵权责任。

(三)以欺诈方式签订肖像使用合同

以欺诈方式与肖像权人签订肖像使用合同,该约定无效,该肖像无论作何使用,均为侵权。例如,被告金岭制药厂研制出一种治疗脑血栓的新药,效果较好,为了给该药品做宣传,厂方与被告电视台协商,签订了广告合同,制药厂出资,电视台为其制作广告节目并予播放。为了使广告形象、生动,二被告经人介绍到该市某医院脑血栓康复病房,找在此住院的原告俞某商量拍片。俞某称服该药效果比较明显,又问拍片的用途是什么,言明拍新闻可以拍,但不能用来做广告。被告方含糊其辞地答应了。为此,俞某为被告方表演脑血栓发病、治疗、康复的动作,供他们录制节目。被告用这些镜头制作了该药的广告节目,使用原告的肖像长达 1 分 40 秒,先后在 4 个电视台播放共 41 次。原告得知后,找电视台交涉,但电视台不作处理;原告向法院起诉。法院判决:二被告停止播放该广告;赔偿原告损失。这一案件的被告侵权的情节十分明显,在订立合同的时候,被告采取含糊其辞的方法蒙骗原告,使原告误以为被告是拍新闻,因而同意以自己的形象制作节目;但被告在骗得原告同意录像之后,即进行广告宣传,直接违背了原告的意思表示,并违背了自己对原告的承诺。判断被告的行为侵害了原告的肖像权的依据，一是前述标准，即被告使用原告肖像超越了约定的使用范围；二是被告的行为属欺诈，使对方在违背真实意思的情况下同意其使用肖像，因而该肖像使用合同无效。按照《民法通则》第58条的规定，"无效的民事行为，从行为开始起就没有法律约束力"，被告的使用成为无根据使用，因而也是侵害肖像权。这两种分析，是从两个不同角度所作的判断，都证明被告构成侵权，唯后一种分析更加切合本案的实际。

(四)承诺使用而反悔的不构成侵权

肖像权人已就肖像使用人的肖像使用行为表示承诺的，不得再以侵权为由起诉，使用人不构成侵权。例如，史某去霞光照相馆照半身像，摄影师认为其相貌、发型均很好，便与其商量，要对该照片进行特殊加工，并可免费拍照，然后将照片放大摆于橱窗。史某认为拍照费可以照样付，但要求将照片拍好，以免影响自己的声誉。在得到摄影师的保证以后，史某同意摄影师的要求。嗣后，史某得知自己的照片摆放于该照相馆橱窗内，向法院起诉后判决该照相馆赔偿，史某便向该照相馆索取赔偿，该照相馆以其事先同意为由拒绝赔偿。史某向法院起诉，称被告以自己的肖像做广告，应当赔偿损失，被告仍以原来所持理由予以答辩，法院确认被告的行为不构成侵害肖像权。该案的原告系完全民事行为能力人，其从事的民事行为为有效的民事法律行为，她既然同意被告使用其肖像，被告就取得了对该肖像的使用权，这种使用就是合法的。在这里，显然缺少"未经本人同意"这一必要条件，因而不构成侵害肖像权责任，原告起诉所持理由因其处分权利的行为而不能得到支持，法院的判决是正确的。至于现在原告提出今后不得使用该肖像照片，则双方可以协商，或者由照相馆停止使用，或者双方议定合理的报酬，另行达成使用肖像的协议，都是可以的。

不仅如此，如果使用肖像的承诺是肖像权人的法定代理人作出的，对于权利人亦有拘束力，也不应反悔，不得追究肖像使用人的侵权责任。例如，安某系5岁幼儿，长年在其祖母家生活。某日，其祖母常某带领安某去被告前进照相馆照相。被告摄影师按约定拍完后，又向常某提出要为安某拍一张五寸彩照，做"小样"使用，陈列于营业柜台的玻璃板下面，常某表示同意。照好后，被告按约定使用。一年后，安父得知此事后予以反对，多次去被告单位索要，被拒绝，照相馆继续使用该照片。安父向法院起诉，法院判决被告停止侵害，赔偿原告精神损害。

法院对这一案件的判决是不正确的。安某的祖母长期抚养安某，系第二顺序的监护人，有权代理安某从事民事活动。同时，照相馆的这种使用虽属无偿，但并未侵害被监护人即肖像权人的利益，应当认为常某的代理行为有效，该肖像使用合同具有法律效力。而被告在约定的使用范围内使用，未作他用，亦未转让他人使用，没有侵害被监护人的肖像权，不构成侵害肖像权，不应承担侵权责任。法院的判决无视安某祖母的监护地位，认为是无权代理，致使判决失误。

第四节 侵害肖像权责任的构成

一、侵害肖像权责任构成理论及其要件

(一)侵害肖像权责任的理论

对侵害肖像权责任构成研究的重要意义,在于对自然人肖像权保护程度的掌握。

在我国侵害肖像权责任构成的讨论中,集中表现为宽派和严派的争论。主张宽派的学者多数为理论工作者,主张严派的多数为司法实务工作者。这种争论的焦点在于侵害肖像权责任构成是否应以营利目的为要件,争论的实质则是对自然人肖像权保护得宽泛一些还是褊狭一些。

笔者认为,既然研究侵害肖像权责任构成的意义在于确定对自然人肖像权的保护程度,那么,在研究其责任构成之前,应当研究肖像权法律保护的内容。肖像权保护的客体是肖像权所体现的精神利益和物质利益,对此,学者基本上持这种观点。[①] 基本理由是:

首先,肖像权作为自然人的具体人格权,体现的基本利益是精神利益。法律保护自然人的肖像权,最主要的是保护肖像权所体现的这种精神利益。这种保护,保护的是人之所以作为人而存在的人格。肖像权的精神利益所体现的正是自然人的人格利益。对肖像权精神利益的保护,包含自然人对自己形象享有维护其完整的权利,有权禁止他人非法毁损、恶意玷污之。歪曲、毁损、玷污自然人肖像,都会对自然人的人格尊严构成侵害。

其次,与自然人的名誉权等人格权不同,肖像权所具有的物质利益,是肖像权所体现的一项重要内容。人格权不是财产权,一般不具有财产的内容。但是,肖像权的客体即肖像及其载体由于具有物的某些属性,因而与其他人格权相比,具有明显的物质利益因素。当然,这种物质利益并不是肖像权的主要内容,而是由肖像权的精神利益所派生、所转化的利益。这种物质利益也是法律所保护的内容。

最后,法律对这两种利益应当全面保护,既要保护其精神利益,又要保护其物质利

---

① 龙显铭:《私法上人格权之保护》,中华书局1948年版,第100~101页;何孝元:《损害赔偿之研究》,台北商务印书馆1982年版,第157~158页。

益,二者不得偏废其一。如果只强调保护其精神利益而不保护其物质利益,将不能全面保护肖像权的权利,使其财产利益受到损害;而只强调保护其物质利益不保护其精神利益,则会使肖像权变成财产权。

肖像权保护的对象是肖像权人所享有的利益,这是设置肖像权法律制度的目的,但是,肖像权保护的对象也包括合法使用肖像的使用人的权益。合法的肖像使用人,包括有合同的合法使用人和无合同的肖像使用人。

基于以上的考虑,在我国,对于肖像权的保护应当采取全面保护原则,在侵害肖像权责任的构成上采取宽派的主张,以更好地保护自然人的人格尊严。

(二)侵害肖像权责任的构成要件

确定侵害肖像权责任构成适用过错责任原则,必须具有过错要件。不过,由于肖像权保护的特殊性,其侵权的过错直接表现在未经本人同意而使用的行为之中。因此,侵害肖像权的侵权责任构成须具备以下三个要件:

1. 须有肖像使用行为

侵害肖像权责任构成的首要条件是肖像使用。肖像为肖像权人所专有,他人不得私自制作其肖像。但是,只是制作肖像而不予以使用,尚不足以构成侵害肖像权,或者认为构成侵权但情节不属于"严重精神损害"①。对此,曾有两种不同的学说:一种认为未经委托或同意,而就他人之肖像摄影、写生、公布、陈列或复制者,皆属肖像之侵害;另一种认为,侵害肖像权的范围,以未经同意而就他人之肖像为公布、陈列或复制之者为限。多数学者采用后一种主张。② 侵害肖像权中使用的肖像,包括一切再现自然人形象的视觉艺术作品及其复制品。这种使用,并非仅仅包括商业上的利用,而是包括一切对肖像的公布、陈列、复制等使用行为。商业上的使用和非商业上的使用,都可以是公布、陈列或复制。

2. 须未经肖像权人同意而使用

肖像权是自然人专有权,肖像的使用应以合同约定。未经同意而使用,破坏了肖像权的专有性,具有违法性。同时,未经肖像权人同意而使用其肖像,在主观上具有过错,为故意所为;在一般情况下,侵害肖像权行为人的主观心态为故意,这是因为肖像使用行为是行为人的有意识的行为,通常不会因为不注意的心态而误用他人肖像。但是,并不排除过失侵害肖像权的可能性,例如,认为某幅肖像是虚构的人物画而擅自使用,同样构成侵权,为过失侵权。

---

① 《侵权责任法》第22条规定用语。

② 何孝元:《损害赔偿之研究》,台北商务印书馆1982年版,第160页。

3. 须无阻却违法事由而使用

虽然未经本人同意而使用他人肖像,但如果有阻却违法事由,则该使用行为为合法。肖像使用行为的阻却违法事由,主要包括:(1)为维护社会利益需要。如对先进人物照片的展览,自然人实施不文明行为而拍摄、公布予以善意批评,通缉逃犯而印制照片等,均为合法使用。(2)为维护自然人本人利益的需要。如刊登寻人启事而使用的照片,为合法使用。(3)为了时事新闻报道的需要而使用。凡参加可以引起公众兴趣的集合、行列、仪式的人,因其肖像权湮没在集合、行列、仪式之中,而不得主张肖像权。同理,集体照相中的个人亦不得主张该照片的肖像权。(4)现代史上著名人物肖像的善意使用,亦为阻却违法。

侵害肖像权责任的构成以具备以上三个要件为已足,无须再强加其他要件。这样,既能完整地保护肖像权所体现的精神利益和物质利益,又能妥善地保护肖像权人和合法肖像使用人的各自权益。如果再强加其他要件不仅是画蛇添足,而且可能造成对肖像权保护不利的结果。

(三)营利目的不是侵害肖像权的构成要件

但是,主张营利目的为侵害肖像责任构成必备要件的仍有人在。这种意见的不当之处在于:

第一,坚持把营利目的作为侵害肖像权责任的构成要件,将难以制止非营利目的的其他非法使用肖像的行为。坚持营利目的为侵权要件的必然结果,是承认非营利目的的使用他人肖像行为合法化。在非营利目的使用他人肖像的行为中,只有具有阻却违法事由的行为才是合法行为。而其他不具有阻却违法事由的非营利目的使用肖像行为却是大量的,诸如侮辱性使用肖像等。目前,在司法实践中存在的无法对侮辱性使用肖像行为予以制裁的问题,正是坚持营利目的为侵权要件所造成的后果之一。

第二,坚持营利目的作为侵害肖像权责任的构成要件,将难以保护肖像权人的人格尊严。在肖像权所包含的精神利益和物质利益当中,精神利益是作为人的人格尊严的基本内容,应当着重予以保护。坚持营利目的为侵权要件,肖像使用人在主观上只要没有营利目的,虽然未经肖像权人同意而使用,亦不构成侵害肖像权责任。这样一来,着意保护自然人肖像权的精神利益的立法意图还有什么意义?全面保护自然人人格尊严的立法意图如何能够实现?

第三,坚持营利目的为侵害肖像权责任的构成要件,将把肖像权保护引入人格商品化的歧途。肖像不是纯粹意义上的物,它的财产内容也不是基本内容,而是附属的、派生的内容。坚持营利目的为侵权要件,就等于只对侵害其财产利益的肖像使用行为才依法追究,对非侵害其财产利益的肖像使用行为则不予追究,其必然的结果不正是确立精神损害赔偿制度的立法之初所要极力避免的人格商品化的结果吗?

二、侵害肖像权责任构成的立法和司法局限

我国《民法通则》关于肖像权法律保护的立法,具有一定的先进性,但也存在局限性。司法在这种立法的指导下,往往不是去克服这种局限性,而是着意扩大这种局限性,因而带来了司法上的局限性。

(一)立法的局限

我国民事立法对肖像权保护的规定,集中在《民法通则》第100条和第120条,其中第100条的局限性最大。

该条文的局限在于立法含意不明确,而不是像有的学者所认为的那样为规定侵害肖像权责任构成不准确。

第一,该条文是一个授权性的法律规范,而不是规定侵害肖像权责任的构成。其内容是"自然人享有肖像权,未经本人同意,不得以营利为目的使用自然人的肖像"。按照《民法通则》的编排体例,民事权利与民事责任分章编制,该条文规定在民事权利一章之中,并不是规定在民事责任一章之中。从立法逻辑上看,很难说这一条规定的是侵权构成,而说它为授权规范则是毫无疑义的。从语言学角度分析,也可以看出立法者的意图在于授权而非规定侵权构成。条文中第的一个分句"自然人享有肖像权"并无歧义;第二个分句"未经本人同意,不得以营利为目的使用自然人的肖像",按照双重否定句式,可以改为"经本人同意,得以营利为目的使用自然人的肖像"这一句式,按照否定之否定的规律,是与前一双重否定句式的意义相等。它的基本含义在于,以营利为目的使用他人肖像,必须经本人同意,这样,该条文的后一分句的真实含义在于规定肖像的合法使用。把这一条文作为授权性法律规范来理解,一切问题就会迎刃而解。

第二,这一条文的规定并非成功的立法。其不成功之处,就在于不能准确地表达立法者的本意。《民法通则》采用民事权利与民事责任分列方式,但在民事权利一章中又规定了部分带有责任构成性质的禁止性规范。这样,第100条的规定虽然在文字上有所区别,但其混在前述这样的条文之中,不会让人清楚地感受到立法者的意图。这是其一。其二,"未经本人同意,不得以营利为目的使用自然人的肖像"的文字,确实可以让人得出诸如"未经本人同意,得以非营利目的使用自然人的肖像"等有歧义的理解,尽管这种理解是违背语言规律的。从以上分析也可以看出,我国民事立法采用民事责任单独分列的办法,也不是一个成功的尝试。现在已经专门制定了《侵权责任法》,《民法通则》关于侵权责任和违约责任的规定分别被《侵权责任法》和《合同法》所代替,已经不存在这个问题了。

第三,该条文的立法局限的原因在于,一是关于肖像权保护的立法,在各国民法中

难以找到非常成功的立法体例，可参考的资料较匮乏；二是新中国成立以来没有完整的民事立法，更没有精神损害赔偿的立法，且在理论上历来将其作为反面典型予以批判的。因此，制定《民法通则》在如何保护自然人肖像权问题上，既没有充分的认识，更没有经验，只能根据当时所反映出来的在广告、挂历、橱窗等商业行为中使用他人肖像的情况，归纳出营利的共性，制定了现在的条文。

（二）司法的局限

对于肖像权法律保护，司法的局限比立法的局限更为严重。这首先表现在最高人民法院《关于贯彻执行〈中华人民共和国民法通则〉若干问题的意见（试行）》第139条解释，其次表现在地方人民法院的审判经验总结以致司法实践大多将营利目的作为侵害肖像权责任构成的必备要件之一。

关于肖像权法律保护的司法局限，首先表现在最高人民法院《关于贯彻执行〈中华人民共和国民法通则〉若干问题的意见（试行）》第139条的规定："以营利为目的，未经公民同意利用其肖像做广告、商标、装饰橱窗等，应当认定为侵犯公民肖像的行为。"该条司法解释从文字上分析，并非是规定侵害肖像权责任的一般构成，而是就该种行为应当认定为侵权行为而作出的具体的司法解释。但是，将该《意见》第139条至第141条的规定作为一个整体来看，可以给人以规定一般构成要件的印象。这正是这一司法解释的不成功之处。随之而来的问题就是，依据对该司法解释的错误理解而在司法实践中将营利目的作为侵害肖像权责任构成的绝对的一般要件。对于这一局限，最高审判机关并非没有发现，但终囿于"立法有明文规定"而不能予以改正。

另外，自《民法通则》实施以来，一些高、中级人民法院陆续总结规范性的审判经验，用以指导本辖区的审判实务。在对肖像的保护上，这些审判经验更加明确地将营利目的规定为侵害肖像权的一般构成要件，这就完全背离了立法的本意。例如，黑龙江省高级人民法院总结："依据《民法通则》第100条规定精神，构成侵害肖像权必须同时具备两个条件：1. 使用肖像未经本人同意。使用无民事行为能力或限制民事行为能力人肖像，没征得其监护人的同意。2. 使用肖像是以营利为目的。"这样的规定，就使营利目的成为侵害肖像权责任构成的一般的必备要件，既违背了立法的本意，又背离了肖像权保护法律制度的根本目的。据了解，地方各级人民法院在审判实践中多数是这样掌握的。

三、实务中解决侵害肖像权责任构成局限的努力

在实务中，人们试图改变立法、司法上的局限，力图在侵害肖像权责任的构成上作出新的探索。1990年最高人民法院〔1990〕民他字第28号复函说明了这一问题。该复函所针对的案件，案情如下：朱虹幼年患"重症肌无力症"，于1967年去上海市眼病防

治中心防治所诊治，应经治医生请求，朱的家长提供了朱患病症状的照片。后陈贯一接受了朱的治疗资料，接手为朱治疗，基本治愈。朱的家长又提供朱治愈后的照片一张，交陈某作为医学资料保存。1983 年，陈总结自己几十年的治疗经验，撰写了《重症肌无力症的中医诊治和调养》一书，自费出版。1986 年，陈在该防治所开设业余专家门诊，专治此症，陈提取挂号费 50%。1989 年，陈撰写稿件，由上海科技报社的编辑加工修改，在该报公开发表，介绍该病症的症状及陈的治疗效果，介绍陈坐诊时间和著作，并擅自配发了朱治疗前后的两张照片。朱认为陈与上海科技报社发表该文时使用其肖像，未经自己同意，具有营利目的，侵害了其肖像权，故向法院起诉，请求精神损害赔偿。①

据此，该复函作出解释："上海市高级人民法院：你院(90)沪高民他字第 4 号'关于上海科技报社和陈贯一与朱虹侵害肖像权上诉案的请示'收悉。经研究认为：上海科技报社、陈贯一未经朱虹同意，在上海科技报社载文介绍陈贯一对'重症肌无力症'的治疗经验时，使用了朱虹患病时和治愈后的两幅照片，其目的是宣传医疗经验，对社会是有益的，且该行为并未造成严重不良后果，尚构不成侵害肖像权。因此，同意你院审判委员会的意见，即该案由二审人民法院撤销一审人民法院原审判决，驳回朱虹的诉讼请求。在处理时，应向上海科技报社和陈贯一指出，今后未经肖像权人同意，不得再使用其肖像。"

本复函是就朱虹诉上海科技报、陈贯一侵害肖像权纠纷案所做的司法解释。该案在审理过程中曾有数种不同的意见，在学术界也引起了很大的争论。作为一个具体的案件，二审法院依据本复函作了终审判决，已经完结，但是作为理论上的争论，并不会就此结束。在理论的研究上，本复函给人们很多有益的思考。

第一，本复函认为该案二被告的肖像使用行为"尚构不成侵害肖像权"，原因不是缺乏营利目的的要件。而是：其一，"其目的是为了宣传医疗经验，对社会是有益的"；其二，"该行为并未造成严重不良后果"。尽管我们并不同意本复函所持的这种理由，但复函所体现的基本精神，并非认为本案缺乏营利目的的要件而不构成侵权，这一点，在理论上有重大的意义。对于本案，二审法院及上海市高级人民法院主导的意见都是认为缺乏营利目的的"要件"，因而不符合《民法通则》第 100 条规定的"侵权构成要件"，故不构成侵权。然而，仔细分析《民法通则》第 100 条和最高人民法院《意见》第 139 条的立法和司法解释的条文，任何一条都没有说没有营利目的就不构成侵权。正如上文所分析的那样，前者的立法本意在于授权，后者只规定某些侵害肖像权的具体构成，而不是规定的一般构成。本复函不以营利目的的缺乏而否定本案的侵权性质，

① 该案情实际上也涉及权利人的隐私权问题，这里不作讨论。

体现了《民法通则》第100条的立法本意,与《意见》第139条的司法解释精神是相通的。我们认为,本案二被告的肖像使用行为并非无营利目的。在商品经济社会中,医院行医、报社办报,无不具有经济目的,离开这一目的,医院和报社都将难以生存。被告使用肖像所要证明的文章,既有坐诊时间、地点、内容,又有书籍出版的情况。文章发表之后,陈与报社都会得到经济上的收益,因而,营利的内容是无可否认的。但是,营利目的并非侵害肖像权的必备要件,有无营利目的,对构成侵权并无影响。本复函的基本精神否定了本案缺乏营利目的而不构成侵权的主张,也就等于否定了营利目的为侵害肖像权责任构成的必备要件的主张。

第二,本复函在最后明确指出:在处理时,应向上海科技报社和陈贯一指出,今后未经肖像权人同意,不得再使用其肖像。这一意见具有重要的意义,确认肖像属于肖像权人所有,处分肖像使用权是肖像权人自己的权利,他人使用肖像权人的肖像必须由肖像权人与肖像使用人具有共同的意思表示。由此,可以推导出这样的结论,即肖像确实具有物的某些特征,可以进行处分和使用,因而证明我对肖像使用行为是肖像使用合同的结论是正确的。在理论上确认肖像使用合同的性质,对在实践中的肖像权法律保护具有现实的意义,在排除阻却违法事由之后,依照有效的肖像使用合同的约定使用肖像权人的肖像,为合法行为,法律予以保护;没有有效的肖像使用合同作为依据而使用肖像权人的肖像,或者超出肖像使用合同约定范围使用肖像权人的肖像,必然是违法行为,构成侵权责任。在本案终审判决原告败诉之后,一些学者、记者和专家发表文章,认为本案二被告的行为既然不构成侵权,那么,为了科研、医疗等目的就可以理直气壮地未经本人同意而使用其肖像。这些意见等于置肖像权人的权利于不顾,违背国家立法的基本精神。本复函的上述意见,是对这些意见的否定。

第三,本复函对于肖像权的法律保护问题仍有较大的局限性。这些局限主要表现在本复函所持不构成侵权的结论和理由上面:理由之一即"其目的是为了宣传医疗经验,对社会是有益的",对违法使用肖像和阻却违法事由界限有所混淆。在肖像使用上,为社会利益的需要而使用为阻却违法事由。原则上说,为维护社会利益的需要是指出于公共的立场,为维护国家的、社会公众的利益所必须,其中主要是应体现国家的意志和公众的意志,而非个人的意志和利益。如果凡是"对社会有益的"肖像使用行为就可以阻却违法,那么任何人都可以用这一借口而使用他人的肖像,自然人肖像权还怎么去保护呢?因而,"为了宣传医疗成果,对社会是有益的"并非为阻却违法事由,事实上,本复函结尾时用的"今后未经肖像权人同意,不得再使用其肖像"的用语就证明了这一点。我们认为,这一理由既然不是阻却违法事由,就不是本案不构成侵权责任的理由,这种论证没有说服力,不能支持其论点。理由之二"该行为并未造成严重不良后果"不是本案不构成侵权的依据。在侵权行为中,侵害肖像权行为比较特殊,非法使用即侵权，无须具备客观的损害事实。对此，学者的意见基本上是一致的，史尚宽、何孝元认为：“以未经同意而就他人之肖像为公布、陈列或复制之者，为肖像权之侵害。”①龙显铭先生认为：“肖像权系以自己之形象为客体之绝对的私权，而属于人格权之范围，故肖像权有排他独专之性质。无论何人，如未得原像人同意，不得滥用复制或公布，违者应负侵害权利之责。”②大陆学者也主张：侵犯肖像权的行为主要表现为“未经本人同意非法使用他人的肖像”，③亦不强调其客观的损害事实。肖像权的侵害，与著作权、商标权的侵害相似，并非以客观的现实的损害事实作为必要条件。本复函以“并未造成严重不良后果”作为理由，显然是忽略了侵害肖像权构成的这一特点。

正是由于本复函认定本案不构成侵权的两点理由不成立，因此，对本案所下的不构成侵权的结论是不正确的。本案二被告未经本人同意，非法使用朱虹的两幅照片，又不具有阻却违法事由，因而构成侵害肖像权责任，应当支持原告的诉讼请求，判决其胜诉。本复函虽然在营利目的非为构成要件上前进了一大步，但却依据两条似是而非的理由认为不构成侵权，致使原告败诉，终属遗憾。

第五节　侵害肖像权的责任承担

一、责任方式问题

构成侵害肖像权，侵权人应当承担侵权责任包括停止侵害、消除影响、赔礼道歉、赔偿损失。

一般说来，财产性质的民事责任方式是主要的、基本的民事责任方式，非财产性质的民事责任方式是辅助性的民事责任方式，这也是民事活动的财产性质所决定的。在侵害名誉权等精神利益损害的场合，其行为虽然也是属于民事活动，但性质却是非财产性质，再加上精神损害赔偿本身所固有的缺陷，就使民事责任方式体系在侵害精神利益场合中的作用发生了相应的变化。这就是在精神损害中：其一，赔偿损失方式与停止侵害、消除影响、恢复名誉、赔礼道歉等方式居于同等重要的地位，它们的作用、目的都是共同的；其二，在一个具体的案件中，对于财产性质的责任方式和非财产性质的

---

① 史尚宽：《债法总论》，台湾地区荣泰印书馆1978年版，第150页；何孝元：《损害赔偿之研究》，台湾地区商务印书馆1982年版，第160页。

② 龙显铭：《私法上人格权之保护》，中华书局1948年版，第95页。

③ 王利明等：《民法新论》（上册），中国政法大学出版社1988年版，第523页。

责任方式,既可以选择适用,也可以一并适用,以能救济精神利益损害和制裁违法为标准;其三,适用的顺序,应根据案情和救济损害、制裁违法的需要,先考虑适用非财产性质的方式,如果适用非财产责任方式不足以救济损害和制裁违法时,再适用赔偿损失的财产责任方式。这样,可以防止精神损害赔偿的滥用,防止出现违背精神损害赔偿制度主旨的现象,把精神损害赔偿限制在必要的范围之内。

二、应当重视财产责任方式的运用

在侵害肖像权的民事责任确定上,由于肖像权本身含有财产利益,应当特别重视财产责任方式的适用,即对赔偿损失予以特别的重视。对于侵害肖像权如何确定损害赔偿责任,各地法院进行了有益探索,在理论上也进行了深入研究,提出了很多有益的经验,集中起来主要为三种观点:一是必须将以营利为目的作为赔偿损失的标准,非以营利为目的的,可以承担非财产性质的民事责任,不得承担赔偿损失的责任,这是一种从严掌握赔偿标准的意见。二是不必将以营利为目的作为侵害肖像权赔偿损失责任的必要条件,而应以侵害肖像权造成精神痛苦为标准;没有造成精神痛苦,可以不必赔偿损失。三是应以侵害肖像权情节严重作为赔偿的标准。侵害肖像权仍然是精神损害的一种类型,其赔偿标准仍应以一般的精神损害赔偿的标准掌握,以情节严重作为基本的标准。后两种意见是从宽掌握赔偿标准的做法。

严派和宽派的分歧产生的根源在于怎样认识侵害肖像权行为的共性与特性。

从共性上来说,侵害肖像权行为与其他侵害姓名权、名誉权、荣誉权行为一样,都是对精神利益的损害,具有精神损害的全部共性。但是,侵害肖像权行为具有其他精神损害所不具有的特性,这就是肖像的使用可以给使用者带来经济利益、创造利润。使用肖像的目的是赚取利润,使用者使用他人肖像理应对肖像权人予以经济的报酬,这是公开权的规则。这种肖像使用的报酬,应当是肖像权本身所固有的功能。正因为如此,侵害肖像权,既侵害了权利人权利中所含的精神利益,也侵害了这种权利所包含的经济利益。在这一点上,侵害肖像权与侵害商标权、专利权、著作权是相似的。

因此,从侵害肖像权的共性与特性出发,确定侵害肖像权赔与不赔的标准,不能采取单一的标准,而应确定两种不同的标准。第一种,对于以营利为目的擅自使用他人肖像的,应以营利的目的作为赔偿标准,无论情节是否严重,也无论使用后是否赢利,只要使用的目的是营利,肖像权人请求赔偿的,就应确定使用人的侵权赔偿责任。第二种,对于非以营利为目的侵害肖像权的,应以情节严重这一精神损害赔偿的基本标准为准,不以营利为目的而擅自使用他人肖像,造成较严重后果的,依照《侵权责任法》第22条规定认定,肖像权人请求赔偿,可以按照精神损害赔偿标准确定赔偿责任。

这两种标准,分别适用不同的情况。如果一个侵害肖像权行为符合两种情况,可以主要依据第一种标准掌握,适当参考第二种标准。

对于以营利为目的而侵害他人的肖像权的,应当承担损害赔偿责任。对此,应当考虑肖像权的经济利益内容和使用肖像所具有的合同法律关系性质,尊重权利人的损害赔偿的主张。侵害肖像权情节虽然较轻,如果权利人坚持赔偿的主张,应当根据具体案情,予以适当赔偿。

具体确定侵害肖像权的赔偿数额分为两种情况:一是无营利目的的侵害肖像权,按照精神损害赔偿的一般方法,确定赔偿数额。二是以营利为目的侵害肖像权,应当参照肖像转让使用权的一般费用标准,确定赔偿数额,即按照一般有偿使用肖像的费用标准算定。在实务中有两种参照方法:一是以侵权所得利润作为标准,二是以被侵权人所受到的损失作为标准,分别加以计算,在侵害肖像权赔偿数额的计算上,可以适当参照这两种计算方法。只是由于侵害肖像权的具体特点,第二种方法用被侵权人的经济损失作为标准较难实行。

侵权所获利润并不是该企业在该产品使用该肖像期间所获得的全部利润。因为这个全部利润并非完全是由于使用该肖像所获,还包括工人劳动、原料、设备消耗、磨损等一系列因素。因而,应当确定使用该肖像在该项利润中所占的准确比例,用这一比例来计算应当赔偿的数额。

第六节　侵害肖像权的几个具体问题

一、肖像作品的著作权

由于肖像是通过造型艺术手段再现人物外貌特征的视觉形象,因而在一幅具体的肖像作品上体现两种权利,一是肖像权人的肖像权,二是作品制作人的著作权。当肖像权人自己制作个人肖像时,这两种权利归于一个人,不会有冲突;当他人制作肖像时,这两种权利归属于两个不同的权利主体,两种权利经常处于矛盾的状态。

肖像作品的著作权,包括肖像作品的发表权、复制权、展览权;而肖像权则是肖像权人的绝对权。对于肖像权,《民法通则》有严格的法律保护规定,对于肖像著作权,著作权法则未作明确规定。

处理这一问题,应遵循的原则是:

第一,肖像著作权的行使应服从肖像权。即未经肖像权人同意,肖像作品不得展览、复制、发表或出售,对此意大利、土耳其、德国等均设明文规定,可以借鉴。

第二，肖像著作权的行使，须依肖像著作权人与肖像权人约定。这种约定，可以在制作肖像之初进行，也可以在肖像制作完成之后进行。肖像权人同意肖像著作权人展览、复制、发表、出售的，肖像著作权人得行使其对作品的著作权。这种约定应以明示方式，如无明示约定，应视为肖像权人不同意肖像著作权人行使展览、复制、发表或出售的权利。

在实务中，涉及肖像作者著作权的纠纷，主要有以下三种情况：

（一）肖像作者未经肖像权人同意而将肖像转交他人使用

这种情况是，肖像作者认为自己对肖像作品享有著作权，因而将肖像转让他人使用，与肖像使用人达成肖像作品使用协议。这种未经肖像权人同意的肖像作者与肖像使用人关于使用该肖像作品的协议，对肖像权人是否具有拘束力？回答是否定的。其理由是：

首先，肖像权属肖像权人本人所享有，其使用、处分等均由肖像权人决定、支配，其他任何人均不得予以支配、予以决定。肖像作者与肖像作品使用人背着肖像权人作出肖像作品的使用协议，其使用的肖像仍然是肖像权人的肖像，因而，只有肖像权人本人才有权作出决定，其他任何人都不得对此作出决定，即对肖像权人的肖像任何人都无权支配。违背这一原则而予以支配是违法的，是侵害肖像权行为。

其次，肖像作品的著作权和肖像权是两个不同的概念。肖像作品的著作权归肖像作品的作者享有，它体现的是作者对作品的支配；肖像作品所描绘的形象即肖像则为肖像权人的肖像，只有肖像权人才有权支配肖像的使用。当作者创作了肖像权人的肖像油画，作者决定将此画印刷发行，这是作者著作权的体现，肖像权人无权干涉，不是侵权行为；作者将自己创作的肖像作品交由他人使用，这是无视肖像权人权利的行为。无论何时，肖像作者都只对自己的作品享有著作权，而对该作品所反映的肖像权，却不享有支配权，但是经过肖像权人特别授权的除外。在现实生活中，肖像作者往往以为自己对作品享有著作权，不知其反映的肖像是权利人肖像权的对象，因而擅自与他人达成使用协议，这是违法的。

最后，由于肖像作者对肖像无支配权，因而肖像作者与肖像作品使用人达成的肖像作品使用协议对肖像权人没有任何拘束力。由于肖像作者无肖像权，他与肖像作品使用人达成的协议是无效的，就是对于他们双方也没有任何法律效力。因而肖像权人可以依自己享有的肖像权对抗肖像作者和使用人的使用协议，将该双方作为被告予以起诉，追究他们的民事责任。例如，某市举行肖像照片艺术大展，约请专业、业余摄影作者参加展览并评奖。该展览规章规定，各参展照片参展后，作品归作者和摄影家协会所有，由作者和摄影家协会支配使用。被告孟某与原告窦某商量，拟以原告为对象，创作《秋思》、《金色的梦幻》两幅作品，参加展出、评奖，但未将上述规章内容告知原告。

原告同意被告拍摄，被告遂摄制以原告肖像为中心画面的摄影作品，参加大展，《秋思》获得银奖。嗣后，被告杂志社要设计封面，询问孟某可否有作品，孟某出示《秋思》，杂志社即同意，并问孟某使用该作品会不会有麻烦，孟某告知杂志社展览规章的内容，要杂志社放心使用。因而，双方达成杂志社使用该作品，付孟某报酬的协议，该杂志社用该作品制作了封面。窦某得知，对孟某进行质问，孟某则出示展览规章。窦某十分生气，向法院提起告诉，要求二被告赔偿损失。在这个案件中，在肖像权人之外，有两个协议与肖像权人的肖像有关。一个是展示规章，可以看做是展览会与作者的协议，另一个是作者与使用人的协议。第一个协议的字面解释，是作品为作者和摄影家协会所有，这是指的著作权所有，而非肖像权所有。但孟某在对他人的解释中，把这种所有看做两者兼而有之，因而肖像权人“不会找麻烦”。这种解释是错误的，混淆了著作权与肖像权的区别。第二个协议则明白无误地侵害肖像权人的权利。这一协议未经肖像权人的同意而擅自进行处分，侵害了肖像权，应当承担相应的民事责任。根据这一案情，可以确认二被告的责任，且孟某的责任比杂志社的责任为重。

（二）对他人创作的肖像作品经过加工后转交他人使用是否构成侵害肖像权

在艺术创作活动中，将一种艺术形式经再创作而转化为另一种艺术形式，是准许的，其中涉及的主要是著作权（著作权）问题，即须原著作权享有人同意，才能进行再创作。但是，当作品的内容是以人的肖像为中心的时候，这种再创作不得用于以营利为目的的经营活动，否则即构成侵害肖像权。也就是说，以人物肖像为中心的艺术品作为临摹、创作的依据进行再创作的艺术活动，一般地说，也不认为其侵害肖像权，但是将这种再创作的艺术品用于以营利为目的的经营活动，则超越了艺术活动的范围，侵害了肖像权人的权利，应当承担相应的责任。

在再创作中，新的创作人对原作进行了新的加工，对其制作的经过加工的作品是否也要受上述原则约束呢？在这里应当确立一个判断标准，即作品所体现的形象是否可辨认出肖像权人的原貌。如果经过艺术加工的作品具备肖像权人的相貌特征，可以辨认为肖像权人的原貌，无论其经过何种加工，都属于侵害肖像权行为；如果经过艺术加工的作品已无法辨认为肖像权人的原貌，则不属于侵害肖像权的行为。

（三）一个非法的肖像使用行为既侵害肖像权又侵害肖像作品著作权应怎样处理

在社会生活中，一个行为侵害两个以上的客体，同时应当承担两个以上的法律责任的情况比较常见，这是法规竞合的一种表现形式。当肖像使用人未经肖像权人同意，也未经该肖像作品作者的同意而使用该肖像作品时，这一非法使用肖像的行为就同时侵害了肖像权人的肖像权和肖像作品作者的著作权。

这种侵权行为产生两个请求权，即侵害肖像权的请求权和侵害著作权的请求权。受侵害的肖像权人和受侵害的著作权人都有权向法院起诉，请求被告依法承担侵权的民事责任;侵权行为人应当同时承担侵害肖像权的责任和侵害著作权的责任。

在程序上,两项请求权产生两个不同的诉权,可以分别行使。当受害人为两个人的时候,两个请求权由两个不同的受害人分别行使,如果两个受害人在同一个时期向法院起诉的话,受诉法院可以合并审理,一并裁决。当受害人是同一个人的时候,例如自画像、自拍照片等,两个请求权如何行使,原则上应依权利人选择,可以一并行使,也可以分别行使,还可以择一行使。同时行使的,法院应合并审理,一并裁决;分别行使的,法院应告知其一并同时行使为好,以合并审理,避免双方的麻烦;择一行使的,实际上是将另一请求权放弃,这是权利人对权利的处分。

在实体上,无论合并审理还是分别审理,都应审查两个损害事实的证据、确定责任构成和归属、确定责任方式和数额,分别作出结论。

二、肖像使用人对肖像使用权的转让

经肖像权人同意,肖像使用人可以在约定的范围内合法使用。使用人违反约定,又将该肖像扩大使用范围,或者转让他人使用,是不允许的。这是因为,肖像属于肖像权人,而非属于他人,当肖像权人将其肖像转让给使用人使用的时候,使用人只享有该肖像的使用权,而无处分权。肖像的载体作为物质表现形态,可以由使用人占有,但肖像的占有人却不能成为肖像的权利人。肖像的处分权永远属于肖像权人本人,未经特别授权,任何人都不得处分他人的肖像。另外,肖像的使用,是一种合意,无论其有偿还是无偿都是一种合同关系。这种合同一经订立,亦在双方当事人间产生法律效力,对双方都具有拘束力,不得违约,任何一方违约都须承担相应的法律责任。

肖像使用人非法转让肖像使用权行为的性质既是侵权行为又是违约行为。在现实社会生活中,法律往往从若干方面约束人们的行为,因而产生法规竞合的现象,使某一种行为产生几个方面的法律后果。肖像使用人非法转让其使用权正是这样的情况。肖像使用协议就是一种合同。当使用人未经肖像权人同意而擅自使用肖像权人肖像的时候,这是对肖像权人权利的侵犯,是单纯的侵权行为;当肖像权人同意使用人使用其肖像的时候,使用人违反约定而扩大使用范围或者转让他人使用,就是对合同的违反,是一种违约行为,应当承担违约责任。如果从另一个角度考察,即从肖像权人的权利方面进行考察,那么,这种违约行为所直接侵害的又不仅仅是合同债权,而且包括肖像权人的固有权利,使用人的行为不仅是对该合同的漠视,而且也是对权利人肖像权的漠视;再扩大到受转让使用人的角度来看,就会更清楚地确定这种行为是侵权行为,应当承担侵权责任。

当一个行为发生法规竞合而又只能选择一种法律后果的时候,法理认为应当从有利于权利人的方面进行选择。《合同法》第 122 条规定:"因当事人一方的违约行为,侵害对方人身、财产权益的，受损害方有权选择依照本法要求其承担违约责任或者依照其他法律要求其承担侵权责任。”肖像使用人非法转让肖像使用权的行为，如果从违约责任考虑，是赔偿违约造成的实际损失，而这种损失又是难以计算的；如果从侵权责任考虑，则可按侵害肖像权的赔偿方法确定赔偿范围，效果要比前者为优。况且，按违约责任考虑，还难以概括受转让使用人的行为及其法律责任；而按侵权责任考虑，就可以将使用人和受转让使用人作为共同侵权主体，一并确定民事责任。这不仅方便诉讼方便审判，而且也符合这种行为的本质特征。因此，尽管这种行为具有违约行为的性质，但在实质上，仍然是侵害肖像权行为，应当按照侵权行为处理，使用人和受转让使用人应当共同承担侵害肖像权民事责任。

例如，某日，田某刚满周岁，其父即抱其去海峰照相馆拍生日照。摄影师感到田某长相可爱，便与田父商议可否另拍一张放于该馆橱窗陈列，田父应允，约定数日后来拍照。第三天，该照相馆经过准备后，为田某拍摄一张彩色头像，放大后陈列于橱窗，赠给田某、田父数张小样。数月后，光辉中药厂生产“宝宝散”药品，急需一儿童头像印制药品盒，经与海峰照相馆商量，协议将田某照片印制在药品盒上，共印 20 万只，至翌年 8 月使用完毕。第三年 7 月，田父发现田某头像印于药品盒上，经询问，得知照相馆非法转让，遂代理田某向法院起诉，要求二被告赔偿损失。法院确认二被告的行为构成侵害肖像权。在这一案例中，被告照相馆占有原告的肖像，但只可使用而不得处分。照相馆认为像是自己照的，有权对照片进行处分并收取报酬，这只看到了肖像的著作权，而忘记了肖像权是肖像权人所有。同样，被告中药厂只知出钱买照片，却不知照片所反映的形象却是属于肖像权本人的，他人无权处分。双方的行为构成了共同侵害肖像权行为，应当承担连带民事责任。在这一点上，法院对本案的判决是正确的。值得注意的是，法院在判决照相馆停止陈列田某头像这一点上，却是不当的，因为在这一场合的使用，原告与照相馆并无争议，是合法使用而非侵害肖像权；法院将这种陈列判决停止使用，显然是将其作为侵害肖像权而判令停止侵害。这是没有道理的，也违背了双方使用肖像合同的内容。

三、照相馆丢失照片的责任

照相馆将用户拍摄的照片丢失，就一般情况而论，属于违约行为。因为用户去照相馆拍照，其性质属于服务合同，用户与照相馆之间就照相及报酬的权利义务关系达成一致的意思表示，此合同即生效，对双方当事人均有法律拘束力。照相馆由于过失而将照片丢失，无法向债权人履行义务，应当承担违约责任。在这样的情况下，一般不存在侵害肖像权问题。例如，蔡某系女大学生，暑假期间，去新光照相馆拍 5 张“明星照”彩色照片，言明三日后取照片。届时，蔡某持取像单取照片时，照相馆发现该照片已被取走，经回忆，是一个男青年取走的。蔡某与照相馆领导交涉，经理说可以补照，也可以退款。蔡某担心该男青年用自己的照片损害自己的名誉，因此要求照相馆承担侵害肖像权责任。照相馆不同意。蔡某起诉，经法院讲清道理，蔡某撤回了起诉。

照相馆将顾客所照的相片丢失，是一种违约行为，应当承担相应的责任，即该经理所说的退款或补照，这种行为不是侵害肖像权。其理由，一是照相馆并未非法使用，二是侵害肖像权的损害事实并未发生，因而蔡某并未产生损害肖像权的请求权。如果该男青年确实取走了该照片，并予以非法使用，即确实发生了侵害肖像权的损害事实，那时，可以依据事实再来确定侵害肖像权的民事责任。

反之，如果照相馆丢失冲印的照片，被他人用来制作广告，应当承担侵害肖像权责任。首先，照相馆与使用人虽然实施的是两个行为，但这两个行为共同地引起了肖像权损害事实的发生，是损害事实发生的共同原因。其次，两个行为引起的损害事实是一个共同的侵害肖像权的结果，这个损害结果是完整的、统一的、不可分割，无法分清哪一部分损害是谁的行为造成的。最后，照相馆与使用人具有主观上的共同过错。虽然前者为过失，后者为故意，但我国民法理论并不将这种情况排斥于共同侵权行为的主观要件之外，仍可构成共同侵权行为，应当承担连带责任，照相馆不能逃脱自己应当承担的责任。

四、侮辱性使用肖像行为的性质

侮辱性使用肖像行为，是指肖像使用人在使用他人肖像的时候，非以营利及欣赏等为目的，而是意图通过这一行为而侮辱该人的人格。对于这种情况，很多人主张按侵害名誉权处理；最高人民法院也倾向这种意见，原因是《民法通则》第 100 条毕竟规定了“以营利为目的”的内容，因而以认定为侵害名誉权处理较妥。

这种意见是不正确的。处理这种案件，应当依据请求权竞合的理论，其基本原理是：

第一，同一行为在一个受害人的身上产生两个以上的请求权，而其请求权的内容、目的又相等的，应当采取择一方式，受害人只能从中选择一个行使，一个请求权行使以后，其他请求权即行消灭。行为人实施的侵害肖像权行为，同时又侵害了肖像权人的名誉权，该受害人同时产生两个请求权，而这两个请求权都是赔偿精神损害，内容相同、标的相同、救济的目的也相同，因而只能择一行使。

第二，请求权选择行使，应从有利于权利人的权利保护出发进行选择。这是请求权选择行使的原则。

第三，当两个请求权的行使后果并无差别的时候，以侵权行为的基本特征更为突出的方面确定请求权的名称，确定案由。侵害肖像权无营利目的的，其赔偿标准与侵害名誉权的赔偿标准完全一样,因此应从行为本身的特点考虑选择根据。侵害肖像权进行侮辱的,其行为的基本特征是侵害肖像权,因此,应以侵害肖像权作为请求权的名称,确定案由。

例如,戚某与褚某系同村农民,素来关系不和睦。褚某为败坏戚某的名誉,将戚某家中的照片偷出,在上面画了红叉,并从肖像的脖子处捅两个洞,用线绳穿过,状似缢颈,悬吊于村公所一侧的厕所门框上,造成很坏影响。戚某要找褚某拼命,被人劝止,经调解不成,诉至当地法庭,法庭判决以侵害肖像权。这一案情比较简单,被告非法使用原告照片的意图是败坏原告的名誉,而不是以其进行营利活动。从行为本身的特点来看,既符合侵害肖像权的特征,又符合侵害名誉权的特征。从行为的外在表现形态来看,侵害肖像权的特征更为突出,因此,应以侵害肖像权处理更为合适。这两个请求权只能择一行使,以侵害肖像权处理。处理完毕后,受害人不得再主张赔偿名誉权损失,因为该请求权已经消灭。

五、雇佣人或者承揽人对肖像权的侵害

在实务中,一方雇用他人或其他单位设计广告、橱窗、产品介绍等图案作品,设计单位在设计中侵害了他人肖像权的,应当从考察厂方对侵害肖像权是否具有过错,来确定厂方是否属于共同侵权行为人。

任何一个法人单位雇用他人为自己服务,如果该他人是自己组织的组成部分,法人单位应当为其执行职务负责;当该人的行为侵害了他人的权利时,首先推定法人单位有过错,依照《侵权责任法》第34条的规定,由法人单位承担民事责任。如果该他人并非法人组织的组成部分,则为承揽关系,法人单位并不为该他人承担侵权行为的后果责任,应各自负其责。这是处理这类侵权行为的一般原则。

侵害肖像权的责任,对于前者,如果侵权人是法人的组成部分,且为执行职务所致,就会适用法人工作人员侵权的转承责任原则;对于后者,侵害肖像权纠纷则不适用各自负责的规则。

侵害肖像权,就是对肖像权人的肖像的非法使用。设计单位为厂方设计产品介绍或其他广告,其设计目的并非是为自己使用,而是为厂方使用。这样,设计单位虽为独立的法人或自然人,并不是厂方的组成部分,但设计单位侵害肖像权,却不能排除使用单位即厂方不侵害肖像权的责任,因为真正的使用人是厂方。因此,在一般条件下,设计单位与使用单位属于共同侵权人。

使用单位的共同过错是怎样体现的,肖像权是自然人人格权利之一,是一种绝对权,对世权,所有的自然人、法人都负有不得侵犯的义务,使用单位同样负有该项义务。当使用单位接受设计单位设计的产品介绍或其他广告时,只要在这种作品上体现了某

人的肖像,使用单位就应当查清肖像的来源、是否签署了肖像使用合同,这是履行其义务。如果没有审查这些问题而贸然使用,就是违背了保护自然人肖像权的注意义务,就存在疏于注意义务的过失,具有过错。当设计单位侵害他人肖像权时,使用单位也具有共同过错,成为侵害肖像权的共同侵权人,设计单位与使用单位承担连带民事责任。只有在使用单位审查时,设计单位明知侵权却欺骗使用单位信其未侵权时,使用单位才不负侵权责任,因为它已尽了注意义务。

使用单位与设计单位共同侵害肖像权,确定双方各自责任,仍然要根据双方各自的过错轻重、行为轻重、各自所致的后果及所获利的情况来确定。在一般情况下,双方的责任份额可以均等;当一方的过错、行为、所致后果以及获利明显重于另一方时,一方就应承担较大的份额;如果一方的经济负担能力明显大于另一方时,也可以由负担能力大的一方多承担赔偿责任。

六、死者肖像的延伸法律保护

人格权的延伸法律保护,包括死者肖像的延伸法律保护,其理论依据自应适用。在这里要研究的是实务上的具体问题。例如,甲老太太在社区遇到老邻居乙老太太,互相询问住在哪个小区。乙老太太指着高楼大厦告诉甲老太太,就住在那栋楼。甲老太太用手遮住阳光,向指的方向观看。一位摄影家抓住机会抓拍成功,创作了《我家住在那栋楼》的摄影作品,参加影展获奖。甲老太太死亡后,某广告公司制作司机防晕眩眼镜广告,使用了该作品中甲老太太手遮阳光仰望的肖像,广告词是"司机朋友,慈母盼你平安归"。其近亲属主张该行为侵害了死者肖像利益。

处理死者肖像的延伸法律保护问题,最应借鉴的是《德国美术作品著作权法》第22条规定。该条的内容是:"人之肖像,限于原像人同意时,得公布或公然展览。原像人为制作自己之肖像而受报酬时,推定其为同意。原像人死亡时,死亡后如未经过10年,即须得死者亲属之同意。本法所称之亲属,谓原像人配偶及子,配偶及子不存在时,则指原像人之父母。"

参考国外立法及我国具体情况,处理死者肖像的延伸保护,主要应明确以下问题:

一是死者肖像保护的客体,是延续肖像法益。我国民法规定,自然人民事权利能力终于死亡,人死之后,不再具有权利能力,因而也就不再享有权利,死者遗留的肖像不再是肖像权的客体,而是肖像法益的客体。对死者肖像的延伸保护,不再是肖像权,而是延续肖像法益。在这一点上,与德国等国的立法和理论不同,因为这些立法只规定自然人权利能力始于出生,而不规定终于死亡,依此,死者仍可享有权利。

二是行使死者肖像延伸保护请求权的主体,应以死者近亲属为限。对此,可以参照最高人民法院《关于审理名誉权案件若干问题的解答》第5条司法解释。我国近亲属的范围,比前述德国法规定的为宽。但是,对于死者肖像延伸保护一般可采取确定具体期限的办法予以保护,因而关于提起延伸保护主体范围的宽窄,只对这种保护有利,而无将期限拖延过长之弊,故仍可采该司法解释规定的主体范围。

三是关于死者肖像延伸保护的期限,同时涉及肖像作品著作权的行使问题。如果此期限确定为一般延续人身利益延伸保护的50年左右,①那么如果死者生前不同意或其死后近亲属亦不同意公布者,肖像作品有可能在其生存期间就不能将其作品公布于世。因而,对于肖像的延伸保护期限应当适当缩短。德国立法规定为10年;我国学者主张,原则上不宜加以时间上的限制,死者的近亲属对于侵犯死者肖像的行为,在任何时候都可以行使请求,但应受诉讼时效期间的限制。② 应当将对死者肖像延伸保护期限分作两种情况确定:第一,肖像作品作者对肖像的使用,延伸保护期限应短一些,以参考德国立法体例,确定为10年为宜,可以使肖像作品作者尽早不受限制地行使其著作权。第二,对于肖像作品作者以外的人,包括自然人和法人,使用死者肖像,延伸保护期限应与延续人身法益的保护期限一致,即以死者近亲属的范围限制之。当死者的近亲属均已死亡之后,就不再予以延伸保护。对此,对于这一点,最高人民法院关于精神损害赔偿责任的司法解释中,将死者肖像利益的保护期限规定为与死人名誉等利益的保护期限相同,有欠斟酌之处,似应按照上述原则予以调整。

四是关于死者肖像延伸保护的方式,应当与肖像权的保护方式相同。即一方面,使用死者的肖像,必须经死者近亲属同意,使用人与死者近亲属应以肖像使用合同为之,可以是无偿的,也可以是有偿的,使用人必须在约定范围内使用,超出使用范围而使用,则为侵权;另一方面,死者近亲属在死者肖像法益受侵害时,有权请求司法保护,依法追究侵权人的民事责任。

---

① 此期限为推算,即按近亲属可起诉的期限推算。

② 王利明主编:《人格权法新论》,吉林人民出版社1994年版,第392页。

第二十章 形象权[①]

第一节 确认形象权的法律基础

一、形象人格利益开发利用的现实性和客观性

民事主体形象人格利益被开发利用已成为不争的事实，下面的这两个案例足以说明这种现实性和客观性：

案例一：电视观众都曾注意到，银屏上频频出现面带微笑、挥手致意的"前美国总统克林顿"，在为中国商品做广告。当然，做广告的人并不是克林顿，而是酷似克林顿的演员在模仿克林顿。在广告上，演员酷似克林顿，而且与其搭档的女士酷似希拉里。演员的穿着、打扮、行为举止都像克林顿，而且还露出克林顿特有的撇嘴一笑，这些特征构成广告的核心内容。无疑，广告制作者的意图就是要让观众对这个形象产生联想，认为他就是克林顿，而且大多数人一看到这则广告马上会联想到克林顿，尽管广告在演员旁边打了"吉米"的字样。显然，这则广告是以模仿的方式使用了克林顿的形象。

案例二：每当旅游旺季，在浙江奉化县溪口镇的蒋介石故居前面，都会看到数个身着棕色长衫、头戴礼帽，相貌与蒋介石相似的人，在和游客合影并收取游客支付的费用。当然，这些人也是在以模仿的方式使用蒋介石的形象。无独有偶，在

---

① 本章主要内容是作者与福建师范大学法学院林旭霞教授的共同研究成果，收入本书时作了较大修改。

北京也出现了模仿毛泽东的形象招揽生意获取报酬的事例。昌平老北京微缩景园外的某饭庄，孙某在游客就餐期间装扮成毛泽东，模仿毛泽东的言谈举止，有要求合影者，交费 20 元人民币。有人认为这是经营策略，也有人认为这是侵害伟人的形象、名誉。①

以上典型事例，都涉及了民事主体的形象利益问题，都是在开发民事主体的形象利益应用于商业活动，谋取利益。可见，民事主体的形象人格利益的法律保护确实具有客观性和现实性，是法律不得不解决的一个问题。

二、具体人格权对形象人格利益保护的盲区

在上述事例中，这些模仿行为都是行为人在擅自使用他人的形象为自己创造利益，肯定没有侵害被模仿人的肖像权。事实上，某人长得与某个名人相似，并通过不同的形式再现自己的形象，显然没有侵害名人的肖像权。因为他再现的毕竟是自己的肖像，哪怕某人长得和名人一点不像，而是通过化妆、整容后，以酷似名人的形象再现，他也没有侵犯名人的肖像权。但是，这些被模仿的人物所拥有的绝不仅仅是相貌上的美感或形象上的魅力，更重要的是他们在社会上所具有影响力和号召力。当这种影响力和号召力被引入市场，应用于商品经济领域，便转化为经济利益。因此，与其影响力和号召力相联系的形象人格利益便具有相当的商业价值，而这种基于人格利益产生的价值不是被形象拥有者所享有，而是被无关的他人所占有、支配、开发、利用，并从中营利，这显然是不公平的。可是，现行立法并没有确认形象权是一个独立的人格权，形象权不能作为权利保护的依据，因此，尽管是基于权利人的人格因素而产生的利益被他人攫取，法律却不能进行完善的保护，这显然不是法律所追求的目标，而是法律的缺憾。

这就是要研究的形象权的问题，而我国现行立法尚未规定形象权。从理论上讲，形象人格利益的保护既然没有独立的人格权进行保护，就应当置于一般人格权的保护范围之内。② 可是，在司法实践中并没有形象权保护的成功案例，即使是在涉及伟人形象保护问题上，也无法对这种行为定性并进行制裁，以保护受害人。实践证明，用一般人格权来保护形象利益不是一个成功的做法。可以认为，形象权在人格权法领域还属于一个盲区。

---

① “‘特型演员’与人合影收费引争议”，载《新京报》2005 年 4 月 25 日 A11 版。

② 这是一般人格权补充功能的内容。参见杨立新：《人格权法专论》，高等教育出版社 2005 年版，第 133 页。

第二节 形象权概念的界定及其保护范围

一、作为形象权客体的形象

研究形象权,必须对形象权的客体即形象作出界定,否则,无法界定形象权的权利边界。

形象,按照《辞海》的解释,就是形状、相貌。① 这里所说的,是一般的自然人的形象。在法律中研究形象权中的形象,是指作为民事主体外在表现的有关形状、外貌,并借以区别于其他民事主体的人格特征的表象。

形象的特点是:

第一,形象的主体是自然人,不包括法人和其他组织,因此采纳狭义说概念。

第二,形象是民事主体的外在表现的形状、外貌,它不是民事主体的内在的因素,也不是外界对民事主体的客观评价,就是它的外在的表现形态。

第三,这种民事主体的外在表现形态,具有标表特定民事主体的人格特征的作用,通过其外在表现的形状、外貌,借以区别其他民事主体。

第四,形象与肖像不同。肖像一定是自然人的面部形象再现在某种物质载体上,是再现的面部形象,而形象则是民事主体外貌、形状的本身,侵害肖像权一定是对肖像的非法使用,而侵害形象权既包括对形象的一般使用,也包括对形象的模仿、仿制等。设立形象权,将与肖像权的法律保护进行分工,以面部为主的形象再现,是肖像权保护的范围,而没有面部的形象再现,则为形象权的保护范围。这样,就把人的全部的形象再现都置于人格权法的保护之下。

形象在民法上反映为形象利益,形象权保护形象,保护的是外在的人格形象利益。肖像体现的人格利益有两个部分,一是精神利益,二是物质利益。形象是形象权保护的对象,形象受到侵害,就是对形象的非法利用和破坏,受到损害的最终表现,就是形象利益即精神利益和物质利益所受到的损失。因此,侵害形象必然造成形象人格利益的损害。法律对形象权损害的救济,就是要补偿权利人的人格利益的损失,使其恢复到完满程度。

---

① 《辞海》(缩印本),上海辞书出版社 1979 年版,第 814 页。

二、形象权的概念的不同界定

（一）各国立法及学说中的形象权概念

形象权究竟应当如何界定，看法各不相同。

1. 美国的形象权

在美国普通法中，形象权这个概念已经是一个常见概念：在 1953 年 Haelen Laboratoties, Inc. v. Topps Chrming Cam 案中，Frank 法官明确提出了“形象权”（the right of publicity）的概念，并就形象权的含义进行论证：“我们除了独立隐私权，每个人还就其肖像的形象价值享有权利。这就是允许他人独占性使用自己形象的权利。这种权利可以称之为‘形象权’。”正是在这里，Frank 法官突破了传统的隐私权观念，不再将商业性地使用他人的人格利益局限在精神痛苦的范围之内。同时，“形象权”也被定义为一种财产权。美国知识产权学家尼莫教授认为，名人需要的不是对于隐私的保护而是对自己身份的商业价值的保护。“尽管名人不愿意将自己隐藏在隐私的盾牌之后，但他们也绝不愿意让他人未经自己的许可或者未向自己支付报酬而使用、公开自己的姓名、肖像或形象。在法官和学者的共同推动下，美国的形象权从传统的隐私权中独立出来，形成一种新的权利类型。到目前为止，美国有 24 个州在成文法或判例法中承认形象权。① 在这些立法或判例中，形象权被界定为一种仅仅与真实的自然人相关的财产权，公司、合作组织等法人以及文学性的虚构人物，包括卡通形象都不具有形象权。例如，《加利福尼亚州民法典》第 3344 条规定，保护自然人的姓名、肖像、声音和签名等；《纽约州民权法》第 50 条规定，保护“任何活着的人”的权利，“禁止未经许可使用他人的姓名和肖像”，纽约州的法院还一致裁定：任何法人不得依据上述规定主张权利，只有真实的自然人才可以依据上述规定主张自己的权利。②

2. 日本的商业形象权

日本从 20 世纪 70 年代开始引进商业形象权，最早的判例将其定义为：商业形象权，是名人对其姓名、形象及其他对顾客有吸引力、有识别性的经济利益或价值进行排他性支配的权利。对于形象权的界定，判例与学说有两种倾向：一种是广义的商业形象权，是指除自然人以外，漫画或动画中的人物，甚至动物、其他的物品，只要对顾客有吸引力也能成为商业形象权的对象；另一种是狭义的商业形象权，是基于隐私权、肖像

---

① 李明德：“美国形象权法研究”，载《环球法律评论》2003 年冬季号。

② 美国的形象权与肖像权的界限不是很清楚，既包括肖像权，也包括狭义的形象权，对此是应当注意的。

权、名人的形象所具有的经济价值而产生的权利。①

(二)我国对形象权概念的研究

我国民事法律中未曾确立形象权,学界对这一权利概念阐述受国外形象权及公开权概念的影响。有学者提出:形象权就是将形象(包括真人的形象、虚构人的形象、创作出的人及动物的形象、人体形象等)付诸商业性使用或称营利性使用的权利,并将形象分为真人形象权、扮演者的形象权、人体形象权和作者创作之形象的形象权。② 有的学者认为,狭义的形象权是一种具有独立地位的人格权,是指自然人对其姓名、声音、肖像等综合的人格要素并能获取经济利益的排他性支配权。③ 我国民法学界也有将形象权称为"公开权",并将此权利定义为"对自己的姓名、肖像和角色拥有保护和进行商业利用"的权利。④

三、我国对形象权概念的界定

(一)形象权的两种概念

我们在研究上述有关形象权概念的界定时不难发现,上述立法和学说所使用的"形象权",并不是一个概念,而是涉及两种权利的概念,这就是狭义的形象权和广义的形象权。广义的形象权应是指人格商业利用权,即公开权。而本文中所研究的概念并不是公开权,而是狭义的形象权,是作为独立人格权地位的形象权。因此,对于上述关于形象权概念的界定应当有所区别,将人格商业利用权和形象权严格区分开来。

(二)形象权与公开权的区别

我们认为,形象权所保护的形象利益,可以加以商品化利用并产生经济利益,这种对形象利益进行商品化利用的权利,就是公开权的内容之一。因此可以说,形象权与公开权具有密切的联系。但必须看到,形象权不同于公开权,它们的显著区别在于:

第一,形象权概念中的形象应是与姓名、名称、声音、肖像在逻辑上属于同一层次的具有个性化的人格特征,这种人格特征是形象得以商品化利用即公开权实现的基础;而公开权所保护的人格利益是类的人格利益,是那些能够被商业化开发的人格利益,而不是一般人格利益或者单一的具体人格利益。

第二,形象权的功能在于保障权利人的形象利益,包括维护形象权人的人格独立

---

① [日]萩萩原有里:"日本法律对商业形象权的保护",载《知识产权》2003年第5期。

② 郑成思:《著作权法》,中国人民大学出版社1993年版,第300~305页。

③ 马俊驹:《人格和人格权理论讲稿》,法律出版社2009年版,第257页。

④ 王利明、杨立新主编:《人格权与新闻侵权》,中国方正出版社1995年版,第427~431页。

及人的自由发展的精神利益,以及保障形象权人人格利益中的财产性利益;而公开权是允许他人使用、开发自己的人格利益(包括形象利益在内)并获得报酬的权利,其主要功能是保障、促进人格利益商业利用的成果归属于权利人,因此,公开权所指向的利益更多地体现为物质利益。

第三,被商品化的人格标识主要是一种降低消费者搜寻成本的标志,发挥的是认知、品质保障和广告的功能,因此,公开权的保护对象比形象权的保护对象更为宽泛,可以扩及一切可以进行商品化利用的人格标识,如肖像、姓名、声音、真实人物形象、表演者形象等。因此,形象权是具体人格权,而公开权是抽象人格权,性质完全不同。

(三)形象权概念的界定

综上分析,我们认为,形象权是指民事主体对标表其人格特征的形象人格利益独占享有、使用以及获取相应利益的具体人格权。形象权的客体是形象利益;形象权的保护对象包括自然人除面部形象之外的身体形象、自然人的整体形象。

四、形象权保护的人格利益

形象权所保护的形象人格利益的范围是:

(一)自然人除面部形象之外的身体形象

自然人的形象首先是除其面部形象之外的身体形象。形象与肖像不同,肖像是以自然人的正面或侧面的面部(即五官)为中心的外貌在物质载体上再现的视觉形象;而形象权所保护的形象是自然人面部之外的身体形象,包括形体特征、侧影、背影等。媒体中常见的“手形广告”中的手形、“内衣广告”中的模特形体,以及身体其他部位的形象,都是形象权的保护范围。

(二)自然人的整体形象

在某些情况下,自然人的一些可以指示特定身份的因素,如富有特色的装扮、特有的动作、特殊的道具等,综合起来,可以明确地指向某一特定的人,或者能让公众意识到某一特定的人。那么,这些综合因素所构成的整体形象也是形象权保护的范围,即自然人的整体形象。① 前述克林顿的形象、蒋介石的形象以及毛泽东的形象的非法使用,侵害的都是自然人的整体形象。

---

① 1992年,美国的“怀特”一案是将各种因素综合起来的整体形象判定是否侵犯他人形象权的典型判例。

第三节　形象权作为具体人格权的法律地位

一、确定形象权法律地位的不同思路

关于如何确立形象权的法律地位，有着不同的立法思路。

如前所述，在较早提出形象权概念的美国，许多判例及学理将形象权界定为财产权。但是，美国判例或立法中的“财产权”并不能等同于我国民法体系中的“财产权”，因为关于财产权，两大法系并未形成统一、固定的表述。法国民法将财产权作为主要与人身权相对立的权利而使用，即法律意义上的财产权描述了一种利益，它能满足人类的物质需要。[①] 而英美法系对财产权的定义则更为广泛，《牛津法律大辞典》如此表述：“财产权是指存在于任何客体之中或之上的完全权利，它包括占有权、使用权、出借权、转让权、消费权和其他与财产有关的权利。”英美法系中的财产权具有相对性和具体性的特点，对于“对人权和对物权，物权和债权均未予以充分重视，因而也未基于上述划分在理论上和立法上形成一个明确的构造模式”。[②] 我国民法沿袭了大陆法系民事权利体系的特点，亦严格区分财产权与人身权。因此，美国法的财产权与我国民事权利体系中的财产权有不同的外延。

由于形象利益在商业活动中被广为开发、利用，我国学者也有认为形象权是一种财产权，认为“形象权所保护的是自然人身份中的商业价值或财产权益，事实上形象权本身就是因为保护这种财产权益而发展起来的”。[③] 在“财产权说”的基础上，有学者进一步提出了“无形财产权说”，认为“诸如姓名、肖像、形体、名誉等人格因素，在商业化过程中已由传统人格利益演变成商业人格利益，即非物质化的新型财产权益”、“形象权与商誉权、信用权、特许经营权都是一种非物质属性但又不能归类于知识产权范畴的无形财产权”。[④]

与上述“财产权说”的观点不同，有学者认为：随着社会的发展变化，在普通人格利益之外，又分离形成了一种包含经济利益在内的相对独立的人格利益——商事人格利益，人格权发展成为维护商事人格的，兼具人格权属性和财产价值的商事人格权，而形

① 尹田：《法国物权法》，法律出版社 1998 年版，第 13 页。

② 梅夏英：《财产权构造的基础分析》，人民法院出版社 2002 年版，第 45 页。

③ 李明德：“美国形象权法研究”，载《环球法律评论》2003 年冬季号。

④ 吴汉东：“形象的商品化与商品化的形象权”，载《法学》2004 年第 10 期。

象权即商事人格权的权利形式之一种。①

我们认为，上述这些观点未能反映形象权的本质特征，没有准确界定形象权的法律地位。“财产权说”或“无形财产权说”与前述将形象权与公开权等同的思路有关，这种观点重视了形象利益中的物质利益，忽视了形象利益中所包含的自由、平等、安全等精神利益，也忽视了形象权中禁止他人侮辱、亵渎、毁损民事主体的形象的重要权利内容。“商事人格权说”较好地体现了形象权所包含的人格权属性与财产价值，但不足之处在于，它无法解决这种旨在维护“相对独立人格利益”的权利在民法体系中的法律地位问题：形象权究竟是纳入人格权体系还是财产权体系？对形象权能否适用以及如何适用财产法的规则？这些问题都不明确。

二、确认形象权为独立人格权的理由

我们曾经提出，确认一个人格利益是不是构成一个人格权，最重要的标准，就是这个人格利益是不是具有独立的属性，是不是能够被其他具体人格权所概括、所涵盖。如果一个具有独立意义的人格利益不能够被其他人格权所涵盖、所概括，并且与一般人格利益相比具有鲜明的特征和内容，就应当把这个人格利益作为一个具体人格权。②我们认为，形象权是一种独立的人格权，应当将其纳入具体人格权的体系。其理由是：

(一)形象利益具有独立的属性和价值

形象利益是民事主体固有的、因其特定的形象人格本身而产生的利益，并非基于某种法律事实而产生，因此具有独立的属性。形象利益总是为民事主体所独占享有，它不仅可以标表特定民事主体的人格、维护特定主体的特定人格利益，并且能够通过一定的开发利用而创造价值，因而具有其他具体人格利益所不具有的独立价值。民事主体对自己的形象特征的独占、支配和利用，是为维护主体独立人格完整性与不可侵犯性，并保障主体获得充分的尊重，同时也为了使自身的价值得到充分发挥。形象人格利益的独立属性和价值足以说明，形象权所保护的利益是人格利益，形象权应属于人格权的范畴而不是财产权的范畴。

(二)形象利益不能为其他具体人格权所概括

在具体人格权体系中，各个具体人格权都是保护特定的人格利益。如果一个人格利益能够被其他具体人格权所概括、所包容，那么这个人格利益就没有独立进行保护的意义，就不能设立一个新的具体人格权。在具体人格权体系中，与形象人格利益最

---

① 姜新东、孙法柏：“形象权探讨”，载《山东科技大学学报》2003年6月；类似观点有：熊进光：“商事人格权及其法律保护”，载《江西财经大学学报》2001年第5期。

② 参见杨立新、袁雪石：“论声音权及其民法保护”，载《法商研究》2005年第4期。

相关联的，就是肖像权。肖像权所保护的肖像是以自然人的面部形象特征为摹写目标进行再现的形象，在这一点上，肖像与形象是相同的。但是，肖像并不是狭义的形象，形象利益也并不包含肖像利益；形象权概念中的形象，是肖像以外的其他人体形象。形象利益并不包括肖像利益，恰恰相反，对形象利益的保护，就是为补充肖像利益以及肖像权对人体形象保护不足而发挥作用。正如前文所述，侵害手模特的手型形象、脚模特的脚型形象，无论如何也不能依照肖像权的法律规定进行保护。由此可以肯定，对形象利益的保护，是肖像权乃至其他具体人格权所无法概括、包容的。

（三）形象权所保护的形象人格利益与一般人格利益相比较具有特殊性

按照人格权法保护人格利益的分工，具体人格权负责保护具体人格利益，具体人格权无法保护的其他人格利益，概括为一般人格利益，由一般人格权进行保护。我们认为，由于一般人格利益具有趋同性，一般人格权所保护的是人格独立、人格自由与人格尊严，而形象权所保护的形象人格利益具有极为丰富的积极权能，这就表现在，形象人格利益不仅具有人格利益中的精神利益，同时还具有极为鲜明的财产利益。在市民社会中，人们对人格利益中包含财产利益的认识早已有之；人格利益虽然不能直接表现为商品，不能以金钱计算其价值，但在现代社会，对某些人格利益的开发利用已经成为市场经济存在的一个应然的现象。一方面，人格利益中的物质利益因素日益凸显，如姓名、肖像在商业销售方面的直接作用带来了可观的商业利益，从而使这些人格利益具有了较高的经济价值。另一方面，人格权的领域有很大扩展，衍生出了具有浓厚经济色彩的人格权，如信用权等。因此，形象人格利益所包含的物质利益因素是其区别于一般人格利益的重要特征。一般人格利益的保护事实上是一种兜底的作用，其主要作用是保护那些物质利益因素不明显的其他人格利益。既然形象人格利益具有如此的不同，当然应当区别于一般人格权所保护的一般人格利益，一般人格利益难以涵盖形象人格利益，一般人格权保护形象人格利益力所不及。

据此，我们认为，形象权具有独立的法律地位，应当纳入具体人格权的体系，与姓名权、肖像权、声音权等人格权一道，成为一个独立的具体人格权。

第四节　形象权的基本内容及其保护

一、形象权的内容

形象权与其他具体人格权一样，有自己的具体内容。我们认为，形象权具有以下内容：

（一）形象保有权

形象是民事主体的人格特征，是固有的人格利益，而不是一般的社会评价，不具有客观色彩。形象权的内容之一，就是形象保有权。形象保有权是民事主体保持、维护其形象人格特征，并借以区别该民事主体与其他民事主体的权利。形象保有权的客体是形象利益，这个利益包含两个部分，一部分是精神利益，是占有、保持、维护形象不受侵害，保持自己人格的利益；另一部分则是财产利益，即通过对形象利益的开发利用，借以产生物质利益，因此，权利人可以不断增进其对公众的吸引力和信赖感，使其形象具有更大的社会价值，并由此获得更大的物质利益。对于自然人是如此，对于法人或者其他组织，其形象利益也同样具有两个方面的利益内容，即同样享有形象保有的权利。

（二）形象专用权

形象权是固有权、绝对权，因此，形象权的内容之一就是具有排他性的专有使用权，未经权利人的准许，任何人都不得非法使用他人的形象。形象专用权，就是指形象权人对于自己的形象专有使用的权利。这种独占的专有使用权的含义是：第一，形象权人对自己的形象有权以任何不违反公序良俗的方式进行利用，以取得精神上的满足和财产上的收益；第二，形象权人有权禁止非权利人非法使用自己的形象，任何未经形象权人授权而使用权利人的形象，都是对形象使用专有权的侵害。

（三）形象支配权

形象权是绝对权，其性质是支配权，因此，形象权的内容之一就是对形象利益的支配。由于形象对公众可能产生的吸引力、信赖感及其商业化条件下可产生物质利益的属性，使得形象不仅对于形象权人，而且对于他人乃至社会，都具有利用价值。形象支配权就是权利人对这种形象利益具有的管领和支配的权利，权利人可以采用合法方式，许可、授权他人使用其形象，并获取应得的利益。应当注意的是，形象权的性质为人格权，因而表现为处分自己的形象为他人使用的支配权，并不是绝对的支配和处分，而是有限的支配和处分；并非是对形象权的权利的处分，而仅仅为处分形象权的部分使用权，不具有处分全部权利的效力。民事主体不得将自己的形象权全部转让而自己不再享有形象权，主体许可他人合法使用自己的形象权，本人并不因此丧失形象权。在这一点上，形象权与肖像权相同，与名称权相异。

（四）形象维护权

形象维护权是形象权关于维护权利人的形象完整、维护形象利益不受侵犯的权利内容。这个权利内容分为三个部分：一是维护形象的完整、完善，任何人不得对民事主体的形象进行侵害。二是维护形象权中的形象精神利益不受侵害，亵渎性地使用他人形象,构成对形象权人精神利益的侵害。即便是褒奖性地使用他人形象,只要未经形象权人许可,同样构成对权利人人格独立、人身自由和人格尊严等精神利益的侵害。三是维护形象权中的物质利益,形象权中所包含的任何物质利益都归属于权利人本人,他人不得侵害,任何人未经许可,对权利人的形象进行商业性的开发、使用,都构成侵权行为。

二、形象权的保护

(一)形象权请求权的保护

形象权是具体人格权的一种,所以形象权也适用人格权请求权的一般保护。形象权本身也具有形象权请求权,分为停止妨碍请求权和排除妨害请求权,对于可能出现或已经发生的侵害,都可以行使停止妨害请求权或排除妨害请求权。

形象权请求权的行使条件较为简单,只要形象权受到侵害或者受到侵害之虞的,权利人都可以基于形象权请求权,提出停止妨害请求权或者排除妨害请求权,使自己的权利损害得到救济,因此这是一种有效的保护方法。

(二)形象权侵权请求权的保护

形象权受到侵害,造成形象利益的损失,构成侵权责任,受害人取得侵权请求权。受到侵害的权利人可以依据形象权侵权请求权,提起形象权侵权之诉,寻求司法救济。

构成形象权侵权请求权,法律的要求比形象权请求权的行使条件要严格。按照侵权法原理,侵害形象权的侵权行为属于一般侵权行为,适用的归责原则是《侵权责任法》第6条第1款规定的过错责任原则,既不适用无过错责任原则,也不适用过错推定原则。有观点认为,对这种侵权行为应采无过错责任原则,即无论侵权人是否具有主观上的故意或过失,只要其行为在客观上构成了对他人形象的侵犯,就可以认定侵权成立。这种观点是不对的,侵害形象权的侵权行为并不是特殊侵权行为,而是《侵权责任法》第6条第1款的调整范围,不是无过错责任原则和过错推定原则调整的范围。

正因为如此,侵害形象权的构成要件应当是违法行为、损害事实、因果关系和过错。

1. 侵害形象权的违法行为

侵害形象权的违法行为的表现:第一,是使用,包括对他人形象的使用、复制、模仿等。例如,对他人除了面部肖像之外的其他部分形象的非法使用,为侵害形象权;模仿名人形象,如前述例一、例二所述,也为侵害形象权;目前娱乐界盛行的模仿秀,是典型的侵害形象权的行为,除了会引起表演著作权的纠纷之外,也还存在对受害人的形象权的侵害问题。

第二,是未经本人同意。未经权利人许可,擅自对他人形象进行使用,即构成侵权。在判断上，必须能够确定权利人的形象特征与所使用的形象特征相一致。对于名人形象而言，只要有相当数量的一般社会公众能够辨别出使用的是权利人形象，就构成侵权，而对于非名人而言，权利人必须能够证明所使用的形象要素在事实上就是指向自己。

第三，侵害形象权的违法性表现在对法定义务的违反。对于形象权的权利主体，其他任何人都是该权利的义务主体，都负有不得侵犯的义务，违反这个义务就构成违法。

2. 侵害形象权的损害事实

损害事实首先是权利的被侵害，即形象权的完整性受到了损害。其次，表现在形象权所保护的形象利益受到损失，一方面是其精神利益的损失，另一方面是财产利益的损失，无论具备哪一种形象利益的损失，都构成侵害形象权的损害事实。其损失的后果，可以是精神痛苦，也可以是财产利益的丧失。

3. 侵害形象权的因果关系

侵害形象权的因果关系，较为容易判断，侵害形象权的行为一经实施，形象及其利益被非法使用、复制、模仿，其二者之间就具有引起与被引起的因果关系。

4. 侵害形象权的过错

侵害形象权的过错主要是故意，是明知他人享有形象权而恶意使用他人的形象，侵害他人的形象利益。应当注意的是，在侵害肖像权的行为人中，多数情况下是故意使用、复制或者模仿，但是在主观上并没有恶意，基本上是善意的居多。存在这种现象的原因在于，形象权还没有被法律所确认，绝大多数的民事主体并不知道法律对形象权的保护。尽管如此，这种善意并不能阻却违法，仍然是故意所为，符合侵害形象权对过错的要求。此外，也不排斥过失侵害形象权的形态，违反注意义务，尽管没有故意，擅自使用他人形象，造成损害后果的，同样构成侵权责任。

（三）形象权损害的救济方法

形象权损害的救济方法分为两种，一种是非财产的方法，另一种是财产的方法。

非财产的救济方法，就是停止侵害、赔礼道歉、消除影响、恢复名誉等。这些救济方法对一般的侵害形象权的侵权行为都可以适用。

财产的救济方法就是损害赔偿。对形象权的损害赔偿应包括精神损害赔偿（对如亵渎性使用他人形象可能带来的精神痛苦的赔偿）和未经权利人许可进行商业化利用所造成的物质利益损失赔偿。确定物质利益损失赔偿数额，应当依照《侵权责任法》第20条关于"侵害他人人身权益造成财产损失的，按照被侵权人因此受到的损失赔偿；被侵权人的损失难以确定，侵权人因此获得利益的，按照其获得的利益赔偿；侵权人因此获得的利益难以确定，被侵权人和侵权人就赔偿数额协商不一致，向人民法院提起诉讼的，由人民法院根据实际情况确定赔偿数额”的规定，应考虑形象因素的市场价值或侵权人所得的非法利润。在二者均无法确定的情形下，可参照对商标侵权及不正当竞争行为的赔偿标准，视侵权范围、时间，在一定数额内作出相应的裁量。

在保护形象权、制裁侵害形象权的侵权行为中，应当特别重视对非法对他人形象进行商业化利用的侵权行为的制裁。这种恶意的行为，严重损害了权利人的权利，应当予以特别的惩罚。对于因此获得的财产利益，应当完全归属于权利人，同时，还应当予以财产损失的赔偿和精神损害的赔偿，否则不足以制裁这种侵权行为。

三、关于形象权的保护期限

法律对任何权利的保护都是有期限的，并非永远保护，形象权同样如此。形象权保护期限及于权利人终身，并不存在异议。但是，在权利人死亡后，其形象权是否还受保护、保护的法理根据是什么，在理论上和实践中存有不同见解。

有观点认为，人格权的消灭并非等同于人格权具体表现形式（如形象、姓名、肖像）的本身不受法律保护，保护死者的姓名、肖像的目的是保护在姓名、肖像之上的精神利益，与死者关系密切的近亲属或其他个人、团体，作为该精神利益承受者，得以大致与姓名权、肖像权相同的保护方式加以保护。①

相反，从前述形象权属于“财产权”的观点出发，不少论者认为，形象权属于具有可转让性和继承性的“财产价值权”，形象权在权利人死后“由其继承人继承”。②

我们认为，基于形象权的具体人格权法律地位，对于形象权保护期限的界定，应与权利人的人身权益相联系。学界关于“民事主体在其诞生前和消灭后，存在与人身权益相区别的先期法益和延续法益”的观点，对阐明民事主体身后形象利益保护问题，提供了理论基础。该观点认为：民事主体在取得民事权利能力之前和终止民事权利能力之后，就已经或继续存在某些人身利益，这些人身利益都与该主体在作为主体期间的人身利益相联系。这些先期利益和延续利益，对于维护主体的法律人格具有重要意义；人身法益与人身权利互相衔接，统一构成民事主体完整的人身利益；民事主体人身利益的完整性和人身法益与人身权利的系统性，决定了法律对民事主体人身保护必须以人身权利的保护为基础，向前和向后延伸。基于上述理论，对于形象权的保护，应当以权利人的存在为限，及于权利人的终身；对于死者的形象利益的保护，则应在权利人死亡后进行延伸保护。具体的保护期限，一是参照最高人民法院关于保护死者姓名、

① 刘妙春等：“知名人物的人格商业利用权及其法律保护——鲁迅姓名、肖像、作用引发的法律思考”，载 www. tianhlaw. com。

② 熊进光：“商事人格权及其法律保护”，载《江西财经大学学报》2001 年第 5 期。

肖像、名誉、荣誉、隐私利益的方法，由死者的近亲属作为保护人，并界定保护的期限，即死者没有近亲属之后，就不再予以保护了；二是可以借鉴著作权保护期限的规定，形象权保护期限可考虑为权利人生存期间加权利人死后（或法人、其他组织终止后）的50年。

第二十一章　声音权[①]

第一节　声音权的概念界定和法律特征

一、声音权的概念界定

（一）声音权概念的称谓

关于声音权概念的界定，有不同的观点。例如，王泽鉴先生将声音利益的权利保护称为声音语言权，而不是声音权；[②]马俊驹教授认为，声音权的声音所体现的人格价值进行保护和自主支配的权利。[③] 有的学者认为，声音权是指自然人以自己的声音所体现的精神利益和财产利益为内容的，独自支配自己的声音利益不受他人侵害的具体人格权。[④]

我们认为，对保护声音人格利益的权利称为声音权更为妥当。其原因在于：语言权作为宪法上的概念已经有了自己独特的含义。宪法学者认为，语言权的观念与普世接受的理念价值（如自由权、平等权等）不同，它是来自处理国内各族群间和国际间和谐的问题而产生的妥协。语言常是少数族群

---

① 本章内容是作者与袁雪石共同研究的成果。

② 王泽鉴：《侵权行为法》（第1册），台北三民书局1999年版，第157页。

③ 马俊驹：《人格和人格权理论讲稿》，法律出版社2009年版，第258页。

④ 吴科春：《论声音权的属性及保护》，吉林大学2010年法学硕士学位论文，第5页。

的文化从属感的中心，语言权可以说是保护文化的少数族群能享有和多数族群在社会上能享有的平等所不可缺少的一部分。语言权为基本人权之一种。[①] 在这样的背景下，将保护声音人格利益的权利称为声音语言权，容易与基本人权的概念产生混淆，使人误解。

（二）声音权概念的界定

在学理上，对声音权的概念尽管有些学者已经提到，但是多数没有对这个概念进行界定。王泽鉴在对声音权的论述中作出了一个界定，即声音语言权是指“以肯定个人对其声音语言的自主权利”。[②]

我们认为，上述对声音权概念的界定说明了声音权的基本内容，但是还应当进一步限定其内容。因此，作以下表述更为准确：

声音权是指自然人自主支配自己的声音利益，决定对自己的声音进行使用和处分的具体人格权。

二、声音权的法律特征

我们认为，声音权在法律上除了具有人格权的一般特征之外，还具有以下三个方面的特征：

（一）声音权首先体现的是精神利益

声音权作为自然人的基本人格权，所体现的基本利益是精神利益。法律保护自然人的声音权，需要注意保护声音权所体现的这种精神利益。这种保护，保护的是人之所以作为人而存在的人格。人之所以具有法律上的人格，声音权的精神利益是最重要的内容之一。这种对声音权精神利益的保护，包含自然人对自己声音享有专属利用、许可和维护的权利。与自然人的名誉权等其他人格权一样，任何歪曲、偷录、剪接、模仿、窃听其声音的行为，都会使声音权人精神利益受到损害，使其作为自然人的人格尊严和人格自由等构成侵害。法律保护自然人的声音权，最首要的就是保障自然人人格尊严和人格自由，保护声音权所体现的这种精神权利。

（二）声音权具有明显的财产属性

作为声音权客体的声音，与商标具有共同的特点，就是作为标识能够较为有效地降低消费者搜索商品的成本。因此，声音在这一点上具备成为财产的潜力，利用声音等个人形象在商品营销上做文章也是各行各业商家的重要营销策略之一，权利人可以和商家通过签订声音使用许可合同把自己声音的财产潜力挖掘出来。这一点和以往

---

① 李宪荣：“加拿大的英法双语政策”，载 http://mail. tku. edu. tw/cfshih/ln/paper07. htm。

② 王泽鉴：《侵权行为法》（第 1 册），台北三民书局 1999 年版，第 157 页。

所认识的人格权只是消极的权利不同,因而使声音权能够成为一种积极人格权,可以公开化,成为人格性财产权的客体。

原告 Bette Midler 是美国著名歌手,曾获得过 Grammy 奖和 1979 年奥斯卡最佳女演员提名。被告福特汽车公司的一家广告代理商在请原告演唱一首名为"Do You Want to Dance"(原告为此歌的原唱者)的歌曲为福特公司做广告时,遭到原告的拒绝,广告代理商便找到 Ula Hedwig,让她去模仿原告的声音演唱了此歌。此广告播出后,熟悉原告歌声的人都以为是原告在演唱。为此,原告要求对其声音予以保护,诉至加州联邦地区法院,被驳回起诉后,原告不服又上诉至第九巡回上诉法院。案中被告并未侵犯著作权,因为被告已就使用歌词与歌曲获得了其著作权人(并非原告)的许可,而声音则不受著作权保护;被告行为也不构成不正当竞争,因为 Midler 与被告并无直接竞争关系的存在。同时,被告也未使用原告的姓名、肖像、签名或者声音等,使用的是另一歌手 Ula Hedwig 的声音,而《加州民法典》第 3344 条并未对模仿他人声音的行为规定损害赔偿,因此原告无法依此获得赔偿。正是基于上述理由,地区法院驳回了原告的起诉;但第九巡回上诉法院认为,"声音如同面孔一样,具有可区别性与个性。人类的声音是表明身份的最易感受的方式",而原告主张的是被告不适当地盗用了她的声音的价值,是对原告的"对其身份所享有的财产性利益"的侵犯,即侵犯了原告的公开权,因此,第九巡回上诉法院推翻了原审法院的判决,认定被告行为构成侵权。①这一案件确立了模拟他人声音也构成侵犯声音权的判例。②

德国联邦最高法院 1958 年 5 月判决的"录音案",认为在一般人格权的基础上,赋予每一个公民自主决定其话语仅为其对话人,或为特定圈子的人,或为公众知悉的权利;个人更有权自主决定是否允许他人用录音机录下自己的声音,因此叫做对自己声音的权利。③

(三)声音权具有专属性

声音权的专属性表现在两个方面:

首先,声音权是由特定的主体专属所有的。声音是自然人有关声音的人格标识,反映的是自然人的听觉属性。如前所述,该声音具有身份属性,因此声音权也只能由自然人所享有,且须特定的自然人所享有。由于法人不具有像自然人一样的物质载

---

① 董炳和:"论形象权",载《法律科学》1998 年第 4 期。

② 美国第三次不公平竞争法重述(Restatement of the Law, Third, Unfair Competition)第 46 条的评论指出,原告在本案中已经通过先前演唱歌曲的行为开发了其声音的财产利益。在这种情况下,原告的声音就不仅仅是作为身份属性的富有特色的声音了。

③ [德]霍尔斯特·埃曼:"德国法中一般人格权的概念和内涵",杨阳译,载《南京大学法律评论》2000 年第 1 期。

体,因此法人不享有声音权。

其次,声音权的专有性还体现在对声音的利用上。声音权人对声音的再现享有专属权,即自然人享有是否允许他人再现自己的形象的权利。换言之,他人是否可以取得声音权人的声音,属于声音权人的权利,以偷录等方式取得他人的声音,是对声音专有权的侵犯。声音权人对声音使用具有自主的处分性。声音的使用权原则上属于声音权人。声音使用权的处分,是声音权人对其声音使用权的转让。声音的取得和声音的使用,是声音权专有性的两个基本内容,从侵害声音权的角度分析,后者具有更重要的意义。未经声音权人同意而擅自使用,属于对声音权的侵害。当然,声音权的专有性是相对的,法律准许在一定的条件下使用自然人的声音,但是这种使用必须具有阻却违法的事由。同时,如果声音权人允许他人使用自己的声音,那么相对人可以此许可作为侵权的抗辩事由。

第二节　确认声音权为独立人格权的事实基础和法律基础

一、声音作为具体人格权的事实基础

在现实生活中,一个确定不移的事实是,一个人的声音可以和姓名、肖像一样起到人格标识的作用。比如,《红楼梦》中关于"不见其人,但闻其声"的王熙凤的描写,就说明了声音是王熙凤的人格标识之一。为动物世界节目解说的赵忠祥、为周星驰配音的石班瑜、中央人民广播电台著名播音员夏青,他们的声音自然也是其人格标识之一。

毫无疑问,科技的进步与人格权的发展密切相关,科技的每一次进步都促进了人格权的发展。近代以来,照相机发明之后,肖像权日益受到重视。同样,声音语言也随着窃听器、录音机的广泛使用而日益增加了保护的需要,而被承认为一种特别人格权,①并进而认定个人对声音语言的自主权利。其实,不仅仅是窃听器、录音机,电脑和互联网技术更是加剧了对声音侵害的现实性,更加凸显了对其保护的必要性。

事实上,声纹和人的指纹、掌纹等身体特征一样,都具有唯一性、稳定性的特征,每

① Helle, *Besondere Pesonlichkeitchte im Privatrecht*, 1991, SS. 229 – 334; Hubmann, *Das Personlichkeitrecht*, 1967, S. 309f. 转引自王泽鉴:《侵权行为法》(第1册),中国政法大学出版社2001年版,第138页。

个人的这些特征都与别人不同,且终生不变。由于人的身体特征不可复制,基于这些特征应运而衍生了多种生物识别手段,比如指纹识别、声纹识别、掌纹识别等,并已被广泛应用于诸多领域。其中,声纹识别是用仪器对人的说话声音所作的等高线状记录,根据声音波形中反映讲话人生理及行为特征的声音参数,进行身份识别的技术。① 目前,声纹识别技术已广泛应用于诸多领域,其产品的市场占有率仅次于指纹识别和掌形识别。世界最大的声音识别使用系统是美国公共电话使用的信贷卡,其声音识别系统根据用户的发声进行声音识别,判定持卡人是否为本人。从总体来看,卡片盗用、伪造、声音误识别等产生问题的概率非常小。因此,声音识别系统一直被有效地应用,目前已经有100多万人使用该卡片。特别是在刑侦工作中的应用,对于侦破电话勒索、绑架及电话人身攻击案件,声纹证据都可发挥其特有的作用,帮助警方确定犯罪嫌疑人,美国的有关机构还利用该技术来判断监外执行人员是否在特定场所。在美国,以前声纹鉴定不允许被采证,后来倾向于在严格的限制下可以采证。在刑事案件中,强制被告人提供声音标本并不违背其反对自我归罪的特权。②

这些都说明,从当前的技术来看,声音和个人的姓名、肖像在逻辑上属于同一层次的人格特征,都是个体的人格标识,它能起到姓名和肖像作为人格标识同样的作用。因此,在姓名和肖像分别作为文字类人格标识和图像类人格标识成为人类历史上的具体人格权的种类之后,我们有理由相信,声音也可以因为科技的迅速发展而上升为听觉类的人格权即声音权的客体,即听觉类人格标识。

二、声音作为具体人格权的比较法基础

在比较法上,前捷克斯洛伐克社会主义共和国、加拿大魁北克省、美国部分州、德国、我国澳门地区等对声音的保护都作出了明确的规定。

(一)前捷克斯洛伐克

前《捷克斯洛伐克社会主义共和国民法典》第12条规定:"1.有关自然人或他的个人性质意见的私人文件、肖像、风景照片或录音,只有取得他本人的许可才能加以利用。2.为了职务上的目的,根据法律利用私人文件、肖像、风景照片或录音的时候,不需要取得许可。3.为了科学和艺术上的目的,以及为了报刊、影片、广播和电视报道,对于肖像、风景照片和录音,也可以用适当的方式不经自然人本人的许可而加以利用。但是这种利用不得与自然人的合法利益相抵触。"从本条来看,其通过保证自然人对录

---

① 张亮:"声纹证据的应用",载《公安大学学报》2002年第4期。薛波主编:《元照英美法词典》,法律出版社2003年版,第1046页。

② 薛波主编:《元照英美法词典》,法律出版社2003年版,第1046页。

音的控制，进而控制其声音利益。与其他立法例不同的是，该条款不是从侵权行为的角度来直接规范，而且规定了职务抗辩和新闻抗辩两个抗辩事由。

（二）加拿大魁北克省

《加拿大魁北克省民法典》第36条从隐私权的角度对声音利益作了规定："特别是有下列行为之一的，为侵犯他人隐私：（一）进入或者占领他人的住宅。（二）故意截取或者使用他人的私人通讯工具。（三）盗用或者使用他人的肖像或者声音，尽管在私人寓所内。（四）尽一切可能持续将他人的私生活公开。（五）使用他人的姓名、肖像、形象或者声音，但向大众合理的公开信息的除外。（六）使用他人的信件、手稿或者其他的私人文件。"这一条文规定了盗用、使用他人声音可以构成侵权，同时也规定了向大众合理地公开信息的例外规则。

（三）美国加利福尼亚及其他州

美国《加利福尼亚州民法典》第3344条"为广告、销售或招揽客户目的使用他人姓名、声音、签名、照片或画像"的规定，直接规定了权利人对于声音的财产利益。这一立法例大大拓展了声音利益的保护空间，与从人格利益角度保护的立法例迥然不同。事实上，加利福尼亚州是将声音利益和姓名利益、肖像利益一道作为公开权（the right of publicity）具体内容的美国的州之一。其规定："未经本人事先允许或当本人是未成年人时未经其父母或法定监护人允许，以任何方式恶意地将其姓名、声音、签名、照片或画像用于产品、商品，或以广告、销售为目的进行使用，或用于招揽购买产品、商品、接受服务的客户，应对受害者因此遭受的损害承担责任。"①美国的其他几个州也承认了公开权或者类似的利益保护，它们是：佛罗里达州、肯塔基州、马萨诸塞州、内布拉斯加州、内华达州、俄克拉荷马州、田纳西州、得克萨斯州、弗吉尼亚州、威斯康星州、纽约州、罗德艾兰州。其中，加利福尼亚州、内华达州明确规定了声音可以成为公开权保护的客体，而内布拉斯加州、佛罗里达州则通过概括性条款认定声音可以为公开权保护的客体。尽管如此，普通法系的制定法毕竟不同于大陆法系的制定法，普通法系并不需要通过赋权式的法律来宣示法律承认声音可以作为一种财产或者人格利益予以保护，因此，即使那些没有通过普通法系的制定法承认声音利益保护的那些州，仍然可能承认声音可以作为一种法益予以保护。②

（四）德国

《德国刑法典》第15章设置了关于侵犯他人人身和模仿外形的规则。其第201条规定，禁止非公开场合话语的录制、利用技术设备侦听，以及使用以这种方式获得的材

---

①　程合红：《商事人格权》，中国人民大学出版社2002年版，第267页。

②　参见美国第三次不公平竞争法重述（Restatement of the Law, Third, Unfair Competition）第46条的评论d。

料。监禁的最高刑期是三年或者罚金。

(五)我国澳门

《澳门通讯保密及隐私保护》第10条(不法的录音及摄影)第1款规定:"一、任何未经同意:a)录取他人非以公众为对象的谈话,即使是与录取者本人进行者;b)使用或容许使用上项所指录音,即使是合法制造者,受至两年监禁或至二百四十天罚款的处分。"其剩余的第2款和第3款是关于肖像权及其公众人物和公众场所的限制的规定。分别为:"二、任何违反他人意愿进行下列事项者,将受相同处分:a)拍摄或摄录他人,即使是在合理参与的场合进行者;b)使用或容许使用上款所指照片或影带,即使是合法取得者。""三、肖像权不妨碍:a)以任何方式获取、复制或公布担任公共职务或从事令人注目职业人士的肖像,且在公开活动或公众能到达的地方所取得者;b)关于某事件的印刷图像,而其肖像的出现只属附带性者。"从解释上来看,可以认为以上两款关于肖像权的规则可以类推适用到声音权上来。此外,《澳门民法典》第80条也是关于肖像权及言论权的规定,其第5款规定了关于声音的规则:"以上各款之规定,经做出必要配合后,适用于录取、复制及散布某人言词之情况。"

此外,玻利维亚、秘鲁、波多黎各和阿根廷民法典对通常会在宪法文本中规定的声音等权利作了规定。①

综上所述,声音作为一种法益已经为部分国家的立法和司法所保护,声音在现代技术背景下,能够成为一种独立的民事权利。

三、声音人格利益保护的特殊性不能为其他具体人格权所替代

在学理上,确认一个人格利益是不是构成一个人格权,最重要的标准,就是这个人格利益是不是具有独立的属性,是不是能够被其他具体人格权所概括、所涵盖。如果一个具有独立意义的人格利益不能够被其他人格权所涵盖、所概括,并且与一般人格利益相比具有鲜明的特征和内容,就应当认为这个人格利益应当作为一个具体人格权。

声音人格利益的独特性,就在于它的人格标识的作用。因此,它与一般人格利益相比具有特异的内容和特征。一般人格利益具有趋同性,所涵盖的人格利益都具有大体相似的内容,因此不能独立,只能作为一般人格利益对待,用一般人格权进行保护。声音人格利益是独特的,它的内容能够与其他一般人格利益相区别,具有独特的属性

---

① 路易斯·F. P. 雷瓦·费尔南德斯:"阿根廷共和国民法典:过去、现在与未来",宋旭明译,载 http://www.romanlaw.cn/。该学者认为,将通常在宪法文本中规定荣誉权、生命权、安全权、身体完整权、健康权、对自身身体、肖像或声音的权利引入民法典,是确认这些权利的方式。这一新鲜材料同时也证明了人格性宪法权利可以适用民法予以救济。

和特征,这正是其他国家和地区立法承认声音权的基础。

声音人格利益不能为其他具体人格权所涵盖、所包括,与其最相近似的,是姓名权和肖像权。但是,姓名权只是对文字类的人格标识设立的人格权,并不包括声音的内容;肖像权也只是对图像类的人格标识设立的人格权,也不包括声音人格利益。最值得研究的是隐私权,在美国和加拿大等国,隐私权中包含姓名权、肖像权以及声音权等内容。那么,是不是可以参照它们的立法,将声音权概括在隐私权中呢?事实上,在美国、加拿大等国法律中的隐私权,差不多相当于大陆法系民法的一般人格权,是一个弹性极大的人格权,包含了太多的内容。而我国立法上的隐私权并不是这样的权利,仅仅是对隐私利益进行保护的人格权,而美国、加拿大等国隐私权的绝大多数内容,在我国都是由一般人格权承载和保护的,况且声音人格利益也不是隐私利益所能够涵盖的。因此,声音权不能放在隐私权中,成为隐私权的组成部分,应当独立进行保护。

正是因为如此,声音权应当作为一个独立的具体人格权。

第三节　声音权的客体和内容

一、声音权的客体

声音权的客体是声音利益,是声音所体现的人格利益。首先,声音权保护的就是声音,而不是保护声音的表现形式。例如,对于声音的表现形式如唱片的侵害,构成对著作权的侵害,不构成对声音的侵害,因此,声音的表现形式是著作权的保护范围;而声音权保护的是纯粹的声音,是声音本身,其属于人格权保护的范围。其次,声音权保护的声音是保护声音所体现的人格利益。这种人格利益如前所述,包括精神利益和财产利益。声音权对这些声音人格利益都予以保护,前述 Midler v. Ford Motor Co. 一案,清楚地表明了这一区别。

声音利益存在准共有的问题。人格利益准共有是指两个或两个以上的民事主体对同一项特定的人格利益共同享有权利的共有形式。[①] 当声音的权利主体为复数的时候,构成集体声音,对此应该适用人格利益的准共有规则。这种情况比较常见,比如帕瓦罗蒂等三大男高音合唱,其他的如女生四重唱、广播电台的联合主持等。

如果集体声音的当事人之一独自对集体录音进行商业化利用,或者集体声音的主

① 杨立新:"论人格利益准共有",载《法学杂志》2004 年第 6 期。

体之外的人对集体录音进行商业化使用,无疑会对集体声音其他当事人或者全体当事人的权益构成损害。因此,集体声音的当事人对集体声音的利益应当有共同的支配权。在声音利益准共有规则下,集体声音的当事人会形成内部关系和外部关系。所谓内部关系,是指集体声音的全体成员一起对该录音的利益行使权利、负担义务;所谓外部关系,则是指其他任何第三人对该集体声音当事人的权利所负有的不可侵义务。因此,集体声音所体现的是声音利益的准共有关系,适用人格利益的准共有规则。

二、声音权的具体内容

声音权具有以下内容:

(一)声音录制专有权

对此,史尚宽先生曾经作出过论述。他认为,声音除依著作权法,发音片(唱片)受保护外,应受人格权之保护,即未得允许,不得滥行录制他人歌唱于唱片,或于广播器广播。滥为唱片之复制,一方为著作权之侵害,他方为人格权之侵害。① 声音的录制有如肖像的摄取,正是有了可以再现的科技,声音权和肖像权才有了保护的必要性。和肖像权一样,声音权的首要内容体现在对声音的录制上。

(二)声音使用专有权

声音使用专有权包括两方面的内容。首先是精神利益的使用权,权利人对自己的声音如何使用具有支配权。这又可以分为作为和不作为两种方式,比如说朗诵、歌唱等都会给人带来精神上愉悦享受,这就是以作为的方式支配声音利益;还有,有的人想保持生活的低调,不想让其他人知悉自己的生活,那么他就不愿意将自己的声音公之于众,这就是以不作为的方式支配声音利益。

其次是财产利益的使用权,权利人可以将自己的声音进行商业化的利用,并因此而获得收益,这可以视为权利人积极利用声音权的表现。当权利人自己没有积极地将声音利益运用于商业领域,而其他人盗用或者模拟其声音运用于商业领域的时候,声音权人可以依据不当得利请求权或者侵权损害赔偿请求权请求救济,这一点突出地体现在美国的公开权制度上。

(三)声音处分专有权

当声音利益表现为一种精神利益的时候,声音权不可以被转让和许可使用。但是当声音利益表现为一种财产利益的时候,自然人也可以同他人签订有偿的声音利益部分转让或者许可使用合同。与德国法一样,美国法早期的案例也是单纯认定声音利益体现了人格尊严和人格自由,进而否定声音利益可以转让。但在美国法通过公开权承

① 史尚宽:《债法总论》,中国政法大学出版社 2001 年版,第 157 页。

认了姓名、肖像、声音等人格要素的财产价值之后，声音等个人身份中的财产价值逐渐被允许转让。这样，美国法就形成了对声音利益隐私权和公开权的双重保护机制。①

当然，在声音财产利益的许可使用上，许可使用有排他性许可使用和非排他性许可使用之分。在排他性许可使用的情况下，许可人和被许可人之间的合同具有物权效力，被许可人在不违背许可人利益的前提下具有专属使用权。② 在非排他性许可使用的情况下，许可使用合同仅仅具有债权效力。

（四）声音利益保护请求权

和任何人格权一样，如果声音权受到侵犯，那么权利人可以依据侵犯事实，依法维护自己的利益，享有声音权的请求权，主要包括声音权请求权和声音权侵权请求权。这些内容在后文进一步论述。

第四节　侵害声音权的表现形态及其保护方法

一、侵害声音权的表现形态

王泽鉴先生认为，声音语言被侵害的形态主要有三：第一，未经他人允许对他人的声音语言进行录音或使用；第二，窃听他人电话或谈话；第三，模仿他人声音而用之于商业广告。③ 我们认为，窃听他人电话或谈话不宜界定为侵犯他人声音权，窃听强调的是他人谈话的内容而非个人标识，窃听所侵犯的是谈话隐私权，而不是声音权。④ 侵犯声音权的表现形态应该主要有：

（一）歪曲

歪曲他人的声音，对声音权人的人格尊严造成了较大损害。当然这种侵权必须符合一般侵权行为的构成要件，而且主观上还需要为故意和重大过失。一般过失造成他人损害的，应该属于可容忍的范畴。

---

① 参见美国第三次不公平竞争法第46条评论g。

② 关于姓名、肖像等人格要素许可使用合同的效力，德国法上的NENA案较为典型，参见谢铭洋："论人格权之经济利益"，载戴东雄六轶华诞祝寿论文集编辑委员会编：《固有法制与当代民事法学》，台北三民书局1997年版。

③ 参见王泽鉴：《侵权行为法》（第1册），台北三民书局1999年版，第157页。

④ 谈话隐私权参见美国隐私权法。参见艾伦、托克音顿：《美国隐私权法学说、判例与立法》，冯建妹等译，中国民主法制出版社2004年版，第182～189页。

(二)偷录

未经允许私自录取他人声音和偷拍他人肖像具有同样的性质。未经同意,不得私自录制他人的声音,但法律另有规定的除外。

(三)剪接

未经允许录取他人声音,或者即使经过允许录制他人声音,但是不按照预定的目的使用,任意剪接录音记录的,为侵犯他人声音权。

(四)模仿

模仿他人声音类似于恶意混同他人姓名。如前所述,美国和德国对模仿他人声音都予以了救济,但是,并不是每一个国家都能够对声音利益做出类似的保护。荷兰有一个这样的案例:原告是荷兰一电视台因引人注目的外表、声音和语言风格而著名的娱乐节目主持人,曾经为被告的饮料产品多次说过广告词,但后来拒绝继续为该公司服务,此后却又出现了模仿他声音的广告词。但他的诉讼请求最后被驳回了,理由是该广告使用的不是此主持人的惯用语。[①] 该判决值得商榷。事实上,谈话内容的保护和声音的保护是两回事,尽管后来的模仿者没有使用与原主持人相同的惯用语,但是该主持人以前已经多次为该公司作广告和声音相似的双重事实,可以使不明真相的人误以为仍然是该主持人为该公司做广告,能够造成同一性的混淆。该判决仅仅以没有使用该主持人的惯用语而否认对其进行救济的做法不合理,该判决注重了谈话内容,而没有考虑到声音权保护的恰恰是形式,没有将同一性规则贯彻到底。其实,该案件和姓名混同案件没有什么实质性的差异。

(五)公开

未经他人允许录制他人声音,并将录音擅自公开的,或者是虽然经过他人允许录制,但是未经过他人允许公开而擅自公开的,为侵犯他人隐私权和声音权的竞合。

(六)失真处理不当

声音是一个人的身份标识,其在一定程度上表明了主体的存在,因此恶意对他人的声音进行失真处理会对他人的人格尊严造成伤害。同时,应当作失真处理而未作失真处理的,也构成对他人声音权的侵害。[②]

---

① [德]克里斯蒂安·冯·巴尔:《欧洲比较侵权行为法》(下卷),焦美华译,张新宝校,法律出版社2001年版,第113页脚注534。

② 相关荷兰案例参见[德]克里斯蒂安·冯·巴尔:《欧洲比较侵权行为法》(下卷),焦美华译,张新宝校,法律出版社2001年版,第127页。

二、侵害声音权的民法保护

(一)声音权请求权的行使

正是由于声音权是人格权的一种,所以声音权也可以适用人格权请求权的一般规定,其基本类型可以分为停止妨害请求权和排除妨害请求权。[①] 声音权请求权所针对的对象,是存在妨害行为或者极有可能存在妨害行为,而不是权利损害的结果。对于可能发生的妨害,权利人可以通过排除妨害请求权请求救济;对于已经存在的妨害,权利人可以通过停止妨害请求权请求救济。排除妨害和停止妨害这两种请求权都直接指向妨害,其目的也只是积极地预防或者保全权利人的人格权不受损害。

(二)声音权侵权请求权的行使

与声音权请求权不同,侵权请求权针对的主要是行为所导致的结果——损害。无论是恢复原状,还是金钱赔偿,都以既存的一定损害为前提;没有损害,侵权请求权就失去了存在的基础,正是"无损害,无赔偿"之谓。此外,对于侵害声音权的行为,行使侵权请求权必须符合侵权行为的一般构成要件。

(三)两种请求权的竞合

在处理声音权请求权和声音权侵权请求权能否竞合的问题上可以有两种选择:其一就是认为二者是请求权竞合。该主张认为侵权请求权包含声音权请求权的全部内容,因此当事人在进行诉讼的时候只能够择一而诉。其二就是认为二者是请求权聚合。其主张的前提是声音权请求权包括停止妨害、排除妨害等,那么在这样的情况下由于请求的内容不同,就只存在责任聚合,而不是责任竞合的问题,从而也避免了责任竞合时择一而诉造成不完全救济的制度缺陷。具体到程序法上,对十请求权的聚合可以用"客观的诉合并"或者"请求的合并"来解决,对此,《德国民事诉讼法》第260条有类似的规定可以参考。[②] 总的来讲,声音权请求权和声音权侵权请求权能否竞合,实际上是一个立法选择问题,而不是一个逻辑判断问题。我们采用责任聚合的意见。

(四)对死者声音利益的保护

对于自然人死后的声音利益也应当进行保护。至于保护的期限问题,美国一些州认可自然人死亡之后不同的公开权保护期限。例如,加州规定50年,这一期限和著作权法的保护期限类似;佛罗里达州规定为40年;肯塔基州规定为50年;内布拉斯加州认为公开权在主体死亡之后仍然存在,没有固定的期限;内华达州规定为50年;俄克

---

① 关于人格权请求权,请参见杨立新:"论人格权请求权",载《法学研究》2003年第6期。

② [德]卡尔·拉伦茨:《德国民法通论》(上册),王晓晔等译,谢怀栻校,法律出版社2003年版,第350页。

拉何马州规定为100年;田纳西州规定为10年及其后2年内无人使用为止;得克萨斯州规定为50年;弗吉尼亚州规定为20年;至于美国纽约州、马萨诸塞州等其他州的制定法没有提供上述利益的死后保护规则。[①] 而《德国著作物及照相著作物权法》第22条规定:"人之肖像,限于原像人同意时,得公布或然展览。原像人为制作自己之肖像而受报酬时,推定其为同意。原像人死亡时,死亡后如未经过十年,即须得死者亲属之同意。本法所称之亲属,谓原像人配偶及子,配偶及子不存在时,则指原像人之父母。"[②]1989年5月8日汉堡上诉法院的判决将声音的使用认定为对一般人格权的侵犯,并且不允许这种声音使用行为。通过类推,《艺术与摄影作品著作权法》第22条第2款作为在一般人格权领域的一项基本原则被广泛适用,最终保护了一个去世的著名德国演员的声音不被随意模仿。[③]

我们认为,对于死者声音利益的延伸保护期限应该分两种情况确定:

存在声音作品的,对于声音作品的作者而言,声音利益的延伸保护期限应短一些,以便协调声音权人和著作权人之间的利益冲突。参考上述立法例,10年的期限可以使声音作品的作者和声音权人之间的利益得以平衡。

声音作品作者以外的人使用死者肖像的,声音法益延伸保护期限应与延续人身法益的保护期限一致,即死者近亲属的范围。当死者的近亲属均已死亡之后,就不再予以延伸保护。

---

① 参见美国第三次不公平竞争法第46条评论h。

② 龙显铭:《私法上人格权之保护》,中华书局1948年版,第99~100页。

③ [德]托马斯·克罗泽尔:《德国法上的隐私权保护》,马特编译,本文节选自 Michael Henry ed., *International Privacy, Publicity and Personality Laws*, Butterworths press (UK), 2001,载2005年1月22~23日"中美人格权法和侵权法研讨会"会议论文集。

第二十二章　名誉权

第一节　名誉

一、名誉的概念

（一）语义学的解释

在语义学上，名和誉，均含名誉的意思。《孙子·地形篇》："故进不求名，退不避罪，唯民是保。"这里的名，即为名誉之义。《诗经·周颂·振鹭篇》："庶几夙夜，以永终誉。"《孟子·告子》（上）："今闻广誉施于身，所以不愿人之文绣也。"这里的誉，指美好的名声，亦指名誉。在古汉语中，名誉即指声名、好的名声。《墨了·修身篇》："名不徒生，而誉不自长，功成名遂，名誉不可虚设，反之身者也。"

现代汉语中称名誉与古汉语无差别，旧版《辞海》释名誉为："名为令名，誉为美誉，有令名始获美誉，因谓令名曰名誉。"令名者，即好的名声。《现代汉语词典》释为："个人或团体的名声。"[①]新版《辞海》则释之为名声。[②]

（二）法律学的解释

从法律学的角度确定名誉的概念，多有不同解说。

大陆法系一般认为，所谓名誉系指一个人在社会上的评价，并非指名誉感情（名誉感），而是由第三人的评价，对人的

---

① 《现代汉语词典》，商务印书馆1979年版，第788页。

② 《辞海》（增补本），上海辞书社1983年版，第248页。

评价不限于道德方面,也包括技术方面。

英美法系一般认为名誉(honour 或 reputation)是指具有良好的地位、声望,并为他人所尊重,或者对于人的道德品质、能力和其他品质(他的名声、荣誉、信誉或身份)的一般评价。[①] 其中 honour 指一般的名誉,reputation 含有好名誉之义,在法律学意义上,不区分这种差别。

在旧中国,学者将名誉概括为"人格之社会评价",[②]或者"为自然人及法人社会上之评价"。[③] 我国台湾地区学者对名誉界定为"他人对于特定人之属性所给予之评价,而建立该特定人之所有价值于人类社会之承认上"。[④]

中国民法学者在《民法通则》颁布以后,对名誉作了深入的研究,其主张诸如:"自然人的名誉是根据他的观点、行为、作风、工作表现等等所形成的关于他的品德、才干及其他素质的社会评价,即对他的社会价值的一般认识","法人的名誉是它整个活动过程中逐渐形成的,反映了社会对它的全部活动的总的评价",[⑤]或"名誉是自然人、法人自身素质的客观外在表现,是社会给予的真实评价",[⑥]或名誉"是社会上人们对自然人或者法人的品德、情操、才干、声望、信誉和形象等各方面的综合评价"。[⑦] 有的学者更简洁地将名誉定义为"他人对自然人或法人的社会评价"。[⑧]

上述对名誉概念的定义,基本内容相同。概括起来,名誉是指人们对自然人或法人的品德、才能及其他素质的社会综合评价。

二、名誉的内容

(一)外部名誉与内部名誉

名誉包括两个内容,即外部名誉和内部名誉。龙显铭先生指出:"普通所谓名誉,有两层含义。其一为内部的名誉,指各个人内在之价值,即人之内部的价值。其二为外部的名誉,指对于人之属性,而由他人所为之评价。"[⑨]

---

① [英]戴维·M. 沃克:《牛津法律大辞典》,光明日报出版社 1988 年版,第 418 ~ 419、768 页。
② 龙显铭:《私法上人格权之保护》,中华书局 1948 年版,第 70 页。
③ 胡长清:《中国民法债编总论》,商务印书馆 1946 年版,第 130 页。
④ 何孝元:《损害赔偿之研究》,台北商务印书馆 1982 年版,第 144 页。
⑤ 陈汉章:《人身权》,法律出版社 1987 年版,第 19、23 页。
⑥ 周国平:"关于名誉权的若干问题探讨",载《法学天地》1991 年第 6 期。
⑦ 唐德华:"谈谈审理损害赔偿案件中的几个问题",载《人民司法》1989 年第 2 期。
⑧ 王利明主编:《人格权法新论》,吉林人民出版社 1994 年版,第 401 页。
⑨ 龙显铭:《私法上人格权之保护》,中华书局 1949 年版,第 70 页。

《人格权法新论》的作者指出：广义上的名誉具有两层含义，第一层含义是指他人对特定人（包括法人）的属性所给予的社会评价，即外部名誉，为狭义的名誉；第二层含义是指人对其内在价值的感受，即内部的名誉，亦谓名誉感。①

这些论述都是正确的。外部名誉是客观名誉，是他人的客观评价；而内部名誉则是主观名誉，是对自我的价值评价。

（二）外部名誉与内部名誉的区别

外部名誉与内部名誉都是关于民事主体的价值评价，但其二者是有严格区别的。

第一，外部名誉是第三人对特定民事主体存在价值的评价，这种评价是由他人作出，存在于社会之中，具有客观的属性，有判断其损益的尺度，因而能为他人感知。内部名誉是特定民事主体对自己内在价值的感受，是自己对自己的评价，存在于特定民事主体的主观世界之中，作为一种感觉、思想、意识的形态，为自己所感知，因而为主观上的名誉。正因为如此，外部名誉才称为客观名誉，内部名誉才称为主观名誉。

第二，从权利主体上看，凡民事主体均有外部名誉，人人平等。而对于内部名誉，一方面，人与人的自我感受颇不一致，可能自我评价与社会评价相距遥远，也可能因为情感的差异而对同一种行为而感受完全相反，如对一般善意的玩笑，有人可能认为是赞美，而有人认为是诽谤；另一方面，法人作为团体组织，只有名誉而无名誉感，丧失意识的人或无民事行为能力人在主观认识能力上存在缺陷，不可能或不完全能具有名誉感。

第三，在受到侵害的表现形态上，内部名誉与外部名誉也不相同。内部名誉受到侵害，在未被他人知晓时，显然不会降低公众对该人的社会评价，不影响到受害人的外部名誉。例如，郑某系某地著名画家，为人正派，生活作风严肃，他接二连三收到匿名信，说他欺世盗名，生活作风腐败。郑某精神受到刺激，十分痛苦。后得知系同事孙某所为，自知技不如人，出于嫉妒，用此法以干扰郑某创作。孙某的侮辱行为没有公开进行，只限于二人之间，未为公众所知晓，只是郑某的内部名誉受到损害，而外部名誉并没有受到损害。而外部名誉是公众对特定主体的客观评价，侵害行为只有被第三人知晓后，方构成损害事实。

广义上的名誉所包含的这两个层次的内容，外部名誉或称客观名誉，习惯上称为名誉，即为狭义的名誉；内部名誉或称主观名誉，习惯上称之为名誉感。二者以此相区别。

---

① 王利明主编：《人格权法新论》，吉林人民出版社 1994 年版，第 401 页。

三、法律上的名誉

(一)名誉概念的发展

名誉作为法律上的概念,有一个逐步演进的过程。

在罗马法上,名誉乃指完全的人格的权利能力之外观现象,指罗马市民权的完全享有。因而,罗马法把不名誉规定为一项法律制度,使某些行为、职业或判罚导致权利能力的削减、丧失提出请求或出席审判以及担任诉讼代理人的权利,在查士丁尼法中,不名誉也导致无权从事律师的职业;此外,不名誉也导致证言效力的降低。①

在古日耳曼法,名誉则为特定人不受非难而自伴侣方面接受之尊敬。德国法上的名誉概念,系由此古日耳曼法上的名誉观而来,②因而《德国民法典》不认可名誉权,认为名誉主要应当受到刑法的保护。19 世纪,欧洲法学家把名誉和名誉感混为一谈,直至晚近,始将二者截然区别。③ 瑞士将名誉毁损作为人格权保护。法国名誉毁损既受刑法的保护,也受民法的保护。日本法院判决指出,名誉是指每个人因其自身的品行、德行、名声、信用等,所应该得到的世人的相应评价,侵害名誉为使他人的社会评价降低的一种行为。英美法则通过诽谤法的适用,将名誉毁损作为一种侵权行为类型形成了具有复杂体系的一种制度。④

现代法律学严格区分名誉和名誉感的区别,作为法学概念,法律只认名誉为名誉权的客体,不认名誉感为名誉权客体,盖因名誉感是极其脆弱的,很容易被他人的侮辱行为所伤害,对其完全予以法律保护是不可能的,也是不必要的;而名誉是客观的评价,人人均享有,其损害有客观的评断标准,法律能予以公平、公正的保护。日本学者持同样的观点,认为虽然使用了侵害名誉权的言辞,但受害人的社会评价并未由此引起下降时,通常认为受害人的名誉情感(人们对自身的人格价值所持有的主观评价)受到了伤害。但是,受害人的社会评价客观上并未降低,只不过是名誉情感受到伤害时,侵害名誉权就不成立。⑤ 这种看法十分正确。

但是,主张对名誉感也应作为名誉权客体一并予以保护的亦不乏其人,史尚宽先生在其《债法总论》中即采此主张。大陆学者也有主张:“所谓名誉感,就是指自然人对其内在价值所具有的感情和自我评价”,“作为一个完整的名誉权,不应仅仅包括名誉,

① [意]彼德罗·彭梵得:《罗马法教科书》,中国政法大学出版社 1992 年版,第 49 页。

② 龙显铭:《私法上人格权之保护》,中华书局 1948 年版,第 71 页。

③ 龙显铭:《私法上人格权之保护》,中华书局 1948 年版,第 71 页。

④ [日]五十岚清:《人格权法》,铃木贤、葛敏译,北京大学出版社 2009 年版,第 19 页。

⑤ [日]五十岚清:《人格权法》,铃木贤、葛敏译,北京大学出版社 2009 年版,第 19 页。

还应当包括名誉感”。[①] 这种主张的理由有三:一是保护自然人的名誉感是我国有关名誉权的民事立法的本意;二是名誉感与名誉一样,同样能为侵害名誉权行为所侵害;三是名誉感是自然人人格尊严的重要内容,必须予以保护。

应当强调的是,人格尊严并非名誉权的客体,而是一般人格权的客体。名誉感作为人格尊严的具体内容是可行的,但硬将名誉感认为是人格尊严,并依据《民法通则》第101条关于“自然人、法人享有名誉权,自然人的人格尊严受法律保护”的规定,解释成名誉权的客体,势必造成法律概念的混乱,混淆一般人格权与具体人格权的界限,从而导致在实务上适用法律的混乱。

(二)名誉概念的特征

名誉作为法律上的概念,具有以下特征:

1. 社会性

名誉是一种社会评价,无论从内容上还是形式上都具有社会的属性。评价的内容,源于特定主体在社会生活中的行为表现,出自公众的社会舆论,都是社会生活的反映。离开公众的社会反映,就无所谓名誉。

2. 客观性

名誉是客观的评价,即外部社会对特定主体的评价,而不是个人的自我认识。名誉的客观性是基于特定主体而言,即公众的评价相对于特定主体,是外部的、客观的,它不取决于主体内在的感情、认识和评断。

3. 特定性

名誉是公众对特定主体的社会评价,包括特定的自然人和特定的法人。名誉的特定性表现为社会评价的是“这一个”主体,而非“这些个”主体。学者有称“家庭名誉”者,即违背了名誉特定性的原理。离开特定的民事主体,则无所谓名誉,也无法进行法律保护。

4. 观念性

名誉虽具客观性特征,但它的表现形态却是观念的形态,存在于公众的观念形态之中。按照一般的哲学原理,观念形态属于主观的范畴。在这种特定的场合,其客观性是相对于特定民事主体主观认识而言,其评价具有客观的属性。因此,名誉的观念性与名誉的客观性并不矛盾。

5. 时代性

在不同的时代,人的名誉观有所不同。在封建社会,妇女从一而终、丧夫不嫁被视为名誉之大节,而现代社会对丧夫改嫁、离婚自由视之为正当行使权利。但也不应否

① 王崇敏:“自然人名誉权研究”,载《海南大学学报》1991年第1期。

认名誉观有一定的继承性,勤俭、奋斗、好学等,各时代均认其为好名声。掌握名誉时代性特点,有利于把握名誉的准确内涵。

第二节 名誉权的概念和内容

一、名誉权的概念

(一)对名誉权概念的不同界定

关于名誉权概念的界定,学者作了众多的定义。

1949年以前,中国的民法学者对名誉权的界定以龙显铭先生的定义较具代表性,他认为:"名誉权者乃人就自己之社会评价享受利益之权利也。"[①]台湾地区学者有的沿用这一定义,[②]有的则另作定义,认为:"名誉权者,以人在社会上应受与其地位相当之尊敬或评价之利益为内容之权利也。"[③]

《民法通则》颁布以后,大陆民法学者对于名誉权的界定,作了相当深入的研究,提出了一系列的定义。诸如:一是认为名誉权"为自然人或法人所享有的就其自身属性和特点所表现出来的社会价值而获得社会公正评价的权利"。[④] 二是认为"名誉权是以名誉的维护和安全为内容的人格权"。[⑤] 三是认为"名誉权是自然人或法人所享有的,有关自己的社会评价而不受他人侵犯的一种人身权利"。[⑥] 四是认为名誉权"就是自然人和法人对于根据自己的观点、行为、工作表现所形成的有关其素质、才干、品德的社会评价不可侵犯性的权利"。[⑦] 五是将自然人名誉权和法人名誉权分别界定,认为"自然人的名誉权是指自然人对自己的名誉享有不受损害的权利",[⑧]法人的名誉权是"法人就其全部活动所获得的社会评价享有的不可侵犯的权利"。[⑨] 六是认为"名誉权,是

① 龙显铭:《私法上人格权之保护》,中华书局1948年版,第70页。
② 何孝元:《损害赔偿之研究》,台湾地区商务印书馆1982年版,第144页。
③ 史尚宽:《债法总论》,台湾地区荣泰印书馆1978年版,第145页。
④ 王利明主编:《人格权法新论》,吉林人民出版社1994年版,第409页。
⑤ 张俊浩主编:《民法学原理》,中国政法大学出版社1991年版,第154页。
⑥ 佟柔主编:《中国民法》,法律出版社1990年版,第486页。
⑦ 孙亚明主编:《民法通则要论》,法律出版社1991年版,第206页。
⑧ 李由义主编:《民法学》,北京大学出版社1988年版,第568页。
⑨ 杨孜:"法人名誉权问题探讨",载《政治与法律》1988年第4期。

指公民和法人对其名誉所享有的不受他人侵害的权利”。[①]

在以上各种较具典型意义的定义中，大致可以分为四种类型：一是强调不受侵犯的权利，如大陆学者定义中的第3、4、5、6这三个定义，尽管文字表述不一致，但内容基本一致；二是强调维护和安全的权利，如大陆学者第2个定义；三是强调公正评价的权利，如大陆学者的第1种定义；四是强调享受利益的权利，如龙显铭和史尚宽的两个定义，但二者强调享受利益的内容不同，前者是就社会评价所享受利益，后者除就评价享受利益之外，还包括尊敬所享受的利益。

（二）界定名誉权概念应当注意的问题

对于上述定义应当强调指出的有以下几个问题：

第一，强调名誉权包括“应受相当之尊敬”的利益，显系不当。应受相当之尊敬，实际上是指内部名誉，即主观名誉或称名誉感。如前所述，将名誉感列入名誉权客体，失之过宽，这种主张不足取。

第二，强调名誉权是获得公正评价的权利，亦有不当。事实上，名誉所体现的社会评价，是客观的评价、是公众的评价，无法受某种统一的意志来支配，因而也无法用公正的标准去评判。名誉权所保护的利益就是保持自己已获得的评价，不使其为他人人为的因素而降低。同时，名誉利益也不表现社会评价的“获得”，而表现为已获得的社会评价的“保持”。

第三，强调名誉权具有名誉安全的内容，似有不当。安全者，乃没有危险、不受威胁、不出事故之义，[②]似不宜用于名誉保护的场合。学者使用这一用语，似意在概括名誉权包含不受侵犯之意，但这种用法，与传统的语词搭配习惯不同，如强调生命安全、健康安全和财产安全，则为适法，用名誉安全，较难接受。广而言之，姓名权、肖像权、隐私权、贞操权、配偶权、荣誉权等所有的人身权都具不可侵性，若称姓名安全、肖像安全、隐私安全、贞操安全、配偶安全、荣誉安全，人们是不能接受的。

第四，自然人名誉权和法人名誉权分开界定似无必要。这两种名誉权，在主体上不同，在名誉的具体内容上略有些微差别，但差别不大，可以在定义中适当采取办法，以示区别，没必要另定两个概念。

（三）对名誉权概念的界定

基于以上考虑，对名誉权作以下界定似更准确，即名誉权是指自然人和法人就其自身属性和价值所获得的社会评价，享有的保有和维护的具体人格权。

---

① 王利明：《人格权法研究》，中国人民大学出版社2005年版，第485页。

② 《现代汉语词典》，商务印书馆1979年版，第6页。

二、名誉权的法律特征

关于名誉权的法律特征学者也有不同的表述。一种观点认为，名誉权的特征包括与权利主体的统一性、客观性和真实性、非财产性、专有性、绝对性以及对隐私的不可公开性；[①]另一种观点认为，名誉权具有原始性、自我性、排他性和可变性特征；[②]还有一种观点认为，名誉权具有法定性、人身专有性和与财产相关联性特征。[③]

在上述学者归纳的名誉权的法律特征中，绝大多数不是名誉权的特征，而是人格权的共有特征，如固有性（即所谓的原始性）、法定性、专有性、与权利主体的统一性等。另外一些所谓特征则是不成立的，如自我性、可变性等，难说是名誉权的特征，且无法解释。至于非财产性和与财产相关联性，看似矛盾，实际上恰恰是名誉权的特征之一。

确定一个权利的法律特征，必须是概括该权利与其他相关权利所不同的特殊属性，以使其与其他权利相区别，而不是将与其他权利共有的属性认作其特征。此外，概括权利的法律特征，必须与权利客体的特征区别开，如可变性，这是指名誉的属性，而不是名誉权的属性，名誉权自自然人出生、法人成立而由主体享有，至主体消灭而丧失，如何具有可变性呢？在法理上说不通。

名誉权具有以下法律特征：

（一）名誉权的主体包括自然人和法人

名誉权是具体人格权，在人格权中，只有少数权利的主体包括自然人和法人，名誉权是其中之一。例如，物质性人格权由自然人所独有，肖像权、人身自由权、隐私权、性自主权、婚姻自主权等都为自然人所独有，这些人格权都不能为法人所享有。

（二）名誉权的客体是名誉利益

这种名誉利益，是自然人和法人就其自身属性和价值所获得的社会评价。自身属性包括自然人的品德、才能和其他素质，包括法人的经营能力、履约能力、经济效益等状况。这是名誉权区别于其他任何具体人格权的最基本特征，依此与其他任何权利相区别。例如，荣誉也是一种评价，但却是一种国家、团体或组织所给予的正式评价，而名誉则是一种公众的社会评价；名誉权是固有的人格权，而荣誉则是基于一定事实才能取得的身份权。至于其他人身权的客体，则与名誉权的客体毫无相似之处。

（三）名誉权的基本内容是保有和维护自己的社会评价

名誉权不具有肖像权、名称权那样的使用价值，只是在于保有自己的名声、维护其

---

① 周国平："关于名誉权的若干问题探讨"，载《法学天地》1991 年第 1 期。

② 关今华等：《精神损害赔偿实务》，人民法院出版社 1992 年版，第 40 ~ 42 页。

③ 王利明主编：《人格权法新论》，吉林人民出版社 1994 年版，第 409 ~ 410 页。

名声不受侵害。称名誉权的内容包括获得权，则违背了名誉权是固有权的人格权法原理，是不正确的。

（四）名誉不具有财产性但与财产利益相关联

名誉权是非财产的人格权，不具有直接的财产价值，也不能产生直接的经济利益。但是，不能就此否认所有的人格权都没有财产的关联性。最为明显的，是肖像权、名称权和信用权，其财产利益因素很明显；最不明显的，是贞操权等，几乎不具有财产的关联性。名誉权属于这两者之间，财产利益因素较为明显。这不仅表现在名誉权受损害以后主体会因补救损害而受到一定的经济损失，同时，还可能导致自然人招聘、晋级、提薪受到影响，导致法人社会信誉的降低、利润减少，均可使其财产受到损害。所以说，名誉权虽为非财产权，却与财产有关联性，就是这个道理。

三、名誉权的历史发展

（一）国外名誉权的发展

名誉权被确认为具体人格权是近现代民事立法的成果，但是对于名誉权的法律保护却古已有之。

在古代习惯法时期就有保护名誉权的规定。19 世纪后期在非洲西部黄金海岸发现了阿散蒂人的原始社会结构，在 1875 年以前的阿散蒂人法律，属于原始社会后期的法律形态，在其不成文的刑法中，有关于制裁诽谤、辱骂首领的规定。例如，辱骂一般的平民百姓是一种私法上的违法行为，但辱骂首领则成为贬损皇家祖先的犯罪。其中表露辱骂他人的意思、露骨的辱骂，乃至用手势作出蔑视他人的表示都是违法的行为，被处以刑罚或罚金。妇女骂男人是傻瓜，是一种要处死刑的犯罪，因为傻瓜的含义包含着不适合活着和担任官职，以及隐含着指责生下这种男人的祖先无能。① 阿散蒂人这些对名誉的保护，可见古代习惯法时期对名誉权法律保护之一斑。

在古印度的《摩奴法典》第八章“国王的法（二）”中，在第 267 条至第 278 条专门列“言语伤人”的法律规定。辱骂婆罗门、吠舍、刹帝利以及本种姓的再生人，分别处以罚金，依其种族不同予以不同处罚；称呼他们的名字和种姓时出言不逊，应用被烧红的 10 指长铁刺刺进嘴；妄说他人的学问、籍贯、种姓职业和身体情况的罚款 200；如果因狂妄而向婆罗门指教法，国王应把热油灌进他的嘴和两耳，称人以独眼、瘸子等，即使是事实，至少应罚 1 迦尔舍波那。②

在罗马法，早期在《十二铜表法》第八表第 1 条中规定：“以文字诽谤他人，或公然

① ［美］E. A. 霍贝尔：《初民的法律》，周勇译，中国社会科学出版社 1993 年版，第 271 ~ 272 页。

② 蒋忠新译：《摩奴法论》，中国社会科学出版社 1986 年版，第 161 页。

歌唱侮辱他人的歌词的,处死刑。”在优士丁尼法时期,规定写作、出版诽谤性的诗歌、书籍,进行侮辱,或恶意策动其事,被认作对人私犯,可以提起“侵辱估价之诉”,处以罚金。①

在伊斯兰古代法律中设有诬陷私通罪,旨在维护妇女的名誉权。《古兰经》规定,凡告发贞节的妇女而不能举出4个男子为见证人,即构成此罪,处鞭刑80,并永远不再接受其作证。②

在近现代立法中,关于名誉权的19世纪立法,反于罗马法“侵辱估价之诉”的做法,以名誉为非卖品为理由,不认名誉权受损害可以请求金钱赔偿。在这一时期稍后的德国普通法,曾承认名誉受害人可以请求损害赔偿,但后来发展为名誉权受到有形损害者,无论在普通法或地方法,均得请求损害赔偿,但仅因此而蒙受精神损害时,则无请求慰抚金赔偿的规定。在法国,立法未作名誉权保护的规定,但判例承认名誉损害的有形损害和精神损害,均可请求赔偿。在1881年,瑞士立法承认名誉权的损害赔偿,包括上述两种赔偿。③ 现代各国,绝大多数确认名誉权为具体人格权,予以充分的法律保护。英美法系的诽谤法,就是主要保护名誉权的立法。

(二)中国名誉权的发展

在我国古代,立法规定对流内议贵者、詈内外亲戚、詈父母祖父母、詈舅姑、詈夫、奴婢詈旧主等,均认其为犯罪行为,予以刑罚制裁,意旨在于保护尊者的名誉。至清末改制,《大清民律草案》于第960条认名誉权为具体人格权之一,被侵害人有权请求不属财产之损害赔偿。《民国民律草案》第267条规定:“不法侵害他人之身体、名誉或自由者,被害人于非财产之损害,亦得请求赔偿相当之金额。其名誉被侵害者,并得向加害人请求为恢复名誉之适当处分。”国民政府制定民法,以该法第267条规定为基础制定第195条,规定:“不法侵害他人之身体、健康、名誉或自由者,被害人虽非财产上之损害,亦得请求赔偿相当之金额。其名誉被侵害者,并得请求为恢复名誉之适当处分。前项请求权,不得让与和继承。但以金额赔偿之请求权已依契约承诺,或已起诉者,不在此限。”这一规定,在我国立法史上建立了完善的名誉权及其法律保护制度。1986年制定《民法通则》,在第101条确立名誉权的基本制度,在第120条确立了名誉权的保护制度;在此基础上,最高司法机关通过一系列司法解释,在司法上进一步完善了我国名誉权法律保护的体系;2009年《侵权责任法》第2条第2款规定侵权责任法保护的范围明确规定有名誉权。

---

① [古罗马]查士丁尼:《法学总论》,商务印书馆1989年版,第201页。

② 吴云贵:《伊斯兰教法概略》,中国社会科学出版社1993年版,第162页。

③ 龙显铭:《私法上人格权之保护》,中华书局1948年版,第75~76页。

四、名誉权的内容

(一)不同见解

研究名誉权的内容,首先应当研究名誉权是否应当包含隐私权和信用权。

我国现行立法和司法解释中,曾经把隐私权包含在名誉权之中。这种做法,始于最高人民法院《关于贯彻执行〈中华人民共和国民法通则〉若干问题的意见(试行)》第140条。该条规定:“以书面、口头形式宣扬他人的隐私……损害他人名誉,造成一定影响的,应当认定为侵害自然人名誉权的行为。”这种体例,也被《妇女权益保护法》等立法所采用。至1993年最高人民法院制定《关于审理名誉权案件若干问题的解答》这一规范性司法解释时,在第7条第3款又再次肯定这一做法,规定:“对未经他人同意,擅自公布他人的隐私材料或以书面、口头形式宣扬他人隐私,致他人名誉受到损害的,按照侵害他人名誉权处理。”在学说上,有的学者也赞成这种方法,如认为名誉权还具有对隐私的不可公开性,自然人的隐私,除依法必须披露者外,任何单位和个人不得随意公开,否则即造成对自然人名誉权的侵害。①

隐私权是自然人享有的一项具体人格权,是独立的民事权利,在主体、客体、侵害方式、侵害内容和保护方式上,均与名誉权有明确的界限,二者不是包容和被包容的关系,而是并列关系。我国《民法通则》没有明文规定隐私权确属立法疏漏,对此学者已有共识。最高人民法院根据侵害隐私权在很多情况下可以造成名誉权损害的特点,将宣扬他人隐私造成名誉损害的行为,比照侵害名誉权行为类推适用法律,是试图弥补立法的不完备之处,是有益的尝试,其积极意义应予以肯定。但是,名誉权和隐私权毕竟是两个不同的独立人格权,各自有自己特有的调整领域,名誉权不能包容和取代隐私权。例如,泄露、宣扬他人隐私没有造成名誉损害的,就不能类推适用侵害名誉权的法律规定,因而对于这一部分侵害隐私权的行为,就不能对行为人予以制裁,也不能对隐私权人予以有效的法律保护。

《侵权责任法》已经明确规定隐私权为独立的人格权,已经不再存在上述问题了。可以确认,名誉权的内容不包括隐私权。

也有学者主张名誉权的内容中包含信用。如龙显铭先生在《私法上人格权之保护》一书中认为,“信用乃基于人之财产上地位之社会评价,所生经济上之信赖,在我民法之解释上,应包括于名誉一概念之内”。② 这种观念应当改变,信用权不是社会评价

---

① 周国平:“关于名誉权的若干问题探讨”,载《法学天地》1991年第1期。

② 龙显铭:《私法上人格权之保护》,中华书局1948年版,第71页。文中称我民法,系指国民政府之民法。

的本身,不具有名誉权的基本特征,而为独立的人格权之一种。《德国民法典》第824条明文规定:“(1)违背真相,对事实进行主张或传播,危害他人信用或对他人的生计或前途引起其他不利益的人,即使不知其为不真实,但系可得而知者,也应赔偿他人因此而产生的损害。(2)通知人因不知通知内容为不真实而为通知者,如通知人或受通知人对此通知有合法利益时,不负损害赔偿的义务。”这种规定,可见立法者对信用权的重视程度。多数学者主张依德国法的立法例,确认信用权为独立的人格权。因而,将信用权概括在名誉权之内,作为其具体内容,是不合适的。2002年《民法草案》已经将信用权作为一种独立的人格权规定,体现了这种思想。

(二)名誉权的具体内容

名誉权的内容包括以下几项权利:

1. 名誉保有权

民事主体对于自己的名誉享有保有的权利。由于名誉是一种客观的社会评价,权利人无法以主观的力量人为地去改变它、支配它,只能对已获得的名誉予以保有。名誉保有权包括:一是保持自己的名誉不降低、不丧失;二是在知悉自己的名誉处于不佳状态时,可以以自己的实际行动改进它。名誉保有权的实质不是以自己的主观力量左右社会评价,而是通过自己的行为、业绩、创造性成果作用于社会,使公众对自己的价值予以公正的评价。

2. 名誉利益支配权

名誉权人虽然就社会对自己的评价不能够进行支配,但对于名誉权所体现的利益却能够进行支配。自然人、法人可以利用自己良好的名誉,与他人进行广泛的政治、经济交往,使自己获得更好的社会效益和财产效益;当然也可以不利用它。名誉利益的支配权不包括抛弃权、处分权,不能将名誉利益任意抛弃,也不得任意转让,更不能由继承人继承,这一点是由名誉权的性质所决定的。

3. 名誉维护权

名誉维护权就是名誉权的人格权请求权和侵权请求权。名誉权人依据人格权请求权和侵权请求权,对于自己的名誉有权予以维护。一方面,对于其他任何人有不得侵害的不作为请求权,任何其他人都负有不得侵害名誉权的法定义务。另一方面,对于侵害名誉权的行为人,名誉权人基于人格权请求权和侵权请求权,可以寻求司法保护,要求司法机关对侵权人进行民法制裁,同时对自己遭受损害的权利进行救济。

第三节　侵害名誉权责任的构成

一、对侵害名誉权责任构成的不同意见

对于如何构成侵害名誉权的民事责任，有两种不同的主张：

一是依照侵权责任构成的一般原理，确定侵害名誉权民事责任的构成。认为侵害名誉权亦须具备违法行为、损害事实、因果关系和过错四个要件。多数学者赞成这种主张，最高人民法院在《关于审理名誉权案件若干问题的解答》中采用这种主张，该司法解释第7条第1款规定："是否构成侵害名誉权的责任，应当根据受害人确有名誉被损害的事实、行为人行为违法、违法行为与损害后果之间有因果关系、行为人主观上有过错来认定。"

二是依照侵害名誉权责任构成的特点，确定侵害名誉权民事责任的构成。认为构成侵害名誉权责任，应具备三个要件，即其一，散布了有关该自然人道德品质和生活作风方面的情况；其二，所散布有关该自然人道德品质和生活作风方面的情况是不真实的；其三，所散布的不真实情况有损于该自然人的名誉。①

二、侵害名誉权侵权责任构成要件

我曾经试图采用上述第二种方法研究侵害名誉权责任的构成理论，效果并不好，而在侵害肖像权责任的构成理论研究中却有成功之处。究其原因，在于肖像使用具有其独特之处就是肖像可以脱离主体而存在，侵权行为最直接的方法为使用。而名誉却不具有这种属性，且其侵害行为具有多种表现形式，无法用更具体的构成要件去表达侵权责任的构成要件，以常规的侵权构成理论去研究不仅更为准确，而且也与司法实践的做法相统一，更具实用性。因而，侵害肖像权的责任构成，仍是违法行为、损害事实、因果关系和过错四个要件。

(一)侵害名誉权的违法行为

侵害名誉权的违法行为，必须从以下几个方面进行考察。

1.从行为的方式进行考察

看行为是以作为的方式还是以不作为的方式进行。侵害名誉权究竟是由作为构

---

① 梁慧星：《中国民法经济法诸问题》，法律出版社1991年版，第72页。

成，还是作为和不作为均可构成，主张并不相同。有的学者认为，行为只有是积极的作为行为才能构成对他人名誉权的侵害，消极的不作为行为则不能构成对他人名誉权的侵害。因为自然人的名誉是根据其属性、特征及客观表现而获得的社会评价，其名誉权的实现只要求他人客观公正评价，并不加侵害即可。因此，只有积极的作为行为才能构成侵权，消极的不作为行为不能构成侵权。《民法通则》第101条规定，禁止用侮辱、诽谤等方式损害自然人、法人的名誉。损害自然人、法人的名誉权的违法行为，必须是采用侮辱、诽谤等行为方式的违法行为，不作为的方式不能构成侵害名誉权的行为。

这种观点并不准确。侵害名誉权的基本行为方式是作为方式，这是因为名誉权是绝对权，任何人都负有不得侵犯的不作为义务。行为人违反这种不作为义务，就构成了作为的侵权行为，例如诽谤、侮辱以及其他侵害名誉权的行为，都是以作为的行为方式进行的。

但是，在特殊的情况下，法律赋予具有特殊身份的人（包括自然人和法人）负有作为的积极义务来保护他人的名誉权。在这种情况下，行为人未尽积极义务，应当采取积极措施防止侵害他人名誉权而未为之，这种不作为行为也构成侵害名誉权的违法行为。侵害名誉权的不作为行为方式的确定，主要有两种形式：

一是，行为人依其职责负有保护他人名誉权的特别作为义务，违反之，为不作为的侵害名誉权行为。

例如，新闻媒体负有真实报道事实的职责，在报道事实时必须准确，不能以虚假新闻侵害他人的名誉权，因此，对报道事实的真实性必须负有审查义务，这个审查义务就是作为的义务。新闻媒体未尽真实性的审查义务，造成新闻失实，构成不作为的侵权行为。最高人民法院《关于侵害名誉权案件有关报刊杂志社应否列为被告和如何适用管辖问题的批复》[法（民）复〔1988〕11号]指出："报刊杂志社对所发表的稿件，应负责审查核实，因此其稿件如侵害了自然人的名誉权，作者和报刊杂志社都有责任。""应负责审查核实"，就是报刊杂志社应负的积极作为义务；"因此其稿件如侵害了自然人的名誉权"，就是未经审查或审查不周而对稿件没有核实，正是未尽积极义务的不作为行为；因此而侵害他人名誉权，作者是以作为的方式侵权，而报刊杂志社却是以不作为的方式侵权，所以，"作者和报刊杂志社都有责任"。在现实生活中，这种情况是常见的。

二是，行为人基于前一个行为而产生作为的义务，违反作为义务而不作为，构成不作为的侵害名誉权行为。这种情况，主要是报纸杂志社在发表了侵权文章后，负有更正的作为义务。依其文章的体裁，发表新闻、纪实文学等真人真事作为描写对象的文章，前一个行为是不作为的侵权行为，后一个行为即不予更正的行为也是不作为的侵权行为。发表非以真人真事作为描写对象的文学作品侵权，由于编辑出版者不负事实审查义务，因而前一个行为不构成侵权，后一个不予更正、赔礼道歉的行为，单独构成不作为的侵权行为。对于后者，最高人民法院先在《关于朱秀琴等诉〈青春〉编辑部名誉权纠纷案的复函》即〔1992〕民他字第1号复函指出：《青春》编辑部在发表侵权小说以后，“不采取措施，为原告消除影响，致使该小说继续流传于社会，扩大了不良影响，侵害了原告的名誉权”。继之，又在《关于审理名誉权案件若干问题的解答》中指出：“编辑出版单位在作品已被认定为侵害他人名誉权或被告知明显属于侵害他人名誉权后，应刊登声明消除影响或采取其他补救措施；拒不刊登声明，不采取其他补救措施，或继续刊登、出版侵权作品的，应认定为侵权。”后一个司法解释文字更为准确，是确认这种不作为侵权行为的法律依据。

因此应当认为，侵害名誉权的违法行为，既可由作为方式构成，也可以由不作为方式构成；在通常情况下，侵害名誉权的违法行为是由作为方式构成的，在特殊情况下，是由不作为方式构成的。判断的标准，就是行为人应负的是何种义务。明确这一标准，就能准确地确定侵害名誉权的违法行为应由何种方式构成。

2. 应当考察侵害行为是否指向特定的人

名誉只能是特定人的名誉，因而，侵害名誉权行为应有特定的侵害对象，即指向特定的人。只有指向特定的人的行为才构成对他人名誉权的侵害；未指向特定人的行为不能认定为侵害名誉权行为。如说某行业的工作人员贪污成风、说某类企业假冒产品太多等，系泛指某方面的人，不能认定具体指向哪个人，因此不能认定侵害名誉权。特定的人包括特定的自然人和法人。有人认为，个体工商户、个人合伙享有名称权，因此也享有名誉权，这一观点值得商榷。因为《民法通则》第101条明确规定了名誉权的权利主体是自然人和法人，对此，不应作扩大解释。侮辱、诽谤个体工商户、个人合伙的，应视为侵犯该组织的各个成员的名誉，正如史尚宽先生所说：“在无法人人格之团体，则团体之名誉，结果为其团员之名誉。”①

指向特定的人，一般应包括以下几种情况：其一，指名道姓；其二，虽未指名道姓，但侵权人的表述足以使人认定为某人，如描述某人的相貌特征、语言特征、行为特征及生活和工作环境等；其三，指向某个极小的组织，如个体工商户、个人合伙等组织等，该组织成员都应视为特定的人；其四，以真人真事为素材的文学作品，如果作品所描述的人物的相貌特征、生活经历、工作环境等，足以使他人认定为某人，则作者的行为应视为指向特定的人。

3. 应当考察行为是否具有贬损他人名誉的性质

贬损他人名誉，是指对他人由其属性和特征所决定的人格进行贬低和损害，并由

① 史尚宽：《债法总论》，台湾地区荣泰印书馆1972年版，第145页。

此造成他人的社会评价的降低。行为人的行为只有具有贬损他人名誉的性质,才能构成侵害名誉权的违法性。如果行为人的行为并未造成他人社会评价的降低,即使该行为影响了受害人的名誉感,也不能构成侵害名誉权的违法性,而只能构成侵害他人一般人格权的违法性,因为名誉感不能作为名誉权的客体。例如,肖某系某医院医师、党员,因与另一女医师发生婚外性关系,该院党总支书记朴某以组织负责人的身份多次找其谈话,进行批评。肖拒绝批评,不承认错误。党组织决定,在党小组会上对肖进行批评帮助,在肖拒不承认错误的情况下,朴某公布其错误事实。肖认为朴某故意整人,侵害其名誉权,中途退场,到法院起诉。在这一案件中,朴某以组织负责人的身份对肖进行帮助,并在组织生活会上对其所犯错误进行批评,事实也经组织调查,完全是善意的批评,行为不具有贬损其名誉的性质,故不构成侵害名誉权。

4. 应考察行为是否违法

行为违法的判断标准,有人认为:"不仅要以宪法和现行的民事法规为依据,而且要以社会主义道德准则为依据。"按此观点,确定侵权行为的违法性,除了法律规范,还有道德规范,这一主张是不准确的。名誉权是自然人、法人的绝对权,《民法通则》已作了明确的禁止性规定。任何人违反《民法通则》第 101 条规定,对自然人或法人进行侮辱、诽谤,使其名誉受到损害,这种行为就具有违法性,这是唯一的判断标准。可见,侵害名誉权行为的违法性须是违反《民法通则》第 101 条的禁止性规范,以及《民法通则》第 5 条关于保护自然人、法人合法的民事权益的保护性规范。不违反上述法律规定的行为,不构成侵害名誉权的违法行为。

(二)侵害名誉权的损害事实

侵害名誉权的损害事实包括以下三个层次:

1. 名誉利益损害

既然名誉是一种社会评价,那么,认定行为人的行为是否造成他人名誉受损,不应以受害人的自我感觉而应以行为人的行为是否造成受害人的名誉受损为判定依据。正如史尚宽先生所指出的:"故决定对于他人之名誉有无毁损,不仅以其行为之性质上一般的是否可为毁损名誉,尚就参酌主张被毁损之人之社会地位,以决定其行为对于其人之名誉是否可为毁损,即应为个人之具体的决定。有名誉之毁损与否,非依被害人之主观,应客观的决定之。"①

名誉损害是一种无形的损害,如何确定这种损害,我国学术界有不同的主张:(1)认为受害人因加害人的行为产生精神痛苦,就可以认定受害人的名誉权受到侵害。(2)认为可采取举证责任倒置的办法,即受害人仅负有证明侵权事实存在的责任,而由

① 史尚宽:《债法总论》,台湾地区荣泰印书馆 1972 年版,第 145 页。

加害人证明受害人的社会评价没有下降，若不能证明这一点，就要由加害人承担责任。(3)认为只要能证明有损名誉权的行为存在，不需证明实际损害发生，即可认定损害名誉权，因为根据一般人的经验可以推断其损害后果。

对此，我的看法是，应以侵害名誉权的行为是否为第三人知悉为认定名誉利益损害的标准。原因是，名誉是一种观念，它存在于公众的心里，公众如果不把这种心理表现出来，则实际后果是难以确定的。对受害人来说，要其提供证据证明其名誉损害的实际后果更为困难，因而，应当以能够举证证明的客观事实，作为认定名誉利益损害的标准。侵害名誉权的行为为第三人所知悉，该行为即作用于公众的心理，因而必然产生降低受害人社会评价的后果。通过侵害事实被第三人知悉的证明，推定名誉损害事实的客观存在，是一个切实可行而又公允、合理的标准。英美侵权法确立"公布"作为认定名誉毁损事实的标准。"公布"，是指将侮辱言词传达给第三者。美国《侵权法第二次重述》第577条规定："公布事项的诽谤，是指将诽谤内容以故意或过失行为传达于受诽谤以外的第三人。"[①]在对该条的注释中指出，即使将诽谤言词传达给被诽谤者的代理人和仆人，亦构成名誉毁损。这些做法是值得借鉴的。

名誉是公众对特定人的评价，贬损他人名誉的行为必须为受害人以外的人知悉，才能导致对受害人的社会评价的降低；如果行为不被受害人以外的人知悉，不能构成侵害名誉权的行为。受害人以外的人是指任何第三人或较多的人，人数不限。名誉作为公众对特定人的评价，主要以公众的一般观念为标准，这种观念是存在于公众心理之中的，而公众的心理有时表现出来，有时并不表现出来，所以，只要第三人知悉就可以认定受害人的名誉在其心目中产生了影响。第三人知悉后是否向其他人传播，是否在大庭广众之下实施侵权行为才为"公布"，均不论。只要有当事人以外的任何第三人知悉，就足以影响受害人的社会评价，至于知悉人数多少，是否在大庭广众下进行，只能表明行为影响程度和损害程度而已。

在认定行为人的行为被受害人以外的人知悉的时候，应注意以下问题：

第一，行为人所实施的侮辱、诽谤行为因行为人的过错而为受害人以外的人知悉构成毁损名誉；如果由于受害人的过错而为受害人以外的人知悉，则不构成毁损名誉。例如，某甲以寄信方式对某乙以虚构事实进行侮辱和诽谤，信直接寄给某乙。某乙未通过正当途径向领导反映，也未向司法机关告发，而是在周围群众中传述某甲的行为，被他人知晓某甲的行为以后，某乙才向法院起诉，要求保护其名誉权。某甲仅仅针对某乙实施了侮辱、诽谤行为，由某乙加以传播而为他人知晓，不能构成对某乙名誉权的侵害，而是构成对一般人格权的侵害。因为行为人的行为并未直接导致受害人的名誉

① 美国法学会：《美国法律整编・侵权行为法》，刘兴善译，台北司法周刊杂志社1986年版，第475页。

受损，虽然受害人的社会评价客观上被降低了，但行为人对这一后果并无过错，而社会评价降低的过错仅仅在受害人一方。

第二，侮辱和诽谤行为构成对他人名誉权的侵害，仅以这些行为被受害人以外的人知悉就足以认定，至于这些行为是公开的还是非公开的，则不予考虑。

第三，行为人所实施的侮辱、诽谤行为，为行为人的近亲属所知悉，也应视为被受害人以外的人知悉。有人认为，行为人的传述被行为人的配偶及其他家庭成员知悉，考虑到他们之间的特殊的、亲密的关系，不应认定为侵害名誉权的行为。行为人的近亲属知悉，也会影响他们对受害人的评价，因此，构成对受害人名誉权的侵害。当然，行为人的传述除被其近亲属知悉外，还必须被受害人自己知晓，如果受害人不知晓行为人的传述行为，不可能意识到权利受到侵害，也无从提起诉讼。

在实践中，侵害行为被受害人以外的人知悉为成立条件，受害人以外的人知悉，足以表明受害人的名誉在他人的心目中受到影响，受害人的社会评价已被降低。因此，无须证明实际损害后果的成立。在审判实践中，人民法院受理名誉侵权案件，在审查原告起诉的事实依据时，不能苛求原告提供名誉损害的实际后果的事实依据。

2. 精神痛苦的损害

精神痛苦损害是指受害人因加害人的侵害名誉权行为而遭受的感情损害。在侵害自然人名誉权的情况下，精神痛苦的损害包括自然人心理上的悲伤、怨恨、忧虑、气愤、失望等痛苦的折磨。精神损害是侵害自然人名誉权的间接后果，它以名誉损害为前提，又是名誉损害的外在表现。这种表现有时是明显的，如受害人在受到侮辱、诽谤时，当场昏厥；在受到侮辱、诽谤以后，郁郁寡欢、萎靡不振等。但在有的情况下，这种表现并不明显，比如，有的受害人喜怒不形于色，而只是在内心深处承受精神痛苦。由于受害人的文化程度、思想状况、涵养不同，承受外来刺激的能力大小就不可能一样，在同等条件下，对侮辱、诽谤行为的反应也就不同。因此，在确定精神损害程度的时候，就不能只考虑受害人对侵害名誉权的行为的反应是否强烈，受害人是否把自己的内心痛苦表现出来，还应当考虑侵权行为在一般情况下可能给受害人造成的精神痛苦，具体包括加害人的主观状态、加害行为的情节及手段、行为内容的恶劣程度、影响范围的大小等。侵害法人名誉权的损害，不具有精神痛苦的损害事实。

3. 财产利益的损失

侵害名誉权也往往造成受害人财产上的损失。财产损失是侵害名誉权的又一间接后果，往往与受害人的工作性质、经营状况等因素有关，因此不能一概而论。自然人因名誉权受侵害而造成的财产损失一般应包括：接受医疗而支出的费用，因误工而减少的收入，被降级、降职及解聘而减少的收入等。法人因名誉权受损害而造成的财产损失一般应包括：合同被解除而带来的损失，客户减少及客户退货的损失，顾客减少导致的营业额降低等。对财产损失的认定,应主要依据当事人提供的有关证据,并通过对具体情况进行具体分析来认定。对自然人的财产损失,应主要依据其医疗费收据及医院诊断、单位出具的误工证明、被降级、降职、解聘的决定来认定。对法人的财产损失,贷款被拒付、货物被退回、合同被解除的财产损失可以直接进行计算;对客户和顾客减少的损失,则应依据名誉被损害的前后营业情况以及与同类行业同期收益进行比较来认定。有的企业,虽然名誉受到显著损害,但营业额并未减少,甚至较以前及同类企业同期收益都有所增加,对此,不应认定其因名誉权被侵害而遭受财产损失。

（三）侵害名誉权的因果关系

侵害名誉权的违法行为与损害事实之间的因果关系具有特殊性。这主要表现在,很多违法行为不是直接作用于侵害客体而使其出现损害事实,而是经过社会的或者心理的作用,达到损害受害人名誉利益和精神痛苦的结果,没有社会的和心理的这一中间环节,一般难以出现这种后果。例如,加害人夜晚在墙上涂写诽谤他人的文字,随后被雨水冲掉,无人见到,受害人的名誉利益就没有受到损害;诽谤他人的事实未被第三者知悉,也不产生社会评价的损害后果。这一特点,在判断侵害名誉权的因果关系上,应特别予以注意。

在侵害名誉权的因果关系上,还不能特别强调其必然性的直接因果关系,因为有些侵害名誉权损害事实的出现,不是行为的直接原因,不具有必然性。例如,原告吴某系某化工厂干部,与被告某贸易实业公司的职工周某关系密切。周某违反劳动纪律,被告对周给予行政严重警告处分。被告在处分决定中说,吴某道德品质不好,喜新厌旧,与原妻离婚后,与一名女司机非法同居,因感情不和分手后,周某竟与其经常非法同居,造成很坏影响。吴某获悉这一消息并见到这一决定后,认为被告的行政行为超越职权,捏造事实,公然诽谤自然人的名誉,应当承担民事责任,故向人民法院起诉,请求人民法院责令被告撤销该决定,为其恢复名誉,并赔偿名誉损失。经法院调查查明,原告离婚非因喜新厌旧,亦未与周某非法同居,只是与女司机确因准备结婚而同居过。法院认为,被告超越行政职权,在行政行为中对外单位职工的道德品质问题作出评价,且主要事实失实,侵害了原告的名誉权,应当承担民事责任。被告承认自己的错误,愿意撤销该决定,并向原告赔礼道歉,双方协议赔偿名誉损失。在这一案例中,被告的处分决定是对周某作出的,是正常的维护劳动纪律的行政行为,但该决定中涉及对原告吴某的道德评价,间接地引起了吴某的名誉权损害事实。这种因果关系与一般侵权责任因果关系明显不同,应当特别注意。

侵害名誉权行为与损害结果之间的因果关系也是多样性的。表现为多因一果的大致有:多个加害人同时实施同一侵权行为,如多人对同一受害人实施侮辱行为;多个加害人分别实施同一侵权行为，如某人撰写侮辱和诽谤他人的文章，某报刊将其登载；多个加害人共同或分别实施不同的侵权行为，如某甲诽谤某乙有婚外性关系，某丙同时诽谤某乙贪污；加害人的侵权行为与被害人的自身原因导致同一损害结果，如某甲对某乙进行辱骂，某乙心脏病复发以致住院而支出大量医疗费。表现为一因多果的主要有：一种侵权行为，不仅造成受害人名誉的损害，往往同时造成受害人的精神损害以及财产损失。掌握因果关系的多样性，有助于在实践中准确分析侵权责任的构成，确定共同侵权人的责任份额。

（四）侵害名誉权行为的过错

确定侵害名誉权责任的归责原则是过错责任原则，不适用过错推定原则和无过错责任原则。因而，构成侵害名誉权责任必须具备过错要件，并且须由受害人予以证明。

侵害名誉权的过错包括故意和过失两种形式。故意侵害名誉权构成侵权责任，过失侵害名誉权的也应承担民事责任。这是因为，侵权民事责任的立法宗旨是充分、有效、全面地保护当事人的合法权益，禁止以任何方式从事法律所禁止的行为，一旦因加害人的侵权行为造成他人的名誉损害，就应当予以恢复和补偿，而不论加害人是出于故意还是过失。此外，认定名誉权是否被侵害，是以受害人的社会评价是否降低为依据的。过失侵害和故意侵害一样，都能使受害人的社会评价降低，并能造成受害人的名誉、精神损害及财产损失，因而，过失侵害名誉权也应承担民事责任。

在现实生活中，过失侵害名誉权的案件占名誉侵权案件的相当比例。而在过失侵害名誉权案件中，大多数又都是通过广播、电视及报纸杂志、互联网等新闻媒体侵权。这类侵权行为具有传播范围广、对公众影响大等特点，因此，对受害人的名誉损害也就更严重。如果不以侵权行为论处，侵权人不承担侵权责任，受害人的合法权益就无法得到全面保护。

第四节　具体的侵害名誉权行为

一、诽谤

诽谤，是各国立法公认的侵害名誉权行为。对于诽谤，有众多的定义。哥伦比亚大学新闻学院给诽谤下的定义是：“诽谤是以文字、印刷品或其他可见的方式损害他人名誉的行为。"[①]美国纽约州刑法第 1340 条对诽谤规定的定义最具权威性,在全美国被引用得最多,它规定:"怀有恶意出版文字、印刷品、图片、画像、标记或其他非口头形式的物品,使活着的人或对去世的人的追忆,受到憎恨、蔑视、嘲笑或指责,使他人受到孤立或有受到孤立的倾向,或使他人或任何公司、社团在经营或职业上的声誉受到损害的倾向,皆为诽谤。"在英国,诽谤是指通过向第三者传播虚假事实而致使他人声名狼籍,旨在非法损害他人名誉。认为诽谤法保障的利益是他人的尊敬,要构成诽谤,所说的必须令他人对被诽谤者的评价降低,通常由指控他做了不光彩的事所构成。[②] 英国法对诽谤的定义比较准确,可以借鉴。

诽谤的方式分为两种:一是口头诽谤,即通过口头语言将捏造的虚假事实加以散布,使他人名誉受到侵害;二是文字诽谤,即通过文字把捏造的虚假事实进行散布,败坏他人名声。

这两种诽谤侵权方式,既可以构成对自然人名誉权的侵害,也可以构成对法人名誉权的侵害。对自然人进行诽谤一般表现为:出于妒嫉或报复而捏造并散布有损他人名誉的虚假事实;在新闻报道中捏造有损他人名誉的虚假事实;在文学作品中编造损害他人名誉的虚假情节等。对法人进行诽谤一般表现为:捏造并散布有损法人名誉的虚假事实;侵权单位以公函或广告虚构事实,诽谤法人声誉,在电视、广播、报纸、互联网等新闻媒介的报道中虚构事实,损害法人名声等。

诽谤的内容,包括一切有损于他人名誉的事实,如诬蔑他人犯罪、品德不良、素质能力不高、企业形象不佳等均是。判断的标准是,某种言论如果经社会中具有正常思维能力的成员判断,认为有损于他人的名誉,该言论即为诽谤。诽谤的范围,无须较大范围的散布,以第三人知悉为最低限度。

二、侮辱

侮辱行为不仅是构成侵害名誉权的行为,还是构成侵害身体权、一般人格权的行为,因而是一个很复杂的行为。

第一,应当说明什么叫侮辱。从一般的语义上理解,侮辱是使对方人格或名誉受到损害,蒙受耻辱。从法律上来理解,马克思在 1849 年《新莱茵报》案件的诉讼中,曾根据《法兰西刑法典》对侮辱、诽谤作了一段深刻而生动的解释。他说:"诽谤指的是什么呢?指的是把某些事实归罪于某人的詈骂。侮辱指的是什么呢?指的是谴责某种

---

① 中国社会科学院新闻研究所、北京新闻学会编:《各国新闻出版法选辑》,人民日报出版社 1981 年版,第 200 页。

② John G. Fleming:《民事侵权法概论》,何美欢译,香港中文大学出版社 1992 年版,第 173 页。

缺陷和一般的侮辱性言词。如果我说:'你偷了一个银匙子',那么照刑法典的理解,我就是对你进行了诽谤。如果我说:'你是一个小偷,你有偷窃的习惯',那我就是侮辱了你。"这段话准确地划分了诽谤与侮辱之间的区别。一般说来,诽谤只包括语言的方式,侮辱既可以是以行为方式进行,也可以是以语言方式。当侮辱是以语言方式进行的时候,二者之间的区别是,诽谤的言词是无中生有,"无事生非";而侮辱则是将现有的缺陷或其他有损于人的社会评价的事实扩散,传播出去,以诋毁他人的名誉,让其蒙受耻辱,可以称之为"以事生非"的言词。

第二,语言分为三种形式,即口头语言、书面语言和动作语言。其中动作语言是依靠身体做出某种动作而表达特定的思想,这也属于语言的范畴。曾经有人认为口头语言是思想而不是行为,因而不应承担法律责任,这是不正确的。思想是存在于人的头脑中的意念,并没有表达出来,当然不是行为;把思想用语言形式表达出来,这就超出了思想的范畴,成为具体的行为;同样,将思想通过书面的文字和身体的动作表达出来,也是具体的行为;三者之间并没有质的差别。这三种语言形式,都能成为侮辱他人的方式。

第三,以语言形式侮辱他人,多指口头语言形式,而书面语言的形式,如大字报、小字报、匿名信等,通常把它们理解成构成侮辱的特定行为方式。在实践中,对于以身体的动作语言方式侮辱他人的行为不够重视,实际上以身体的动作语言同样可以成为侮辱他人名誉的行为。

第四,以口头语言或动作语言侮辱他人人格的,应当具备"达到一定程度"的条件才能构成侵害名誉权,不能稍有侮辱他人人格的言词就以侵害名誉权处理。所谓达到一定程度,可以从语言的激烈程度上看,也可以从语言的内容看,还可以从造成的后果看。当语言内容比较恶毒,或者语言攻击十分激烈,确实造成了受害人人格的严重损伤,使受害人的精神造成严重创伤的,即可确认该侮辱语言达到了一定程度,确认其侵害了他人的名誉权。

在审判实践中要注意纠正一种错误做法,就是不重视对确曾有过过错行为的人的名誉权保护。譬如某人过去有过通奸行为,当有人当众宣扬此事以诋毁其名誉的时候,有些人往往认为这种宣扬是事实,没有什么可保护的,这是不正确的。法律保护人的名誉权不受侵犯,当然包括有过一定错误的人。当利用他人曾有过的错误行为来破坏该人名誉的时候,法律同样予以保护。例如,原、被告均系某矿务局工人,原告张某(女)与被告邹某的丈夫王某于1987年12月结伴去某疗养院疗养,回来以后,邹某怀疑张与王有不正当男女关系。翌年5月,邹对张的妹妹和张所在单位领导散布张、王去疗养时有不正当男女关系等言论,还向张的单位递交了同样内容的书面材料,要求对张从严处理。某日,邹与张相遇,邹当众人面辱骂张是"破鞋"、"骚货"、"勾引他人丈夫”等，张质问，双方争吵、厮打。张气得口吐白沫，后向法院起诉，请求判处张赔偿精神损害、消除影响、恢复名誉，受诉法院支持了原告的请求。

用行为方式侮辱他人，也能够造成名誉权的损害。李某的丈夫与原告刘某某同事，在一起工作多年，李怀疑该二人有不正当男女关系，曾多次向有关领导反映。经调查，予以否定，李某认为领导袒护他们，便想办法报复刘某某。某日，原告刘某某与贾某举行婚礼，宴请宾朋，李某自制一个花圈，题写一副挽联系于花圈两侧，并置于一个大纸盒内，托一不相识的男孩送到结婚典礼的仪式上。二原告交换完结婚礼物后，接过该男孩手中的礼品盒，打开一看，新娘顿时气得晕厥在地。宾客见状纷纷退席，致使亲婚夫妇蒙受耻辱。后二原告向当地法院起诉，请求被告赔偿二原告的名誉损失。在他人婚礼上送花圈进行报复，其目的也是贬损受害人的名誉。这种行为违反了保护名誉权的法律规定，应认定其行为的违法性质。

其他侮辱行为，如向他人脸上吐唾沫、泼粪便、剥衣服等，是对身体权的侵害；强令他人从胯下爬过，是对一般人格权的侵害。这些行为不是直接侵害名誉权，应当注意区别。

三、新闻报道失实

最高人民法院《关于审理名誉权案件若干问题的解答》第 7 条第 4 款规定：“因新闻报道严重失实，致他人名誉受到损害的，应按照侵害他人名誉权处理。”这一司法解释是正确的。其判断标准，就是新闻报道是否失实，失实的报道是否造成了受害人名誉权的损害。相反，对于正当的报刊发表文章进行舆论监督，内容真实或基本真实，则不构成侵害名誉权行为。本书对媒体侵权已经作了详细阐释，不再赘述。

四、文学作品使用素材不当

创作文学作品时，故意用小说等文学作品侵害他人名誉权的，为诽谤；作者使用素材不当，损害生活原型人的名誉权的，也构成侵害名誉权。例如，被告金某于 1987 年用笔名在被告文联主办的文学刊物上发表一篇中篇小说，用真名在被告杂志上修改了该小说的题目，再次发表。该小说以原告已故的亲属康某的谐音姓名和主要经历，以及真实部落、部落首领及其家庭成员的名字，编造一系列的故事。例如，康某幕后策划某部落的叛乱，他吃亲妈的奶、同胞的血、外人的肉，杀死未婚女婿等。小说还对康某的弟弟化某、儿子尕某（均为原告）、女儿拉某的隐私生活进行了不同程度的描写。小说发表后，引起了康某家庭成员和有关知情人的强烈不满，既侵害了死者的名誉权，也侵害了原告的名誉权，造成了严重后果。原告起诉到法院，要求被告刊载道歉声明，恢复名誉，消除影响，并赔偿损失。法院经审理，确认原告的诉讼请求成立，被告行为构成侵害名誉权,判决三被告以书面形式在原发表作品的刊物上刊载道歉声明,赔偿原告损失。

五、无证据而错告或诬告

故意无证据而错告他人,造成被告发人的名誉权损害的,构成侵害名誉权。处理这种无证据而错告他人的侵害名誉权案件,应认真处理举证责任问题。

对于所告的事实的真实性应当由被告证明。按照举证原则转换的规则,在原告举证以后,应由被告对所持的答辩理由予以举证。被告为要反驳原告的起诉,就必须证明原告确有所告的事实,不然其答辩就难以成立。如果被告证明原告确有所告的事实,则原告应当承担相应的法律责任,原告须承担败诉结果。如果被告证明不了原告确有所告的事实,则被告败诉,原告胜诉。

有人认为,原告既然认为自己没有所告的事实,就应当自己加以证明,这种观点不正确。以刑事诉讼为例,自诉人或者公诉人起诉被告人有罪,证明责任在于自诉人或者公诉人,被告人不承担证明责任。自诉人或公诉人举证不足,被告人即不承担刑事责任。在这里,并没有让被告人证明自己无罪,这是无罪推定原则的体现。按此推论,原告被诬陷,亦无须自己证明无罪。在民事诉讼证据理论中,有一种积极主张者负举证责任的观点,认为谁提出积极主张谁负举证责任,没有提出积极主张或者持消极主张一方的不负举证责任。积极主张,是指对实体法律关系或诉讼法律关系的确立、变更或终止,或与法律关系有关的法律事实、理由方面提出的肯定的、正面的主张;消极主张则是对积极主张的否定。所告的事实,积极主张者是被告,原告持消极主张。从这一观点出发,对于所告的事实也应由被告负举证责任,原告不应负举证责任,如果原告愿意举证当然也是可以的。

例如,岳某与朱某(女)系多年邻居,双方关系密切,经常来往。岳某愿意打牌,经常到朱家打麻将,对朱家的环境很熟悉,朱某对岳也不戒备。某日,岳又在朱家打麻将,至深夜方归。次日清晨,朱某发现其家大衣柜中的一笔现款不见了,因昨日无他人来,便认为是岳将此款偷走,因此找到岳,让岳将钱交出来。岳予以否认,双方争吵起来,引起数人围观。朱向岳的单位领导诉说了自己的怀疑,请领导帮助做工作,动员岳某交出钱款。岳某听了领导的劝告后,十分生气,到法院起诉朱某侵害其名誉权。诉讼中,被告朱某承认自己说过岳某偷钱,其证据是岳知道她的大衣柜中放的钱,也知道朱的钥匙存放处,而且岳已离婚,正等再婚用钱;岳某对被告提供的证据表示同意,但认为这些证据并不能证明自己偷钱;故法院认为被告举证不足。在调解中,朱某承认自己没有证据证明原告偷钱,因而向原告赔礼道歉;岳某表示谅解,撤回起诉。

法院对这一案件举证责任的处理是正确的。原告在起诉中,应对自己的积极主张提供证据，对于否定的消极主张不必提供证据。相反，被告主张原告侵犯其财产权，则必须提供证据，举证不足，则原告胜诉。被告所提三项证据但不能确实证明其偷钱，因而举证不足，应当承担败诉的后果。当然，撤诉是原告对其诉讼权利的处分，也是应当准许的。

在一般情况，有一定的证据或怀疑有一定根据的控告，经查不实，为错告，可以不承担侵权责任。但错告他人又四处扩散，侵害他人名誉的，构成侵害名誉权。这是因为：

其一，错告，可能是因为道听途说、事情变化或判断错误而使告发失实，主观上只是过失，而无侵害他人名誉权的恶意。错告以后又四处扩散，如果是追求败坏被告发人声誉后果的，则在主观上具有恶意；如果已知告发不实还予以扩散，则有可能是直接故意，也可能是过失；如果不知告发不实而扩散，则可能是重大过失。无论何种情况，都具有主观上致害他人名誉权的过错。

其二，错告，接受告发的只是组织或领导，一般不会向外扩散，不会造成损害名誉权的后果；如果有关人将错告内容传播出去，造成侵害他人名誉权后果的，应由传播人承担责任，错告人通常不承担责任。错告以后又四处扩散，就使所告不实的事实扩散到组织、领导以外的范围，与散布谣言、诽谤他人的侵害名誉权行为没有太大的区别，客观上造成了侵害他人名誉权后果的，就构成侵害名誉权的民事责任。

分清诬告还是一般的错告，应掌握以下标准：第一，主观标准。诬告应当具有明确的动机和目的，主观上有陷害他人的主观故意，这种故意表现为通过诬告使被告发人受到法律处分或不利于被告发人后果的意图，其动机如挟嫌报复，栽赃陷害，或者为了满足某种个人的私利。错告的主观意图则是为了维护法律秩序，与错误行为进行斗争，向上级领导或有关部门反映情况，主观上是善意的，并无侵害他人名誉权的主观意图。第二，客观标准。诬告的客观方面表现为捏造事实，向有关机关进行虚假告发。错告则是由于告发人情况掌握不准而使告发失实，可能是因为道听途说，或者告发的事情中途发生变化，或者告发人的分析判断错误等。

通过这两个标准，就可以确定向领导反映他人的错误是属于诬告还是错告。诬告，造成了侵害他人名誉权的结果，构成侵害他人名誉权的民事责任，严重的还应追究刑事责任。对于错告，一般不构成侵害名誉权责任；但错告者将错告内容不仅反映给有关组织，而且还向其他人扩散，造成被告发人名誉损害结果的，应承担民事责任。例如，原告朱某与被告章某的妻子冯某系同事，二人关系密切，经常来往，被告对二人之间的关系产生怀疑。被告从冯某的衣袋中发现一块沾有粘液的手绢，觉有异味，便怀疑冯某与朱某有婚外两性关系，遂将该手绢收藏，对冯进行追问，夫妻关系日趋紧张。数日后，被告来到原告朱某的单位，找到该单位领导，在该单位的总机房单独向领导反映了上述情况及自己的怀疑,并要求组织对手绢的痕迹进行检验。次日,朱某单位的领导找其谈话,而朱某已于日前从冯处得知了章某向领导反映的情况,即认为章某在该单位对他侮辱诽谤,向法院提出起诉,要求追究被告侵害名誉权责任。

章某向原告所在单位反映自己的怀疑,从其主观上看,章某不是有意陷害,意图使其受到处罚;从客观上看,其反映的问题是有一定根据的,而不是捏造事实作虚假告发,同时仅限于向有关领导反映而未作扩散,因此,不构成侵害名誉权的民事责任。人民法院认为被告的行为正当,不存在侮辱、诽谤的问题,不构成侵害名誉权,判决驳回原告的诉讼请求。

六、过失致人名誉权损害的其他行为

过失致他人名誉权以损害,亦构成侵害名誉权责任。例如,医院误诊他人有性病,并通知所在单位采取隔离等措施,是一种不负责任的做法。从主观上分析,医院及其医生不具有通过这种诊断而损害当事人名誉的故意,但是,由于其诊断中的过失,而造成了医院、医生对保护他人名誉注意义务的违反,存在重大过失,也违反了保护自然人名誉权的法律规定。当这种行为造成了患者名誉权损害的结果时,医院及其医生应当承担侵害名誉权的侵权责任。

第五节 侵害名誉权的损害赔偿

一、赔与不赔的标准

侵害名誉权的损害赔偿,确定的原则与精神损害赔偿责任的方法一致。这里仅就侵害名誉权精神损害赔偿的几个具体问题予以说明。

首先,确定赔与不赔,除应考虑受害人是否有精神损害赔偿的请求外,还应当有适当的标准。对此,有不同的主张和做法。一是适当范围说,主张侵害名誉权限于适当的范围以内,没有加以扩散,没有超出适当范围的,不应予以赔偿。至于适当范围,是指加害人与受害人之间,超出这一范围让第三人知道,就是超出适当范围。二是后果痛苦说,认为适当范围说不能接受,因为它解决不了侵害名誉权虽在适当范围;无论侵害名誉权在什么范围进行,只要造成了受害人的精神痛苦的,就应予以赔偿。三是侵权行为出现说。这一主张认为适当范围说和后果痛苦说都无法确切掌握,因而主张侵害名誉权的行为一旦出现,就应赔偿。后一种主张明显违背对精神损害赔偿应适当限

制的原则,扩大了赔偿的范围。因而以上三种主张都不可取。

对于这一原则性标准的具体掌握不能以简单化的方法来解释,而应当综合评断。在审判实践中,应当从以下三个方面掌握:

第一,从侵害情节来考虑,侵害情节较重,造成严重后果的,可以考虑予以赔偿。从情节上看,主观上具有故意,如为泄私愤或图报复,以及具有其他恶劣动机、目的,侮辱、诽谤他人,败坏他人声誉的,或者因重大过失造成上述精神损害的,也应视为较重情节。从手段上看,使用的手段比较卑劣,无中生有、制造假证、栽赃陷害、编造不堪入耳的谣言、绘制不堪入目的画图、当众羞辱等,都属于情节较重的手段。从后果上看,败坏了受害人的声誉,致使受害人痛苦不堪、无颜见人,或者致使家庭和睦受到影响,或者晋职涨级受到妨碍,或者其形象、声誉受到损害的。以上这些都是侵害名誉权的严重情节,可予以赔偿损失。我在《中华人民共和国侵权责任法司法解释草案建议稿》第41条解释"严重精神损害"概念时认为:"具有下列情况之一的,可以认定为侵权责任法第二十二条规定的严重精神损害:(一)受害人因侵权行为造成死亡、残疾或者重伤的;(二)姓名权、肖像权、名誉权等精神型人格权或者身份权受到侵害,造成不良社会影响的;(三)侵害其他人格、身份权益,造成社会不良影响,或者给受害人的生活造成较大影响的;(四)因侵权人的行为使受害人遭受医学上可证明的生理或精神损伤的。"这个意见可供参考。

第二,从受害人的谅解程度考虑。精神损害赔偿的目的之一,在于慰藉受害人的精神创伤。在具体的案件中,经过适当的工作,如果责令加害人承担非财产责任后,受害人能够谅解,就说明受害人的精神创伤已经平复,可以不予以赔偿。具备前项情节而受害人不予谅解的,应当予以赔偿。

第三,从加害人认错态度考虑。责令加害人承担经济赔偿责任,从另一角度看,是国家对违法行为人的制裁。侵害名誉权的加害人能够认识错误,如果也取得了受害人的谅解,说明已经达到了教育的目的,可以不予以制裁。如果受害人谅解而加害人仍不认识错误,则不能因为受害人精神创伤的平复而对违法行为不予以制裁,仍应责令加害人承担赔偿责任。

在上述三个标准中,第一条是基本的,是确定赔与不赔的主要标准;第二条和第三条是依据第一条确定应赔以后,还可以不赔的条件。

二、造成受害人的精神错乱的后果的处理问题

公开诽谤他人,造成了受害人一时性精神错乱,是否应当给予赔偿名誉损失,首先要看有没有侵害名誉权的损害事实,然后就这一具体的损害事实观察,是否应当赔偿。这一行为如果侵害了受害人的名誉权,按情节等确定精神损害赔偿的诸要素来衡量是应予赔偿的,就应当赔偿名誉损失;反之,则不应赔偿。一般地说,公开诽谤他人,侵害了受害人的名誉权,情节严重的,应当赔偿名誉损失。这是因为,诽谤就是以虚构的事实诋毁他人的名誉,使其社会评价受到损害。因而,公开诽谤他人是侵害名誉权的行为,会造成侵害名誉权后果。

公开诽谤他人,造成受害人精神错乱的,侵害的是受害人的何种民事权利呢?所谓的精神错乱,并不是民法意义上的精神损害。精神损害的客体是自然人、法人的精神利益,是相对于物质利益而言的;而精神错乱,是精神病的一种表现形式,是健康的损害,侵害的是自然人的健康权。有人认为侵权行为造成健康权的损害,只能是人的身体伤害,没有外力的作用就不能造成健康权的损害,这是不正确的。行为人公开诽谤他人,造成受害人精神错乱,侵害的既是受害人的名誉权,也侵害了受害人的健康权,是一个侵权行为同时造成了两个损害事实。

既然这种侵权行为同时侵害了受害人的两个民事权利,那么,受害人就同时享有两种请求权,一种是侵害健康权的损害赔偿请求权,另一种是侵害名誉权的赔礼道歉、恢复名誉、消除影响、停止侵害以及赔偿损失的请求权。这两种请求权可以同时行使,同时受到法律保护。如果把精神错乱当做名誉权损害的形态,只准请求这种损失的赔偿,或者把精神错乱认定为健康损害,只准请求人身损害赔偿,都非法剥夺了受害人依法享有的另一个请求权,都没有对当事人的民事权利予以必要的保护。

三、如何确定侵害名誉权损害赔偿的具体数额

确定精神损害赔偿数额的标准,是审判实践中的一大难题,在国外也是如此。德国民法学者曾建议将精神损害赔偿金的确定表格化,依一定标准,决定赔偿数额,并没有行得通。日本学者倡议慰抚金定额化,也难以实行。因而一般均采由法官斟酌案情确定的办法。

在我国,学者和实务工作者多数倾向有一定幅度又不定死的确定数额的标准,具体有三种意见:第一,法律或最高审判机关应规定或确定一个最高的赔偿限度,法院在这个限度下斟酌案情决定之。第二,赔偿的标准和限度,应掌握两个原则,一是起点高的原则,即指精神损害赔偿的起赔数额不能过低;二是高点低的原则,即精神损害赔偿的最高标准不宜过高。第三,不宜确定具体数额,而应从实际出发,根据公平、合理、合法的原则来确定数额。案件之间要互相照应,但一般相差较为悬殊的也可以准许。

实际上,对于精神损害赔偿数额的确定既不能确定一个统一的标准"一刀切",又不能完全放开任意判决。应当根据下述不同情况确定三种不同的计算标准:第一,自然人之间的或自然人侵害法人并未获利的精神损害赔偿,其数额的确定,可采用"斟酌法",制定若干个不同的赔偿数额幅度,斟酌案情确定之。第二,法人侵害法人、法人侵

害自然人的精神损害赔偿,以及自然人侵害他人人格权而获得利益的,可以参照侵权期间所获得的利益确定赔偿数额。譬如,某厂假冒另一厂名销售自己滞销产品获利,可以参照获利的大小确定赔偿数额;某人以报告文学形式诽谤他人名誉,赔偿数额可以参考其所获稿酬确定之。第三,外国人侵害中国自然人名誉权请求精神损害赔偿的,可以适当参酌该国的赔偿标准加以确定。

总而言之,赔偿数额的确定应当适当,既不能过高,又不能过低。有的案件判决赔偿当事人精神损害太低,既不能补偿损失,又不能制裁违法,还会使法院的判决失去严肃性,降低了精神损害赔偿的社会价值观念,应当予以纠正。

第六节　侵害名誉权的几个具体问题

一、死者名誉的法律保护

死者的名誉,是指死者根据其生前的属性和特征而获得的社会评价。人的死亡意味着生命的终结,意味着肉体和精神的消灭。一个死亡了的人不会再有言论及行为的客观表现,因此,也就失去了人们对他进行评价的前提。但是,死者生前的行为和表现却并未随其肉体和精神的消亡而消亡。因为,死者生前的行为和表现作为一种客观事实,仍存在于人们的意识中,对这些行为和表现,人们是能够进行评价的。所以,人死亡以后,其存在于人们观念中的名誉并没有消亡,还要或长或短地存在一个时期。因此,所谓死者的名誉,实际上是死者生前的名誉,称为死者的名誉只是一种说法上的方便而已。

对于死者名誉损害的救济问题在比较法上,大陆法系特别是德国通说与判例认可死者自身的人格权不受侵害,1968 年作出判例,引用基本法第 1 条和第 2 条规定,认为人至少可以相信,在其死后受到严重歪曲(事实)的名誉毁损时,其生前的生活形象受到保护。只有在能够拥有这种期待的前提下生存时,其生前的作为人的尊严和自由发展才能够按基本法的含义得到充分保障。日本在 1977 年作出两个判例,确认死者的名誉受到侵害时,死者的家属可以请求死者名誉权损害赔偿。《俄罗斯联邦民法典》第 152 条规定:“市民的名誉和尊严以及其死后的名誉和尊严,基于其利害关系人的请求得到保护”,对死者名誉的保护作了明文规定。在英美法,对名誉、隐私的权利被认为是受害人的一种专属权,因此,不能以他人的名誉、隐私受到侵害为由提起诉讼,而且死者的名誉、隐私在受到侵害时,遗属不能替代死者行使权利。但是在侵害死者的名誉、隐私的同时,也侵害了遗属自身的名誉、隐私时,属于例外。①

关于死者名誉的法律保护,最高人民法院曾经发布两件复函性的司法解释。第一件,是1989年4月12日关于陈秀琴为其已故女儿吉文贞名誉受侵害而起诉案件的复函,题目是《关于死亡人的名誉权应受法律保护的函》,指出:"吉文贞(艺名荷花女)死亡后,其名誉权应依法保护,其母陈秀琴亦有权向人民法院提起诉讼。"1990年10月27日,又颁发了第二件复函,即《关于范应莲诉敬永祥等侵害海灯法师名誉权一案有关诉讼程序问题的复函》,其中指出:"海灯死亡后,其名誉权应依法保护,作为海灯的养子,范应莲有权向人民法院提起诉讼。"这两个司法解释,都称死者的"名誉权"应当依法保护,而不是说死者名誉。这种提法,显然采用的是对死亡者延伸保护的客体是权利,而非法益,这种主张在自然人权利能力上是讲不通的。

1993年8月7日,最高人民法院正式颁发《关于审理名誉权案件若干问题的解答》,其立场发生了明显的转变。其第5条规定:"死者名誉受到损害的,其近亲属有权向人民法院起诉。近亲属包括:配偶、父母、子女、兄弟、姐妹、祖父母、外祖父母、孙子女、外孙子女。"在这一司法解释中,不再称"死者名誉权",而是称"死者名誉",其在理论上明显地从"权利保护说"转向"延伸保护说"的立场,这是值得肯定的。

死者名誉的延伸法律保护主要有两个问题:

(一)死者名誉受到侵害的应由其近亲属提起诉讼

这是各国通行的办法,只不过规定的宽窄范围有不同。最高法院关于近亲属的解释,是我国立法的常规解释,在保护死者名誉上,属于中等稍宽的程度,尚为可行;在死者近亲属中是否应有顺序问题,司法解释未规定。国外立法有的规定顺序,我认为,近亲属范围较宽,应当有顺序比较好,免得出现问题,可以考虑配偶、子女、父母为第一顺序,其他近亲属为第二顺序。

(二)死者没有近亲属的应由检察机关提起诉讼

如侵害死者名誉对社会公共利益有损害或者确有必要,检察院可以向法院起诉,追究侵权人的民事责任。在范应莲诉敬永祥案中,原不知范应莲是海灯法师的养子,而以其大徒弟的身份起诉。对此,弟子是否有权对没有近亲属的师父名誉权受侵害而起诉,均无把握。后弄清海灯法师生前早已将范应莲收为养子,故问题已经解决。如海灯法师确无近亲属,因其是著名武师,其名誉关乎社会利益,检察院可以提起诉讼。

二、法人分支机构侵权

法人分支机构实施侵权行为,应当以法人为被告,不应以法人的分支机构为被告。

① [日]五十岚清:《人格权法》,铃木贤、葛敏译,北京大学出版社2009年版,第28~29页。

例如，新闻分社记者撰写由新闻总社发通稿的文章侵害他人名誉权，应由谁为被告？转载者是否都应列为被告？

确定机关、企事业单位的被告资格，一般应以是否具有独立的法人地位为标准。具有独立法人地位的单位，可以列为被告；属于法人的下属单位不具有法人地位的，不能列为被告。新闻通讯社一般都分为总社和分社，分社作为总社的分支机构，不具有独立的法人地位，而是总社的组成部分，不具有民事权利能力和民事行为能力，不能独立承担民事责任；总社是独立的法人，具有民事权利能力和民事行为能力。它作为整个新闻通讯社的总体代表，应当为该社所属的全部组成部分负责，享受民事权利，承担民事义务，为全部组成部分的民事行为承担法律后果。因此，新闻通讯社分社的记者撰写的新闻电讯稿一经总社采用发了通稿，侵害他人名誉权的，就应当由新闻总社承担民事责任，在诉讼中列为被告，而不能将分社列为被告。

对于这种新闻社发的电讯通稿侵害他人名誉权的，是否所有的转载者都应列为共同被告呢？对此，应当加以分析。新闻社发的电讯通稿，尤其是官方新闻社发的电讯通稿，各地报刊杂志电台都可以转载、转播，如果是新闻价值高的消息，转载、转播的范围就会更大，转载转播的单位可以达到十几个或几十个。另外，转载、转播的新闻单位对于新闻总社发的电讯通稿并无审查的责任，因而也难以令转载、转播的单位承担更大的民事责任。但是，侵权的文章毕竟是被转载、转播了，这种转载、转播行为造成了侵权后果的进一步扩大，对于现实的损害结果具有一定的原因力，也应当承担起相应的责任。所以，在确定所有的转载者是否都应列为被告的问题上，应当确定“不告不理”的原则，即报纸杂志电台转载、转播侵权作品，当事人对该报刊杂志电台起诉的，可将其列为被告，当事人没有起诉的报刊杂志电台，可以不列为被告。

对于转载、转播者确定民事责任，应当加以分析。就通常情况而言，转载、转播者虽与新华社同为被告，但责任的轻重并不相同，正常的转载、转播者的责任应当轻于新华社，责任份额比例应比较小。如果转载、转播者在转载、转播中对原稿加以增删、修改等，这些增删、修改加重了侵权损害后果的，则应承担较大的责任份额。如果转载时的增删、修改造成了新的损害结果的，转载、转播者则应对此独立承担后果责任。

三、违反治安管理处罚法又侵害他人名誉权的处理

对违反治安管理处罚法同时又侵害他人名誉权的这种情况，人民法院不得一并处理：

首先，违反治安管理处罚，是一种行政制裁手段，是行政责任的一种方式。它的处罚权只能由行政主管机关，即担负国家治安管理职责的公安机关享有。

其次，人民法院是国家审判机关，不具有行政管理职能，尤其不具有治安管理职

能，无权实施治安管理处罚手段。在法院的审判权中，在刑事审判、民事审判、行政审判方面，法律都规定了罚款或拘留等强制措施和处罚手段，但是，这种罚款和拘留与治安管理处罚中的罚款和拘留的性质截然不同。治安管理处罚中的罚款和拘留是行政处罚手段，法院无权实施。

最后，人民法院的职能是审判各类诉讼案件。在行政诉讼中，对于当事人与公安机关讼争的治安管理处罚是否合法、适当，有权进行审判。但是，这是由一方当事人与公安机关作为诉讼当事人的行政诉讼案件，法院有权审理，享有主管权。但这和公安机关作出处罚裁决不同，前者是审判权，后者是行政权，二者不可混同。

因此，在公共场合公然侮辱他人、诽谤他人，扰乱社会治安，侵害他人名誉权、肖像权、姓名权、荣誉权，当事人要求法院处理治安处罚的，法院应告知其向公安机关申请处理；当事人以侵害名誉权等为由起诉追究民事责任的，无论是否经公安机关处理，人民法院应依法受理，只就民事权益争议进行审理、判决，不得超越职权，对治安管理处罚也一并处理。

至于法院对于这种案件是否应等待公安机关治安处罚之后再处理侵害名誉权纠纷，则采当事人意思主义，当事人向法院起诉，法院即应依《民事诉讼法》的规定处理。对此，最高人民法院《关于审理名誉权案件若干问题的解答》第 2 条规定："当事人在公共场所受到侮辱、诽谤，以名誉权受侵害为由提起民事诉讼的，无论是否经公安机关依照治安管理处罚条例处理，人民法院均应依法审查，符合受理条件的，应予受理。"对此，应予认真执行，以更好地保护受害人的名誉权。

第二十三章　信用权

第一节　信用

一、信用的概念与特征

(一)信用的概念

信用概念在中国古已有之。例如《左传·宣公十二年》:“王曰:‘其君能下人,必能信用其民矣。’”《史记·陈涉世家》:“陈王以朱房为中正,胡武为司过……陈王信用之。”古汉语在使用信用这一概念时,意思并不完全一致。信任而使用,是其一义,如《史记·陈涉世家》之用法;另一义,则为得到信任,《左传·宣公十二年》的用法,即为该义。据说,在《论语》中,“信”字就出现过38次,诸如“人而不信,不知其可也”;[①]“民无信,则不立”,[②]都是说信用对于人的重要性。[③]

在法律上使用“信用”一词,最早可以追溯到罗马法,其相对应的概念是拉丁文的fides,是诚实、信用、忠实的意思,在相互信任的理由中产生出了诚信(bona fides)。fiduciary也是罗马法中与信用相关的术语,意为一个具备受托人应有的信任和信用,及受托所需要的谨慎诚实和坦率的品格的人。罗马法的侵辱之诉,法官可以宣告侵害人不名誉，其包括了对

---

① 《论语·为政》。

② 《论语·颜渊》。

③ 马特、袁雪石:《人格权法教程》,中国人民大学出版社2007年版,第266页。

信用的侵害在内。例如,“当我具有清偿能力时,恶意地要求我的保证人清偿,或者虚假地通告说为我提供了某一买卖抵押,对这些行为均可以提起侵辱之诉,因为我的信用受到了暗讽”。可见,古罗马社会认为人应该有完全名誉,若其行为违背社会要求,则“若社会以其人名誉有亏,则其所享法律上之权利,亦受限制”。[①] 法国民法典非常重视对人的权利的尊重,在司法实践中,法国判例实际上一直保护着个人的各种人格利益不受他人侵犯,其范围涉及生命、身体、名誉、贞操、肖像、信用等几乎所有的权利。在古代德国,信用被广泛用于交易活动的誓约中,以确保契约义务的履行。《德国民法典》在两种意义上使用“信用”一词:一是守信,它关注的是履约主体内在的行为动机和良心,强调主体的主观状态应是善意的、讲道德的,这是从道德信条上升为法律准则的信用,是关于权利义务的普遍指导原则;二是作为一种人格利益的信用,它关系主体的生计或前途。在英美法系国家,《布莱克法律辞典》认为信用(credit)的基本含义主要有两种:一是指商家或个人及时贷得钱款或取得货物的“能力”(ability),它是特定出借人对其偿债能力和可靠性记录持肯定意见的结果;二是指债权人赋予债务人的可以延期偿债或可以先欠着以后再偿还的“权利”(right)。显然,与大陆法系更多地将信用界定在道德范围不同,英美法上的“信用”更具经济的色彩,它们视信用为当事人经济能力的实实在在的体现,是授信人对受信人的还债可能性的评价与信赖,这种评价与信赖通过赊销、预付、信贷等交易方式表现出来。[②]

现代汉语中的信用,常用义包括二义:一为以诚信任用人,信任使用;二为遵守诺言、实践成约,从而取得别人对他的信任。[③] 这两种词义与古代汉语中的词义基本相同,不过,现代汉语中的信用还包括经济学上的意义,即价值运动的特殊形式。

以上阐释基本上说明了信用的含义,但细究起来仍嫌不够准确、不够全面:一是将信用仅局限于法人,范围过于狭窄,不仅法人有信用,自然人、个体经营、承包户、个人合伙亦均有信用,不过个体经营户和个人合伙尚不具备民事主体资格,仍应概括在自然人的范畴之中。二是履约能力仅是信用的主观内容的一部分,还包括主体的其他能力,仅以履行其允诺行为的能力概括信用的主观内容,也嫌过窄。三是关于信用是主客观因素的结合的表述,虽明其义,但不具体,尚需作进一步的阐释。

国内学者对信用的界定,还有以下五种:一是认为信用是在社会上应受经济的评价;[④]二是认为信用是在社会上与其经济能力相应的经济评价;[⑤]三是认为信用应指一

---

① 胡大武:“信用权的产生”,载《民主与法制》2007年第4期。

② 李红玲:“论信用权的若干问题”,载《政治与法律》2006年第4期。

③ 《辞海》,上海辞书出版社1979年缩印版,第247页。

④ 史尚宽:《债法总论》,台湾地区荣泰印书馆1978年版,第147页。

⑤ 王利明:《民法·侵权行为法》,中国人民大学出版社1993年版,第299页。

般人对于当事人自我经济评价的信赖性，亦称信誉；[①]四是认为信用乃基于人之财产上地位之社会评价，所生经济上之信赖；[②]五是“信用本身是自然人和法人都应当享有的一种人格利益”。[③]

这些界定都对，但都不够准确。依我所见，信用是指民事主体所具有的经济能力在社会上获得的相应的信赖与评价。

（二）信用的法律特征

信用的法律特征是：

1. 信用的主体是自然人和法人

信用不独为法人所享有，自然人亦有信用，包括自然人及个体工商户、承包户和合伙。

2. 信用的主观因素是民事主体的经济能力

这种经济能力是一个很宽泛的概念，包括经济状况、生产能力、产品质量、偿付债务能力、履约态度、诚实守信的程度等。概言之，经济能力是经济方面的综合能力，不涉及政治态度和一般的道德品质。

3. 信用的客观因素是社会的信赖和评价

信用的客观表现是一种评价，这种评价是社会的评价，而不是自己的评价。前述学者的定义中，有谓当事人自我经济评价，将评价这种客观因素认作主观因素，实属不当。自我经济评价是自己对自己经济能力的评估，是自己对守信态度的自我肯定，不是信用的客观因素。信用的另一客观表现是社会对特定主体经济能力的信赖，它是社会评价的内容之一，但又包括情感的因素，具有独立的意义，表明信用的实质内容是“信”。信用是关于经济信赖的社会评价。

4. 信用是民事主体主观能力与客观评价的结合

一方面，关于经济信赖的社会客观评价不会凭空产生；另一方面，民事主体的主观经济能力是该种客观评价的基础和根据。只有这两种因素即主观因素和客观因素的紧密结合，才产生信用。

二、信用与信誉、名誉

（一）信用与信誉

信用和信誉这两个概念是否相同，应当研究。《现代汉语词典》释信誉为“信用和

---

① 张俊浩主编：《民法学原理》，中国政法大学出版社 1991 年版，第 158 页。

② 龙显铭：《私法上人格权之保护》，中华书局 1948 年版，第 71 页。

③ 王利明：《人格权法研究》，中国人民大学出版社 2005 年版，第 539 页。

名誉”，这种解释并非准确。誉者，乃称人之美、美好的名声之义。《说文解字注》：誉，称也；誉，称美也。[①] 因而信誉的真实意义应为信用之美，即好的信用。可见，信誉为褒义，而信用则是中性词。作为信用权的客体，信用包括信誉，也包括一般的信用。无论是好的信用还是一般的信用，作为客观社会评价，均概括在信用之中。

（二）信用与名誉

信用与名誉也应加区别。信用与名誉都是一种社会评价，在这一点上二者是相同的。一般认为，名誉广义言之包括信用在内，但信用也有名誉不能包含的内容，其中不含侮辱或贬损人格之意者，不能一律以名誉律之，[②]这是正确的。立法区分信用与名誉者，显例如《德国民法典》第 824 条规定：“违背真相，对事实进行主张或传播，危害他人信用或对他人的生计或前途引起其他不利益的人，即使不知其为不真实，但系可得而知者，也应赔偿他人因此而产生的损害。”该法确认信用权，但立法时否认名誉权，可见其中的区别。在立法者看来，名誉为非卖品，无特别法律保护之必要，而信用的基本内容是经济的属性，因而确认之。又如，台湾地区“刑法”将名誉与信用分别规定，分设侵害名誉罪和侵害信用罪，二者自有不同之处。台湾地区修改民法债编，也于第 195 条明确规定信用权为独立人格权，与名誉权划清了界限。从实质而言，二者的区别是：名誉是对民事主体品德、才能以及其他素质的社会评价，概言之，为人格的社会评价，信用则是对民事主体经济能力的社会评价；信用包括对特定主体的信赖，名誉则不要求必有信赖的成分。更准确地说，信用是将关于主体经济能力的社会评价从一般的社会评价中分离出来，确认为一种独立的人格利益，并以之与名誉相区别。

第二节　信用权的概念和内容

一、信用权的性质与概念

（一）信用权的性质

1. 认为信用权是人格权

将信用权作为独立的人格权，是有充分根据的。据学者研究，大陆法系国家设有专门规定调整危害个人或企业信用的侵权行为，如《奥地利民法典》第 1230 条之二、

---

① 《说文解字注》，上海古籍出版社 1981 年影印版，第 95 页。

② 史尚宽：《债法总论》，台湾地区荣泰印书馆 1978 年版，第 147 页。

《德国民法典》第824条、《希腊民法典》第920条和《葡萄牙民法典》第484条。在西班牙,1982年5月5日实施《个人名誉保护法》已经扩展到对信用即商业上的名誉的保护。在意大利,法院在一般条款之下塑造和论证信用权。在比利时和法国,对个人或企业信用的保护是用一般条款来调整的。由此可见,在欧洲大陆大多数国家对信用权进行规制,或通过民商事法律专门规定,或通过法院的司法判例。①

对信用权的态度,在我国学理研究上分两种主张:一是认信用权为独立的人格权;二是将信用纳入名誉权的范围之中,不认其为独立的人格权。前一主张目前渐占优势,我亦采这种主张。源于信用权确有名誉权容纳不下的内容,二者性质又有区别,侵害行为的特点又不相同,故有特别予以法律保护的必要。《反不正当竞争法》第14条规定:"经营者不得捏造、散布虚伪事实,损害竞争对手的商业信誉、商品声誉。"这一条文包括了信用权的基本内容,是立法对信用权的确认。2002年审议的《中国民法典草案》"人格权法编"中,对信用权作了明确规定。

不过,也有很多学者反对规定信用权,认为信用权之所以作为独立的人格权来规定,都是把《德国民法典》第824条规定作为基础,但从该条来看,其所保障的绝不是一项独立的人格权,而是一般性的且难以类型化为权利的财产利益,换言之,第824条绝不应该作为我国应设立信用权的比较法上的依据。因此,如果坚持要在民法典中设立一项新的(其核心为人格要素,或者至少包含了人格要素)所谓的信用权,必须提供足够且坚固的理由。② 这并不是反对把信用权规定为独立人格权的理由,不论《德国民法典》是不是把信用作为一个权利来保护,但都是予以保护的。我国台湾地区1999年修订后的"民法"第195条第1款规定:"不法侵害他人之身体、健康、名誉、自由、信用、隐私、贞操或不法侵害其他人格法益而情节重大者,被害人虽非财产上之损害,亦得请求赔偿相当之金额。其名誉被侵害者,并得请求恢复名誉之适当处分。"该条首次以民法典的形式将信用权作为一种独立的人格权,在信用受到侵害时可以请求非财产损害赔偿,以区别于侵害名誉权。借鉴这一做法,我国民法典立法计划将其作为一个人格权保护,也不是因为德国作了保护的规定,我们才规定的,而是从我国的具体实践需求和理论研究结果确定的。因此,即使《德国民法典》没有将信用权作为一个人格权予以保护,而仅仅是以利益来保护,也不妨碍我国将其作为人格权规定。学者认为,基于信用权的人格权性质,将信用权规定在民法典中,可以对侵犯信用权作出详尽规定,实现对信用权的充分保护。将信用权规定在民法典中已经存在许多立法例,我国完全可以借鉴其先进经验,弥补信用权立法经验不足。③

---

① 杨俊:"关于对我国信用权的若干思考",载《前沿》2008年第3期。

② 周云涛:"存疑信用权",载《政法论丛》2008年第4期。

③ 任丹丽:"论信用权的民法保护",载《湖北社会科学》2008年第8期。

2. 认为人格权是无形财产权

吴汉东教授提出人格权的性质是新型无形财产权，他认为："在市场经济条件下，资信利益从精神价值向财产价值不断扩充，成为一种与创造性成果权，识别性标记权相联系而又有区别的新型无形财产权。"无形财产权说理由大致有以下几个方面：首先，信用是一种财产利益。信用的价值在于通过信用交换的形式获得对等的交换价值。其次，信用是一种没有物质形态的无形财产利益。① 对于这种意见，我认为是不适当的。信用是一种评价，是一种具体人格利益，要建立一个权利保护它，那就一定是人格权而不能是财产权。事实上，信用权是具有一定财产因素的人格权。正像学者质疑的那样，既然信用权是一种无形财产权，那么为什么还要说它是"一种与传统人格权相区别的混合性权利"呢？根据谢怀栻先生的观点，混合性权利是在财产权与非财产权之外建立的一类权利。② 而无形财产权与有形财产权是财产权的两大类，信用权怎么可能既属于无形财产权又属于混合性权利呢？

（二）信用权概念的界定

国内关于信用权的定义有以下几种：一是认为"信用权，又称经济信用权，是指以享有在社会上与其经济能力相应的经济评价的利益为内容的权利"。③ 二是认为"信用权是直接支配自己的信誉并享受其利益的人格权"。④ 三是认为"信用权者，以在社会上应受经济的评价之利益为内容之权利"。⑤ 四是认为"信用权，是指民事主体享受并支配其信用及其利益的人格权，或者说是自然人、法人或者其他组织对其所具有的经济活动及其能力的良好评价所享有的权利"。⑥ 五是认为"信用权是民事主体就其所具有的经济能力在社会上获得的相应信赖与评价所享有的保有和维护的人格权"。⑦ 六是认为"信用权是指自然人、法人、其他组织所具有的履约能力和意愿所获得的信赖程度的社会评价及其保有、利用、收益、处分信用并排除他人干涉的排他性权利"。⑧

在上述定义中，应当指出一点，就是不能把信用权的客体局限于信誉，也不是资信

① 吴汉东："论信用权"，载《法学》2002年第1期。
② 谢怀栻："论民事权利体系"，载《法学研究》1996年第2期。
③ 王利明：《民法·侵权行为法》，中国人民大学出版社1993年版，第299页。
④ 张俊浩主编：《民法学原理》，中国政法大学出版社1991年版，第158页。
⑤ 史尚宽：《债法总论》，台湾地区荣泰印书馆1978年版，第147页。
⑥ 王利明：《人格权法研究》，中国人民大学出版社2005年版，第540页。
⑦ 张献："论外国信用权的保护及对我国的借鉴"，载《湘潭师范学院学报》2007年第3期。
⑧ 王满平："论信用权"，载《法制与社会》2008年第9期。

利益、[1]信赖利益，[2]应以信用为客体。如果仅将信誉作为信用权的客体，则必然造成只保护好的信用，而对一般信用则不作为权利客体进行保护的误解。

我认为，信用权是指自然人和法人以及其他组织就其所具有的经济能力在社会上获得的相应信赖与评价所享有的保有和维护的具体人格权。

（三）信用权与名誉权的区别

信用权与名誉权有很多相似之处，如权利性质、权利主体、权利客体的客观属性等，都是一致的。但信用权也有其自己的特点：

1. 信用权的客体即对主体的社会评价具有单一性

信用是信用权的客体，信用的基本内容是关于经济能力的社会评价，只此而已；而名誉权的客体则是关于主体的人格的综合评价，范围宽泛，内容复杂。正像王泽鉴教授所言，信用权和名誉权的区别是"前者系经济上的评价，后者为社会上的评价"。[3]

2. 信用权还包含对主体的信赖因素

信用权不仅包括对主体的经济能力的社会评价，而且还包括对主体的信赖因素，包括这两个主要的方面，而名誉权则只包括对主体的一般社会评价。例如，信用受到侵害，有时并不表现为名誉利益受到侵害，而只表现为公众信赖的降低，如此，则只损害信用而不损害名誉，其原因就是信用利益包含经济信赖，名誉利益不包含这种因素。

3. 信用权包含明显的财产利益因素

信用权虽然是人格权，是非财产权，但因其是关系到对主体经济能力评价的权利，因而信用利益包括两部分，一部分是精神利益，另一部分则是财产利益。该种财产利益并非直接的财产利益，而是含于其信用利益之中，在具体的经济活动中能够转化为财产利益，损害信用利益，也会造成严重的财产利益的损失。因而，信用权具有明显的财产性；而名誉权则不具有财产性，只是与财产利益有关联。

二、信用权的内容

有的学者认为，信用权的积极权能则主要包括以下三个方面的内容：一是个人信用保有权，二是个人信用维护权，三是请求相应利益权。[4] 有的学者认为信用权的内容主要包括三个方面：一是对于信用评价的保有和维护，二是信用待遇的取得和利用，

---

① 吴汉东："论信用权"，载《法学》2002 年第 1 期。

② 陈民："论人格权"，载郑玉波主编：《民法总则论文选集》（上），台湾地区五南图书出版公司 1984 年版，第 355 页。

③ 王泽鉴：《侵权行为法》（第一册），第 125 页。

④ 李新天、朱琼娟："论个人信用权"，载《中国法学》2003 年第 5 期。

三是禁止他人非法侵犯其信用评价和信用待遇。[1] 我的看法是：

（一）信用保有权

自然人、法人信用权的基本内容，是对自己的信用享有保有的权利。信用是民事主体因自身主观能力与客观的社会信赖及评价结合的产物，虽然不能以自己的力量去强迫社会改变评价、增进信赖，但却可以通过自身的努力，影响于社会，保持社会对自己经济能力的信赖，扩大自己的经济影响力，使社会对自己的经济评价获得改进。信用保有权一是主体保持自己的信用不降低，不丧失；二是通过自己增强经济能力，加强诚信履约的努力，而使自己的社会经济评价和信赖感不断进展，获得更好的社会经济形象。在这一点上，信用保有权与名誉保有权是一样的，即权利主体不是以自己的主观愿望去左右社会经济评价和信赖，而是通过自己的实力、服务质量、产品信誉、履约态度和能力等，作用于社会，使公众对自己的经济能力予以信赖和公正的评价。

（二）信用利益支配权

权利主体就其信用利益可以进行支配、利用。如利用自己良好的信用，扩大经济交往、开展经济活动，以获得更好的社会经济效益，创造更多的社会财富，满足自身的经济、文化需要，同时也满足社会的需要。这是信用权主观能动作用的体现。

信用利益的支配不是无限的、任意的，它不包括信用的抛弃权，更不得将信用转让他人，也不能作为财产由继承人继承。但是，权利主体可以利用自己的信用为他人谋利益，为他人进行服务。例如，信用良好的法人和个人可以用信用为其他债务人进行担保，是为保证；子承父业，其继承人可以利用继承的营业所享有的信用而进行活动，扩大经济交往。这些虽然不是信用的转让和继承，但却具有相近的联系，这一点是信用权与名誉权的不同之处。

（三）信用维护权

信用保有权是民事主体对自身信用采取的主观态度，信用维护权则是民事主体就自身信用对他人的要求和态度，维护自己的信用不受外来侵害，信用维护权实际上就是人格权请求权和侵权请求权对信用权的体现。因此，信用维护权包括两重含义：一是信用权的绝对权属性，要求任何其他人都对自己的信用负有不可侵害的不作为义务，权利主体对自身以外的任何人都享有不得侵害的不作为请求权；二是对于违反法定义务而侵害信用权的行为人，权利人基于其信用维护权，可以寻求司法保护，要求司法机关对侵害自己信用权的加害人进行制裁，救济自己的信用权损害。

---

① 陈璐："论个人信用权的保护"，载《财经理论与实践》2009 年第 4 期。

第三节 信用权的法律保护方式

一、信用权的不同保护方式

由于各国关于信用权的立法体例不同,如有的认其为独立的人格权、有的认其为营业权的内容、有的认其为名誉权的内容,因而在实务上对信用权的法律保护,就有以下两种不同的方式:

一是直接保护方式,即对侵害信用权的行为,直接确认为侵害信用权民事责任,制裁该种侵权行为,保护信用权主体的信用利益不受非法侵害。《德国民法典》在"侵权行为"的规定中,以显著位置规定信用权为独立人格权,因而采取直接保护方式对受害人的信用权损害予以民法救济。

二是间接保护方式,即对侵害信用的行为,确认为侵害其他人格权民事责任,制裁侵害信用权的行为,间接地保护权利主体的信用利益不受非法侵害。信用权间接保护的典型为《澳门民法典》第 73 条第 1 款,它是对名誉权的规定,但其中包括了对信用利益的承认和保护:"任何人均有权受保护,以免被他人以指也某种事实或作出某种判断,使其名誉、别人对其之观感、名声、声誉、个人信用及体面受侵犯。"间接保护方式分为两种形式:

其一,确认侵害信用利益的行为为侵害名誉权,对权利主体的信用利益进行间接法律保护。这种间接保护的理论根据,在于信用与名誉同为社会评价,信用为广义名誉的组成部分,以保护名誉权的法律保护方法保护信用,可以达到保护信用利益的目的。在没有确认信用权为独立人格权的国家和地区,多采这种间接保护方式。

其二,确认侵害信用利益的行为为侵害营业权,对权利主体的信用利益进行间接法律保护。其理论根据在于信用是营业的组成部分,营业权中包括信用利益,保护营业权包括对信用利益的保护。

二、我国目前的做法

在我国,民事立法对信用权未作明文规定,又未规定民事主体享有营业权,根据立法对自然人、法人名誉权的规定,实务上采用以保护名誉权的方法,间接保护信用利益。

(一)典型案例

《最高人民法院公报》1988 年第 1 期公布的"上海新亚医用橡胶厂诉武进医疗用

品厂损害法人名誉权纠纷案”，就是我国间接保护信用权的例证。

上海新亚医用橡胶厂1980年与蚌埠医学院妇产科教研室协作研制妇用卫生杯。1982年11月20日由原上海橡胶工业公司和蚌埠医学院科研处，组织专家对Ⅰ型、Ⅱ型妇用卫生杯通过技术鉴定后，进行批量生产；1983年2月，Ⅱ型妇用卫生杯投放市场，销量很好；1985年6月，又生产了Ⅲ型妇用卫生杯新产品。1986年2月，被告印发数百份“公告”称：原告厂生产的妇用卫生杯积压了105万只，倾销失效、半失效产品。此后，原告生产的妇用卫生杯销量受到影响；从1986年起，年销量由1985年的60多万只降至20多万只；同年5、6两个月，退货高达7万多只；自1986年3月至1987年3月共退货11万多只；按现出厂价每只1.10元计，积压资金达12万元。事实是原告厂妇用卫生杯的库存量从未超过20万只，1987年3月底库存只有146,311只。经查，经销原告厂妇用卫生杯的单位也从未发现销售失效、半失效产品。

又查明：被告武进医疗用品厂系乡办企业，1984年5月经工商行政管理部门核准成立，1985年10月29日变更登记为现法人名称，开始主要经营妇用卫生杯。法人代表胡仲伟原系原告厂工人，1984年6月辞职去原告厂工作。被告厂在未经有关部门对产品作技术鉴定的情况下，从1985年1月起，生产妇用卫生杯，并大量投放市场销售。原告于同年10月向上海市工商行政管理等部门，写信反映被告厂无研制单位、无有关专家鉴定、无产品标准、无检测方法等，将生产的妇用卫生杯大量投放市场，违反质量管理规定，要求干预制止。被告厂生产的妇用卫生杯到1985年12月3日，才经江苏省科技委员会鉴定通过。

1985年9月24日，原告与上海医疗器械批发部联合召开上海部分医药商店负责人会议。经参加会议的人证实，原告厂在会议上发言，主要介绍、推广新产品Ⅲ型妇用卫生杯，从未讲过被告厂生产的妇用卫生杯有毒。关于“公告”称原告盗用“抗菌素瓶塞生产许可证”，冒充妇用卫生杯生产许可证，欺骗经销单位和消费者等，经查，原告曾将1985年由化工部颁发的“抗菌素瓶塞生产许可证”，用于为妇用卫生杯作过广告；按国家规定，生产妇用卫生杯，不需要生产许可证。后经主管部门发现后，原告于同年12月5日，已登报声明。

上海市静安区人民法院审理认为：企业的名誉权受国家法律保护。企业之间将生产的合格产品投放市场，开展正当的商品竞争，是国家允许的。原告厂的妇用卫生杯从未积压过一年之久，销售的妇用卫生杯根本不存在失效、半失效的问题，库存量也从未有过105万只。被告以非法手段，用“公告”的形式故意捏造事实，对原告厂生产的妇用卫生杯进行诽谤，其行为违反了《民法通则》第101条的规定，损害了法人的名誉权。故判决被告在承担消除影响、恢复名誉、赔礼道歉的责任外，赔偿原告损失。

在本案中，被告采取印发公告的形式，谎称原告产品大量积压，倾销失效、半失效的产品，对原告的经济能力进行诋毁宣传，破坏了公众对原告产品质量的信赖，损害了原告的信用，是以不正当竞争的方式，即"控告、散布虚伪事实，损害竞争对手的商业信誉、商品声誉"①的行为，侵害企业法人的信用权。对这种侵权行为认定为侵害名誉权，承担相应的民事责任，显系采取间接保护方式。

（二）应当采用直接保护方式保护信用权

对信用权进行法律保护的上述两类三种形式，以直接保护方式为最佳，以侵害名誉权的形式进行间接保护次之，以侵害营业权的形式进行间接保护为不可采。其理由是：

第一，名誉与信用虽同为社会评价，但二者具体内容不同，信用确有与名誉不同之处，以侵害名誉权的间接保护方式可以救济大部分的信用利益损害，但确有这种间接保护方式所不能保护的部分。只有直接确认信用权为独立的人格权，并以直接保护方式予以保护，才能完备地保护信用利益。

第二，营业权究竟为独立的人格权还是商事法的权利，尚不分明。而信用不仅为从事营业的主体所独有，不从事营业的主体亦有信用，亦应进行法律保护。以侵害营业权方式间接保护信用利益，必然对不从事营业的主体的信用利益无法保护，难避对信用利益保护不周之弊。

综合上述理由，我国目前采取的对信用权间接保护方式，虽比以营业权为根据的间接保护为优，但仍然不是完备的信用权保护制度。为此，应当确认信用权为独立的人格权，在实务中采用直接保护方式，保护民事主体的信用利益，救济其损害。值得欣慰的是，经过多年的积极倡导和理论研究，2002 年《民法草案》中已经规定了信用权的内容，同时，很多学者都著文研究信用权，倡导立法规定信用权。因此，我国立法规定信用权已经仅仅是一个时间问题，在不远的将来，我国民法典一定会规定信用权为独立的人格权。

第四节　侵害信用权的民法救济

一、侵害信用权的民事责任构成

侵害信用权的民事责任构成，须具备违法行为、损害事实、因果关系和过错四个要

① 《中华人民共和国反不正当竞争法》第 14 条。

件。学者有主张侵害信用权具备须行为人主张或散布有损他人信用的事实、需所主张或传达的事实不真实、须行为人主观上有故意或过失以及须为对特定人信用的侵害这四个要件者,始为构成。后一种主张所说的责任构成要件较为具体,可以参考。我们仍采用前一种传统的理论研究侵害信用权的责任构成要件问题。

(一)违法行为

侵害信用权的违法行为,首先必须具备有损他人信用的内容,这样的内容包括对主体的经济实力、履约能力及态度、产品质量、经营现状、销售状况等经济能力的贬损、误导以及其他施加不当影响的事实。这种主张或散布的事实必须是不真实的事实,包括绝对不真实的事实和相对不真实的事实。前者包括故意虚构的事实、自认为真实但却不真实的事实、轻信他人主张的不真实事实;后者为行为人所述事实为真实,但对其实质内容未作详细说明,或对事实未作全面报道者。① 例如,流言某腊肠贩卖商店之前,屡停有屠马者之货车,而对其货车之未卸下何物,默而不言,则可使人想象该店有混用马肉之事,以毁损其信用。② 又如只报道某单位设备简陋、生产条件差,而不言明该单位艰苦奋斗和实际生产情况,因而损害其信用。

侵害信用权的行为一般表现为作为的方式,捏造、传播、转述流言为主要形式。当行为人负有特定的作为义务时,不作为亦可构成侵害信用权。《消费者权益保护法》第19条规定:“经营者应当向消费者提供有关商品或者服务的真实信息,不得作引人误解的虚假宣传。经营者对消费者就其提供的商品或者服务的质量和使用方法等问题提出的询问,应当作出真实、明确的答复。”这种答复和提供信息的义务,就是法定的作为义务,违反之,即为不作为的侵害行为。例如,经营者出售自己的假冒伪劣产品,消费者误认是另一厂家产品,进行询问,而经营者保持沉默而不作否认,违反了法定的作为义务,即为不作为的侵害信用权行为。

确认侵害信用权行为的违法性,其标准是《民法通则》第5条关于保护自然人、法人合法权益的原则规定,但不应限于《民法通则》的规定,在其他法律中,尤其是《反不正当竞争法》和《消费者权益保护法》中关于保护信用、禁止不正当竞争、保护消费者权益的规定,也是判断行为违法性的重要法律根据。如《反不正当竞争法》第14条关于保护经营者信用的禁止性规定,尤具重要意义。

(二)损害事实

侵害信用权的损害事实,是侵害信用权行为作用于社会,而导致公众对特定主体经济能力的信赖毁损和社会经济评价的降低,以及由此而造成的财产利益损失。其主

① 王利明等:《民法·侵权行为法》,中国人民大学出版社1993年版,第301页。

② 史尚宽:《债法总论》,台湾地区荣泰印书馆1978年版,第148页。

要表现：

1. 信用利益的毁损

与名誉利益损害事实相比较，信用利益的损害也表现为社会评价降低，在这一点上，二者有相同之处。例如，贬损经营者的经济能力，能造成其名誉的损害，但实质是对其信用的损害，这是因为损害的是其社会经济评价。然而，在信用损害上，有时并不表现为名誉利益的损害，而只表现为公众信赖的降低，则只损害信用而不损害名誉，其原因就是信用利益包含经济信赖，而名誉利益则不包含这种因素。例如，传播某经营者资金短缺、正在筹措资金以组织生产，这种传播行为，并不损害该经营者的名誉，但却损害了其信用，原因在于资金短缺的传言会破坏公众对权利主体经济状况的信任力和信赖感，严重的还会造成该主体的信用危机。

因而，信用利益的损害包括两个方面，一是社会经济评价的降低，二是公众经济信赖的毁损。这两种损害因素，多是结合在一起，但有时则信赖的毁损单独存在。前述上海新亚医用橡胶厂的信用利益损害事实，既表现为社会经济评价的降低，也表现为公众信赖的毁损；前述经营者资金短缺的举例，则只造成公众经济信赖的毁损，间接涉及经济评价，但对其一般人格评价，则无毁损，但亦为信用损害事实。

2. 权利主体财产利益的损失

由于信用是社会经济评价与信赖，直接具有经济利益因素，因而信用利益的损害一般会带来财产利益的损失，尤其对经营者而言，此点更为明显。以前述新亚医用橡胶厂销售为例，信用损害之前，年销售妇用卫生杯60余万只，信用损害之后，年销售降至20多万只，一年中退货达11万多只，积压资金12万余元，造成严重的财产利益损失。

对于财产利益的损失，应当实事求是地判断。对于经营者的财产利益损失，计算必须确有实据，并应注意扣除自身原因造成财产利益损失的因素。对于一般民事主体的信用损害造成的财产损失，也应依证据确定。

侵害信用权的损害事实，一般不含有精神痛苦的损害。法人信用损害，不存在精神痛苦的损害。自然人信用损害，限于经济上的损失和信用利益的损害，多不造成精神痛苦。确有造成精神痛苦结果的，也可以确认其有精神痛苦的损害，但应从严掌握。

（三）因果关系

侵害信用权的因果关系较易判断，但应注意的是，违法行为与信用利益损害之间、违法行为与财产利益损失之间，因果关系有不同特点。

在违法行为与信用利益损害之间，因果关系判断的标准在于违法行为所包含的内容被“公布”，即被第三人所知悉，未被第三人知悉者，不会引起信用损害。在这一点上，侵害信用权与侵害名誉权是相同的。

在违法行为与财产利益损害之间,应以确定的因果关系证明为标准,即后者确实为前者所引起的,才能确认其有因果关系。

(四)过错

在侵害信用权的过错形态上有两种不同的主张。一种主张认为,加害人对于信用之损害以有故意为限,始构成侵权行为,加害人知其行为可发生损害他人信用之结果而敢为之者,即为有故意。[①] 另一种主张认为,损害信用权不能仅限于故意,不论行为人主张或散布有损他人信用的事实是出于故意,还是出于过失,均可构成信用权的侵害。[②]

我采用后一种主张。其理由是,法律全面保护民事主体的信用权,并没有任何条文规定对过失造成的信用损害可以不予救济。史尚宽先生之所以强调侵害信用以故意为限构成侵权行为,是依据刑法的规定,此乃构成犯罪的罪过形式,而侵权行为的过错不可能要求过苛,采用犯罪罪过的标准。学者认为,行为人有意虚构事实,或者明知他人的主张并非真实事实而加以传播者,为有故意;行为人轻信他人的主张为事实而加以传播,或者应当知道他人的主张并非真实事实而不知道加以传播的,均为有过失,[③]这种主张可以作为侵害信用权的故意和过失的标准使用。例如,某市橡胶皮鞋厂诉该市红光皮鞋厂侵害名誉权纠纷案,被告的法定代表人、厂长卢某在听取汇报时批评本厂推销员销售不力,该推销员为推脱责任,向他汇报原告冒充与本厂联营而推销他们的产品,使本厂的销售活动受到影响。卢厂长听后,十分气愤,既未作调查,也未与其他领导商量,即指示销售科起草函稿,称原告生产技术低、原材料品质差,皮鞋质量不好,却冒充与本厂联营,以推销产品,实属侵权行为,请用户及商店认准产品商标及厂名,切勿购买原告产品,以防上当受骗。印刷后,将该函寄发4县100余销售单位,致使原告的销售活动受到了严重影响。在该案中,关于原告橡胶皮鞋厂冒充被告联营厂而推销产品的虚假事实,本为被告推销员为推脱责任而临时编造的谎言,完全是虚构的事实。被告厂长卢某轻信推销员编造的虚假事实,未经调查核实,即起草诋毁原告信用的函稿,印发百余销售单位,严重地侵害了原告的信用权。究其主观心理状态,乃为法定代表人轻信其工作人员主张的虚假事实并广为传播,造成他人信用损害,实为一种过失状态,亦构成侵害信用权。

二、信用损害的阻却违法事由

侵害信用权的责任构成与其他侵权责任构成一样,如果行为具有阻却违法事由,

① 史尚宽:《债法总论》,台湾地区荣泰印书馆1978年版,第148页。

② 王利明主编:《民法·侵权行为法》,中国人民大学出版社1993年版,第301页。

③ 王利明主编:《民法·侵权行为法》,中国人民大学出版社1993年版,第301页。

可以否定侵害信用权的民事责任构成,行为人不负侵权责任。

学者认为,信用损害的阻却违法事由,包括以下几种:

(一)行为人对其所传述的事实不知且不应知其为非真实的

行为人传播的事实虽非真实事实,但由于行为人的消息来源足以使一般人不会怀疑该消息的真实性,行为人即为不应知其为不真实。对此不应知其为非真实而不知,而对该不真实的事实予以传播的,为阻却违法事由,理由是行为人主观上无过错。对此,应当区分行为人的身份特征:一般主体不负有对消息来源具有真实性的事实的特别审查义务,如听消费者协会新闻发布会发布某厂家产品质量不好的事实,而后予以传播者,不构成信用损害;反之,新闻单位对该种新闻发布会上发布的此类消息,应负事实的审查核实义务,未经审查核实而见诸新闻媒体,不得以其不知且不应知其为非真实事实而抗辩,造成信用损害后果的,是过失的不作为行为,应与新闻发布单位一起共同承担侵害信用权的责任。

(二)因有利益关系或负有义务而为通知的

行为人为维护自己的正当权益,或者为履行自己的义务,向第三人通知其有损他人信用的事实的,构成阻却违法事由,否定侵害信用权责任的构成,不承担侵权责任。如合伙人向其他合伙人通知某人没有足够支付能力的传言,是为维护合伙的正当利益,也是履行合伙人之间协力通知的义务,因而不为侵害信用权行为。无此义务或不具有利益关系而通知,或者认为有此义务或利害关系而通知者,仍为传播有损信用的行为;或者有此义务或利害关系,但明知该传言为不真实而通知者,亦构成侵害信用权。债权人因债务人资不抵债而向人民法院起诉,亦为维护权利的需要,不构成侵害信用权。

这里的利害关系,是指行为人与信用权主体具有直接的相关利益,这种利益又为法律所保护。在这种利益关系中,行为人为维护自己的正当利益,向第三人通知有损于信用权主体信用的事实时,才为阻却违法事由;不具有这种直接利害关系而向第三人通知者,为侵害信用权。例如,原告某食用香料厂原名××日用化工厂,系村办企业,经省轻工业厅批准生产9种食用香料产品,颁发了生产许可证,有的产品还被评为省优产品,后经批准改为现名。被告某香料厂在同一城市设厂,为国营企业,生产同样产品,被告为防止原告抢占自己的市场,与自己竞争,印制了《防止乡村企业冒充我厂香料产品的声明》,散发至除青海、西藏、台湾地区以外省份的2000多个市县商业及食品加工企业。该声明称:"我市××乡的一个村办企业假冒我厂牌子推销香料产品,其中部分产品是向我厂购买进行加工,再进行贩卖。该厂自己生产的香料产品质量差,含量低,质量均不达标,并且属于非定点香料生产企业。该厂最近又改名为某食用香料厂,有意与我厂厂名相混淆。所以,请各用户注意。"因此,使原告的生产经营活动遭受严重影响。此案的原告与被告是同一地区生产同类产品的厂家,不存在这种利害关系，被告的行为实属不正当竞争，构成侵害信用权。

（三）依照职责反映权利主体负面信用情况的

这种行为，是依法执行职务行为，为正当的阻却违法事由，不构成侵权责任。构成这种阻却违法事由，一是要确有此职责，二是通过正当的渠道反映，符合这两个条件，应予免责。工商行政机关向上级提出某法人无支付能力的报告，报告的是该法人的负面信用情况，但因其职责和反映渠道正当，故为合法行为。例如，“依据调查事实在媒体上公开并加以批评不构成侵权案”，①《湖北法制报》头版刊登了一篇题为“省造纸公司违法经营问题初见端倪”的报道，署名为该报社记者李汉江，该报道称：“根据群众举报，省清理整顿公司领导小组办公室（属省政府）对省造纸公司的经营活动进行了检查，其问题相当严重。”报道列举了七个方面的问题：（1）随意定价和加收管理费，多收货款39.2万元，平价转议价，从中牟利94.5万元，强行收取用纸厂家管理费16.8万元；（2）以垫供的方式多收货款211.9万元和进货费加成多收费用33.4万元；（3）多收企业关税和增值税89万元；（4）多收企业外汇额度款94.6万元；（5）用计划物资换低价轿车，少付款6.1万元；（6）为其他公司提供平价货款，从中牟利189万元；（7）利用计划物资在系统内连环倒，从中牟利10.1万元。报道以“目前，省造纸公司的经营问题在进一步检查之中”结尾。其事实依据是，1989年春，即“倪文”发表的前一段时间，省清理整顿公司领导小组办公室接到造纸公司群众反映该公司违法经营问题的举报后，会同省监察厅等部门，组成联合工作组到该公司调查，并根据调查写了《情况简报》，反映省造纸公司的问题。这里所说的《情况简报》，就是“倪文”作为消息来源的湖北省清理整顿公司领导小组办公室1989年4月15日发出的未注明密级的第12期《情况简报》。经核对，“倪文”的内容、表述方式等都与该《情况简报》相同，只是加了一个“不正当牟利达七百余万元”的副标题。该《情况简报》发出后不久，省造纸公司办公室副主任王授铭给报社送去了一份，由报社交给李汉江编发的。“倪文”发表后，省清理整顿公司领导小组、省监察厅等部门继续对造纸公司的问题进行了清查核实，并以监察厅的名义于1990年2月7日作出了《关于省造纸公司经理曹永清同志问题的调查报告》；同年11月5日，省监察厅又向人大法制委员会书面报告了《关于对原省造纸公司总经理曹永清同志反映的几个问题的情况》。这两份结论性报告的基本内容，肯定了《情况简报》所列举的七个方面的事实，特别是违法经营涉及的款项是属实的。1989年12月2日，湖北省造纸公司以湖北法制报社和记者李汉江为被告，向武汉市武昌区人民法院起诉，以“倪文”严重失实，对其名誉造成损害为理由，要求被告公开登报道歉，为其恢复名誉，并赔偿经济损失30万元。被告辩称：文章中事实基本正确，不存

① 案情引自中国应用法学研究所编：《人民法院案例选》，人民法院出版社1992年第2集。

在侵害原告名誉权的问题。在该案中，被告作为大众传播媒介，有责任揭露企业的违法经营活动，在省监察部门调查属实的情况下，依据工作简报的报告内容，编发新闻，揭露原告的经济违法问题，符合上述依照职责反映他人负面信用情况的阻却违法事由构成条件，是依法行使职务的行为，为合法行为。原一审法院判决认为该报道未经有关部门批准和同意，报道的违法金额亦有差异，因而判决原告胜诉。被告不服上诉，经武汉市中级法院审理，认定被告报道内容基本属实，不构成侵权，判决被告胜诉。中院的改判意见是正确的。

（四）通过正当渠道向有关部门反映情况的

向有关部门反映某主体的信用情况，只要反映者是经正当渠道、正当程序进行反映，尽管其反映的情况不够真实，也不构成侵害信用权。以消费者投诉为例，《消费者权益保护法》第15条规定："消费者享有对商品和服务以及保护消费者权益工作进行监督的权利。消费者有权检举、控告侵害消费者权益的行为……"因此，消费者的正当投诉，为行使权利行为，即使对经营者的信用有损害，亦为阻却违法事由，不构成侵权责任。但当事人在正当投诉时，又向社会散布不真实或不完全真实的事实的，则构成侵害信用权。

三、侵害信用权的民事责任承担

侵害信用权民事责任的基本方式，是损害赔偿。

（一）按照《反不正当竞争法》第20条规定

确定经营者侵害经营者信用权的损害赔偿，应当按照《反不正当竞争法》第20条规定处理。该条的内容是："经营者违反本法规定，给被侵害的经营者造成损害的，应当承担损害赔偿责任，被侵害的经营者的损失难以计算的，赔偿额为侵权人在侵权期间因侵权所获得的利润；并应当承担被侵害的经营者因调查该经营者侵害其合法权益的不正当竞争行为所支付的合理费用。"

按照这一规定确定损害赔偿责任的理由是，经营者侵害经者的信用权，绝大多数属于《反不正当竞争法》第14条规定的"经营者不得捏造、散布虚伪事实，损害竞争对手的商业信誉、商品声誉"中的不正当竞争行为，适用第20条规定确认损害赔偿责任，自属当然。这种损害赔偿的范围包括：

1. 赔偿经营损害

其方法有二：一是依经营者的实际经营损失，确定赔偿范围；二是经营者经营损失难以计算的，按照侵权人在侵权期间因侵权所获得的利润，确定赔偿范围。

2. 赔偿受害人为调查其信用受损害的行为所支付的合理费用

这一赔偿范围，是反不正当竞争法确定损害赔偿责任的一个新的规定。确认这种赔偿责任,是完全合理的。确定这种赔偿范围应遵循两个原则:一是实际支出原则,即赔偿的费用,必须是实际支出的费用,因而,这种损失的性质是直接损失;二是合理支出原则,即赔偿的费用,必须是合理支出的费用,凡不合理的支出,或不属调查该行为支出的费用,均不应予以赔偿。

3. 为恢复信用而支出的费用

信用损害以后,权利主体为恢复其信用,所做宣传费用等,均属此范围,亦为信用损害所造成的财产损失,应按实际、合理的赔偿原则,实事求是地予以赔偿。

(二)参照《反不正当竞争法》第 20 条规定

对于其他一般主体侵害经营者信用权的,应当比照《反不正当竞争法》第 20 条的规定,确定赔偿责任,其赔偿范围,亦如上述。所应注意者,一般主体侵害经营者信用权,大多不具有侵权人获利的情况,对此,无法参照侵权人的获利润数额确定赔偿范围。

(三)非经营主体的损害赔偿责任确定

对于侵害非经营者主体信用权的损害赔偿责任确定,应参照侵害名誉权损害赔偿责任的确定方法,确定赔偿范围。

侵害信用权的民事责任,除损害赔偿之外,还包括除去侵害的责任,其方式包括停止侵害、消除影响、恢复信用、赔礼道歉,应按照具体案件的情况选择适用,以救济信用权的损害。

第五节　建立和完善社会征信系统

一、我国现阶段建立和完善社会征信体系的极端重要性

建立和完善社会征信体系的基本目的,在于建设诚信社会,确立诚信观念和诚信道德,推动市场经济发展。它所针对的,正是我国社会诚信观念和诚信道德所面临的严峻形势。据统计,我国银行系统由于失信行为而造成的损失每年达5855 亿元。就以作为一项善举的助学贷款为例,仅广东省就有 64 所高校的 2.3 万名困难大学生从中受益,贷款额达 3 亿多元。但很多贷款毕业生还贷违约,违约率超过了 20%,致使一些银行不得不停止这项贷款业务,这不仅严重破坏了自己的信用记录,还把“苦果”留给了正在大学校园求学的贫困师弟师妹。这样的现象正是我国诚信建设严峻局面的一个缩影。

事实上,我国历来是一个讲究诚信的国家,儒家学说的"仁义礼智信"历来被奉为道德经典,"信"德自在其中。按照《说文解字》的解释,信者,诚也,人言无不信者为诚。以"信"为本,讲究诚信,反对失信,是我国社会尊崇的信条。但是,近代以来,"信"德乃至于儒家道德受到三次大的摧残和冲击:第一次是"五四"运动,在砸烂"孔家店"的口号下,诚信道德的破坏作为革命的副产品,不可避免地成为现实;第二次是"文革",在极端的"革命"口号之下,孔孟之道再次受到"清算","信"德不可能离开"仁、义、礼、智"的命运而单独存在下来;第三次是改革开放当中,人的信仰出现危机,过于追逐经济利益,一切"向钱看",诚信观念和诚信道德同样在危机当中,以至于造成现今的状况。

现代社会是诚信社会,市场经济是诚信经济。没有诚信的社会,不能成为现代社会;没有诚信的经济,同样不能成为健康发展的市场经济。因此,针对当前我国市场经济发展和社会诚信状况的实际需要,必须尽快建立完善的社会征信体系,而作为先导和探索,必须加快银行系统征信体系的建设,进而推动全社会的企业和个人征信体系的全面建设,推动诚信社会的全面建设。据世界银行金融部高级经济学家玛格丽特·米勒女士介绍,拉美发展中国家的银行在征信体系提供的个人信用报告的帮助下,违约率在大银行减少41%、小银行减少78%。社会征信体系的建立,对于建设诚信社会、维护金融秩序、避免金融风险,具有极为重要的作用。

二、各国征信体系建设的基本模式

目前,在国际社会中,征信机构的建设主要分为两个系统,一个是依靠国家建立的公共征信系统,另一个是私人投资的民营征信系统。这两个征信系统是相互补充的,最主要的任务都是向社会、公众提供开放的企业和个人的信用数据库。在国际上,公共的征信系统与私营的征信系统都有很好的发展和表现。

(一)英美国家的民营模式

以美国和英国、加拿大、澳大利亚等国家为代表,大量使用的是私人征信机构。在这种模式中,征信机构的市场化和提供第三方服务的色彩更为强烈,是由民间投资组成,独立于政府和各类金融机构、商业机构之外,信息来源相对广泛,并在法律允许范围内为所有市场主体提供信用调查服务的机构。在美国,有征信机构200多家,但最主要的征信机构是三家,占据了美国主要的征信市场。美国的三大征信机构之间的竞争激烈,因此能够更快地提供准确的征信信息,每一个银行在贷款之前都会查询借款人的信用报告。越好的征信机构其查询量就会越多,因此效率就会越高,就会得到更多的利益。在现阶段,一般的银行要求在5分钟之内就要得到信贷,没有征信机构提供个人信用报告,无法做到这一点。

(二)欧盟等国家的公共模式

在欧盟以及相关的国家,征信机构的建设采取公共模式,一般是由政府财政出资建立广泛覆盖的个人信用数据库系统,由央行作为系统的管理者,实际运作采取非营利性,直接隶属于央行。信用信息主要来自于金融机构,同时服务对象也只限于金融机构,因此,这种模式实质是金融系统联合征信方式,是以规避金融信贷风险为主要任务。所以,在信用记录的标准方面,与民营模式相比,公共模式的信息较为有限。

(三)泰国的征信机构建设

亚洲的征信机构建设较为薄弱,正在发展中。在泰国,由于三大因素促使建立征信系统:一是资本市场大大加强,运作时依赖征信体系,要做好内部的信用情况调查;二是消费金融的发展大大发展,银行要获得更多的信用信息,特别是小银行更是如此;三是来自于外国银行的竞争,争夺高质量的客户,内地银行只能争取小的客户,极为需要信用信息。此外,还有其他因素,1997 年发生金融危机,银根紧缩,不想发新的贷款,决策者想要好的征信系统,就会鼓励银行有更大的信心,发更多的钱。

因此,泰国决策者要求银行自我评估,建立自己的征信系统,两个主要的公司都在 1999 年 9 月开始运作。2002 年通过《征信业法》,2003 年 3 月 14 日实施生效,特别规定信息权利人的权利有了解权、修改权,要受监督委员会的监督、要发公告;规定征信征集、拥有、使用费用;还规定民事程序和刑事程序;还规定对隐私权利的保护,保护银行的秘密。

三、我国征信体系建设的基本状况

近年来,我国对征信体系建设有了初步发展,从 1989 年开始至今,我国的社会征信体系建设经历了三个发展阶段。

第一阶段是征信业的起步,由于对外贸易企业对信用调查的需求,从 1989 年开始,国内出现了部分信用调查机构和企业咨询策划机构。随后,一些民营企业也开始从事信用调查工作,进行企业咨询策划,中国的征信业开始起步。

第二阶段是民营征信业的初步发展和外资进入,从 1995 年开始,随着中国经济的快速发展和商品买方市场的初步形成,银行信用和商业信用规模都不断扩大,对企业信用调查的市场需求不断增加,国内出现了新的民营征信企业,外资征信和资信评级企业不断进入中国市场,推动了我国征信业务的发展。

第三阶段是政府推动征信业发展,2000 年至今,在加入 WTO 的经济发展背景下,市场更加开放,居民信贷消费增加,社会的信用规模进一步扩大,而失信行为的不断增加,也促使政府重视信用体系的建设和征信机构的建立,党的十六大报告第一次提出建立社会信用体系的战略任务,中央银行信贷登记咨询系统建立起来并发挥作用,个人征信试点也开始进行,并在上海取得了很好的经验。

至目前为止,中国已经建立了四类不同的征信机构:一是政府部门所属、专门提供企业资信调查活动的机构,例如中国人民银行建立的企业信用信息咨询中心等;二是中资民营的企业征信公司,主要从事企业信用调查和咨询、风险管理等业务;三是已经进入中国的外国征信机构,提供企业征信服务,例如美国的邓白氏商业资料有限公司等已经在中国设立了分支机构,提供企业征信服务;四是正在试点的个人征信机构,例如上海建立的个人征信机构,已经有了100多万上海市民在个人征信机构中拥有了自己的信用记录。

应当看到的是,尽管我国征信体系的建设已经有了上述的发展,市场化运作模式也初步形成,企业征信市场的集中度在逐步提高,个人征信试点初见成效,中央银行信贷咨询系统建立并取得成效,但是就全国征信体系的状况而言,这仍然是初步的发展,距离建设诚信社会的整体需求,确实具有相当大的距离。

四、全面建立和完善社会征信体系的基本思路

与会者讨论认为,为了中国社会诚信建设和经济的健康发展,必须全面建立和完善社会征信体系。归纳起来,其基本思路是:

第一,必须全面加快建立和完善社会征信体系的建设速度。就目前我国征信业的发展而言,面对市场经济的快速发展,远远不能适应商业银行和社会各界对征信服务业提出的迫切需求,加快企业和个人征信体系建设已经成为社会的共识。因此,在现有基础上,必须全面加快征信体系的建设,以适应社会和经济发展的需要。

第二,征信机构建设应当公共模式和民营模式并举,引进外资征信机构,形成市场化良性竞争。在美国,发挥主导作用的征信机构是民营征信机构,主要的征信业务集中在三大民营征信机构;在欧洲,以国营的或者公共征信机构为主导。中国建设社会征信机构,应当公共模式和民营模式并举,同时,欢迎外资征信机构进入市场,形成征信业的良性竞争,通过市场引导征信业的健康发展。

第三,以建立统一的银行征信机构为先导,带动全国统一的企业和个人征信机构发展。现在,中央银行信贷登记咨询系统已经建立并运行,录入420多万借款企业的信用信息,查询用户达到6万多个,在防范金融风险方面已经发挥了重要作用。应当在此基础上,中央银行信贷登记咨询系统还应当建立个人的信用信息登记,进一步带动全国的企业和个人的征信机构的建设和发展,将中央银行征信体系建设和上海市个人征信试点经验推向全国,逐步形成少数拥有全国基础信用信息资源的大型的综合性征信机构和众多提供信用信息评估等信用增值服务的各具特色的地域性、专业性征信机构,建立覆盖全国的企业和个人征信体系。

第四,坚持特许经营、商业运作、专业服务的方针,全面开展征信业务,充分发挥征信体系作用。征信机构由于涉及企业和私人的信用信息披露,必须坚持特许经营,经过必要的审批。征信机构不仅要开展一般的信用信息的征集、加工、使用服务,还要进行信用评级、评估等信用增值业务,并且要开展专业性的、地域性的征信业务服务,形成信用信息资源整合,实现信息共享,各具特色,充分利用各项资源,发挥规模效益,适应不同征信需要,为推动诚信社会建设充分发挥作用。

五、建设和完善社会征信体系必须加强法制

建设和完善社会征信体系,必然涉及被征集信用信息主体的权利保护问题,同时,征信机构采取市场化运作方式进行,如果不加强法制,也会出现严重的问题。因此,建立和完善社会征信体系必须依法进行。

建设和完善社会征信体系涉及的法律问题,主要有三方面:

(一)如何在采集加工使用信用信息时保护好信息主体的权利

建设完善的社会征信体系,是以征集、加工整理和使用企业和个人的信用信息为基础,这就必然涉及民事主体民事权利的保护问题,即围绕个人信用报告的采集、制作与使用,必然地要对个人的信用信息进行披露,形成与个人和企业的隐私权和商业秘密的保护矛盾和冲突。对这种权利冲突的协调原则是:第一,坚持对企业和个人权利的保护原则,特别是对个人的隐私权、信用权必须予以保护,不能因为征信体系的建立和完善而使个人和企业的权利受到侵害。第二,个人和企业应当适当让渡自己的部分权利内容,即对于自己的信用信息对征信机构予以披露,对这些信息以及已经公开的信用信息,准许征信机构采集、整理和使用。第三,对于征信机构采集的信用信息以及制作的征信产品,个人和企业享有知情权,征信机构应当保障信息的准确,对信息主体必须定期报告,每年应当免费为其出具个人和企业的信用报告,使信息主体知道自己被征集和使用的信用信息的真实情况。第四,征信机构对掌握的信用信息必须正确使用,保障信息管理及信息管理系统运行的安全;信息主体对信用信息享有变更权,当信息主体发现自己的信用信息不准确,有权请求变更,征信机构必须在规定的时间内予以更正。

(二)防范和制裁征信系统运作中的违法犯罪行为

在征信机构的建立和运营过程中,必然会发生各种各样的违法犯罪行为。第一,在民事方面,因为权利的保护和个人信用信息的使用,会经常发生侵权行为。在征信机构,可能发生侵害信用主体的隐私权、信用权的侵权行为,其他人也可能会非法使用个人的信用信息报告,构成侵权等。发生侵权纠纷,可以选择通过诉讼程序解决,依法制裁侵权行为。第二,信用机构在运营中,也会违反国家行政管理法律法规,构成行政违法行为,行政机关依法进行监管,纠正和制裁违法行为;发生争议,可以通过诉讼程序进行司法裁决。第三,对于可能发生的犯罪行为,例如破坏征信机构建设,窃取信用信息等,应当通过特别刑事立法,确定为犯罪行为,规定刑罚惩罚方法。总之,加强社会征信体系建设应当依照法律进行,求得信息公开与民事权利保护的协调,确保社会征信系统的全面建设和良性运行,使我国建立起完善的社会征信体系,对社会各界提供信用信息咨询参考,防止失信行为为害社会,也防范和制裁违法犯罪行为破坏社会秩序,侵害人民的权利。

(三)如何将一个市场化运作的社会征信体系管理纳入法制轨道

必须制定征信机构管理法律法规,使其依法进行。各国一般都由征信管理法律法规,在美国有《公平信用报告法》,在泰国有《征信业法》。一是,我国也应当制定征信管理的法律法规,规定《征信业法》,规范征信机构运行及其管理,促进征信业健康发展。二是,相对应的,应当在《民法典》关于人格权的规定中,规定对隐私权和信用权的保护,同时规定,为了加强诚信社会建设,对于民事主体的信用信息的支配,可以让渡一部分权利,允许征信机构征集公开的个人信用信息,加工成为信用产品,允许合法使用。三是,国务院应当制定征信机构管理法规,加强对其监管,政府监管对于规范征信机构的行为,保护信用交易双方的权利,维护征信市场秩序,都具有重要的作用,促进其健康发展。四是,主管部门即人民银行总行应当加强征信业的标准化建设,实行信息标识标准,信息分类及数据格式编码标准和安全保密标准等,规范征信业的有序发展。五是,要加强征信业的自律,征信从业人员应当自觉遵守法律,尊重他人的权利,做诚实守信的典范。

第二十四章　荣誉权

第一节　荣誉

一、对荣誉概念界定的分歧意见

在所有的人格权客体里，民法学界分歧最大的，就是对荣誉这一概念的认识。在民法学著作和论文中对荣誉概念的界定，没有一个是趋于一致的。

在各种分歧的定义中，较有代表性的有：一是认为"荣誉是特定人从特定组织获得的专门性和定性化的积极评价"。[1]这一定义，被有的学者所采用。[2] 二是认为"荣誉就是自然人或者法人光荣的名誉，它的表现形式是获得嘉奖或者是光荣称号等等"。[3] 三是认为"荣誉与名誉一样，都是社会对特定的自然人或法人行为的一种评价。但荣誉与名誉又不一样，它是根据一定程序或者由国家行政机关给予特定人的评价"。[4] 四是认为"自然人的荣誉是自然人在学习、生产、工作或战斗中表现突出、成绩卓著、立有功勋而获得的光荣称号"。[5] 五是认为"荣誉即美誉或光荣的名誉，它是国家、社会

---

① 张俊浩主编：《民法学原理》，中国政法大学出版社 1991 年版，第 155 页。

② 王利明主编：《新闻侵权法律辞典》，吉林人民出版社 1994 年版，第 132 页。

③ 杨振山主编：《民商法实务研究 · 侵权行为卷》，山西经济出版社 1993 年版，第 162 页。

④ 佟柔主编：《中国民法》，法律出版社 1990 年版，第 489 页。

⑤ 李由义主编：《民法学》，北京大学出版社 1988 年版，第 571 页。

对自然人、法人在生产经营、科学实验、文化教育等在社会活动中做出贡献、取得成果所给予的精神奖励”。[①] 六是认为“荣誉,是自然人或法人在生产劳动和各项工作中成绩卓著所受到的表扬和奖励”,“荣誉是政府、组织等机构对于自然人、法人所作的一种正式的、公开的评价。”[②]

以上定义,从不同方面或角度揭示了荣誉的内涵。根据对其基本性质的不同确定,可分以下两种不同的观点:一是评价说。认为荣誉说到底,是一种社会评价,与名誉不同的是,荣誉这种社会评价是正面评价、积极评价、正式评价。对此,学者略有不同意见,有积极评价说,如第一种定义;有正式评价说,如第六种定义;有特定评价说,如第三种定义。二是奖励说。认为荣誉就是获得的奖励,获得的光荣称号。这种奖励是因在社会活动中做出贡献、取得成果,由国家和社会所给予的奖励。有的认荣誉为精神奖励,为精神奖励说,如第五种定义;有的认荣誉为光荣称号,为光荣称号说,如第四种定义。

二、荣誉的概念和基本特征

(一)荣誉的概念

在以上对荣誉概念的界定中,尚没有一个能够完全经得起推敲的准确的定义。要对荣誉下一个准确的、科学的定义,首先必须决定究竟应当如何确定荣誉的基本性质,即究竟是采评价说,抑或采奖励说,抑或另外确定荣誉的基本性质。

我认为,评价说尽管有多种不同主张,但确定荣誉的基本性质是一种评价,是有充分根据的。荣誉实际上是社会的褒奖,说荣誉是奖励、是光荣称号,并非错误,但奖励和光荣称号只是荣誉的外在表现形式,而不是它的实质,它是具体的荣誉而不是抽象的荣誉、概括的荣誉。将具体的荣誉,诸如精神奖励、物质奖励、光荣称号、奖金、奖牌、勋章、奖杯等,抽象起来,就是社会对特定民事主体的积极评价。因而可以说,荣誉是指特定民事主体在社会生产、社会活动中有突出表现或突出贡献,政府、单位团体或其他组织所给予的积极的、肯定的正式评价。

(二)荣誉的法律特征

在民法上,名誉和荣誉是关联最紧密的一个概念,但自然人的名誉和荣誉在存在的时间上也有所不同,原因在于,名誉往往伴随人之出生,多存在于生命存续阶段。与名誉相反,不少荣誉并不存在于生命存续阶段,现实中基于个体之死亡表现了某种积

---

① 马原主编:《中国民法教程》,人民法院出版社 1989 年版,第 497 页。

② 马原主编:《民事审判实务》,中国经济出版社 1993 年版,第 214 页。

极价值观而追认或追授荣誉的情形相当常见。① 荣誉和名誉虽然都是一种评价，在这一点上有共同之处，但荣誉与名誉相比，有自己独特的法律特征：

1. 荣誉是社会组织给予民事主体的评价而不是一般的社会评价

名誉这种评价是社会评价，它的来源是公众，或者是一般的舆论。荣誉不是公众的评价，而是由国家政府、所属单位、群众团体以及其他组织所给予特定民事主体的评价，当然更不是个人的评价。所要区分的有二：一是有些荣誉由特定的领导授予，如董事长授予其属员以荣誉、政府首长授予某人以荣誉称号。这不是个人的评价而是组织的评价，因为政府首长或法人董事长就是该政府、该法人的机关，他所代表的是组织，而非个人行为。二是有些荣誉是由公众投票、组织公布，如电影百花奖、十佳运动员等，这种荣誉也不是一般的公众评价，而是由一定的组织主持的，由公众参加的评选活动，其荣誉的授予，仍是由一定的组织进行。如电影百花奖的授予者，就是《大众电影》杂志社。

2. 荣誉是社会组织给予的积极评价而不是消极的评价

名誉这种社会评价，既包括积极的褒奖，也包括消极的批评、贬损，还包括不含有褒贬色彩的中性评价。荣誉获得的前提，必须是民事主体在社会生产或社会活动中做出突出的贡献，或者有突出的表现，确定与众不同，具有应受褒奖性。只有具备这样的条件，才能获得荣誉，否则就没有获得荣誉的资格。因而荣誉这种评价必须是积极的、褒扬性的评价，一般的评价构不成荣誉，消极的评价更构不成荣誉，而是荣誉的对立物。

3. 荣誉是社会组织给予的正式评价而不是随意性评价

名誉这种社会评价是公众的自由评价、随意评价，不受政府、组织和团体的意志所左右；荣誉则不同，它必须是社会组织的正式评价。这种正式性，其内容应具有专门性，即荣誉的内容必须有专门的内容，如劳动模范、优秀演员、学习标兵、战斗英雄、世界冠军，等等，而不能笼统地说某民事主体是“好人”，其形式必须定型化，不能随意而为；其授予或撤销、剥夺必须程序化，严格依照法定的或者议定的程序进行，尤其是荣誉的剥夺，应当依照法定程序进行，否则为侵权。

4. 荣誉是民事主体依据自己的模范行为而取得的评价而不是自然产生的评价

名誉这种评价是自然产生的，无须民事主体依自己的积极行为而取得，如人一出生人们就评价其胖瘦、黑白、丑俊等，这是由名誉这种社会评价的非专门性、非正式性等特点所决定的。荣誉这种评价非依自己的模范行为、突出贡献而不能取得，即使是“选美”，也并非只要参选人自然姿色美就必然当选，还必须评判其修养、举止、谈吐、衣

---

① 姚明斌：“褪去民法权利的外衣——‘荣誉权’三思”，载《中国政法大学学报》2009 年第 6 期。

着等综合指标,确实有模范的表现,才能当选。任何荣誉都不能自然产生。

第二节　荣誉权的概念和性质

一、荣誉权的概念

(一)界定荣誉权概念的不同意见

与荣誉的概念一样,学者对荣誉权概念的界定亦为众说纷纭。主要的定义有以下几种:一是"荣誉权,是指自然人、法人对于自己的荣誉称号获得利益而不受他人非法剥夺的一种民事权利"。[①] 二是"荣誉权是自然人获得荣誉称号的权利。法人的荣誉权是法人在工作、生产、经营中成绩卓著时获得的光荣称号"。[②] 三是"荣誉权是指自然人、法人为自己依法取得的荣誉称号的所享有的不可侵犯、剥夺的权利"。[③] 四是"荣誉权是自然人或法人获得并保持各种嘉奖的权利"。[④] 五是"荣誉权是对荣誉不让与性支配并享受其利益的人格"。[⑤] 六是"荣誉权是公民、法人和非法人组织,依法享有的参与荣誉授予活动、接受和保持其荣誉称号,并不受他人非法侵害和剥夺的权利"。[⑥]

(二)荣誉权的概念

上述对荣誉权概念的界定,均有其道理,但也都有不足。我认为,正确界定荣誉权的概念应当是:荣誉权是指民事主体对其获得的荣誉及其利益所享有的保持、支配的具体人格权。

二、荣誉权的特征

(一)荣誉权的客体是荣誉的本身及荣誉所包含的利益

荣誉的本身是一种正式社会评价,它是荣誉权的客体;同样,荣誉所包含的利益也是荣誉权的客体。例如,获得体育比赛的世界冠军,这种称号是荣誉的本身,因获得世

---

① 佟柔主编:《中国民法》,法律出版社 1990 年版,第 489 页。

② 李由义主编:《民法学》,北京大学出版社 1994 年版,第 571、574 页。

③ 马原主编:《中国民法教程》,人民法院出版社 1989 年版,第 497 页;杨振山主编:《民商法实务研究·侵权行为卷》,陕西经济出版社 1993 年版,第 162 页。

④ 马原主编:《民事审判实务》,经济出版社 1993 年版,第 214 页;王利明主编:《新闻侵权法律辞典》,吉林人民出版社 1995 年版,第 133 页。

⑤ 张俊浩主编:《民法学原理》,中国政法大学出版社 1991 年版,第 155 页。

⑥ 冯涛:"论荣誉权被侵害的样态与救济",载《洛阳大学学报》2006 年第 1 期。

界冠军而得到的奖章、奖金、奖品,以及所获得的尊敬、荣耀,等等,就是荣誉的利益,包括物质利益和精神利益。在界定荣誉权概念中,多数忽略了荣誉权客体的双重属性,只强调其中一个方面。如“对于自己的荣誉称号获得利益”,为只强调利益;“对自己依法取得的荣誉称号”,则只强调荣誉的本身。至于认为“法人的荣誉权是法人在工作、生产、经营中成绩卓著时获得的光荣称号”,不仅排斥了利益的因素,而且这一定义界定的不是荣誉权,而是荣誉。

(二)荣誉权不是获得权而是保持权

荣誉权是每一个民事主体都享有的权利,但是这个权利必须在民事主体已经取得了荣誉的时候才有意义。荣誉的获得包括两个因素,一是主体的突出贡献或突出表现,二是组织的承认并授予。荣誉权的基本含义在于对已经取得的荣誉的占有和保持。如果承认荣誉权是获得权或者包括获得权,就等于任何民事主体都有权获得荣誉,当组织没有授予其荣誉时,就可以依其获得权而主张荣誉。荣誉的获得在于组织的授予,而组织授予荣誉,是行政行为或者组织行为,不是民事主体个人依其行为而取得的。因而,称“荣誉权是获得荣誉称号的权利”,显然是不正确的。例如,咸阳洋河上的一艘船翻了,5 人落水,原告马随意闻讯赶来参加救捞工作,打捞上 3 个人。当地镇政府举行表彰大会,其他 5 位村民领到了荣誉证书和奖金,但出力最多的马随意却没有得到任何奖励,甚至在表彰大会上,一位副镇长以马随意挡住摄像机镜头为由将他赶下领奖台。马随意认为自己的行为未得到应有的奖励,以镇政府行政不作为、侵犯荣誉权为由起诉该镇镇政府。秦都区法院审理认定,镇政府是否发给马随意奖金取决于其自由裁量权,法院无权过问;荣誉权是在获得以后才享有的权利,而荣誉权授予不授予,不是荣誉权所保护的范围。马随意上诉,咸阳市中院终审维持原判。这个案件特别有说服力,假如原告以侵害名誉权向法院起诉有可能获得胜诉,起诉侵害荣誉权则无法得到法律支持。①

(三)荣誉权既是绝对权,也是对荣誉及其利益的支配权

荣誉权是一种绝对权,表现为荣誉权人对其已经取得的荣誉及其利益的独占权,其他任何人都对这一权利客体负有不可侵犯的法定义务。除此之外,荣誉权对其荣誉利益享有支配权,自主决定荣誉利益的利用、处分。仅认为荣誉权是保持荣誉的权利显然不够全面。

三、荣誉权的性质

(一)意见分歧

确认荣誉权是人身权,自无疑义。但荣誉权究竟是人格权,还是身份权,抑或兼有

---

① 杨立新:“见义勇为者为什么受委屈”,载《检察日报》2001 年 6 月 19 日版。

人格权和身份权的双重属性，则大有争议。据此，分为三种不同的主张：

1. 人格权说

认为荣誉权的性质是人格权而非身份权。在《民法通则》实施之初，多数学者持这种主张。近年来，多数学者改变了看法，但仍有少数学者坚持这种主张。例如，张俊浩先生主编的《民法学原理》一书将荣誉权归之于“尊严型精神人格权一类，确认其为人格权性质”；①梁慧星先生认为目前中国人身权制度中不包括身份权，因而荣誉权就是人格权；②新生代学者也有持这种意见的。③

2. 身份权说

认为荣誉权的性质是身份权而不是人格权。目前主要的民法教科书均采这种主张，《人格权法新论》一书认为：“荣誉权是自然人和法人对自己的荣誉依法享有的不受他人侵害的权利。荣誉是社会、国家通过特定的机关或组织给予自然人或法人的一种特殊的美名或称号。荣誉不是社会给予每个自然人或法人的评价，而是授予在各项社会活动中成绩卓越有特殊贡献的自然人或法人的，因而荣誉权并非是每个自然人或法人都享有的。尤其是荣誉权的取得有赖于主体实施一定的行为，做出一定的成绩，可见它不是自然人生来和法人成立后就应依法享有的。因此，荣誉权不是人格权而是身份权。”④也有的学者著文支持这种学说。⑤

3. 双重属性说

认为荣誉权兼有身份权和人格权两种属性，但身份权是其基本性质，只是在某种意义上反映社会对某一民事主体的评价，具有人格方面的因素。⑥

4. 非民事权利说

这种观点认为，荣誉权并非一种民事权利，因此应当褪去“荣誉权”的民事权利的外衣。缺乏充分的论证而轻易地通过立法为其披上民法权利的外衣，不仅徒增权利体系上的龃龉，在侵权救济上也会陷入法理逻辑的悖谬。⑦ 也有的学者认为，荣誉权在本质上不具有人格利益的属性，在实践中荣誉的获取比较不规范，⑧荣誉只是名誉的一种特殊情形，可以利用民法有关名誉权的规定保护，没有必要专门规定荣誉或荣誉权。⑨

---

① 张俊浩主编：《民法学原理》，中国政法大学出版社 1991 年版，第 140、154 页。

② 梁慧星：《中国民法经济法诸问题》，法律出版社 1991 年版，第 73～74 页。

③ 马特、袁雪石：《人格权法教程》，中国人民大学出版社 2007 年版，第 271 页。

④ 王利明主编：《人格权法新论》，吉林人民出版社 1994 年版，第 11 页。

⑤ 张再芝等：“荣誉权立法规制探究”，载《东华理工学院学报》（社会科学版）2004 年第 4 期。

⑥ 马原主编：《中国民法教程》，人民法院出版社 1989 年版，第 497 页。

⑦ 姚明斌：“褪去民法权利的外衣——‘荣誉权’三思”，载《中国政法大学学报》2009 年第 6 期。

⑧ 张新宝：“人格权法的内部体系”，载《法学论坛》2003 年第 6 期。

⑨ 唐启光：“荣誉权质疑”，载《法学论坛》2004 年第 2 期。

有的学者认为,荣誉权既不属于人格权,也不属于身份权,也不具有双重属性,因此我国民法应当取消荣誉权。[①]

(二)荣誉权是一种民事权利

近年来,反对荣誉权为一种民事权利的主张比较常见,对此,我持不同意见。第一,荣誉权作为一种民事权利,最主要的是立法已经规定其为民事权利。《民法通则》就已经规定其为一种民事权利,经过了20多年的实践,证明其是有必要的。因此,2002年《民法》草案仍然规定其为民事权利。《侵权责任法》第2条第2款规定侵权责任法保护的范围中,也确定荣誉权是一种民事权利。即使在将来的《人格权法》或者《民法总则》中规定民事权利,也不会删除这个民事权利。第二,荣誉权不能概括在名誉权中。尽管名誉是一种评价,荣誉也是一种评价,但是两种评价相差甚远,名誉权和荣誉权保护的范围和方法也都各异,就像原来将信用权概括在名誉权中不妥一样,把荣誉权划归为名誉权的保护范围,不可能保护好荣誉权。第三,不能认为荣誉权过于复杂就认为它不是一个民事权利。只要它有特定的保护对象,有特定的保护方法,就应当认为它是一个民事权利。第四,认定荣誉权是一种独立的民事权利,将荣誉单独作为一种人格的要素,并非我国立法的特有观念,[②]《蒙古民法典》第7条、《意大利刑法典》第585条至第595条,《加拿大魁北克省人权与自由宪章》第四节都规定荣誉权是一个独立的民事权利,[③]在比较法上有足够的立法例支持。

(三)荣誉权具有双重属性,应归属于人格权范畴

我们主张,荣誉权的基本属性是人格权,但是也有身份权的性质。其理由是:

1. 荣誉权具有身份权的属性

第一,荣誉权的来源是基于一定事实受到表彰奖励后取得的身份权。荣誉权原则上不具有固有权的属性:一是,非生而享有,非有卓著的成绩不能取得;二是,不仅如此,尚须由机关或组织正式授予荣誉,而非仅依自己的行为而取得;三是,不仅可以经一定程序而撤销,某些荣誉还可依法定程序而判决剥夺,荣誉一经撤销或依法剥夺,荣誉权人即丧失荣誉权,不再是荣誉权主体。荣誉权的非固有性,表明它基本上属于身份权的性质。第二,荣誉权的基本作用不是维护民事主体人格之必须。荣誉权是维护民事主体的身份利益。荣誉权丧失,一般说来人格受不到损害,人还是一个普通的人,法人还是一个普通的法人,只是没有荣誉而已,况且一个人在一生当中或一个法人在存在期间就根本没有获得荣誉的也大有人在的。荣誉权的作用主要不是维护人格,而是维护民事主体的身份利益,即该荣誉及其利益为该民事主体的身份利益,他人不得

---

① 鲜晓、宁定一:"我国应取消荣誉权",载《四川经济管理学院学报》2009年第1期。

② 龙卫球:《民法总论》,中国政法大学出版社2001年版,第330页脚注。

③ 马特、袁雪石:《人格权法教程》,中国人民大学出版社2007年版,第272页。

享有或侵犯。非法剥夺荣誉权造成荣誉权的损害，损害的是身份利益，即荣誉利益与荣誉权人相分离，使民事主体丧失荣誉及其利益，这证明，荣誉权是身份权。

2. 荣誉权也具有人格权的特征

荣誉权也具有人格权的特征。例如，荣誉权人获得荣誉有权保持、荣誉权受到侵害有权请求法律救济、荣誉利益可以自由支配等，这些特点，都说明荣誉权也具有人格权的特点。

3. 现行法律的规定

最重要的，是《民法通则》已经将其规定为人格权性质，2002 年《民法》草案也规定其为人格权。而身份权主要的是规定亲属之间的关系和地位，规定亲属之间的权利义务关系，解决的是亲属之间的法律问题。在起草民法典人格权法编的过程中，对荣誉权的性质经过反复的讨论，绝大多数学者认为，还是承认荣誉权既具有身份权的属性，又具有人格权的属性，因此将其规定在人格权法编中，避免在规定亲属关系的身份权体系中，再规定一个不属于这个系列的荣誉权的身份权来。我们认为这个意见是可行的，可以确认荣誉权的双重属性性质，将其列为人格权的范畴，因而《侵权责任法》仍然将荣誉权规定在人格权系列之中。

第三节　荣誉权的内容及荣誉利益准共有

一、荣誉权的内容

(一)荣誉保持权

荣誉保持权是指民事主体对获得的荣誉保持归己享有的权利。

保持权的客体是荣誉本身，而不是荣誉利益。荣誉的本身，包括各种荣誉称号，如劳动模范、战斗英雄、先进企业、文明商店等，各种奖励、表彰，如通报表扬、通令嘉奖等。某些名誉职衔，如名誉博士、荣誉市民、名誉主席、名誉会长等，其实质并不是表明被授予者的学识、能力等达到了博士的水平或某种职务的要求，而在于授予机关授予该主体一种荣誉，使其享有名誉职衔的精神利益或者一定的物质利益，因而应认其为荣誉的性质，适用荣誉权的法律保护方法。对于兼职职衔，则不具有这种性质，如兼职教授、兼职经理、客座研究员等，不是荣誉，而是真正要做工作的职务或职称，兼职职衔不是荣誉，不适用荣誉权的法律保护。

保持权的内容，包括两项：一是对获得的荣誉保持归己享有，二是要求荣誉权人以外的任何其他人负有不得侵害的义务。

荣誉归己享有，体现的是荣誉的独占权，表明荣誉一经获得，即为民事主体终生享有，未经法定程序不得撤销或非法剥夺，也不得转让、继承。荣誉的撤销须依一定的程序，由原授予荣誉的机关或组织依法定的事由而撤销；荣誉的剥夺则由人民法院依照《刑法》和《刑事诉讼法》的规定，以判决方式为之。任何非法撤销、剥夺以及转让、继承荣誉的行为，都是无效的行为，都是对荣誉独占权的否定。

荣誉的不可侵性，是荣誉保持权的基本内容之一。它不仅要求荣誉权人之外的任何其他人都负有不可侵的法定义务，而且规定任何违反这一法定义务而实施侵权行为的人，发生违反法定义务的后果，即应承担法律责任。其他任何人，指荣誉权人以外的其他所有的人，既包括与该荣誉无关连的任何人，也包括授予荣誉的机关或组织，都负有这种义务。其他人侵害荣誉权，构成侵权行为，荣誉授予机关或组织在将荣誉授予特定民事主体之后，也受荣誉权民事法律关系的约束，未经法定程序、无法定事由而撤销该荣誉者，亦为侵权行为。如某机关汽车司机工作积极表现突出，被评为先进人物，在颁发奖状后，因事惹怒机关首长，该首长命令其交回奖状，扣发奖金，不准其开车，罚其清扫厕所半个月。首长决定授奖是依法进行，但未经法定程序无法定事由即擅自撤销奖励，显然违反了荣誉权法律保护规定，应负侵害荣誉权的责任。

（二）荣誉利益支配权

荣誉利益支配权，是荣誉权人对其获得荣誉中精神利益的自主支配权。

荣誉权的精神利益，是指荣誉权人因获得荣誉而享有的受到尊敬、敬仰、崇拜以及荣耀、满足等精神待遇和精神感受。前者是客观的精神利益，后者是主观的精神利益，这些精神利益是荣誉利益的组成部分之一，由荣誉权人专属享有。“军功章里有你的一半也有我的一半”，是亲人分享荣誉利益的感觉，但从法律意义上言之，如果荣誉不是颁发共同享有人享有的，则只为个人专属享有，他人不得分而享之，因此不构成荣誉利益准共有。

对精神利益的自主支配是荣誉权的具体权利内容，权利人无须经他人同意或允许。对精神利益的支配，包括对该种利益的占有、控制、利用，但不得将荣誉的精神利益予以处分，如转让他人享有或转让他人利用。

精神利益的占有和控制，是权利人保持自己荣誉的重要方面，同时，也是实现自我价值，使自己主观利益得到满足的重要内容。

精神利益的使用，是指权利人利用自己的荣誉利益，进行社会活动的权利。这是荣誉权的一项重要的精神利益，受到法律的保护。某战斗英雄利用其荣誉地位“走穴”，人们可以用道德的标准指责他，但却不能从法律的角度批评他或制裁他，因为他的行为完全符合法律的规定，是正常行使权利的行为。

(三)物质利益获得权

荣誉权的内容不具有获得权的内容,是指对荣誉本身而言。当荣誉的本身带有物质利益的时候,权利人对此物质利益享有获得权,物质利益获得权就是权利人对于荣誉附随的物质利益所享有的法定取得的权利。

荣誉权的物质利益,是指奖金、奖品、奖杯、奖章等含有价值和使用价值的财物,以及其他具有财产价值的荣誉待遇所体现的财产利益。奖金、奖品、奖杯、奖章等是指一次性颁发的物品,荣誉待遇则是指依据荣誉权而在一定时期内享受物质补贴等方面的给付。

荣誉权的物质利益与精神利益不同。荣誉权的精神利益与荣誉本身相伴而生,取得荣誉权就取得荣誉的精神利益。荣誉权的物质利益并非任何荣誉都有,而应依颁发荣誉的章程或授予机关、组织的规定确定。有的荣誉附随有物质利益,如颁发奖金、奖品、奖牌、奖章、奖杯或给予物质待遇等;有的荣誉则没有物质利益,如单纯的通报表扬、通令嘉奖等。对于定期收回的奖杯,是一种有限获得权,只能在规定的时期内有权获得并占有,但不享有支配权,这种荣誉利益的性质更具精神利益的性质。

物质利益获得权,意味着权利人在获得荣誉的情况下,有权依照颁奖的章程或授予机关、组织的规定,就应获得的物质利益主张权利。当颁奖章程或授予机关、组织规定获得某种荣誉即应获得某种物质利益的时候,获奖人在获得该种荣誉时,有权获得相应的物质利益。如果颁奖或授予荣誉的机关或组织授予其荣誉,而没有按章程或规定颁发物质利益时,权利人可依章程或规定,向颁奖或授予荣誉的机关或组织,主张获得该物质利益。故意扣发、不发、少发物质利益的,均构成对荣誉权的侵害,权利人有权寻求司法保护。

(四)物质利益支配权

荣誉权人对于已经获得的物质利益享有支配权。这种支配权包括两种形式,一是完整支配权,二是有限支配权。

对于荣誉的一般物质利益的支配权是完整支配权,它的性质是所有权,即自物权。这种物质利益支配权必须明确规定物质利益完全归权利人所有,获得这种物质利益即对该物质利益取得所有权,享有完全的占有、使用、收益、处分权能,权利人对其所有的这些物质利益完全自主支配,不受任何拘束,只须符合法律关于所有权行使的一般规定。在社会上,舆论指责获奖人如体育世界冠军将其所获奖牌出售,从道德的角度上说,不无意义;但从法律的角度上看则毫无道理,因为权利人对于自己所获得的荣誉物质利益享有完全的所有权,自然包括处分的权利。

在物质待遇的利益方面,应当区分获得权和支配权。获得权是主张的权利,如定期发给的补贴可按期主张;支配权则是获得权实现后所取得的所有权,是直接决定物质利益命运的权利。

对物质利益的有限支配权不具有所有权的属性，只是享有受时间限制的占有权。各种比赛的流动奖杯，获得者享有有限支配权，包括占有权和适当利用权，同时负有妥善保管义务和按时交回的义务。这种情形，往往规定蝉联数次而转变支配权性质，如蝉联三次获得某项冠军，则将该奖项奖杯的有限支配权转变为完整支配权，或者复制同样的奖杯颁发给获奖者，享有完整支配权。在这两种情况下，权利人对奖杯享有完全的所有权。

二、荣誉利益准共有

（一）荣誉利益准共有的现实性

准共有，是指两个或两个以上民事主体对所有权以外的财产权共同享有权利的共有。但是，荣誉权的客体即荣誉是经常地被授予两个以上的主体的，为两个以上的主体所享有。最典型的就是体育竞赛中的团体赛，得到的荣誉是参加团体赛中的每一个成员的荣誉，每一个团体赛的成员包括没有上场的"板凳队员"即候补队员也是成员之一，也享有这一份荣誉。同时，在荣誉权中具有相当的财产因素，对于获得的财产应当是共同共有或者按份共有的财产，在获得附随于荣誉的奖金等共有财产时，存在对共有财产的分割问题，如果对这样共同享有的权利不按照共有的规则处理，可能就会出现处理不当的问题。而作为准共有，准许在共有的荣誉权中适用共有规则处理，问题就会简单得多。

（二）荣誉利益准共有形成的原因

荣誉利益可以形成准共有，来源于三个原因：

1. 荣誉权多数具有财产利益的因素

荣誉权不仅仅是一个精神性的权利，也包含财产利益在其中。在这个精神性的权利中，多数具有财产利益的内容，这就是附随于荣誉精神利益中的财产利益，例如随同荣誉授予的同时而颁发的奖金、奖品、奖牌、奖杯等物质性的表彰内容。获得荣誉的主体在享有精神性的正式的评价、肯定性评价、褒扬性评价之外，还享有获得奖励的财产的权利。对于这些财产利益，权利人享有获得权和支配权，具有完整的所有权。正是因为这个权利中的这种财产权利才使其具有了可以共有的基础。

2. 一项具体的荣誉可以为数个民事主体共同享有

荣誉权与其他人格权和身份权不同。其他的人格权和身份权都是自己享有的权利，不能与他人分享，但荣誉权具有这样的可能。在共同创造的成绩面前，有关部门可能会授予数个共同创造人一个共同的荣誉。最典型的就是共同共有的著作获得奖励，就是奖励给共同作者的，而不是授予其中的一个人或者几个人，精神性的荣誉归属于共同创造人所共有，奖金则为数人共同共有或者按份共有。因此，就一个荣誉享有的荣誉利益于数人可以分享，才使荣誉可以成为准共有的客体。

3. 荣誉权的利益可以分割

也正是因为荣誉利益是一个可以由数人共有的利益，因此，这个利益也是可以分割的。在荣誉权中，可以分割的基本上是财产利益，而不是精神利益。既然荣誉权的财产利益可以分割，那么就和其他财产权利的分割没有原则的区别，因此，荣誉利益就可以形成准共有。

（三）荣誉利益准共有的内容

对于荣誉权中的精神权利，可以共有。当将一个荣誉授予两个以上的主体时，这些主体共同享有荣誉权的精神权利。每一个主体都是荣誉的享有人，享有其精神利益，保持其荣誉称号，支配其荣誉利益。对于共同获得的荣誉，不能主张分割，只能保持其整体的荣誉。例如，二人获得球类世界双打冠军，他们只能保持这个称号，不能分为两个冠军或者1/2冠军。

对于荣誉权的财产利益，共有人享有获得权和支配权。

物质利益获得权，就是权利人对于荣誉附随的物质利益所享有的法定取得的权利。荣誉权的精神利益与荣誉本身相伴而生，取得荣誉权，就取得荣誉的精神利益；数人共同取得荣誉权，对附随于荣誉的物质利益就形成了财产的共有权。共有的物质利益获得权，意味着各权利人在获得荣誉的情况下，有权依照颁奖的章程或授予机关、组织，就应获得的物质利益主张权利。当颁奖章程或授予机关、组织规定获得某种荣誉即应获得某种物质利益的时候，获奖人在获得该种荣誉时，有权获得相应的物质利益。如果颁奖或授予荣誉的机关或组织授予其荣誉，而没有按章程或规定颁发物质利益，权利人可依章程或规定，向颁奖或授予荣誉的机关或组织主张获得该物质利益。故意扣发、不发、少发物质利益的，均构成对荣誉权的侵害，权利人有权寻求司法保护。这种权利，每一个荣誉共有人都有权主张，但是必须为全体共有人的利益所主张。

共有荣誉权人对于已经获得的物质利益享有支配权。荣誉的一般物质利益的支配权是完整支配权，它的性质属于所有权。这种物质利益支配权必须明确规定物质利益完全归权利人所有，获得这种物质利益即对该物质利益取得所有权，每一个共有人都享有完全的占有、使用、收益、处分的全部权能，权利人对其所有的这些物质利益，完全自主支配，只须符合法律关于所有权行使的一般规定。不过，在共同获得荣誉的时候，一般不会对共有的财产整体进行支配，一般都要进行分割，因此，共同获得荣誉财产利益的，保持其财产的共有性质的时间并不长。对物质利益的有限支配权，不具有所有权的属性，只是享有受时间限制的占有权。各种比赛的流动奖杯、奖旗等，获得者享有有限支配权，包括占有权、适当利用权，同时负有妥善保管义务和按时交回的义务。

荣誉利益准共有也分为两种基本的形式,一是按份共有,二是共同共有。决定共有的荣誉是按份共有还是共同共有,应当从创造性劳动的性质作为判断标准:一是创造性的劳动是否有份额,是否有贡献的不同,是共同创造,还是分工创造;二是创造性劳动成果的性质,是不分份额的共同创造,还是按照不同劳动体现在成果中,能够区分出来。如果不分份额的劳动,创造的成果也不分份额,就应当是共同共有性质的准共有。反之,如果创造性的劳动是有份额的,而且在创造的成果中也能够分出份额来,就应当依照其份额,认定为按份共有的准共有。

(四)荣誉权共有财产利益的分割

荣誉权共有人对共有财产主张分割的,应当准许。因此,共有荣誉权的财产权方面的共同关系消灭,对共有的财产进行分割。

分割共有的荣誉财产,应当按照创造这一荣誉的贡献大小作为标准进行分割。如果对获得的荣誉约定有份额的,应当按照约定的份额进行分割。没有约定,也无法确定贡献大小的,则应当均等分割。在体育界很多获得荣誉称号的群体中,对获得的奖金分配不公,多数是由分配不公的原因造成的,一个教练把持了全部的奖金,只分给运动员少部分,其余的据为已有,其他人不能没有意见,酿成纠纷是必然的。诉讼到法院的,法院应当予以受理,并且依照上述规则处理。

对共有荣誉权的财产利益的分割办法,一是实物分割,二是折价分割,三是变价分割,应当视物质利益的具体情况采取不同的方法进行分割。

第四节 荣誉权的民法保护

一、侵害荣誉权民事责任构成

(一)侵害荣誉权的违法行为

确定侵害荣誉权违法行为要件,必须确定违法行为的主体是什么。有的学者认为,侵害荣誉权行为的主体仅限于国家机关和社会组织,这是由荣誉获得的组织性决定的,只有国家机关和社会组织的非法剥夺,才会发生荣誉权实际丧失的法律后果,故只有它们才会成为侵犯荣誉权的主体,自然人个人不会成为侵权的主体。① 这种看法

① 杨振山主编:《民商法实务研究·侵权行为卷》,山西经济出版社 1993 年版,第 165 页。

有失偏颇,究其原因,是对侵害荣誉权行为的范围理解过于狭窄所致。

《民法通则》第102条规定:"公民、法人享有荣誉权,禁止非法剥夺公民、法人的荣誉称号。"这一规定的立法本意是授权,而非规定侵权责任构成。学者从这一规定出发,认为侵害荣誉权的违法行为"必须是非法剥夺",[①]因而导致如上的不同理解。

这一条文规定与《民法通则》第100条关于肖像权的规定存在相同的缺陷,其本意是授权,但却给人以侵权构成的误解。按照《民法通则》各章的分工,第五章规定的内容是授权,第六章才是规定民事责任。其第100条和第102条都是第5章的条文,因而即使规定禁止性条文内容,也不是规定侵害该种权利的侵权责任构成。确定侵权责任构成的法律依据是该法第6章第120条规定,按照现行法律规定,确定侵害荣誉权的侵权责任构成,应当适用《侵权责任法》第6条第1款规定,并非必须是非法剥夺荣誉才是侵害荣誉权的侵权行为。

机关或组织可以成为侵害荣誉权违法行为的主体,但其他民事主体也可以构成侵害荣誉权的主体。因此侵害荣誉权违法行为的主体仍是一般主体,而不是特殊主体,不能认为侵害荣誉权的主体只限于国家机关和社会组织。

侵害荣誉权违法行为的内容,是行为人对荣誉权人的荣誉及其利益造成损害的作为和不作为。这种违法行为的基本方式是作为,即违反荣誉权不可侵义务而侵害荣誉权的积极行为,如非法剥夺荣誉,撕毁荣誉证书等。但不作为亦构成对荣誉权侵害的行为,如扣发应得的奖金、实物,拒绝给予权利人应得的物质利益待遇,都构成不作为的侵害荣誉权行为。这种不作为的侵权行为,其主体必须是颁发、授予奖励、荣誉的机关和组织,且负有给付权利人荣誉物质利益的义务。这种义务是作为的义务,违反者为不作为的侵权行为。

(二)侵害荣誉权的损害事实

侵害荣誉权的损害事实,是指违法行为侵害荣誉权,造成荣誉及其利益损害的客观事实,是违法行为对荣誉权客体所造成的损害,具体包括:

1. 荣誉损害事实

这种损害事实包括荣誉的实质损害和荣誉的形式损害。前者是指国家机关或社会组织未经法定程序、未依法定事由而非法剥夺权利人所获得的荣誉,使权利人丧失了对该荣誉的占有,丧失了对该荣誉的享有权,这是最为严重的侵害荣誉权的后果。后者是指虽然未造成权利人荣誉实质丧失的后果,但违法行为确使权利人对荣誉关系受到了形式上的侵害,这同样构成荣誉权的损害事实,如非法夺去权利人证明荣誉的正式文件,宣称权利人非为荣誉获得人。这种行为,由于行为人不具有剥夺荣誉的资

---

① 杨振山主编:《民商法实务研究·侵权行为卷》,山西经济出版社1993年版,第165页。

格和能力,只夺去证明文件或口头宣称荣誉无效,在实际上并没有使权利人的荣誉受到实质丧失,只是在形式上受到了损害。这种损害同样为侵害荣誉权的损害事实。

2. 荣誉的精神利益遭受损害

荣誉的精神利益损害包括主观精神利益损害和客观精神利益损害。前者是权利人受人尊重的利益遭受破坏,如当众宣称权利人的荣誉是欺骗所得,阻碍权利人以荣誉权人的身份进行社会活动。后者是权利人内心荣誉感遭受破坏,同时伴随着精神痛苦和感情创伤。这两种精神利益的损害应当是一体的,仅有荣誉感的损害不构成精神利益的损害。精神利益的损害,往往导致财产利益的损害,如企业的荣誉直接关系其商誉,损害之,可能造成严重的经济损失。

3. 荣誉的物质利益遭受损害

这一损害事实是使荣誉权的物质利益获得权和物质利益支配权受到损害的事实。物质利益获得权的损害,是权利人应得的物质利益由于违法行为的阻碍而没有获得,如奖金、奖品、奖章被扣发、减发或拒发,物质利益待遇不予执行等。物质利益支配权的损害,是行为人的行为使权利人不能对已获得的物质利益进行支配,如非法占有、使用权利人的奖品、奖金、奖杯、奖章等,非法阻碍权利人对物质利益的使用、收益和处分等。这种损害事实相当于对财产权侵害的损害事实。

(三)侵害荣誉权的因果关系

侵害荣誉权的因果关系要件要求侵害荣誉权的损害事实必须是由侵害荣誉权的违法行为所引起的,这两者之间的因果关系判断在实践中比较容易掌握。由于侵害荣誉权既可以造成无形的损害又可以造成有形的损害,既可以造成荣誉本身的损害又可以造成荣誉的精神利益和物质利益的损害,因而,判断其因果关系应采用精神损害赔偿和财物损害赔偿因果关系构成的不同标准进行。对于造成物质利益损失的因果关系,必须依证明的方式,未经证明不得认定;对于造成精神利益的损害因果关系可采适当的推定方式,即违法行为和荣誉精神利益损害事实存在,即可认定其间存在因果关系。

(四)侵害荣誉权的过错

侵害荣誉权的过错要件,故意、过失均可构成。故意侵害荣誉权构成侵权责任自不待论。过失侵害荣誉权也可以构成侵权责任。

侵害荣誉权的故意,是区别于侵害其他权利尤其是侵害名誉权认定的标志。侵权的故意内容有确定指向的,应以其确定的故意内容认定侵权行为的性质,如行为人以侵害荣誉权为目的,散布流言、诽谤权利人的荣誉,虽造成名誉权的损害,但应以侵害荣誉权认定侵权责任。

对于过失侵权的性质认定应以后果论,造成荣誉侵权损害的认定为侵害荣誉权,造成名誉权损害的认定为侵害名誉权。例如，张立新是工商局干部，到长乐百货商店购物，与营业员小赵发生争执，张一气之下，将该工商局授予长乐商店的“文明商店”牌匾摘去。工商局经调查认为，长乐商店符合文明商店的授予条件，营业员与张立新争吵是个别事件，且主要责任在张，故工商局对张的行为予以通报批评，并责令其向商店赔礼道歉，送还“文明商店”的荣誉牌匾。对于这个案例，有的学者认为，张立新的行为侵犯的不是荣誉权，而是与荣誉权相近的名誉权，是采用公然侮辱的方式败坏了该商店的名誉，同时，张立新也不具备侵害荣誉权行为的主体资格。我认为这个意见值得商榷：首先自然人可以成为侵害荣誉权行为的主体，依此不能否认张立新侵害荣誉权行为人主体资格。其次，侵害荣誉权的违法行为不限于非法剥夺，也包括其他侵害荣誉权的违法行为。对此，应当与损害事实具体结合起来认定，造成荣誉实质损害的非法剥夺是侵害荣誉权行为，造成荣誉形式损害的同样是侵害荣誉权行为。张立新因与营业员争吵恼怒，而依仗其工商局工作人员的身份，强行摘去该商店的“文明商店”证书，造成了该商店荣誉的形式损害，因而既具备违法行为和损害事实的要件，同时也具备因果关系的要件。最后，张立新侵权的故意，就是针对长乐商店的荣誉权，侵害的客体也是该商店的荣誉，主客观相一致，虽有在公共场合当众公然侮辱败坏了该商店名誉的情节，但本案具备侵害荣誉权的要件，其基本特征是侵害荣誉权，主张认定为侵害名誉权责任的主张缺少充分的理由。

二、具体的侵害荣誉权行为

按照侵害荣誉权责任构成要件的要求，下列具体的侵害荣誉权行为，均应承担侵权责任：

（一）非法剥夺他人荣誉

这一行为的主体仅限于国家机关或社会组织，多数是与颁奖或授予荣誉的机关为同一单位或有一定联系的单位。这些机关或组织非经法定程序，亦没有法定理由，宣布撤销或剥夺权利人的荣誉。例如，王某是一家国营纺织厂的工人技师，为人耿直、技术精湛，参加多项技术改造项目，既有很高威信，又有突出贡献，多次被评为省市劳动模范和先进工作者，曾两次给予晋升工资的奖励。后来，王某在职工代表大会上公开批评厂长何某独断专行，以权谋私的错误。何某怀恨，先捏造事实说王某是假劳模、假先进，后召开全厂职工大会，宣布取消王某省市劳动模范的称号，取消其奖励晋升的两级工资。王某获得的荣誉是省市劳动模范，并且附有晋升工资的物质利益，是经过省市政府批准的。该厂何厂长挟嫌报复，未经法定程序批准，即宣布撤销劳动模范的称号及晋升工资的物质待遇，属于非法剥夺他人荣誉，构成侵害荣誉权责任。

（二）非法侵占他人荣誉

对于他人获得的荣誉，行为人以非法手段窃取之，或者强占他人荣誉，或者冒领他人荣誉，以及非法侵占他人荣誉的行为，都是侵害他人荣誉权的行为。这种行为既可由机关、组织为主体，也可由自然人为主体、一般而论，侵权人大致要和荣誉权人有一定的联系或关连。例如，原告李某系被告单位的职工，经被告工厂的领导同意，李某以个人名义参加某市服装设计百花奖竞赛。李选用本厂生产的32支棉毛丙纶人造丝交织条面料，设计、缝制了一套宽松式女套衫，被评选委员会评为设计二等奖。嗣后，被告却以厂部设计小组的名义领取了该市纺织局颁发的该项获奖证书和奖金，只将奖金的1/3分给李某，被李某拒绝。李某向厂领导要求取得纺织局颁发给他的获奖证书和全部奖金，厂领导称，李某所设计的作品获奖，并不是因为其服装款式新颖，只是由于用了本厂较有特色的面料，因此获奖证书和奖金只能以工厂设计小组的名义获得。李某认为厂方的说法没有根据，工厂也根本没有设计小组，这样做是剥夺了他的荣誉，遂诉至法院，要求法院责令工厂为其恢复荣誉。这一案件的原告李某是荣誉的权利人，获得的获奖证书和奖金理应归李某享有，被告工厂编造理由，强占获奖证书及2/3的奖金无任何根据，完全属于非法侵占他人荣誉的侵权行为。对此，被告应当承担返还获奖证书和奖金，赔偿精神损害并赔礼道歉。

（三）严重诋毁他人所获得的荣誉

对他人获得的荣誉心怀忌妒，趁机报复，向授予机关或组织诬告、诋毁荣誉权人，造成严重后果的，是侵害荣誉权的精神利益的行为，构成侵害荣誉权民事责任。当众摘人荣誉牌匾、证书，公开发表言论诋毁他人荣誉获得名不符实，宣称他人荣誉为欺骗所得等行为，都是严重侵害荣誉权的行为，应承担侵权责任。

（四）毁损、抢夺权利主体荣誉证书、证物的行为

荣誉证书、荣誉牌匾等都是荣誉的证明和标志，对其进行毁损和抢夺，也会造成荣誉权人的权利损害。例如，某市军属郭某发现自家门头上的“光荣军属”牌被粪便涂得面目全非，行为人是村民张某，因嫉妒郭某的两个儿子先后入伍提干，而自己的两个儿子因种种原因未能参军，心里不平衡而为之。郭某起诉，法院确认张某的行为为侵害荣誉权判令赔礼道歉，恢复“光荣军属”牌原状，并赔偿精神损失。①

（五）拒发权利人应得的物质利益

对于确有突出贡献的优秀人员，在授予荣誉称号的同时，往往给予较优厚的物质奖励，如珠海重奖有重大贡献的科研人员，奖金达百万元，国家颁发的重大科技进步奖最高达500万元。对于这些应当享有的物质利益，颁奖单位、授予荣誉的机关或组织如

① 冯涛：“论荣誉权被侵害的样态与救济”，载《洛阳大学学报》2006年第1期。

果将其扣发、挪作他用或者少发等，就是对权利人物质利益获得权的侵害，构成侵权责任。例如，某单位颁发其有突出贡献的工作人员荣誉称号，并宣布每人颁发1万元奖金。后因某些人反映发奖金过巨，领导决定每人奖金只发5000元，其余5000元作为获奖人捐助，建设单位幼儿园，获奖人对此敢怒而不敢言。这是一种变相扣发应得物质利益的行为，构成侵害荣誉权民事责任，应当将扣发的奖金予以返还。

（六）侵害荣誉物质利益的行为

对于权利人因获得荣誉而得到的物质利益实施侵害，同样构成侵害荣誉权责任。这种侵权行为应当具有侵害荣誉权的故意，如故意毁坏奖杯、奖品、奖章、奖状等，是侵害荣誉权行为。过失侵害这些物品，如不知是奖品而破坏、侵占等，则为侵害物权的行为。对于上述奖奖物品不是着眼于破坏荣誉，而是着眼于获利而窃取之，亦为侵害物权的行为。

（七）侵害死者荣誉利益的行为

死者的荣誉利益应当予以延伸保护，及时受害人死亡后获得的荣誉，也应当予以延伸保护，最高人民法院《关于确定民事侵权精神损害赔偿责任若干问题的解释》对此作出了肯定的规定。因此，行为人实施侵害死者荣誉利益的行为也构成侵权行为，受到侵害的死者的近亲属提出精神损害赔偿请求的，人民法院应当予以支持，判令侵权人承担的责任。

三、侵害荣誉权的民法救济措施

对于荣誉权遭受损害的权利人，应当责令侵权人承担相应的民事责任，以救济损害。其主要救济方法是：

（一）恢复荣誉

对于非法剥夺荣誉或者非法侵占荣誉的侵权行为，应当责令侵权人承担恢复荣誉的民事责任。《民法通则》第120条和第134条以及《侵权责任法》第15条均未规定恢复荣誉是一种法定的侵权责任方式，确定恢复荣誉为侵害荣誉权的民事责任方式是否有法律根据呢？我认为，确定恢复荣誉责任方式的法律依据是《侵权责任法》第15条恢复原状。对于被非法剥夺的荣誉予以恢复，就是恢复原状，对于非法侵占荣誉予以恢复，也是恢复原状。对于名誉遭受损害的，可以恢复名誉，依照上述这一规定，可以确定恢复荣誉是侵害荣誉权的最重要的侵权责任方式。

恢复荣誉的实质就是恢复原状，应当按照荣誉权被侵害前的实际状态予以恢复。被剥夺荣誉的应当恢复其荣誉，对于荣誉被非法侵占的也应当按照颁奖章程和授奖规则将荣誉归还权利人。

(二)返还物质利益

对于扣发应得的物质利益,以及侵占获奖人的物质利益的,应当责令侵权人返还物质利益。对于前者,返还应依照颁奖章程或授予荣誉的规则规定的内容返还,权利人应当获得哪些物质利益就应当返还哪些,应获得多少就应当返还多少;对于后者,应按侵占的实物返还,实物实在不能返还的应当折价赔偿。

(三)赔偿损失

对于侵害荣誉权造成损害的赔偿,其范围包括以下方面:一是赔偿财产直接损失。侵害荣誉权造成财产直接损失的,按照损失的价值全部予以赔偿。二是赔偿因侵害荣誉权而造成的财产利益损失。侵害荣誉权造成财产利益损失,多在侵害法人尤其是企业法人以及合伙、个体工商户的荣誉权场合。如某企业被授予“产品质量信得过单位”荣誉称号,经营效果很好,被非法剥夺该荣誉称号,或者荣誉被诋毁,而造成大量退货、取消合同,造成经济利益的损失,对于这种损失应当予以赔偿。此外,权利人为恢复荣誉而造成的财产损失也应当赔偿。三是一般精神损害的赔偿。对于侵害荣誉权虽未造成财产利益的损失,但对精神利益严重损害的,应当予以精神损害赔偿;对此应按照精神损害赔偿的一般方法予以赔偿。四是对于造成自然人精神痛苦的,应当予以适当的抚慰金赔偿。

(四)其他责任形式

侵害荣誉权,可以依据实际情况需要,确定行为人承担赔礼道歉、消除影响、停止侵害等责任方式。

第二十五章　人身自由权

第一节　自由

一、自由的概念

（一）自由的发展历史

自由和自由权这两个概念，在学理上往往不加区分，认为自由本身就是一种权利。我认为，自由和自由权是有区别的。

自由，源于拉丁语 libertas，原意是从被束缚中解放出来。在英美法的两部重要的法律辞典中，《牛津法律大辞典》将自由解释为："即不受约束、控制或限制"，"国家或团体应当把每一个理智健全的人当做自由人，让其能按照自己的利益进行思维和行动，按自己的方式发展自身的能力，行使和享受作为这种发展之条件的其他各项权利"。①《布莱克法律辞典》则释为：自由是"免予外来的控制，免予所有除由法律正当施加以外的约束"，"是免予任意专断的约束，而非对由团体共同利益施加的合理规章和禁令的免除"。② 从这些定义来看，自由的本义是不受限制、不受约束。

在历史上使用自由这一概念确有不同的含义，在大多数的场合，自由是讲的一种权利。在罗马法，一个自然人要作为权利主体，必须具备人格（caput），即后世民法的权利能力。

---

① 《牛津法律大辞典》，光明日报出版社 1988 年版，第 555 页。

② *Black's law Dictionary*, West Publishing Co. 1979 Fifth Edition. p. 827.

作为这种人格即权利能力的基本要素就是自由。《法学阶梯》对自由的定义是："做一切想做之事的自然权利，以受法律禁止或强力阻碍为限。"①没有自由就没有人格，奴隶被认为是物，没有自由，因而不具有法律上的人格。罗马法上的自由，实质上指的是一种自然的权利。

在反对封建专制的斗争中，资产阶级启蒙思想家提出了自由是天赋的不可剥夺的权利，并且在资产阶级革命胜利后，第一次把自由确立在资产阶级国家的立法上，法国的1789年《人权宣言》庄严宣告："人们生来是而且始终是自由、平等的。"

列宁领导的苏联在刚刚建立之后，就在宪法上庄严地确认自由是自然人的基本权利。俄罗斯1991年11月22日《人和自然人的权利和自由宣言》开宗明义，规定"确认人的权利和自由及其人格和尊严是社会和国家的最高价值"，并在第1条和第2条规定："人的权利和自由生而有之"，"人和自然人的权利和自由，只能在必须维护宪法制度，民主社会其他人的道德、健康，合法权益的情况下由法律加以限制"。

在我国，宪法为自然人行使自由权利提供强有力的法律保障。

在上述这些场合使用"自由"一词，其基本的含义是指自由权。

自由权作为一种自然人的基本权利必有其客体，自由权的客体就是自由，就像名誉权的客体就是名誉一样。自由不是自由权的本身。

（二）自由概念的界定

自由作为严格的法律概念，是指在法律规定的范围内，自然人按照自己的意志和利益进行行动和思维，不受约束、不受控制、不受妨碍的状态。正像英美法学者对自由所诠释的那样："只要不违反任何法律禁令，不侵犯其他人的合法权利，那么，任何人可以说想说的任何话，做所想做的任何事。"②

二、自由的特征

自由具有以下特征：

（一）自由是一种人的状态

自由的本身不是权利，而是权利的客体。自由为自然人所享有，是自然人思维、行动不受约束、不受限制、不受妨碍的状态。这种状态免予外来的控制，免予任意专断的拘束，而由人依自己的意志和利益所决定。

（二）自由体现国家的意志

自由是人思维、行动不受约束、限制、妨碍的状态。但是，这种状态受到国家法律

---

① ［意］彼德罗·彭梵得：《罗马法教科书》，黄风译，中国政法大学出版社1992年版，第31～32页。

② 《牛津法律大辞典》，光明日报出版社1988年版，第554页。

的调整。国家按照统治阶级的意志规范自由的内容。因而,超越法律的自由是不存在的,违反法律的自由是不允许的。

(三)自由总是要受到一定的限制

在社会生活中,每个自然人的自由都必须以社会的利益和他人的自由为前提。只有当他的思维和行动与他人的类似的自由和社会公共利益相协调的时候,个人的自由才能存在。因此,自由总是受到一定的约束和遏制。

(四)自由以法律为保障

没有法律保障的自由,是不可能实现的。任何人思维、行动不受约束、限制或妨碍的状态受到破坏的时候,法律依法予以保护。

第二节　自由权和人身自由权

一、自由权的概念

关于自由权的概念并没有一个统一的界定。英美法对自由权的定义以《布莱克法律辞典》为代表,为"遵从个人的自由选择,指导个人外在行为不受他人约束、强迫、控制的意志的权利"。① 台湾地区法学家继承大陆法系的传统,认为"自由权者,谓人就其活动,不受不当之拘束或妨碍之权利也"。② 我国大陆学者对自由权的概念,多作陈述性的说明,在一些重要的辞典和教科书中,尚缺少严谨、简明的定义。

笔者认为,自由权是指自然人在法律规定的范围内,按照自己的意志和利益进行行动和思维,不受约束、控制或妨碍的权利。自由权包括两部分:一是政治自由权,由国家宪法加以规定,属于国家法的范畴,主要由刑法、行政法予以保障,诸如言论自由、出版自由、结社自由、集会游行示威自由、宗教信仰自由等;二是民事自由权,由国家宪法作出原则规定,由民法作具体规定,属于民法的范畴,并主要以民法予以保障,诸如婚姻自由、契约自由、人身自由(包括身体自由和精神自由)等。西方民商法将自由权划分为公法上的自由权和私法上的自由权,与上述划分相比较并无原则差异。

至于人身自由权,有人认为,我国学者将人身自由界定为身体活动(包括肉体和精

---

① *Black's law Dictionary*, West Publishing Co. 1979 Fifth Edition, p. 827.

② 何孝元:《损害赔偿之研究》,台湾地区商务印书馆 1982 年版,第 139 页;龙显铭:《私法上人格权之保护》,中华书局 1948 年版,第 77 页;曾隆兴:《现代损害赔偿法论》,台湾地区泽华彩色印刷有限公司 1988 年版,第 272 页。

神)的自由,与之相联系,不少民法学者在论及侵害人身自由权时,都将妨害公民精神自由的行为纳入侵害人身自由权行为的范畴。例如,有的学者将妨害他人意思决定自由、精神安宁以及其他等侵害他人的思维自由权的行为也视为侵害人身自由权的表现。① 有的学者认为,人身自由权是指自然人的人身免受非法限制、拘束、干涉或妨碍,可以在法定范围内依据自己的意志自由活动的权利。② 有的学者认为"人身自由权即指公民享有自由活动,不受他人的支配和控制的权利"。③ 有的学者将人身自由权理解为身体自由权,认为身体自由权是指身体行动和身体动作的自由。④

我认为,作为人格权的自由权是人身自由权,是指自然人在法律规定的范围内,按照自己的意志和利益进行行动和思维,人身不受约束、控制或妨碍的权利。

二、人身自由权的性质

(一)对人身自由权性质的不同意见

人身自由权在性质上属于何种权利,有以下诸种不同学说:

1. 政治权利说

这种观点认为,在我国,自由权是国家法的概念,是自然人的政治权利,并非民事权利,不能由侵权法来调整。其依据是,我国自然人享有的人身自由权,是由宪法予以规定的,其保障的任务,盖由刑法、行政法承担;《民法通则》作为国家民事立法的总纲,在"人身权"一节中没有对人身自由权加以规定,因而,很难说人身自由权是自然人的民事权利,保障人身自由权的任务也不应由民法承担。

2. 一般人格权说

在王利明教授主编的《人格权法新论》中,将人身自由列入"一般人格权"一章,认其为一般人格权。它不是泛指主体的行为自由和意志自由,也不包括财产自由和契约自由。作为特定的人格利益,人身自由的内容包括各项权利,所以它不是地位而是一种集合性的权利。⑤ 后来在其《人格权法研究》一书中,又将人身自由权作为具体人格权对待。⑥ 另一种意见认为,人身自由权的基本含义是指公民有人身自主权,有举止行动的自由权,有保护自己身体免受非法侵害、不受他人支配或控制的权利。公民人身自由权的体系应包括名誉权、隐私权、迁徙自由权、出入境自由权和获得保留国籍权、

---

① 吴萍、江向琳:"论人身自由权的私法保护",载《江西行政学院学报》2003年第4期。

② 王利明:《人格权法研究》,中国人民大学出版社2005年版,第386页。

③ 张敏:"论人身自由权与安全权",载《法制与社会》2009年第8期。

④ 马俊驹:《人格与人格权理论讲稿》,法律出版社2009年版,第267页。

⑤ 王利明主编:《人格权法新论》,吉林人民出版社1994年版,第176~177页。

⑥ 王利明:《人格权法研究》,中国人民大学出版社2005年版,第386页。

住宅不受侵犯、通信自由和秘密、生活方式选择权等。[①] 这种意见并不是将人身自由权当做一个具体权利对待，而是将其作为一个弹性权利对待，与将人身自由权作为一般人格权的主张相似。

3. 具体人格权说

此说认为，自由权是一种具体人格权，是与名誉权、身体权等并列的具体人格权。这种观点是各国民事立法的通例，也是民法学者的通说。《德国民法典》、《瑞士民法典》和台湾地区现行"民法"均采此立法例，学说也均认之。在《中华人民共和国民法草案四稿》中，第16条第2款明文规定人身自由权为自然人的人身权利之一种，受法律保护。至通过《民法通则》，却没有规定人身自由权。之所以如此，"大约在立法者看来自由为自然人当然具有的权利，无须特别规定"。[②]《侵权责任法》第2条第2款也没有明文规定人身自由权，但这并不意味着否认人身自由权的人格权性质，因为《侵权责任法》本条款采取的是"概括 + 列举"的方式规定民事权益，没有把所有的民事权益一一列举，但不代表没有列举的民事权益不属于《侵权责任法》保护的范围。[③]

（二）否认人身自由权为民事权利的不当之处

否认人身自由权为民事权利，而只认其为政治权利的观点，是不正确的。其理由如下：

第一，从国外立法传统看，自然人的民事自由权作为人格权的基本组成部分，民法都予以规定。早在罗马法时期，"作为权利能力骨干的，首先是自由权"，[④]罗马法将自由权作为自然人最基本的民事权利加以规定。但是，古代法中的自由权不是平等的自由权，而是不平等的人格的反应。直到近代，随着思想启蒙运动和资产阶级民主革命的发展，自由观念才开始逐渐地深入人心，法律开始承认自由权。《法国民法典》虽未明文规定自由权，但该法第8条关于"一切法国人均享有民事权利"的规定，包含自然人享有作为民事基本权利之一的自由权。《德国民法典》将生命、身体、健康、自由作为自然人四大生活利益，在第823条第1款规定，侵害自由权者，构成民事侵权行为。《瑞士民法典》第27条第2款规定："任何人不得让与其自由。对其自由的限制不得损害法律及善良习惯。"《日本民法》第710条规定："不问是侵害他人身体、自由或名誉情形，还是侵害他人财产权情形，依前条规定应负赔偿责任者，对财产以外的损害，亦应赔偿。"从以上这些规定可以看出，各国民法将自由权作为自然人的基本民事权利之一，都在民法中加以规定，并以侵权民事责任的形式作为法律的保障。自由权作为自

① 何力："完善公民人身自由权保障机制的构想"，载《求实》2004年第6期。
② 梁慧星：《中国民法经济法诸问题》，法律出版社1991年版，第74页。
③ 王胜明主编：《中华人民共和国侵权责任法释义》，法律出版社2010年版，第23、26页。
④ 《中国大百科全书·法学》，中国大百科全书出版社1984年版，第399页。

然人的基本民事权利之一,并无异议。

第二,从我国近代立法传统上看,自由权亦规定为自然人的基本民事权利之一。中国古代立法刑民合一,刑法是律典的主体内容,民法规范掺杂其中,没有自由权的基本概念。在中国的近代立法中,自由权已经有了明确的概念,并规定在民法草案和民法典当中。清朝末年,沈家本主持起草大清民律,依照"注重世界最普遍之法则,原本后出最精之法理,求最适合中国民情之法则和期于改进上最有利益之法则"的拟定民草的宗旨,[①]于1911年9月5日拟定该法律草案。其中第50条规定:"自由不得抛弃。不得违背公共秩序或善良风俗而限制自由。"第960条规定:"害他人之身体、自由或名誉者,被害人于不属财产之损害,亦得请求赔偿相当之金额。"[②]在1925年制定并经中华民国司法部通令各级法院作为条理适用的《民国民律草案》第17条规定:"凡人不得抛弃其自由或至违反法律或有伤风化之程度而自行限制其自由。"关于自由权侵害救济的内容,与《大清民律草案》第960条的内容基本相同。至民国政府正式制定民法典,在总则编和债法编分别规定了第17条和第195条,其内容是:"自由不得抛弃。自由之限制,以不悖于公共秩序或善良风俗者为限。不法侵害他人之身体、健康、名誉或自由者,被害人虽非财产上之损害,亦得请求赔偿相当之金额。"可以说,中国近现代民事立法,不但把自由权作为自然人的基本民事权利之一加以规定,而且规定得相当完备。

第三,我国现行立法并未否定自由权为自然人的民事权利。诚然,我国《民法通则》没有明文规定自由权为自然人的民事权利,但是,《民法通则》没有明文规定的民事权利,不等于我国自然人不享有该项民事权利。例如,隐私权,《民法通则》也没有明文规定,甚至《宪法》也没有对它加以明文规定,但我国自然人享有隐私权却为人所共知,而且最高人民法院还通过司法解释的方式,对自然人的隐私权加以法律保护。[③] 我国《宪法》第37条规定了人民享有人身自由权,就是自然人的民事自由权的核心部分,第49条还规定了自然人的婚姻自由权等。《宪法》在赋予自然人以人身自由权的同时,在第51条规定:"中华人民共和国公民在行使自由和权利的时候,不得损害国家的、社会的、集体的利益和其他公民的合法的自由和权利。"《宪法》的这些规定,完整地概括了自然人民事权利中的人身自由权,为保护自然人的人身自由权提供了最高效力的宪法原则。在实务上,最高人民法院对以诈欺、胁迫方法侵害自然人思维自由权的法律保护,已经作出了关于"盗用、假冒他人名义,以函、电等方式进行欺骗或者愚弄他人,并

① 张国福:《中华民国法制简史》,北京大学出版社1986年版,第29~30页。

② 上述条文原文无标点,现有标点为作者所加。

③ 最高人民法院《关于贯彻执行〈中华人民共和国民法通则〉若干问题的意见(试行)》第146条。

使其财产、名誉受到侵害的，侵权人应当承担民事责任”[①]的司法解释。[②] 2001 年 3 月最高人民法院制定《关于确定民事侵权精神损害赔偿责任若干问题的解释》确认人身自由权的人格权性质。

（三）认为人身自由权为一般人格权亦不当

作为民事权利的自由权是指人身自由权，这一点，可以《中华人民共和国民法草案四稿》第 16 条第 2 款作为参考依据，以及《消费者权益保护法》和《国家赔偿法》的相关规定作为依据。而将人身自由权作为一般人格权对待，范围超出了人身自由权的具体内容，包括了人格自由这个一般人格权的内容，未免失之过宽。

民法保护的自然人的自由权，并非对所有民事自由权都由侵权法来承担。例如，对婚姻自由权的保护，是由《婚姻法》、《刑法》承担的任务。侵权法所保护的自由权，是自然人的人身自由权，包括自然人的身体自由权和思维自由权。这无疑是正确的。因而，人身自由权是具体人格权，而不是一般人格权；是具体的权利，而不是抽象的权利。

（四）人身自由权是具体人格权

综上所述，人身自由权作为我国自然人的具体人格权之一，为我国法律所确认。尽管《民法通则》和《侵权责任法》没有对此作出明文规定，但这属于立法的疏漏，而非否定自然人的这项具体人格权。确认和保护自然人的这一具体人格权，恰恰是我国民法的基本任务之一。《消费者权益保护法》和《国家赔偿法》弥补了这一立法的疏漏，明文规定了自然人的人身自由权为具体人格权之一种，这项重要的立法条文对于保护人身自由权有重要意义。

三、人身自由权的具体内容

侵害人身自由权所侵害的客体，包括自然人的身体自由权和思维自由权。我国《宪法》第 37 条规定：“中华人民共和国公民的人身自由不受侵犯。”这里规定的人身自由权，即包含这两种具体的自由权。

（一）身体自由权

身体自由权也称为运动的自由权，是指自然人按照自己的意志和利益，在法律规定的范围内作为和不作为的权利。身体自由权所包含的是自然人自由支配自己外在身体运动的权利。非法限制或剥夺自然人的身体自由，即为侵权行为。如下文所提案例，就是法人以非法强制治疗的方法，限制受害人的身体自由。这是因为身体自由为

---

① 最高人民法院《关于贯彻执行〈中华人民共和国民法通则〉若干问题的意见（试行）》第 149 条。

② 本书前文已经说明，欺诈或胁迫侵害的是意志的积极自由，采取的方法是将自己的意志通过欺诈或者胁迫而作用于权利人，由权利人自己作出违反自己意志的决定，侵害的不是自我决定权，因为表面上仍然是权利人作出决定，但在实质上违反了权利人的意志，因此侵害的是思维自由权而不是自我决定权。

自然人的基本民事权利，一经非法剥夺和限制，即属侵害他人行动的自由，自应负侵权责任。典型的案例是，淮南矿务局第三矿工医院医生张莉莉在工作中经常发表一些与人见解不同的意见，该院领导认为其精神不正常，依据精神病院个别医生出具为精神分裂症的“门诊印象”和“初步诊断”，经研究决定不允许张莉莉上班工作。1987 年 4 月，张莉莉坚持恢复上班工作，该院下发文件，认定张不具备自主行为能力，并为其指定监护人。张莉莉不服，该院在未经张莉莉本人及其家属同意的情况下，派人强行将张用汽车送到淮南市精神病医院，强制住院治疗 38 天。医院的结论为：“病员自住本院一月余，未发现明显精神症状，故未给予抗精神病药物治疗。”①在这一案件中，被告的行为侵害了原告的名誉权、隐私权，但最重要的，是侵害了原告的身体自由权。被告数次给原告强行进行精神病检查，认定其为无自主行为能力人并为其指定监护人，最后又将其送入精神病医院强行接受精神病治疗达 30 余天，无疑是对原告身体自由权的严重侵害。比较起来，本案被告对原告自由权的侵害远甚于对其名誉权、隐私权的侵害，法院以侵害名誉权判决此案显系不妥。对此，俄罗斯《人和自然人的权利和自由宣言》第 8 条规定有重要的借鉴意义，该条规定：“每一个人有自由和人身不可侵犯的权利。非经本人自愿同意，对任何人不得进行医疗、科学和其他试验。”

1994 年 5 月 12 日公布的《国家赔偿法》第 26 条、2010 年修订后的第 33 条规定：“侵犯公民人身自由的，每日赔偿金按照国家上年度职工日平均工资计算。”这里所说的人身自由是指身体自由权。

（二）思维自由权

思维自由权也称为精神自由权。在现代社会，自然人按照自己的意志和利益从事正当的思维活动，观察社会现象，是进行正确的民事活动的前提，法律应当予以保障。因而，思维自由权是自然人按照自己的意志和利益，在法律规定的范围内，自主思维的权利，是自然人自由支配自己内在思维活动的权利。非法限制、妨碍自然人的精神自由，为侵权行为。例如，浙江省仙居县杨中兴于 1990 年 5 月收到一封电报，该电报是从黑龙江省呼兰县发来，收报人是杨中兴的父母。电报称：杨中兴在呼兰县工作的哥哥被汽车撞成重伤，正在呼兰县医院抢救。杨的父母得悉此情悲痛万分，立即从浙江乘车赶到呼兰县，结果见杨的哥哥安然无恙，并无被车撞伤。经了解，弄清杨的哥哥的一个同事谢某因与杨兄发生口角，以此诈欺方法愚弄杨的父母，进行报复。② 在这个案例中，杨中兴之父母对杨之兄在黑龙江省呼兰县的生活、工作均认为正常，无任何担忧之事，侵权人谢某虚构事实，使其陷入其子身负重伤的错误思维之中，不仅损失财产，精

---

① 该案报道请见 1988 年 5 月 28 日《安徽法制报》。

② 该案案情见《人民日报》1990 年 10 月 23 日第 5 版。

神上也造成了巨大的痛苦，其思维自由权受到了侵害。

对此，最高人民法院《关于贯彻执行〈中华人民共和国民法通则〉若干问题的意见（试行）》第149条规定："盗用、假冒他人名义，以函、电等方式进行欺骗或者愚弄他人，并使其财产、名誉受到损害的，侵权人应当承担民事责任。"这一司法解释所述情形，正是以诈欺方法侵害他人意志自由权。但是，该司法解释在立法思想上是将其作为侵害名誉权来对待的，按照客观解释原则，实质上指的是侵害自然人意志自由权。何孝元先生指出：诈欺者，乃故意以使人陷于错误为目的之行为也。诈欺之成立，须诈欺人有虚构事实之行为。诈欺乃故意侵害观念纯正之行为。因此，只需有使被诈欺人陷于错误之故意、胁迫者，乃故意以不当之目的或手段，预告祸害，使人心生恐怖之行为也。各国立法对于诈欺胁迫，虽无明文规定为侵权行为，然通说则承认之，认为诈欺胁迫均系侵害自由权，盖其所侵害者，乃被害人之精神的自由故也。① 可见，确认这种行为为侵害思维自由权是有充分根据的。

第三节　侵害人身自由权的责任构成

一、保护人身自由权的民法方法

对侵害自然人人身自由的民法保护，是通过人格权请求权以及对侵害人身自由权的行为确认为侵权行为，并为侵害人身自由权的行为人确定侵权责任来实现的。对此，《德国民法典》除在第823条规定侵害自由权为侵权行为，对被害人负赔偿损害的义务外，于第847条又规定："不法侵害他人的身体或健康，或侵夺他人自由者，被害人所受侵害虽非财产上的损失，亦得因受损害，请求赔偿相当的金额。"另外，《瑞士债务法》第49条、《日本民法》第710条，以及我国台湾地区"民法"第194条，都有类似规定。因此，研究对侵害人身自由权的民法救济，必须先研究侵害人身自由权侵权民事责任的构成。

二、侵害人身自由权的责任构成要件

构成侵害人身自由权的民事责任，须具备以下要件：

（一）侵害人身自由权的损害事实

侵害人身自由权的损害事实，表现为行为侵害自然人人身自由权包括身体自由权

---

① 何孝元：《损害赔偿之研究》，台湾地区商务印书馆1982年版，第141页。

和思维自由权所造成的客观表现和最终结果。

损害事实的客观表现,是自然人按照自己意志和利益进行思维和行动状态的改变。前文已经论述,单纯的自由是自然人行为和思维不受约束、不受限制的状态,当侵权行为作用于受害人,使受害人的行为、思维的不受拘束或限制的状态受到非法改变的时候,就使自然人保持自己身体和精神的自由状态的权利受到了侵害。例如,当他人通过他的行为的力量,使自然人的身体遭受非法限制或控制而不能自由行动的时候,就改变了自然人身体不受拘束、不受妨碍的状态,形成了侵害身体自由权的客观事实。又如,通过他人行为的力量,使自然人的思维和观念受到强制,去想非由他自己的意志所决定去想的事情,亦改变了他的思维不受干涉和强制的状态,亦属侵害思维自由权的客观事实。侵权责任构成的客观事由,必须在现实中具体地表现出来,身体自由的改变,要表现在时间上的延续和空间上的变化;即使是纯粹主观上的精神自由的改变,也必须有思维状况改变的外在表现形式。

损害事实的最终结果,是侵权受害人精神利益和财产利益的损害。侵害人身自由权的行为改变受害人的身体自由状态和精神自由状态,其最终的结果,是损害受害人的合法利益。人身自由权是自然人人格权的骨干,包含自然人的精神利益和财产利益。非法改变自然人的自由状态,导致的最终结果必然是自然人精神利益的损害,造成精神上的痛苦和创伤,不能按照自己的意志去做想做的事和去说想说的话;同时,也会使自然人丧失相关的财产利益,造成财产的损失。这种精神利益和财产利益的损失,是侵权损害事实的最终结果。

侵害人身自由权的损害事实,应当是一个完整的链条结构,即行为作用于受害人的人身自由权,使其自主的行为、思维状态受到改变,造成其精神利益和财产利益的损害。构成这样完整的链条,方构成损害的客观事实这一要件。

(二)侵害人身自由权的违法行为

侵害人身自由权的行为必须具有违法性。这种行为的违法必须以违背现行法律关于保护人身自由权的规定为标准,即以行为的不法为必要。

依据我国现行立法,侵害人身自由权的不法行为,须违反法律所规定的关于自然人人身自由权的保护、禁止拘禁限制自然人人身自由的禁令和行使自由和权利不得损害其他自然人合法自由和权利的限制。

侵害人身自由权行为的具体表现,因侵害身体自由权和侵害思维自由权而不同。

侵害身体自由权包括以下五种:

1. 非法限制、拘禁自然人身体

自然人的身体自由不受限制。非法限制自然人身体自由,以致予以非法拘禁,为侵权行为,此为各国立法通例。例如,原告倪某、王某到贸易中心的超级市场购物,被超市工作人员怀疑偷窃，在公众场合询问二人，并将二人带到办公室进行搜身、开包检验，证明未有偷窃行为方才放行。被告的行为侵害了原告的人身自由权。

2. 非法妨害行动

利用被害人自身的羞耻、恐怖观念，妨害其行动，也为侵害人身自由权的违法行为。学者认为，夺去入浴妇女的衣服，使其无法行动，构成侵害自由权。① 向债务人索债而将债务人扣为人质，错误地实施自助行为限制他人人身的，②都是非法妨害行动的侵权行为。

3. 妨害公路通行

对于公路的一般使用为一种自由，不法加以妨害，即属自由的侵害，为非法行为。对于私路有相邻权、地役权等通行权人妨害其通行者，也认为构成侵害自由权的违法行为。③ 日本判例认为："公路之共同使用权，虽由于公法上之关系而发生，然为各国人生活上所必须，且为行使各种权利之重要手段，各个人当然有之，则在私法上亦当然加以保护，故妨害他人之共同使用时，非仅系妨害关于公用物之公益，且因侵害他人之自由，而成立民法上之侵权行为。"④

4. 侵害通信自由

通信为自然人传达意思的手段，系自然人身体自由即行为自由的范畴。"故侵害书信或通讯之秘密，系侵害自由权。"⑤

5. 非法进行强制医疗

未经本人或者其近亲属同意，采取强制治疗手段，限制他人人身，例如强制进行精神病治疗、强制进行其他限制人身自由的医疗措施，都是侵害人身自由的侵权行为。

侵害思维自由权主要包括以下两种违法行为：

1. 欺诈胁迫

欺诈是故意以使他人陷于错误为目的的行为；胁迫是故意以不当的目的和手段预告凶险而使人产生恐怖的行为。萨克逊民法认为欺诈为侵权行为，法国民法、瑞士民法以至普通法和德国现行法，均认为欺诈为侵权行为。我国台湾地区"民法"在解释上，也认为欺诈与胁迫为侵害自由权。⑥ 欺诈和胁迫，均妨碍、干涉、限制自然人正当的思维，使其陷于错误的观念，应为侵害自由权的违法行为。

---

① 何孝元：《损害赔偿之研究》，台湾地区商务印书馆1982年版，第140页。

② 王利明：《人格权法研究》，中国人民大学出版社2005年版，第403页。

③ 郑隆兴：《现代损害赔偿法论》，台北华泽彩色印刷公司1988年版，第273页。

④ 龙显铭：《私法上人格权之保护》，中华书局1948年版，第86页。

⑤ 龙显铭：《私法上人格权之保护》，中华书局1948年版，第78页。

⑥ 何孝元：《损害赔偿之研究》，台湾地区商务印书馆1982年版，第141～142页。

2. 虚伪报告及恶意推荐

在一般情况下，对于因劝告、通知、介绍等所发生损害，不能认为是侵害自由权的违法行为。但是，如果故意使人陷于错误而进行虚伪报告或恶意推荐者，是对思维自由权的侵害，为违法行为。

侵害人身自由权的行为可否由不作为构成，台湾地区学者采肯定主张，认为“自由权，不独依作为亦得依不作为侵害之。例如对于在坑底矿工不将其引出矿坑”，[①]构成对自由权的侵害。这种意见是正确的。

（三）侵害人身自由权的过错

确定侵害人身自由权行为的侵权责任应当依照《侵权责任法》第 6 条第 1 款规定适用过错责任原则。因此，侵害人身自由权的行为人必须在主观上有归责性的意思状态，即须具备过错要件侵权责任才能构成。

对于故意构成侵害人身自由权的主观归责要件，是没有疑问的。行为人故意限制、干涉、妨碍他人人身自由，构成侵权行为。行为人故意内容中的希望或者放任人身自由权损害的事实发生，既可以是希望或放任自由状态改变的事实，也可以是希望或放任受害人利益损失的最终结果，当然，也可以是二者同时兼备。

侵害人身自由权民事责任可由过失构成，侵害人身自由权的过失是对保护他人自由权义务的违反。人身自由权是自然人的绝对权、对世权，任何人对他人的人身自由权都有不得侵害的义务，即使在自然人行使自己依法享有的自由和权利的时候，也不得损害其他自然人的人身自由权。过失侵害他人人身自由权，行为人在主观上不会有希望或者放任侵权后果发生的意思状态，但因其疏于注意不履行或未能履行保护他人人身自由权的义务，而造成侵害他人人身自由权损害后果的，即为过失。

（四）侵害人身自由权的因果关系

因果关系也是侵害人身自由权责任构成的必备要件之一。确定侵害人身自由权民事责任构成中的因果关系，与侵权责任中的因果关系构成相比，并无特殊的要求。当行为人的行为与受害人人身自由权受到损害的客观事实具有因果关系的时候，即成立该要件。

侵害人身自由权的因果关系，在一般情况下为直接因果关系，行为实施以后，受害人的人身自由状态即发生改变。然而也不排除个别间接因果关系也可以构成侵权。因此，在考察侵害人身自由权因果关系的时候，也可以适用相当因果关系的理论，不能仅仅局限于传统的“必然因果关系”理论，致使对侵害人身自由权因果关系的判断发生失误。

---

① 史尚宽：《债法总论》，台湾地区荣泰印书馆 1978 年版，第 143 页。

三、侵害人身自由权的抗辩事由

对抗侵害人身自由权侵权责任构成的抗辩事由是：

（一）限制自然人人身自由的行为系依法进行

以下行为为依法限制人身自由：国家机关及其工作人员依法限制或剥夺自然人人身自由，如依法逮捕、拘留、劳动教养等；自然人依法自动维护公共利益和公共秩序的行为，如制止犯罪，扭送人犯；因执行职务而强制他人非按他自己的意志而行动，如在灾害事故中强制他人离开灾区、因爆破而临时禁止在公路上通行。

（二）正当防卫

当公共利益、他人或本人的人身或其他利益受到不法侵害时，对非法侵害人以限制人身自由的方法进行防卫，为合法行为。

（三）紧急避险

紧急避险的危险来源，既可能来自自然力，也可能来自人的行为。如果采取临时限制或控制他人的自由的方法就可以避免危险，为合法行为。

（四）自助行为

当权利人为保护自己的权利，在情事紧急而又不能及时请求国家予以救助的情况下，对他人的自由加以适当限制，不为侵害自由权；但这种限制自由必须适当，超出适当范围，即为侵权。如对在餐馆用餐后不付款而欲逃走的客人，餐馆有权将其送交有关部门处理。

第四节 侵害人身自由权的民法救济

一、民法救济的法律依据

人身自由权受到侵害的民法救济方法，就是依照法律确定侵害人身自由权的行为人以承担侵权责任的方法，为人身自由权受到侵害的受害人恢复人身自由，并补偿其受到损害的利益。对此，《民法通则》以及《侵权责任法》都没有规定人身自由权的民法保护，但在《国家赔偿法》和《消费者权益保护法》都有对人身自由权进行保护的规定，《关于确定民事侵权精神损害赔偿责任若干问题的解释》也直接规定了人身自由权的民法保护。因此，确定对人身自由权受到侵害的救济并不缺乏法律依据。目前在立法已有人身自由权保护的原则规定的情况下，解决人身自由权受到侵害的民法救济问题,已经不是一个难题。

第一,《宪法》第 37 条规定,《侵权责任法》第 6 条第 1 款规定,《消费者权益保护法》第 25 条、第 43 条和《国家赔偿法》第 33 条规定,为人身自由权受到侵害的民法救济提供了基本的法律依据。《宪法》第 37 条关于保护公民人身自由权的规定,从根本大法的高度赋予了自然人以人身自由权,严格禁止所有的侵害自然人人身自由权的行为,为侵害自由权的民法救济提供了宪法原则。《侵权责任法》第 6 条第 1 款规定,是适用于一切侵权行为确定民事责任的过错责任原则,其中的"人身"一词,应当包括人身权中的所有权利,人身自由权自应包括在内;确定侵害人身自由权的民事责任,应当适用本条规定,自无疑义。至于《消费者权益保护法》第 25 条、第 43 条和《国家赔偿法》第 33 条,则明确规定的对侵害自然人人身自由权的法律保护,更是重要的法律依据。

第二,对人身自由权受到侵害的具体民法救济方式,应当依照《侵权责任法》第 15 条、第 22 条和《国家赔偿法》第 26 条规定确定。

第三,对于以胁迫、欺诈方法侵害自然人思维自由权的行为,直接适用有关司法解释予以民事救济。最高人民法院《关于贯彻执行〈中华人民共和国民法通则〉若干问题的意见(试行)》第 149 条规定:"盗用、假冒他人名义,以函、电等方式进行欺骗或者愚弄他人,并使其财产、名誉受到损害的,侵权人应当承担民事责任。"该条司法解释包含保护受害人财产以及名誉的观念,但依法理分析,条文提供的却是对以欺诈方法侵害自然人思维自由权的行为,依财产损害、名誉损害适用法律的方法,是对思维自由权受到欺诈损害的民法救济。条文中的"欺骗"和"愚弄"他人的表述,实为受害人精神自由受到限制、妨碍的表现形式;而"财产、名誉受到损害",则为损害事实的最终结果,即为财产利益和精神利益的损害。其中对于"名誉"的用法,与该《意见》第 150 条关于隐私权的侵害类推适用侵害名誉权损害的解释,异曲同工。对于以欺诈侵害自然人思维自由权的行为,适用本条司法解释是正确的。

二、民法救济的方法

侵害人身自由权的民法救济方法,分为非财产性救济方法和财产性救济方法。西方民商法对人身自由权乃至人格权损害的救济,以损害赔偿为基本方法、受害人得请求财产损害赔偿和慰抚金赔偿。在《民法通则》第 120 条规定的基础上,《侵权责任法》第 22 条规定了侵害人身权益造成严重精神损害的,被侵权人有权请求精神损害赔偿的规定,包含了侵害人身自由权的精神损害赔偿责任的内容,具有重要的意义。

非财产性的救济方法,包括停止侵害、恢复名誉、消除影响和赔礼道歉。在侵害自由权的民法救济中,如果限制、妨碍人身自由权的行为为继续状态的,应当停止侵害。

如果侵权行为造成了受害人名誉损害的,自得请求恢复名誉。给受害人造成不良影响的,得请求消除影响。所有人身自由权受到侵害的自然人,均可请求赔礼道歉。

值得研究的是前文涉及的一个问题,即侵害人身自由权的行为同时造成受害人名誉权损害后果的,是依侵害人身自由权确定责任,还是依侵害名誉权为之?按照现行司法解释的基本精神,以侵害名誉权确定民事责任,较为切实可行。然而这种类推适用的方法,难以涵盖侵害人身自由权行为的全部内涵,以致造成适用法律的混乱。因此,笔者主张仍以侵权行为的基本特征为准,以侵害人身自由权确定侵权责任为妥当。

财产救济方法,主要是赔偿损失,也包括恢复原状。

不法侵害他人人身自由权,造成受害人财产上的损失的,可以依一般侵权行为的规则,受害人可以请求赔偿损失。侵害人身自由权造成经济损失,包括直接损失和间接损失。前者如以欺诈方法诱骗受害人从甲地到乙地,其往返费用的损失;后者如非法拘禁、限制人身自由,造成受害人工资、报酬的减少。侵害人身自由权造成的财产损失,无论是直接损失还是间接损失,均应由侵害人予以赔偿。

我国台湾地区民法学者还主张下述情况,亦适用财产救济方法:第一,因欺诈或胁迫而对于被害人取得债权者,被害人得要求加害人废止该债权,以回复被害人损害发生前之原状。第二,表意人因欺诈或胁迫而为一定之给付,如无欺诈或胁迫之情事,即不至于为此意思表示者,加害人应恢复表意人为意思表示前之财产状态,赔偿受害人信赖利益的损失。第三,表意人无欺诈或胁迫之情事亦将为意思表示,唯不至于不利之情形时为之者,表意人得不撤销其意思表示,而请求无欺诈或胁迫时所为之意思之实现,若有损害,并得请求赔偿。① 这些财产利益损失的赔偿和恢复原状的办法可以借鉴。

对于精神利益损害的财产救济方法就是精神损害赔偿,对此,最高人民法院《关于确定民事侵权精神损害赔偿责任若干问题的解释》已经有明确规定。对于人身自由权受侵害的精神损害赔偿的办法,可溯源于16世纪的萨克逊法的规定,近世法国判例和德、瑞、日民法均予认同。具体的赔偿方法,与人格权遭受损害的精神损害赔偿方法相同,可以参照适用。

---

① 何孝元:《损害赔偿之研究》,台湾地区商务印书馆1982年版,第143页。

第二十六章　隐私权

第一节　隐私和隐私权的发展

一、隐私的产生和发展

人类关于隐私的意识和观念，是在人脱离动物界而成为人的时候，从人类的羞耻心而萌发。

在英语中，隐私为 privacy，人体阴私则为 private，前者有隐退、隐居、秘密、私下之意，后者有私人的、个人的、不宜公开谈论或显露的，做名词时，也指阴部、生殖器；这两个概念都有私人秘密之意，似同出一源。可见，认为隐私观念首先是从人类关于对人体阴私的羞耻心而生，是有根据的。古代人类从羞耻心理出发，开始以兽皮或树叶遮蔽身体的阴私部位，两性进行性行为也开始秘密进行，均是为了使自己的个人秘密主要是人体的、两性的秘密不为他人所知。就个人的秘密不欲为他人所知这一基本特征而言，远古时代人类即已存在隐私的观念，但那时社会的经济、政治思想和文化的极端不发达，人类的隐私限于人体的和两性间的秘密，内容十分狭窄，但已具有隐私的基本特征，且这一部分内容也是当代隐私的主要内容之一。

在奴隶社会和封建社会中，隐私观念得到了进一步的发展，隐私包含了更多的内容。除了人体秘密和两性秘密之外，还包含了居所、生活等秘密在内。但是，在这一时期中，隐私观不是平等的，统治者享有无限的隐私，受到严密的保护，而被统治者则除了人体、两性生活等基本的隐私以外，几乎不再有别的隐私可言，不仅如此，还要受到严密的监视。在古印度，国王就是人主，是用诸神的分子创造的，不仅具有至高无上的权力，而且大地上谁也不能对着他看，这意味着连他的容貌、形象都是隐私。反之，对于被统治者，不仅村落里的纠纷应该逐级由村落长亲自上报，而且有关村落的事情和个人的事情，应该由国王的另一名忠诚而精勤的大臣审视。①

在中国古代，为保护皇族的秘密，法律规定严密的保护制度，从秦开始设有窥宫者斩的规定，《宋刑统》则规定：诸阑入宫门徒2年，阑入御膳所者，流三千里，登高临宫中者，徒一年。至于议论皇室事务者，为大不敬，为"十恶"之一。而最高统治者不仅对其僚臣设以严密的监督，对于百姓监视更为严密。

在近代资产阶级革命中，资产阶级在反对封建专制主义的斗争中，依据资产阶级的人本思想和人权观，形成了资产阶级的隐私观，包含了人的私生活的基本秘密，体现了人们对私生活自由的渴望和追求，反对他人干扰、干涉、干预个人的私生活权利。至现代社会，人权观念进一步发展，终于发展成为现代的隐私观念。隐私的内容包含极广，概括了有关私生活的所有秘密。隐私对于全体人民一律平等，而不再是尊者的权利；同时，也认为隐私并非绝对，还应当受到法律的调整和限制。

现代意义上的隐私，才是现代法律确认为隐私权的客体的隐私。现代意义上的隐私观念，是法律研究对隐私进行法律保护的基础。

二、隐私权的产生和发展

隐私权（the right to privacy）的概念和理论，产生于美国。在近现代中的民法法典化进程中原本没有隐私权的概念，在以判例法为基本法律形式的英美法中也没有隐私权的概念，与此相适应，法理中也没有隐私权的理论。

最早的隐私权观念也可以隐约在普通法传统中找到，但是它一旦从财产权观念中脱胎出来，人们就可以充分意识到它完全是一种独立的新型权利。1890年，美国两位法学家路易斯·布兰蒂斯（Louis D. Brandeis）和萨莫尔·华伦（Samuel D. Warren）最先敏锐地捕捉到了这种新型的权利，在哈佛大学的《法学评论》杂志上，发表了一篇著名的论文"隐私权"，提到"保护个人的著作以及其他智慧或情感的产物之原则，是为隐私权"，指责新闻传播有时会侵犯了"个人私生活的神圣界限"，②点明了隐私权作为一种新型权利的本质："个人在人身和财产上面应当受到充分的保护作为一个原则，就像普通法一样的古老。但是人们发现这一原则需要不时地重新定义其确切本质及这种

---

① 《摩奴法典》第七章第5、6、116、120条。

② 吕光：《大众传播与法律》，台湾地区商务印书馆1981年版，第64页。

保护的范围。政治、社会和经济变迁使得对新权利的识别成为必要,而普通法也保持其永恒的青春活力时,不断成长以实现社会的需要。"正是基于对新的社会情形的深刻体认和对原有权利之限度的认识,沃伦和布兰代斯才致力于制造一种新的理论以便为侵犯私人生活之诉的法律诉由提供根据。他们毫不怀疑这一新的社会问题所具有的重要性,认为上述权利是宪法规定的人所共享的自由权利的重要组成部分,只有文明教养达到一定程度的人才会认识到它的价值,进而才能珍视它。从此以后,这项关于隐私的理论才开始受到广泛的重视和承认。①

嗣后,另一位美国学者埃·威斯汀(A. Westin)将隐私权进一步概括为不受旁人干涉搅扰的权利,个人自由决定何时何地以何种方式与外界沟通,在一个限定的私人活动范围内,不受他人和群体的拘束。日本学者前田雄二在他撰写的"采访报道与伦理规范"的文章中认为:"人,无论谁都具有不愿被他人知道的一部分私生活。这些,如被窥见,或者被公开发表,而让很多人知道,便会觉得羞耻或不愉快,也就是说,那些希望'沉默过去的事',如被暴露,便构成对于隐私权利的侵害。"②美国学者威廉·荷尔(William G. Hale)在他的《新闻法》(The Law of the Press)一书中进一步指出,"未得承诺而盗用或非法利用一个人的容貌,公布一个人与公众无正当关系的私人事务,或错误地侵犯了一个人的私人行为,以致对一个人的普通情感产生污辱或引起精神上的痛苦,羞耻或惭愧",即为侵害隐私权,应当负相应的法律责任。

从以上关于隐私权理论发展的概况看,它是逐渐完善起来的。当布兰蒂斯和华伦刚刚提出隐私权的概念和理论时,它还不十分完善,内容也不十分严谨。经过几十年的研究、发展,隐私权理论已经形成了完善的理论体系。

在隐私权理论发展的过程中,美国法官开始在实务中运用这一理论处理案件,创设了隐私权的判例法。1902 年纽约州法院审理的罗伯森诉罗切斯特折叠箱公司案,是第一个隐私权的判例。该案被告未经原告同意,即印其照片作为本公司产品的广告,致其遭受痛苦,而诉请法院保护,法院依据隐私权的理论,判决原告胜诉。1903 年,纽约州通过一项法律,使隐私权受到法律保护,但该项法律侧重保护的是姓名和肖像方面的隐私权。1905 年,乔治亚州高等法院在处理此类案件时,正式宣布当事人享有隐私权。美国学者认为,法官对隐私权的认可,是法学影响法院审判的一个杰出事例。20 世纪 60 年代,隐私权制度在美国进一步发展,联邦最高法院引用《联邦宪法》第四修正案关于公民自由权的规定作为隐私权的立法依据,在适用上扩大了隐私权的范围,至 1965 年,开始适用《人权法案》,使隐私权成为一种一般性的宪法权利。至 1974 年,

① 杨金丹:"从财产权到隐私权:一个历史流变的考察",载《法制与社会》2010 年第 2 期。

② 吕光:《大众传播与法律》,台湾地区商务印书馆 1981 年版,第 65 页。

联邦议会制定了《隐私权法》、《家庭教育及隐私权法》、《财务隐私权法》，以后又陆续制定了一系列有关隐私权的立法，使美国成为隐私权立法最发达的国家。

在英国，有关隐私权的法律不够发达，涉及隐私权的判例不多，原因是英国一般不认为隐私权为一种独立的权利，而是将涉及隐私的侵权案件纳入侵害名誉权的案件之中起诉、审判，因而对隐私权的保护是间接的。学者对英国法律不充分保护隐私权的现状表示不满，认为将侵害隐私权的案件牵强附会地解释为损害名誉是不恰当的。① 英国皇室法律顾问莱斯特勋爵指出，早在《人权法案》将尊重私生活、住宅和通信的公约权利带入英国法律之前，一项官方调查就已经认为立法保护个人隐私是错误的，随后的一份报告认为言论自由应当先于隐私保护，并且针对侵入和骚扰提出了具体的定向补救措施。英格兰法庭当时就已经决定英格兰法律中没有需要强制执行的隐私权。英格兰上诉法院对普通法和成文法中没能保护隐私感到遗憾，并且声明只有颁布议会通过的立法才能承认隐私权。上诉法院表达了希冀议会颁布立法给予保护的希望，但是，议会至今尚未把隐私权当做一项普通权利。英格兰和威尔士法庭拒绝以立法者的角度行动，政府和议会拒绝立法所带来的结果就是，只有在发生泄露机密或者物理侵犯（不论是侵入还是骚扰）时才可以提出以侵犯隐私为基础的控告。② 这个说法真实地反映了英国社会对隐私权的看法。

在大陆法系国家，德国法学家和法官开始时拒绝名誉权和隐私权受到侵害的案件作为《德国民法典》第 823 条第 1 款的保护范围，损害名誉和个人隐私不产生赔偿义务。“二战”以后，德国最高法院根据新宪法第 1 条、第 2 条确认人身的一般权利属于受民法典第 823 条第 1 款保护的绝对权利，隐私权和名誉权被认作绝对权。1977 年 1 月 27 日制定、1990 年 12 月 20 日修正的《德国联邦个人资料保护法》，对特定自然人（当事人）属人或属事之个别资料的法律保护进行了详细的规定，完备了隐私权的立法。法国于 1970 年 7 月，以新的法律规定取代原来的《法国民法典》第 9 条，规定：“任何人有权使其个人生活不受侵犯。法官在不影响赔偿所受损害的情况下，得规定一切措施，诸如对有争议的财产保管，扣押以及专为防止或停止侵犯个人私生活的其他措施，在紧急情况下，法官得紧急下令采取以上措施。”这一规定，创设了民法典保护隐私权的最直接的条文。瑞士、土耳其的债法承认个人秘密、私生活为人身权的内容，受法律保护。在日本，隐私权被称做“私生活权”，民法没有明确规定，学者主张依民法第 709 条人格权的规定予以保护，判例上已采用这种主张。

---

① 张新宝：“隐私权研究”，载《法学研究》1990 年第 3 期。

② 这是莱斯特勋爵 2010 年 5 月 4 日在英国上议院为欧盟媒体权利保护项目举行的中英研讨会上的发言，题目是“言论自由、名誉和隐私”，该文尚未发表。

从1890年第一次提出隐私权的概念到今天，隐私权已经成为各国普遍接受的法律概念，各国立法都通过不同的方式，直接或间接地予以法律保护。

三、中国关于隐私权的立法及学说

(一)我国台湾地区关于隐私权的立法和学说

台湾地区学者把隐私权称为秘密权，后来明文规定为隐私权，认其为就私生活上或工业上所不欲人知之事实，有不被他人得知之权利。学者主张应借鉴美国关于隐私权的立法例，对秘密权即隐私权予以法律保护。

在立法上，我国台湾地区"民法"原来未认隐私权为一种独立的人格权；在刑法上，设有妨害秘密罪的规定。在实务上，对合于"民法"第184条第1款后段关于"故意以悖于善良风俗之方法损害于他人"的规定者，被害人得对于加害人请求赔偿财产上之损害，若负有保持秘密义务之人，因故意或过失泄露他人之秘密者，即属一种不作为义务之不履行，应依一般债务不履行之原则，负财产上损害之赔偿责任，至于非财产上之损害，除因侵害秘密同时侵害名誉者，得以名誉受侵害为理由请求赔偿外，不得以秘密受侵害为理由，请求给付慰抚金。如果系侵害通信秘密者，则依对自由权之侵害的法律规定，予以民法救济。① 1999年4月我国台湾地区修订"民法"债编，在第195条明确规定隐私权为具体人格权，确立了隐私权的直接保护制度。

(二)我国大陆关于隐私权的立法及学说

1986年以前，我国大陆对于隐私权的民事立法及学说落后。但在有关法律中对于隐私权的保护仍有一些具体规定。

1979年制定的《刑事诉讼法》，在第111条规定了对涉及个人阴私的案件，不得进行公开审理；在第64条规定，被告人对于与本案无关的问题，有权拒绝回答。1982年3月8日制定的《民事诉讼法(试行)》第58条规定，对于涉及个人隐私的证据应当保密，需要向当事人出示的，不得在公开开庭时进行；第103条规定，涉及个人隐私的案件以及当事人申请不公开审理的离婚案件，不公开审理或者可以不公开审理。1982年《宪法》第38条规定自然人的人格尊严不受侵犯；第39条规定住宅不受侵犯；第40条规定自然人的通信自由和通信秘密受法律保护。这些法律规定从基本法和程序法的角度，规定隐私权受法律保护。

《民法通则》没有规定隐私权为自然人的人格权，学者一致主张应当对隐私权进行法律保护。最高人民法院在制定《关于贯彻执行〈中华人民共和国民法通则〉若干问题的意见(试行)》时，根据保护自然人隐私权的急迫需要，采纳学者的主张，采取了变通

① 何孝元:《损害赔偿之研究》，台湾地区商务印书馆1982年版，第167～168页。

方法，对侵害他人隐私权造成名誉权损害的，认定为侵害名誉权追究民事责任。1993年8月7日公布《关于审理名誉权案件若干问题的解答》第7条第3款明确规定：“对未经他人同意，擅自公布他人的隐私材料或以书面、口头形式宣扬他人隐私，致他人名誉受到损害的，按照侵害他人名誉权处理。”值得重视的是《未成年人保护法》关于未成年人隐私保护的规定。该法第39条规定：“任何组织和个人不得披露未成年人的个人隐私。”这一规定，有将隐私权规定为独立人格权的趋势。在《妇女权益保护法》等法律中，立法也采取了这种间接保护的立法方式。

对于最高人民法院关于隐私权采取类推方法适用侵害名誉权法律规定的司法解释，学者既肯定其在紧迫情况下采取变通办法予以适当保护隐私的做法，又指出其对隐私权保护的不足；同时在隐私权的研究上也日渐深入，取得了相当的成果。

最高人民法院《关于确定民事侵权精神损害赔偿责任若干问题的解释》，对隐私权的保护作出了新的司法解释。该解释的第1条第2款规定：“违反社会公共利益、社会公德侵害他人隐私或者其他人格利益，受害人以侵权为由向人民法院起诉请求赔偿精神损害的，人民法院应当依法予以受理。”按照这一说明，同时结合这一司法解释第1条对人格权保护的内容排列，可以明确地看出，司法解释机关不认为隐私是一种具体人格权，只能是一种具体的“人格利益”，对于自然人的隐私保护，只能按照“其他人格利益”的保护方法进行保护。这一司法解释既有成功之处也有严重不足。

这一司法解释的成功之处，就在于对隐私权将间接保护方式改变为直接保护方式，这是一个很大的进步。在贯彻执行《民法通则》的司法解释中，最高法院规定对隐私权的保护按照名誉权的损害处理，确立了对隐私权的间接保护原则，在后来的相关解释中，一直强调的还是这种保护方法。有些立法也仿造司法解释的规定，采用这种方式保护隐私权，这似乎形成了一个惯例。这种保护方式是很落后的方法，对隐私权的保护是不全面、不彻底的。新的司法解释改变了这种态度，采用直接的保护方式保护隐私权，在对自然人隐私权的保护上具有重大意义。

但是，这个司法解释还是有缺陷的，这就是，将完全具备独立人格权特征的隐私权仍然认定为一种人格利益，放在“其他人格利益”当中，按照对“其他人格利益”的保护方式进行保护。在隐私权在世界各国得到普遍承认、中国公众对隐私权的认识和热情极度高涨的今天，司法解释对这一具体人格权采取这样不冷不热的态度，使人不无遗憾。

如果说，将隐私的司法保护作为“人格利益”来保护，是因为我国的法律还没有确认隐私是一种具体人格权的话，应当认为这样的理由并不充分。在我国的法律中，不乏对隐私的规定。最早的规定就是《民事诉讼法（试行）》，规定对涉及隐私的案件不得公开审理，这一规定，比《民法通则》还早5年之多。就是在《民法通则》颁布实施以后，《未成年人保护法》、《妇女权利保障法》、《残疾人保护法》和《消费者权益保护法》等法律都对隐私作出了规定。例如，《未成年人保护法》就规定："任何组织和个人不得披露未成年人的隐私。"如果说这些法律规定隐私权只是规定"隐私"二字而没有加上一个"权"字，那么，我国法律在规定人格尊严、身体权、人身自由的时候，都没有加上这个"权"字，为什么对人格尊严、人身自由和身体权就可以解释为"人格尊严权"、"人身自由权"和"身体权"呢？而且将人格尊严解释为"人格尊严权"本身就与法理不合！可见，这种理由作为解释将隐私只确认为一种"人格利益"的理由显得很苍白，没有足够的说服力。如果不是对隐私权有偏见，就没有更好的理由作出说明。因为这不是法律对隐私权没有规定，而是对法律关于隐私权的规定理解有误。

我在这一司法解释公布的当时指出，我不是对隐私权情有独钟，也不是认为隐私权就比其他具体人格权更为重要，而是对将隐私权的地位人为地加以降低，在一个司法解释中对同样的人格权分出三六九等，把隐私权置入"另册"，不承认其为具体人格权的做法，感到不理解。我对隐私权大加呼吁，就是想在隐私权的司法保护上，引起更高程度的重视，起码应当与其他各种具体人格权一视同仁。因此，要实行一个"解放运动"，将隐私权真正从"其他人格利益"中解放出来，名正言顺地还其人格权的本来面目和法律地位，使每一个人的隐私权都能够得到像其他具体人格权一样的公正待遇，受到同等的司法保护。

值得欣慰的是，2005年8月28日通过《妇女权益保障法》修正案，在第42条规定："妇女的名誉权、荣誉权、隐私权、肖像权等人格权受法律保护。"这是法律第一次明文规定"隐私权"，可惜这只是规定妇女享有的隐私权。2009年12月26日《侵权责任法》第2条第2款明确规定了隐私权，至此，我国隐私权终于毫无争议地登上了法律舞台。隐私权从受司法实践保护的利益上升为侵权责任法层面的权利位阶，从定位于《妇女权益保障法》的特殊规定到《侵权责任法》的普适性规定，我国隐私权保护法律制度的发展获得了质的突破，并且已经开辟了广阔的独立发展道路。① 学者认为，在我国，隐私权第一次以法律形式被明确规定下来，隐私权正式走进中国人的权利清单中。从宣扬"无私"到习惯"疑私"再到接受"隐私"，这是对中国数千年传统陋习的抛弃，是法律制度上的大变革。②

① 张新宝："我国隐私权保护法律制度的发展"，载《国家检察官学院学报》2010年第2期。

② 石睿："从'无私'到'隐私'"，载《行政与法》2010年第4期。

第二节 隐私和隐私权

一、隐私

(一)隐私的称谓

隐私,有不同的称谓,法国法称之为个人生活;日本法称之为私生活;我国台湾地区有的学者称之为秘密,有的学者称之为隐私。

在我国大陆民法理论中,一般均称之为隐私。与此相关的概念是阴私,关于隐私与阴私这两个概念的关系有两种主张。一种主张认为隐私不同于阴私,阴私在社会生活中仅指男女性关系方面的秘密,而隐私则是指有关个人生活领域的一切不愿为人所知的事情。① 另一种主张认为,隐私当然包括阴私。② 我赞成后一种观点,阴私除了指男女性关系方面的秘密以外,还应当包括有关人体的秘密,阴私作为私生活秘密之一种,当然包括在隐私之中。

(二)隐私的概念界定

对于隐私如何界定,尚无一个被公众所承认的定义。学者认为,隐私在现代英语的文义中,有隐居、(不受干扰的)独处、秘密、私下等多种解释。在汉语中,则指不愿告人的或不愿公开的事。社会学意义上的"隐私"一词则体现了一种人类社会一般的公众心理:每一个人都希望在越来越复杂的社会网络中为自己保留一块相对平静的、既无损于他人也无害于社会的、独处的环境。对于这种普遍存在的社会公众心理,称之为人类的隐私意识。③

在法理上研究隐私概念,吕光先生曾定义为:"隐私就是隐秘而不准公开的意思。"④较为典型的界定是《民法·侵权行为法》一书的定义,即隐私是指有关个人生活领域的一切不愿为人所知的事情。在这个定义中也有不尽如人意之处,例如,范围是"一切"还是有限度的、性质是"事情"还是"秘密",均值得研究。

学者认为,构成隐私有两个要件,一为"私",二为"隐"。前者指纯粹是个人的,与公共利益、群体利益无关的事情,这是隐私的本质所在。后者并非描述某个事情、某个

---

① 王利明主编:《民法·侵权行为法》,中国人民大学出版社 1993 年版,第 303 页。
② 张新宝:"隐私权研究",载《法学研究》1990 年第 1 期。
③ 王利明主编:《人格权法新论》,吉林人民出版社 1994 年版,第 469 页。
④ 吕光:《大众传播与法律》,台湾地区商务印书馆 1981 年版,第 63 页。

信息不为人知的事实状态，它包括：当事人不愿这种个人私事被他人知悉；按正常的心理和道德水准，这种个人隐私不便让他人知道，否则会对当事人产生各种不利的后果；这种个人私事当事人不愿或不便他人干涉；某些私人领域当事人不愿或不便他人侵入。因此，隐私是指一种与公共利益、群体利益无关的，当事人不愿他人知道或他人不便知道的信息，当事人不愿他人干涉或他人不便干涉的个人私事和当事人不愿他人侵入或他人不便侵入的个人领域。因此，隐私有三种形态：一是个人信息，为无形的隐私；二是个人私事，为动态的隐私；三是个人领域，为有形的隐私。① 笔者认为，这个关于隐私的定义是很准确、很精辟的，准确描绘了隐私的内涵和外延，应当采用这个概念界定。

二、隐私权的概念和特征

（一）对隐私权概念界定的不同主张

100 多年来，学者对隐私权下了许多定义。

在美国，威廉·荷尔在《新闻法》中认为：隐私权可以定义为一种每个人要求他的私人事务未得到他的同意前，不得公之于众的自然权利。《布莱克法律辞典》认为隐私权是私生活不受干涉的权利，或个人私事未经允许不得公开的权利。

英国《牛津法律大辞典》认为，隐私权是不受他人干扰的权利，关于人的私生活不受侵犯或不得将人的私生活非法公开的权利要求。② 在日本，隐私权被称为“私生活”或私生活的权利，有的学者将其定义为“控制自己情报流传的权利”；③有的学者认为：“所谓隐私权利，可以说是保护个人私生活秘密的权利。”④《新版新法律学辞典》则认为私生活是“保护免遭他人侵犯的私生活和私事”。⑤

我国台湾地区学者对隐私权的界定，较典型的有三：一是何孝元先生的定义，他认为：“秘密权者，乃就私生活上或工业上所不欲人知之事实，有不便他人得知之权利也。”⑥二是吕光先生的定义，他认为：“隐私权是对个人私生活的保护，使每个人能安宁居住，不受干扰，未经本人同意者，其与公众无关的私人事务，不得刊布或讨论，其个人姓名、照片、肖像等非事前获得本人同意，不得擅自使用或刊布，尤不得做商业上的用

---

① 王利明主编：《人格权法新论》，吉林人民出版社 1994 年版，第 480～482 页。

② 《牛津法律大辞典》，光明日报出版社 1988 年版，第 719 页。

③ 《牛津法律大辞典》，光明日报出版社 1988 年版，第 719 页。

④ ［日］平川宗信：“私生活的概念与刑法对私生活的保护”，毕英达译，载《法学译丛》1987 年第 4 期。

⑤ ［日］我妻荣编：《新版新法律学辞典》，董璠舆译，中国政法大学出版社 1991 年版，第 842 页。

⑥ 何孝元：《损害赔偿之研究》，台湾地区商务印书馆 1982 年版，第 116 页。

途。"[①]三是谢仲明先生认为:"隐私权是指个人对其自我资料及活动讯息的概括性拥有权。"

在我国大陆民法学者的研究中,对隐私权有以下几种定义:一是《中国民法》的作者认为:"隐私权也称为私生活的秘密权,是指自然人对自己的个人生活秘密和个人生活自由为内容,禁止他人干涉的一种人格权。"[②]二是王冠先生认为:"所谓隐私权,也就是自然人个人隐瞒纯属个人私事和秘密,未经本人允许不得公开的权利。"[③]三是张新宝先生认为:"隐私权是自然人依法享有的住居不受他人侵扰以及保有内心世界、财产状况、社会关系、性生活、过去和现在其他纯属个人的不愿为外界知悉的事务的秘密权利。"[④]四是《民法教程》的作者认为:"隐私权是指自然人和法人对其个人秘密或企业法人秘密所享有的,不可侵犯的权利。"五是《人格权法新论》的作者认为:"隐私权是自然人享有的对其个人的、与公共利益无关的个人信息、私人活动和私有领域进行支配的一种人格权。"[⑤]六是认为隐私权是自然人在私生活领域内对其私人信息、私生活安宁以及私人事务自主决定和控制的人格权。[⑥] 七是认为隐私权是指自然人所享有的私人领域不受非法侵犯、个人信息不被非法获得和公开的一种独立的人格权。[⑦]

(二)隐私权概念的界定

以上列举的中外学者对隐私权的十余种定义,均从各自的不同研究角度,对隐私权概念的内涵作了揭示。综合进行分析,对隐私权概念的界定应当采取以下定义:隐私权是自然人享有的对其个人与公共利益无关的私人信息、私人活动和私人空间等私生活安宁利益自主进行支配和控制,不得他人侵扰的具体人格权。

(三)隐私权的法律特征

隐私权的法律特征是:

1. 隐私权的主体只能是自然人

在以上各种定义中,有两种定义认为隐私权的主体除自然人外,还应包括法人,这是不正确的。隐私权是自然人个人的私权利,并不包括法人,尤其是企业法人。企业法人的秘密实际上就是商业秘密,商业秘密不具有隐私所具有的与公共利益、群体利益无关的本质属性;隐私并非全是秘密,而商业秘密则全部是秘密,泄露之,将给企业

---

① 吕光:《大众传播与法律》,台湾地区商务印书馆1987年版,第66页。
② 佟柔主编:《中国民法》,法律出版社1990年版,第487页。
③ 王冠:"论人格权",载《政法论坛》1991年第3期。
④ 张新宝:"隐私权研究",载《法学研究》1990年第3期。
⑤ 王利明主编:《人格权法新论》,吉林人民出版社1994年版,第487页。
⑥ 马特、袁雪石:《人格权法教程》,中国人民大学出版社2007年版,第285页。
⑦ 张璐:"论隐私权的内涵",载《法治与社会》2010年第1期。

带来不可估量的损失；商业秘密保护的是企业经济利益，而隐私权保护的是自然人的人格利益。如果将商业秘密认定为隐私权的客体，则企业法人易于借隐私权的理由而掩盖其产品质量低劣服务水平低下等情况，不利于保护消费者的利益，就其他法人而言，都具有"公"的性质，都是公众的服务机构，如果让这些法人也享有隐私权，就有可能使他们在法律上找到根据，拒绝人民群众的监督、质询，不利于民主建设和廉政建设。这些看法是正确的，因而，隐私权的主体只能是自然人，而不包括法人。

2. 隐私权的客体包括私人活动、私人信息和私人领域

隐私权的客体，一般认为是个人私生活秘密，这种看法并不错误。但是，将隐私权的客体概括为私人活动、私人信息和私人领域，则具体化、形象化，也克服了个人私生活秘密过于概括的缺点。

私人活动，是一切个人的、与公共利益无关的活动，如日常生活、社会交往、夫妻的两性生活、婚外恋和婚外性活动。其中婚外恋和婚外性生活，考虑到当事人和相关人员的人格尊严，不得向社会公布，但并不排除对当事人进行批评教育，[①]同时，如构成破坏军婚罪、破坏婚姻家庭罪的，还应依法追究刑事责任。

私人信息，也称为个人情报资料、个人资讯，包括所有的个人情况、资料，诸如身高、体重、女性三围、病史病历、身体缺陷、健康状况、生活经历、财产状况、社会关系、家庭情况、婚恋情况、学习成绩、缺点、爱好、心理活动、未来计划、住居、家庭电话号码、政治倾向、宗教信仰、储蓄、档案材料、计算机储存的个人资料、被罪犯强奸过等。

私人领域，也称为私人空间，分为具体的私人空间和抽象的私人空间。具体的私人空间是指个人的隐秘范围，如身体的阴私部位，即生殖器官和性感器官。对于性感器官如女性乳房，一般认为是身体阴私，但在非洲某些地方，则不认其为身体隐私，可公开裸露。除此之外，个人居所、旅客行李、学生的书包、口袋、通信等，均为个人领域。例如，在西方，居所的二楼卧室，为绝对的隐私领域，擅入者为严重的侵害隐私权的行为。抽象的私人空间是指思想的空间，专指个人的日记。

3. 隐私权的保护范围受公共利益的限制

隐私权的保护并非毫无限制，应当受到公共利益的限制。当隐私权与公共利益发生冲突时，应当依公共利益的要求进行调整。因而，隐私权所保护的范围，应是与公共利益无关的个人情报、资料。例如，当涉嫌贪污、受贿等财产犯罪的，个人的财产状况、储蓄情况就必须接受调节；个人的性关系涉嫌犯罪，也必须接受调查；当进行征兵、招工、招聘模特等活动时，应征、应聘者对个人的身体资讯、阴私器官等，则必须接受检查。在这些情况下，个人资讯就与公共利益有关，因而在一定范围内不得为隐私的

---

① 张新宝："隐私权研究"，载《法学研究》1990年第3期。

内容。

三、隐私权的性质

关于隐私权的性质,历史上有不同的认识。

(一)隐私权的性质是自由权

美国最早的对隐私权性质的认识,是认其为自由权,其依据是《联邦宪法》第四修正案关于人身自由作为隐私权的法律根据。嗣后,很多学者也都接受了将隐私权作为自由权之一种的思想,并且在观念上根深蒂固,至今没有改变,①例如,认为侵害通信秘密的隐私权就是对自由权的侵害。②

(二)隐私权的性质是一般人格权

日本民法没有隐私权的规定,"二战"以后,民法认为隐私权包括在人格尊严之中,因而其性质为一般人格权。如《日本民法》于1947年第222号法律追加的第1条之二,规定:"对于本法,应以个人尊严及两性实质的平等为主旨而予以解释。"一般认为,这是将隐私权确认为人格尊严的法律依据。③ 美国学者威廉·比尼(William M. Beaney)也认为隐私权"也可以用'人类尊严'或'个人尊严'的字样来表达",④这种意见,是将隐私权的性质解释为一般人格权。应当看到的是,美国的隐私权概念与我国隐私权概念的差异:美国的隐私权概念差不多相当于我国的一般人格权的性质,是一个弹性极大的概括性的权利,包含了肖像权、姓名权、声音权、形象权等权利在内;而我国的隐私权概念就是一个具体人格权。

(三)隐私权的性质是具体人格权

绝大多数国家的立法和学说均认隐私权为一种独立的人格权,这已成为对隐私权性质认识的通说。在我国,实务上和学理上对隐私权的认识是不同的。在司法实务的早期,对隐私权采用间接保护原则,认隐私权为名誉权,前述最高人民法院的一系列司法解释均以这种认识为基础,在实务的判决上,尚未见一件以侵害隐私权作为案由的判例。这种情况,主要是司法机关囿于现行立法的局限,并非实务工作人员均持这种认识。在学理上,认隐私权为独立的具体人格权为通说,鲜见有反对意见者。⑤ 自2001年最高人民法院精神损害赔偿司法解释公布以后,对隐私权的保护已经采取了直接保护的方式;自《妇女权益保障法》和《侵权责任法》实施之后,对隐私权的保护更无法律

---

① 杜渐、孙宏辉:"关于隐私权保护的法律思考",载《法学与实践》2009年第2期。

② 何孝元:《损害赔偿之研究》,台湾地区商务印书馆1982年版,第168页。

③ 张新宝:"隐私权研究",载《法学研究》1990年第3期。

④ 吕光:《大众传播与法律》,台湾地区商务印书馆1987年版,第64页。

⑤ 皮剑龙认为隐私权为个人自由权,见《中国法制报》1987年8月21日第3版。

障碍。

四、隐私权的内容

隐私权是一种具体人格权，其基本内容包括以下四项权利：

（一）隐私隐瞒权

隐私隐瞒权是指权利主体对自己的隐私进行隐瞒，不为人所知的权利。对于无关公共利益的隐私，无论是有利于权利主体的隐私还是不利于权利主体的个人资讯，权利人都有权隐瞒，不对他人言明。这种隐瞒，不是不诚实的表现，而是维持自己的人格利益的需要，因为自己的隐私不经隐瞒，一旦泄露出去，将有损于自己的人格尊严，使自己羞于见人，难以保护自己的人格利益。例如，唐某离婚后欲觅男友，在刊物上登征婚启事，卢某应约去信求爱，二人遂建立恋爱关系。在此期间，二人感情较好，卢赠与唐衣物、手表、金戒指及部分现金，二人曾在一起同居。正准备结婚时，卢得悉唐隐瞒了离婚、生子的经历，年龄也隐瞒了几岁的情况后，十分生气，提出断绝恋爱关系。双方协议了赠与财产清退等问题后，终止了一切来往。事后，卢总感觉自己吃了亏，想办法对唐进行报复，于是用一张明信片写了双方在一起同居的简要过程，指责唐欺骗他，通过邮局寄到唐的单位。该明信片在该单位被很多人传阅，一时厂内工人议论纷纷，造成很坏影响，使唐羞于见人，称病在家月余。后向法院起诉，要求法院依法保护其合法权利。在这个案件中，唐某以前离婚、生子的经历，属于个人隐私，唐某作为权利人，对该隐私经历，有权进行隐瞒。从道德上说，唐某与卢某在恋爱中，卢某有了解权，了解对方的婚恋史，对方坦诚相待，自应如实述明，但是，从法律的角度观察，卢某作为隐私权的主体，享有隐瞒隐私的权利，其未将离婚、生子的经历告知卢某，在法律上却是无可挑剔的行使权利行为，因而是无可指责的合法行为。反之，卢某因此在解除双方的恋爱关系后，故意用明信片的方式泄露唐某的隐私，则构成对隐私权的侵害。

在隐瞒权方面，对婚恋一方在婚前有过不贞行为的隐私，权利人行使这一权利更是为维护自己人格的需要。往往有的女青年在婚前或恋爱前有过性生活经历，为对婚恋对象表示忠实，将其向对方坦露时，很多不是得到对方的谅解，而是遭到对方的粗暴对待。这样的实例，作者在下文中还将叙述。这些事实证明，隐私隐瞒权是隐私权的重要内容之一。

（二）隐私利用权

自然人对于自己的隐私不仅仅享有消极的隐瞒权，还享有积极的利用权。隐私利用权是指自然人对自己的个人资讯进行积极利用，以满足自己精神、物质等方面需要的权利。这种利用权是自我利用，而不是他人利用。例如，利用自己丰富的生活经历创作文学作品，既创造精神价值也创造经济价值、既满足社会的需要也满足个人的需要，就是能动地利用自己的隐私。利用自己身体、容貌进行绘画、摄影，亦是合法利用隐私。女性三围是个人隐私，但利用该优势而应聘模特，则正是对该隐私的充分利用。除此之外，对于自己的居所、日记等私人领域均可以进行合法利用。应当强调的是，隐私利用权的行使不得违反法律，也不得有悖于社会公共利益和善良风俗。违背法律和悖于社会公共利益、善良风俗而利用隐私，为违法行为。如利用自己的人体隐私创作绘画、摄影作品用以自我欣赏和高尚的艺术目的，为正当的利用。如果利用自己的人体隐私制作淫秽作品，跳脱衣舞、演唱中脱去衣服而裸露身体阴私部位，有悖于公共秩序和善良风俗，应认为是非法利用隐私。

（三）隐私支配权

隐私支配权是指自然人对于自己的隐私有权按照自己的意愿进行支配。主要内容是：

1. 公开部分隐私

公开个人隐私，应依权利主体决定公开的内容、公开的方式、传播的范围，这是对隐瞒权的处分。

2. 准许对个人活动和个人领域进行察知

例如，准许他人在自己卧室居住，准许他人看自己的日记，准许他人知悉自己的身体秘密，准许他人了解个人的经历、病历等。

3. 准许他人利用自己的隐私

例如，准许他人利用个人经历创作文学作品，准许他人利用自己的社会关系进行其他活动等。准许他人利用自己隐私的实质，是对自己享有的隐私利用权所作的转让行为，它类似于肖像使用权的转让、名称使用权的转让行为。对于隐私利用权的转让，应以合同形式为主，口头、书面形式不限，有偿无偿凭双方当事人约定。超出约定范围而使用者，为侵害隐私权的行为；至于未经权利人承诺而利用者，为严重侵权行为。例如，某计划生育委员会为制作计划生育宣传电视片，需拍摄妇女分娩的镜头，事先到妇产医院与临产妇女协商同意。但该妇女丈夫知悉，坚持拒绝拍摄。在电视录制人员已到现场的情况下，正巧另一妇女正在分娩，录制人员取得医生的同意，进入产房，互相嘱咐避免拍摄产妇面部，以免造成侵害肖像权的后果，录制了该产妇分娩的过程。产后，该妇女发现此事立即追究，并向法院起诉。在此案中，录制人员知道避免侵害肖像权的后果，却忽略了他们的行为严重侵害该产妇隐私权的性质。该产妇的隐私权应当受到保护。①

应当对肖像、姓名的非法利用的性质作一辨析。在美国隐私权的理论和实践中，

① 此案还涉及分娩的新生儿的肖像权、身体权、隐私权等，在这里不再详细讨论这些问题。

对肖像和姓名的非法利用包括在隐私权的范围之内,认作侵害隐私权的行为。在大陆法系立法中,肖像权、姓名权均认作独立的人格权,均被法律专门保护,一般的非法利用肖像、姓名的行为,应为侵害肖像权、侵害姓名权的行为,唯非法利用肖像、姓名的行为侵害了隐私的时候,才可以认定为侵害隐私权,如登载他人幼时病残之照片。

(四)隐私维护权

隐私维护权是指隐私权主体对于自己的隐私所享有的维护其不可侵犯性,在受到非法侵害时,依据人格权请求权和侵权请求权,可以寻求司法保护的权利。

维护隐私的不可侵犯性包括:(1)禁止他人非法收集个人信息资料、传播个人资讯,非法利用个人情报;(2)对于私人活动,禁止他人干涉、追查、跟踪、拍照、摄影,禁止非法骚扰;(3)对于私有领域,如日记、身体、通信禁止偷看和宣扬,对于他人行李、书包禁止非法检查,禁止擅自闯入自然人住宅尤其是卧室,禁止在居所安装窃听、监视装置等。当发生非法侵犯自然人隐私权的行为时,受害人有权寻求司法保护,以维护自己的合法权益,救济其损害。

第三节 相关隐私及其规则

一、相关隐私的概念及含义

现实生活中经常碰到一些涉及几个人共同拥有一个隐私经历,其中一个人处分这个隐私,其他人主张侵权的案件。例如,2001年某日,某《文摘》报刊登了一篇题为"音乐家某某与李某38年婚外婚内情"的文章。文章披露了在该音乐家及其前妻婚姻关系存续期间,李某与该音乐家的婚外恋情,以及该音乐家与其前妻之间的部分婚姻生活内容;同时也披露了该音乐家与其前妻离婚、与李某结婚的若干事实。该音乐家的前妻认为,该文对她与该音乐家的婚姻与感情生活加以歪曲和捏造,文中有大量对原告及其家庭进行侮辱和诽谤的文字,严重损害了自己及家人的名誉权和隐私权,因而将出版社告上法庭,请求赔偿精神损害抚慰金10万元。

在这个案件中,最突出的法律问题是支配个人的隐私同时又涉及他人隐私的应当如何处理。对此究竟应当怎样进行法律协调,就是相关隐私及其民法保护的问题。

相关隐私,是属于隐私这个种概念下属的一个分支概念,是指涉及两个以上的自然人的隐私。

在很多场合和情况下,一个人的隐私与他人的隐私相关联,例如所谓婚姻关系的

“第三者”的隐私,就一定会涉及具有合法婚姻关系的“第一者”和“第二者”的隐私,“第三者”讲述自己的故事,必然会涉及相对应的另外两个关系人的隐私。这样的隐私,就是相关隐私。

相关隐私不是“家庭隐私权”。有人认为,“第三者”讲述涉及合法婚姻关系的当事人的隐私,是侵害家庭隐私权。家庭隐私权的概念是不存在,因为它不是法律上的概念。一个家庭可能会有自己的“集体隐私”,但是,由于家庭不是民事主体,不具有民事权利能力,所以家庭不会享有隐私权。就是一个集体也不会存在“集体隐私权”,同样是因为集体不是一个权利主体,无法享有隐私权。而相关隐私,是民事主体之间有着共同内容的隐私;所谓的集体隐私或者家庭隐私,不过都是相关隐私。对于这种隐私,不是一个由几个人享有的隐私权来保护的,而是由相关联的各个人自己所享有的隐私权来保护。对于涉及自己的那一部分隐私,权利人都有权进行支配和保护。因此,即使是相关隐私,也不产生相关隐私权这样的概念。

二、对相关隐私进行民法保护的意义

隐私是民法保护的极为重要的人格利益。法律确认自然人享有隐私权,对权利人的隐私进行严格的保护,防止他人非法侵害隐私权。这是保护人的尊严的重要法律措施,是任何人都不能忽视和违背的。

相关隐私,是自然人隐私的重要组成部分。任何人生活在现实的社会中,都要与人进行交往,在交往过程中,就会发生在一起交往的人共同享有的相关隐私。这种相关隐私既包含本人的隐私,也包含其他相关人的隐私,涉及相关联的每一个人的隐私及其权利。保护自然人的隐私及其权利,就要保护相关隐私;如果对相关隐私不予重视或者保护,就可能损害范围广泛的人的隐私利益和隐私权。

按照隐私权保护的基本规则,任何人都有自己的隐私权,隐私权就是自然人支配自己的隐私的权利,权利人对于自己的隐私愿意隐瞒就隐瞒、愿意公布就公布。

既然隐私权人有权支配自己的隐私利益,那么,对于包含自己隐私的相关隐私也应当有权支配,也就是与相关隐私有关的其他关系人对于属于自己的那一部分隐私有权进行支配。讲述自己的故事、支配自己的隐私,都是在行使自己的权利,不会受到非法干涉和限制,如果这种支配自己隐私的行使权利行为受到非法干涉和限制,构成侵害隐私权的责任。问题在于,任何人在行使自己的权利时,不能牺牲或者侵害他人的隐私,不能侵害他人的权利,同时也不能违背社会公共利益。在相关隐私中,一个人行使自己的隐私权、支配自己的隐私利益,必须很好地保护他人的隐私,使共同享有相关隐私的关系人的隐私权不因一方当事人行使自己的权利而受到侵害。如果在行使自己的隐私权支配相关隐私时,没有尽到保护相关隐私的关系人的隐私权不受侵害的义务,他就应当承担侵权责任。这就是《宪法》第51条规定的“中华人民共和国公民在行使自由和权利的时候,不得损害国家的、社会的、集体的利益和其他公民的合法的自由和权利”这一条文的基本精神。

三、对相关隐私进行民法保护的主要规则

在对相关隐私进行民法保护的时候,应当确立民法保护的基本立场,对于相关隐私的法律保护应当纳入隐私权的统一保护制度当中。其实,相关隐私本来就是隐私的一个具体内容,本来就在隐私权的保护范围之内。加强对相关隐私的保护,就是强调这种隐私在运用隐私权保护的时候,应当重点予以保护,以及在保护中正确适用特殊规则。在这个基本思想的指导下,对于相关隐私的民法保护应当遵守以下规则:

(一)相关隐私的关系人共同享有、共同支配相关隐私利益

相关隐私事实上就是相关人对相关隐私的共同享有。在确立相关隐私的民法保护规则的时候,应当参考物权法共同共有的规则确立其立场。这就是,对于相关隐私应当共同享有,相关隐私的关系人在支配相关隐私利益的时候,应当实行“协商一致”原则,即在原则上,相关隐私的关系人对相关隐私的支配应当一致同意,方能行使对相关隐私的支配权。当然,相关隐私不是共同共有,也不是一个独立的隐私权,而是各个隐私权人对自己的那一份隐私利益享有的支配权利。对于相关隐私的支配应当协商一致、共同支配,保障任何与相关隐私有关联的关系人的隐私不受支配相关隐私行为的侵害。

(二)相关隐私的关系人负有对其他关系人的保护注意义务

法律应当确立相关隐私当事人对其他关系人的保护注意义务,以保护相关关系人的隐私权。这种对相关隐私的保护义务,就是对相关隐私关系人的保护注意义务,应当以高度的注意程度即善良管理人的注意义务谨慎行事。其判断标准应当是客观标准,即相关隐私的关系人之一在支配相关隐私时,只要对于其他关系人的隐私有所泄露或者宣扬,即为违反该义务。

(三)支配相关隐私应当征得相关隐私关系人的同意

凡是支配自己的隐私涉及相关隐私时,行为人必须征求相关隐私关系人的同意,以取得对相关隐私的关系人的支配权。否则,即为违反该保护注意义务。例如,以别人写给自己的书信为依据写的回忆录,双方对此都愿意公开,一方写作回忆录说到这些信中涉及的隐私问题,不会造成侵权的结果。如果对方不同意公开,却硬要写出来,那就是对相关隐私关系人隐私权的侵害,构成侵权。如果这封信或者这些信还涉及第三人的隐私,那就不仅要征求对方的意见,还要征求涉及的第三人对于相关隐私的意见。如果不征求对方和第三人的意见也行,那就要处理好,凡是涉及对方和第三人的

隐私问题都要妥善处理，不能泄露他人的隐私。违反相关隐私的保护注意义务，造成对方或者第三人的隐私权损害的，都构成侵权。

（四）相关隐私关系人拒绝同意对相关隐私进行支配的其他关系人不得支配

处理相关隐私的案件，最基本的原则是行使自己的权利时不能侵害他人的权利。没有征得相关隐私其他关系人即隐私权人的同意，就不能就这样的隐私进行公开。相关隐私关系人明确反对对相关隐私进行支配的，其他人不得强制支配。如果对涉及自己的隐私部分进行描写，也必须隐去他人的隐私，只能暴露或者公布自己的隐私部分，否则构成侵权。

（五）支配涉及死者相关隐私应当征得死者人格利益保护人的同意

死者的人格利益也受到法律的保护。在涉及已经去世的死者相关隐私时，其他关系人进行支配也应当注意保护死者的隐私利益，不得非法侵害。死者的相关隐私被非法支配，未经死者的保护人即近亲属的同意，造成死者的隐私利益受到侵害的，其近亲属作为保护人有权进行保护，提出追究侵权行为人侵权责任的请求。

第四节　隐私权与知情权的冲突与协调

一、知情权

知情权即 the right to know，又称为知的权利、知悉权、了解权，这一权利是由美国的一位新闻编辑肯特·库珀（Kent Copper）在 1945 年 1 月的一次演讲中首先提出来的。其基本含义，是自然人有权知道他应该知道的事情，国家应最大限度地确认和保障自然人知悉、获取信息的权利，尤其是政务信息的权利。至 20 世纪五六十年代，美国兴起“知情权运动”，知情权被广泛地援用并成为一个具有国际影响的权利概念，成为与新闻自由、创作自由、言论自由、出版自由诸概念密切相关的一个权利概念。

学者认为，知情权的概念有广狭两义。广义的知情权泛指自然人知悉、获取信息的自由和权利，狭义的知情权仅指自然人知悉、获取官方信息的自由与权利。在一般情况下，知情权是指广义的知情权。知情权概念的主要贡献在于：它以简约、明了的形式及时地表达了现代社会成员对信息资源的一种普遍的利益要求和权利意识，从而为当代国家的自然人权利建设展示了一个重要的、不容回避的认识主题。[①]

① 宋小卫：“略论我国自然人的知情权”，载《法律科学》1994 年第 5 期。

知情权包括下述内容:第一,知政权,即自然人依法享有知道国家活动,了解国家事务的权利。国家机关及其工作人员有依法向自然人和社会公众公开自己活动的义务。这一权利内容,被称为"公开化"。第二,公众知情权,即自然人有权知道社会所发生的、他所感兴趣的问题和情况,有权了解社会的发展和变化。第三,民事知情权,即自然人知悉有关自己的各方面情况的权利,如自己的出生时间、地点、亲生父母是谁,患者就医时的知情权等。民事知情权属于人格权。

知情权是一个极其广泛、复杂的概念,既包括公法方面的政治权利内容,也包括属于私法方面的人格权问题,还包括国家权力的问题。它表明,依法知悉和获取信息,是人按其本质应享有并不容侵犯的一项基本权利和自由。[1] 故《世界人权宣言》确认:人人有权享有通过任何媒介寻求、接受和传递消息和思想的自由。

知情权给新闻业、出版界等舆论单位及时报道新闻事件提供了新的法律依据和事实依据,为了满足自然人知情权的需要,通过报纸、杂志、广播、电视、广告等大众传播媒介去接收世界上的形形色色的事件、信息,因而新闻自由、言论自由被扩展到极大的限度。对于这些,都可以知情权的需要而予以充分的披露,因而知情权与隐私权之间就不可避免地产生冲突。

二、隐私权与知情权的冲突

隐私权的立法宗旨在于自然人有权隐瞒、维护自己的私生活秘密并予以法律保护,防止任何人非法侵犯。知情权的根本目的是保障自然人知道的权利,有权依法知悉和获取信息,满足其知道的需要。依据这样两个权利,人们一方面希望知道更多别人的事情,一方面又不希望自己的事情让别人知道,两者之间即产生相当的矛盾与冲突。

美国的詹姆斯·希尔诉《生活》杂志发行人时代公司侵犯隐私权案,就体现了知情权与隐私权的冲突。纽约最高法院审判此案时,陪审团认为,《生活》杂志在审查能显示希尔家人未受虐待的新闻报道时,至少有所忽略,甚至轻率或故意的不细心,因而判决希尔胜诉。时代公司向联邦最高法院上诉,联邦最高法院最后以6票对3票,改变纽约州法院判决,以《生活》杂志文章的内容,牵连一个戏剧和一件真实事情,是一件合乎公众兴趣的事件为由,判决《生活》杂志胜诉。[2]

在这一判例中,隐私权与知情权的冲突表现得十分明显。这种情况并非只体现在

---

① 宋小卫:"略论我国自然人的知情权",载《法律科学》1994年第5期。

② 此案为 Time, Inc. v. Hill 385U. S374. (1967),案情引自吕光:《大众传播与法律》,台北商务印书馆1987年版,第68~69页。

这一起案件上,这只是隐私权与知情权冲突的一个缩影。

三、对隐私权与知情权冲突的协调

(一)协调的原则

隐私权与知情权的冲突表现最为明显的时期,是20世纪60年代前后,在此之前,尽管在知情权尚未正式提出概念的时候这种冲突也有所表现。对此,恩格斯曾提出一个处理个人隐私与新闻报道相互关系的原则,这个原则是:个人隐私一般应受到保护,但当个人私事甚至阴私与最重要的公共利益——政治生活发生联系的时候,个人的私事就已经不是一般意义的私事,而属于政治的一部分,它不受隐私权的保护,应成为历史记载和新闻报道不可回避的内容。[①] 这一论述,说明了个人隐私与新闻自由之间的一般关系,可以作为处理隐私权和知情权冲突的一般原则。美国联邦最高法院在希尔案件的判决中,为隐私权与知情权的冲突划出了一个较为明显的界限,这就是,新闻事业在报道与公共利益或公众兴趣有关事务时,必须证明此项报道有故意或轻率的错误,才成立对个人隐私权的侵害。这样一个界限对于处理隐私权与知情权的冲突无疑具有重要的参考价值。但是,认定故意或轻率的错误依什么标准,以及无故意或轻率的错误而侵害他人隐私权就不构成侵害隐私权,都是值得深入研究的问题。

在处理隐私权与知情权的关系上,应遵循三个原则:

1. 社会政治及公共利益原则

个人隐私原则上受法律保护,但如果涉及社会政治利益及公共利益,则要以个别情况加以对待。社会政治及公共利益原则并不是对官员隐私权的剥夺或限制,而是为了保障社会政治和公共利益,牺牲个人某些隐私权。

2. 权利协调原则

在隐私权与知情权发生一般冲突时,应进行某种适当的协调,通过在较小的范围内公开隐私,以满足知情权的需要。遵循这一原则,对某些现象需要诉诸社会,但如果不是十分必要则不宜公开具体当事人及其住所。如果公开必须公开的当事人,也不要牵涉或影射与此无关或关系不大的其他人。

3. 人格尊严原则

新闻报刊对社会不良现象的揭露,必要时可以涉及某些个人的隐私,但不得以伤害其人格尊严为目的。[②]

上述三项原则,作为处理隐私权与知情权冲突的原则,是可行的,实务中应参照这

---

① 《马克思恩格斯全集》(第十八卷),第591页。

② 张新宝:"隐私权研究",载《法学研究》1990年第3期。

样的原则处理案件。

在实务中,涉及隐私权与知政权、法定知情权的冲突,依其社会政治与公共利益原则,应以个人利益服从社会政治与公共利益的需要,这是必须的。因此,政府官员必须接受监督和质询,以保证政治的清明和透明度、公开化;涉嫌犯罪的人,应当接受司法机关的调查和讯问;犯错误的干部,也应当接受党的纪检部门和行政监察部门的调查和询问。对此,均不得以保护隐私权为借口而予以拒绝,也不得以侵害隐私而寻求司法保护。

(二)应当着重研究的问题

在涉及一般的私人信息、私人活动和私人空间的隐私与公众知情权的冲突中,最突出地表现在三个问题上,应当着重研究。

1. 婚恋对象之间的隐私权与知情权的冲突

异性男女在恋爱中,各自均有隐私权和知情权,一方面有权隐瞒自己的隐私,另一方面又欲知道对方的情况,尤其是以前的婚恋史和贞操资讯。这两种权利都是人格权,均有权行使。对此,一要尊重对方的权利,二要尊重对方的人格尊严,三要对知悉的对方私生活秘密应予保密,负有不得扩散、泄露的义务。例如,蒋某与沈某二人相爱,感情很深。蒋某为表示对爱情的忠实和对未婚夫的忠诚,将自己在大学期间与一名男生曾有过性关系的情况,以书信形式向沈某坦诚相告。沈某得知这一情况后,感情上难以接受,遂提出解除婚约,蒋某为此很痛苦。沈某又与一女青年相爱,该女青年在追问他以前的恋爱史时,沈某将蒋某的这封信交给该女青年看。该女青年的亲属系蒋某单位的领导,该领导在发现沈某与该女青年关系一度疏远的时候,找沈某谈话,沈某又将信交给该领导看。该领导将这封信复印三份,交给工会等有关部门参阅,结果传扬出去,给蒋某造成严重影响,精神造成了严重创伤,数次找上述三人索要信的原件和复印件,均被拒绝。蒋某无奈,向人民法院起诉。在这一案件中,有两对隐私权与知情权的冲突关系:一是蒋某与沈某之间,蒋某在大学期间的私生活属于个人隐私,有权隐瞒,但沈某作为婚恋对象也享有知情权。蒋某尊重沈某的权利,将隐私坦诚相告,是对自己隐私利益的处分。沈某知悉后,解除婚约,也是正当地行使权利的行为。沈某与另一女青年相恋时,又是一对知情权与隐私权的冲突。沈某在该女青年追问其以前的恋家史时,沈某可以向其公开自己的隐私,但其将蒋某的隐私告知之,则超出了自己隐私处分的权利,将他人的隐私泄露给其他人(即该女青年和蒋某领导),侵害了蒋某的隐私权。对此,沈某的行为违背了知情权中为他人保密的义务,构成侵害隐私权。蒋某领导非为公共利益而公布蒋某的隐私,也构成侵害隐私权。

2. 非婚生子和收养的弃儿寻其生父或生父母

对于非婚生子寻其生父,为正当行使知情权行为;其生母对于该隐私也有隐瞒的权利。对于收养的弃儿寻其生父母,亦为正当地行使知情权的行为;其养父母对此也享有隐私权。对此,双方均应尊重对方的权利和人格尊严,一般应牺牲隐私权而满足知情权,但应控制隐私公开的范围,并尊重隐私权一方的感情。

3. 新闻报道与个人隐私发生冲突

对此,凡是不涉及公共利益的隐私,一般不得擅自公布,隐私权人同意的除外。

第五节　侵害隐私权的民法救济

一、隐私权民法保护的方式

各国关于隐私权民法保护的立法和实践中,分为两种方式:

一是直接保护方式。这种方式,是对侵害隐私权的行为,直接确认为侵害隐私权的责任,向受害人承担之,以救济其隐私权的损害。这种保护方式起源于美国,对于侵害隐私权的行为,可以依据判例法和成文法确认其侵权责任。德国原不承认隐私权为人格权,自20世纪50年代起,也采用直接保护方式,救济隐私权的损害。瑞士、土耳其民法明文确认隐私权(即个人秘密和私生活),日本民法第709条虽无隐私权的明文规定,但因该条文的弹性极大,根据法律最高解释准则,隐私权亦包括在内,故以上国家都对隐私权采取直接保护方式。

二是间接保护方式。英国和澳大利亚法律不认为隐私权为独立的人格权,但涉及隐私权的案件,可以分别纳入其他侵权行为寻求法律保护,如依侵害名誉权起诉、依诽谤行为起诉,或依其他侵权行为起诉,不存在独立的侵害隐私权的诉讼。这种对隐私的法律保护是间接保护方式。我国台湾地区修订"债法"之前,"民法"没有认隐私权为独立的人格权,故因侵害隐私权(秘密权)同时侵害名誉者,得以名誉受侵害为理由请求赔偿,不得以侵害隐私为理由请求慰抚金赔偿,因侵害通信秘密的,认其为侵害自由权,应依自由权受侵害之规定解决之。① 这种对隐私权的保护,亦为间接保护方式。

以上两种隐私权法律保护方式,以直接保护方式最利于对隐私权损害的救济;间接保护方式不仅在诉讼上不方便、不利于受害人寻求司法保护,而且在实体上,如果隐私的损害没有可比照的法律规定,则无法进行救济。例如泄露他人隐私,既未造成名誉权损害,又未造成其他权利损害的,民法无法对其进行救济。采取间接方式保护隐

---

① 何孝元:《损害赔偿研究》,台湾地区商务印书馆1982年版,第168页。

私权的国家,其根本原因在于立法上没有确认隐私权为独立的人格权,因而无法进行直接保护。但是,最近以来,法院在适用法律上,对于隐私权无明文法律规定的情况,渐次采取扩大解释的方法,对隐私权进行直接保护。我国台湾地区"司法院"就一案件作出这种司法解释。甲男与乙男素有嫌隙,探悉乙男与丙女感情颇笃,某夜见乙丙二人相偕进入某旅客房间,竟秘将两人之幽会情节予以录影后,并对丙女透露上情。丙女不堪其扰,精神痛苦不已,起诉请求甲男赔偿其非财产损失。"司法院"第一厅研究意见认为:"按我国'民法'虽未就秘密权(亦称隐私权)设有特别规定,唯秘密权亦属人格权之一种。秘密权旨在保护个人之私生活为其内容,侵害秘密权,固常伴随名誉权亦并受侵害,唯前者重在保护私生活之不欲人知;后者重在社会评价之低落,两者仍有区别。本题甲男之行为系故意以有悖于善良风俗之方法加损害于丙女,丙女依'民法'第184条第1项后段规定,请求甲男赔偿其非财产上损失,应予准许。"①这一司法解释不无重要的借鉴意义。

我国立法原来对隐私权的保护立法无明文规定,依照最高人民法院原来的司法解释,为间接保护方式。这种保护方式的缺陷,显而易见。好在最高人民法院已经作出了新的司法解释,采用直接方式对隐私权加以保护,相信会有更好的效果。《侵权责任法》对隐私权有了规定之后,已经完善了立法,不再采用间接保护方式。

二、侵害隐私权责任构成与抗辩

侵害隐私权责任的构成,应当适用《侵权责任法》第6条第1款是对一般侵权责任的过错归责原则的基本规定,理由是侵害隐私权的侵权责任属于一般侵权责任的范畴,即行为人因过错侵害他人民事权益,应当承担侵权责任。侵害隐私权的侵权责任认定仍需要遵循一般的构成要件,②必须具备侵权责任构成的一般要件,即须具备违法行为、损害事实、因果关系和过错四个要件。

(一)侵害隐私权责任构成

1.侵害隐私权的违法行为

侵害隐私权的行为一般为作为的方式。隐私权是自然人的人格权,性质为绝对权,任何其他人均负不可侵之义务。该种法定义务是不作为义务,违反该法定义务而作为,即为作为的违法行为。对于私人信息的刺探、私人活动的骚扰、私人领域的侵入,以及对私生活秘密的泄露等,均为作为的行为方式。

不作为方式是否可构成侵害隐私权的行为,目前尚未发现成例,尚需进一步研究。

---

① 王泽鉴:"人格权、抚慰金与法院造法",载台湾地区《法会月刊》第44卷第12期。

② 张新宝:"我国隐私权保护法律制度的发展",载《国家检察官学院学报》2010年第2期。

侵害隐私权须具违法性。由于《民法通则》尚未规定隐私权为具体人格权，侵害隐私权的违法性，应依《宪法》和《民法通则》的有关规定确认。首先，《宪法》第 38 条、第 39 条和第 40 条规定公民人格尊严不受侵犯、公民的住宅不受侵犯、公民的通信秘密受法律保护，违反《宪法》这些规定，是侵害隐私权行为违法性的具体表现。《民法通则》第 5 条规定："公民、法人的合法的民事权益受法律保护，任何组织或个人不得侵犯。"这一法律规定也是确认隐私权违法性的法律根据。侵害隐私权的行为违反上述法律，可确认该行为违法。

2. 侵害隐私权的损害事实

隐私是一种信息、一种活动、一种空间领域，也是一种秘密状态。隐私的损害，表现为信息被刺探、被监视、被侵入、被公布、被搅扰、被干预，这是隐私损害的基本形态。隐私损害的基本形态，是一种事实状态，一般不具有有形损害的客观外在表现形态，在这一点上，与名誉损害的事实有相似之处，即不必表现为实在的损害结果。只要隐私被损害的事实存在，即具备侵害隐私权的损害事实。

隐私损害事实大多具有多重损害的特点。这表现在隐私损害的事实出现以后，会造成受害人的精神痛苦，以及为恢复损害而支出的财产损失，这些也是隐私损害事实。但这些损害事实不是侵害隐私权的损害事实的基本形态，它的有无不影响侵害隐私权的构成，而只决定侵害程度的轻重和损害范围的大小。作为构成侵害隐私权民事责任的损害事实要件，以具备其基本形态，即隐私被损害的事实为已足。

3. 侵害隐私权的因果关系

侵害隐私权的因果关系，是指侵害隐私权违法行为与隐私损害事实之间的引起与被引起的关系。这种因果关系极易判断，是因为侵害隐私权的行为与隐私损害事实的直接关联性，行为直接导致后果事实的出现。对于精神痛苦的因果关系，应判断是否为该行为所引起。

对于财产利益的损失，应确认其确有因果关系，因这种损害事实直接关系到财产利益损失的赔偿问题，必须准确认定。

4. 侵害隐私权的过错

侵害隐私权的行为人在主观上必须具备过错，才能构成侵权责任，无过错不构成这种责任。其过错的形式主要是故意，即预见侵害隐私权的后果却希望或放任该种结果的发生。过失也可以构成侵害隐私权的责任，但不常见，如小说创作中利用素材不当而暴露他人隐私，构成侵害隐私权，即为过失侵权。

对于侵害隐私权责任构成的最主要的抗辩事由，是正当行使知情权。构成正当行使知情权行为，具有阻却违法的性质。例如为公共利益和社会政治需要，法定知情权的行使，正当了解自己的出身和婚恋对象的经历等，都是阻却违法事由，可以免除民事责任。

(二)侵害隐私权的抗辩

学者认为,对隐私侵权的抗辩应具有以下条件:一是隐私权人先行侵犯他人权益;二是他人侵犯隐私权人隐私系以救济该他人已被侵犯的权益为目的;三是该他人别无其他救济途径(这是自力求助扩张解释的本质要求);四是侵犯隐私不得超过维护该他人权益的必要限度。① 这样解说隐私权侵权的抗辩不太容易理解。

对隐私权合法抗辩的基本事由是:

1. 国家机关合法行使职权

出于国家安全、调查犯罪等需要,不得以隐私权相对抗。在有些国家之所以对隐私权不敢确认为一个人格权,原因就在于隐私权能够对抗国家安全和利益的需要。对此,应当区分情况:一方面,国家机关为国家安全以及调查犯罪等需要,确实可以对隐私权进行限制,可以对隐私权侵权诉求进行抗辩,不认为构成侵害隐私权;另一方面,对国家干预个人隐私权的权力必须进行限制,国家机关行使这个权力的时候必须依法进行,必须遵守法治原则,超出其职权范围干预个人隐私权,仍然是侵权行为。例如延安发生的"黄碟案",即警察擅自进入新婚夫妇家中检查其是否观看黄碟,就是公共权力对隐私权的侵害,不具有合法抗辩事由。

2. 公共利益需要

公共利益需要,是抗辩侵害隐私权的正当事由。公共利益是关系到不特定的多数人的利益,例如在"非典"期间,对疑似病人的医疗信息进行更多的收集、对病患的信息予以公布等,都是合法的抗辩,不发生侵害隐私权的责任。以此作为侵害隐私权的抗辩事由,应当具有公共利益目的,而不是其他不正当目的。同时也必须没有有损于他人人格的语言和言辞,不得借公共利益目的干预个人私生活,进而侮辱、诽谤他人。

3. 公众人物

为社会公共利益进行宣传或者舆论监督,公开披露公众人物与公共利益相关的以及涉及相关人格利益的隐私,不构成侵权;超过必要范围的,应当承担侵权责任。② 隐私权作为一种重要的基本人权,涵盖个人的私生活整体,包括私人生活秘密、私生活空间以及私生活的安宁状态,但个人隐私权的保护不是绝对的,对私生活的隐私,某些特定人的权利应当受到限制,例如公众人物的隐私权限制。③ 因此,公众人物是侵害隐私权的合法抗辩事由。

4. 正当行使舆论监督权

正当的舆论监督,对于加强民主法治建设具有重要意义,因此,舆论监督是隐私权

---

① 陈静:"论隐私权的保护",载《法制与社会》2008 年第 9 期。

② 杨立新主编:《中华人民共和国侵权责任法草案建议稿及说明》,法律出版社 2007 年版,第 18 页。

③ 王利明:"隐私权内容探讨",载《浙江社会科学》2007 年第 3 期。

侵权的合法抗辩事由。媒体对某些不当行为进行批评，即使涉及个人隐私的问题，只要不超过必要范围，也不构成侵权责任。

5. 当事人同意

当事人容许他人知悉或者宣扬自己的私人信息和私人活动、准许进入自己的私人空间，是对自己权利的处分，只要不违背法律和公共道德，就是合法的，以此对抗侵害隐私权，就是合法的抗辩事由。对此，不适用《合同法》第53条有关限制人身损害事先免责条款效力的规定。

6. 行使知情权和公众知情权

被告主张知情权和公众知情权，都是合法的侵权抗辩事由。无论是行为人为了个人的合法目的了解权利人的隐私信息，或者公众为了满足知情权的需要，而对他人的隐私权进行适当的查知和披露，只要在适当范围内，都是合法行为，不构成侵害隐私权。

三、具体的侵害隐私权行为

(一)不同主张

隐私权作为一个法律概念提出并依法受到法律保护以来的100年间，学者对于侵害隐私权行为的类型进行了归纳整理，提出了多种主张。较为有影响的，有以下几种：

美国著名的新闻法权威威廉·普罗索(William L. Prosser)将侵害隐私权行为归纳为四种类型，即：(1)盗用——以营利为目的盗用他人的姓名或肖像的；(2)侵入——侵入住宅或进入他人物理的隔绝领域进行窃听或偷看的；(3)隐私公开——当众散布有关个人隐私使其遭受痛苦的；(4)公众误认——公布他人的、足以使公众产生错误印象的事项。①

我国台湾地区民法学家何孝元归纳四种侵害隐私权行为的类型，即：(1)侵犯他人之宁静：如侵入他人住宅，窃听他人通话，密随他人行踪，窗外窥视，暗查私人银行账目等行为；(2)宣扬他人秘密(此为不能构成侵害他人名誉之行为)：如登载他人小孩残废之照片，发布他人可耻之疾病，广播他人不能清偿债务之消息等行为；(3)置他人于大众之可能发生错误影响之地位：如未经本人同意，将其姓名列于电信之末端，作为其所发表之意见，或于他人宣告无罪后，将其照片列入逮捕罪犯之相片集等行为；(4)利用他人之特点作为商业广告。②

我国大陆民法学者张新宝将侵害隐私权的行为划分为十个种类：(1)未经自然人

---

① [日]平川宗信："私生活的概念与刑法对私生活的保护"，毕英达译，载《法学译丛》1987年第4期。

② 何孝元：《损害赔偿之研究》，台湾地区商务印书馆1982年版，第167～168页。

许可公开其姓名、肖像、住址和电话号码;(2)非法侵入、搜查他人住宅,或以其他方式破坏他人居住安宁;(3)非法跟踪他人、监视他人住所,安装窃听设备,私拍他人私生活镜头,窥探他人室内情况;(4)非法刺探他人财产状况或未经本人允许公布其财产状况者;(5)私拆他人信件、偷看他人日记、刺探他人私人文件内容以及将它们公开者;(6)调查、刺探他人社会关系并非法公之于众者;(7)干扰他人夫妻性生活或对其进行调查、公布者;(8)对婚外性生活向社会公布者;(9)泄露自然人的个人材料或公之于众或扩大公开范围者;(10)收集自然人不愿向社会公开的过去的或现在的纯属个人的情况,如多次失恋、被罪犯强奸、患有某种疾病或曾患有某种疾病等。[①]

《民法·侵权行为法》的作者将侵害隐私权行为归纳为两种类型:(1)骚扰、刺探或以其他方式侵害他人的隐私权;(2)泄露因业务或职务关系掌握的他人秘密。[②]

以上各种对侵害隐私权行为的归纳,或详尽,或概括,都具有可借鉴性和合理性。其中值得商榷的是对肖像权和姓名权的盗用,只要不涉及隐私,应认其为侵害肖像权、侵害姓名权的行为,已如前述。

(二)具体的侵害隐私权行为

笔者认为,对于侵害隐私权的行为作以下概括,似更为实用、更为准确:

1. 刺探、调查个人情报、资讯

隐私权的重要内容之一,就是控制私生活秘密,包括一切与公共利益无关的个人情报和资讯。非法刺探、调查个人的身体资料、生活经历、财产、社会关系、家庭状况、婚恋状况、家庭住址、电话号码、政治倾向、心理活动、两性生活、疾病史及其他个人私生活情报资讯的,均构成侵害隐私权的行为;刺探、调查、收集上述个人资讯、情报并进行记录、摄影、录像者,构成严重情节。

2. 干涉、监视私人活动

个人活动自由,也是隐私权的体现,权利主体可以依照自己的意志,从事或不从事与公共利益无关的私人活动,任何人不得干涉、监视、跟踪、骚扰。这是一种能动的权利,是权利主体自由支配的范围。监听、监视私人活动,强力干涉私人从事某种活动或不从事某种活动,监视私人与他人的交往,监视、窃听夫妻性生活,私人跟踪,骚扰他人的安宁生活等,都侵害了私人活动的权利,构成对隐私权的侵害。

3. 侵入、窥视私人领域

私人领域是隐私的重要组成部分,任何人非经法定程序不得非法侵入或窥视,更不得非法搜查。私人住房、日记、身体、箱包、通信,均属私人领域,侵入私人住宅,窥视

---

① 张新宝:"隐私权研究",载《法学研究》1990 年第 3 期。

② 王利明主编:《民法·侵权行为法》,中国人民大学出版社 1993 年版,第 304 页。

居室内情况，偷看日记，借他人沐浴、上厕所等偷看他人身体隐秘，私翻箱包，私拆信件等，均构成侵害隐私权行为。例如日记属于私人领域，是个人对每天做的事情的记录，有的兼记对这些事情的感受。很多人在日记中记下自己在人生中的一些重要的思想感情，由于这些感情、思想基于道德的、法律的约束，不能公开表达，因而在日记中作宣泄，并不准备公开或暂不公开。这种情况法律是准许的，在道德上也受到尊重，并不认为违反社会公共生活准则。这些日记中所记载的内容，是自然人生活隐私的一部分，是自然人隐私权的具体内容之一。记在日记里的文字属于思想范畴的东西，与写成文章、标语、文件、口号的文字是不一样的。日记里记载的关于思想、感情上的内容，只要本人没有将其付诸实施，就不是行为，法律、道德对其都没有约束的必要，而且还要予以妥善保护，以维护正常的社会生活秩序，保障自然人的自由权利。偷看他人日记，即侵害了他人的隐私，如果再以日记中的个人私生活的记载作为依据而整人，是严重侵害隐私权的行为。

例如，被告曲某系某供销公司的经理，原告洪某系该公司的副经理、党支部书记。二人在工作中配合不够默契，曲某对洪某有成见。一次，洪某外出，忘记将办公桌的抽屉锁好，曲某借机翻看，见有洪某的一本日记，便擅自翻阅，发现洪某在日记中记载她对以前的恋爱男友的倾心、怀念、思恋的感情，自我倾诉对该男友的相思之苦，把自己比做安娜，把该男友比做渥伦斯基，把自己的丈夫比做卡列宁，陷入苦闷而无力解脱。曲某如获至宝，将相关的内容摘记下来，组织成了证明洪某道德败坏、生活作风不端正的材料，复印数份，寄送组织、纪检、监察等有关部门，又召开公司职工大会，在会上宣读了洪某日记中的部分内容，并加以夸张、歪曲的解释。洪某回到单位后，职工对其躲避，有关领导又找其谈话，洪某方知内情，她为维护自己的隐私权和名誉权，向法院提起诉讼，要求法院判令被告停止侵害，赔礼道歉，赔偿损失。此案中曲某的行为是粗暴侵害他人隐私权的行为，其动机、目的都十分卑劣，应受到法律严肃制裁。

4. 擅自公布他人隐私

隐私隐瞒权是隐私权的最重要权利之一，权利主体有权隐瞒一切与公共利益无关的私生活秘密。擅自公布他人私生活秘密，是严重的侵害隐私权行为。擅自公布隐私，包括两种：一是非法刺探、调查所得之私人秘密后，予以公布，这是既刺探、调查，又予以非法公布，因而属于侵害隐私权的严重情节；二是因业务或职务关系而掌握他人的秘密，其掌握是合法的，如司法人员、机要人员、档案管理人员、医生等，因业务而了解他人隐私，领导者因职务而掌握下属人员的隐私，一经泄露，也构成侵害隐私权。前者，均以故意构成，后者故意、过失均可构成。

例如季某与郭某系同一公司财会人员，季是会计，郭是出纳员。季发现郭在账目上存在一些问题，经过一段观察，掌握了郭多开发票报销归己的问题，于是向公司领导作了告发。公司派人对郭的账目进行审查。郭得知是季某告发后非常气愤,公开扬言要搞臭季某。季某婚前曾与他人相爱,有越轨行为,怀孕后做人工流产。郭某多次在公众场合宣扬这一问题,并称季某是“野鸡”、“破鞋”,致使季在单位抬不起头。领导批评郭,郭说:“她本来就是‘野鸡’,怎么就不能说?她说我贪污怎么就行?我有的,我受处分;她有的,你们不处分还包庇她。我说她几句怎么就不行呢?”季某诉至法院,请求法院保护。在此案中,郭某犯有贪污行为,虽未构成犯罪,但属违法行为,应当予以行政处分;季某发现其贪污行为并向领导告发,是合法行为,应受鼓励。郭某被告发后,得知季某所为,即揭露其隐私,公开进行宣扬,是严重的以揭人隐私方式的报复行为,侵害隐私权的情节恶劣。郭某掌握季某隐私,并非合法掌握,又因报复而公布之,属于这种类型的侵害隐私权行为。

5. 非法利用隐私

非法利用隐私是未经隐私权人同意而利用其个人资讯、情报资料的行为。其行为的特征,是将他人的资讯、情报为自己所利用,用于营利或非营利目的。非法利用隐私有两种:一种是未经本人同意而利用,这种为盗用他人隐私;二是虽经本人同意,但利用人超出约定的范围而利用。非法利用他人隐私无论是否以营利为目的,均为侵害隐私权。

所应强调的是,死者的隐私法益也应予以保护。对于死亡人的隐私,只要不涉及公共利益的需要,任何人不得进行非法公布或非法利用。其行使保护权的主体,为其近亲属,如果涉及公共利益,死者又无近亲属的,检察机关可以依法起诉。

6. 侵害死者隐私利益

死者的隐私受法律保护,行为人非法侵害死者隐私,就构成侵权行为。具体的保护方法,可以参照对死者名誉利益的保护方法进行。

7. 相关隐私当事人侵害其他当事人隐私权

对此,已在前文作了详细介绍,不再赘述。

四、侵害隐私权的责任承担

构成侵害隐私权,行为人应承担侵权民事责任。侵害隐私权的民事责任方式,包括除去侵害和损害赔偿。除去侵害,包括停止侵害、恢复原状、消除影响、赔礼道歉,这些责任方式对一般的侵害隐私权行为均可适用。损害赔偿,包括精神损害赔偿和财产利益的损害赔偿。对于侵害隐私权一般的精神损害赔偿,可以参照侵害名誉权精神损害赔偿的计算办法进行;对于非法利用隐私的精神损害赔偿,可以参照侵害肖像权中非法利用肖像的精神损害赔偿的计算办法进行;对于财产利益的损失,应按全部赔偿原则处理,予以全部赔偿。

第六节 “人肉搜索”与隐私权保护

一、有关人肉搜索的典型案例

最近以来,关于“人肉搜索”应当进行法律规制的议论越来越多,甚至有的提出“人肉搜索”危害严重者应负刑事责任的意见。说到“人肉搜索”的功劳,人们常会提起“虐猫”事件、“铜须门”事件等,最为津津乐道的,是对“辽宁地震女”的搜索。据称,某身穿彩色条纹T恤的女子由于全国地震哀悼日不能上网,而用激烈和肮脏的字眼评论地震灾区难民,对地震幸灾乐祸。她的言行使网民震怒,一个“号召13亿人一起动手把她找出来”的“搜索令”一经发出,众多网友通过其上网的IP地址,找到上网的具体地点以及QQ号和QQ空间,里面存储的相关资料,包括年龄、血型、居住地被公开,随着QQ密码被网友攻破,其同事的QQ号也被查出,半小时不到,就查到了该女子的全部详细信息。随后,网民情绪从惊讶、难受开始向愤怒、暴怒急剧转向,各种极端言论频频出现。随后,据说警方根据这些信息,在一家网吧将其抓获。我们都对该女子的不端言论感到气愤,但是,同样可以看到,在这样强大的网络搜索面前,任何一个人都没有自己的私密空间,任何一个人也都逃不出“如来佛”的手掌心!我们不禁要问,我们的这个社会应当是这个样子吗?我们每一个人都要接受在这样强大的搜索面前“无地自容”的状况吗?这些事件的产生,或许最初只是缘于网民们探求真相、追求正义的理想,因为它们违背了社会公德的基本要求,践踏了民众的道德底线。然而,似乎从诞生之日起,“人肉搜索”就因触及了个人隐私的问题而备受争议。①

最为典型的案例是姜岩案。“不说再见,向我的朋友们、向这个华丽又肮脏的世界。在夜深人静的时候,安静的、孤独的等待。”这是“孤傲的白领”姜岩留在世上的最后一篇博客。2007年12月29日,在她的姐姐去洗手间的短暂空当,她打开窗户,从24楼的家中纵身跳下,用生命声讨她的丈夫王菲和“第三者”东方。在自杀之前,姜岩在网络上写下了自己的死亡博客,记录了她生命倒计时前2个月的心路历程,并在自杀当天开放了博客空间。姜岩自杀后,她的博客被网友转帖出来,引起网友们极大关注,很快被网友转帖到各大论坛,天涯、大旗等各大网站都在讨论这个话题,大旗网还对此展开调查。因为博客中公布了王菲和东方的照片和姓名,很快,王菲和第三者的工作

---

① 王丽莎:“‘人肉搜索’与隐私权保护”,载《信息网络安全》2008年第10期。

电话、家庭住址等背景都被网友们“扒”了出来。最初网民只是以道德卫士的姿态质疑王菲和东方的人品；随后，网友们将对王菲的攻击开始从虚拟世界延伸至现实生活，不断的骚扰电话使王菲及其家人的正常生活受到严重影响。随后，一些“通缉令”、“追杀令”、“悬赏令”贴在网上，让人看得胆战心惊。网友们还通过“人肉搜索引擎”，公布了东方父母的名字和所在的单位。2008 年 3 月 28 日，王菲向法庭起诉，将北飞的候鸟、大旗网、天涯三家网站告上了法庭，并索要精神损害赔偿 13.5 万元，北京市朝阳区法院最终判决构成侵权。

应当说，网络搜索引擎是一个工具，能够带给我们以极大的便利。问题在于，用网络搜索究竟要干什么。有人宣称：“‘人肉搜索’不仅可以在最短时间内揭露某某门背后的真相，还可以在网络无法触及的地方，探寻并发现最美丽的丛林少女，最感人的高山牧民，最神秘的荒漠洞窟，最浪漫的终极邂逅……”问题恰恰出在这个省略号之中。前边列举的那些问题好像并没有大的问题，但是在省略号之中，就存在侵犯私人的人格权的空间。即使是“探寻并发现最美丽的丛林少女，最感人的高山牧民”，也都存在侵害隐私权的危险，法律对此不能漠视。“人肉搜索”具有纯粹的网络搜索引擎所不具备的优势，它一改纯粹网络搜索只能被动获得信息的不利之处，在网络提供的集中的交流平台上，通过众多网友的共同参与，目的信息可以迅速地获取，充分显示了人的力量，彰显了“人肉搜索”的强大能量。①

二、“人肉搜索”在各国都存在其本身并不违法

我们可以看到，“人肉搜索”的网络行为确实在世界各地都有发生，这是网络社会出现的新问题。可以这样说，只要有网络存在，就会有“人肉搜索”发生的可能。例如，在美国，一名驻伊拉克的美国海军陆战队的士兵微笑着把一只小狗扔下峭壁，该视频在网络上载后，受到众多网民的强烈谴责，有人确认其叫莫塔里，并将其有关私人资料公布，其中还有莫塔里的电话号码等个人详细信息，甚至登出了他的轿车的照片。与此相似的，纽约州的莫贝里为了寻找一个在地铁一见钟情的女孩，建立网站，贴上自己画的该女孩画像，请网友帮助他找到自己梦中的女孩，网友积极帮忙进行搜索，最终如愿以偿，莫贝里成功联系上了该女孩海顿，成就了一段姻缘。同样，在麦凯恩宣布让阿拉斯加州州长佩林作为自己的竞选伙伴之后，网民开始进行搜索，挖出了佩林很多鲜为人知的内幕信息，甚至还有她的裸照。这些案例都说明，在网络上，“人肉搜索”较为普遍存在，这是网络发达的一个证明。可以说，在网络社会中，不论是否存在法律上的规制，“人肉搜索”都会有发生的，其中的违法行为也就会有发生。就像有侵权行为法

① 刘召成：“人肉搜索的道德与法律之维”，载《信息网络安全》2008 年第 10 期。

的存在、有刑法的存在，但是总还是有侵权行为的发生和犯罪行为的发生一样，不会因为有法律规制就不再出现一样。

笔者认为，“人肉搜索”只是一个形式、一种方法，并不是说这种搜索本身就是违法行为，或者就是侵权行为。笔者在前边说到的三个美国网络上的案例，都是使用“人肉搜索”这种形式进行的，但确实是三种不同的类型。“摔狗”案与我国的“虐猫”案相似或者基本相同，体现的是网民的正义感和同情心，但在公布私人信息方面，存在涉及个人隐私的问题。在“寻找梦中女孩”案，则是一个助人为乐的好事，帮助他人成全一段姻缘，更为人们所嘉许。“佩林”案则涉及公众人物的问题，为了公众利益，公众人物应当允许对他们适当范围内的隐私进行了解和传播，并不违反侵权行为法。那种认为“人肉搜索”的参与者在黑暗社会是正义使者，在法制社会是网络暴民。网民讨伐的心态可以理解，但是伤害到无辜的人就过分了。以暴制暴，只是打着正义的幌子来发泄讨伐者个人情绪的不理智行为，当自己的讨伐起作用时，所获得的满足感又加剧了同类事件的发生，因而认为“人肉搜索”不值得提倡的意见，[①]并不完全正确。网上调查结果是：认为“人肉搜索”的利大于弊，牺牲个人隐私无可厚非的，只占9.1%；认为“人肉搜索”严重侵犯隐私权不能容忍的，占9.1%；认为“人肉搜索”是双刃剑需要完善的法律规制的，占81.8%。[②]

三、确定“人肉搜索”侵权行为的基本规则是侵害隐私权

因此，我们可以说，并不是所有的“人肉搜索”都是侵权行为，只有在“人肉搜索”中超出了法律的底线，侵害了被搜索人的隐私权的行为，才是侵权行为。不论出于什么动机和目的，在网络上对一个人或者一个行为进行评论、进行批评，都是言论自由的范畴，都是合法的行为。但是，评论和批评不能超出法律准许的限度，不能超出权利人可以容忍的程度，也就是不能侵害被评论者或者被批评者的人格权。实事求是地进行评论和批评，在任何时候和任何场合都是正当的，但是超过了法律允许的底线，以侵害名誉权或者隐私权为结果，就构成侵权行为。例如以虚假事实进行诽谤，或者公布他人的隐私等，都会构成侵权行为。

确定“人肉搜索”的侵权行为，除了基本的事实之外，还应当根据不同的行为主体来确定。

侵害名誉权或者隐私权的个人，应当按照侵害名誉权和侵害隐私权的一般侵权责

---

① 邬江、赵治国：“人肉搜索：网络隐私权的侵犯与保护”，载金融网，http://web.jrj.com.cn/news/2008-08-12/000003923153.html，2011年5月12日访问。

② 载问卷星网，http://www.sojump.com/report/217997.aspx，2011年5月13日访问。

任构成要件来确定，侮辱、诽谤构成侵害名誉权的侵权责任，刺探、公布、宣扬他人隐私，构成侵害隐私权的侵权责任。其中，“人肉搜索”的发起人应当对本次搜索所造成的最终后果承担适当的侵权责任；在“人肉搜索”中进行诽谤或者侮辱，以及泄露他人隐私的侵权行为的直接责任人，也应当承担侵权责任。

确定网络媒体的侵权责任，则应当根据网络的特点，实事求是地予以认定。在“人肉搜索”中，多数是网民的行为，行为方式是在网上发帖子等；而网站提供这样的服务，就应当对他人的人格尊严负责任，防止出现侵害他人人格权的后果。如果网民进行“人肉搜索”中，出现了侵权行为的内容，网站有责任及时予以删除，以保护公民的人格权不受侵害。如果网站明知“人肉搜索”已经侵害了他人的人格权，或者权利人已经向网站发出警告要求删帖，但网站仍然没有删帖、没有进行处理，放任侵权结果的发生或者扩大，就构成侵权责任。《侵权责任法》第 36 条已经明确规定了网络侵权责任。

四、规制“人肉搜索”行为的关键是依法规范网络行为

我国大量出现“人肉搜索”侵害人格权的行为，使很多人不得不面对这个问题。我认为，规制“人肉搜索”行为在法律的轨道上，关键就是依法规范网络行为。

笔者想应当先分析一下“人肉搜索”中大量发生侵权行为的基本原因。首先，网民出于正义感，或者出于同情心，以及出于义愤，是进行“人肉搜索”的出发点，这一点不能忽视和否定。但是，由于在这样的情况下，网民往往对自己的行为缺乏约束，个别人走出了法律约束的范围，侵害了他人的人格权，构成了侵权责任。其次，网络没有实行实名制也是一个原因。网络通行的一句话是“在网络上人们不知道你是一条狗”，在网络上活动的是人的虚拟身份，并不是真实身份，因此，一般人就会以为没有人知道自己的真实身份而放任自己的行为，形成过激行为。最后，有人认为，法律并没有关于“人肉搜索”要承担侵权责任的明文规定，因而不在意对自己行为的法律约束。

我们认为，关于我国公民的人格权保护，我国《宪法》第 38 条规定：“中华人民共和国公民的人格尊严不受侵犯。禁止用任何方法对公民进行侮辱、诽谤和诬告陷害。”第 51 条规定：“中华人民共和国公民在行使自由和权利的时候，不得损害国家的、社会的、集体的利益和其他公民的合法的自由和权利。”因此，保护人格权，是我国《宪法》和《民法通则》确定的基本原则，禁止任何人侵害他人的人格权，侵害者应当承担侵权责任。因此，行为人以任何形式包括“人肉搜索”的形式侵害其他公民的人格尊严和人格权，都是法律所禁止的、都是有法律规定的。

针对网民对于自己网络行为的放任现象，我们可以借鉴韩国的经验。据新华网报道，韩国在因特网的普及和应用上走在世界前列，但网络在给韩国人生活提供便利的同时也带来诸多问题，这促使韩国成为最早推行网络实名制的国家之一。原因在于，

2005 年韩国接连发生一系列"网络暴力"事件,促使韩国政府下决心将网络实名制付诸实践。2005 年 1 月,一份网罗 99 名韩国一线演艺明星隐私的"X 档案"在网上迅速传播,在韩国引发了一场前所未有的关于网络公开性与个人隐私权的社会大讨论。2005 年 6 月,一条宠物犬在首尔的地铁车厢内排泄,狗主人掏出一条精美的手帕为爱犬仔细擦拭后,留下一地狗屎。有关视频上载到网上后,网民发起了追查"狗屎女"运动。"狗屎女"不得不公开道歉,但也因此患上了严重的精神病,从此闭门不出,害怕见人。2005 年 7 月,曾是韩国著名民主人士的林秀卿的儿子在菲律宾参加夏令营时不幸溺死,一些人借机在论坛上散布恶毒的人身攻击和诽谤。林秀卿起诉后,有 10 多人被追查出来,每人被判处相当于 1000 美元至 2000 美元不等的罚款。这些事件让韩国网民意识到法律在网络世界存在的必要性,韩国政府于 2005 年 10 月决定逐步推行网络实名制,并发布和修改《促进信息化基本法》、《信息通信基本保护法》等法规,为网络实名制提供法律依据。此后,一些主要网站论坛上谩骂和人身攻击等不文明的内容减少了一半以上,实名制收效显著。可见,韩国导入网络实名制的最大意义,在于树立起了网民的责任和自律意识,而自律才是网络管理的核心。

这个经验是值得借鉴的。如果我们也实行网络实名制,人们就会更好地约束自己的行为,遵守国家法律、尊重他人的人格,当然就会减少"人肉搜索"中的违法行为。

我们看到的是,我国个人信息的保护目前非常薄弱,因此,应该采取法律措施来加强个人信息的保护。应当加紧制定民法典的《侵权责任法》和《人格权法》,在其中重点规定好隐私权,以及隐私权中的信息隐私权,规定好侵害隐私权的侵权责任。在此基础上,还应当制定专门的《私人信息保护法》,规定应当保护的个人信息的范围,制定侵害个人隐私的侵权责任,甚至规定侵害私人信息的刑事犯罪责任,使犯罪人得到刑罚的制裁。这样,我们的隐私权和信息安全就会得到更好的保障,人格尊严得到保障,"人肉搜索"的问题也就会纳入法制的轨道,不会出现大量的严重网络暴力行为。

第二十七章　性自主权

第一节　性利益和性自主权

一、性利益

(一)性利益的概念

性自主权也称为贞操权,[①]故贞操就是贞操权的客体。但是,贞操权的概念并不准确,笔者将其称之为性自主权,因而性自主权的客体是性利益。

原来认贞操为性自主权的客体确有不妥。何为贞操,从语义学上考证,贞者,当释为坚定不移,与贞节连用,为坚定不移的气节;操者,为品行,与操守连用,谓之廉洁正直的品行。贞操是指一个人坚定不移的意志和品行。《辞海》释为:坚贞不移的节操,旧时也指女子不失身或从一而终的操守。这些释义显然不是法律学对性自主权客体的界定。法律认为贞操者,涉及两性关系,特指与性自主、性纯洁联系在一起的一种人格利益。从这个意义上说,贞操其实就是性利益。

在英美法上,贞操是指一种不为非法性交的性的纯洁状态。[②] 日本法则认为贞操是不贞的对立,也是指自然人性纯

---

① 王利明:《人格权法研究》,中国人民大学出版社 2005 年版,第 644 页;段勇、冯鼎臣:"对贞操权应给予民法保护",载《人民司法·案例》2008 年第 12 期。

② *Black's law Dictionary*, West Publishing Co. 1979 Fifth Edition. p. 215.

洁的状态。这种界定还是有一定道理的,这种解释实际上也是对性自主权的客体的界定。

作为性自主权客体的性利益,是权利人就自己的性的问题上所享有的利益。性,被弗洛伊德定义为,由异性的身体(尤其是性的器官)所得到的快感和满足;就最狭义的概念来说,意即指性器官的接触和性的动作的完成。① 性利益具有三位一体的内涵,即具有生理因素、心理因素和法律因素。就生理因素而言,性利益是指自然人的性自由,即任何人不能以暴力、胁迫或其他手段违背其意志实施性行为;就心理因素而言,性利益是权利主体因其保有性自由,通过性交往对象的选择,而获得内心快乐体验和美的享受;就法律因素而言,性自由的行使必须在法律范围内进行,超越法律范围的性行为即不法性行为。

(二)性利益的法律特征

1. 性利益是自然人的性的品行

从一般的意义上说,贞操为道德的范畴,是人的有关道德的行为。人依照社会高尚道德的要求,保持自己性的纯洁,使其具有高尚的道德品行,是贞操的基本内涵。性利益同样具有这样的内涵,在对于性的问题上,保持自己的性的纯洁,具有高尚的性品行,也就是性利益的含义。

2. 男女享有平等的性利益

保持性的纯洁,具有高尚的性品行的性利益,是男女都享有的人格利益,是一个平等的人格利益。在贞操作为性自主权时,一般都认为仅女子有贞操,男子无贞操可言,因此贞操权是不平等的权利。用性利益作为性自主权的客体,就不再存在这个问题。

3. 性利益包括性的不可侵犯

性利益包括性的不可侵犯,以使民事主体保持自己性的纯洁性。性利益是一种人格利益,而不是义务。在习惯上理解贞操,常认其为义务,并将其强加给一部分人,即女子,认其不贞为堕落、是罪行,而不失身从一而终为贞女。这种理解既不正确,也不公正。性利益是一种品行、操守,表现为保持性的纯洁性,排斥他人的非法侵害。

4. 性利益的实质是自然人的性自由

自然人的性自由,是自然人对于自己性利益的支配。这种支配就权利人本人而言,在于自己对于性利益的选择和支配,而获得自身的幸福和快乐。当权利主体为支配自己的性利益而为承诺,与其发生性关系包括性交和性的其他关系的人,不为对性自主权的侵害。

---

① 转引自陈运华:“论作为人格权的性权利及其法律限制”,载《政治与法律》2008 年第 8 期。

二、性自主权的概念和特征

(一)性自主权的概念

究竟叫做性自主权好,还是叫做贞操权好,学者仁者见仁,智者见智。有的认为,以"性自主权"取代"贞操权"更有利于人们对性权益的认识,也便于对性权益保护的明晰,以自主代替原先意义上的守身,体现了民主与平等的精神,也体现了由义务向权利的转化,有利于彻底摒弃旧时代的性压迫痕迹,完全与新时代人们的观念合拍。[①] 有的认为,贞操权和性自主权并没有本质的差异,此处所说的贞操权主要也就是指自然人对其性方面的自主决定的权利。但采用性自主权和性自由权的概念并不妥当,一方面,这与中国传统的道德以及习惯不符;另一方面,采用性自主权容易使人与性自由发生混淆,也有可能使人误以为主张贞操权就是鼓励性解放,从而产生一些不良影响。[②] 笔者认为,前一种意见是正确的,后一种意见则属于过分担心,因为性自主权无论如何也不会作出鼓励性解放的错误引导。

对于性自主权(贞操权)概念的界定,有的认为,贞操权是指贞操不受玷污的人格权,即不许他人与自己实施婚外性交的权利。[③] 有的认为,贞操权是指自然人对自己的贞操所享有的自主支配并排斥他人侵害的权利。[④] 有的认为,性自主权就是权利主体享有的以性利益为内容的,自主决定实施与性有关行为的具体人格权。[⑤] 也有的认为,贞操权是指在法律允许的范围内,自然人依自己的意志支配自己的性行为,并因此获得身心愉悦的权利。[⑥] 也有的认为,性自主权是指人在遵循法律和公序良俗的前提下,自主表达自己的性意愿和自主决定是否实施性行为和以何种方式实施性行为,实现性欲望而不受他人强迫和干涉的权利。[⑦]

综合各种意见,笔者认为,性自主权是指自然人保持其性纯洁的良好品行,依照自己的意志支配性利益的具体人格权。

(二)性自主权的特征

性自主权的特征是:

---

① 李璨:"略论性自主权的立法现状及民法规制",载《法制与经济》2011 年第 1 期。

② 王利明:《人格权法研究》,中国人民大学出版社 2005 年版,第 676 页。

③ 张俊浩:《民法学原理》,中国政法大学出版社 1991 年版,第 157 页;马特、袁雪石:《人格权法教程》,中国人民大学出版社 2007 年版,第 308 ~309 页。

④ 王利明:《人格权法研究》,中国人民大学出版社 2005 年版,第 646 页。

⑤ 李璨:"略论性自主权的立法现状及民法规制",载《法制与经济》2011 年第 1 期。

⑥ 马强:"试论贞操权",载《法律科学》2002 年第 5 期。

⑦ 郭卫华:"论性自主权的界定及其私法保护",载《法商研究》2005 年第 1 期。

1. 性自主权是以性为特定内容的独立的人格权

现代的人格权，是以人作为民事主体构成其资格的特定内容，即以确认主体资格在法律上的抽象反映为标志。确认该种内容能否成为独立的法定权利，关键在于它所抽象的特定内容能否完全由其他权利所替代。对于性自主权而言，侵害性自主权可能会造成受害人身体、健康、自由、名誉等方面的损害，并且可以通过救济侵害身体权、健康权、自由权、名誉权的方法进行救济，但是它们毕竟不能概括性利益所抽象的性的特定内容。性自主权的核心内容——性，不可能简单地由身体利益、健康利益、自由利益、名誉利益所涵盖，因而，性自主权以此与其他所有的人格权相区别，为一种独立的以人的性利益为特定内容的特定人格权，自是毫无疑义的。

2. 性自主权以人的性利益为客体

性自主权虽然是以人的性为特定内容的权利，但并非所有有关性的利益均构成性自主权的客体，而只有保持或维持性纯洁的操守和品行、支配自己的性利益，才是性自主权的客体。对性器官的侵害，如无以损毁性的纯洁为主观意图，虽也以性为内容，但因不是以性纯洁为对象的侵害，因此只是对身体健康权的侵害。

3. 性自主权以人的性所体现的利益为具体内容

性的利益，应作广义理解，不应仅局限于性交的内容。它包括实体上的利益和精神上的利益。实体上的利益体现为保持自己性器官不被他人非法接触，保持自己不为违背自己意志的性交行为；精神上的利益则表现为人的以自己性纯洁为内容的精神满足感，以及社会和他人对权利人性纯洁的某种评价。因而性自主权与名誉权不同之处就在于，性自主权的内容以实体利益和精神利益的复合形式构成，以实体利益为主导，以性的纯洁和权利人内心感受为基本方面，而名誉权主要是精神利益，体现于社会对特定自然人的评价。

4. 性自主权是权利人享有适当自由的人格权

性自主权既然是关于性的权利，因而权利人可以在法律允许的范围内，依自己的意愿而行使。权利人可以与异性亲吻、拥抱以及其他性行为，也可以在自己的意志支配下与异性同居。但是，性自主权的自由应当依法适当限制，而不是一般的自由权。这种自由仅仅局限在自己的性利益之上，并不包括自由权的其他方面。当然，性自主权要受法律、道德的约束，不得违反公共利益和善良风俗，尤其在已婚男女之间还要互负忠实义务。

5. 性自主权的主体是所有自然人

性自主权是一种独立的人格权，是权利主体具有独立、完整的人格所必须具备的权利。无论男子，还是女子，作为平等的民事主体，都应当具有独立、完整的人格，在法律上都应当平等地享有性自主权。从司法实践来看，男子的性权利，尤其是未成年男子的性权利同等地受到法律的保护，已经为许多国家法律所证明。同样，性自主权作为自然人的具体人格权，为所有的自然人平等享有，不论结婚与否，平日生活态度是否严谨、是否剥夺政治权利、是否具有民事行为能力等，皆平等享有性自主权。

三、性自主权的内容

（一）保持权

保持自己的性操守和品行，是性自主权人最主要的权利。性自主权人以真实意思保持自己性的纯洁，不为他人所侵害，保持自己坚贞不移的性品格，保持自己精神上的满足和充实，获取社会或他人对自己的相应评价，从而享受人生安全及其他社会活动自由。因此，任何性自主权人都享有对自己提出善意的、恶意的进行性器官接触和发生性交要求的拒绝权，可以拒绝任何试图与自己为性方面行为的请求。这种权利为绝对权，任何人都负有不为侵害的义务。

（二）反抗权

权利人的性利益受到侵害时，享有反抗权，有权实施正当防卫和紧急避险。性自主权不同于财产权，一旦遭到侵害无法“恢复原状”，所以当权利人面临非法侵害时，赋予其反抗权是十分必要的。反抗权应包含正当防卫和紧急避险所准许实施的一切保护措施，以成功地制止侵害、防止受到侵害为适度。

（三）承诺权

性自主权人在对自己的性问题上受自己意志支配，因而享有承诺权。权利人与他人进行性方面的接触，原则上依自己的意志而为承诺，经承诺而为性行为者，不为侵害性自主权。承诺权并非人人均可享有，而应以达到一定的认识水平而享有，应以14周岁以下为无承诺能力、14周岁以上至18周岁以下为有部分承诺能力、18周岁以上为有完全承诺能力为宜，但不能辨认自己行为的精神病人一律无承诺能力。承诺权不是一种不受限制的权利，其限制来源于三个方面：一是法律的约束，二是公共利益和善良风俗的约束，三是已婚男女的忠实义务的约束。前两种约束是社会范围内的约束，如卖淫和以性为内容而搔扰社会，均是违背前两种约束的违法行为，应受法律制裁。后一种约束，仅限于夫妻之间，以不为婚外性交为内容，承诺者虽不构成犯罪行为，但却违反忠实义务，侵害了配偶一方的配偶权。

（四）性利益维护权

性自主权的另一个重要内容，是性利益的维护权。这个权利其实是人格权请求权和侵权请求权的内容。性自主权是绝对权、对世权，除权利人之外，其他任何人都负有不得侵害的义务。性自主权受到侵害时，权利人有权维护自己的性利益。

性利益维护权的首要内容，是维护性的精神利益，对于侵害自己的性利益的行为，权利人有权请求行为人停止侵害,并承担相应的侵权责任。

性利益维护权最终表现为性自主权受到侵害时,可以请求司法保护。对于所有侵害性自主权的行为,权利人都有权向人民法院起诉,要求人民法院保护自己的性利益、救济受到的损害,包括精神损害和财产利益损害。

第二节　性自主权的立法与现状

一、性自主权的起源

在原始人群中,人们没有贞操观念。原始人群对于性本能的追求,使得两性关系没有任何限制,处于杂交的阶段。《吕氏春秋·恃君览》称:“若太古尝无群矣。其民聚生群处,知母不知父,无父戚兄弟夫妻男女之道,无上下长幼之道。”在这种情形的两性生活中,根本无贞操观念可言。

随着社会的发展,人类性生活出现了第一种性禁忌,即要求人们在紧张的经济活动期间禁止发生性关系,这是人类对自己的性生活作出的第一次社会性规范。其原因,是为了保持紧张经济活动时期男子的精力充沛,从而保证经济活动的高效率;其目的是出于经济上的考虑,而非贞操观念上的考虑。因此,这一时期也不存在贞操观念。

在此后的一个时期,出现了人类性生活关系中的第二个性禁忌,即乱伦禁忌,规定配偶的选择必须以血缘的远近为标准,最近的血缘关系之男女不得通婚,不仅如此,而且直系血亲、旁系血亲中的父女之间、母子之间、兄弟姐妹之间绝对禁止性行为。乱伦禁忌是人类性关系发展史上的一次重大变革,它不仅仅是由于近亲繁殖使人口素质降低的客观后果教育了人类自己,同时也把道德和性这两个问题开始结合起来,正是在这个时候开始产生了贞操的观念,贞操观念开始成为调整人们性生活关系的重要规范。

在婚姻家庭制度不断完善发展的过程中,贞操观念进一步充实起来。从开始的违反乱伦禁忌为失贞,转变为婚外性交为失贞,因而贞操成为夫妻互负的义务,尤其是对女子而言具有特别的意义。妇女婚前失贞,几乎使人格价值下降到无,因而妇女将贞操视为生命,甚至比生命还宝贵,一旦失贞不惜以死对抗。在中国古代封建社会,贞操观要求女子不失身、婚后从一而终不改嫁,这种贞操观是束缚妇女的封建枷锁。

直至现代,性利益成为男女平等的保持性纯洁的品行。人们追求、保持这种美好的品行,从而保持了社会正常的婚姻家庭制度和伦理,促进了人的性生活关系的正常化，推动了社会发展和文明进步。

二、性自主权的立法

在历史上以法律手段对性自主权进行保护，各国均有成例，最普遍的是对妇女性自主权实施不法侵害的，以强奸罪等罪名进行刑罚制裁。对此，中国古代法律、罗马法以及其他各国古代法律都有规定，这些救济手段都是刑法救济手段。以民事救济手段救济性自主权的侵害，始于19世纪德国，普鲁士和萨克逊等邦的“嫁入之诉”，规定使无夫的良家妇女受孕者，应与该妇女结婚，或给予结婚预备费，以增加其与第三人结婚的可能。在理论上，有对“嫁入之诉”反对者，认为嫁入之诉系请求本来不能请求的事项，殊非正当，而请求给付结婚预备费，则系转嫁父的责任，亦属不合，对于诱惑人自另有正当的请求，即不法侵害性利益的，应使其负侵权行为之责任，如受害人因此而受孕，得要求分娩及产褥之费用。[①] 这种立法和理论，开创了对侵害性自主权予以民法救济的先河。

继之，《德国民法典》采纳理论上的主张，废止嫁入之诉，凡性利益受不法侵害者，得为侵权行为上的请求，受孕时得请求赔偿，故该法第825条规定：“以诈欺、威胁或滥用从属关系，诱使妇女允诺婚姻之外的同居的人，对该妇女负有赔偿因此而生的损害的义务。”第847条第2款规定：“对妇女犯有违反道德的罪行或不法行为，或以诈欺、威胁或滥用从属关系，诱使妇女允诺婚姻以外的同居者，该妇女享有与前项相同的请求权。”这是现代以民事救济方法保护性自主权立法之始，在性自主权的民法保护上具有划时代的意义。

日本法律关于侵权行为侵害客体采概括主义立法，对性自主权未设明文规定。学者就应否认性自主权为独立权利，意见未臻一致。日本大正15年，大审院作出一著名的233号附带民事诉讼判决，其案件事实是：和田丙对于其妻和田乙违背贞操义务而与渡边丁女发生情交，不但遗弃其妻不为扶养，且无与渡边断绝关系回其家庭生活的意思。对此，该判决认为：“(1)和田乙女因其夫和田丙之侵权行为致断绝夫妻关系，和田丙对其结果自应负责。因此所生之侵害，当然有向和田乙女赔偿之义务。(2)渡边丁女明知和田丙有妻，尚与和田丙情交，并与之同栖，不能谓非侵害和田乙女的权利。(3)和田乙女不仅得依民法第709条及第710条请求相当之慰抚金，且依渡边丁女与和田丙之共同侵权行为，和田乙女不得已而离婚所生之损害，该共同侵权人亦有共同

① 何孝元：《损害赔偿之研究》，台湾地区商务印书馆1982年版，第161页。

赔偿之义务。”①

1999 年我国台湾地区修订“民法”债编，于第 195 条明确规定贞操权为独立人格权，并规定贞操权受侵害得以精神损害赔偿方式予以救济，建立了完整的贞操权民法保护制度。

三、性自主权为独立的人格权

（一）性自主权是不是一个独立的权利

尽管如此，各国立法明文认性自主权为独立的人格权的毕竟为数不多，因而，在学说上出现肯定说和否定说两种不同的主张。

肯定说视性自主权为一种独立的人格权，认为性自主权乃以“保全人之性的品格”利益为内容之权利。妇女将性的贞洁视为其生命，有时妇女认为与其性的贞洁受污，毋宁死亡，显见性利益为极重要之观念，故不能不认为性自主权系妇女人格权之一种。妇女之性的贞洁与其名誉虽多有密切联系，然其范围究非皆同，故有时以名誉权侵害为根据，仍不能使贞操受蹂躏而生的损害得到充分的赔偿，因此，性自主权应视为非名誉权之一种，而系独立之法益。② 在肯定说中，又因为权利主体的性别不同而分为两派，部分学者认为性自主权为女子的人格权，部分学者认为性自主权为男女共同享有。

否定说认为性自主权之侵害实质上是侵害一种或几种其他权利，事实上不存在独立的性自主权，或者没有必要设立独立的性自主权。日本有的学者认为，女子之贞操，一方面为身体权，另一方面为名誉权。也有的学者认为，贞操不外是妇女就自己之性的关系所有名誉权之一种；或者贞操之侵害，应包含于身体之侵害之内，同时亦得成立自由权及名誉权的侵害。有的学者甚至认为，在现代社会，公民的民事权利无微不至、无处不在，但这绝不意味着，公民个人或司法机关可以肆意创制新型权利。带有浓重封建气味的“贞操权”，在现代社会是一个不合时宜的法律概念。③

在学说上尽管有肯定说与否定说的不同争论，但在实务上对侵害性自主权应予以民法救济则是一致的见解。所不同的是，肯定说直接认侵害性自主权为侵权行为，受害人得依法请求损害赔偿；否定说则采类推适用法律关于保护其他人格权的规定，对侵害性自主权予以民事救济。如台湾地区“最高法院”1957 年台上字 1877 号判决认为：强奸妇女，认其侵害妇女贞操，同时侵害身体及名誉，得请求慰抚金；1954 年台上字第 677 号判决，谓蹂躏未满 16 岁女子之贞操，当可以为不法侵害他人身体及名誉，可请

---

① 胡长青：《中国民法债编总论》，商务印书馆 1946 年版，第 133 页。对该案，是侵害性自主权还是侵害配偶权，不无研究的必要。

② 何孝元：《损害赔偿之研究》，台湾地区商务印书馆 1982 年版，第 162 页。

③ 乔新生：“‘贞操权’有违权利法定原则”，载《民主与法制》2007 年第 14 期。

求抚慰金。[1]

在我国大陆发生的案件如:史某为13周岁幼女,1994年7月21日被罪犯刘某奸淫,致其怀孕、堕胎以及治疗等支出费用1300余元。经公安机关侦查破案后,刘某被法院以奸淫幼女罪判处有期徒刑8年。在刑事诉讼中,史某的父亲以受害人的法定代理人身份提起附带民事诉讼,要求刑事被告人对侵害性自主权(当时叫做贞操权)的财产损害和精神损害予以赔偿,法庭没有准许。后史父又向法院民庭起诉,列刘某为民事被告,要求其承担侵害性自主权的民事责任。这是最早发生、也是最有代表性的侵害性自主权的案件,但是这个案件的影响不够大。影响最大的同类案件,是2001年发生的王某被强奸请求精神损害赔偿案,一审法院判决支持,二审法院根据最高法院的司法解释判决驳回原告的诉讼请求。在性自主权及其保护的问题上,立法和司法都存在偏见。性自主权就是权利主体自主支配自己性利益的权利,对此刑法和行政法都有规定,但是在民法上就是不保护。现实是,在这些偏见面前,本案的受害人以及王某这位受害人,以及许许多多同样的受害人,权利受到侵害就是得不到精神损害赔偿救济。

(二)关于权利的性质

承认性自主权为一种民事权利,虽为通说,但究竟为何种性质的民事权利,认识上不无分歧。大致上有五种主张:一是认性自主权为自由权性质;二是认性自主权为身体权性质;三是认性自主权为名誉权性质;四是认性自主权兼有身体权、名誉权、自由权性质;五是认性自主权为独立的具体人格权。

性自主权应当是一个独立的具体人格权,笔者赞成第五种主张。

四、我国性自主权立法现状

我国《民法通则》未认为性自主权为独立的人格权;刑事立法把14周岁以上女子的性的不可侵犯的权利、14周岁以下女子的身心健康作为保护的客体,把严重侵犯性自主权的强奸罪、奸淫幼女罪、侮辱妇女罪作为重点打击对象,但是有关的法律、法规、司法解释却没有把以上犯罪行为侵害性自主权造成损失的情况列入刑事附带民事诉讼的范畴。学说上,已有借鉴国外的立法和理论,认性自主权为独立的人格权,其民事救济手段与自由权的救济相同。[2] 遗憾的是,学者提出的完整的侵害性自主权的损害赔偿理论,却不为法院所接受。在实务上,一方面,对于强奸罪、奸淫幼女罪、流氓罪等严重侵害他人性自主权的行为,均认其为严重的刑事犯罪,给予严厉打击;另一方面,对于被害人人格上、精神上、经济上造成的损害,却不能给以任何民事救济以补偿其损

---

① 戴森雄:《民法案例实务》(第一册),台湾地区三民书局1981年版,第416~417页。

② 张俊浩主编:《民法学原理》,中国政法大学出版社1991年版,第157页。

失，抚慰其精神创伤。这种立法实践、理论研究和司法实务相脱节的现状，是值得法学理论工作者、实际工作者以及立法机关认真重视的。

造成这种局面的根本原因，就在于立法者对性自主权的法律保护还缺乏必要的认识，尤其是没有从侵权法的角度对性自主权的保护进行深入的研究。立法应早日承认性自主权为独立的人格权，使其能够成为侵权行为的客体，运用损害赔偿的法律武器，保护自然人尤其是妇女的性自主权。这是因为侵权法对于性自主权的保护，具有刑法等其他部门法难以替代的作用，无论是对于严重侵害性自主权的犯罪行为，还是对于一般侵害性自主权的违法行为，都可以通过使加害人承担民事责任的方式，给其以经济上的制裁，对受害人的权利给以民事救济，使受害人在经济上得到补偿、精神上得到抚慰。这样做，对于全面保护人格权利、促进社会文明程度的发展，具有十分重要的意义。

第三节　性骚扰及侵权责任

一、保护性自主权应当关注性骚扰问题

性骚扰作为事实行为和客观现象，自是古已有之。但是性骚扰成为深受关注的社会问题和法律问题，乃是人们的性权利意识被现代文明所唤醒的结果，至今只有几十年的历史。然而，人的这一觉醒的力度之大，却是法律的理论研究者们和制度设计者们所始料未及的。当性骚扰已经成为社会热点问题的时候、当性骚扰案件蜂拥至法院门口的时候，人们发现，法律竟然无力面对。理论的苍白和脆弱、规范的疏漏甚至缺失，使得法律无法承担起消解因性骚扰引起的争议和纠纷的应有职能。

法律不应是无所作为的，面对性骚扰也同样如此。对性骚扰进行法律规制，始于美国，渐及于世界各国。尽管目前各国尚未出现规制性骚扰的专门立法，但是大多数国家和地区尤其是政治经济较为发达的国家和地区，均通过两性平等法、劳动就业法、反歧视法、妇女保护法以及民法、刑法和判例等不同的法律形式，实现对性骚扰的法律规制。我国立法机关 2005 年 8 月 28 日通过《妇女权益保障法》修正案，设立了反性骚扰的立法，新增加的第 40 条规定："禁止对妇女实施性骚扰。受害妇女有权向单位和有关机关投诉。"

二、规制性骚扰行为的立场应当采纳权利保护主义

规制性骚扰行为的法律制度的发展，从一开始就是按照两个方向发展的：一个方

向是职场主义，即以职场劳动者的保护为中心，认定规制性骚扰行为的法律制度为劳动法制度，保护的是劳动者的权利，因此，责任应以雇主承担为主；另一个方向是权利主义，即以人的私权利的保护为中心，认定规制性骚扰行为的法律制度是私法制度，保护的是人的私权利、是人格权，因此，责任人应当是侵权人，对其进行法律制裁。

在实践中，法院审理性骚扰案件没有过于考察职场主义和权利主义的区别，但是从已有的生效判决观察，突出的是对人的私权利的保护，实际上实行的是权利主义立场。例如，原告闫女士的丈夫与被告齐某为同一公司的同事，关系较为密切。2003 年 12 月 22 日，闫女士接到齐某的短信，邀请其与齐某夫妇一起逛商场。闫女士到达齐某家后，发现只有齐某一人在家，便挣脱回家。嗣后，齐某不断给闫女士发短信，开始是道歉，接着就发内容淫秽的短信进行骚扰。原告向法庭出示了 8 条带有淫秽性和威胁性内容的短信，这些短信的内容都是被告专门针对原告编写的。齐某承认这 8 条短信都是自己发的，但是认为闫女士是自己的"嫂子"，双方很熟，发短信都是在开玩笑，只不过是言辞过火一点，并无恶意，也没有侵权，因此只同意道歉不同意赔偿。法庭审理认为，被告对原告出于性意识的故意，在违背原告主观意愿的情况下，以发送淫秽性和威胁性手机短信的方式，引起原告的心理反感，侵扰了原告保持自己与性有关的精神状态愉悦的性权利，其行为已经构成性骚扰，应当停止侵害并道歉，由于被告的性骚扰行为已经对原告及其家庭造成了相当程度的损害后果，理应进行赔偿。故判决被告齐某停止性骚扰的侵害，赔礼道歉，赔偿原告精神损害抚慰金 1000 元。本案判决明确认定，性骚扰的行为侵害的是"保持自己与性有关的精神状态愉悦的性权利"，这是在法院的裁判文书中第一次明确认定性骚扰行为侵害的客体是性权利。

三、性骚扰侵害的就是性自主权

性自主权在刑法中已经得到普遍承认，如我国台湾地区的"刑法"有"妨害性自主罪"章，规定强制性交罪、强制猥亵罪等。在理论上，美国学者 Edmund Wall 也承认性骚扰所侵害的是性的自主选择权利，这种权利相对于隐私权来说，是一项更为基础的权利。[①] 美国芝加哥大学教授 Stephen J. Schulhofer 对于性自主权的论述更是掷地有声，不乏真知灼见，他认为"性自主权的失落"是美国法律的一个重大失败。他指出，对性骚扰和性犯罪予以法律规制的中心价值就是保护性自主权的权利本身。性自主权乃是普世之下人皆拥有的，决定何时及是否与人产生性的关系的自由，一切以暴力、胁迫、语言、动作、欺诈和诱导等方式施加以人不受欢迎的性的关系的行为都是侵害性自

---

① Edmund Wall, *The Definition of Sexual Harassment*, In Edmund Wall (Eds.), Confrontations and Decisions: Sexual harassment (p. 109), Prometheus Books, 2000.

主权。他认为，法律之所以保护一些最基本的权利，如工作权、选举权、接受专业的诚实的服务的权利、隐私权以及知情权，是因为对于这些利益，我们有自主和自我决定的权利，即保有或处分他们的自由，法律应当禁止以任何不当方式干预我们对于这些利益的自主决定权。对于任何一个人，除了生存权本身以外，几乎没有其他的个人权利和自由比性自主权更重要。鉴于在性的交往中，人所固有的感情脆弱性和潜在的身体危险的可能性，性自主权至少比财产权更需要保护。但是，在法律赋予我们赖以自由和独立存在的基本个人权利的权利名单中，性自主权明显地被遗漏了。他还提出，性自主权不应该附属于其他利益而作为权利的副产品存在，它是一项独立的利益和权利，而且是任何自由的人的最为重要的核心利益和权利。任何一个承诺保护个人基本权利的受尊重的法律体系，应当以性自主权自己本身的名义，将其置于保护和关爱的中心位置，直接加以保护。他更一针见血地指出，正因为性自主权的失落，美国的性骚扰法律规制的范围只限于校园和工作场所，其功能和作用大为受限。他呼吁，性自主权乃天赋之人权、是生而有之的自然权利、是值得尊重的一项真正的权利，法律要"认真地对待性自主权"，对之加以明确、培育和保护。①

四、性骚扰的侵权责任构成

如何界定性骚扰，是最为复杂的判断。几乎所有的人都认为，世界各国都有性骚扰，但各国确定性骚扰的标准都不一样。在甲国认为是性骚扰的亲昵动作，在乙国却是公开允许的行为。例如，在意大利，年轻的外交官喜欢拍女职员的屁股，这是亲昵，在意大利不是性骚扰；但是在其他国家，这种行为是严重的性骚扰。即使在同一个国家，不同的地区界定性骚扰也有不同的标准。在印度，南部的托达区的字典里没有通奸与性骚扰的词，男孩子可以随意与认识或不认识的女孩子调情，有些且出于女孩子的主动；但在新德里地区，任何男人只要盯着女人目不转睛地凝望 10 秒钟，就是性骚扰，重则坐牢三日，轻则罚款若干元。② 因此，界定性骚扰侵权责任的构成，必须符合本国的社会风俗和社会习惯。

在我国，性骚扰侵权责任在一般情形下，属于普通的侵权责任。其责任构成，应当按照一般侵权行为的责任构成要件来要求，应当具备四个要件：第一，行为人实施了性骚扰行为，即违背受害人意志，实施超出正常人际交往界限的侵害其性自主权的行为，既可以是男人对女人的性骚扰，也可以是女人对男人的性骚扰，随着同性恋现象的出

---

① Stephen J. Schulhofer, *Unwanted Sex: The Culture of Intimidation and the Failure of Law* (pp. 99 – 133). Harvard University Press, 1998.

② 张宁静：《巴黎疯疯疯》，中国宇航出版社 2004 年版，第 58 ~ 59 页。

现,还可能是同性对同性的骚扰。第二,受害人的性自主权受到侵害。表现为受害人的性尊严和性利益受损,造成精神利益、精神痛苦,有时还可能导致其他人身利益、财产和经济利益的损害。对于只造成了精神痛苦,未产生其他人身和财产、经济上的损害时,对损害的认定可采取便于操作的客观标准,即国外法院广为采用的"正常的理智的第三人"的标准:在一个正常的理智的第三人面临同样的侵害时,其精神会遭受痛苦,则可认定损害结果发生。第三,性骚扰行为与该损害结果之间具有因果关系。第四,行为人实施行为的主观方面是故意,即故意实施冒犯对方性尊严和性利益的行为,过失不构成性骚扰的侵权行为。例如,2003 年 5 月某日,谢某到某调查事务所应聘工作,该所负责人金某同意录用,并要求其次日上班。次日下午 6 时许,金某在办公室触摸谢某身体隐私部位并强行亲吻。后谢某被金某辞退,金某多次打电话对谢进行语言骚扰,谢某在某都市报记者的帮助下,对金某的骚扰电话进行了录音。谢某认为,金某的性骚扰行为严重影响了自己的生活和工作,使自己的身心遭受严重伤害,为此请求法院判令金某公开赔礼道歉并赔偿精神抚慰金5000 元。经当庭质证,法院认定上述事实,以金某的行为严重侵犯了谢某的人格尊严,使谢某的身心遭受极大伤害,判决金某向谢某赔礼道歉,并赔偿相应的精神损害抚慰金。

值得注意的是,对职场(包括学校)的性骚扰行为,国外还有我国台湾、香港地区均予以特别的规制,即由用人者承担雇主责任。这种做法是世界性的趋势,已经渐成国际通例,我国法律应该借鉴。而由用人单位承担责任时,属于特殊的侵权责任,依照《侵权责任法》第 6 条第 1 款规定,适用过错推定原则。用人单位如果不能证明其已经尽到法定的照顾、管理和扶助保障义务,则推定其有过失,从而承担侵权替代责任。此时,其责任构成当然有所区别。

五、性骚扰的侵权责任形态与责任方式

(一)性骚扰的侵权责任形态

侵权责任形态,是指侵权法律关系当事人承担侵权责任的不同表现形式,即侵权责任由侵权法律关系中的不同当事人按照侵权责任承担的基本规则承担责任的基本形式。[①]

如前所述,在通常的情况下,性骚扰的侵权责任是一般侵权行为,适用过错责任原则;而发生在工作场所的性骚扰行为,依当前各国立法通例,发生用人单位责任,属特殊侵权行为,应当适用过错推定原则。性骚扰侵权责任形态包括以下几种:

1. 直接责任

在过错责任的场合,是为自己的行为负责的直接责任形态。行为人对他人实施性

---

① 杨立新:《侵权法论》,人民法院出版社 2004 年版,第 474 页。

骚扰，应当由自己承担侵权责任，这就是侵权责任的直接责任。在目前法院已经确定的性骚扰案件的判决中，所确定的行为人的责任都是直接责任。应当看到，确立以人的私权利保护为中心的规制性骚扰的法律制度框架下，性骚扰行为人承担直接责任的侵权责任形态，是基本的责任形态。

2. 替代责任

在职场性骚扰的侵权责任中，应当为连带责任，即用人单位承担侵权责任，用人单位承担责任之后可以向性骚扰行为人追偿。适用这种责任的规则是《侵权责任法》第34条第1款规定，其赔偿责任仅仅限于侵害财产和人身即生命权、健康权和身体权而产生的财产损害，没有明确规定用人单位应当承担精神损害赔偿责任，对此法律应当作出新的规定。

在当前各国和地区的反性骚扰立法中，均参照美国的做法规定了雇主责任。我国台湾地区的“两性工作平等法”规定，雇员和求职者因遭受性骚扰受有损害者，由雇主及行为人连带负损害赔偿责任。但雇主证明其已遵行本法所定之各种防治性骚扰之规定，且对该事情之发生已尽力防止仍不免发生者，雇主不负赔偿责任。另外，如被害人依前项但书之规定不能受损害赔偿时，法院因其声请，得斟酌雇主与被害人之经济状况，令雇主为全部或一部之损害赔偿。雇主赔偿损害时，对于为性骚扰之行为人有求偿权。该法律吸收了美国的反性骚扰经验，又结合了自己的传统民法侵权法的有效手段，对于受害人的保护极为有利，堪称先进的立法，尤值借鉴。

（二）性骚扰侵权责任的承担方式

性骚扰行为的侵权责任方式是停止侵害、赔礼道歉和赔偿损失。涉及名誉受损的，还应采取合理措施恢复名誉。在赔偿损失方面，主要有以下内容：

1. 侵害性自主权所造成的财产损失应予以赔偿

这种损失包括：侵害性自主权对受害人造成身体和健康上的损害，因治疗花费的费用，如治疗费、护理费等；受害人怀孕，其流产、生育的费用及营养费。

2. 因侵害性自主权造成其他经济损失的均应予以赔偿

如果性自主权受侵害而失去某种职业或减少就业的机会等，对于这类经济上的损失，原则上应按照《侵权责任法》和最高人民法院颁布的司法解释规定的赔偿范围赔偿。

3. 侵害性自主权所造成的精神损害应予以赔偿

就精神损害而言，应包括两部分，即精神利益的损失赔偿和精神创伤的抚慰金赔偿。[①] 在侵害性自主权的精神损害中，其赔偿范围应包括上述两部分，即精神利益或称

① 马原主编：《民事审判实务》，中国经济出版社1993年版，第184页。

人格利益的损害,以及精神痛苦和精神创伤。对这两部分损害应当以损害赔偿的方式,对受害人精神利益的损害和精神创伤、精神痛苦的损害,一并予以民事救济。

4. 对于严重的性骚扰行为应当予以惩罚性赔偿

特别是对发生在工作场所的性骚扰行为,有必要建立惩罚赔偿金制度,对此,也是当前世界各国各地反性骚扰立法的通行做法。为避免像美国一样出现"天文数字"的判罚,可以参考台湾地区的立法,为惩罚赔偿金设定一个与经济状况适应的、较合理的且能起到吓阻作用的赔偿金下限和上限。有人认为,精神损害赔偿已经起到了惩罚行为人的作用,没有必要再判处惩罚性赔偿金,这种认识是错误的。精神损害赔偿在性质上是一种损失的补偿,而不是惩罚。有学者说,判以精神损害赔偿,是因为原告对行为人的侵害行为感到震惊而遭受精神痛苦和损害的补偿;而判以惩罚性赔偿金则是因为法官对侵害行为之恶劣感到震惊,以至于仅仅判令其补偿原告的损失,还不足以使被告承担起其行为应承担的责任,也不足以使行为人吸取教训,必须用惩罚金来达到谴责的效果。① 在性骚扰案件中,确实有一些骚扰行为非常之恶劣,但又还不足以受到刑事处罚,很有必要施以惩罚性赔偿以示制裁。

第四节　性自主权的民法保护

一、侵害性自主权民事责任构成要件

研究性自主权,最具有实际意义的就在于对性自主权的法律保护。民法上的保护,最重要的方法,就是认侵害性自主权的行为为侵权行为,通过损害赔偿对性自主权受害人予以救济,同时,通过责令侵权人承担损害赔偿责任的方式,对侵权人进行民法上的制裁。

侵害性自主权的民事责任构成与一般侵权行为相同,必须具备损害事实、违法行为、因果关系和过错四个要件。

(一)性自主权遭受损害的事实

侵害性自主权的损害事实是指非法侵害性自主权,所造成受害人性利益损害的客观结果,这种结果是对自然人作为一名社会成员自然生存和社会生存的基本需要的损

① Srivastava and Scarlet Tsao, *Remedies for Sexual Harassment*, Asia Pacific Law Review, VI10 No. 1, p. 148.

害。这种损害首先表现为自然人性纯洁的破坏，如性器官遭受侵犯、猥亵、强吻，以及违背本人意志而被奸，不具备上述实体侵害的，不构成性利益遭受损害的客观事实。这种实体的损害不可避免地要造成受害人精神的创伤，即受害人因侵权行为造成的精神上的恐惧、悲伤、怨愤、绝望、羞辱痛苦以及使受害人在社会评价上所受到的损害。侵害性自主权的行为也可能同时会造成身体的伤害和财产的损失，如因奸淫而受孕、生产，以及因此而支出的财产。身体伤害和财产损失轻微的，可以作为侵害性自主权的一个加重责任的情节处理；身体伤害严重造成财产损失数额较大的，可以认为另外构成侵害健康权的责任，对两个侵权行为一并处理，而不应将其视为名誉权损害的事实。

（二）侵害性自主权的行为具有违法性

侵害性自主权的行为必须具有违法性，才能成为侵害性自主权的构成要件。违法性表现在，违背保护性自主权的法律规定、违背公共利益和善良风俗，不具有这样的违法性，不构成侵害性自主权责任。例如某夫妻因感情破裂，已去法庭诉讼离婚，且达成协议调解离婚，法庭命二人次日在法庭领取调解书。当日晚，男方强行与女方性交，女方到公安机关控告强奸。此案双方虽已达成离婚协议，但尚未送达调解书，未正式解除婚姻关系，尚存在同居义务。男方行为虽然不道德，但不违反法律，行为不具违法性，因而不构成对性自主权的侵害。对此，应当严格掌握违法的界限。

（三）侵害性自主权的行为与性利益损害事实有因果关系

侵害性自主权的损害赔偿责任要求侵害性自主权的行为是引起损害事实的原因，加害人只对其侵害性自主权行为所引起的损害后果承担责任。有疑问的是，对于侵害性自主权引起的受害人自杀等其他后果，行为人应否赔偿？例如，甲强奸乙，造成性利益的损害，乙自己感到羞辱，无颜见人，服毒自杀，幸亏被人及时发现，抢救脱险，但乙的消化系统、神经系统都受到了严重的损伤。对这种情况是否有因果关系，有不同的主张：一是认为行为人不应对乙自杀引起的损害后果负责，理由是，甲的侵权行为不能必然导致乙自杀，而仅仅是乙自杀的一个条件，不构成因果关系。二是认为应当承担赔偿责任，原因是性自主权对于自然人尤其是对于女性的重要性，往往因性自主权被侵害而导致自杀的结果，对这种损害不予赔偿不合情理。这种情况从实体上确认有因果关系，把握不大，但作为精神损害的后果，应当认定其与违法行为有因果关系，以抚慰金的方式赔偿更有把握。

（四）侵害性自主权的过错

构成侵害性自主权，应具备行为人故意的要件，过失不能构成。性利益侵害的故意，以有其为不当性交之决意的认识为已足，无须有损害发生之预见。[①] 这只是一个方

① 史尚宽：《债法总论》，台湾地区荣泰印书馆1978年版，第144页。

面,有为猥亵的故意亦构成这种故意。所应当注意的是,性利益的损害,依受害人的承诺而阻却违法,不构成侵害性自主权。原则上,受害人应当证明侵权人的故意,但是在侵害性自主权的损害赔偿中,由于损害没有明显易辨的物理特征,请求权人在事实上很难举证。所以行为一旦发生,只要行为人不能证明受害人承诺,就应当认为行为人主观有故意。在英美法中亦采取此原则处理人格权损害赔偿,只要受害人提出了侵害事实的证据,侵权行为即告成立。[①] 这种方法可以借鉴。

二、侵害性自主权的具体行为

(一)强奸行为

强奸行为可以分为:以强暴、胁迫、药剂、催眠术等手段使被害人不能抗拒而被奸淫的;以暴力手段、利用权势等,使被害人在非正当允诺的情况下而被奸淫的。无论哪种强奸行为,都不以既遂、未遂或是否构成犯罪作为侵害性自主权的界限,强奸行为一旦发生,侵害性自主权的行为即告成立。

(二)奸淫幼女及鸡奸儿童等侵害未成年人性自主权的行为

未成年人处于身心发育阶段,对性尚没有全面的认识,为了保护未成年人的身心健康,理论学说和立法把侵害未成年人性自主权的行为作特殊规定。未成年人没有或缺乏为性行为的承诺能力,所以他们作出的为性行为的意思表示均属无效。

(三)强迫他人卖淫的行为

强迫他人卖淫指以暴力、威胁等或其他手段迫使他人在违背自己意志的情况下与他人发生性交关系。强迫他人卖淫,不论是否以营利为目的,也不以其情节是否构成犯罪为标准,只要有强迫他人卖淫的行为,就构成侵害性自主权。应注意的是,明知他人为人所迫卖淫而与之发生性关系,也构成侵害性自主权。

(四)猥亵行为

猥亵行为是指以刺激、满足性欲为目的,用性交以外的方法实施的淫秽行为。例如,非法接触他人性感部位、强行接吻、以毁损他人性纯洁为目的撕破他人衣服、违背他人意志鸡奸他人等,亦为侵害性自主权的违法行为。

(五)以欺诈手段诱使女子在非正当承诺的条件下被奸淫

侵权行为人隐瞒事实、制造假象,使被害人足以产生错误的理解,而承诺与其发生性关系。这种承诺基于侵权人的欺诈而作出,并非性自主权人真实的意思表示,因而不能阻却侵权人的行为违法。例如某甲隐瞒自己已婚的事实,对乙女谎称以后与其结婚,乙女于是承诺与其发生性关系。在此,侵害性自主权的行为成立,需要受害人证明

---

① 申政武:“论人格权及人格损害赔偿”,载《中国社会科学》1990年第2期。

自己的承诺是侵权人欺诈行为的结果。

（六）利用从属关系奸淫或猥亵

这种行为是指滥用从属关系，使他人在非正当承诺的条件下被奸淫。如对于因亲属、监护、教养、救济、公务或业务关系中从属于自己的人，利用这种关系，使其违心承诺与之发生性关系或被猥亵。应当注意的是，从属人员曾明示或默示地向其监管自己的人表示为了获得某种利益而承诺与其发生性关系作为交换条件的，则不得主张性自主权被侵害。

三、侵害性自主权的民法救济方法

（一）存在的问题

构成侵害性自主权的民事责任，对权利受侵害之人，最重要的民事救济方法就是损害赔偿。

然而，对侵害性自主权的损害赔偿，在实行中，目前有两个最大的障碍：其一，是在我国的刑事立法上，对于刑事附带民事制裁，《刑法》只设了第 36 条，规定："由于犯罪行为而使被害人遭受经济损失的，对犯罪分子除依法给予刑事处分外，并应根据情况判处赔偿经济损失。"在实务上理解，这种情况往往仅限于对人身伤害所造成的损失，难以概括性自主权侵害的赔偿。对于刑事附带民事诉讼，《刑事诉讼法》第 77 条规定："被害人由于被告人的犯罪行为而遭受物质损失的，在刑事诉讼过程中，有权提起附带民事诉讼。"也难以涵盖性自主权受侵害的赔偿诉讼。而侵害性自主权的侵害行为主要以犯罪行为构成，因而大部分应由附带民事诉讼程序解决的因犯罪而导致损害的民事救济，难以实现。其二，民事立法只设了对姓名权、名誉权、肖像权、荣誉权等的民事救济方法，对性自主权受侵害，没有像《德国民法典》第 825 条和第 847 条第 2 款那样的明文规定，也没有《日本民法》第 709 条和第 710 条那样概括的规定，可以涵盖其民事救济。对此，应当采取的办法，一是促使在立法中明确规定性自主权，并明确其救济方法；二是在目前的司法实践中，参照最高人民法院关于精神损害赔偿的司法解释关于其他人格利益受到损害可以请求精神损害赔偿的规定，确定对性自主权的法律保护。

在程序上，对强奸妇女、奸淫幼女、鸡奸幼童、强迫妇女卖淫、猥亵等罪行，应准许受害人依据《刑事诉讼法》、《刑法》的上述规定，对性自主权的侵害通过刑事附带民事判决，确认刑事罪犯的赔偿责任，予以损害赔偿。

（二）救济方法

值得重视的是最高人民法院编辑出版的《人民司法 · 案例》杂志 2008 年第 12 期发表的一个案例，是法院直接以侵害贞操权为案由判决的典型案例。原告于 2006 年 3 月应聘到某公司任业务员，被告在该公司担任业务经理，是原告的直接上司。2006 年

4 月，被告隐瞒已婚且育子的事实，与原告确定恋爱关系，并以允诺结婚为由与原告租房同居。5 月原告怀孕;6 月 1 日，原告被诊断为子宫内早孕 45 天，做了人流手术。原告得知被告已婚且生育两个小孩的事实后，中断了双方的关系。原告认为被告通过欺骗的方法夺去了其最珍贵的贞操，遂诉至法院，请求法院判令被告向原告赔礼道歉，并赔偿精神损失 3 万元。东莞市人民法院认为，贞操权是男女均享有的以性行为为特定内容的一项独立人格权，应受法律保护。被告在自己已有配偶且生有孩子的情况下，向原告谎称其未婚，使原告信以为真与其恋爱、同居。被告这种以故意违背善良风俗的方法，以允诺结婚骗取原告的信任而发生性关系，并致使原告怀孕及中止妊娠，给原告造成了身体和心理的损害，确已构成侵害原告的贞操权，被告依法应承担精神损害赔偿责任。原告要求被告予以精神损害赔偿，证据充分，理由正当，依照《民法通则》第 5 条、第 7 条、第 101 条和第 134 条规定，判决被告赔偿原告贞操权受到侵害的精神损害抚慰金 2 万元。

《民法通则》第 5 条是关于保护民事权益的规定，第 7 条是关于公共道德、公共利益的规定，即公序良俗条款，第 101 条是关于名誉权的规定，第 13 条是关于民事责任方式的规定。判决书引用第 101 条规定，实际上相当于类推适用关于保护名誉权的规定保护性自主权。这样的法律适用方法值得研究和重视。

对于侵害性自主权的损害赔偿，其内容应包括以下方面：

1. 侵害性自主权所造成的经济损失应予赔偿

这种损失包括：一是损害性自主权对受害人造成身体上伤害，因治疗花费的费用，如治疗费、护理费等。二是因侵害贞操而使受害人怀孕，其流产、生育的费用及营养费，亦应赔偿。三是因侵害贞操而使受害人感染性病，治疗费应予赔偿。四是因侵害性自主权造成身体上的其他伤害，以及造成的其他经济损失，均应予以赔偿。如果性自主权受侵害而失去某种职业或减少就业的机会或造成身体残疾等，均为其他损失。

对于这类经济上的损失，原则上应全部赔偿，涉及身体损伤造成的损失，应按照《侵权责任法》第 16 条规定的赔偿范围赔偿；造成财产损失的，可以比照第 19 条规定处理。

2. 侵害性自主权所造成的精神损害应予赔偿

精神损害应包括两部分，即精神利益的损失赔偿和精神创伤的抚慰金赔偿。① 在侵害性自主权的精神损害中，其赔偿范围应包括上述两部分，即精神利益或称人格利益的损害，以及精神痛苦和精神创伤。对此，应当依照《侵权责任法》第 22 条规定确定赔偿数额。

---

① 马原主编：《民事审判实务》，中国经济出版社 1993 年版，第 184 页。

在确定赔偿数额上，人民法院可根据侵权人的过错程度、侵权行为的具体情节、给受害人造成精神损害的后果等情况酌定。

（三）有益的尝试

最高人民法院在《关于确定民事侵权精神损害赔偿责任若干问题的解释》中，没有对性自主权作出规定，但是在第 1 条第 2 款的关于"其他人格利益"保护的规定中，包含对性自主权的保护。因为，性自主权受到了损害需要保护，就可以作为需要保护的其他人格利益，可以精神损害赔偿的方法进行保护。

在最高人民法院的上述司法解释公布实施以后，深圳市罗湖区人民法院判决了一件侵害性自主权的案件，作了一个很好的尝试。王丽（化名）参加了某英语俱乐部组织的英语口语对话活动，结识了一个叫李伟的人，这个人的英语很好，文质彬彬，与王丽很谈得来。晚上，李伟约王丽到饭店吃饭。饭后，李伟又约王丽到他的家中看照片，之后就反锁上门，以暴力殴打等手段，将王丽强奸，之后又将王丽禁锢在其住处长达 4 小时。后来王丽乘李伟上厕所之机，给"110"打报警电话，方得救，并将李伟捕获归案。一审刑事案件审结，判决李伟强奸罪成立，判处有期徒刑 12 年。1999 年 9 月，王丽向法院提出刑事附带民事诉讼，请求李伟赔偿其精神损害 10 万美元，被驳回。上诉后，广东高级人民法院认定此诉不属于刑事附带民事诉讼的范围，在维持原判的同时，指出"应循一般的民事诉讼程序另行起诉"。[①] 王丽向罗湖区人民法院另行提起民事诉讼，罗湖区人民法院作出了上述判决。上诉以后，该案的一审判决被撤销，驳回了原告的诉讼请求。这个案例尽管是一个败诉的结果，原告的诉讼请求没有得到支持，但是它仍然是一个很好的探索，有以下值得借鉴的问题：

第一，侵害性自主权的精神损害赔偿，是可以提出民事诉讼请求的，并且按照最高人民法院关于精神损害赔偿的司法解释，作出胜诉的判决，支持权利人的请求。虽然这种做法在实体法的意义上，还没有确认性自主权就是一种独立的人格权，但是，采用这种方法进行保护也是可行的。这种方法实际上就是依照一般人格权的保护方法进行保护。

第二，关于在刑事附带民事诉讼程序中，能不能提出精神损害赔偿的问题。通说认为不可以，因为刑事法律规定附带的民事诉讼必须是要求赔偿经济损失或者物质损失。这一规定的不适当之处，是十分明显的，应当进行修改。对此，应当依照《侵权责任法》第 4 条第 1 款规定，在追究刑事被告人的刑事责任的同时，应当追究其侵权责任，赔偿受害人的人身损害、财产损失和精神损害。

第三，在理论上，还要继续进行探讨的是性自主权的人格权属性。应当确认性自

① "中国第一例贞操受损案"，载《人民公安》2001 年第 9 期。

主权是一种独立的人格权,使之有独立的人格权地位,对权利人进行更好的保护。这一判决说明,性自主权的保护是完全必要的,过去否认精神损害赔偿对侵害性自主权适用的必要性,是没有道理的。在制定民法典时应当认真研究,不要轻易否定性自主权的人格权性质,对此作出肯定的规定,以更好地保护自然人的性自主权。

第二十八章　婚姻自主权

第一节　婚姻自主权的产生与发展

一、婚姻自主权产生前的婚姻决定权

在人类社会出现国家以后，作为男女两性结合形式的婚姻关系的缔结总是被法律规定为婚姻关系缔结的决定权，简称为婚姻决定权。近现代社会法律规定，婚姻决定权是婚姻自主权。在婚姻自主权产生之前，曾经长期存在非由婚姻当事人自主意愿的婚姻决定权；其社会形态就是奴隶社会和封建社会。

在这两种社会形态中，婚姻决定权的形式是尊长包办权，即婚姻缔结须由婚姻当事人的尊亲属包办、强迫决定，婚姻当事人自己无权决定。这种婚姻决定权存在的社会客观基础是，在当时的社会形态下，婚姻的实质不是性爱双方当事人的自身需要，而是繁衍后代的需要；同时还决定于经济因素乃至政治因素的考虑。在这些因素的基础上，婚姻缔结当然应由婚姻当事人的父母等尊亲属决定。因而，恩格斯指出："在整个古代，婚姻的缔结都是由父母包办，当事人则安心顺从。古代所仅有的那一点夫妇之爱，并不是主观上的爱好，而是客观的义务；不是婚姻的基础，而是婚姻的附加物。"①

---

① 恩格斯："家庭、私有制和国家的起源"，载《马克思恩格斯选集》（第四卷），第72页。

婚姻尊长包办权在中国古代根深蒂固。

从理论上,认为“必以婚者,取其阴往阳来之义,日入后二刻半为昏。婿曰婚,妻曰姻”、“谓婿以昏时而来,则妻因之而去也”、“婚礼者,将合二姓之好,上以事宗庙,而下以继后世也,故君子重也”、[①]“不孝有三,无后为大”,[②]皆谓婚姻的实质意义不在于性爱,而在于事宗庙、继后世。故“男不自专娶,女不自专嫁,必由父母,须媒妁何?远耻防淫佚也。诗云:娶妻如之何?必告父母。又曰:娶妻如之何?匪媒不得”,[③]故尊长的婚姻包办权为天经地义。

在法律上,西周即规定婚姻的缔结必须有父母之命、媒妁之言。《唐律》明文规定:尊长可为卑幼包办婚姻,如不服从,则杖一百。只有当卑幼因公私之务在外自娶妻,其尊长后为订婚,则婚如法,未成者,从尊长所定,违者,亦杖一百。[④]《大清律》规定:“嫁娶皆由祖父母、父母主婚,祖父母、父母俱无者,从余亲主持。”不仅如此,为保证人口繁衍,官府亦有婚姻干预权,法律对此有明文规定。晋武帝泰始九年定制:“女年十七,父母不嫁者,长吏配之。”南朝则规定:“女子十三不嫁,家人坐之。”在北齐,规定“女年二十以下,十四以上,未嫁悉集省,隐匿者,家长处死”。可见,官府对婚姻的干预权是何等严厉。

在这种社会中,婚姻自主权从何谈起!

中国古代的婚姻决定权还表现在离婚的丈夫决定权上,这种权利表明婚姻关系解除权的男女不平等。例如,各朝律法大体都规定休妻制,妻不顺父母、无子、淫、妒、恶疾、多言、窃盗为法定离婚理由,夫因此而片面休妻,解除婚姻关系,谓之“七出”。从理论上说,则谓夫为妻天,“地之去,天之义也”。[⑤] 这种专断的离婚决定权剥夺的是女子的婚姻自主权。

不仅如此,中国古代还限制亡夫之妻改嫁,要求一女不事二夫,相守以死谓之贤妇,更是将女子置于婚姻决定上的无权地位。

二、婚姻自主权的产生和发展

在中国古代,人们并非没有婚姻自主的要求。在《诗经》中,有诸多歌颂追求婚姻自主的动人事例,但这些追求均被社会礼教所压制、扼杀。《郑风·将仲子》:“岂敢爱之?畏我父母。仲可怀也。父母之言亦可畏也。”就是最好的例证。

---

① 《礼记·婚义》,其婚原文为昏,用今字。

② 《孟子·万章句上》。

③ 《白虎通·嫁娶》。

④ 张晋藩:《中国古代法律制度》,中国广播出版社 1992 年版,第 436 页。

⑤ 《白虎通·嫁娶》。

在欧洲文艺复兴时期，人文主义者大胆地提出了性爱自由的口号，为婚姻自主权的产生做了理论上、思想上的准备。意大利早期文艺复兴的“文学三杰”之一但丁在不朽的著作《神曲》中提出以“自由意志”与教会传统、反动的婚姻观念相对抗。他说：“我是一个人，当爱情鼓动我的时候，我就依照她从我内心发出的命令写下来。”①在随后开展的欧洲基督教的宗教改革中，资产阶级明确提出争取婚姻自由、婚姻自主的主张，认为只有摆脱封建束缚的自由婚姻，才符合人类理性的要求，因而在提出民主、自由、平等的口号时，也把婚姻自由宣布为“天赋人权”。争取婚姻自由的斗争逐渐深入，最后发展到法律领域，在资产阶级革命胜利之后，就把婚姻自由用法律的形式固定下来。1791 年法国宪法明定“法律视婚姻仅为民事契约”，因而受契约自由原则支配。1804 年《法国民法典》第 146 条规定：“未经双方同意，不得成立婚姻。”明定婚姻自主权为婚姻双方当事人所享有。

在中国，封建的婚姻家长决定权一直延续到清末民初。1911 年草成的《大清民律草案》虽然在整个立法结构和立法思想上有了重大变革，但在婚姻关系缔结上仍沿旧例，在其第 1338 条规定：“结婚须由父母允许。继母或嫡母故意不允许者，子得经亲属会之同意而结婚。”至 20 世纪 20 年代《民国民律草案》，仍然规定了两个条文沿袭旧例。第 1078 条规定：“家属为婚姻、立嗣或出嗣者，须得家长之同意。”第 1105 条规定：“结婚，除依第 1078 条第一项规定外，并须经父母允许。”这些规定背离时代潮流，实为时代落伍之例。

至国民政府制定民法亲属编，才正式确认缔结婚姻应依当事人双方自行决定。在革命根据地，1931 年 11 月 7 日制定的《中华苏维埃共和国宪法大纲》第 11 条规定：“承认婚姻自由。”1931 年 11 月 28 日《中央执行委员会第一次会议关于婚姻条例的决议》指出：“目前男女婚姻，已取得自由的基础，应确立婚姻以自由为原则，而废除一切封建的包办、强迫和买卖的婚姻制度。”因而，1931 年 12 月 1 日《中华苏维埃共和国婚姻条例》第 1 条明文规定：“确定男女婚姻，以自由为原则，废除一切封建的包办强迫和买卖的婚姻制度，禁止童养媳。”

新中国成立以后，《中国政治协商会议共同纲领》和第一部《宪法》都一直坚持这一原则，并在《婚姻法》中制定具体条文。《民法通则》第 103 条规定：“公民享有婚姻自主权，禁止买卖、包办婚姻和其他干涉婚姻自由的行为。”正式确认婚姻自主权是我国自然人的一项独立的人格权。《侵权责任法》第 2 条第 2 款明确规定婚姻自主权是侵权责任法所保护的民事权利之一，是具体人格权。

---

① 陈小川等：《文艺复兴史纲》，中国人民大学出版社 1986 年版，第 59 页。

第二节　婚姻自主权概述

一、婚姻自主权的概念和性质

（一）婚姻自主权的概念

婚姻自主权是自然人按照法律规定，自己做主决定其婚姻的缔结和解除，不受其他任何人强迫或干涉的具体人格权。

其他学者对这一权利概念的界定与此相似，例如认为婚姻自主权是指公民自主决定自己婚姻状况，不受他人非法干涉的权利。[①]

（二）婚姻自主权的性质

关于婚姻自主权的性质是什么，有以下三种主张：（1）人格权说。这种主张认为，婚姻自主权也同其他人格权一样，其权利能力仍是一种一般的权利能力，即人一出生即享有，权利与主体间具有不可分离的属性，因而属于人格权的一种，是独立的人格。[②]《中国民法经济法诸问题》和《人格权法教程》的作者也持这种观点。[③]（2）身份权说。这种主张认为，婚姻自主权是一种基本的身份权。依据婚姻自主权，我国自然人有权依法缔结或解除婚姻关系，并不受对方的强迫或他人的干涉。[④]（3）自由权说。这种主张认为，婚姻自主权的性质是自由权，将其概括在自由权的范围之内，因而婚姻自主权就是婚姻自由权。[⑤]

笔者采第一种主张，认为婚姻自主权是一种具体人格权，而不是自由权，更不是身份权。其理由是：

第一，婚姻自主权的客体是人格利益，而不是身份利益。婚姻自主所体现的是人对自己人格利益的支配，其基础是人所具有的之所以为人的资格，是维护其独立人格所必须有的利益。主张婚姻自主权是身份权的观点，认为其符合身份权基于亲属间相互关系而发生的特点。其实这只是婚姻自主权的现象而不是本质，自然人依据其婚姻

---

① 马特、袁雪石：《人格权法教程》，中国人民大学出版社2007年版，第314页。

② 王利明主编：《人格权法新论》，吉林人民出版社1994年版，第503～504页。

③ 梁慧星：《中国民法经济法诸问题》，法律出版社1991年版，第77页；马特、袁雪石：《人格权法教程》中国人民大学出版社2007年版，第315页。

④ 佟柔主编：《中国民法》，法律出版社1990年版，第488～489页。

⑤ 孟玉：《人身权的民法保护》，北京出版社1988年版，第8、112页。

自主权可以缔结婚姻关系,因而产生配偶这种身份关系,但婚姻自主权所表现的,恰恰不是身份关系,而是人格关系。自然人正是基于对这种人格关系所享有的权利,可以决定自己和谁结婚、与谁发生配偶的亲属关系。因而,婚姻自主权是人格权,自然人依据这种人格权,有权决定产生配偶权这种身份关系,或者决定消灭这种身份关系。依婚姻自主权的行使而产生的配偶权才是身份权。

第二,婚姻自主权具有人格权的一切基本属性。首先,婚姻自主权是自然人的固有权,生而有之,资产阶级法学家认为婚姻自主权是"天赋人权",从某种意义上说,正是指其固有性。它不需要一定的行为或一定的身份关系而产生。其次,婚姻自主权是自然人的专属权,与其人身不可分离,只能自己行使,不允许其他任何人代为行使,既不能转让,也不能继承。再次,婚姻自主权具有对世性性质,是绝对权,除本人以外,其他任何人,包括其父母、子女甚至要缔结或解除婚姻关系的对方,都负有不得侵犯的义务,违反者即为侵权。最后,婚姻自主权也具有人格权的必备权属性。自然人如无婚姻自主权,则必然发生人格缺损的后果,不具有完整的法律人格。

第三,婚姻自主权含有自由权的属性,但不是自由权本身。在现代民法中,自由权主要表现为人身自由权,其他自由权为政治权利,而非民事权利。人身自由权作为民事权利之一种,包括身体自由权和意志自由权。婚姻自主权包含有意志自由的属性,即依自己的意志而缔结婚姻或解除婚姻。但是,人身自由权包括的意志自由权就是一种独立的人格权,婚姻自主权也是一种独立的人格权,二者是并列的关系,不发生谁包含谁的关系。如果从广义上理解自由权,认为广义的自由权应包括政治自由、人身自由和婚姻自由;从狭义上理解,婚姻自主权就是独立的人格权。

二、婚姻自主权与婚姻自由的关系

婚姻自主权与婚姻自由这两个概念究竟是何关系,有两种理解:一种认为二者并非同一概念,另一种认为二者是同一概念。① 多数人主张后者,百度百科上的解释就是典型的代表:"公民依法享有婚姻自由的权利,即公民依法按照自己的意志,自愿地结婚或离婚,不受他人干涉的自主的权利。男女公民对于自己的结婚或离婚问题,在遵守法律规定的条件下,有表达自己的真实意思的完全自由,任何人都无权代替他们作出决定,或者强迫他们作出违背自己意愿的决定;不但父母无权干涉自己子女的结婚或离婚的自由,而且子女也无权干涉自己父母的离婚自由和丧偶一方的再婚自由。"②

我认为,婚姻自主权与婚姻自由并非同一概念,二者既有联系,又有区别。

---

① 王利明主编:《人格权法新论》,吉林人民出版社 1994 年版,第 498 页。

② 百度百科:"婚姻自主权"词条,http://baike.baidu.com/view/1772245.htm,2011 年 5 月 13 日访问。

从现行立法看,《宪法》和《婚姻法》规定婚姻自由,《民法通则》规定的是婚姻自主权。主张婚姻自主权与婚姻自由为同一概念者,认为这是立法从不同角度规定同一事物,甚至有人认为这是立法技术上的缺陷。事实上,立法者在不同的法律中采用以上不同的表述,恰恰体现了立法旨趣不同。《宪法》规定婚姻自由是规定国家的基本婚姻制度;《宪法》第 49 条第 3 款规定"禁止破坏婚姻自由",就不是从权利的角度规定,而是从维护婚姻制度的角度规定。《婚姻法》第 2 条和第 3 条分别规定:实行婚姻自由的婚姻制度和禁止包办、买卖婚姻和其他干涉婚姻自由的行为,无不是从制度的角度去着眼。在学理上,也有将婚姻自由解释为我国《婚姻法》的基本原则,这也是正确的。可见,《宪法》和《婚姻法》关于婚姻自由的规定并非规定民事权利。《民法通则》关于婚姻自主权的立法旨趣,恰恰在于规定婚姻自主权是一种民事权利,是具体的人格权。这一点,可以从《民法通则》的编制体例体现出来,《民法通则》将婚姻自主权规定在"民事权利"一章的"人身权"一节,体现的正是立法者的这一立法意图。就此而言,婚姻自由是国家的婚姻制度和婚姻立法的基本原则,婚姻自主权是自然人的具体人格权,这当然不是同一的概念,而是两个不同的概念。

在法律领域中,多数权利和制度采用同一称谓。例如,人格权可以在法律制度上称之为人格权制度,财产权可以在法律制度上称之为财产权制度。这种相同的称谓也是不同的概念,不可以将人格权与人格权制度相混淆,也不得将财产权与财产权制度相混淆。同样如此,在少数场合,立法者有意将制度的称谓与权利的称谓区分开,以示区别。婚姻自由制度与婚姻自主权即是一例。制度者,乃为要求大家共同遵守的办事规程或行动准则;权利者,乃法律赋予主体为实现其利益所可实施的行为范围。因而,制度和权利尽管有上述表述上的相近性,但绝非同一概念。

婚姻自主权与婚姻自由制度既非同一概念,那么它们的关系是什么?我认为,婚姻自主权因婚姻自由制度而产生,并受婚姻自由制度的制约和调整,这是一个方面,即要求婚姻自主权的行使必须依婚姻自由制度的要求,违反这一制度而行使权利是违法的。另一方面,婚姻自由制度是对婚姻自主权的概括和升华,它不再局限于个人的权利和具体的权利,而是将其上升为法律制度,为婚姻自主权的行使提供坚实、可靠的法律制度保障。

三、婚姻自主权的法律特征

关于婚姻自主权的法律特征,有学者从其专属权、对世权、人格权、依法行使、自由意志等方面加以概括,[①]并不十分恰当,原因是这些方面多数是其作为人格权的一般特

---

① 王利明主编:《人格权法新论》,吉林人民出版社 1994 年版,第 502 ~504 页。

征，而不是其独具的法律特征。

婚姻自主权具有以下特征：

（一）婚姻自主权的客体是权利主体自主决定婚姻关系的人格利益

首先，婚姻自主权的客体是人格利益，而非身份利益。这种人格利益是自然人人格利益的有机组成部分，而不是游离于人格利益之外的独立的利益。婚姻自主的人格利益包含于整个人格利益之中，成为人的主体资格之一。其次，婚姻自主权的客体即婚姻自主的人格利益具有相对独立性，它虽然不是游离于整个人格利益之外，但在整个人的人格利益之中具有相对独立地位，因而才使这一具体的人格利益与其他具体人格利益相区别，而成为婚姻自主权的客体。如果婚姻自主的人格利益不具有相对独立性，则婚姻自主权也就不会成为独立的人格权，而可能成为一般人格权的内容。最后，婚姻自主的人格利益表现为主体自主决定自己的婚姻大事，它包括自主决定婚姻缔结、自主决定婚姻的解除。自主者即自己决定，不为他人所干预之谓也。婚姻自主即婚姻自我决定，而非他人决定。因此，婚姻自主权是婚姻决定权历史发展的最完善、最完美、最高的形式，乃与历史上一切婚姻尊长决定权具有本质的不同。

（二）婚姻自主权的行使须权利人具有完全的婚姻行为能力

一般的民事权利行使，主体须具备民事行为能力；如不具有民事行为能力或者民事行为能力不完全，则其权利的行使可以由其法定代理人代为行使。这种权利能力与行为能力的分离具有相对性，婚姻自主权的行使则须具备完全的婚姻行为能力方能行使。婚姻行为能力也是一种民事行为能力，但其具特殊性，表现在：

第一，婚姻行为能力只分有或无，不具有限制行为能力的状态，这是我国婚姻立法的独特性。在国外，有些国家规定限制婚姻能力，即权利人可以在法定婚龄未满之前决定结婚，但须经父母同意，这种婚姻行为能力为限制婚姻能力；我国立法没有这种规定。

第二，婚姻行为能力不能由他人代理，不仅未满婚龄的人结婚不得代理，而且具有婚姻行为能力的人缔结或解除婚姻也不得由他人代理，必须由自己的自主意思表示决定。但这并不排除权利人在离婚时委托诉讼代理人，也不排除精神病患者在解除婚姻关系的诉讼中由其法定代理人代理诉讼，这都是特殊情况下的特别规定，而不是一般的婚姻行为代理。

第三，婚姻自主的权利能力与婚姻能力的分离，与一般权利能力与行为能力的分离有所不同，具有绝对性的属性。具体表现为：一是无婚姻行为能力的人绝对不准结婚；二是婚姻自主权的行使须由具有婚姻行为能力的人自己行使，不得由他人代替。

在我国，婚姻行为能力的取得，因男女性别不同，年龄要求也不同。《婚姻法》规定男 22 周岁，女 20 周岁，方取得婚姻行为能力。在历史上，汉朝规定女 15 岁为必须结婚年龄,15 岁以上不嫁的女子,则五倍算赋。唐朝贞观元年规定为男 20、女 15 为法定婚龄,至开元二十二年,则降至男 15、女 13 为法定婚龄。《大清民律草案》规定男未满 18、女未满 16 岁者不得成婚,《民国民律草案》作同样规定,民国民法亦同。我国第一部《婚姻法》规定为男 20、女 18 为法定婚龄。关于婚姻行为能力取得的界限,一是考虑人口政策的因素,二是考虑社会文明的发展,所以与一般的民事行为能力规定不同。

(三)婚姻自主权的行使须与相对人合意单方不能独立行使

婚姻是两性结合的法律形式,男女一方仅凭自己的意志而一相情愿,不能决定婚姻之事。同时,婚姻自主权为各人所享有,欲缔结婚姻的双方当事人各自均有婚姻自主权,只有经过双方的合意才能在缔结婚姻关系上,就行使其婚姻自主权达成意思表示一致,才不能违背相对人的意志自由,干涉相对人婚姻自主权的行使。在解除婚姻关系上,一方不能干涉相对人离婚的自主决定权,另一方也不能干涉相对人不离的自主权。如经合意而同意离婚,则因意思表示一致而解除婚姻关系;如双方无法合意,则诉诸司法机关依法裁决,一方不能强制相对人接受自己的意见。

(四)婚姻自主权具有意志自由的性质

它表明,婚姻自主权行使以权利主体的意志决定,体现了自我决定权的要求,他人不得干涉、不得强迫、不得包办,这些行为均为侵害婚姻自主权的行为。从这一点而论,不具有完全识别能力或无识别能力人的结婚行为自属无效;同样,其自己决定离婚的表示也无法律效力,如对方当事人要求离婚的,其应由法定代理人经诉讼而由法院裁决。

第三节 婚姻自主权的内容

一、婚姻自主权的一般内容

从广义而言,婚姻自主权包括四个方面,即恋爱决定权、订婚决定权、结婚决定权和离婚决定权。

恋爱是结婚的前奏。在现代社会,如恩格斯指出的那样,“只有以爱情为基础的婚姻才是合乎道德的”,因而,经过恋爱,在男女双方真正建立了性爱的基础,方能正式缔结婚姻关系;因而,恋爱已经成为结婚的必然阶段。从提高婚姻质量、巩固婚姻家庭的意义上说,应当鼓励恋爱,并由恋爱成功而进入婚姻关系阶段。既然如此,恋爱决定权也是广义婚姻自主权的范畴。自然人达到适当的年龄,有权选择恋爱对象,有权与恋爱对象进行恋爱活动。单就恋爱而言并非产生法律上的后果,因而法律并不对恋爱进行规范,而由道德规范去调整。恋爱决定权的行使不受法律的约束,而受道德规范的约束。在恋爱中朝三暮四、用情不专,或脚踏几只船等,法律并不认为是违法行为,而道德规范却认为其严重违反社会道德,约束其遵守一般的道德要求。这种道德规范并无强制的拘束力,对违反道德而恋爱者,虽为恋爱决定权的滥用,但却不能依法进行制裁,而只能以舆论予以谴责;当违反法律时法律才予以制裁。从严格的法律意义上说,婚姻自主权并不包括恋爱自主权。

订婚是缔结婚姻关系的预约,是缔结婚姻关系中恋爱、订婚、结婚三个阶段的中间一环。对于订婚,权利主体也有自主决定权,称之为订婚决定权。订婚是否为法律所调整,各国立法有所不同:一是婚约制,即男女双方以结婚为目的,应事先约定,称之为婚姻预约。这种预约发生法律上的效力,法律予以适当的调整和保护。二是非婚约制,即男女双方欲缔结婚姻关系,是否订立婚约,采自由主义态度,法律不予调整,也不予保护。在我国历史上,古代立法有订婚的规定,"六礼"中的纳采、问名、纳吉、纳征、请期等,均为订婚的程序,只有亲迎才为"娶",即结婚。《大清民律草案》未对订婚作出规定,《民国民律草案》在"婚姻之成立"一节中,专设"定婚"一款,共设 7 条规定。《民国民法》亲属编在第二章"婚姻"中专设"婚约"一节,对订婚作出具体规定。在根据地婚姻立法中,基本上不对订婚作出规定,采取自由主义,任凭当事人为之。解放以后,三部《婚姻法》均采此制。无论立法对于订婚采何种立法例,民间一般在结婚之前均采订婚程序,以明确婚姻的预约。对于婚姻的订定,亦由权利人自主决定,其他任何人无权干涉、强迫和包办。

关于结婚决定权和离婚决定权,下文还要具体论述。

婚姻自主权究竟应当包括哪些内容,换言之,订婚决定权是否为狭义的婚姻自主权内容,通说采否定主义,即只承认结婚决定权和离婚决定权为狭义的、法律上的婚姻自主权,否定订婚自主决定权为婚姻自主权。① 对此,笔者采反对态度,理由将在下文中阐述。笔者认为,婚姻自主权作为法律的概念,只是不包括恋爱决定权,而包括订婚决定权、结婚决定权和离婚决定权。

二、订婚自主决定权

订婚与定婚这两个概念,虽然在实际意义上基本相同,但在语义上却有不同。订者,订立之义,订婚为婚姻的预订形式,而非确定;定者,含确定、决定之义,定婚含有婚姻预定之义,带有终局的意义。究订婚的实质为事先的约定,具有合意的意向,而非终

① 马特、袁雪石:《人格权法教程》,中国人民大学出版社 2007 年版,第 314、315 页。

局确定婚姻。《民国民律草案》使用“定婚”概念,《民国民法》采“订婚”的概念,显系注意到了这种概念的区别。对此,应采用订婚的概念,不应采用定婚的概念。

订婚决定权,是指异性权利主体之间在预订婚姻关系上的自主决定权。该权利的行使,由权利主体依自己的自主意志决定之,他人无权干涉。至于该订婚决定权权利主体是否应具结婚行为能力,因其尚不属缔结婚姻关系,而只是预约形式,因而不必要求达到法定婚龄而为之。但是,主体则必须达到完全民事行为能力的法定年龄,不具有完全民事行为能力人,不得行使订婚决定权。

为什么要将订婚决定权作为法定婚姻自主权的内容,笔者认为有以下理由:

第一,权利主体在结婚前订婚,在现实生活中普遍存在,为一客观现实。虽然婚姻立法对此既不提倡,也不禁止,但在实践中,欲缔结婚姻关系的男女,绝大多数都举行订婚仪式,明确未婚夫、未婚妻的名份,确立这种事实上的身份关系。对于现实生活中普遍存在的社会现象,法律完全采取放任态度,尽管有防止早婚、包办婚以及订婚后的变化,以保障择偶自由的意义,但对这些问题放任自行,却不能更好地予以法律调整,更为任意所为造成可乘之机。法律不加规定,采取无所作为的态度,不利于社会的稳定。

第二,婚约缔结后往往出现较多的纠纷。这是因为订婚非为正式缔结婚姻关系,双方当事人均有权解除婚约。因而涉及的法律问题有:(1)婚约可否依法定事由或自由意志而解除;(2)可否由一方提出履行婚约之诉;(3)婚约期间一方对另一方造成性自主权等损害,可否提起损害赔偿之诉;(4)婚约期间,双方之间的财产,包括个人财产、共同购置的财产如何处理,等等。

鉴于这些订婚后又解除婚约的多种纠纷,依照道德规范是无法处理的,必须依法律规范处理;而法律对此采取自由主义的放任态度,则无法保护当事人的合法权益。在司法实务上,这些纠纷并非鲜见,司法机关对婚约期间财务纠纷不得不比照相关的法律规定和司法解释进行处理。① 这不仅使司法机关处理婚约解除的财物纠纷无法律依据,更使对其他婚约解除的纠纷因无法可依而无法处理,因而一律拒之门外,当事人的合法权益无法得到法律保护。

第三,对婚约由个人自行约束和道德约束,显然不如依法律约束为佳。对婚约由个人自行约束等于是放任自流,鼓励任意所为;对婚约由道德约束,则不具强制力拘束,不能使当事人完全依道德规范行事。法律对婚约的规范,一是赋予权利人以订婚、解除婚约的自主决定权,二是规范婚姻期间当事人的行为规范,三是规定婚约解除后纠纷的处理规范,使婚约当事人自觉行使这种权利,履行其义务,当其自主决定解除婚

① 杨立新主编:《民事司法实务全书》,吉林人民出版社 1994 年版,第 138 ~ 139 页。

约时,对其纠纷有切实可行的处理法律依据。

因此,建议立法改变对婚约的无所作为的自由主义放任态度,采取积极态度,规定订婚自主决定权,以更好地保护当事人的合法权益。

三、结婚自主决定权

(一)结婚自主决定权的概念和范围

结婚自主决定权,是指自然人自行决定缔结婚姻关系,不准其他任何人加以强迫、包办或干涉的权利。结婚自主决定权的概括含义,包括其在法律规定的范围内,结不结婚、和谁结婚、何时结婚、何地结婚、采取何种仪式结婚,均由自然人自主决定,不受强迫、包办和干涉。

结婚自主决定权包括初婚自主决定权、复婚自主决定权和再婚自主决定权。初婚自主决定权为未婚男女所享有的结婚自主决定权,任何未婚男女均平等享有。复婚自主决定权为已离婚的原配偶双方所享有的结婚自主决定权,他们只要双方均未再婚,均可依其复婚自主决定权,经合意而恢复婚姻关系,重新成为配偶。再婚自主决定权为离婚之人的丧偶之人所享有的结婚自主决定权,离婚之人与丧偶之人都有权再婚,不受任何他人的干涉。他们可以和未婚、离婚、丧偶的相对人自主决定婚姻关系的缔结。在现实生活中,对于丧偶老年人的再婚自主决定权尤应予以切实保障,防止子女及他人干涉这种权利的行使。

(二)结婚自主决定权的内容

结婚自主决定权除包括以上三种形式外,还包括以下具体内容:

1. 异性男女双方自主决定

包括以下内容:第一,缔结婚姻关系的主体必须是异性男女,而非同性相恋、同性相婚。康德指出:“婚姻由两性间自然交往或自然的联系而产生。两性间的自然结合体的产生,或者仅仅依据动物的本性,或者依据法律。后一种就是婚姻,婚姻就是两个不同性别的人,为了终身互相占有对方的性官能而产生结合体。”他为了解释这段话,又说:“两性关系或者是自然的,通过这种关系,人类可以产生自己的种类;或者是不自然的,它又可以分为两种,或者是指和对方属于同一性别的,或者是非人的其他种类。不自然的两性关系是违背一切法则的,对于这种违反天性的罪犯,真是‘无以名之’。他们违犯了作为人的一切人性,不可能通过任何界线与任何例外,把他们从彻底的堕落中挽救出来。”①

---

① [德]康德:《法的形而上学原理》,沈叔平译,商务印书馆1991年版,前一段引文见第95~96页,后一段引文见第95页脚注②。

但是,社会发展到今天,人们对同性恋逐渐采取宽容态度。荷兰2000年9月通过法案,允许同性恋人和正常人一样可以注册结婚,给予同性夫妇更多的权利,并制定了这种特殊夫妇的离婚规定。挪威、瑞典也准许同性恋者注册成为夫妇。比利时参众两院2002年和2003年分别批准法案,允许同性恋者结婚,同性夫妇与异性夫妇拥有相等的权利,对同性婚姻夫妇收养子女则有特别规定,于2003年6月1日实施。2004年4月,加拿大通过法案,给予同性或者异性同居人士等同婚姻关系的权利,婚姻定义为"两个人之自由结合"。美国最高法院2003年11月,以4票赞成、3票反对的结果,作出了支持同性婚姻合法化的判决。① 在这样的情势下,我国婚姻立法否定其为婚姻形式,同性别的男女仍不得缔结婚姻关系,无论其是否自主决定,应当说是比较落后的立法,应当尽快改进。曾经出现的问题是,一个承认同性恋合法的国家政府派驻中国使馆的工作人员是同性恋婚姻,拟携同性配偶共同来中国工作。但中国政府依照中国法律不承认同性配偶为配偶,只准该同性配偶以朋友身份到中国工作。这说明,我国法律不承认同性恋存在的弊病,不改进难以适应当前形势。

第二,异性男女结婚必须双方自主,一相情愿虽然也是婚姻自主决定权的行使,但却无法缔结婚姻,只有双方就缔结他们的婚姻共同自主决定,才能够达成结婚的合意,实现共同生活、终身相守的目的。恩格斯认为:"按照资产阶级的理解,婚姻是一种契约,是一种法律行为,而且是一种最重要的法律行为,因为它决定了两个人终身的肉体的和精神的命运。"②据此,我国立法和理论否认婚姻为契约性质,对此笔者持反对意见。婚姻双方自主决定且必须双方合意,具有契约的特征,这是毫无疑问的。一方强迫另一方接受自己缔结婚姻关系的意愿,是违反法律的行为,是对相对人婚姻自主权的肆意践踏,法律是严加制止的。

第三,异性男女自主决定婚姻关系的缔结,排除其他任何第三人的干扰、强迫和包办,这是由婚姻自主权的绝对权性质决定的。正因为如此,任何婚姻当事人以外的人干涉婚姻自主权的行使,都是侵权行为。当然,在我国民俗习惯上,异性男女双方在缔结婚姻关系之前,总是要事先征求父母及其他近亲属的意见,取得他们的支持和同意。民间的这种做法并不违反法律,而是尊重尊亲属的表现。对于父母等提出的反对意见,子女应当仔细倾听、研究,但父母并不能强行要求子女必须服从。婚姻当事人不听父母的反对意见而自主决定结婚的,为适法行为,受到法律保护。

2. 异性男女双方出于自愿

如果说双方自主决定是结婚自主决定权的外在表现形式,那么双方自愿决定则是

---

① 马特、袁雪石:《人格权法教程》,中国人民大学出版社2007年版,第317页。

② 《马克思恩格斯选集》(第四卷),第76页。

结婚自主权内在的主观心理状态,结婚自主决定权就是其客观外在表现形式与主观心理状态的自主和自愿的结合。有的学者反对将"双方完全自愿"作为婚姻自主权的内容,强调只具有外在的自主决定形式即为合法,并将《婚姻法》关于"结婚必须男女双方完全自愿"的规定,改成"结婚必须男女双方自主决定",这种主张并不正确。就目前我国的实际情况讲,男女结婚正在逐渐向求共同理想情操和求夫妻感情和谐方向发展,当然不可避免地仍然存在关于经济利益、社会地位以及其他非性爱的因素对婚姻缔结产生影响,但对这些种种因素的考虑而结婚,也并不影响其出自自愿,即使男女青年与老年男女结婚的目的是为继承其钱财,那在其主观上也是出于自愿,而非其内心受他人强制。更何况立法要求双方自愿,旨趣在于引导人们按照自己的意愿去选择自己真正喜欢和爱慕的伴侣,以实现以性爱为基础的理想婚姻。在这个问题上,不能迁就某些落后层面而在法律上实行倒退。

3. 行使结婚自主决定权必须依照法律规定

结婚不仅仅是双方性爱的结果,而且伴随一系列社会的、法律的后果,因而法律对结婚都作强制性的规定,包括实质要件和形式要件、必备要件和禁止要件。行使结婚自主权而结婚,并非男女双方一经合意自主进行就为结婚,而是必须依照法律规定,在各种条件都符合法律的要求时,才能依法缔结婚姻关系,否则为婚姻无效,法律既不承认其为夫妻,也不对其进行法律保护。

四、离婚自主决定权

离婚自主决定权是婚姻自主权的重要组成部分。它是合法存在的婚姻当事人在夫妻感情破裂、不愿再继续维持婚姻关系的情况下,自主决定解除婚姻关系的权利。

离婚制度是婚姻制度的重要组成部分,是对结婚制度的重要补充。在古代封建法律中,虽然在一方面离婚决定权集中在男子一方,但也准许在一定条件下的"和离"或"协离",而"义绝"、"夫妻不相和谐"而两愿离婚者,在我国明、清法律中并不禁止。恩格斯曾经指出,婚姻是可以离异的。在自然界中,当任何存在物完全不再符合自己的职能时,解体和死亡自然而然地就会到来。因此,离婚仅仅是对下面这一事实的确认:某一婚姻已经死亡,它的存在仅仅是一种外表和骗局。不用说,既不是立法者的任性,也不是私人的任性,而每一次都只是事物的本质来决定婚姻是否已经死亡;因为大家知道,死亡这一事实的确定取决于事物的本质,而不取决于当事人的愿望。法院判决的离婚,只能是婚姻内部崩溃的记录。① 恩格斯进一步指出:如果说只有以爱情为基础的婚姻才是合乎道德的,那么也只有继续保持爱情的婚姻才合乎道德。如果感情确实

① 《马克思恩格斯全集》(第一卷),第183~185页。

已经消失或者已经被新的热烈的爱情所排挤,那就会使离婚无论对于双方或对于社会都成为幸事。[①] 列宁在论述离婚自由时的态度更为激烈,他说:谁不要求立即实现离婚的充分自由,谁就不配做一个民主主义者和社会主义者,因为不实现这种自由,就是把被压迫的女性置于惨遭蹂躏的境地。[②] 离婚自由并不会使家庭关系"瓦解",而相反地会使这种关系在文明社会中唯一可能的坚固的民主基础上巩固起来。[③]

马克思主义经典作家的理论,历来被共产主义者、社会主义者奉为建设社会主义、实现共产主义的准则。但在现实生活中,某些自称为共产主义者、社会主义者的人对于马克思主义经典作家关于离婚自由的论述却采取虚伪的态度,根本不去实行,按照列宁的主张,他们根本就不配做一个民主主义者和社会主义者。也正是由于这些虚伪的行径,以及传统封建思想的影响,在我国立法上虽然有离婚自由制度和离婚自主决定权的法律保障,但在具体实行中还有相当的阻力,对于不满低质量婚姻而提出离婚的,备受冷眼、奚落和辱骂,甚至可能遭受行政上的处罚。这些都是没有根本奉行马克思主义、没有肃清封建余毒的表现。

离婚自主决定权的基本着眼点,在于保证自然人享受真正美满、幸福、和谐的性爱的感情之美和生活之美。婚姻既然以两性相爱为基础,那么当不具有两性相爱或者两性相爱已经消失的时候,离婚就是不可避免的。赋予自然人以离婚自主权,就是保障自然人在出现非以两性相爱为基础或者两性相爱的基础已经消失的婚姻关系时,准许他们自主决定离婚,解除痛苦的婚姻关系,创造合法的条件,去寻求新的真正美满、幸福、和谐的性爱和生活,去建立真正以两性相爱为基础的婚姻关系。

离婚自主决定权为自然人的具体人格权的内容,是婚姻自主权的组成部分,因而人人享有之。但是,行使这一权利,主体必须具有特定的身份,即为合法存在婚姻关系的当事人,没有这一身份就无所谓离婚。在"文革"的极左思想指导下,对于被判死刑或被迫害致死的人,其配偶为表示划清界限,也可以提出离婚。配偶一方已经死亡,婚姻关系即为消灭,是不能再离婚的。

离婚自主决定权,一般应由双方当事人合意。一方不能强迫对方接受自己离婚的请求,也不能要求对方强制接受不离婚的请求。当双方在离婚的问题上达成一致意见,即可按照法定程序登记离婚。

离婚自主决定权排除婚姻当事人之外的第三人非法干涉,任何非法干涉者均为侵权行为。当然,其他第三人可以进行调解,但调解必须遵守自愿、合法的原则,而不是采取非法的方法强迫当事人接受调解意见。

---

① 《马克思恩格斯选集》(第四卷),第78~79页。

② 《列宁全集》(第二十三卷),第67页。

③ 《列宁全集》(第二十卷),第423页。

离婚自主权不排除国家司法干预。当婚姻当事人一方坚持离婚、另一方坚持不离婚的主张时，坚持离婚的一方可依其离婚自主权，向法院提起诉讼，要求法院保障其自主离婚的权利。人民法院根据双方感情是否破裂的标准，确定双方准予离婚或不准予离婚。法院判决准予或不准予离婚，都使持相反意见的一方认为自己的离婚自主决定权没有得到尊重。事实上，这是国家对离婚的法律干预，作为裁决者，依法确认某一特定婚姻关系是否应予解除，这不仅不是对离婚自主决定权的干涉，反而恰恰是对离婚自主权履行的依法保障。

自然人行使离婚自主决定权，涉及子女抚养、共同财产分割等一系列问题。对此，应当妥善地依法处理，承担应尽的法律义务。

第四节　婚姻自主权的法律保护

一、对婚姻自主权的刑法保护

对婚姻自主权的法律保护，由各基本法负担，刑法、行政法和民法各负其责。对婚姻自主权的刑法保护，主要是由刑法确认暴力干涉他人婚姻自由的行为为犯罪行为，对犯罪人予以刑罚处罚。《刑法》第257条规定："以暴力干涉他人婚姻自由的，处二年以下有期徒刑或者拘役。犯前款罪，致使被害人死亡的，处二年以上七年以下有期徒刑。第一款罪，告诉的才处理。"这就是婚姻自主权刑法保护的法律依据。此外，在全国人民代表大会常务委员会制定的刑事特别法中，涉及侵害婚姻自主权的刑法条款，也是婚姻自主权刑法保护的法律依据。

有人认为，《刑法》第258条、第259条关于重婚罪、破坏军婚罪的规定，也是对婚姻自主权刑法保护的法律依据。事实上，重婚罪、破坏军婚罪所侵害的客体，不是婚姻自主权，而是配偶权。配偶权不是人格权而是身份权；不是婚姻自主权的本身，而是权利主体行使婚姻自主权缔结婚姻关系而产生的法律后果，即产生的配偶之间的身份关系。重婚和破坏军婚罪，分别以与婚姻关系以外的异性结婚（也包括与合法婚姻关系的当事人再行结婚）和与婚姻关系以外的异性通奸（包括他人与军人婚姻关系的非军人一方通奸）为特征，侵害的是婚姻关系中的相对一方的配偶利益，而不是对婚姻自主权的侵害。

暴力干涉婚姻自由罪，是指以暴力干涉他人恋爱、结婚和离婚自由的行为。[①] 其特征是：其犯罪客体是他人的婚姻自主权，同时又侵害了权利主体的人身权利；其犯罪的客观方面，必须具有使用暴力干涉他人婚姻自由的行为，其暴力，主要是拳打脚踢、捆绑、幽禁、抢亲等；其犯罪的主观方面，必须是出于直接故意，即明确自己的行为是为了干涉他人的婚姻自由；其犯罪主体，一般是父母、兄弟姐妹、族人及其他有一定关联的人，在干涉老年人婚姻自由的犯罪中，其主体一般是子女。刑罚应依刑法规定和具体情节决定。

在拐卖人口中，收买被拐卖的妇女并强迫与之成婚的，也是严重的暴力干涉婚姻自由罪，全国人大常委会《关于严惩拐卖绑架妇女儿童的犯罪分子的决定》对此设有明文规定。对于拐卖者，当以拐卖妇女罪认定其刑事责任，自无疑义，新《刑法》第 240 条和第 241 条对此作了新的规定：对于收买被拐卖的妇女并强迫与之成婚的，如属强行发生性关系的，按照《刑法》第 241 条第 2 款规定，应以强奸罪处罚。

二、对婚姻自主权的行政法保护

对婚姻自主权行政法保护的基本法律依据，是《婚姻法》第 5 条规定："结婚必须男女双方完全自愿，不许任何一方对他方加以强迫或任何第三者加以干涉。"

在我国，婚姻关系的行政管理机关是国家各级人民政府的民政机关。民政机关统一主管对婚姻关系的登记、撤销和行政处罚工作。现在的问题是，《婚姻法》只有原则规定，而缺乏具体的落实措施。对此，建议在《婚姻法》中作出具体规定，同时，民政部应当制定具体的行政处罚实施办法。

侵害婚姻自主权行为的客体是人格权，是一种民事权利，在立法没有明确规定之前，可以比照《民法通则》关于民事制裁的规定，对干涉、侵害婚姻自主权的违法行为进行行政制裁；对于违反行政法规定的，可以依照劳动教养、治安管理处罚等法律、法规进行行政处罚，使对侵害婚姻自主权违法行为的行政处罚具有法律根据。

对于包办婚姻、买卖婚姻，民政机关可以责令其停止侵害、予以训诫、具结悔过，情节严重的，可以处以劳动教养，对违法财产应予以没收，还可处以罚款。

对于因婚约而强制对方结婚，侵害对方和双方婚姻自主权的，民政机关也有权对违法行为人责令具结悔过、予以训诫、停止侵害，对于构成违反治安管理行为的，可以交由公安机关予以治安处罚。

对于以欺骗手段骗取结婚证、离婚证，因而侵害婚姻自主权的，民政机关应当按照《婚姻法》第 11 条和第 12 条规定撤销结婚登记和离婚登记，宣告结婚登记或离婚登记

---

① 最高人民法院全国法院干部业余法律大学教材：《中国刑法讲义》（下册），内部发行版，第 116 页。

行为无效，必要时，可予以行政处罚，例如进行适当的罚款、予以训诫、责令具结悔过，并向被侵害人赔礼道歉。

对于当事人单位和婚姻登记机关工作人员，以拒绝出具结婚登记所需的婚姻状况证明，或者故意刁难、拒绝、拖延登记，或者借婚姻登记而索取贿赂等方法，侵害缔结婚姻当事人婚姻自主权的，民政机关有权查明情况，责令出具证明或予以登记，对侵权人应予以训诫、罚款，对于索取和接受的财产，应责令其返还，并给予相应的行政处罚。

三、对婚姻自主权的民法保护

（一）基本方法是认定侵害婚姻自主权的行为为侵权行为

民法对婚姻自主权的法律保护，主要是对确认侵害婚姻自主权的行为为侵权行为，并责令侵权人承担侵权责任，对婚姻自主权受到损害的行为人进行民法救济。

在传统的民法理论中，一般不承认侵害婚姻自主权的行为为侵权行为。在《民法通则》确认婚姻自主权为独立的人格权之后，学者对侵害婚姻自主权的侵权行为进行了较深入的研究，提出了一些主张。

一是认侵害婚姻自主权的行为为侵害自由权的侵权行为。《民法·侵权行为法》的作者将侵害婚姻自主权的行为纳入侵害自由权行为的范畴，认为侵害自由权的行为种类繁多，包括强迫或妨害他人结婚或离婚的行为。①

二是认为侵害婚姻自主权的行为是侵害婚姻权的侵权行为。韩松先生在其“婚姻权及其侵权责任初探”一文中，认为侵害婚姻权的行为首先表现在对婚姻自由权的侵犯，当前侵犯婚姻自由权的行为主要有包办、买卖婚姻和其他干涉婚姻自由的行为、婚约当事人一方以婚约为由侵犯对方当事人婚姻自由权的行为、妨碍婚姻登记的行为和干涉离婚自由的行为。②

三是认侵害婚姻自主权的行为为独立的侵权行为。《人格权法新论》的作者认为侵害婚姻自主权的行为是一种独立的侵权行为，其主要形式包括买卖婚姻、借婚姻索取财物、包办婚姻、对独身者和大龄未婚青年的歧视和非议，以及其他干涉婚姻自主权的行为。③

笔者同意第三种主张，应当确认侵害婚姻自主权的行为为一种独立的侵权行为，这样更有利于对侵害婚姻自主权的受害人进行民法保护。笔者曾经在一篇文章中提出，认侵害婚姻权亦构成侵权责任，似嫌过宽，颇应斟酌，④其想法是婚姻权的概念过

① 王利明主编：《民法·侵权行为法》，中国人民大学出版社1993年版，第307页。
② 该文载《中南政法学院学报》1993年第3期。
③ 王利明主编：《人格权法新论》，吉林人民出版社1994年版，第513～518页。
④ 杨立新：“论侵权行为的概念”，载《政法学报》1994年第3期。

宽,既包括人格权又包括身份权,不是一个独立的具体的民事权利。认侵害婚姻自主权的行为为侵权行为是有根据、有理由的。

(二)侵害婚姻自主权的责任构成

侵害婚姻自主权的侵权责任构成,应具备一般侵权行为责任构成的全部要件。

1. 行为人必须有侵害婚姻自主权的违法行为

其行为须有暴力、胁迫、限制自由、强制干涉等特征,一般应是积极的作为方式,但也包括消极的不作为方式,如负有供养义务或责任的父母等,因子女不服从其干涉婚姻自主权的意志,即断绝供给生活费。

2. 须有婚姻自主权的损害事实

侵害婚姻自主权的损害事实,主要是权利人的权利无法行使或不能行使,具有这种损害事实即成立此要件。受害人还可能造成人身伤害、自由受限、名誉受损、财产损失等损害,这些也是损害事实的内容,但其有无不影响侵权损害事实的成立,具有这些损害后果的,应作为侵权行为的严重情节和扩大赔偿范围的依据。

3. 须有因果关系

构成侵害婚姻自主权的侵权责任,要求其违法行为必为该损害事实的原因,而该损害事实正是其违法行为的结果。在侵害婚姻自主权的因果关系中,行为与婚姻自主权利行使受限的损害事实之间的因果关系,至为明显,容易判断,应依侵权责任因果关系构成要件的要求仔细判断。

4. 侵害婚姻自主权的行为人过错必须是故意

侵害婚姻自主权的侵权行为是故意侵权,过失不构成侵害婚姻自主权的侵权责任。所应注意者,侵害婚姻自主权的责任确定,只适用过错责任原则,不适用过错推定原则和无过错责任原则。

第五节 具体的侵害婚姻自主权行为及其民事责任

一、具体的侵害婚姻自主权行为

(一)侵害订婚自主决定权的行为

侵害订婚自主决定权的行为是指他人或享有婚姻自主权的人强迫、包办或强制干涉他人订婚或不订婚,或者强迫相对人与自己订婚或不订婚等侵权行为。其主要形式是：

1. 包办他人订婚

这种情况，本是中国封建社会的余毒，新中国成立后已经绝迹但近年来又重新抬头、死灰复燃，成为一种严重侵害婚姻自主权的行为。例如，指腹为婚、抱童养媳、订娃娃亲等，虽然都不是正式缔结婚姻，但却是订立婚约的形式。这种在子女尚未出生或者尚无行为能力时，就由父母包办订婚，是对婚姻自主权的严重践踏，同时，也可以看出立法对订婚应作出具体法律规定的必要性。

2. 强迫他人订婚或不订婚

在我国民间习俗中，订婚的仪式主要是双方亲友相聚，确认当事人所订婚约。其实，订婚不在其仪式，而在于双方当事人对缔结婚姻的预约，确定之后即以未婚夫、未婚妻的身份对外称谓。强迫他人订婚，或者强迫他人不订婚，在现实生活中都存在，尤以农村为甚。前者多为父母为子女选择配偶对象，责令与其订婚；后者多为自由恋爱双方欲订婚约而父母强制干预，禁止其订婚。这种行为的情节轻重不等，即使情节轻微，也是对婚姻自主权的强制干预，属侵权行为。

3. 借婚约而侵害他人权利

婚约不具有必须履行的效力，不得要求对方承担必须与之结婚的义务。目前，民间对"婚约不可悔"的观念还较强烈，尤其是在农村，而且法律没有相应的调整规定，对此类纠纷束手无策。如利用婚约逼婚、对退婚者勒索钱财，有的甚至引起械斗、凶杀。解除婚约的女方得不到舆论同情，为避免家庭灾难，或以死反抗，或违反心愿而勉强屈从婚约。

(二)侵害结婚自主决定权的行为

侵害结婚自主决定权的行为是侵害婚姻自主权的基本形式，是其主体部分。这种侵权行为的主体情况很复杂，包括当事人的父母亲友、包括当事人一方，还包括当事人的行政领导和婚姻登记机关的工作人员；具体的行为表现也多种多样。

1. 包办婚姻

包办婚姻是指第三人(包括父母)违背自然人的意愿，一手包办、强迫他人结婚的行为，目前在农村最常见的是转亲、换亲。前者是指甲方的姐或妹嫁给乙方，乙方的姐或妹嫁给丙方，丙方的姐或妹再嫁给甲方，形成三对或三对以上链条闭合式的婚姻关系；后者是以甲方的姐或妹嫁给乙方的兄或弟为条件，结成两对婚姻。其他的如父母、亲友为一方当事人选择对象，并包办成婚者亦是。例如，王大妈因丈夫去世较早，一个人把两个儿女养大。因家境贫寒，儿子张甲 30 岁仍未结婚，女儿张乙 24 岁，正在与邻村方某自由恋爱。王大妈得知，坚决予以制止，原因是准备以张乙作为条件，与合适的人家为张甲换亲。经媒婆介绍，李某也有一对儿女，恰好没有结婚，王大妈决定将张乙嫁给李家儿子,条件是李家女儿嫁给张甲。2003 年 12 月 2 日,双方四人相亲后,李某和王大妈商定 2004 年 1 月 16 日结婚。张乙不同意这桩婚事,拼死反抗,王大妈为了张甲能够结婚,便将张乙锁在家中。张乙眼看婚期将到,从家中逃出,与方某私奔外地逃婚。这是一个典型的换亲案件。

2. 买卖婚姻

买卖婚姻是指第三人包括父母以索取大量财物为目的,强迫他人结婚的行为。这种行为多数是以钱财为目的,以结婚为要挟条件,不达目的即不准其成婚。拐卖人口与买卖婚姻不同,买卖婚姻只是以索取钱财为目的,而并非将子女尤其是女儿卖给他人;拐卖妇女为他人作妻,构成拐卖人口罪,收买者如违反妇女意志而成婚,为侵害婚姻自主权的行为,构成犯罪。

3. 禁止寡妇改嫁和强迫寡妇成婚

中国封建社会强调妇女从一而终,寡妇只有守寡才为节妇。现代社会这种风气已经扭转,但仍有残余,禁止寡妇再嫁在农村较多。强迫寡妇成婚者,往往是逼迫丧偶妇女与其不相爱的人成婚,违背其自主意志。

4. 干涉男到女家落户

"入赘"古已有之,但为世人所鄙视,此风俗仍存在。主要表现是:男方亲友、父母强制干涉,不准男到女家落户,这也是侵害婚姻自主权的行为。

5. 干涉父母再婚

父母离异或丧偶,有再婚的权利。在实际生活中,子女或考虑社会流言,或考虑财产继承,等等,干涉父母再婚。这也是侵权行为。

6. 一方当事人强迫另一方当事人与其结婚

这种情况是一方行使婚姻自主权而侵害相对人的婚姻自主权,多为男方强迫女方,形式有逼婚、抢婚等。这种侵权行为往往发生严重后果,或者逼迫女方自杀,或者男方杀人。例如,某大学一男生与另一女生恋爱,男方逼迫女方与其结婚,女方不从,男方即将女方杀死。

7. 干涉不婚者成婚

结婚自主决定权包括决定结婚的权利和决定不婚的权利。主体选择不婚,是行使权利的行为;逼迫其成婚,同样构成侵害婚姻自主权。有学者认为对独身者和大龄未婚青年的非议和歧视也构成侵害婚姻自主权,则是值得研究的。这种非议或歧视,是对人格尊严或隐私权、名誉权的侵害,不能构成侵害婚姻自主权。

8. 妨害婚姻登记的行为

这种行为的主体是当事人单位的领导和婚姻登记机关的工作人员。有些结婚登记人员借机摊派、索贿受贿,不达目的则不予登记。有些地区结婚登记前必须进行个人财产公证，更是公证机关与婚姻登记机关相串通，不公证则不给予登记，是侵害结婚自主决定权的行为。

（三）侵害离婚自主决定权的行为

离婚自主决定权的行使虽需双方合意，但一方要求离婚，另一方不同意离婚，都是行使权利，可由司法机关裁决，确定是否离婚。干涉这种离婚自主决定权的行为，同样构成侵权行为。

1. 强制离婚

这种行为的主体，包括婚姻当事人的父母、亲友，也包括婚姻关系的一方当事人，如不同意离婚，则采取暴力、要挟、胁迫等方法逼迫对方。

2. 强制不准离婚

行为主体也包括当事人的父母亲友和一方当事人。要求不准离婚的一方或其家长，往往采取自杀、行凶、泄露隐私、败坏名誉等多种卑鄙的手段，甚至不惜采取暴力，以达其目的，这是对离婚自主决定权的严重侵害。

3. 欺骗离婚

这是婚姻当事人一方侵害另一方婚姻自主权的行为。例如，某男与另一女青年相恋，恰巧该男驾驶汽车肇事，遂与妻商量假离婚，以免多承担赔偿责任，待事后复婚。妻同意后办理离婚登记，随后，该男与该女青年登记结婚，妻方知受骗。对此，应撤销离婚登记和结婚登记，恢复该男与妻的婚姻关系，并对侵害婚姻自主权的行为予以制裁。

4. 其他人干涉离婚自主决定权的行为

如一方当事人的单位采取行政措施，不准其离婚，或对离婚的当事人予以行政处分。不同意离婚一方的亲友集体上告、联名上访，败坏对方当事人的名誉和人格，这些恶劣的行为都侵害了自然人的婚姻自主权。

二、侵害婚姻自主权的民法救济手段

对婚姻自主权损害的民法救济在《侵权责任法》实施之前存在以下困难：一是立法无明文规定，《民法通则》仅在“人身权”一节规定了婚姻自主权，在“民事责任”一章中没有相应的保护规定，这给婚姻自主权的法律保护造成无法可依的状态。二是传统思想并不接受侵害婚姻自主权为侵权行为的观念。司法机关只受理侵害婚姻自由的刑事诉讼，不受理侵害婚姻自主权的民事诉讼。若改变这种情况，尚须进行大量的工作，尤其是最高司法机关应当转变观念，对这种法律适用作出相应的司法解释。三是人民群众对侵害婚姻自主权的行为基本无涉讼意识，这和侵害婚姻自主权的行为多发生在家庭亲友内部有关。

在《侵权责任法》规定了婚姻自主权是其保护的范围之后，这些困难都不存在了。这就是，凡是侵害婚姻自主权的，应当依照《侵权责任法》第 6 条第 1 款规定的过错责任原则确定侵权责任，构成侵权责任的，应当依照该法第 22 条以及第 15 条规定，承担侵权责任。

救济婚姻自主权损害的最基本责任形式，是责令侵害人停止侵害、消除行使权利的障碍，使当事人能够按照自己的意愿、自主地行使婚姻自主权。对于侵害婚姻自主权的人，还可以责令消除影响、赔礼道歉，对此，应当依照《侵权责任法》第 15 条规定进行。

救济该种权利损害的另一种手段，是赔偿损失。对当事人造成精神损害的，包括精神利益的损害和精神痛苦的损害，都可予以精神损害赔偿。对此，应当依照《侵权责任法》第 22 条规定进行，赔偿办法则按照一般精神损害赔偿的计算办法为之。对当事人造成财产利益损失的，应当赔偿财产损失，原则是对合理的财产损失全部赔偿。

对侵害婚姻自主权情节严重构成犯罪的，追究了其民事责任后，并不排除追究其刑事责任的可能性；在追究了刑事责任以后，仍可对其提起民事诉讼。

图书在版编目(CIP)数据

人格权法/杨立新著.—北京:法律出版社,2011.10
ISBN 978-7-5118-2569-8

Ⅰ.①人… Ⅱ.①杨… Ⅲ.①人格—权利—法学—研究 Ⅳ.①D913.04

中国版本图书馆CIP数据核字(2011)第194010号

人格权法 | 杨立新 著 | 责任编辑 刘彦沣
装帧设计 李 瞻

开本 720毫米×960毫米 1/16
印张 42.5 字数 771千
版本 2011年10月第1版
印次 2011年10月第1次印刷
出版 法律出版社
编辑统筹 学术·对外出版分社
总发行 中国法律图书有限公司
经销 新华书店
印刷 北京北苑印刷有限责任公司
责任印制 陶 松

法律出版社/北京市丰台区莲花池西里7号(100073)
电子邮件/info@lawpress.com.cn
销售热线/010-63939792/9779
网址/www.lawpress.com.cn
咨询电话/010-63939796

中国法律图书有限公司/北京市丰台区莲花池西里7号(100073)
全国各地中法图分、子公司电话:
第一法律书店/010-63939781/9782
西安分公司/029-85388843
重庆公司/023-65382816/2908
上海公司/021-62071010/1636
北京分公司/010-62534456
深圳公司/0755-83072995

书号:ISBN 978-7-5118-2569-8
定价:69.00元
(如有缺页或倒装,中国法律图书有限公司负责退换)